Ugeskrift for Læger

by Almindelige Danske Lægeforening

Address:
HardPress
8345 NW 66TH ST #2561
MIAMI FL 33166-2626
USA
Email: info@hardpress.net

Ugeskrift for Læger

redigeret

af

L. Brion og C. Hempel.

Anden Række. Bind VII.

(№. 1—32).

Kjöbenhavn.

Forlagt af Universitetsboghandler C. A. Reitzel.
Trykt hos Kgl. Hofbogtrykker Bianco Luno.
1847.

Indholds-Fortegnelse.

Den 3. Juli. 1847.

Ugeskrift for Læger.

2den Række VII. Nr. 1—2.

Redigeret af L. Brion og C. Hempel.

Forsög til en Hospitalsrevue.

I.

Indledende Betragtninger.

(Af et Brev til en Læge i Provindserne).

Almindelig Hospital, Juni 1847.

I Dit sidste Brev har Du, kjære Ven! gjentaget Din tidligere Anmodning til mig, om at tilskrive Dig lidt om, hvad der forefalder af Interesse her paa Hospitalet. "En gammel Communist som mig, skriver Du, morer det, naar jeg blot hörer Navnene paa de Stuer, hvor jeg har færdes Dag ud Dag ind, end sige, naar jeg erfarer lidt om, hvorledes det gaaer paa Hospitalet, om I have mange interessante Tilfælde, hvorledes I nu behandle denne eller hiin Affection, o. s. v. I Philiatriens Forhandlinger faaer jeg fra Eder fortrinsviis kun Sygehistorier som Bilag til Sectionsfund; Hospitalskliniker seer man aldrig noget meer til, og fra Overlægerne læser man kun saa omtrent een Gang om Aaret eller noget sjeldnere en lille Afhandling, der sædvanlig har tjent til Oplæsning i medicinsk Selskab."

Allerede for 4—5 Maaneder siden, da Du förste Gang skrev mig til herom, greb jeg Pennen med det Forsæt nu og da at sende Dig gjennem eet af vore medicinske Tidsskrifter nogle Forsög paa en Hospitalsrevue. Der opstod imidlertid den Gang hos mig saamange Betænkeligheder ved et saadant Forsög, at jeg afstod fra det; men en nöiere Overveielse af Sagen bragte mig til atter at tage fat paa denne Ide.

Dog lad mig för jeg gaaer videre, gjöre Dig rede for mine Bevæggrunde til at pröve et saadant Arbeide; maaske en Fremstilling af dem kunde tjene som Indledning til en saadan Revuerække.

Jeg har först og fremmest haft til Formaal, herved at afbetale noget paa en Fordring, Videnskaben efter min Overbeviisning har til mig som Hospitalscandidat. Jeg troer nemlig, at Videnskaben har Ret til at fordre af enhver Læge, at han skal bidrage efter Stilling, Tid og Evner til dens Udvikling, og hvor udbredt end den Anskuelse maa vore, at dette er noget, der kun vedkommer en vis Kreds: vore Professorer, Overlæger, Journalredakteurer o. s. v., troer jeg dog, at det snarere er en Betragtningsmaade, der ubemærkt har indsneget sig end en Overbeviisning, Nogen, der vil gjöre Fordring paa at ansees for videnskabeligdannet Læge, skulde have Lyst til at vedkjende sig. Thi det gaaer med Videnskaben som med Staten, den har Fordringer til Alle men i forskjelligt Maal; blot synes der mig at være den Forskjel, at Staten ved Lov og Magt gjör sine Fordringer til Individet gjeldende, hvorimod Videnskaben med det Frihedsprincip, der gaaer gjennem den, overlader til Enhver, hvorledes han vil fyldestgjöre dens Tarv; han vil derfor idetmindste tilsyneladende ustraffet kunne handle som om den ingen Fordringer havde til ham, men dens Ret vil han alligevel vist neppe vove at benegte.

Til at unddrage sig disse Videnskabens Fordringer kan Hospitalscandidaten ingenlunde være berettiget; thi vel er hans Stilling væsentlig beregnet paa hans Uddannelse, men det, at han er paa et Udviklingstrin, kan ikke fritage ham, thi Videnskaben er ikke en Profession, hvori man först maa gjöre Mesterstykke för man tör arbeide selvstændigt, og ikke at tale om, at enhver fornuftig Læge bestandig maa betragte sig som staaende paa et Udviklingstrin, saa vil han desuden, hvis han lader sin Candidattid gaae forbi, meget sjeldent finde en saadan Leilighed, som den fremböd.

Lad mig her imödegaae et Par Indvendinger, jeg forudseer, at Du vil gjöre mig.

"Hospitalscandidaten," hörer jeg Dig sige, "bör uddanne sig i det reent Praktiske, tilhörer altsaa snarere Konsten end Videnskaben.

Jeg haaber, at Du ikke, som nogle Folk gjöre, sætter det Praktiske i chirurgiske Operationer og Forbindinger, og efter denne Betragtningsmaade anseer Enhver, der ingen Talent har hertil for upraktisk. Det kan være rigtigt, at Lægen bör söge navnlig som Hospitalscandidat at være hjemme baade i Chirurgi og Medicin, men om han interesserer sig mest for den ene eller den anden Retning, er noget, der ligesaalidet vedgaaer Hospitalet som Videnskaben; begge kunne vel være bedre tjent med, naar han fortrinsviis lægger sig efter den ene Retning, medens han blot söger at være orienteret i den anden, end naar han, for at udvikle sig ligeligt, bliver maadelig i begge. Hvilken Retning Enhver vil vælge beroer paa hans Lyst, Anlæg etc.; een foretrækker Chirurgi, en anden Medicin; men begge kunne derfor være lige praktiske; det vil bero paa om de have tilegnet sig hurtigt at opfatte Patientens Tilstand og hvad der er at gjöre. Giver Du Ordet "praktisk" denne Betydning, saa vil Du kun sætte det i Modsætning til theoretisk Studium og Lærdom, ikke til Videnskab, thi disse to sidste Begreber ere ingenlunde identiske, og naar jeg troer, at det er Candidatens Pligt at bidrage til Videnskabens Udvikling, mener jeg ingenlunde dermed, at han bör være lærd; og jeg troer ikke man behöver at nære nogen Frygt for, at der med en Arbeiden af Candidaten for Videnskaben skal fölge en Hang til Lærdom; det ligger ikke i vor Tid, ikke i vor Nations Aand, og vore Forhold begunstige den ikke.

Sæt altsaa Praxis i Modsætning til Theori men ikke

Kunst i Modsætning til Videnskab; thi vor Tid roser sig jo just af, at have mæglet mellem disse to, og anerkjender ligesaalidet den for dulig Læge, hvis Kunst ikke er gjennemtrængt af Videnskaben, som den anseer den for det, for hvem Videnskaben er Alt, Kunsten Intet.

Men sideordner Du Kunst og Videnskab, saa vil Du ikke, om Du endog sætter det Praktiske ikke blot i Techniken men tillige i Iagttagen af Patienterne og deres Behandling, kunne ville, at Candidaten fortrinsviis paa Hospitalet skal uddanne sig i det reent Praktiske, men Du maa da indrömme, at han ligesaavel ved at sammenstille Patienterne, ved at reflektere over dem, ved at danne sig selvstændige Begreber om Sygdommene og deres Behandling, skal udvikle sig i en videnskabelig Retning. Eller mener Du, at have haft mere Gavn af i Din Candidattid at forbinde nogle Tilskadekomne end af en Discussion saaledes som den forefalder paa Hospitalet, naar en interessant Patient er indkommen? og til hvor stor Nytte vil det vel i det Hele være for Hospitalscandidaten i sin Candidattid at have seet meget, naar han ikke derved gjennem en meer eller mindre bevidst Reflektion, der tilhörer Videnskaben, har udviklet sit Judicium og sine Kundskaber.

Hvis Du altsaa ikke vil gjöre Lægen til Haandværker, saa maa Du være enig med mig i, at Hospitalscandidaten ikke *fortrinsviis* paa Hospitalet skal uddanne sig i det reent Praktiske, men samtidigt ligesaameget i en videnskabelig Opfatning af sit Objekt.

"Men," vil Du vel sige, "*Du maa ikke forglemme, at han som Hospitalscandidat ikke er ansat for at udvikle sig eller gavne Videnskaben men nærmest for at tjene Hospitalet.* Hans förste Pligt er altsaa mod dette. Skal han nu, hvad i Reglen er Tilfældet, selvstændigt ernære sig ved Forretninger som Manduktion etc., der optage en betydelig Tid, saa vil han, naar han desuden skal arbeide for Videnskaben, maatte tage Tiden hertil fra den, han burde anvende paa sit Hospital, der derved vil blive negligeret."

Undskyldninger hentede fra Mangel paa Tid höre til de kjedelige; de gjelde som oftest kun betingelsesviis og ere ei sjeldent usande. Jeg troer saaledes neppe at Du for Alvor vil paastaae, at Nogen, der havde den bestemte Hensigt at ville arbeide for Videnskaben, skulde være saa overhængt af Forretninger, at tre Aars Hospitalscandidatur ikke skulde levne ham nogen Tid til at udföre dette Forehavende. En saadan maatte ganske vist være en Undtagelse, og jeg troer neppe, at Du i Din Hospitalstid har truffen paa Nogen, om hvem det kunde gjelde.

Kun altsaa, naar Hospitalscandidaten tog mere Tid til videnskabelige Arbeider end den, hans Hospitalsforretninger levne ham, vilde han være at dadle. Jeg vil ikke benegte Muligheden heraf, men Du vil dog vistnok indrömme, at ogsaa dette hörer til de större Sjeldenheder; det at Arbeiden for Videnskaben kan misbruges ved Overdrivelse, er noget, der gjelder om alt, og Du vil da vel ikke fordre, at dette skulde danne en Undtagelse fra en saa almindelig Regel; det falder Individet ikke Sagen til Last, og dog vil en Negligeren af Hospitalet af en saadan Aarsag være langt mere undskyldelig end af andre meget sædvanlige, som jeg ei behöver at opregne for Dig.

Du maa desuden ikke forglemme, at Hospitalet selv ikke blot skal tjene Humaniteten men ogsaa Videnskaben. Dette som anerkjendes af Alle, endog af dem, der meest kunde have Ret til at see Sagen fra en anden Side, Hospitalernes ökonomiske Direkteurer, vil Du vel neppe som Læge benegte, og Candidaten opfylder saaledes först da tilfulde sine Forpligtelser mod Hospitalet, naar han arbeider for at det i videnskabelig Henseende kan indtage den Plads, det bör. Jeg föler mig overbeviist om, at denne hans videnskabelige Stræben ikke vil skade den egentlige Hospitalstjeneste, tvertimod fölger med hvert videnskabeligt Studium af en Gjenstand en större Interesse for Patienterne, der kunne komme i Betragtning ved det, og denne Interesse vil, brugt med Discretion, altid være til Gavn saavel for Hospitalet som for Patienterne.

Og saaledes er det saa langt fra, at Hospitalscandidaterne ere unddragne den Lægerne i Almindelighed paahvilende Pligt at arbeide for Videnskabens Udvikling, at de paa Grund af det store Materiale, Hospitalet frembyder, paa Grund af Hospitalets Indretning som videnskabelig Anstalt, tvertimod höre blandt de Förste, til hvilke den har Ret at stille Fordringer. Lad os nu see hvorledes disse ere blevne tilfredsstillede i det sidste Decennium, thi længer tilbage i Tiden vover jeg ikke af Mangel paa Kundskab til daværende Forhold at gaae.

I ti Aar fra 1837 til 1847 (excl.) bestaaer alle de litterære Mindesmærker, Hospitalscandidaterne fra begge Hospitaler have sat sig som Resultater af Hospitalsiagttagelser, i een Licentiatafhandling, et Par smaa Afhandlinger og statistiske Optællinger i vore Tidsskrifter, en lille Samling af de paa eet af Hospitalerne brugte Formler og nogle Meddelelser i Philiatriens Forhandlinger. Men foruden dette ubetydelige Resultat har den leveret et langt större, et Arbeide, hvis Arkeantal neppe lader sig tælle, et Arbeide der er rigt paa interessante Observationer, skarpsindige Diagnoser og heldige Cure. Ligeoverfor dette blive de forhen omtalte Resultater for Intet at regne. Det er altsaa dette Arbeide, der maa betragtes som Resultat af Candidaternes videnskabelige Virksomhed, der vel ikke have udfört det ene men dog have haft den störste Andel i det, navnlig i Optagelsen af Sygehistorierne. Men alligevel har Videnskaben saagodtsom ingen Nytte höstet af det. I nogle Afhandlinger, som i Fengers over Erysipelas ambulans, ere vel Journaler benyttede men altid kun som Bilag til egne Observationer, og Du vil vist ikke negte at Fengers Arbeide havde været ligesaa interessant, om han endog havde maattet undvære disse. Hassings Arbeide om Anvendelsen af Jodkalium er vel bygget paa Journaler, men ikke paa Candidaternes Arbeide, man paa deri optagne Iagttagelser, der ere dicterede i Journalerne af Overlægen og Reservelægen; det samme gjelder for största Delen om det Arbeide Schleisner som Reservechirurg leverede om Barselfebren. Betænker man at der ikke er fulgt nogen bestemt Plan, at der er arbeidet med megen forskjellig Interesse og Dygtighed, at Journalföringen ofte. hvor den ikke har været dikteret, lider af en höi Grad af Unöiagtighed og Upaalidelighed, saa vil man vel neppe kunne vente, at dette store Arbeide vil skaffe Videnskaben betydelig större Gavn, end det hidtil har gjort; om man endog derfor ikke bör opgive Haabet om endnu at see det give noget Resultat, men dette vil vel ligesaalidet findes tilfredsstillende, sammenholdt med den betydelige Tid og Flid, der er anvendt paa dette Arbeide, som det fra Videnskabens Standpunkt vil kunne betragtes som et tilstrækkeligt Udbytte af et saa stort Materiale.

Jeg overseer ingenlunde, at Journaler ei blot affattes til videnskabelige Undersögelser men ogsaa i andre Öiemed; jeg veed meget vel, at de skulle tjene Hospitalet og Overlægerne til Register, hvori kan efterseєs en Patients Sygdom og Behandling under tidligere Ophold paa Hospitalet, men til det Brug gjöres ikke vidtlöftige Journaler nödige; alt hvad der behöves er i Reglen den stillede Diagnose, Behandlingen og hans Tilstand, da han forlod Hospitalet. Et væsentligere Moment ved den mere vidtlöftige Journalföring er den, Candidaterne selv have af dem med Hensyn til deres Udvikling. Dette Moment skatter jeg ikke ringe; men Du vil vistnok indrömme, at denne Nytte er desto betydeligere, jo större den Interesse er, hvormed Journalerne affattes, og at der med en större videnskabelig Benyttelse af Journalerne vistnok vil fölge en större Interesse for at före dem, medens, naar de saaledes opdynges uden Nytte til et Archiv, kun faa ville føle Lyst at offre en betydelig Tid og Flid paa et saadant Arbeide, hvoraf Fölgen vil blive, at Journalerne ofte ville affærdiges med Ulyst i al mulig Hast, hvilket vistnok ikke er til stor Gavn for Candidaterne. Hertil kommer, at man just ved at benytte Hospitalets Materiale i et videnskabelig Öiemed, bliver vaer, hvilke Spörgsmaal det bliver af Interesse at faae besvaret i Journalerne, og idet man söger at besvare dem i de Journaler, man selv fører, maa Journalføringen unegtelig vinde.

Det er altsaa ingenlunde min Mening, at Journalerne bör afskaffes, men jeg troer at deres Affattelse og Förelse bör undergaae en Modifikation, saaledes at en videnskabelig Benyttelse af dem lettes; paa hvad Maade dette kan ske, om ved at Patienterne fordeles mellem Candidaterne, ikke efter Stuer og Vagtdage men efter Sygdomsgrupper, eller ved en i Rubrikker affattet Journalform, hvori visse af Overlægen stillede Spörgsmaal fordres besvarede, er noget, jeg ikke her vil gaae ind paa men overlade til indsigtsfuldere Mænd at overveie. Der gives desuden vistnok flere andre Maader at indrette Sagen paa, og jeg har kun anført disse som Exempler; Hovedsagen forekommer mig at være, at de föres efter en bestemtere Plan og yde Garanti for Nöiagtighed; men saameget synes mig vist, at Candidaterne, efter de Resultater Journalerne hidtil have givet, ikke kunne tilfredstille Videnskabens Fordringer til dem ved den blotte om endog nöiagtige Journalföring; og det maa derfor synes naturligt naar Candidaterne undersöge, paa hvilke andre Maader de efter deres Udvikling og Kræfter bedst kunne bidrage til Videnskabens Fremme.

Her synes mig flere Maader at frembyde sig: enten kunne nemlig Candidaterne arbeide for og med Overlægerne eller selvstændigt. Den förste Maade vil vel neppe kunne gjöre Regning paa at finde stor Sympathi. Mærkeligt nok, er den ude f. Ex. i Frankrig meget fremherskende. Saaledes vil Du i störste Delen af de kliniske Arbeider, der ere forfattede af franske Overlæger, finde under Observationerne et: "Iagttaget af min Candidat N. N.," og jeg veed med Vished, at Candidaternes Arbeide ofte ikke blot bestaaer i at optage Sygehistorierne, men desuden i at understötte Overlægerne i Undersögelser, Sammenstillinger, Uddragninger af Resultaterne ect.

Dette troer jeg blandt andet beroer paa, at Franskmændene ere meer vante til Samvirken, med Underordnen af de Enkeltes personlige Interesser. Til Beviis herfor skal jeg anföre et Exempel hentet fra Physiologien. Ved Jardin des plantes er det en Bestemmelse, at hvad Prosektorerne arbeide i de 6 Timer, de dagligen ere i Museet, tilhörer Professoren, ei blot deres Præparater, nei deres Opdagelser, Ideer, Tegninger etc., Alt tilhörer Professoren; de kunne beholde dem for sig selv men risikere da at miste deres Embede, der er en Post paa c. 1500 Francs. Derved vinder Videnskaben, men iövrigt undertiden paa Museernes Bekostning; Professorerne bruge nemlig Prosektorerne især til deres private Arbeider, — er dermed nu forbunden Præparationer, som ikke kunne opbevares, kunne hele Aar hengaae, hvori Museet ikke har den mindste Nytte af den ved det ansatte Prosektor. Föier man hertil den store Vanskelighed der er ved at finde en dygtig Museumsbestyrer der tillige kan være Docent, saa vil man kunne begribe, hvorledes et Museum som Cuviers for comparativ Anatomi, der har kostet uhyre Summer og aarlig koster ligesaa mange Tusinder som vort Hundreder, virkelig efter min Overbeviisning kan komme til at staae tilbage for vort i Universitetskjelderen. Lignende Forhold finde Sted i Chemien, i den dramatiske Literatur, kort sagt, gaaer fast gjennem alle Forhold, og flere indrettes aldeles derefter. Franskmændene ansee vistnok med Rette en saadan Understöttelse af Candidaterne næsten for nödvendig, hvis man vil at Overlægerne, der jo overalt i Verden sædvanlig have en betydelig Bypraxis, skulle have Tid til ved literære Arbeider at gjöre Hospitalets Materiale frugtbringende. Thi hvis det ikke er for at sikkre Overlægerne denne Understöttelse, kan jeg ikke finde nogen fornuftig Grund til, at i Frankrig Hospitalscandidaten (interne) ikke tör være examineret, ja at han, naar han i sin Candidattid tager Embedsexamen maa tage sin Afsked fra Hospitalet; er dette derimod Grunden, saa er man vist gaaet ud fra den meget rigtige Forudsætning, at en uexamineret Candidat vilde være mindre utilböielig til at arbeide for sin Overlæge, end en examineret, der forsaavidt var hans Collega.

For at imidlertid Hospitalerne ikke skulde lide herved som ovenfor Museerne, har man ved en Concurs til Candidatposterne, der egentlig kun er en Examen, sikkret sig de flittigste af de ældste Studerende. Var det indrettet saaledes hos os, saa vilde det have den Mangel, at den uexaminerede Candidat, paa Grund af den store Betydning Examenscharakteren har herhjemme, idelig maatte tænke paa og arbeide til Examen og derfor neppe vilde kunne arbeide for Overlægen; men i Frankrig, hvor man desuden aldeles ikke bryder sig om Examenscharakteren, og hvor Examen er delt, fordrer man til sidste Examen hovedsageligen en Disputats, hvortil næsten alle internes hente Materialet fra deres Hospitalserfaringer, medens der til den mundtlige Del af denne Examen, der tildels er en Recapitulation af de tidligere, kun fordrer Besvarelsen af nogle Spörgsmaal, som de erholde opgivne flere Maaneder i Forveien, saaledes som Du kan see i hver fransk Disputats.

Saaledes er Forholdet i Frankrig, men jeg sværmer imidlertid ikke tilstrækkelig for alt, hvad der er fransk, til at jeg skulde önske et Forhold indfört herhjemme, der saaledes som dette strider mod hele vor Nations Individualitet, og det kan derfor ikke være min Hensigt, at opfordre vore Candidater til en i den Grad underordnet Arbeiden for Overlægernes litterære Berömmelse, men jeg troer at en större Samvirken mellem Overlæger og Candidater til Videnskabens Udvikling vilde være i en höi Grad önskelig, og Impulsen hertil vil vel som Forholdet er herhjemme, snarere udgaae fra de sidste end fra de förste.

Den anden Maade, hvorpaa Candidaterne kunne virke til Videnskabens Fremme, er ved en selvstændig litterær Virksomhed.

Blandt de forskjellige Former, hvorunder saadanne Arbeider, der hente deres Materiale fra Hospitalerne, kunne fremtræde, har jeg her valgt Hospitalsrevuen og det af flere Grunde. Seet nemlig fra Videnskabens nuværende Standpunkt, viser den sig som indtagende en meget betydelig Plads i vor Tids Journalliteratur, og naar man betragter denne som dannende Centrum af vor Videnskabs nuværende Literatur, synes Hospitalsrevuen mig, idetmindste i ikke faa Journaler, atter at danne Centrum for Journalliteraturen. Og dette er ganske naturligt begrundet i den Methode, der for Öieblikket behersker Medicinen; thi medens den i Systemernes Tid mere concentrerede sin Opmærksomhed paa nogle faa Punkter, der kunde styrte eller bestyrke de herskende Systemer, har vor Tid udstrakt sin Opmærksomhed langt videre; med den Scepticisme der er den egen vil den have alt analyseret fra nyt af, og en sand Kjendsgjerningernes Tid söger den fortrinsviis disse og bryder sig mindre om at uddrage Resultater af dem, af Frygt for ei at have Materiale nok; men just den Masse af Facta, den fordrer, gjör at den fortrinsviis har vendt sit Blik mod Hospitalerne, hvor der desuden gives den bedste Leilighed til en nöiagtig Analyse af Tilfældene, og Hospitalsrevuen, der griber Materialet i Fleng som det byder sig, og ikke som Afhandlingen concentrerer sig til en enkelt Sygdom eller Sygdomsgruppe, maa som Fölge heraf just passe for en saadan Retning i Videnskaben, en Retning, hvis Gyldighed og Nödvendighed man ikke kan benegte, hvormeget man end som Yngre kan have god Grund til at föle sig mindre tilfreds med dens Negativitet og föle Savnet af et gjennemgaaende styrende Princip. Fra Videnskabens Standpunkt synes Revuen mig saaledes en fuldkommen berettiget Form, medens den fra en anden Side som blot fortællende og reflekterende og ikke belærende som Afhandlingen just synes mig at egne sig for den Yngre.

Det er saaledes paa den ene Side Fölelsen af Videnskabens bestemte Fordringer til mig, som Hospitalscandidat, paa den anden Side disse Betragtninger over Revuen, der bragte mig til atter at gribe Pennen for at forsöge en saadan; hertil kom endnu den Tanke, at jeg vel neppe burde opsætte det til en senere Del af min Candidattid, idet det vel var rimeligt, at der med en större Udvikling vilde fölge Lyst til at concentrere sig paa enkelte Spörgsmaals Besvarelse, hvorimod det just er i den förste Del af Candidattiden, hvor man vel mest bör gaae ud paa at blive orienteret, at man interesserer sig for Alt, saaledes som Revuen fordrer det.

Men Du vil vist let begribe, hvorfor jeg förste Gang afstod fra at vove et saadant Forsög. Det var i Bevidsthed om at vor Tid, hvor materiel, om jeg tör bruge et saadant Udtryk, vor Videnskab end er for Öieblikket, ikke lod sig tilfredsstille med en Fremstilling af nögne Facta, om disse endog hörte blandt de saakaldte sjeldne og interessante Tilfælde, men at den vil have Kjendsgjerningerne sete i deres Sammenhæng med hele vor Tids Viden, indordnede under bestemte Erfaringsgrundsætninger; at den i Revuen ikke blot fordrer Observationer anstillede med Nöiagtighed og refererede med Sandruhed, men ogsaa forlanger dem critisk behandlede og gjorde til Gjenstand for en videnskabelig Discussion; med denne Bevidsthed af vor Tids Fordringer maatte fölge Fölelsen af kun i en ufuldkommen Grad at kunne tilfredsstille dem, og jeg vil derfor slutte disse indledende Betragtninger med en Anmodning til Dig og Publikum om at bære over med Ufuldkommenheden ved disse Forsög.

II.

Erysipelas ambulans.

Der er vel ingen Sygdomme, der have större Krav paa Behandling i en Hospitalsrevue end de i Hospitalerne endemiske, thi man er i Studiet af dem næsten ganske henvist til Hospitalserfaringer.

Det sidste Decennium har bragt os paa vore civile Hospitaler en her hidtil som epidemisk ukjendt Sygdom, erysipelas ambulans. Almindelig Hospital har været mindre hjemsögt af den end Frederiks Hospital; imidlertid har der i dette Aar hersket her en lille Epidemi, der heldigvis nu er standset, og som jeg troer at burde gjöre til Gjenstand for nogle Betragtninger. Da Prof. Fenger for kun faa Aar siden saa udförligt har behandlet denne Sygdom, kunde et saadant Forehavende synes overflödigt, men man erindrer maaske, at der er eet Punct, som Prof. Fenger, som Beskriver af en Epidemi, der var begyndt förend han tog fat paa Arbeidet, og ikke endt, da han sluttede det, maatte overlade til Eftertiden at bringe Lys i; dette var Spörgsmaalet om Aarsagen. Dette Punct er saa dunkelt, at man ikke tör lade en Epidemi, om end nok saa lille, hengaae uden at undersöge, hvad Bidrag den formaaer at levere til Besvarelsen af Spörgsmaalet: er erysipelas ambulans en Sygdom, der i Analogi med de fleste epidemiske Sygdomme opstaaer af ueftersporlige occasionelle Aarsager og af ligesaa ukjendte Grunde localiserer sig paa et enkelt Sted, eller er det en ren Nosocomialsygdom, der skylder Overfyldning i Forbindelse med en mangelfuld Ventilation sin Oprindelse.

Jo mere jeg veed, at den förste Mening hyldes af Mænd, hvis Anskuelser kunne gjöre Fordring paa at respecteres, jo mere den understöttes ved at Prof. Fenger ved statistiske Undersögelser har godtgjort, at Aarsagen ikke kan være Overfyldning; desto mindre troer jeg at Omstændigheder, der tale for den anden Mening, bör forbigaaes med Taushed, thi paa Antagelsen af denne beroer det, om vi skulle ansee os i Stand til at forhindre en Sygdoms-Udvikling, der er mere ondartet end mangen Epidemi af typhoid Feber og mod hvilken vi ikke besidde noget Middel.

Dog förend jeg forsöger en videre Discussion af dette Spörgsmaal, troer jeg först korteligt at burde fremstille denne lille Epidemis Udvikling og Gang; dernæst den Form Sygdommen har antaget i den, og endelig omtale den Behandling, der har været anvendt.

Paa den chirurgiske Afdeling her paa Hospitalet blev erysipelas ambulans, saavidt jeg har kunnet bringe i Erfaring, ikke observeret för i Begyndelsen af Aaret 1843. Da der imidlertid kun viste sig nogle enkelte Tilfælde og der samtidigt ligeledes forekom enkelte Tilfælde i Byen, kan man neppe kalde den epidemisk den Gang. Det samme gjelder om de fölgende Aar, hvor der snart har vist sig eet snart et Par Tilfælde af den paa denne Afdeling. I Sommer og Efteraar 1846 forekom aldeles ingen Tilfælde af den, da den henimod Slutningen af forrige Aar og i Januar angreb 5 Patienter, hvoraf een döde, en meget gammel Mand, der led af en comminut Fractur af Overarmen, og hos hvem den opstod spontant i Ansigtet, da han allerede var i Færd med at bukke under for en Hectik. I Februar Maaned forekom, foruden at den gjentog sig hos en Patient fra forrige Maaned, to Tilfælde af den. I Marts forekom 3 Tilfælde, 2 spontane og 1 traumatisk, og i April 6 Tilfælde, hvoraf eet medförte Döden.

Epidemien begyndte nu at standse og i Mai blev kun een Patient angreben, der imidlertid bukkede under for den. Siden den Tid er der ikke forekommet noget Tilfælde af Sygdommen, og det uagtet flere Operationer ere foretagne, der i det mindste hos os særligen synes at disponere til den.

I samme Tidsrum herskede der ingen Epidemi af erysipelas ambulans, hverken paa Frederiks Hospitals chirurgiske Afdeling eller paa vor medicinske. Erysipelas ambulans er siden en lille Epidemi 1839—40, som Prof. Fenger omtaler, forekommen ikke ganske sjeldent paa vor medicinske Afdeling; den optræder spontant med Undtagelse af at den undertiden er seet udgaae fra Vesicatorier.

Sygdommen har i denne lille Epidemi i Aar fortrinsvis vist sig traumatisk. Den synes især at angribe Patienter, paa hvilke der var gjort plastiske Operationer og Extirpationer af Svulster, Operationer, som jeg i det Fölgende vil samle under Navnet: Excisioner. Saaledes angreb den to Patienter, paa hvilke der blev gjort Rhinoplastik og hvoraf den ene især lykkedes udmærket. Disse Patienter fik ny Anfald af Sygdommen hver Gang de bleve opererede, idet Operationen, som sædvanlig, blev foretaget i flere Afsnit. Den viste sig iövrigt meget mild hos disse Patienter. En Dame fra Landet, paa hvem en godartet Svulst i Parotide Regionen blev borttaget, fik et secundært Anfald af Sygdommen under Ambulationen.

Jeg skal blot her i Forbigaaende bemærke, at der ved denne Operation blev anvendt Ætherindaadning med meget gunstigt Udfald, idet Patienten Intet fölte til störste Delen af Operationen. Dette hörer imidlertid til de sjeldnere heldige Tilfælde i den rigtignok ikke store Forsögsrække, der er anstillet her paa Hospitalet.

Dette secundære Anfald forholdt sig iövrigt ganske saaledes som de af Prof. Fenger iagttoges. Efterat Sygdommen havde vist sig den 14de April, anden Dag efter Operationen, omkring Saaret, udbredte den sig paa sædvanlig Maade over hele Ansigtet og pars capillata, og var især intens paa Öienlaagene; den var allerede i Færd med at afskalle her, medens den indtog Hagen, da den igjen den 25de April viste sig paa begge Öienlaag paa samme Tid som den blegnede paa Hagen. Den gik derfra atter hen til Örelappen og standsede ved Overlæben. Dette secundære Anfald var langt svagere end det förste, varede kun i 3 Dage, ud over hvilken Tid F. heller ikke har seet noget secundært Tilfælde staae. Iövrigt hörte dette Tilfælde med Hensyn til den universelle Tilstand til de alvorligere. Patienten laae i mer end en Uge i en soporös Tilstand, dog uden Delirier, klagede over Hovedpine, Susen for Örene, Tungen var meget tör belagt, Törsten stærk, Pulsen næsten bestandig hurtig og Tabet af Kræfter og Kjöd betydeligt.

Endnu alvorligere var den universelle Tilstand hos en Proprietær fra Landet, en Mand paa 47 Aar af en meget god Constitution, paa hvem et Lipom blev borttaget paa Ryggen. Tre Dage efter Operationen, den 8de Marts, viste erysipelas sig, efterat en Eruptionsfeber var gaaen i Forveien. Den udbredte sig imidlertid ikke synderligt, standsede efter nogle Dage og var forsvunden den 18de. Men Dagen efter fik Patienten et nyt Feberanfald og den paafölgende Dag Smerte og Svulst ved angulus af höire scapula omtrentlig paa det Sted, hvor erysipelas var standset paa den Side; Smerten og Svulsten tiltoge i de fölgende Dage; der föltes en utydelig dyb Fluctuation, der ikke syntes begrændset. Ved gjentagen Anvendelse af Igler og under Brugen af Kerndls Omslag formindskedes Smerten og Svulsten og Fluctuationen bleve utydeligere. Medens denne Absces saaledes syntes i Begreb med at resolveres, opstod der ved venstre facies triangularis scapulæ, der var det Sted, hvor erysipelas var standset paa denne Side, pludselig uden Spor af forudgangen Betændelse en Absces, uden haard Rand, blöd og fluctuerende, og der iövrigt ganske forholdt sig som de ikke sjeldne critiske Abscesser i erysipelas amb.; efter at pus var udtömt ved Incision, lukkede den sig hurtigt. Et Par Dage efter opstod om Natten nogen Smerte og Svulst midt paa höire Skinneben, der imidlertid allerede var forsvunden næste Dag. I de paafölgende Dage syntes Patienten at skride frem mod Reconvalescentsen, da han i de förste Dage af April atter begyndte at klage over Smerter ved venstre Scapula; Pulsen blev hurtig, han plagedes af Sövnlöshed og Hovedpine, havde flere Gange Anfald af Kulde med stærk paafölgende Hede, svedte næsten bestandigt, fölte sig overmaade mat og afmagrede betydeligt. Hans Udseende forandredes meget, hans Ansigtsfarve blev guulladen, hans Öine matte, hans Kinder indfaldne. Da Svulsten endelig fremböd tydelig Fluctuation og viste sig mere begrændset, gjordes en Incision, hvorved en Del Pus, der laae meget dybt, omtrent en Tomme under Huden,* udtömtes. Strax den fölgende Dag befandt Patienten sig bedre, hans universelle Tilstand var snart aldeles god og nogen Tid derefter forlod han Hospitalet.

Dette Tilfælde, hvor erysipelas viste sig aldeles normal med Hensyn til Exanthemet, synes mig at frembyde et

Exempel paa en purulent Infectionstilstand, der bliver af Interesse med Hensyn til om den bör tilskrives en Blodsygdom, hvorved Blodet secernerer pus (conf. o. c. p. 206) eller som her, hvor Saaret ei lægte ved förste Intension, en Betændelse af de i Saaret gabende Vener.

De to Tilfælde, der foruden det alt omtalte, endte med Döden, gave Exempler paa to Yderligheder, det ene paa en usædvanlig Extension af Exanthemet, det andet paa en meget stor Intensitet af Hudbetændelsen.

Det förste Tilfælde fremböd nemlig et Exempel paa en universel Erysipelas, der, som bekjendt, hörer til de meget sjeldne Tilfælde, og Prof. Fenger beretter ikke at have seet noget Tilfælde heraf. Aarsagen til at erysipelas her strakte sig saa vidt var vel, at Overfladen den havde at gjennemlöbe var saa lille. Det var nemlig hos et Barn paa 5 Maaneder, der blev opereret for en Teleangiectasi paa Panden af betydeligt Omfang og som stedse tiltog. Prof. Larsen, der i Behandlingen af disse Svulster foretrækker Exstirpation for alle andre Operationsmethoder, foretog Operationen den 21de April. Foreningen lykkedes meget godt, men den 23de viste der sig erysipelas omkring Saaret; den gik hurtigt over pars capillata ned paa truncus og som sædvanligt hurtigere paa Rygfladen end paa Forsiden, saa at den allerede var kommen ned til os coxygis, da den fortil endnu stod ved plica axillaris, skred derpaa videre ned paa Underextremiteterne og naaede omtrent samtidigt Fingrene og Tæerne efter at have vandret over hele truncus. Paa samme Tid den fuldendte sit Löb, optraadte Cerebralsymptomer, der hurtigt endte Barnets Liv. Efter Forældrenes Önske foretoges ingen Section. Ret mærkeligt var det, at under Cerebraltilfældene Rödmen paa Laaret tabte sig og gav Plads for en betydelig Induration i Cellevævet, hvorved denne erysipelas fik nogen Lighed med erysipelas neonatorum.

Det andet Tilfælde var en gammel Kone, 65 Aar gl., der ved et Fald havde faaet et Saar i Panden. Tre Dage efter hendes Indlæggelse opstod der erysipelas i Omfanget af Saaret; den skred snart videre og blev især intens paa Öienlaagene, hvor Betændelsen blev phlegmonös. Vel gjordes nogle Incisioner, men Overgangen til Gangræn var overmaade hurtig saavel i Huden som i det underliggende Cellevæv. Med disse betydelige locale Tilfælde fulgte en stuporös Tilstand med Delirier og Skrig; Pupillerne kunde ikke undersöges, Pulsen var lille, meget hurtig (fra 100 til 140), Respirationen ligeledes accelereret med stærk Slimrallen; megen Törst, Tungen belagt med en tyk brun Skorpe, Forstoppelse. Undersögelse af Hjertet viste ingen Folliculærlyd. I de paafölgende Dage tiltoge Delirierne; hun vilde ideligt ud af Sengen, Pulsen blev utællelig, Respirationen mere snorkende, hun formaaede ikke at synke Noget og döde efterat Sygdommen havde varet i 6 Dage.

Man kunde efter Symptomerne have ventet at finde en arachnitis, men F. har gjort opmærksom paa, at der i disse Tilfælde sædvanlig kun findes en Blodoverfyldning af Hjernens Substans. Andet fandtes heller ikke her i Hjernen. Blodet fandtes iövrigt ikke i nogen dissolut Tilstand, der var ingen Imbibition af Hjertet og de större Kar, ingen Blodoverfyldning af de andre Organer; Tarmcanalen bleg uden Fremtræden af de Peyerske Kjertler.

Det fremgaaer af disse Sygdomshistorier, at denne lille Epidemi i Form ganske sluttede sig til den paa Frederiks Hospital; den afveg blot fra den i at den saagodtsom aldrig angreb Patienter, paa hvilke en Absces lige var bleven aabnet, saaledes som saa hyppigt var Tilfældet paa Frederiks Hosp., men mest holdt sig til en enkelt Art Operationer, og i at Forholdet mellem de spontane og de traumatiske var anderledes; i vor 4 af 18, i hiin 17 af 217. Den viste sig hos alle 4 som erysipelas faciei; der kunde være Tvivl om den ikke havde været traumatisk hos een af disse fire Patienter, en lille Pige med en Absces paa Halsen, der var bleven aabnet nogle Dage i Forveien, og hvor Rödmen viste sig ved dens förste Fremtræden som en begrændset Plet paa Kinden, men dels troer jeg at være sikker paa at der ikke har været Erysipelas omkring Saaret, og hvad der gjör det endnu rimeligere, at den var spontan, er at Eruptionsfeberen varede i 4 Dage, og var forbunden med angina, Forhold, som synes at være characteristiske for den spontane. Om dette större Antal af spontane Tilfælde beroer paa Eiendommeligheder ved vor Hospital, hvor Sygdommen hyppigere har været spontan end traumatisk og hvor der, som anfört, i 1839—40 har hersket en lille Epidemi af spontan E., er noget jeg ei kan afgjöre; dog tilhörer det maaske snarere Epidemien og er forskjelligt i de forskjellige Epidemier. Saaledes har jeg i Fjor hört Jobert, der er Overlæge paa St. Louis og unegtelig een af de dygtigste franske Chirurger, paastaae, at erysipelas ambulans vist altid var spontan og at det var et tilfældigt Sammenstöd med et trauma, naar den var traumatisk. Hvad der havde bibragt ham denne Mening var, at der paa St. Louis herskede en Epidemi af erysipelas amb., hvor saagodtsom alle Tilfælde vare spontane.

Dette klinger lidt paradoxt, og vandt til næsten altid at see den optræde traumatisk, kunde jeg i Förstningen slet ikke begribe, hvad det skulde betyde, men tænker man sig Forholdet blot som i vor lille Epidemi 1839—40, hvor af 15 Patienter Sygdommen var traumatisk hos 3, spontan hos 12, og saavidt jeg kunde bringe i Erfaring var Overvægten af de spontane endnu langt betydeligere i Epidemien paa St. Louis, saa vilde man vel altsaa kunne sige: da flere end 1 af 5 blandt vore Patienter lide af Saar, heri iberegnet, Saar efter V. S., Iglebid, Vesisatorier etc. saa kan det, at 1 af 5 der have haft erysipelas amb. ogsaa have haft et vulnus, om de endog have faaet erysipelas kort efter en Operation, ikke godtgjöre, at Traumaet er af Indflydelse paa Udviklingen af Sygdommen. Dette er imidlertid vistnok forkert, forsaavidt som det, i Bedömmelsen af om Sygdommen er traumatisk eller ikke, vel væsentligst kommer an paa, om Sygdommen er udgaaen fra et Saar, ikke om et saadant har været tilstæde. Jobert synes mig at see Sagen ensidigt, idet han uddrager sin Conclusion af den Epidemi, han har at gjöre med, men er dog ikke mindre berettiget hertil, end naar mange anse det for en afgjort Sag, at Tilstædeværelsen af vulnera begunstiger Udviklingen af erysipelas amb. Det har været Tilfældet i den betydelige Epidemi vi have haft 1838, men er det ganske vist ikke i alle og saaledes ikke i denne hos Jobert, som det gjorde mig ondt ikke at kunne studere nöiere, da det ellers vilde have været af Interesse at see, hvorledes en saadan Epidemi af spontan erysipelas forholdt sig paa en chirurgisk Afdeling, hvor der forekommer en stor Del Operationer, thi Jobert anses af Mange for den förste nulevende franske Operatör.

Hvad Behandlingen af denne lille Epidemi angaaer, saa anvendtes overalt til Fomentation solutio vitr. martis i Forholdet Ferri sulphur. ℥ β oplöst i Aq. comm. ℔ ij. Dette Middel har unegtelig en kjendelig topisk Virkning paa erysipelas; det formindsker i de fleste Tilfælde Spændingen og indskrumper Huden, virker forsaavidt lettende for Patienten; men hertil troer jeg ogsaa at dets Virkning indskrænker sig; at standse erysipelas troer jeg ikke at det formaaer. Denne Virkning tilskriver heller ikke Velpeau Midlet, som han iövrigt altid anvender; han bruger det dels i en noget stærkere Oplösning, dels som Salve, hvilket maaske kan være af nogen Fordel ved erysipelas i Ansigtet, hvor disse vaade Klude meget genere Patienterne. Den Brug, vi saaledes have gjort i denne Epidemi af dette Middel, gjör det höist rimeligt, at naar i de 3 Tilfælde det anvendtes i Epidemien paa Fred. Hosp. de to endte med Döden, medens i det tredie Patienten svævede i Fare, dette da ikke kan tilskrives Midlet.

En Cauterisation af vulnus med lapis infernalis, som Prof. Fenger tilraader strax at gjöre Brug af naar Sygdommen optræder, kunde ikke anvendes, da de fleste af de Tilfælde, hvor den ikke var spontan, kom ved Operationer, hvor man gik ud paa en Forening ved förste Intention.

Den universelle Behandling var exspectativ med Undtagelse hvor der kom Cerebralcomplication, hvor en activere Behandling anvendtes.

Der staaer nu kun eet Punct tilbage, om man, som sagt, skal anse Sygdommen for en epidemisk Sygdom, hvis occasionelle Aarsager ikke lade sig efterspore og som af os ubekjendte Grunde i den disse Sygdomme eiendommelige Marsch, hvis Love vi ikke kjende, snart localiserer sig paa et Sted, snart et andet Sted, eller for en ren Nosocomialsygdom, der skylder bestemte Forhold sin Oprindelse og kan hæves og undgaaes ved disses Forandring.

Tænke vi os en Forsvarer af den förste Mening, saa vil han vel, tænker jeg, understötte sin Mening med fölgende Grunde:

«Ved Sygdomme, som ikke ere nosocomiale, f. Ex. typhoid Feber, finde vi ofte at Sygdommen i nogen Tid saa godt som udelukkende holder sig til en enkelt lille Del af en By, en enkelt Gade, saaledes som det, for at anföre et Exempel, var Tilfældet med den Epidemi af typhoid Feber, der herskede her i Byen i Begyndelsen af dette Decennium.

Det Samme er bekjendt om flere lignende Sygdomme, som Scarlatina. Det er altsaa ikke egent for erysip. amb. i nogen Tid at holde sig til eet Sted. Men Sygdommen forekom desuden ikke blot paa Fred. Hosp. chirurgiske Afdeling, men ogsaa paa den medicinske, er forekommen epidemisk saavel paa den chirurgiske Afdeling paa Almind. Hosp. som paa den medicinske, træffes undertiden i Byen og endog paa Landet og kan der (efter en mundtlig Meddelelse af en Provindsiallæge) vise sig hos flere Individer paa samme Tid.

Man maa dernæst betænke, at den, som Prof. F. har stræbt at godtgjöre, har den störste Analogi med de exanthematiske Febre, der juste ere Typer for epidemiske Sygdomme, hvis förste Opstaaen er aldeles ueftersporlig; denne Analogi er aldeles umiskjendelig for den spontane erysip. amb., hvor vi have et bestemt stadium prodromorum, angina, et Exanthem, hurtig Puls o. s. v., ganske som i scarlatina; den fremtræder mindre tydeligt i den traumatiske Form, men disse to Former synes at have saa meget Overensstemmende, at man vel blot tör anse dem for Modificationer af samme Sygdom.

Dernæst har Prof. Fenger ved meget nöiagtige statistiske Undersögelser vist, at Sygdommen i Epidemien 1838—42 ikke skyldtes Overfyldning. Han blev staaende ved Muligheden af at det kunde bero paa Murenes Ælde, men herimod taler dels at den forekommer i Byen, dels er der nu i flere Aar saagodtsom ikke forekommet noget Tilfælde af erysip. amb. paa Frederiks Hospital, og Murene ere sandelig ikke blevne yngre.

Hvis Nogen vilde före denne Argumentation for sin Mening, troer jeg, at man neppe vilde negte den Betydning, men det forekommer mig, at denne Betragtning, der sætter Sygdommen aldeles udenfor vor Magt, har noget saa fatalistisk, og at der er noget saa nedtrykkende ved denne Appelleren til vor Ikkeviden, der danner Hovedmomentet i den, at det synes mig, at man bör söge paa enhver Maade at gjendrive den.

Der maa da her först bemærkes, at Sygdommen vel kan optræde sporadisk i Byen, maaske undertiden paa Steder, hvor Forhold som de i Hospitalerne finde Sted; men saavidt jeg ved, har den aldrig hersket, hvad just her er Spörgsmaalet om, epidemisk, udenfor Hospitalerne, og det at den er optraadt snart paa det ene Hospital, snart paa det andet, medens begge med Hensyn til de climatiske Forhold etc. aldeles ere underkastede samme Vilkaar, synes mig med Evidens at tale for, at Sygdommen er en Nosocomialsygdom, hvortil man maa söge Aarsagen i Hospitalerne.

Ved at gjennemgaae disse vil man kun finde to rimelige, den ene er Hospitalernes Ælde, den anden Overfyldning og Mangel paa tilbörlig Ventilation.

Hvad Hospitalernes Ælde angaaer, saa var det een af de Aarsager, man i Epidemien 1838 var temmelig tilböielig til at antage; den maatte imidlertid falde, da man saae Sygdommen i de fölgende Aar aftage og lidt efter lidt aldeles forsvinde, og Beviset, hentet fra St. Georges Hospital i London, hvor erysipelas, för det blev revet ned og bygget op igjen, herskede epidemisk, medens den senere ikke viste sig, lader sig meget let forklare ved, at man i den nyere Tid ved Anlæggelsen af Hospitaler har lagt langt mere Vægt paa at forskaffe sig en god Ventilation end i gamle Dage.

Spörgsmaalet concentrerer sig saaledes paa Overfyldning under en mangelfuld Ventillation, og her maa jeg altsaa dels negativt söge at godtgjöre, at de af Prof. F. opstillede statistiske Beregninger ikke kunne ansees som tilstrækkeligt bevisende, dels söge at fremföre Grunde, der kunne tale for at Overfyldning virkelig har været Aarsagen til Sygdommens Opstaaen hos os.

Prof. Fenger er gaaet frem paa fölgende Maade. Han har i en Tabel (vide de erysipelate ambulanti Pag. 184) först fremsat for hver Maaned i Aarene 1838 — 41 incl. Middeltallet af Patienterne, der dagligt have ligget paa den chirurgiske Afdeling, dernæst i en anden Rubrik hvormange der i hver Maaned i disse Aar have været angrebne af erysipelas ambulans, og af disse Rækker har han dannet et Middelaar, deri opgivet for hver Maaned det daglige Middeltal af Patienter og Middeltallene af Tilfældene af erysipelas amb. og nu beregnet, hvor mange pCt. af Tilfælde med erysipelas der kommer paa hver Maaned i dette Middelaar.

Derved finder han:

1) at i 1839, hvor Antallet af Patienterne var mindst (Gjennemsnitstal 158), der dog havde været flere Tilfælde erysipelas end i 1841, hvor Patientantallet var paa sit Maximum (179).

2) at Antallet af Patienter havde været allermindst i Maanederne Juli og August 1839 (dagligt Middeltal 135), störst i Marts 1841 (dagligt Middeltal 202), og dog vare i de to förste Maaneder tilsammen 11 Patienter blevne angrebne af erysipelas, i den sidstnævnte derimod kun 1; og endelig:

3) at i det fundne Middelaar Tallet af Patienter blev middelmaadig höit i September og November (168), hvorimod Freqventsen af erysipelas blev for den sidste et Maximum 5 pCt. medens den kun gav en Middelfreqvents for den förste 2,9 pCt., og at i de övrige 10 Maaneder af et saadant beregnet Middelaar Patientantallet i de 5 vilde overstige et Middeltal, i de övrige 5 være lavere, medens man ved at sammenlægge Procenttallet af hver saadan Række af 5 Maaneder omtrent fik samme Tal (3 pCt.). Som Conclusion heraf uddrager nu F., at den Mening bör forkastes, at erysipelas ambulans fremkaldes ved et for stort Antal Patienter.

Imod Nr. 1 som gyldig Præmis for Conclusionen troer jeg kan indvendes, at da visse sygelige Tilstande navnlig Saar i denne Epedimi fortrinsviis have disponeret til erysipelas, idet af 217 de 200 have haft Saar, det i Betragtningen af hvormange der ere blevne angrebne af Sygdommen meget kommer an paa at vide, hvor mange der i det Hele Patientantal for hver Maaned have haft denne Disposition. Dette kan ingenlunde sættes som vel at have være eens i alle Maaneder, navnlig erindrer jeg, at i 1841 hvor jeg lige var begyndt at gjöre Tjeneste paa Frederiks Hospital der meget blev undgaaet at gjöre Incisioner og lignende Operationer med skjærende Instrumenter, for ikke at udsætte Patienterne for erysipelas; at mange Patienter med ubetydeligere vulnera, men som dog ellers vilde være blevne indlagte i Hospitalet, af samme Grund bleve opfordrede til hellere at lade sig behandle hjemme. For at altsaa en Sammenstilling af disse to Aar skulde have Beviiskraft, maatte den controlleres ved en Opgivelse af, hvormange Patienter hvert af Aarene fremböde en traumatisk Disposition.

En lille Epidemi som vor har den store Fordel for en större, at man kan erindre Detaillerne ved hvert enkelt Tilfælde; man kan derved bedre controllere Talrækkerne. Saaledes fik alle de Patienter erysipelas, paa hvilke der medens denne Epidemi herskede hos os blev gjort Operationer, som jeg har sammenstillet under Navnet Excisioner, og disse Operationer maatte derfor ansees for i höi Grad at begunstige Fremkaldelsen af erysipelas. Der blev i alt gjort 7 saadanne Operationer, deraf 2 i Jan., 2 i April og 1 i hver af de tre övrige Maaneder, noget, der blandt andet har bidraget til, at der i April Maaned forekom flere Tilfælde end i de andre Maaneder, hvilket er saameget nödvendigere at anföre, som Patientantallet i den var ringere.

Hvad Nr. 2 angaaer, da maa jeg bemærke, at for at bedömme, om der har været Overfyldning, man ei kan lade sig nöie med at vide et dagligt Gjennemsnitsantal af Patienterne, men ogsaa maa vide i hvad Forhold dette Antal har staaet til Pladsernes. Da nu just i disse to nævnte Maaneder, Juli og August, Stuerne paa Hospitalet pleie at undergaae en Reparation, saa formindskes derved betydeligt Pladserne, og Hospitalet kan i disse Maaneder have været ligesaa fuldt eller maaske bedre ligesaa overfyldt som i andre, hvor Patientantallet var större. Ogsaa herpaa afgiver vor lille Epedimi et Exempel. I Januar 1846 var det daglige Gjennemsnitstal af Patienter 181, i Januar 1847 170. Da nu Epidemien begyndte i Januar 1847, kunde man indvende imod at den skyldtes Overfyldning, at vi i Januar 1846 have haft 11 Patienter fleer og dog kun et enkelt Tilfælde af erysipelas; men hertil maa svares, at i Slutningen af forrige Aar og Begyndelsen af dette een af vore Stuer undergik en total Reparation. Da nu denne Stue har 13 Senge og vort hele Sengeantal paa chirurgisk Afdeling er 187, saa have vi altsaa i Jan. 1846, hvor vi havde 187 Senge til 181 Patienter, haft mindre overfyldt end i 1847, hvor vi havde haft 174 Senge til 170 Patienter.

Mod den tredie Præmis troer jeg at maatte indvende, at 4 Aar vel er for lidt til deraf at uddrage et Middelaar, hvis Tal kunne have bevisende Kraft, idet Feilen her kan blive meget stor. Og hertil kommer at den förste Række for 1838, hvor der er et Par Maaneder, hvori der ikke forekom noget Tilfælde af erysipelas, ikke kan regnes med, under Forudsætning af at Epidemien den Gang endnu ikke var begyndt, hvilket synes mig rimeligt, da jeg intet finder anfört derom. Men derved faaer man allerede et ganske andet Resultat; i den forandrede Procentrække faaer Januar 4,5 pCt. medens November faaer 5,2 pCt.; noget der langt mere nærmer sig til Forholdet imellem Patientantallet end de Störrelser, der ere anförte i Prof. Fengers Række 3,6 pCt. og 5,1 pCt.

Jeg troer saaledes at disse Talrækker ikke kunne tilstrækkeligt berettige til de af Prof. F. uddragne Conclusioner. Tvertimod er der meget der taler for, at Epidemien har været skyldt Overfyldning. Man vil see at Epidemien begyndte i Marts 1838 efter en betydelig Overfyldning. Patientantallet i Februar 1838 var nemlig 192, i Marts 187. Da der nu i alt er 292 Senge paa Frederiks Hospital, og som bekjendt den medicinske Afdeling er större end den chirurgiske, maa ved et saadant Antal Hospitalet have været overfyldt.

Betænker man at Hospitalet efter disse Tabeller i Aarene 1838—42 meget ofte har lidt af en lignende Overfyldning navnlig i 1840, hvortil ogsaa den störste Intensitet af Epidemien svarer, og at almindelig Hospital den Gang ikke havde erysipelas, men heller ikke var overfyldt; at i de sidste Aar Frederiks Hospital ved ikke at opstille Extrasenge har undgaaet Overfyldning og heller ikke har haft erysipelas, medens almindelig Hospital baade har haft Overfyldning, som jeg senere skal vise, og tillige erysipelas, saa troer jeg virkelig, at der er meget stor Sandsynlighed for, at Epidemien 1838—42 har været skyldt Overfyldningen, thi det er kun ved at sees i denne Sammenstilling at de 4 Aar, Frederiks Hospital har været fri for erysipelas, faae Betydning.

Dog der er een Grund, der taler imod at antage at denne Epidemi har været skyldt Overfyldning, og denne troer jeg ikke at burde forbigaae med Taushed. Det ligger nemlig meget for nær at ansee Luftens Fordærvning for Aarsagen, til at man ikke strax skulde have fæstet Opmærksomheden paa den; det har man naturligviis gjort, og naar man har forladt den, saa var det fordi man saae Tilfælde af den opstaae paa nysaabnede Stuer, paa Tider hvor Hospitalet var tomt, og hvor undertiden erysipelas havde været borte i flere Uger.

Men jeg maa gjöre opmærksom paa, at man i en Tid, som da den förste Epidemi viste sig, havde en Mængde Aarsager at vælge imellem, hvoraf man snart henvendte Opmærksomheden paa een snart paa en anden; saaledes bleve snart alle Svampe ombyttede, snart alle Madratser, snart alle Forbindningsstykker omskiftede; derved splittede man naturligviis sin Opmærksomhed for hver enkelt Aarsag; indtraf der nu et Tilfælde, som vanskeligt lod sig forklare af een Grund, saa er det let at begribe, hvorledes man saa gik fra den, og mere heldede til Antagelsen af en anden Grund; lode de derpaa fölgende Tilfælde sig nu forklare ved Antagelsen af denne, saa forlod man ganske den förste og stod paa den sidste, indtil der atter indtraf Tilfælde, der ikke lode sig forklare efter denne, da man saa sögte en ny.

Under langt heldigere Vilkaar befinder man sig, naar man i en lille Epidemi kun har en enkelt Aarsag at holde sig til. Man bliver da nödt til at söge Forklaringen og kommer derved til at see, hvad der ellers let kunde være undgaaet Opmærksomheden og derför blive anseet for modstridende. Saaledes kunde det synes at tale imod Antagelsen af denne Aarsag til erysipelas, at vi i Begyndelsen af Mai paa en Tid, hvor der ikke fandtes noget Tilfælde af erysipelas paa Hospitalet, hvor det daglige Patientantal der i Marts var 173 var sunken ned til 131, fik et Tilfælde i en Del af Hospitalet, der ligger aldeles isoleret, og hvor der saavidt jeg veed aldrig har ligget nogen Patient med erysipelas idetmindste ikke i denne Epidemi. Men forfölger man Sagen, saa finder man at denne Stue er et lille usselt Qvistkammer, hvori vi i Vinter af Mangel paa Plads maatte have 7 Patienter liggende, medens der knap synes at være Plads til 4, hvor der senere forefaldt eet af de Tilfælde af ondartet Diarrhoe, der herskede her i Foraaret og ligeledes ansaaes for at skyldes Overfyldning, hvortil jeg iövrigt skal komme tilbage i et fölgende Nummer af denne Revuerække, og hvor siden Patientantallet ikke kunne formindskes, da det var nödvendigt at rengjöre en af de store Fruentimmerstuer. Paa en Tid hvor Hospitalet altsaa ikke leed af Overfyldning, leed denne Stue, og det var derfor ganske i sin Orden at vi her fik et Tilfælde af erysipelas, medens vi intet havde paa det övrige Hospital, og dette viser, at man for at kunne erklære Overfyldning for ikke at være Aarsag, maatte skrive fast hver Stues Specialhistorie. Ingen Stue vilde i den Henseende vist være vigtigere end Operationsstuen med de tilstödende Værelser. Frederiks Hospitals er i höi Grad vanskelig udluftelig; Operationerne foretoges i Epidemiens Tid sjeldent paa andre Dage, end hvor der holdtes foredragende Clinik; Stuen havde da i en Time været opfyldt af Mennesker, Luften var altsaa her fordærvet. Bleve nu Patienterne, hvad ikke var sjeldent, liggende her nogle Timer efter Operationen, saa maa vistnok Sygdommen, der er seet at opstaae en halv Dag efter en Operation, have været kunnet fremkaldt. I de smaa Sidestuer, hvor de ofte indbragtes, laae næsten altid flere Patienter i Forveien og det er en Kjendsgjerning at Luften i smaae Stuer, om der endog kun ligger et Par Patienter, næsten altid er mindre god end i store. Under disse Forhold lade maaske flere Tilfælde af den ovenanförte Art sig forklare ved det korte Ophold paa Operationsstuen. Herpaa frembyder atter vor lille Epidemi et Exempel. Det lille Barn, der blev opereret for Teleangiectasie, laae fra om Morgenen til om Aftenen paa vor Operationsstue. Derpaa bragtes det ind paa den omtalte ny istandsatte Stue Litr. G, hvor der kun var et Par Patienter og hvor Luften var overmaade god. Alligevel fik det erysipelas. Er det ikke rimeligst at tilskrive det Opho'det af en Dag paa Operationsstuen, da alle de övrige Patienter, paa hvilke der blev blev gjort Excision, paa een nær alle bleve liggende paa Operationsstuen og de tilstödende Værelser, og alle fik erysipelas. Thi hvad vor Operationsstue angaaer, saa er den vel langt lettere udluftelig end den paa Frederiks Hospital, men Sideværelserne ere meget smaa, og her ligge næsten altid Patienter af den bedre Klasse, der i Almindelighed langtfra ikke finde dem i den Udluften, som Patienter af den lavere Klasse, hvorfor Luften her ogsaa langt oftere er daarlig end paa de andre Stuer, især da disse Stuer som oftest, saasnart de forlades af een Patient, igjén strax besættes af andre. Dette kan maaske ogsaa tjene til Forklaring af de Tilfælde, som forefaldt paa Frederiks Hospitals Officiantværelser. Vel ligge Patienterne her ene, lide ikke af Overfyldning; men disse Stuer have altid været saa sögte, paa en Tid, hvor man mindre end nu lagde Vind paa Udluftning, at de vistnok ofte i Maaneder ikke have været rigtig udluftede og reengjorte. Saasnart Stuerne ved Siden af vor Operationstue, der svare meget til Frederiks Hospitals Officiantstuer, vare blevne rigtigt udluftede og istandsatte, og Operationsstuen ligeledes var bleven reengjort, gjordes 3 Excisioner. Alle tre Patienter bleve liggende paa Operationsstuen og ingen af dem fik erysipelas, og hvad der vist derfor især bragte Epidemien til at standse, var foruden at Overfyldning ophörte, det at Prof. Larsen hurtigt lod den Stue, hvor erysipelas især begyndte at blive hyppig, tilligemed Operationsstuen istandsætte, og ikke foretog nogen större Operation inden denne fuldkommen var udrenset.

Jeg har i det Ovenstaaende sögt at vise, at de Grunde, der anföres til Beviis for at Epidemien 1838—42 ikke har været skyldt Overfyldning, ikke kunne ansees for fyldestgjörende; efter at have fört dette negative Beviis og viist Rimeligheden af, at den tvertimod har været frembragt ved denne Aarsag, skal jeg nu stræbe at vise at det i höi Grad er sandsynligt, at vor lille Epedemie har været frembragt herved.

Jeg skal derfor give en Udsigt over det daglige Patientantal i det sidste Halvaar og over Antallet af Patienter med erysipelas, men da disse Tal, som jeg har sögt at vise, ene ingen bevisende Kraft have, tilföie Antallet af Excisionerne og det daglige Gjennemsnitstal af Sengene. Jeg anförer blot Antallet af Excisionerne, fordi der ikke fremkom erysipelas lige umiddelbart efter nogen Incision eller anden Operation. (See Tabellen paa følgende Side).

Af denne Tabel vil man imidlertid kun kunne uddrage lidet, naar der ikke gives hver Stues Specialhistorie. Man vil saaledes see, at 6 af de 18 Tilfælde komme paa Litr. M (Operationstuen med tilhörende smaa Værelser). Paa Litr. F forekomme 3 Tilfælde; de kom omtrent paa samme Tid og skyldtes uden al Tvivl den Omstændighed, at denne Stue, hvor de tilskadekomne Fruentimmer sædvanlig indlægges, hele Vinteren, saalænge Litr. G, der ligeledes er Fruentimmerstue, blev repareret, bestandig havde 2 à 3 Extrasenge. Som Stue for Tilskadekomne var den oftere overfyldt end den anden ligesaa store Fruentimmerstue Litr. O; man finder ogsaa her eet Tilfælde af erysipelas, fordi den ogsaa fast hele Vinteren igjennem maatte have Extrasenge. Litr. L og U, der hver havde 2 Patienter med erysipelas, have ligeledes hele Vinteren haft 2 à 3 Extrasenge, der næsten altid have været belagte. Litr. K er en mindre Mandfolkestue med 14 Patienter, hvori Gangen imellem de to Rækker Senge er temmelig smal. I denne Gang blev just i Januar og Februar opstillet en Extraseng, hvorved Stuen blev overfyldt; senere borttoges denne Extraseng. Litr. T er en Stue omtrent af samme Störrelse som Litr. K, hvor der vel ingen Extrasang opstilledes, men som har 17 Patienter. Litr. 3D er endelig det omtalte Qvistværelse. At gaae videre ind i Detaillen vilde være altfor besværligt; man maatte da tage Hensyn til, hvorvidt Opvartningskonen passer Stuens Udluftning etc.

Disse Oplysninger kunne unegtelig ikke bestemt be-

	December 1846.	Januar 1847.	Februar	Marts	April	Mai
Gjennemsnit af det daglige Patientantal....	163	170	165	173	154	131
Gjennemsnit af Sengeantallet	174	174	174	180	170	173
Excisioner	1	2	1	1	2	"
Tilfælde af Erysipelas amb.............	2 { Litr. M. (Rhinoplast.) (a.) Litr. T. (traumat.)	3 { Litr. M. (Rhinoplast.) (b.) Litr. O. (spontan) Litr. U. (Rhinoplast.) (a)	3 { Litr. M. (Rhinoplast.) (b.) Litr. K. (spontan) Litr. K. (traumat.)	3 { Litr. M. (Exstirpation af Lipom) Litr. L. (spontan) Litr. F. (spontan)	6 { Litr. F. (spontan) Litr. F. (traumat.) Litr. L. (traumat.) Litr. M. (Exstirpation af en tumor fibr. paa Kinden.) Litr. U. (traumat.) Litr. M. (g.) (Exstirpation af en Teleangiectasi.)	1 { Litr. 3 D. (traumat.)

vise, at Overfyldning har frembragt Epidemien, men det gjöres dog i höi Grad sandsynligt ved, at der paa de övrige Stuer paa vor Afdeling Litr. TT, TTT, CC og C ikke har været opreist Extrasenge i Vinter, og det synes virkeligt vel at maatte være meer end noget Tilfældigt, at der ikke har vist sig et eneste Tilfælde af erysipelas paa disse Stuer.

Naar jeg nu efter alt Dette skulde forsöge en Gjendrivelse af den ovenfor opstillede Argumentation for, at Sygdommen ikke var en reen Nosocomialsygdom, ikke skyldtes Overfyldning, men ueftersporlige Aarsager, saa vilde jeg först gjöre opmærksom paa, at erysipelas ikke burde sammenstilles med de exanthematiske Sygdomme med Hensyn til Oprindelse og Udbredningsmaade; hine ere nemlig contagiöse, hvilket erysipelas efter en stor Del Erfaringer ikke synes at være; de kunne vel holde sig nogen Tid til et Qvarteer, men saavidt jeg veed, er der aldrig seet en Epidemi af morbilli eller scarlatina opstaae paa et Hospital, hvor man paa samme Tid kunde vise, at Sygdommen ikke udbredte sig her ved Smitte, saaledes som dette har været Tilfælde med erysipelas. Det samme gjelder tildels om den typhoide Feber; der er ikke faa Erfaringer for, at den, naar den optræder epidemisk, er smitsom; den kan holde sig til et enkelt Strög, en enkelt Gade, men jeg betvivler, at den nogensinde er seet holde sig ene til et Hospital. Derimod er, saavidt jeg veed, aldrig Epidemier af erysipelas iagttagne udenfor Hospitalerne og det, at der nu og da forefalder sporadiske Tilfælde, er her ganske uvedkommende; thi her spörges om Aarsag til den epidemiske Optræden af erysipelas amb. og det er denne, der tilskrives Overfyldning af syge Mennesker. Enhver veed, at der for 100 Aar siden herskede i mange Steder intermitterende Febre, hvor de nu ikke forekomme meer, men fordi der forekommer enkelte Tilfælde af intermittens paa Steder, hvor der ikke kan være Tale om Sumpluft, vil vel dog ingen benegte hvad allerede de Gamle vidste, at Sumpluften under visse Betingelser fremkalder Epidemier af intermittens, og at det bedste Middel til at undgaae disse Epidemier vil være at udtörre disse Sumpe.

Langt snarere end med de exanthematiske Febre burde erysipelas sammenstilles med Barselfebren, men til dens epidem. Fremtræden have just mange Mænd med betydelig Autoritet i den senere Tid erklæret Overfyldning for een af de hyppigste, om ikke for den eneste Aarsag.

At Sygdommen dernæst i Form ligner de exanthematiske Sygdomme beviser Intet; dertil kjende vi i de fleste Tilfælde for lidt til Forholdet imellem Sygdommenes causa occasionalis og proxima. — En vidt forskjellig occasionel Aarsag, Capaivabalsam, giver et Exanthem, der ligner morbilli.

Föies hertil alt det Ovenanförte om de to Epidemier, og desuden hvad Haywart beretter, at paa det Almindelige Hospital i Massacusets Erysipelas aftog og tilsidst aldeles forsvandt, efterat Ventilationen var bleven forbedret, Noget, der saa ganske finder en Analogi i Fred. Hosp., saa troer jeg virkelig at den Mening, at Overfyldning af Syge er Aarsagen til Sygdommen, maa synes rimeligere end den anden, at Aarsagen er uefterspørlig.

Hvis Nogen imidlertid vil gaae en Middelvei, ansee Sygdommen for vel i nogle Tilfælde at skyldes Overfyldning, men dog derfor antage Muligheden af, at den kan opstaae spontant, saa synes mig dette at være i Realiteten temmelig ligegyldigt; det practiske Resultat bliver det samme, og med Hensyn til den videnskabelige Besvarelse af Spörgsmaalet, saa vilde man vel bedst kunne bære sig ad hermed som de nyere Physiologer med Spörgsmaalet om en generatio æquivoca; de kunne ikke bevise Umuligheden af den, men de söge bestandig at vise, at flere og flere Dyr, der för ansaaes for at fremkomme spontant, skyldes en virkelig Generation.

Hvis jeg skulde være forekommen nogen at have dvælet for længe ved denne Discussion, saa vil jeg bede ham betænke, at det ikke blot gjelder Besvarelsen af et videnskabeligt Spörgsmaal, men ogsaa er af stor Vægt for Afgjörelsen af: om vore Hospitaler skulle ansees for Öieblikket ikke længere at være tilstrækkelige for Befolkningen. Thi Fred. Hosp. har i de senere Aar undgaaet erysipelas, men de Midler, det har anvendt, ere foruden en forbedret Ventilation at etablere som Princip ikke at oprette Extrasenge; deraf er Fölgen bleven, at langt flere afvises end för af Mangel paa Plads til Alm. Hospit.; dette bliver derved overfyldt, faaer erysipelas, og Gevinsten bliver saaledes kun imaginair. Det er langtfra min Hensigt at ville dadle dette Afviisnings-Princip paa Fred. Hosp.; det forekommer mig tvertimod i höi Grad at burde respecteres; men Alm. Hosp. har intet andet Hospital at afvise til, og i mange Tilfælde vilde det være aldeles uforsvarligt ikke strax at optage Patienterne; man tænke blot paa, om man vilde afvise en Pat. med primære syphilitiske

Tilfælde for nogle Dage; nogle Dage, der maaske vilde være tilstrækkelige til at gjöre ham ulykkelig for hele hans Liv. Og hvorledes Afviisningen fra Fred. Hosp. af Mangel paa Plads er tiltaget, derpaa skal jeg af de nöiagtige Protocoller Regimentschirurg Mackeprang förer over alle de fra Fred. Hosp. Afviste give fölgende Par Sammenstillinger:

Afviste af Mangel paa Plads fra Fredriks-Hospital

	1842	1843	1847
Januar	3	1	23
Februar	0	0	13
Marts	0	3	13
April	1	1	17.

Betænker man, at foruden denne Tilvæxt ved Befolkningens Tiltagen Tilströmningen til Alm. Hosp. stedse tiltager, saa at Patientantallet i Aaret 1840 var 3374, 1841 — 3832, 1842 — 4065, 1843 — 4366, 1844 — 4028, 1845 — 4198, 1846 — 4489, og at Hospitalet, saavidt jeg har kunnet erfare, i over 10 Aar kun har faaet to Stuer til med tilsammen 28 Pladser og aldeles ingen i de sidste 4½ Aar, saa vil man vist være enig med mig i at vore Hospitaler trænge til en Udvidning. Vel er det muligt, at man ved en Forandring af Ventilationen vil kunne gjöre Noget til Forbedring af Luften, og da Prof. Larsen anseer Luftens Fordærvning for den vigtigste Aarsag til Fremkaldelsen af Erysipelas, saa kan man vist være overbeviist om, at vore Ventilationsapparater snart ville undergaae en Forandring, naar man iövrigt med dette Navn tör betegne nogle Trækruder, Kakkelovne og en Corridor, hvori Luften som oftest er slettere end i selve Stuerne. Men hvor önskelig endog en saadan Forbedring er, den vil blive uden tilstrækkelig Virkning, naar Hospitalet stedse overfyldes meer og meer. En Udvidning vil altsaa blive nödvendig; hvorledes den bör ske, om ved en Udvidning af det ene eller af begge vore Hospitaler, det er en Sag, jeg vil overgive til Ældre og Indsigtsfulderes Bedömmelse.

L. Brandes.

Entledigelse. Underlæge ved 10de Bataillon M. P. Friis meddelt Afsked i Naade fra Krigstjenesten.

Ledige Embeder. Distriktslæge-Embedet paa Læsö, opslaaet vacant den 19de Juni. Ved den 10de Linie-Infanteri-Bataillon er et Underlæge-Embede ledigt. Ansögninger herom, som maa indeholde de sædvanlige Oplysninger, indleveres til Armeens Stabslæge inden den 12te Juli d. A.

Forlagt af C. A. Reitzel. Trykt hos Bianco Luno.

Den 10. Juli. 1847.

Ugeskrift for Læger.

2den Række VII. Nr. 3.

Redigeret af L. Brion og C. Hempel.

Om Ætherindaandingen.

Den ualmindelige Interesse, som den Jacksonske Opdagelse af Ætherindaandingens Virkninger strax opvakte i England og Frankrig og kort efter tildels ogsaa i Tydskland, den Varme, hvormed den næsten af alle disse Landes navnkundigste Autoriter lovpristes som en Acqvisition for den operative Chirurgi, fremkaldte naturligviis hurtig en udstrakt Anvendelse deraf fornemmelig i denne Retning, hvorhos man tillige gik over til Forsög dermed i andre Grene af den praktiske Lægevidenskab, hvor man troede at kunne höste Gavn af dette Middels smerteophævende Kræfter. Efterat man i Begyndelsen saa godt som ene havde haft den praktiske Nytte for Öie, ledtes man snart til at trænge ind i de mærkelige ved Ætherindaandingen fremkaldte Symptomers Væsen, at oplyse dens Virkninger paa Nervesystemet, Blodet, og paa Organernes Funktioner, og til den Ende anstillede mange Læger Selvforsög, Physiologerne Forsög paa Dyr og Vivisectioner, chemiske Analyser af Blodet o. s. v. Tillige stræbte man at give de fra Begyndelsen temmelig ufuldkomne Apparater en hensigtsmæssigere

Indretning. En naturlig Fölge deraf er, at Udlandets Literatur om Ætherindaanding og hvad dermed staaer i Forbindelse allerede har naaet et temmelig betydeligt Omfang. Hos os er der, saavidt bekjendt kun paa de större Hospitaler, anvendt Ætherindaanding i en Del Tilfælde, af hvilke de förste udförlig ere beskrevne i Bibliothek for Læger, men Forsögene ere, efter hvad vi vide, ikke udstrakte til mere indgribende operative Indgreb og udenfor disse kun til enkelte Tilfælde af de saakaldte Nervesygdomme. Vore Operatörer synes ikke at dele Udlandets Enthusiasme for dette Middel, hvortil Grunden muligen er at söge i den Forsigtighed og Samvittighedsfuldhed, man her tillands er vant til at iagttage ved at underkaste Patienter indgribende Forsög, vel ogsaa i Paavirkning af de Betænkeligheder, som saa at sige fra det moralske Standpunkt med megen Styrke ere fremhævede i nysnævnte Tidsskrift. Naar vi derfor have foresat os i det Fölgende at gjöre vore Læsere bekjendte med det Udbytte, som den senere Tid har bragt os med Hensyn til Ætherisationens Virkninger og Anvendelighed, kunne vi kun gjöre dette ved at söge at orientere os i mangfoldige og forskjelligartede Kjendsgjerninger og Resultater, som Udlandets medicinske Journalistik har bragt os for Öie.

Vi ville indlede disse Bemærkninger med en Beskrivelse af de almindelige Phænomener, som ledsage Ætherisationen fra Begyndelsen til Indtrædelsen af Fölelseslösheden eller det Tidspunkt, udover hvilket den ikke fortsættes længere hos Mennesket. Et Billede af en med forönsket Virkning udfört Ætherindaanding vil omtrent være fölgende *).

*) Blandt de mange Læger, som for at komme til en klar Anskuelse af Ætherisationens Symptomer have anstillet Selvforsög,

Strax ved de förste Indaandinger bemærker Individet en ringe Kortaandethed, Irritation til Hoste, foröget Spytafsondring og en meer eller mindre brændende Fornemmelse i den bagerste Del af Munden og i Luftröret, hvilke Phænomener, rent locale Virkninger af Ætherdampenes Irritation paa Luftveienes sensible Slimhinde, i Almindelighed let ja vel for störste Delen undgaaes ved et roligt og jevnt Aandedrag af et vel construeret Apparat. Efterhaanden som Ætherdampene trænge ind i Lungerne, igjennem Blodet hurtig föres omkring i hele Organismen og begynde at paavirke Nervesystemet, indtræder en Fornemmelse af behagelig Varme i Brysthulheden og i hele Legemet, Lethed og Munterhed i Sindet, men tillige begynder Sandsernes Modtagelighed for de ydre Indtryk at blive noget utydelig eller forvirret; der mærkes Klingen og Susen for Örene, Dunkelhed eller Omtaagethed af Synet, lidt Svindel, Vanskehed ved at holde sig opreist; imidlertid er Bevidstheden ikke tabt, Individet formaaer at gjöre sig rede for sin Tilstand, Selviagttagere f. Ex. kunne beskrive den; ligesom ogsaa Sandsningen af Omgivelserne vedbliver om end noget omtaaget; Fölelsen er ikke tabt men noget indskrænket, Aandedrættet og Pulsen ere hyppigere, den sidste tillige fuldere, bölgeformig, Hjerteslaget forstærket, Hudvarmen forhöiet, Pupillen mærkelig sammentrukken, Öiets Bindehud injiceret, Ansigtet rödligt med et eiendommeligt muntert Udtryk; undertiden bemærkes forskjellige Gebærder samt urolige Bevægelser. Disse Symptomer, som i det Hele

---

skulle vi nævne Prof. Gerdy i Paris, Dr. Bergson i Berlin og et Samfund af tydske Læger i Paris, hvilke sidste have udfört saadanne paa dets Medlemmer efter en nöiagtig og omfattende Plan; men saavidt vides er kun den förste Del af Beretningen derom kommet for Lyset.

bære Præget af universel Incitation, har man henfört til et **Incitationsstadium**, som imidlertid er temmelig ubestemt med Hensyn til Grad og Varighed, men i Almindelighed ikke varer over 2—4 Minutter. Efterhaanden bliver nu Individet ude af Stand til at holde sig opreist, Bevidstheden omtaages mere, Sandsningen af ydre Indtryk fordunkles, og Individet falder hen i en fuldstændig drömmende Tilstand, hvori forskjellige Billeder foresvæve Sjælen, som snart staae i en vis Relation til hvad der foregaaer omkring ham dog paa en forstyrret og meget utydelig Maade, men fordetmeste dreie sig om Individets sædvanlige Beskjæftigelser, eller rette sig efter hans sædvanlige eller momentane Gemytsstemning; han er nu ufölsom for Smerte og ydre Indtryk, eller naar Tilstanden er mindre fuldkommen, vedbliver en dunkel Sandsning af ydre Gjenstande, medens Smerteformemmelsen er ophört. Pulsen, som tidligere var accelereret og hævet, begynder at synke og blive langsommere, Aandedrættet bliver ligeledes langsommere, sukkende, uregelmæssigt, undertiden snorkende, Hudvarmen begynder at synke, Ansigtet er blegt med et betydningslöst Udtryk; Pupillerne ere udvidede, Öinene matte, Öiet staaer stivt, fordetmeste dreiet opad og indad eller helt bedækket af det nedsunkne slappe Öielaag. Yderlemmerne hænge rolige og slappe ned og falde ved at löftes tilbage i deres forrige Stilling, kort, alle vilkaarlige Muskler befinde sig i en Slapheds Tilstand. Dette er den Tilstand som kaldes **Bedövelses-Stadiet**; udover denne maa Ætherindaandingen ikke drives. Naar nu Ætherindaandingen standses, saa vedvarer Insensibilitets-Tilstanden i Reglen 4 Minutter; derpaa aftage Phænomenerne i samme Orden som de tiltoge. Paa Ufölsomheds- og Drömmetilstanden fölger i et Par Minutter et tilbagevendende Incitationsstadium med nogen Uro og Forstyrrelse i Tankegangen og Örhed i Hovedet; samtidig med Bevidstheden vender i Reglen Sensibiliteten tilbage; dog er det ei saa ganske sjelden iagttaget, at Bevidstheden er vendt tilbage förend Sensibiliteten, hvorved det besynderlige Phænomen er indtraadt, at Individet har været istand til at före en ganske fornuftig Samtale under Operationen uden at afficeres af dens Smerter. Undertiden ophörer Ætherisationen saaledes uden noget Ildebefindende, men ofte efterlades nogen Tyngde i Hovedet og Træthed i Lemmerne, der forsvinder efter faa Timers Forlöb; undertiden kan dog Hovedpinen vare i nogle Dage. Hvad der længst vedvarer er Lugten af Æther ved Aandedrættet og af Secreterne og Smagen deraf paa Tungen; dette kan bemærkes i en Tid af 24 Timer efter.

Naar man gjennemlæser de mangfoldige Erfaringer om Ætherindaanding, vil man finde en Del Afvigelser fra ovenanförte Beskrivelse. Man bliver saaledes vaer en stor Variabilitet i Tidsrummet, som er medgaaet indtil Indtrædelsen af den forönskede Virkning: det har kunnet vare fra et Par Minuter, til 1 Qvarter, ½ Time og derover. Den locale Irritation har undertiden været saa betydelig, at man har maattet fjerne Apparatet. Det saakaldte Incitationsstadium, der sædvanlig gaaer forud for Ufölsomhedens Indtræden, har undertiden været ledsaget af voldsomme Bevægelser, Skrig, heftige Gebærder, Vildelse og overhovedet en Tilstand, som ligner delirium furibundum; Exempler herpaa anföres af Amussat, Laugier, Dieffenbach, Schuh o. Fl.; undertiden har det været aldeles forbigaaende, saa at der meget snart er indtraadt Ufölsomhed. Man har tilskrevet dette individuelle Forskjelligheder og saaledes villet finde, at Personer, som ere vante til spirituöse Drikke, Drankere skulde være mindre modtagelige for Ætherens Virkninger, at unge, magre, blodarme Individer paavirkes lettere end ældre, kraftige, fuldblodige Personer, Fruentimmer lettere end Mandfolk, at Folk med lidenskabeligt, heftigt Temperament behöve en længere Tid for at ætheriseres o. s. v. Erfaringerne ere dog i denne Henseende ikke overensstemmende, saaledes har Forbes ikke fundet det bekræftet om Drankere, om hvilke man især har troet at det skulde gjelde, og det turde vel være at disse individuelle Forskjelligheder ikke have en saa væsentlig Betydning, hvorimod Forskjellen i Symptomerne, i Tiden og i Resultaterne fornemmelig beroer paa Anvendelsesmethoden, Apparatet og Operatörens Færdighed i at benytte det. Saadanne uheldige Resultater findes nemlig især omtalte ved de förste Forsög en Læge har anstillet, naar Individet har aandet uordentligt, af et ufuldkomment Apparat. De Fleste ere dog enige i, at Börn paavirkes lettere og med mindre betydelige Tilfælde end Voxne, ligeledes er det en temmelig almindelig Erfaring, at Virkningerne ere noget anderledes og mindre gunstige, naar Indaandingen foretages af Individer der imödegaae en Operation, selv om de med Hensyn til deres universelle Befindende ere at ansee for sunde, end hos saadanne sunde Personer, Læger eller andre, der af videnskabelige eller andre Grunde underkaste sig Ætherforsög. Den momentane psychiske Tilstand, Ængsteligheden hos dem, som ere ubekjendte med Midlet, er vistnok Aarsag heri, ligesom ogsaa Individets Villighed og Selvvirksomhed maa være af stor Vigtighed for Opnaaelsen af et godt Resultat. — Den actuelle eller öieblikkelige Sindsstemning, Temperamentet, Sjælens sædvanlige Beskjæftigelser bestemme rimeligviis ligeledes Beskaffenheden af de Billeder og Drömme, som i i Bedövelses og Ufölsomheds Tilstanden kunne foresvæve Sjælen, hvilke mange beskrive med megen Detail ja endog udmale med poetiske Farver: i Almindelighed skulle de være af en behagelig, lykkelig, undertiden dog ogsaa af deprimerende Natur; vistnok kunne ogsaa forekomme Phantasibilleder af en slibrig Beskaffenhed, hvilket vi imidlertid kun meget sjelden have fundet omtalt i de udenlandske Beretninger. Naar det saaledes indrömmes, at Gemytstilstanden kan have Indflydelse paa Symptomernes Charakter, kan det heller ingenlunde benægtes, at ogsaa andre individuelle somatiske Tilstande, Idiosyncrasier kunne modificere Ætherens Virkninger, foraarsage, at Nogle ere mere andre mindre modtagelige; vi finde ogsaa Exempler paa at Æthervirkningens Aftagen, efter Indaandingens Ophör, var ledsaget af betydelige Incitationstilfælde, hysteriske Anfald; kun tro vi, at Individets spontane Medvirken og Anvendelsesmethoden er af en meget væsentlig Betydning, og at jo fuldkomnere disse kunne ske, desto mindre ville ogsaa Chancerne ved Æthervirkningerne blive.

Det vilde före os forvidt her at bekrive de forskjellige Indaandingsmaskiner, som anprises; kun skulle vi antyde nogle væsentlige Momenter, der maa komme i Betragtning ved den praktiske Anvendelse. Der udfordres: at Ætheren er reen; at Indaandingsröret har en tilbörlig Vidde, saa at en tilstrækkelig Qvantitet af Dampe kan indaandes uden Anstrængelse; at Dampene i Begyndelsen ere noget fortyndede med atmosphærisk Luft, for at den förste locale Indaanding kan taales af Luftveiene, men at de strax derefter maa være mindre fortyndede (hvilket kan bevirkes ved en egen Indretning paa Apparatet) og indaandes saa dybt som muligt, for at en stor Qvantitet i mulig kortest Tid kan optages, hvorved Virkningen indtræder hurtigere og Incitationsphænomenerne undgaaes; at Indaandingen ikke afbrydes forinden Tegnene paa Insensibilitet have viist sig. Naar dette iagttages med nogen Færdighed, da — saaledes paastaae Autoriteterne — skulle de ugunstige Tilfælde i Reglen undgaaes. Da det altsaa kommer an paa, at en vis Qvantitet Dampe indaandes saa hurtig som muligt og ikke paa deres absolute Mængde, eftersom en betydelig Mængde i lang Tid vil kunne indaandes uden tilsigtet Virkning, saa indsees Misligheden af at angive nogen bestemt Dosis af Ætherdampe til Insensibilitet, som nogle have forsögt. Tiden som udkræves til Ætherisation har i de heldigste Tilfælde været 2—4 Minuter. Tegnene paa at den er indtraadt og ikke maa fortsættes længere, ere ovenfor angivne. Da den almindelige Varighed af Insensibiliteten (2—4 Minuter eller noget længere) under mange Omstændigheder ikke er tilstrækkelig til det tilsigtede Öiemed, bruge de fleste Operatörer at fornye Indaandingen, saasnart Tegn til Opvaagnen indfinder sig under Operationen, og paa den Maade forlænge Insensibiliteten saalænge som behöves. Andre fortsætte Indaandingen uafbrudt, men saaledes at de, naar Insensibiliteten er indtraadt, lade en större Mængde atmosphærisk Luft fortynde Ætherdampene, hvilket kan ske ved en egen Construktion af Maskinen. Men naar der indtræder Bleghed og de ovennævnte Slapheds Symptomer i nogen udtalt Grad, maa i ethvert Tilfælde Indaandingen ophöre. For at opvække Patienten af Ætherisationen, naar det behöves, raades Adgang af frisk Luft, Stænkning af koldt Vand og som mest virksom Salmiakspiritus; af theoretiske Grunde anbefales ogsaa Indaanding af Iltgas; men det er indlysende at denne meget sjelden vil haves ved Haanden i Öieblikket. Nogle (Velpeau) have raadt, for at forsikkre sig om Individualitetens Indflydelse, at forudskikke Pröve-Indaandinger nogen Tid f. Ex. Dagen för Operationen; dette synes dog ikke at anbefales som Regel, da man ialtfald vel neppe af en saadan Pröve vil kunne bedömme Omstændigheder, som kunne indvirke til et andet Udfald umiddelbart för Operationen.

Henvende vi, efter Beskrivelsen af Symptomerne, Opmærksomheden paa den Virkning paa de vitale Funktioner, der fremkaldes ved den sædvanlige Ætherisationsgrad, saa findes, at denne tilligemed Fölelsen for en kort Tid ophæver de vilkaarlige Muskelbevægelser, og at Musklerne forsættes i en relaxeret Tilstand. Derimod ere ikke de uvilkaarlige Muskelbevægelser, ei heller Reflexactionen ophævet, om de end kunne være noget svagere; et Beviis herfor ere Respirationsbevægelsernes, Hjertevirksomhedens tydelige Vedvaren under Ætherisationen; Sluttemusklernes vedvarende Contraktion; Livmoderens vedvarende rhytmiske Contraktioner og Abdominalmusklernes Medvirksomhed hos Födende, der underkastes Ætherindaandingen o. s. v. Denne Reflexvirksomhedens Bestaaen, medens de vilkaarlige Muskelactioner ere relaxerede, forklarer os nogle Phænomener, som kunne vise sig under Ætherisationen. Der forekomme nemlig ikke faae Erfaringer for, at Individer tilsyneladende have været fuldstændig fölelseslöse og bevidstlöse og dog ved det förste Indsnit med Kniven og overhovedet ved de smertefuldeste Akter under Operationen fortrække Ansigtet, gjöre Bevægelser til det smertende Sted, udstöde Klager, knibe Munden sammen ved Tandextraction o. s. v., uagtet de efter Operationen erklære ikke at have vidst af disse Bevægelser, eller fölt noget til Smerte. Man har udlagt dette saaledes, at Individerne, i Analogi med at noget lignende i mindre Grad kan indtræde ved en sædvanlig Ruus, vel have fölt Smerten men forglemt denne, en Fortolkning. hvis Mening synes uklar, og som heller ikke behöves; thi disse Bevægelser foregaae aabenbart ifölge Lovene for Reflexbevægelserne, idet Irritationen paa de sensible Nerver uden nogen bevidst Perception forplantes til Reflexvirksomhedens Centralorgan, der da uafhængig af Vilkaarligheden fremkalder hine Bevægelsesyttringer, som saaledes ere automatiske. At derimod ved en videre dreven Ætherisationsgrad, Reflexbevægelserne ligeledes ophöre, er godtgjort ved Forsög paa Dyr. Forresten synes Bevidsthedens Forhold til Sensibiliteten undertiden noget ubestemt; thi uagtet den under Ufölsomheden i Almindelighed har været omtaaget, er der dog forekommet Tilfælde, hvor den har været uforstyrret under samme; dette skal dog kun indtræde, naar den i Forveien har været borte, altsaa under Ætherisationens aftagende Symptomer. Paa den anden Side har den ogsaa været tilsyneladende forsvunden, medens Patienten dog ret godt fölte Operationens Smerter — uden at man vel altid tör tilskrive dette Anvendelsesmethodens Ufuldstændighed.

De betydelige Virkninger, som Ætherindaandingen saa hurtigt fremkalder, lade ingen Tvivl om, at den ved at fortsættes vil kunne bevirke Forgiftning og medföre Döden; og da det er af Vigtighed at blive bekjendt med Fölgerne af Ætherisationen fortsat til en Höide og under Forhold, som ikke tör bringes i Anvendelse hos Mennesket, har man dertil benyttet Forsög paa Dyr. Disse skulle vi omtale i det fölgende Afsnit.

Nogle Bemærkninger om Journalistikens Angreb paa Fraværende.

(Af *C. Lanng*).

Læserne ville tilgive mig, at Selvforsvar nöder mig til at opripppe en gammel Historie og tilbagekalde i de Flestes Hukommelse en i "Ugeskrift for Læger" af 11te Juli 1846 indrykket Artikel om "medicinske Reiseunderstöttelser," i hvilken jeg nu ved min Hjemkomst fra en Reise til Frankrig og Afrika seer, at Redaktionen af Ugeskriftet under min Fraværelse har skjænket mig en venskabelig Erindring, for hvilken jeg just ikke skylder den Forbindlighed. Vel er det fornemmeligen Autoriteterne og nærmest Stabslægen, hvem Redaktionen bebreider at have overdraget mig, og ikke en mere Qvalificeret og ved Concurrence valgt, at foretage en ved offentlige Midler bekostet Reise for at indhente Oplysninger om militære videnskabelige Gjenstande; og forsaavidt miskjender jeg ikke det af Redaktionen hyldede Princip, men tilstaaer endog at jeg bifalder samme. Derimod indeholder denne Artikel et Angreb paa mig, som vistnok ingenlunde kan benævnes humant, saameget mere som jeg i min Fraværelse var berövet Leilighed til at replicere At Red. skulde være uvidende om min Afreise, kan jeg neppe antage; fra Begyndelsen af Januar da min Reise bestemtes, indtil 1ste Mai da jeg tiltraadte den, var der dog Tid nok til at affatte denne Artikel. Vel blev jeg i August f. A. ved privat Meddelelse underrettet om, at Redactionen havde udtalt sin Utilfredshed med, at omtalte Hverv var bleven mig overdraget, men dette var Alt hvad jeg derom erfarede; jeg stod dengang i Begreb med at forlade Frankrig og at begive mig til Africa; paa intet af disse Steder var jeg istand til at faae Ugeskriftet ihænde, og i al Fald stolede jeg paa, at et Blad, som repræsenterer den lægevidenskabelige Journalistik, ikke vilde indlade sig paa personlige Udfald mod en fraværende Collega. Jeg har nu indseet at jeg deri bedrog mig, og efterat denne Artikel er bleven mig bekjendt, har jeg al Grund til at glæde mig over, at den ikke dengang kom mig ihænde; jeg vilde maaske i et varmt Clima have ærgret mig noget over at opdage Spor af manglende Humanitet hos Mænd, hvis Dygtighed som Redakteurer af Ugeskriftet jeg oftere havde anerkjendt, og Ærgrelse passer sig som bekjendt ikke vel til det africanske Clima. Hertillands, i vort kjölige Norden, tager man Sligt roligere, og dersom man ærgrer sig lidt, vil vort Clima snart afkjöle Blodet og forebygge Skade paa Leveren. Maaske burde jeg nu rigtigst oversee denne aarsgamle Affære og haabe, at Tid og Omstændigheder maatte udjevne det begaaede store Misgreb; men paa den anden Side er Red.s Angreb paa mig som Fraværende af den Art, at det hos de med Forholdene Ubekjendte let kunde fremkalde en for mig mindre fordelagtig Mening, dersom jeg nu efter min Hjemkomst ikke tog til Gjenmæle og ikke bestræbte mig for at udslette det ved bemeldte Artikel muligen for mig fremkaldte ugunstige Omdömme af de af mine saavel ældre som yngre Colleger, hvis gode Formening det ikke kan være mig ligegyldigt at bevare. Jeg har troet bedst at opnaae mit Öiemed ved i Korthed at meddele, hvorledes det omtalte Hverv blev mig betroet.

For paa en nyttig Maade at anvende min Tid og mine Evner samt tilfredsstille min Virkelyst *), opfattede jeg i

*) Vi ere i Nyborg, en By paa lidet over 3000 Indv. med kun lidet Opland, 6 Læger, 3 civile, 3 militaire; sat sapienti!

1845 den Ide, at beskjæftige mig med at indhente Oplysninger om adskillige militær-medicinale Gjenstande og in specie om de Forbedringer, som Ambulance- og Transport-Væsenet var undergaaet siden Krigens Ophör 1815, for deraf muligen at udlede, hvilket og hvormeget deraf maatte befindes anvendeligt paa vor Armees Forholde. Jeg meddelte Stabslægen min Plan, udbad mig hans Anskuelse om Muligheden af dennes Realisation, og bad ham af Stabschirurgicatets Bibliothek at overlade mig tillaans Skrifter, de omtalte Gjenstande betræffende. Da min Plan af ham bifaldtes, indgav jeg i Foraaret 1845 til Kongen en allerunderdanigst Ansögning, hvori jeg, efterat have fremstillet Hensigtsmæssigheden af Armeens Forsyning med det fornödne Ambülance- og Transport-Materiale o. s. v., saafremt ikke en ældre og mere berettiget militær Læge fandtes, som vilde paatage sig et saadant Hverv — tilböd at ville indhente de Oplysninger som maatte önskes og at begive mig til de Steder, hvor de mest praktiske Iagttagelser maatte kunne gjöres, nemlig Frankrig og sammes Coloni i Africa, naar det maatte behage Hs. Maj. at tilstaae mig den til en saadan Reise fornödne Permission og Understöttelse. Min Ansögning indkom imidlertid saa sildig, at den begjærte Understöttelse for Tiden ikke kunde bevilges mig; jeg gjentog den i Slutningen af Aaret, og i Begyndelsen af 1846 erholdt jeg kongelig Resolution paa Permission og Understöttelse til at begive mig til Paris, der gjöre mig bekjendt med det franske militære Hospitals- og Ambülance-Væsen i Europa, og naar Krigsministeriet havde tilstaaet mig Adgang til den franske Armee i Africa, da yderligere Understöttelse for der at studere de militær-medicinale Forholde og i det Hele uddanne mig som militær Læge ved den Leilighed, som den praktiske Krig fremböd. I det Aar, som forlöb inden min Plan realiseredes, hörte jeg Ingen nævne, som maatte önske at overtage en saadan Mission, derimod erfarede jeg, saasnart samme var mig overdragen, at en ældre og langt mere qvalificeret militær Læge nu dertil var villig. At jeg imidlertid derfor ikke afslog det mig betroede Hverv, vil vel neppe Nogen bebreide mig; denne Plans Realisation havde nu i længere Tid været mine Önskers Maal, Ideen dertil var udgaaet fra mig, man elsker saa naturlig sit eget Foster og seer det helst trives under egne Öine. Dertil vovede jeg at haabe, ved varm Interesse for det mig betroede Hverv, ved Flid og god Conduite og ved ikke at sky nogensomhelst Anstrængelse, at erstatte en Del af det hos mig Manglende af dyb Lærdom og betydelige Forkundskaber. At en ældre militær Læge vilde paatage sig det mig overdragne Hverv, lösrive sig idetmindste paa 1 Aar fra sin rolige Stilling, omtumles mellem Fremmede og udsætte sig for Climatets og Krigens Farer i Africa, det tilstaaer jeg oprigtigen, jeg dengang meget betvivlede. Red. af Ugeskr. har imidlertid underrettet mig om, at Flere dertil fandtes villige, og jeg kan ei andet end glæde mig over dette Beviis paa vor militære Lægeetats rigtige Opfattelse af dens Kald og Stilling. Forsaavidt jeg nu, ved at modtage det mig betroede Hverv, maatte være kommet en Ældre og mere Berettiget i Forkjöbet, saa modtage han her min oprigtige og ærlige Undskyldning og Beklagelse over, om jeg ved at have opfattet og forfulgt min Ide skulde have berövet ham en forönsket Leilighed til hans större Evners Anvendelse og til fuldkomnere Resultaters Opnaaelse. — Vel kan Red. sige, at ingen Garantier havdes for, at jeg tilfredsstillende vilde opfylde det mig overdragne Hverv, men en vis Grad af Sandsynlighed derfor savnedes dog vel heller ikke ganske.

Hvad Udbytte af min Reise jeg maatte blive istand til at afgive og dermed maaske böde paa det begaaede Misgreb, dette er en Sag som Andre maa bedömme og Tiden afgjöre og vil tildels afhænge af, hvorvidt en militærmedicinal Reform, om hvis Betimelighed og Önskelighed vistnok kun haves een Mening, snart tör imödesees, samt hvorvidt jeg tör haabe fra min underordnede Stilling at komme i Betragtning, og hvad Anklang og Understöttelse Forslag fra min Side maatte möde.

Hvorvel jeg ganske indrömmer, at en Anden muligen vilde have opnaaet bedre forelöbige Resultater, (disse kunne ifölge Sagens Natur endnu ikke være offentligen bekjendte og bestaae forelöbigen kun i indsendte Modeller, Rapporter o. s. v.), vil jeg dog berolige Enhvers egen Dygtigheds-Fölelse med det Factum, at det er saare let at foreslaae en Forbedring, men mindre let at faae det Foreslaaede, som man saa ofte antager fortræffeligt og uundværligt, gjort gjeldende og indfört. Endnu med een Bemærkning vil jeg söge at tröste dem, som gjerne havde paataget sig det mig betroede Hverv. Vel har min Reise som alle Lignende frembrudt Meget af Interesse og — jeg haaber det — ogsaa Noget for den mig bettroede Mission nyttigt, men kun tvungen af Pligt og bydende Nödvendighed vilde jeg, som man siger, gjöre den om igjen, og dog var mit Helbred hele Tiden godt, dog paavirkes jeg ikke synderlig af legemlige Anstrængelser eller mödende Farer. I et Aar har jeg omtumlet mig imellem Fremmede, og bestræbt mig for at opfylde det mig overdragne Hverv; med Glæde er jeg vendt tilbage til en Stilling, hvor jeg i Ro kan udarbeide mine indsamlede Oplysninger og Erfaringer; meget vilde jeg derfor have paaskjönnet, om Red. af Ugesk. ikke havde hastet saa meget med sine Udladelser om mig.

Noget direkte Fornærmeligt for mig indeholder dens Artikel egentlig ikke, men Tonen hvori og Maaden hvorpaa den paa flere Steder omtaler mig, vil enhver Uhildet indrömme, indeholder en höi Grad af Animositet mod mig og en tydelig Stræben efter hos Mangen at stille mig i et slet Lys; og hvorfor dette? fordi Red. misbilligede Autoriteternes Valg og Fremgangsmaade.

Som et Argument imod at denne Mission betroedes mig, yttrer Redaktionen blandt Andet, at jeg i et Tidsrum af 10 Aar ikke har dokumenteret ualmindelig Flid eller fremragende Evner. Meget sandt! Thi naar jeg undtager en ubetydelig Artikel fra mig i Bibliothek for Læger 1839, om Anvendelsen af Speculum vaginæ til alle Visitationer af offentlige Fruentimmer, et dertil forbedret Instrument, som jeg fra Udlandet havde hjembragt og med vedkommende Overlæges Tilladelse fik anvendt og dets Brug gjort almindelig paa Hospitalet, saa har jeg siden den Tid ikke haft Leilighed til offentlig at træde frem og ombyttede kort efter Hovedstaden med Provindsen. Man maa heller ikke fordre Meget af os Provindsial-Læger; Enhver som kjender lidt til Forholdene, vil indrömme mig, at Provinds-Lægerne med langt större Vanskelighed end Hovedstadens kunne dokumentere nogen særegen Dygtighed. Dertil savne vi en omfattende Literatur, som kun findes i större Bibliotheker, dertil mangler os de store Hospitalers Erfaringer; lægevidenskabelige Sammenkomster kjendes næsten ikke, Forholdet mellem Provinds-Lægerne i smaa Byer er sjelden godt, Beröringspunkterne i andre Henseender for mange o. s. v. Pluraliteten nöies derfor med i Medicinal-Indberetningerne at meddele en eller anden ret interessant Sygehistorie, eller oversætte noget af en fremmed Journal; men det Förste röber ingen særegen Dygtighed og det Sidste dokumenterer kun Sprogkundskab. Da jeg nu rigtignok i en Række af Aar ikke har seet mig istand til at dokumentere nogen særegen Dygtighed eller udmærkede Evner, men dog i 1845 opfattede og forfulgte Ideen om en muligen gavnlig Virksomked for de Evner jeg kunde disponere over, synes mig gjerne at Red. kunde have opsat at udtale sin misbilligende Mening om mig indtil min Tilbagekomst, og ikke ladet mig paa en Maade undgjelde for Andres saakaldte store Misgreb.

De i Artiklen forekommende Urigtigheder ere af det allerede Anförte indlysende. Min Reise var nemlig ikke bestemt til Algier alene, men delt mellem dette Sted, Skuepladsen for den praktiske Krig, og Paris, Opbevaringsstedet for de franske Ambülancer, etc.; Öiemedet af min Reise var ikke af nogen særegen Vigtighed for Armeens Lægeetat, men det gik ud paa at indhente Oplysninger om de militære-medicinale Forholde, og in specie om Ambülance- og Transport-Væsenet; endelig skulde man næsten af Artiken slutte, at dette Hverv pludseligen var blevet betroet mig, men af Ovenstaaende vil man see, at mit Forslag indsendtes i Foraaret 45 og at Resolutionen faldt i Begyndelsen af 46.

Idet jeg derfor ganske billiger den beföiede, fornuftige og værdige Critik, og anseer Journalistiken berettiget til at paatale begaaede aabenbare Misgreb, saa mener jeg tillige, at den selv er bedst tjent med at bevare en vis Grad af Værdighed, ikke overskride en vis Grændse og ikke angribe værgelös Mand, hvorved den selv maa tabe i den Respekt, det maa være den magtpaaliggende at bevare hos den bedre Del af Samfundet. At Redaktionen af Ugeskr. har begaaet et Misgreb med dens Stiklen til mig i bemeldte Artikel, og at jeg maa være berettiget til at paatale dette, haaber jeg maa erkjendes saavel af selve Journalistiken som af Enhver, der kan komme i Berörelse med den.

Naar Red. dernæst betænker, at saadanne indirekte Angreb som oftest udlægges langt anderledes end de menes, at Lægens hele Stilling er af delikat Natur, at man under min Fraværelse til Peer og Poul har udlaant Artiklen, som, uagtet den intet direkte fornærmeligt for mig indeholdt, dog omtrent kunde gives den Betydning, Enhver vilde underlægge den, saa vil Red. vist ikke finde det besynderligt eller anstödeligt, om jeg betvivler dens Berettigelse til det omtalte indirekte Angreb paa mig under min Fraværelse, og at jeg med Billighed kunde have forventet dette udsat indtil min Hjemkomst.

Jeg slutter med Undskyldning til Læserne for, at denne Artikel under Pennen er voxet op til en saadan Störrelse; jeg nærer det Haab, at om end enkelte under min Fraværelse have været influerede af Red. Artikel, har der dog ogsaa været En og Anden, som, misbilligende Redaktionens Færd mod en Fraværende, har suspenderet sin Dom om mig indtil min Hjemkomst, og indtil Tid og Omstændigheder gjöre det muligt for mig at retfærdiggjöre den mig betroede Mission.

Idet vi optage Ovenstaaende, nærmest for ikke at nægte den, der troer sig forurettet, Leilighed til at forsvare sig, maa vi henvise vore Læsere til den paagjeldende Artikel (Nr. 4, 5te Bind af Ugeskriftet). Hr. Lanng selv lader denne i alt Væsenligt vederfares Retfærdighed; vi kunne derfor overlade vore Colleger at bedömme, om han med Föie kan beklage sig over Redaktionen, eller om han ikke havde gjort rettere i med Anstand at bære den offenlige Omtale med sammes mulige Fölger, som ialmindelighed ledsager usædvanlige Gunstbeviisninger fra det Offentliges Side, og som bæres saa meget lettere af den Uhildede, der kan tilstaae sig selv, at den ikke fraviger Sandheden; vi tro at denne har været iklædt en billig og saavidt mulig skaansom Form.

Naar Hr. Lanng, med Hensyn til de kommende Frugter af sin Mission, bemærker, "at det er saare let at foreslaae, men mindre let at faae det Foreslaaede gjort gjeldende," vil det maaske være i sin Orden at erindre om, at Letheden naturligviis for en stor Del beroer dels paa Beskaffenheden af de gjorte Forslag, dels paa den personlige Dygtighed, hvormed de frembæres, en Grund, der saameget mere talte for en fri Concurs til dette Hverv. Hvad iövrigt Forfatterens Anskuelse angaaer, at hans Fraværelse skulde hjemle ham Fritagelse for en i andre Henseende berettiget Bedömmelse, da er det vor Overbeviisning, at han i dette Punkt befinder sig i Vildfarelse.

Red.

Literatur: Om Mikroskopets Bygning og dets Brug, en Lærebog af Lic. A. Hannover.

Forlagt af C. A. Reitzel. Trykt hos Bianco Luno.

Den 17. Juli. 1847.

Ugeskrift for Læger.

2den Række VII. Nr. 4—5.

Redigeret af L. Brion og C. Hempel.

Om Ætherindaandingen.

Forsög paa Dyr tilligemed Vivisektioner, der ogsaa kunne tjene til Oplysning af forskjellige physiologiske Problemer, ere foretagne af Flourens, Longet, Amussat og Flere.

Flourens's Vivisektioner paa ætheriserede Dyr have til Hensigt at oplyse Ætherindaandingens Indvirkning paa Nervesystemet. Hunde eller Kaniner ætheriseredes til fuldstændig Insensibilitet, og dette fortsattes til en saa höi Grad, at man kunde aabne Rygmarvskanalen uden at Dyret gav noget Tegn paa Smerte; man iagttog da ved at irritere, gjennemskjære de bagerste Nerverödder, at Dyret intet fölte; ved at foretage det samme med de forreste Rödder, bemærkedes ingen Bevægelse i de Muskler, hvortil Nerverne gaae; endelig ved at irritere, skjære i Rygmarven selv intet Spor til Smerte eller Convulsioner. Naar Ætherindaandingen drives til en mindre Höide, iagttoges efter den samme Fremgangsmaade smaa Bevægelser, svage Rystelser i Dyret ved Irritation af Bevægelsesnerverne; Fölelsesnerverne forholdt sig derimod som ovenfor. Saasnart Ætherindvirkningen var ophört, erholdt Rygmarven alle sine tabte

Kræfter tilbage, undtagen naturligviis paa de Punkter, som under Forsöget vare meget læderede. Af disse Resultater slutter F., at Ætheren besidder den mærkelige Egenskab, for en kort Tid at tilintetgjöre i Rygmarven Kilden til Fölelse og Bevægelse; og at Fölelsesevnen stedse forsvinder förend Bevægelsesevnen. Der opstaaer nu det Spörgsmaal: hvorledes kan Dyret efterat have mistet Kilden til Fölelse og Bevægelse dog vedblive at leve, thi det respirerer endnu bestandigt. For at besvare dette anstilledes Forsög paa den forlængede Marv: Ætherisationen fortsattes nemlig til fuldkommen Tab af Fölelses- og Bevægelses-Evnen; naar man da i den blottede Rygmarvskanal irriterede og stak den forlængede Marv, saa udstödte Dyret et Skrig, og der bemærkedes tydelige Bevægelser af Nakkemusklerne; dreves Ætherisationen endnu videre, til den Grad at Livet var nærved at udslukkes, saa mærkedes kun en svag Bevægelse i dette Parti; naar man endelig i det Tidspunkt, da den forlængede Marv endnu fungerede, gjennemskar det bestemte Sted i denne, som F. kalder Nervesystemets Livsknude (le noeud vital), saa indtraf det samme som hos det til Döden ætheriserede Dyr, Ophör af al respiratorisk Virksomhed og pludselig Död.

Man indseer af disse Forsög, som flere Gange ere gjentagne, at Dyret, som har mistet Fölelses- og Bevægelses-Evne, vedbliver at leve, fordi den forlængede Marvs Virksomhed endnu bestaaer. Naar altsaa et Dyr udsættes for Ætherivirkningen, saa tabe Nervesystemets Centralorganer deres Kræfter eller Funktioner i en vis Orden: först ophörer Nervehemisphærenes Funktion og de intellektuelle Evner forstyrres; dernæst den lille Hjernes Funktion, som er Organet for Bevægelsernes Ligevægt; dernæst mister Rygmarven begge sine Funktioner, först Fölelsen dernæst Bevægelsesevnen; tilsidst bliver endnu den forlængede Marvs Funktion tilbage, og dette er Grunden til, at Livet endnu vedligeholdes, thi med dennes Ophör udslukkes endelig Livet. Naar altsaa Dyret er kommet til den Grad af Bedövelse, at dets Rygmarv har mistet sin Fölelse og Bevægelse, saa staaer det paa det Punkt, at Livet er nærved at udslukkes. Denne Omstændighed maa bestandig holdes for Öie, nemlig at Ætheren som tilintetgjör Smerten tillige er istand til at tilintetgjöre Livet, og dette ny Hjælpemiddel for Chirurgien kan altsaa blive ligesaa farligt som det er beundringsværdigt.

F. har ogsaa gjort Forsög med andre Ætherarter paa Dyr og fundet, at Chloræther frembringer ganske de samme Phænomener, den samme Ufölsomhed i samme Rækkefölge, som den rene Svovlæther, men at den virker langt hurtigere, lettere fremkalder Döden, og at dens Virkninger forsvinde hurtigere. Salpeteræther endelig dræbte de dermed narkotiserede Dyr meget snart, allerede efter 1—2 Minutters Forlöb. Indaanding af Alkohol fremkaldte ingensinde Phænomener lig dem ved Ætherisationen; Dyret blev vel beruset, men Centralorganet mistede aldrig Fölelses- eller Bevægelsesevnen.

Med Hensyn til de uvilkaarlige Muskelbevægelser har Mandl gjort den Iagttagelse, at ved en höi Grad af Ætherisationen paavirkes Tarmkanalens Muskelfibre ikke ved mekanisk Irritation, og at Tarmenes peristaltiske Bevægelser ophöre fuldstændig, imedens Pulsen og Respirationsbevægelserne bestaae. Da Dyret begyndte at komme til sig selv, hvilket kjendtes ved nogle vilkaarlige Muskelbevægelser og en accelereret Respiration, dræbtes det, hvorefter bemærkedes, at de peristaltiske Bevægelser som sædvanlig vedvarede, om end svage, en kort Tid efter Döden. Han vil i denne Kjendsgjerning finde et nyt Beviis for den Antagelse, at Gangliesystemet er uafhængigt af den forlængede Marvs Funktioner.

Longets Experimenter dreie sig ligeledes fornemmelig om Nervesystemets Funktioner og stemme i mange Punkter overeens med Flourens'. Vi hidsætte her de vigtigste Resultater: 1. I ætheriserede Dyr er der en absolut og momentan Ophævelse af Sensibiliteten saavel i alle sensible Dele af Centralnervesystemet (de bagerste Dele af Varolsbroen, den forlængede Marv og Rygmarven) som i selve Nervestammerne. 2. En höi Grad af Ætherisation ophæver ligeledes momentant Reflexactionen hos Rygmarven og virker saaledes modsat Strychnin og Opium, der forhöie den. Man kan hos Dyr, som ere undergivne Forsög, formindske eller ophæve Ætherens Virkninger paa Rygmarvens Reflexvirksomhed ved Strychnin og omvendt de farlige Virkninger af denne og Opium ved Hjælp af Æther. 3. Man kan hos Dyr adskille Grader i Ætherens Virkninger paa Centralorganerne, fornemmelig 2 Perioder, som kunne kaldes Ætherisationen af Hæmisphærerne og Ætherisationen af Protuberantia annularis. Ved den förste falder Dyret bedövet omkuld, som i en dyb Sövn, bliver ikke de ydre Indtryk bevidst men reagerer derimod, skriger men uden at vaagne altsaa uden vilkaarlig Villiesakt; ved den anden Grad kunne Dyrene ikke længer skrige, bevæge sig eller föle, om og de mest sensible Dele af Nervesystemet irriteres; i Forbindelse hermed vedvarer Phænomenerne af förste Grad. 4. Hemisphærernes Funktioner ophöre constant förend Rygmarvens Virksomhed, men Desetherisationsprocessen af Protub. annul. kan begynde, medens Ætherisationen af Hemisphærerne vedvarer; heraf forklares de Skrig som Patienter undertiden udstöde imod Enden af Operationen, uden at kunne erindre det senere. 5. Döden hos ætheriserede Dyr indtræder rimeligviis ved Asphyxi, naar Ætherisationen naaer Centralorganet for Respirationsbevægelserne. 6. Naar Indaandingen fortsættes efterat complet Ufölsomhed er indtraadt, saa indtræder Döden i Reglen 6—12 Minuter derefter; naar derimod en större Qvantitet atmosphærisk Luft blandes med Ætherdampene, kan Insensibiliteten udtrækkes i lang Tid (¾—1 Time og derover) uden Fare for Dyrets Liv. 7. Ammoniak synes at forkorte Varigheden af de Phænomener, som skyldes Ætherisationen. 8. Virkningen af Æther paa det sensible Nervesystem er ganske anderledes direkt bedövende end Virkningen af Alkohol, der alene gjör Sensibiliteten mere slöv uden nogensinde at ophæve den aldeles, i det mindste i Centralorganerne.

Iövrigt kan man, hvad Longet ogsaa bemærker, neppe i de Symptomer som kunne iagttages hos Mennesket adskille den Succession i Ophævelsen af Nervesystemets Funktioner, som han, Flourens og andre ville have efterviist hos Dyr. Ogsaa synes det antageligt at den samme Succession kunde finde Sted, naar Döden indtræder af coma eller ved visse Forgiftninger, der antages at virke igjennem Nervesystemet.

Den lokale Applikation af flydende Æther paa en blottet Nerve fremkalder, efter nogle Physiologer, i Analogi med Opium ogsaa momentan Ophör af Fölelse og Bevægelse i alle Grene, som ligge under det afficerede Sted; dette synes imidlertid at bero alene paa den physiske Virkning, paa den Destruktion af Nervens Substans, som opstaaer ved Kulden af Ætherens Fordampen, hvilket bestyrkes ved Serres' Forsög, ved hvilke det viste sig, at Paralysen ikke var momentan, men vedvarede endog efterat Saaret var lægt.

Dr. Berend fandt ved sine Forsög, at den Hurtighed hvormed Æthervirkningen indtræder staaer i lige Forhold til Dyrets Varmeudvikling; jo större et Dyrs Varmeudvikling er, desto modtageligere er det, desto tidligere og stærkere bliver det ætheriseret. Ogsaa den forskjellige Incitations eller Depressions Tilstand, hvori Dyret eller Mennesket befinder sig ved Experimentets Begyndelse, har Indflydelse paa dette Forhold. Jo hurtigere Pulsen og Aandedrættet er, desto intensivere og raskere indtræder Virkningen. Mennesker med en hurtig Puls ætheriseres derfor lettere end de som have en langsom Puls, Fruentimmer hurtigere end Mænd, Börn end Voxne, og Dyr, der have et större Antal Pulsslag i Minutet, tidligere end de hos hvem Pulsen er langsommere. Da nu Mennesker og Dyr i Forsögets Öieblik ofte komme i en inciteret Spænding og Tilstand, saa bliver derved Aandedrættet og Pulsen accelereret, og Individerne befinde sig derfor ofte strax i en for Experimentets heldige Udfald gunstig men for den rene Iagttagelse ugunstig Tilstand. Bringer man et Dyr i et Medium, hvorved det betydelig afkjöles f. Ex. iiskoldt Vand, og holder det deri saa længe til det ryster af Kulde, og först da lader det indaande Ætherdampe, saa indtræder Virkningen meget langsommere og svagere end ellers ved en ligesaa længe varende Indaanding. Efter Döden ved Forgiftning med Ætherdampe vare Lungerne og Hjernens Vener overfyldte med Blod, Blodet selv var sortagtigt, tykt og klæbrigt, Hjertet var udvidet, Lungerne mörkeröde, svömmende paa Vand, Leveren og Nyrene overfyldte med venöst Blod, ligesaa Hjernen, hvis Marvsubstans imidlertid ingen Andel viste i Congestioner og frembød et normalt Udseende. Alle Organer udviklede en stærk Lugt af Æther. Som et meget virksomt Middel til Ophævelse fandt B. Salmiakspiritus: Lader men et Menneske eller Dyr som er forsat i en ætheriseret Tilstand indaande Salmiakspiritus, saa vender Bevidsthed og Fölelse meget hurtig tilbage.

Med Hensyn til den Forandring i Blodet, som opstaaer ved Ætherindaandingen, havde Amussat ligesom Longet fundet ved Forsög paa Dyr, at det arteriöse Blod under denne blev mörkt aldeles lig det venöse Blod, men at det strax igjen antog sin lyseröde Farve naar Indaandingen ophörte, og han slutter deraf at Bedövelsen og Insensibiliteten beroede paa Asphyxi. Men det er af andre f. Ex. Renault og Dufay sat udenfor Tvivl, at naar Ætherdampene indaandes blandede med atmosphærisk Luft, saa beholder det arteriöse Blod sin normale Farve og Coagulabilitet og Hæmatosen forhindres ikke; det bliver ikke sort undtagen naar Dyret indaander af et Apparat, der ikke communicerer med den atmosphæriske Luft. Om der end kan være nogen Tendens til Asphyxi tilstede, da der naturligviis ikke optages den normale Qvantitet Ilt i Lungerne, saa kan Insensibiliteten dog ikke siges at opstaae fordi Individet falder i Asphyxi fremkaldt ved Mangel paa Blodets Hæmatose; Virkningerne og Symptomerne hentyde ogsaa noksom paa at her er en positiv Virkning tilstede og ikke en blot Asphyxi. Iövrigt bemærkede Amussat at Blodet bliver mere flydende og mindre coagulabelt, og angiver de samme Obduktionsresultater som angives af Behrend.

Det er höist sandsynligt, at Ætherdampene optages som saadanne i Blodet, hvilket bevises ved Lugten af Æther, som er sporet i det af Opererede udtömte Blod, saavelsom i alle Secreter længere Tid efter Ætherisationen og i Kjödet af Dyr som ere dræbte ved Forgiftning dermed. Vi have endnu ikke seet, at det er efterviist i Blodet ved direkte chemiske Reagenser; men Lassaigne har hos en Hund paa en indirekte Maade fundet Blodet sammensat paa fölgende Maade: 99,919 Blod, Æther 0,081. Samme har udfört en chemisk Analyse af Blodet för og efter Ætherisationen og fundet, at der ingen mærkelig Forandring var i de to forskjellige Blodmængders Farve eller Coagulations Tid; kun havde det ætheriserede Blod en udtalt Ætherlugt; Blodcoagulet för Ætherisationen var lidt mindre consistent end efter denne. Med Undtagelse af den ubetydelige Mængde Æther bestod de to forskjellige Blodmasser af de samme Bestanddele, og der var ingen Forskjel i Forholdet af Fibrine, Blodlegemer og Albumin, med Undtagelse af den lidt ringere Vandmængde, som maa findes ved den förste Aareladning.

Med Hensyn til Respirationen har Ville og Blandin fundet, at der i den complette Ufölsomheds Tilstand, hvor Lemmerne ere kolde og næsten ude af Stand til at bevæge sig, tvertimod hvad man skulde tro, udaandes mere Kulsyre end i Normaltilstanden. I Forlöbet af Ætherisationen forögés Kulsyremængden altid i Forhold til som Sensibiliteten svækkes, og aftager i Forhold som den vender tilbage. Som Beviis hidsættes nogle Resultater af Forsögene:

	Kulsyremængden ved den normale Respiration.	Kulsyremængden under Insensibiliteten.	Varigheden.
Nr. 1	2,41	4,84	2′30″
— 2	3,05	4,38	
— 3	2,79	3,11	4′
— 4	1,36	3,32	4′
— 5	2,04	4,42	2′30″

Endelig bemærkes af de Physiologer, som have henvendt Opmærksomheden herpaa, at Ætherisationen ingen skadelig Indflydelse udöver paa Dyrets fremtidige Befindende, og Veterinærlæger angive, at et Dyr paa en og samme Dag kan 5—6 Gange bringes til Insensibilitet, uden at tabe Appetit eller Kræfter og uden Spor til nogen anden skadelig Fölge.

En Oversigt over de mangfoldige Beretninger om Ætherindaading, som ere komne for Lyset, udviser, at den normale Ætherisationsgrad hos Mennesket i det langt overveiende Antal af Forsög ikke have efterladt betænkelige Tilfælde eller pathologiske Fölger. De Forsög, som ere foretagne paa sunde eller saa godt som sunde Individer, ere i Reglen overstaaede med samme Velbefindende, som för Forsöget; i et just ikke forholdsmæssig stort Antal er der kun efterfulgt nogle Tilfælde af ubehagelig Beskaffenhed, som en flere Timer eller en Dagstid varende Hovedpine, noget Ildebefindende, Brækning, uden at man har været istand til at bestemme de Aarsager, som her kunde have medvirket. Hvor Ætheren har været anvendt hos syge Individer eller saadanne, som imödegik betydelige chirurgiske Operationer, ere derimod Exempler iagttagne, hvor Döden er indtraadt, og hvor der kan have været Spörgsmaal om Ætherens Skyld i Udfaldet; men ikke at tale om at dette Antal er ringe i Forhold til den store Mængde Tilfælde, i hvilke Ætherindaanding er anvendt ved chirurgiske Operationer (Velpeau sætter allerede i Slutningen af Marts Maaned dette med et rundt Tal til 10,000), ere disse uheldige Udfald fordetmeste forefaldne efter indgribende Operationer, eller der er indtraadt bestemte og farlige Sygdomme, uden at der har været tilstrækkelig Grund til at skrive dette paa Ætherens Regning. Vi skulle her kortelig nævne de vigtigste, som ere komne os for Öie:

Forbes nævner 4 Tilfælde indtrufne i England: en Lithotomi, hvor Patienten kom til sig selv kort efter Operationen, og laae rolig hen i 24 Timer uden Reaction; nu opstod Kuldegysninger, hvorefter fulgte en Collaps, og Döden indtraadte 2 Dage efter Operationen; ved Obductionen fandtes en flydende Tilstand af Blodet og Slaphed i Hjertet. Ved en anden Lithotomi virkede Ætheren som sædvanligt, og Döden indtraadte 12 Dage efter af lokal Inflammation. I det 3die Tilfælde, Extirpationen af en stor ondartet Svulst bag paa Laaret, var der i Forveien anstillet flere Pröveindaandinger; Patienten, som var af en svag Constitution, blev ikke bragt til Ufölsomhed ved Ætheren, men vedblev at være i deprimeret Tilstand, og döde 48 Timer efter; der fandtes Congestion til Hjernen og flydende Tilstand af Blodet (dette Tilfælde er detailleret berettet i vore offentlige Tidender). I det 4de, en Amputation paa en 70 aarig Mand, virkede Ætheren ikke fuldstændigt; han kom snart til sig selv og syntes for en kort Tid at befinde sig vel, men vedblev dog at være noget deprimeret og döde under nervöse Symptomer og mildt Delirium.

Jobert har 2 Gange haft et dödeligt Udfald efter Ætherindaanding. Det ene var en Kone, hos hvem et cancröst Bryst blev exstirperet; hun bragtes vel til Insensibilitet men ikke ganske fuldstændigt; efter Operationen opstod en heftig Hovedpine og levende Smerte i Struben og Luftröret; der opstod endelig en Erysipelas ambulans, og hun döde under nervöse Symptomer. Hjertet fandtes slapt, Luftröret stærkt injiceret. Ved det andet, en Laaramputation for en fungus genu, blev Patienten fuldstændig ufölsom, men kom ikke til sig selv för efter 2 Timers Forlöb; Dagen efter opstod Uro og Sövnlöshed med en Bronchialirritation der varede til 7de Dag, da der indfandt sig Tetanus og Döden den 15de Dag. Ved Obduktionen fandtes Hjernen og Rygmarven samt deres Hinder stærkt injicerede, Emollition i Rygmarvens överste Del, Sideventriklerne fyldte med blodigt Serum, Svælgets, Spiserörets og Luftrörets Slimhinde injicerede og bedækkede med et Lag af Pus.

Prof. Schuh i Wien har haft 4 dödelige Tilfælde; i de tre af disse, nemlig 2 Amputationer af Laaret og 1 af Overarmen, udviste Symptomerne og Sektionen tydelige Tegn paa Pyæmi (lobulære Abscesser i Lungerne og andre Indvolde, Phlebitis); den ene döde den 6te, den anden den 5te, den tredie den 4de Dag; i det fjerde, en Radikaloperation for Vandbrok, döde Patienten 14 Dage efter under en snigende Feber, og der fandtes om end ei saa bestemte dog antagelige Spor af Pyæmi (smaa Abscesser langs Sædstrængen og gulgrönne, puslignende Coagulationer paa Hjerteklappernes Rande).

Uden at gaae ind paa en nöiagtigere Bedömmelse af disse Tilfælde, skulle vi blot bemærke, at i de fleste af dem er fundet en bestemt anatomisk Dödsaarsag, som vi saa ofte see Exempler paa uden Ætherisation; ved nogle af dem finde vi blot den nysnævnte Angivelse "flydende Tilstand af Blodet," og i andre har Ætheren ikke engang udövet sin tilbörlige Virkning; de kunne ikke afgive noget Beviis hverken for eller imod Ætheren, ialfald opfordre de kun til den behörige Omhu ved Brugen. Seer man nu hen til de betydelige Virkninger, som Ætheren momentant fremkalder, tör det vistnok antages, at Ætherindaanding maa ansees for et vigtigt Middel i den praktiske

Lægevidenskab; thi at det kan misbruges og under visse Forhold virke skadeligt, at det maa anvendes indenfor bestemte Grændser, har det tilfælleds med alle virksomme Midler. Men at angive faste Indicationer eller Grændser for Brugen deraf, vilde vistnok være for tidligt; Anskuelserne frembyde i denne Henseende en stor Divergens. Imidlertid tro vi dog, naar vi for det förste blive staaende ved den operative Chirurgi, at kunne udsondre nogle Categorier, hvor den bör finde Anvendelse, og andre hvor Brugen deraf vil være at forkaste.

Tage vi först Hensyn til Ætherisationens muskelslappende Virkning, kan der vel neppe være Spörgsmaal om, at den maa kunne yde en velkommen Hjælp ved Reduktionen af Dislocationer, hvor Musklernes spasmodiske eller halvvilkaarlige Sammentrækninger frembyde en væsenlig Hindring for Helbredelsen, saaledes ved Repositionen af svære Luxationer, af Brok, af devierede Fracturer. De medicinske Tidsskrifter frembyde Exempler nok paa gunstige Resultater af denne Anvendelse, vi skulle blot nævne et Tilfælde, hvor Velpeau med stor Lethed bragde en Luxation af Laarbenet i Led efterat iforveien betydelige men frugteslöse Repositionsforsög vare iværksatte *).

De smerteophævende Virkninger vare de som fra först af og fornemmelig have faaet Anvendelse, og man feiler vist ikke naar man siger, at Ætherisationen har været benyttet saagodt som i alle mulige chirurgiske Operationer, fra de mest indgribende som Lithotomi, Lithotriti, store Amputationer indtil de ubetydeligste, som Tandudtrækning, Exarticulation af Fingre, Tæer; i Exstirpation af Svulster fra forskjellige Dele af Legemet, plastiske Operationer, Tenotomier, Öienoperationer o. s. v. Iblandt de mindre indgribende af disse, hvor Individet maa saagodt som ansees for sundt, hvor Operationens umiddelbare Fölger ere ubetydelige, kan der vistnok forekomme Betingelser, hvor en heftig Smerte medförer væsentlig Ulempe, og hvor dens Ophævelse, foruden at befrie Individet for Pine, er fordelagtig for Operationens Udförelse, f. Ex. ved höi Grad af Sensibilitet, betydelig Svulst, som hindrer Mundens tilstrækkelige Aabning ved Tandudtrækning, og andet lignende; men en almindelig Anvendelse ved disse, navnlig ved Tandud-

---

*) I denne Henseende kan det muligen have Betydning i Veterinærchirurgien.

trækning, hvor det især er fört i Brug, maa vistnok forkastes om ei af anden Grund, saa dog formedelst de praktiske Vanskeligheder som vi neppe behöve at paapege. Naar Talen er om betydelige operative Indgreb, saadanne som i Reglen efterfölges af stærkere saakaldte Reaktionsphænomener, Saarfeber o. s. v., paatrænger sig det Spörgsmaal om Ætherisationen, der hos sunde ingen betydelige Fölger efterlader, ved en tilstedeværende eller efter Operationen som Regel indtrædende pathologisk Tilstand i Organismen medförer en ugunstig Complikation af denne. Vi have vægtige Autoriteter for os f. Ex. Velpeau, Laugier, Serre i Montpellier, Jobert o. Fl., der bestemt udtale, at Ætherisationen tilligemed Smertefornemmelsen bortfjerner eller formindsker den Nerve-Rystelse, som fölger af en heftig Smerte, og den mentelle Incitation samt dermed de deprimerende Virkninger paa Organismen, som tilskrives denne, at den forebygger eller formindsker Saarfeberen, og at den i det Hele formilder Fölgerne af Operationen. Forholder dette sig saaledes, vilde Ætherisationen vistnok være en stor Velgjerning, hvis Virkninger nok kunde opveie de mindre betydelige Tilfælde, der undertiden ledsage den. Men desværre finde vi dette ikke tilstrækkelig bekræftet; thi nogle mene at de smertestillende Virkninger ofte kun opnaaes i Forbindelse med andre ugunstige Fölger, og andre tilskrive den bestemt skadelige Virkninger; blandt disse sidste skulle vi nævne Prof. Schuh i Wien*), der af sine nysomtalte uheldige Tilfælde vil slutte, at den ved Ætheren fremkaldte Blodforandring disponerer til Pyæmi (hvilket han iövrigt neppe har paaviist), at den har en skadelig Virkning paa Helingsprocessen, bevirker en daarlig Saarsecretion og formindsker Tendensen til Heling ved förste Naturbestræbelse. Vi savne endnu tilstrækkelige Data til at bringe dette vigtige Spörgsmaal sin Afgjörelse nærmere.

Ved at omtale Contraindikationerne maa man vist nok lægge tilbörlig Vægt paa det som fra flere Sider er fremhævet, at den ophæver det naturlige Forhold imellem Patienten og Operatören. Vi skulle her nævne saadanne Operationer, hvor Patientens Selvvirksomhed eller uforstyrrede Sensibilitet maa understötte Operatören, f. Ex. ved Lithotriti, hvor Smer-

---

*) Einige warnende Worte gegen die zu allgemeine Anvendung der Schwefeläther-Dämpfe; i Zeitschrift der k. k. Gesellschaft der Aerzte zu Wien, 1847.

teformemmelse tilkjendegiver, at der fattes en Fold af Blæren, ved Operationer i Halsen, hvor Patienten skal indtage en vis Stilling. Anvendelsen synes ogsaa uhensigtsmæssig ved fine Öienoperationer og ved langvarige Operationere hvis Fuldendelse kræver længere Tid end Ætherisationen i Reglen tör vedligeholdes, og hvor Patientens Opvaagnen under Operationen vilde medföre megen Inconveniens.

Næst efter den operative Lægehjælp er Födselsakten det Gebet af Lægekunsten, hvor Ætherindaandingen paa Grund af sin smertestillende Egenskab har fundet Plads, endskjöndt Erfaringerne i denne Retning ere langt færre. Vi have alt tidligere leveret en Meddelelse om Simpsons Erfaringer og Anskuelse om denne Anvendelse; vi skulle her tilföie de Bemærkninger, som en anden berömt Accoucheur, Prof. Dubois i Paris, uddrager af sine förste Forsög, der ere anstillede dels ved Anvendelse af Instrumentalhjælpen dels ved meget smertefulde Veer. Ætheren kan forebygge Smerten, som er forbunden med Födselsoperationer; den kan meer eller mindre fuldstændig ophæve Smerten ved Veerne; Ætherbedövelsen standser ikke Livmoderens normale Sammentrækninger ei heller Abdominalmusklernes Medvirkninger ved disse; den formindsker Modstanden af Perinæum; endelig indvirker den ikke ugunstigt paa Barnets Liv eller Sundhed. Iövrigt opstod der hos ingen af de Barselkoner, paa hvilke Ætheren blev anvendt, Tilfælde, hverken Hovedpine eller deslige, der kunde tilskrives Ætheren; to af dem döde af metroperitonitis, men paa en Tid da der i Materniteen herskede en Barselfeber-Epidemi; ved Obduktionen fandtes alene de sædvanlige pathologiske Phænomener, som ere særegne for denne. D. iagttog desuden, at Barnets Puls under Ætherisationen steg til 160—170, men sank strax efter Ætherisationen til det Normale (135). Endelig mener D. at Ætherindaandingen vel kan finde sin Anvendelse i Födselshjælpen men med stor Forsigtighed, at den maa indskrænkes til exceptionelle Tilfælde, og at man af de Erfaringer som foreligge langt fra kunne oplyse alle de Momenter, som her komme i Betragtning.

Med Hensyn til Indvirkningen paa Barnet mener Amussat, at den Forandring som ifölge hans Mening bevirkes i det arteriöse Blod skulde virke skadeligt paa Fosteret, idet Umbilicalvenerne naar Moderen ætheriseres komme til at före sort Blod, hvorved Fosterets Respiration bliver hindret og der opstaaer Fare for Asphyxi; har han ogsaa ved Forsög paa Dyr fundet Fostrene asphyctiske under Ætherisationen. Det er ovenfor oplyst, at Forandringer i det arteriöse Blod ikkun fremkomme, naar Ætherdampene ere meget concentrerede; imidlertid fortjener det vistnok nöiere at komme i Betragtning, at en længere fortsat Ætherisation hos Moderen ikke kan være uden Indflydelse paa Barnet igjennem Blodet.

Meget mere indskrænket har Ætherindaandingens egentlig therapeutiske Anvendelse været. Naturligviis er det de egentlige Nervesygdomme især Neuralgier, som her maatte komme i Betragtning, men vi ere endnu ikke istand til at afgive Bestemmelser og indskrænke os derfor til at gjengive nogle casuistiske Beretninger, hvoraf det imidlertid synes, at Ætherisationen i de egentlige Neuralgier ikke blot har en palliativ men endog kan have varig Helbredelse tilfölge.

Honoré beretter, at en Patient, som led af en voldsom Hemicrani og trods alle anvendte Midler ikke kunde befries derfor, efter Ætherindaanding fölte öieblikkelig Lindring, og at Neuralgiens Gjenkomst ligeledes hindredes derved. Med omtrent lignende Held anvendte han dette Middel 2 Gange daglig i en Ansigtsneuralgi. — Prof. Raux i Toulon anvendte Ætherindaanding hos et plethorisk Individ i en heftig Infraorbitalneuralgi, der i nogen Tid havde haft en intermitterende Charakter. Ved de to förste Gange fremkaldtes kun en kortvarig Lindring; Smerten vendte snart tilbage med samme Heftighed. Ætherisationen gjentoges derpaa een Gang daglig i 6 Dage efter hinanden; efter hver Gang formindskedes Anfaldet i Varighed og Intensitet, saa at Smerten den 8de Dag var ubetydelig og varede kun ¼ Time; da denne Rest af Sygdommen ikke kunde bekjæmpes ved Chinin, anvendt 4 Dage efter hinanden, gjentoges Ætherisationen 2 Gange, hvorefter Sygdommen fuldkommen var helbredet. Insensibilitet fremkaldtes bestandig med Lethed hos denne Patient og efterlod ikke det ubetydeligste Tilfælde bagefter. Piorry har anvendt Ætherindaanding i 2 Tilfælde hos Fruentimmer med "Hyperæsthesi", det ene i Underlivsvæggen, det andet i Underextremiteterne, men opnaaede kun en momentan Lindring; hos begge opstod strax efter et voldsomt hysterisk Anfald, hvorefter Smerterne vendte tilbage med samme Heftighed. Gjentagelse af Forsöget förte til samme Resultat. — I et Tilfælde af Blykolik, hvor Smerterne aldeles ikke vilde vige for Bade, Purgeermidler eller for Opium, anvendte Bouvier Ætherindaanding, og efter 8 Minuter indtraadte en rolig og dyb Söva, der varede 40 Minuter og i denne Tid var Patienten ufölsom. 3 Timer efter faldt han i Sövn igjen og havde derpaa en aldeles rolig Nat. Coliksmerterne vendte ikke mere tilbage, og lette Purgantia fuldendte Curen. Et lignende Udfald berettes fra Italien ved en heftig rheumatisk Colik. Ved et Tilfælde af Tetanus, der havde varet 4 Dage og hvor Tilstanden var saaledes, at Döden sandsynligviis vilde indtræde inden 24 Timer, anvendte Roux Ætherindaanding for muligt at nedstemme den voldsomme Krampe. Efter nogle Minuter faldt Patienten i Sövn, men Respirationen, som allerede var generet, blev meer og meer vanskelig og Patienten döde kort efter. I de Tilfælde af Epilepsi, hvor det har været anvendt, synes det ikke at have haft nogen Indflydelse; Patienter med habituel Epilepsi, som ere ætheriserede ved chirurgiske Operationer, have derefter faaet deres Anfald som sædvanligt. Man har endog udstrakt Ætherforsögene til Afsindige, men som det var at forudsee aldeles uden gunstigt Resultat; Moreau (ved Bicêtre) beretter, at der opstod Delirier og den höieste Grad af Incitation, og Falret, som 5 Gange foretog dem tildels som Præparativ til chirurgiske Operationer hos Afsindige, fremkaldte derved de sædvanlige Virkninger og Ufölsomhed, saa at Operationen udförtes uden Smertestegn, men Afsindigheden vendte strax efter tilbage aldeles med samme Charakter som forud.

Iövrigt turde Erfaringerne om Ætherindaandingen indeholde en Opfordring til at udstrække den pneumatiske Methode i Therapeutiken til andre af vore virksomme og flygtige Lægemidler, ikke alene som hidindtil næsten udelukkende ved Sygdomme i Luftveiene, men ogsaa ved Sygdomme i Nervesystemet og Blodet.

Beretning fra Garnisonshospitalets 3die Afdeling for Januar Qvartal 1847.

(Meddelt af Overlæge, Prof. *J. C. Bendz*, M. D.)

Ved Qvartalets Begyndelse laae 33 Syge i Afdelingen, 191 optoges i dets Löb, saa at Antallet af de behandlede Syge udgjorde 224. Af disse bleve 168 udskrevne som helbredede, 4 casserede, 6 döde; tilbage under Behandling ved Qvartalets Ende vare 46. Mortalitetsforholdet i dette Tidsrum var altsaa 224 : 6 = 2⅔ pCt.

De Behandlede henhörte til fölgende Troppe-Afdelinger:

Troppeafdeling.	Tilbage fra forrige Qvartal.	Indkomne.	Total-Antal.	Helbredede.	Casserede.	Döde.	Tilbage.
Gardehusar-Divisionen	10	12	22	19	"	"	3
Den kongl. Livgarde tilfods	7	47	54	42	1	"	11
3die Linie-Bataillon	8	27	35	24	3	1	7
4de dito	2	45	47	35	"	2	10
8de dito	4	20	24	18	"	1	5
1ste Jægercorps	1	24	25	19	"	1	5
Extra-Syge	1	4	5	2	"	"	3
Koner og Börn	"	12	12	9	"	1	2
Summa	33	191	224	168	4	6	46

De bleve behandlede for fölgende Sygdomme:

Sygdom.	Total Antal.	Helbredede.	Kasserede.	Döde.	Tilbage.
Abscessus inflammatorius	2	2	"	"	"
Angina	3	3	"	"	"
Anchylosis spuria	1	1	"	"	"
Ambustio	1	1	"	"	"
Albuminuria (Nephritis granulosa	1	"	1	"	"

Sygdom.	Total-Antal.	Helbredede.
Bronchitis	8	7
Balanorrhoea	3	3
Blennorrhoea urethræ	1	1
Cardialgia	1	„
Cephalalgia	1	1
Contusio	4	3
Colica	2	2
Distorsio	6	5
Diarrhoea	3	3
Eczema	1	„
Erysipelas	5	5
Febris bilioso—gastrica	27	21
— nervosa (typhus mitior & gravior)	12	10
— intermittens	1	1
— rheumatica	3	2
— morbillosa	27	20
— scarlatina	1	1
Fatuitas	1	„
Furunculus	4	3
Fistula urinaria	1	„
Hæmopthysis	1	1
Hydarthrus genu	2	1
Hydrocephalus acutus	2	1
Incarnatis unguis	2	2
Lymphangitis	4	4
Lipoma	2	1
Luxatio humeri	2	2
Lichen	1	1
Mentagra	1	„
Myxitis	2	2
Morbus homorrhoidarius	1	1
Morbus cordis	2	2
Otitis blenorrhoica	4	3
Odontalgia	1	1
Pleuritis	3	1
Peripneumonia	15	8
Panaritium	3	„
Pernio	2	2
Peritonitis	3	2
Rheumatismus afebrilis	7	5
Syphilis	20	12
Scabies	16	15
Tremor artuum	1	„
Vulnus	4	4
Ulcus	3	2
Summa	227	168

Anmærkninger.

Albuminuri. Patienten, som ved Indlæggelsen led af Anasarca, men forresten befandt sig vel, havde först bemærket Ödem ved Anklerne, om Haandledene og i Öienlaagene, som i Löbet af faa Dage gik over til ödematös Hævelse i hele Legemet uden Feber og uden mindste Spor af Smerte eller Ömhed i Nyreegnen. Urinens Undersögelse ved Salpetersyre viste et betydeligt Bundfald af Æggehvide. En combineret Behandling, under Patientens Ophold i Sengen, bestaaende af Mælkediæt og indtil 3 Potter Mælk om Dagen, i Forbindelse med Diaphoretica og Laxantia, bragte Anasarca næsten ganske til at forsvinde under en meget rigelig Urinafsondring, men Urinen vedblev at indeholde det samme Maal Æggehvide. Den skummede stærkt, havde en fad, ikke-urinös Lugt, var ialmindelighed uklar (louche) med et gulgrönt Skjær, men viste sig stundom ogsaa rödlig formedelst Indhold af en Mængde meer eller mindre decolorerede Blodkugler, og satte jevnlig et Bundfald, bestaaende af fibrinöse æggehvideagtige Filamenter, blandede med Epithelialceller. Da han senere vendte tilbage til almindelig Kost, viste Anasarca sig paany i forögět Grad; hans Udseende blev meer og meer leucoplegmatisk, Ansigtsfarven meget hvid med rödlige hovne Kinder, fortyndet gjennemsigtig Hud; undertiden klagede han over Fordunkling af Synet, Uro og Værk i alle Lemmer med stærk Klöe i Huden, som ei sjelden forstyrrede Sövnen. Efter 76 Dages unyttig Behandling forlod han Hospitalet som uskikket til Militærtjenesten.

Blennorrhoea urethræ. Efter i flere Dage at have fölt jagende Smerter gjennem hele Urinröret, i begge Lysker og regio hypogastrica, efter Forkjölelse, viste sig et seropurulent Udflod med Strangurie. Han behandledes i 10 Dage med Diaphoretica og Demulcentia, hvorefter Copaiva standsede Blennorrhoen i 4 Dage.

Febris gastro-biliosa. Heraf behandledes ialt 27, af hvilke 21 udgik helbredede, 6 vare tilbage ved Qvartalets Ende. Hos 12 af de 21, som udgik, var Feberen simpel, med en Middelvarighed af 8 Dage, hos 9 var den compliceret, nemlig hos 2 med stærk Bronchitis, hos 7 med typhoïde Symptomer, saasom Hovedpine, Svimmel, Næseblod, Mathed, med en Middelvarighed af 12 Dage.

Febris nervosa forekom hos 12, af hvilke 6 havde typhus mitior, 6 t. gravior, som blev dödelig hos 2. 5

vare tilbage fra forrige Qvartal, saa at kun 7 indkom i dette.

Af de 6 Tilfælde, som havde Charakteer af t. mitior, vare 3 fri for Complication, 3 derimod complicerede, 1 med stærk Bronchitis, 1 med Pneumonie i den ene Lunge, 1 af Otitis blennorrhoica, som viste sig allerede den 6te Dag under Symptomernes Aftagen (Feberen varede 17 Dage). Kun 1 af dem ledsagedes af Typhusexanthem (Roseola typhosa); Middelvarigheden 21 Dage.

6 Tilfælde af t. gravior vare complicerede paa forskjellig Maade:

Hos 1, der indkom med en simpel gastrobiliös Feber, hvoraf han allerede var Reconvalescent, viste sig typhöse Phænomener den 11te Dag, og 5 Dage senere Tegn til Pneumonie i den ene Lunge, som efterlod sig et mörkt blodigt Expectorat, der varede i længere Tid under bestandig Feber og betydelig Afmagring, indtil den 31te Dag en profund Lymphangitis med betydeligt Ödem udviklede sig i i den ene Underextremitet med Sediment i Urinen. Endskjöndt hans Tilstand kjendelig forbedrede sig herefter, vedblev Feberen dog længe at have hectisk Charakteer, saa at Behandlingen varede 83 Dage. — Foruden dette Tilfælde vare 3 andre complicerede med Pneumonie, af hvilke 1 tillige forbandt sig med Endopericarditis (varede 23 Dage), 1 med Pericarditis og blev dödelig den 17de Dag. Ved Obduktionen fandt man Hepatisation i begge Lunger, 3—4 Unzer uklart Exsudat i Hjerteposen, Hjertets Overflade mælkehvid, mat, ru af fine Exsudater i Form af paaströet Sand (man havde hört Gnidningslyd), Hjertes Hulheder tillukkede af hvide, faste, fibrinöse, fasthængende Concrementer, som strakte sig op i de store Blodkar, Tarmesaar i Tyndtarmens nederste Ende og ramollerede Mesenterialkjertler.

1 optraadte strax med ualmindelig heftige Symptomer, som viste en fremherskende Affektion af Nervesystemets Centraldele, især Rygmarven (Spinal-Typhus), nemlig voldsomme, i flere Dage uafbrudt vedvarende Lænde- og Rygsmerter, stor Uro, agiteret Aandedræt, Hovedpine med Svimmel, Sövnlöshed og Delirium; det acute Stadiums foruroligende Symptomer dæmpedes ved Aareladning, som viste Blodet phlogitisk, og 3 lokale Blodudtömmelser, hvorefter Underlivstilfældene en kort Tid prædominerede med Smerte i Cöecalregionen, Gargouillement og Diarrhoe, indtil endelig det putride Stadium indfandt sig med foetid Aande og Sved, stinkende Suppuration af Fluesaarene og

Gangræn, i hvilket Pat. betydeligt afmagrede og collaberede; Udbrud af Scabies, blandet med Eczema impetiginodes, paa Feberens 22de Dag syntes omsider, i Forening med Sved og sedimentös Urin, at have en kritisk Indflydelse; Behandlingen varede 56 Dage.

Hos 1 ledsagedes Feberen af meget stærk Bronchitis, Typhusexanthem og fremherskende putride Phænomener, nemlig stinkende Excretioner, föetid Sved og Aande, sort skorpet Tunge, Meteorismus, blaaröde vinöse Kinder uden Hede, svampet, mörkt, letblödende (pseudoskorbutisk) Tandkjöd, Gangræn o. s. v., der med Held bekjæmpedes ved Syrer, Incitantia og Roborantia, saa at Patienten allerede syntes Reconvalescent, da han den 42de Dag angrebes af hypostatisk Pneumonie. Ogsaa denne blev beseiret ved gjentagne lokale Blodudtömmelser og Calomel c. Mosco, Kræfterne syntes endelig at vende tilbage efter en langvarig yderst debil og hektisk Tilstand med stor Afmagring, Appetiten var god, han sov godt om Natten, da han pludselig uden Foranledning bukkede under for et heftigt Anfald af Hjernebetændelse, idet han nemlig den 113de Dag vaagnede om Natten med rödt og hedt Ansigt, stærke Congestioner til Hovedet, ængstligt Physiognomi, Dyspnoe, kort tör Hoste og stærk Slimrallen paa begge Sider, lille meget hurtig Puls, og döde henad Morgenstunden. Ved Obduktionen fandtes noget Serum paa Hjernens Overflade og i Ventriklerne, alle Blodkar stærkt udspændt af Blod og Medullarsubstansen meget punkteret; Spor af foregaaende Betændelse i den ene Lunge; flere Ar efter Tarmsaar i Coecum og Tyndtarmens nederste Ende.

Middelvarigheden af disse Febre var 45 Dage.

Morbilli. Heraf behandledes 27, som indkom i Slutningen af Januar, i Februar og Marts Maaned: 20 udskreves helbredede, 1 döde; 6 Tilfælde vare complicerede paa forskjellig Maade, nemlig:

Hos 1 med stærk Laryngo-Bronchitis, varede 19 Dage.

2, som allerede vare Reconvalescenter, angrebes den 11te og 12te Dag af stærk Feber med slem Smag, belagt Tunge, Törst, Hovedpine, Mathed, hvilke Tilfælde forsvandt i faa Dage efter et Brækmiddel, som udtömte en Mængde Galde. Hos en 3die, som ligeledes var Reconvalecent efter meget milde Mæslinger og havde været 4 Dage oppe, indfandt sig den 14de Dag lignende Symptomer, foruden Sövnlöshed, Svimmelhed og Udvikling af en Parotide, som fordeltes. Da Typhus forekom paa samme Tid, er jeg ikke utilböielig til i nævnte Tilfælde at see en Complication med denne Feber. I eet Tilfælde fik Pat. den 8de Dag ligeledes voldsom Örepine, hvorefter en Otitis blennorrhoicâ udviklede sig, som varede 8 Dage.

Mærkelig var det 6te Tilfælde, som endte dödeligt den 27de Dag; i Reconvalescentsen viste sig nemlig den brigthske Sygdom, senere exsudativ Pleuritis, under hvilken Exsudatet i faa Dage banede sig Vei gjennem Bronchierne ved Lungens Perforation. Pat. havde haft Mæslingerne i en meget mild Grad og syntes at være Reconvalscent, da han den 9de Dag angrebes af Feber med Qvalme, slem Smag og gulbelagt Tunge, som lindredes ved et Brækmiddel. 17 Dage henlaa han derefter i en temmelig debil Tilstand med blegt daarligt Udseende, Mangel paa Appetit, ubetydelig Hoste, af og til tremulerende Tunge samt Rystelse i Extremiteterne, Mathed, men kun lidt Feber, uden at Undersögelsen viste Affektion af noget bestemt Organ. indtil han den 26de Dag fik Kuldegysninger og Brystets Undersögelse nu ledte til Nærværelsen af Pleuritis i höire Side, med et temmelig betydeligt Extravasat, uden at han hverken havde klaget eller endnu klagede over nogen Smerte i Brystet; Ansigtet var overmaade blegt, Hænderne zittrede, Respirationen kort og hyppig, Hosten medförte et slimet Expectorat, Pulsen spændt 112. En Aareladning, som viste Blodet phlogistisk med en meget lille Blodkage, derimod et stort Maal Blodvalle, lettede ham meget og gjorde, at Aandedrættet Dagen efter var frit, Hosten næsten ophört, hvorimod Ödem nu havde udviklet sig i Ansigtet og Hænderne. Efter at have udtömt en Mængde blodig Urin, angrebes han næste Morgen af overordenlig Respirationsbesværlighed med idelig Expectoration af en stor Mængde grönligt, vandagtigt, meget stinkende Fluidum, som skummede stærkt paa Overfladen og kom i saadan Masse, at han var nærved at qvæles og Ansigtet blev blaat; i höire Side af Brystet hörtes en snorkende Rallen, af og til Tintement métallique, der vidnede om, at Extravasatet maatte have gjennembrudt Lungen; Pulsen var meget lille og hurtig, indtil Döden paafulgte efter nogle Timers Forlöb. Ved Obduktionen fandtes en Mængde grönligt, ildelugtende Serum i höire Pleurasæk, den serösc Hinde temmelig röd og beklædt med Pseudomembraner; Perforationen havde fundet Sted bagtil, nedentil, hvor Lungen var noget engoueret og mör. Nyrerne vare store, blöde, rödlige, i förste Stadium af den brightske Degeneration.

Middelvarigheden af Mæslingerne i deres simple Form var 9 Dage. Istedetfor at Exanthemet i Almindelighed pleier at frembryde paa 4de eller 5te Dag, viste det sig hos Pluraliteten paa 2den eller 3die, og var gjerne meget confluerende i Ansigtet, paa Halsen og Brystet. Da Meningerne ere forskjellige om dets primitive Form, idet Nogle paastaae, at det begynder med meget smaae runde röde Pletter, som derefter flyde sammen, Andre derimod, at det först kommer frem som smaae röde papulæ, der löbe sammen og danne större eller mindre exanthematöse Flader, vil jeg her blot bemærke, at jeg hos disse Syge, ligesom tidligere, havde Leilighed nok til at finde den sidste Anskuelse bekræftet. Begyndelsen skete nemlig stedse med meget smaae, ikke synderligt fremstaaende papulæ, som i faa Timer forstörredes og confluerede til Pletter eller Flader af forskjellig Udstrækning, hvis Overflade af denne Aarsag var noget ru, men tabte sin Ruhed i Löbet af 24—36 Timer. Denne Begyndelsesform var især iöinefaldende paa Extremiteterne, hvor man altid fandt en Mængde enkeltstaaende röde papulæ. En Gruppering i smaae halvmaaneformige Pletter, der især skulde bemærkes i Ansigtet og paa Brystet, og efter Willan og Bateman være et diagnostisk Kjendetegn paa morbilli, har jeg aldrig halt Leilighed til at iagttage hverken ved denne Leilighed eller tidligere, uagtet jeg ofte henvendte min Opmærksomhed derpaa.

Hydrocepalus acutus. Heraf behandledes 2, hvoraf den ene döde. Et Barn paa 3½ Aar havde for en Maaned siden gjennemgaaet Skarlagensfeberen og siden befundet sig vel, da hun pludseligt en Morgen angrebes af brændende Hede med Congestioner til Hovedet, stor Uro og Brækning (febris cephalica). Efter at denne Tilstand havde varet nogle Timer fik hun et langvarigt Krampeanfald med Tab af Bevidstheden, dilaterede Pupiller, Opistotonus med Trismus, fraadet Mund og krampagtigt Aandedræt. Lokale Blodudtömmelser, kolde Epithemata, stærke Derivantia og Calomel hævede disse Tilfælde, saa at hun efter 8 Dage helbredet forlod Hospitalet. Den anden, en Pige paa 3 Aar, havde i 3 Uger været syg hjemme uden at Forældrene sögte Lægehjælp I denne Tid havde hun fordetmeste ligget dösig hen med afvexlende Kulde og Hede, saa at hun snart var bleg, snart blussede i Ansigtet, i Begyndelsen med stærk Törst, af og til Brækninger, Opfaren i Sövne med Skrig, og Krampetrækninger i Lemmerne. Efter Optagelsen i Hospitalet laa hun stedse i en comatös Tilstand, hvoraf hun dog stundom kunde vækkes, men svarede ikke paa Tiltale; den hoire Pupille var meget dilateret og ubevægelig, hun havde af og til Krampetrækninger i Armene, Pulsen var meget lille og hyppig. I de fölgende Dage fik hun Diarrhoe, skiftede ofte Farve i Ansigtet, hensank engang i et Anfald af Opistotonus med Trismus, laa senere med Stridor dentium i höi Grad, Krampetrækninger eller stærk Zittren i Lemmerne; det venstre Öie stod helt aabent, var mat og glandslöst, Pulsen svag 140, indtil hun efter gjentagne Krampeanfald döde paa 4de Dag. Anvendelse af Vesicatorium i Nakken og flere moxæ paa Hovedet, tilligemed indvendig Brug af et Inf. arnicæ & digitalis c. Kali hydrojodico bevirkede i de förste Dage nogen Bedring, men kun af kort Varighed. Ved Obduktionen fandtes Hjernens Hinder stærkt injicerede, hist og her beklædte af Pseudomembraner, en betydelig Mængde Serum paa Hjernens Overflade, i basis og i Ventriklerne, det subserōse Bindevæv stærkt infiltreret med Serum, arachnoidea injiceret, hist og her stærk mælkefarvet, i fossa Sylvii paa höire Side og paa pons Warolii fortykket, bedækket af Pseudomembraner; i den forreste Extremitet af corpus striatum paa begge Sider fandtes to hinanden aldeles lignende smaae runde gulbrune Legemer af en graa Ærts Störrelse, ensbeliggende paa hver Side, noget mamalonnerede paa Overfladen, af temmelig fast ostagtig Consistents og löseligt forbunden med Hjernemassen, hvilke Legemer viste sig at bestaae af Tuberkelmasse; Medullarsubstansen var noget puncteret, forresten hele Hjernen af naturlig Consistents. Begge Lunger vare fulde af raae miliære Tuberkler; Leveren besat med hvide Pletter paa sin convexe Flade; Mesenterium opfyldt af svulne Kjertler, der indeholdt megen Tuberkelmasse (carreau).

Lymphangitis (Angioleucite) forekom hos 4, superficiel hos 3, profund hos 1, som alle endte heldigt. Hos 1 viste den sig paa Overarmen efter et Saar paa Pegefingeren og gav Anledning til udbredt Abscesdannelse; hos 1 paa Benet, fremkaldt af Ecthymapustler paa Foden, og endte med Abscesser paa Læggen; hos 1 opstod den af sig selv paa Ryggen af Haanden og Forarmens nederste Del, ledsaget af Feber med Kuldegysninger, Hovedpine og gastriske Symptomer, og endte ligeledes med Abscesdannelse i vidt Omfang; hos den 4de endelig indtog den en hel Underextremitet, havde sit Sæde i Lymphekarrenes profunde Lag

(Lymphangitis profunda efter Velpeau og Vidal de Cassis), men endte her med Fordeling. Den 7de December blev han, medens han stod paa Post, angreben af Kuldegysninger og Brækninger, senere af Oppression og Ömhed i Hjertekulen samt Præcordialangst, hvorpaa Hævelse viste sig Dagen efter i hele venstre Underextremitet, ledsaget af nogen Smerte i Lysken, Knæhasen og Læggen. Da han den 9de indkom i Hospitalet, var der betydelig Svulst med Spænding i Lemmet, som hidrörte fra de blöde Dele under fasica lata og cruris. Laaret var over 3" og Læggen over 2" tykkere end det andet Been; en let Rödme bemærkedes paa den nederste Del af Benet og Fodryggen, men intet Ödem. I Inguen fölte man de lymphatiske Kjertler noget hovne og ömme, og en smertende ikkeknudret Stræng strakte sig nedad omtrent i Löbet af A. cruralis og antoges at hidröre fra Svulst i Lymphekarrene, maaske ogsaa i V. cruralis, som omgives af deres profunde Lag. Baade Laaret og Læggen vare haarde, yderst spændte, især Læggen, og smertede noget ved Tryk; han havde af og til en snurrende Fornemmelse i disse Dele, men ingen egentlig Smerte, han fölte mere en Tyngsel og Stivhed i hele Lemmet, og nogen Smerte, naar han bevægede det; Tungen var hvidlig belagt, han havde slem Smag, nogen Hovedpine, Törst, Pulsen spændt 94, Urinen rödlig med karmoisinfarvet Bundfald. Efter et Brækmiddel, som udtömte nogen Galde med Lettelse, blev han i de fölgende 6 Dage 3 Gange aareladt, hvorved Blodet viste sig meget phlogistisk, og 3 Gange anvendtes 8 Blodkopper efter hele Længden af Benet, i Forbindelse med Indgnidning af Ungu. neapolit. og Blyvandsomslag, samt indvendig Brug af Calomel indtil en mild Salivation indfandt sig. Under denne Behandling ophörte Smerte og Ömhed, medens blaalige Pletter efterhaanden havde viist sig paa forskjellige Steder af Lemmet, især Laaret, liig Vibices, og Ödem udviklede sig, först paa Foden, derefter paa Benet og tilsidst paa Laaret, saa at Tryk med Fingeren efterlod en Grube. Paa samme Tid blev Svulsten under fasciæ kjendelig blödere, Haardheden aftog og Urinen satte et tykt kritisk Bundfald. Da Feberen efter 12 Dages Forlöb var ophört og Ödemet ligeledes begyndt at aftage ovenfra nedad, anvendtes Compression med Expulsivbind efter Velpeaus Raad. Den 24de Dag forlod han Sengen, men Svulsten var kun lidet formindsket. Naar han havde gaaet paa Benet, hovnede det om Aftenen, var spændt, uden at dette dog foranledigede Smerte. Ved Udskrivningen 8 Uger efter var hele Benet endnu betydeligt större, end det andet, men Hudfarven naturlig, Bevægelsen fri og Foden hovnede ikke længer om Aftenen. I regio inguinalis, indad og nedad, föltes endnu nogen Haardhed uden Ömhed, som rimeligviis stammede fra Svulst i de profunde Lymphekjertler, maaske ogsaa fra nogen Svulst i V. cruralis, paa hvilken de hvile. Han gjorde derefter Tjeneste i Livgarden, hvor det imidlertid snart viste sig, at han formedelst den uforandret vedblivende Forögelse af Benets Omfang var uskikket til Militærtjenesten, hvorfor han 4 Maaneder senere blev erklæret for uduelig. — Man vil i dette Tilfælde, som har megen Lighed med Phlegmasia alba dolens, see den samme Affection, der i tropiske Egne iflölge A l a r d s meget interessante Oplysninger ligger til Grund for Elephantiasis Arabum (d. e. lymphangitisk Betændelse i en eller anden Del af Legemet, undertiden forbunden med Rosen, som bestandig vender tilbage efter kortere eller længere Mellemrum med de samme Phænomener, og hvergang efterlader en forögel Tilvæxt i Delens Omfang, tilsidst Degeneration med Fortykkelse af Huden). Herhen hörer Barbadosbenet (H e n d y's morbus glandalaus barbadensis), der er det samme som Malabarernes Perical, og i Europa forekommer sporadisk, men sjelden, hyppigst i Spanien paa Asturiens Kyster. A l a r d synes ved Obduktioner at have sat udenfor al Tvivl, at disse Sygdomme, ligesom Phlegmasia alba dolens og mange Tilfælde af Induratio telæ cellulosa o. s. v., have deres Grund i en lymphangitisk Betændelse, der snart optræder acut, snart meget chronisk; men nyere Iagttadelser, först af B o u i l l a u d, siden af D a v i s, L e e og Fl. have viist, at der ofte tillige er Phlebitis. Da det meddelte Tilfælde kommer Phlegmasia alba dolens meget nær, maaske er identisk dermed, vil jeg blot tilföie, at man ingenlunde kan betragte det som afgjort, at denne sidste Sygdom, der i Almindelighed forekommer hos Barselkoner, men ogsaa kan vise sig hos Andre, navnlig ogsaa hos Mandfolk, hidrörer fra en reen Venebetændelse. Endskjöndt denne Anskuelse er temmelig almindelig, helder jeg dog til F e r r i a r's og Andres (T r y e, A l a r d, C a s p e r, A l l o n n e a u, F r a s e r, K i w i s c h) Mening, at den altid bestaaer i Lymphangitis, men at den ofte er forbunden med Phlebitis, saa at der i mange Tilfælde er en Phlebo-Angioleucite tilstede, men at de lymphangitiske Phænomener stedse prædominere, og at man, som Kivisch har viist, forefinder Casus, hvor Venerne aldeles ikke deltage i Affektionen.

Morbus cordis. Heraf behandledes 2, som begge lede af Hypertrophi med Klappefeil og forlode Hospitalet i forbedret Tilstand. Den ene, en 43-aarig Sergent af Livgarden, havde for et Aar siden ligget i Hospitalet af exsudativ Pleuritis i venstre Side, og i de sidste Maaneder, især om Natten og efter Anstrængelser, lidt af Hjertebanken samt Smerte, der fra Hjertet strakte sig ud i Ryggen, Angst, Dyspnoe og kolde Extremiteter. Ved Percussion i regio cordis forefandtes en noget större Mathed, end naturligt, og ved Auscultationen Abnormiteter ved begge Hjertelyde, idet man ved Hjertespidsen hörte den förste forlænget og ledsaget af en raspende eller filende Pustelyd (bruit de soufflet rapeux), medens den 2den sammesteds kun hörtes meget utydeligt, hvorimod man ved basis cordis hörte den sidste tydeligere, forlænget og ledsaget af en skrabende Lyd, medens den 1ste Hjertelyd her var kortere og utydeligere. Ifölge disse physikalske Tegn antog jeg, at nogen Hypertrophi i venstre Hjertekammer var tilstede, ledsaget eller maaske rettere fremkaldt af Feil ved Mitralklappen med Insufficients. Patienten var ikke phlethorisk, Pulsen naturlig; naar Palpitationer indfandt sig, bemærkedes betydelig Impuls hos Hjerteslaget. Efter gjentagen Anvendelse af Cucurbitæ cruentæ i regio cordis brugtes Calomel, Sulphur auratum Antimonii & Digitalis āā grj. hver 4de Time, indtil nogen Salivation efter 7 Dages Forlöb indfandt sig. Da han to Maaneder senere udgik af Hospitalet, havde han allerede i længere Tid befundet sig bedre, var befriet for enhver Smerte, sov roligt om Natten, led ikke mere af Hjertebanken, Angst eller Dyspnoe, men de abnorme Hjertelyde vedbleve uforandrede. Efter denne Tid forrettede han uhindret sin Tjeneste, ja deltog i Marschövelser, da han pludselig blev angreben af Smerter i Underlivet og den 12te Mai atter indkom i Hospitalet med Tegn paa Peritonitis, som trodsede de sædvanlige energiske Midler og efter 4 Dage endte med Döden. Ved Obduktionen fandtes Underlivet fuldt af et rigeligt Exsudat, blandet med Luftblærer, Tarmene bedækkede og sammenklæbede af Pseudomembraner og Pus; i colon adscendens en Haandsbred over Coecum saaes et stort geleagtigt Ulcus paa Slimhinden, som i Bunden havde perforeret Tarmen og gjennem 2 Kanaler i det fortykkede Mesocolon communicerede med cavum peritonei; Slimhinden i Coecum viste flere Granulationer og smaae Ulcera. Ved at undersöge Hjertet blev Diagnosen af hans Hjertesygdom bekræftet, idet man forefandt Hypertrophi i venstre Ventrikel, Mitralklappen besat med en Mængde Knuder langs med Randene, indsluttede i Klappenes Duplicatur og tildels forbruskede; den samme organiske Forandring forekom ligeledes i Tricuspidalklappen og i Aortaklapperne, men i meget mindre Grad; Klappenes Rande vare tillige meget röde og svulne. — Den 2den, en 26-aarig Hornblæser af 8de Bataillon, havde i de to sidste Aar lidt af tiltagende Kortaandethed, Hjertebanken, Fölelse af Angst, især efter Bevægelse og Anstrængelse ved Blæsning. I Egnen af Hjertet forefandtes en temmelig betydelig og nöie begrændset Hvælving (voussure), som ved Percussionen gav en mat Lyd, Hjerteslaget var stærkt og udbredt, 1ste Hjertelyd ledsaget af en svag Pustelyd, 2den Hjertelyd hörtes derimod ved basis cordis meget forlænget, ledsaget af Raspelyd, undertiden ligesom deelt i flere smaae raspende Lyde. Efter disse Tegn antog jeg, at han led af en betydelig Hypertrophi i venstre Hjertekammer, med organiske Forandringer i Mitralklappen og Insufficients. Han led tillige, som almindeligt hos slige Syge, af Hoste med slimet Expectorat og nogen Hæshed (chronisk Laryngo-Bronchitis), af og til fölte han Svimmel og nogen Hovedpine, Susen for Örene, ligesom han stundom efter Anstrængelse blev blaa i Ansigtet; Pulsen var fuld, 80, regelmæssig. Efter Anvendelse af Blodkopper i regio cordis og en Aareladning paa ℥xij brugte han samme Cur, som den forrige, og den havde en saa heldig Virkning paa ham, at han efter 49 Dages Ophold i Hospitalet udgik med fuldkommen subjectivt Velbefindende, medens de objective stethoskopiske Tegn i regio cordis endnu vedbleve at være de samme. — Disse Iagttagelser anföres, for at vise Nytten af en Curmethode, som anbefales af flere engelske Læger, navnlig af Thomas Salter, som bruger den mod alle chroniske organiske Hjertesygdomme, med Undtagelse af det corvisartske passive Aneurisma. Da disse Sygdomme meget ofte ere begrundede i en vedvarende chronisk Endocarditis, som giver Anledning til bestandigt fremskridende Abnormiteter ved Klappene (Valvulitis chronica), er dens Indflydelse og Virkning let at forklare.

Pleuritis. Heraf behandledes kun 3, hvoraf 1 döde. Een af dem henlaa 4 Maaneder i Hospitalet af en meget alvorlig exsudativ Pleuritis i höire Side, under hvis Forlöb Exsudatet fra Pleurasækken omsider banede sig Vei gjennem Bronchierne ved Gjennembrud af Lungen. Han havde allerede forladt Sengen efter en meget energisk Behandling og syntes at befinde sig temmelig vel, uagtet man endnu forefandt en betydelig Percussionsmathed over den störste Deel af höire Bryst, som tillige var noget udvidet, da han den 22de Dag om Morgenen pludselig blev angreben af et voldsomt Hosteanfald, som varede uafbrudt i 5 Timer med stor Respirationsbesværlighed, Smerte i Siden, blaalig Ansigtsfarve, meget hurtig og svag Puls, tumultuarisk Slimrallen i Brystet (respiration bruyante) med Tintement métallique, og Expectoration af flere Spyttebækkener fulde af et gröngult, fnokket, noget purulent, paa Overfladen stærkt skummende, yderst stinkende Fluidum. Efterat denne Opspytning havde varet i flere Dage med kortere eller længere Afbrydelser, bemærkede man, at Percussionsmatheden i Siden kjendeligt var aftaget ovenfra nedad, og man begyndte at höre Aandelyden paa et större Rum. Imidlertid vendte slige Paroxysmer senere endnu 2 Gange tilbage med længere Tids Mellemrum, hvorefter Kræfterne meer og meer tiltoge. Da han 1 Maaned efter det sidste Anfald forlod Hospitalet som helbredet, men uskikket til Militærtjeneste, var endnu nogen Mathed tilstede nederst i höire Side, men han havde ganske gjenvundet sine Kræfter og var befriet for Hoste og Opspytning. — En anden indkom med gastrobiliös Feber, som ledsagedes af Symptomer, der mindede om typhös Komplication, nemlig stærk Hovedpine med Svimmel, betydelig Debilitet, Dedolationer o. s. v., indtil han den 14de Dag angrebes af en heftig Otitis blennorrhoica, hvorefter han kjendelig fölte sig bedre, saa at han den 21de Dag kunde forlade Sengen og nyde fuld Kost. Han befandt sig nu tilsyneladende vel, men havde dog en meget bleg Ansigtsfarve, da han 9 Dage senere (Sygdommens 30te Dag) klagede over tör Hoste og fortalte, at han i flere Dage havde havt hovne Been. Ved Brystets Undersögelse fandt man nu et stort Extravasat i venstre Pleurasæk, uden at Pat. hidtil havde fölt Smerte eller frembudt Symptomer, som kunde vække Formodning om, at Brystet led; Urinen viste sig albuminös. Hertil kom senere scorbutiske Pletter paa Extremiteterne, gjentagne Feberanfald med stærk Kuldegysning, Hjertebanken, meget hurtig svag Puls 132—40, tiltagende Respirationsbesværlighed, brændende Törst, stor Debilitet, hvilke Tilfælde efter kortvarige Remissioner, hvori Patienten syntes at komme til Kræfter, vendte tilbage med fordobblet Heftighed, indtil han endelig

2 Maaneder efter disse Symptomers Optræden bukkede under. Ved Obductionen fandtes hele venstre Lunge splenificeret, sammenklemt af et meget betydeligt Exsudat i Pleurasækken, der var gulgrönt, sero-purulent, albuminöst; Pleura mælkefarvet, fortykket, hist og her injiceret og bedækket af tynde Pseudomembraner; i cavum peritonei en Mængde Serum, Peritoneum mælkehvid, Milten meget stor, mör, granuleret, sorteblaae; begge Nyrerne store, blöde, rödlige befandt sig i 2det Stadium af den brightske Sygdom. — Ligesom i det ovenfor anförte Tilfælde af Mæslinger, see vi her i Reconvalescentsen af en gastrisk-nervös Feber udvikle sig den Dyscrasie i Blodet, som ligger til Grund for Albuminurien og den brigthske Degeneration af Nyrerne, en Blodcrase, der befordrer acute og chroniske Betændelser i de store Kaviteters seröse Hinder. I hiint Tilfælde havde denne Blodsygdom et mere acut Forlöb, Urinen var blodig og Extravasatet i Pleura banede sig i kort Tid Vei ved Lungens Gjennembrydning; i dette havde den en mere chronisk Form, Kachexien gav Anledning til gjentagne Feberanfald med Kuldegysninger og aabenbarede sig tillige ved scorbutiske Phænomener.

Peripneumonia. Heraf behandledes 15, af hvilke 9 udskreves helbredede, 1 döde, og 5 vare tilbage ved Qvartalets Ende. Den ene, som döde, havde Betændelse i begge Lunger, som udviklede sig efter hinanden med 2 Dages Mellemrum, optraadte med overordentlig Acuitet og blev dödelig i 4 Dage. Ved Obductionen fandtes röd Hepatisation i en stor Deel af begge Lunger, hvis Overflader mestendeels vare fastklæbede til Pleura costalis ved tykke Pseudomembraner; Hjerteposen indeholdt noget mere Serum, end naturligt, Hjertets Overflade var stærkt mælkefarvet, dets Huulheder indeholdt store, hvide, fibrinöse, meget fasthængende Concrementer, som fra Ventriklerne og Atrierne strakte sig langt op i de store Blodkar, især vare V. V. cavæ fast udstoppede deraf, Randene af Klappene vare röde, ligeledes den indvendige Overflade af Aorta og A. pulmonalis; Leveren mör og dens Vener rödstribede. — Hos 9 fandtes Betændelsen kun i den ene Lunge, var uden Komplication hos 5, med en Middelvarighed af 11 Dage, hos 4 derimod compliceret paa forskjellig Maade, nemlig hos 2 med typhöse Symptomer, der optraadte samtidig med Pneumonien og gave sig tilkjende ved stærk Hovedpine med Svimmel, rödlige Öine med dilaterede Pupiller, stor Debilitet, gjentagen Næseblod, Diarrhoe, der vedvarede i nogen Tid; de behandledes begge med almindelige og locale Blodudtömmelser, anvendte med Moderation, og Calomel c. Mosco, og varede den ene 46 Dage, den anden 31. Hos den 3die var Betændelsen i ventre Lunge forbunden med exsudativ Pericarditis, der udviklede sig 2 Dage efter Pneumonien med betydelig Hvælving af Brystkassen og var ledsaget af stærk Gnidningslyd, varede 30 Dage: den 4de, en 7aarig Dreng, havde en let Betændelse i höire Lunge, hvortil efter nogle Dages Forlöb kom en heftig Endo-Pericarditis, med betydelig Percussionsmathed og Hvælving i regio cordis, abnorme Hjertelyde, meget uregelmæssig Puls, stor ödematös Svulst i Penis, Scrotum og hele Ansigtet, albuminös Urin og Dysurie; varede 30 Dage. Begge bleve helbredede ved rigelige Blodudtömmelser, Calomel c. Digitali og store Vesicatorier i Hjerteregionen.

Lichen. Efter at Patientinden i et Par Dage havde fölt Mathed, Træthed, Dedolationer i Lemmerne, Mangel paa Appetit med Törst og slem Smag, ophörte disse Tilfælde ved Udbrudet af tætstaaende papulæ paa Ryggen, Brystet og Underlivet, samfarvede med Huden og ledsagede af stærk Klöe. Afföringsmidler og simple varme Bade afvexlende med alcalinske (Kali subcarbon. ℥ij–iij til hvert Bad) hævede i 12 Dage denne Hudsygdom, som endte med almindelig Furfuration paa de angrebne Steder. — Denne Iagttagelse anföres, fördi den acute Form af Lichen simplex med slige Forlöbere kun sjelden förekommer.

Syphilis behandledes hos 20, af hvilke 12 udskreves helbredede, 8 vare tilbage ved Qvartalets Ende. Af hine 12 bleve 3 behandlede med Mercur, nemlig 2 med Chankere og 1 med Orchitis genorrhoica; 9 uden Mercur, nemlig 3 med Gonorrhoe, 1 med Bubones, 1 med Slimtuberkler, 1 med Kondylomer og 3 med Chankere.

Vulnus articuli. Pat. havde 10 Dage för Indlæggelsen faaet et Saar paa Dorsalfladen af höire Haands Pegefinger over Articulationen mellem de to yderste Led. Da Saaret ikke forenedes, havde Pus snart banet sig Vei ind i Leddet, som derefter hovnede, og Pus aabnede sig Udvei paa 3 forskjellige Steder i dets Omfang. Naar man trykkede paa det svulne Led, flöd Pus blandet med nogen Synovie ud igjennem Aabningerne; ved Sidebevægelser af Phalanges mod hinanden föltes stor Mobilitet og en tydelig Strepitus af de sig berörende Articulationsflader. Fingerens Befæstelse ved Plasterstrimler til en udhulet Træskinne tilligemed Brug af Omslag lægte Saarene i Löbet af 12 Dage, hvorefter dens Omvikling med Empl. gummosum under bestandig Brug af Skinnen, samt jevnlig forsigtig Bevægelse af Ledet, havde en saa heldig Virkning, at han efter 85 Dages Ophold i Hospitalet atter udskreves som tjenstdygtig. I nogle lignende Tilfælde, hvor jeg tidligere havde anseet det fornödent at amputere Fingerens yderste Led, lykkedes det mig paa anförte Maade at undgaae denne lemlæstende og smertefulde Operation, som her vilde have gjort den Paagjældende uskikket til Militærtjenesten.

De 6, som döde i dette Qvartal, lede: 2 af Typhus, 1 af Hydrocephalus acutus, 1 af Mæslinger, hvorefter udviklede sig Albuminurie og exsudativ Pleuritis med Gjennembrud af Lungen, 1 af Albuminurie og exsudativ Pleuritis, som fremstode i Reconvalescentsen efter en gastrisk nervös Feber, og 1 af Pneumonie i begge Lunger.

Hvad den epidemiske Konstitution angaaer, vedbleve typhöse Febre at vise sig i dette Qvartal, ligesom i det forrige Aars 2 sidste Qvartaler, skjönt i meget ringere Antal (7), ligesom ogsaa to Pneumonier ledsagedes af typhöse Symptomer; den sidste Typhussyge indkom i Begyndelsen af Marts. I Slutningen af Januar begyndte Mæslingerne at forekomme og vedvarede Qvartalet igjennem, saa at i det Hele 27 behandledes af denne Feber. Skjörbug og den i de foregaaende Qvartaler iagttagne scorbuliske Degeneration af Saar viste sig ikke i nærværende Qvartal.

Literatur. Kortfattet populær Fremstilling af den menneskelige Organisme, ved P. L. Panum.

Entledigelse. Houghton, Underlæge ved 7de Bataillon, afskediget i Naade og med Pension.

Vacance. Et Underlæge-Embede ved 7de Bataillon; Ansögningerne indleveres inden d. 27de d. M.

Forlagt af C. A. Reitzel. Trykt hos Bianco Luno.

Den 27. Juli. 1847.

Ugeskrift for Læger.

2den Række VII. Nr. 6—7.

Redigeret af L. Brion og C. Hempel.

Fragmentariske Uddrag af Schönleins kliniske Forelæsninger.

(Efter Dr. Guterbocks Udgave ved *Kuhlman*, praktiserende Læge i Storehedinge).

Om Brystbetændelser.

15de Mai 1841.

Wilhelm L., Arbeidsmand, 36 Aar gammel, en kraftig Mand med stærk bygget Bryst, der aldrig har lidt af nogen Brystaffektion, fölte den 9de Mai, da han vaagnede, en heftig Hede uden foregaaende Kuldegysning, nogen Örhed i Hovedet og stikkende Smerte i venstre Bryst, som strakte sig dybt ned i Lænderne; herefter fulgte Hosteanfald, som endnu forögede Smerten. Hvad han udenfor Hospitalet brugte mod disse Tilfælde, er ei værd at omtale, og saaledes indlagtes han i Hospitalet. Undersögelsen viste en betydelig Betændelse i den nederste Del af den venstre Lunge, i Forbindelse med en heftig sthenisk Feber, med fuld spændt accelereret Puls. Der blev strax foretaget en Aareladning, som i Dag blev gjentagen; desuden har man appliceret Blodkopper paa den lidende Brystside. — Jeg maa ved denne Leilighed gjöre Dem opmærksomme paa en Smerte, som let kan lede til Vildfarelse, nemlig den ved Pleuritis iagttagne Smerte, som fra Ryggen trækker helt ned til Lænderne. Naar Pleura alene, og ikke tillige Lungen, er angreben, kan den Vildfarelse let opstaae, at man antager denne rivende trækkende Rygsmerte for rheumatisk, og derved ganske overseer Betændelsen, indtil man senere, ved dennes Overgang i Exsudation, bliver opmærksom derpaa. Jeg erindrer mig endnu levende en Snedkersvend, hvor denne Feiltagelse fandt Sted, indtil der udviklede sig en hektisk Feber, og efter sex Ugers Forlöb bemærkedes en Svulst under det paupartske Baand; det viste sig senere, at Pus fra Pleurasækken havde sænket sig langs med Psoas. Denne Feiltagelse, bevirket ved det Værd man tillægger Smerten, er ved Brysthindebetændelse ingenlunde saa sjelden, vi have selv her haft et Exempel derpaa. Ved andre Betændelser har man længe kjendt noget Lignende: saaledes föles Smerten ved Hjertebetændelse i Blæren eller Ovarieregionen, ved Leverbetændelse i det venstre Hypochondrium, ved Coxarthrocace i Knæet Jeg omtaler dette kun for at bede Dem være paa Deres Post ved Udtydningen af Smerten, og at advare dem fra at stille Deres Diagnose alene efter Smerten. — Der forekommer ogsaa en Pleuritis, som er ledsaget af heftige Rygsmerter og Stivhed i Hvirvelstötten, hvilke Symptomer afhænge af Betændelsens Forplantelse til Rygmarvens serös̈e Hinde. Allen har beskrevet den under Navn af Pleuritis postica, i sin Synopsis medicinæ practicæ. Af denne Form forekom ogsaa et Tilfælde i Schönleins Klinik. En Arbeidsmand, 54 Aar gl. indbragtes i Hospitalet med en Pleuropneumoni i venstre Side og samtidig Betændelse i Beklædningen af diaphragma; hertil sluttede sig en heftig trækkende Smerte i Krydset, som strakte sig helt ned over Sacralregionen og forögedes ved Bevægelse og Berörelse; endvidere en Fölelse af Spænding omkring Underlivet og Myrekryben i den venstre Underextremitet. Man foreslog strax en Aareladning og satte Blodkopper i Sacralregionen, hvorved Patientens Bryst- og Rygmarvsaffection hævedes. Ved denne Leilighed bemærkede Schönlein: Disse heftige Smerter i Rygraden blive ofte ansete for og behandlede som rheumatiske; men förend man ret seer sig for, har Paralysen udviklet sig, og hurtigen naaet en saadan Höide, at Behandlingen sjelden formaaer at opnaae noget gunstigt Resultat. Fornemmeligen pleier denne Betændelsesform at opstaae efter en Forkjölelse, en Gjennemblödning, og da enten strax i sin colossale Form, som ei kan miskjendes, eller i den mere snigende. I Würtzburg saae jeg den ofte blandt Soldaterne, naar de paa Volden efter en varm Dag vare udsatte for en kold Natteluft, især i Mai Maaned, og i nogle Tilfælde viste den sig under den skrækkeligste Form af Tetanus. Senere har jeg ogsaa iagttaget den i Schweitz blandt Fodreisende. Hvert Aar bragtes slige Ulykkelige til Zürik, som i deres Nankinsbenklæder havde besteget Rigi, og der vare blevne Natten over, for at see Solens Opgang. De kom ned med Trækninger i

Lemmerne og Stivhed i Krydset, paa engang vilde Blæren ikke fungere, og Rygmarvslidelsen udviklede sig fuldkommen, med et dödeligt Udfald. Det er derfor vigtigt at kjende Sygdommen i dens Begyndelse. Diagnosen er ikke vanskelig: Smerten er lige i Midtlinien af Hvirvelstötten, denne er stiv og meget öm ved enhver Bevægelse og Berörelse, men Smerten sidder ikke i Musklerne; hertil komme consensuelle Symptomer, forskjellige alt efter den angrebne Del af Rygmarven. Lider saaledes den nederste Del, hvilket er sædvanligt, saa har Patienten Fölelse af Spænding omkring Underlivet, ligesom et Baand var lagt om samme, medens dette dog er blödt; fremdeles en Fölelse af Myrekryben, Indsoven af en eller begge Underextremiteter, og af Blytyngde i samme, naar han gaaer; Gangen er slæbende. Snart drages Bækkenorganerne ind med i Lidelsen: först Blæren, Vandet löber langsomt med tiin Straale, tilsidst drypper det lodret ned. Lider Cervicaldelen af Rygmarven, saaledes som Allen har iagttaget, da opstaaer Sammensnöring af Brystet, Qvalme og Brækning, mens Tungen er reen, heftig tör Hoste, ofte uden materiel Forandring i Brystorganerne, og Paralyse i Overextremiteterne. Hvor disse Symptomer indtræde, der spilde man ikke Tiden med antirheumatica, Indgnidninger o. s. v., men gribe strax til stærke Blodudtömmelser, især locale, Merkurialfrictioner, store Doser af Calomel, i Begyndelsen med Jalappe; först derpaa kan man vente at bringe Hudsecretionen istand ved Bade o. s. v.

— Johan B., 23 Aar gl., Styrmand.

Jeg har ved en anden Leilighed, hvor Levningerne af en Intermittens afprægede sig i Febercoloritten, sagt Dem, at en foregaaende Koldfeber modificerer en ny optrædende Sygdoms Forlöb, Symptomer og Udfald, og gjör Forandring i Behandlingen nödvendig. Hos denne Patient, hos hvem vi i Begyndelsen ganske have overseet dette modificerende Moment, har en Forandring i Sygdommens Gang henledet vor Opmærksomhed derpaa og saaledes ret eftertrykkeligen mindet os om, at tage det behörige Hensyn til Patientens Individualitet. For flere Aar siden led Patienten af en quartan Koldfeber, som varede i 9 Maaneder; siden har der ikke viist sig Spor af den, naar undtages at Patientens Colorit tyder paa denne foregaaende Sygdom. Pneumonien, for hvilken han indlagtes i Hospitalet, var saa reen, at jeg fremstillede den for Dem som en Original, og Forlöbet af den lod os indtil den 4de Dag ikke mistvivle om hurtig Helbredelse, eftersom der efter den anvendte antiphlogistiske

Behandling — Blodudtömmmelser og Nitrum — indtraadte tydelige universelle og locale Kriser, og Brystsymptomerne aftoge samtidigen dermed. Men snart tog Sagen en anden Vending: i Begyndelsen kun paa den Maade, at der om Aftenen uden foregaaende Kulde indfandt sig Hede, Congestioner til Hovedet med rödt Ansigt og Delirier, accelereret Puls og tör Hud. Efter Midnat aftoge disse Tilfælde, en stærk Epistaxis paafulgte, og om Morgenen var der en fuldstændig Remission tilstede. Den fölgende Aften gjentoge sig de samme Phænomener, uden at man dog bemærkede noget Recidiv af de pneumoniske Tilfælde. Men den tredie Aften optraadte tilligemed disse samme Symptomer atter en heftig Pneumoni, saa vi maatte gribe til locale Blodudtömmelser. Den næste Morgen atter fuldkommen Remission; den fjerde Aften igjen en heftig Exacerbation, med total Undertrykkelse af Hud- og Nyrekrise, vi nödtes til at anstille en Aareladning og give Tartarus emeticus, en Behandling, som ganske hævede de pneumoniske Tilfælde. Nu blev Chinin forskreven, og allerede de förste Indgifter vare tilstrækkelige til at mildne den fölgende Exacerbation; den gjentog sig ikke mere, og Patienten er nu fuldkommen Reconvalescent.

Her var aadenbart et Reciduum af en tidligere Koldfeber tilstede, som atter blev kaldet tillive ved den ny indtrædende Betændelse, men i Form af en Complication, hvori begge Sygdomme gjensidigen modificerede hinanden, en sand Hermaphroditform (hvorpaa især P. Franck har gjort opmærksom i hans Interpretationes clinicæ), som ved sin förste Optræden fremböd mange Vanskeligheder for Diagnosen. Thi den adskilte sig fra en reen Intermittens, 1) derved, at Intermittens quotidiana ellers gjerne har sin Paroxysme i Formiddagstimerne, hvilket bragte P. Franck til den Yttring, at, naar Feberparoxysmen dagligen indfinder sig om Eftermiddagen, maa det strax vække Mistanke om, at en anden Affektion ligger tilgrund. Intermittens fulgte her Lovene for Betændelsens Exacerbation. 2) at Paroxysmen ikke var ledsaget af noget Kuldestadium, ikke engang af det ringeste Spor af Kuldegysning: den manglede altsaa det förste Stadium af Koldfeberparoxysmen; der var kun Hede med stærke Congestioner til Hovedet tilstede. 3) ved Formen af Kriserne; en Hudkrise var neppe antydet, og Nyrekrisen manglede ganske, Urinen blev mörk, hvorimod der istedetfor disse Kriser indfandt sig en reen Betændelseskrise: en kritisk Hæmorrhagi fra Næsen.

De have saaledes seet en smuk Complication af forskjellige Sygdomsprocesser, som gjensidigen modificerede hinanden. Enkelte combinatoriske Symptomers Former, som ligge tydeligen for Dagen og ikke kunne misforstaaes, som f. Ex, Combination af Syphilis med Scorbut, ere ikke undgaaede Lægernes Opmærksomhed; men nöiagtigen at bestemme denne combinatoriske Evne hos forskjellige Sygdomsprocesser, og hvorledes den ene virker modificerende og indskrænkende paa den anden, er en neppe fremsat og endnu mindre löst Opgave, som ikke blot har videnskabelig Interesse, men, hvad De have seet i dette Tilfælde, ogsaa er af den höieste praktiske Betydning.

— Paa den Indflydelse, som Patientens Individualitet udöver paa en ny Sygdomsproces, har Schönlein ofte henledet Opmærksomheden, saaledes især hvorledes Scrophulosis, den aabenbare saavelsom den latente, modificerer dens Symptomer og fornemmeligen dens Udfald. Affektioner af Slimhinderne have saaledes hos scrophulöse Subjekter Tilböielighed til at gaae over til Blennorrhoer. Johan Adam Schmidt i Wien synes först at have gjort opmærksom paa denne Modifikation, som Sygdommen lider efter den Jordbund, hvori den rodfæster sig, og navnligen hvorledes den primære syphilitiske Affektion forandres. Især har han ved Gonorrhoe viist hvorledes den hos Scrophulöse gjerne gaaer over i G. secundaria. Lungebetændelser, ja selv simple Catarrher, give, som bekjendt, hos saadanne Individer ofte Anledning til Lungephthisis. Bekjendt er fremdeles den Indflydelse, som den scrophulose, syphilitiske gigtiske etc. Diathese udöver paa Öienbetændelser, hvorved de forskjellige dyscrasiske Ophthalmier opstaae. Lignende dyscrasiske Betændelser forekomme i ethvert andet Organ, man har kun ikke skjænket dem samme Opmærksomhed som i Ophthalmiatriken. Kun ved enkelte har man hidtil opfattet denne combinatoriske Evne hos forskjellige Sygdomsprocesser, f. Ex. ved Angina. Noget Lignende har Rust efterviist ved Ulcera. Paa en paafaldende og höist mærkelig Maade viser denne Affinitet sig endog i visse Betændelsesprodukter; saaledes seer man ofte, at naar scrophulöse Subjekter angribes af Pleuritis eller Peritonitis, som ende med Exsudation af plastisk Lymphe, denne da indeholder Tuberkelmasse afsat i sine Mellemrum.

— Om Affiniteten mellem Tuberculosen og Intermittens gjorde Schönlein fölgende Bemærkning: Omendskjöndt Intermittens og Lungephthisis saaledes udelukke hinanden, at paa de Steder hvor hiin hersker, er denne yderst sjelden, saa viser det sig dog, at Individer, som i lang Tid have lidt af Intermittens og flytte fra den Egn, hvor Malaria hersker, til et andet Land, og der udsættes for hyppige Catarrher i Respirationsorganerne — angribes af Lungephthisis, selv om de intet Anlæg havde dertil, og det med galloperende Forlöb. Jeg har först iagttaget det hos de Schweitzere, som vendte tilbage fra Hollands Feberrede, og senere mange Gange ellers. Jeg troer derved at have lagt Mærke til, at Sædet for Tuberculosen almindeligen er i venstre Lunge — tilsvarende Milten — og hyppigst i dens nederste Lobus; tillige var Miltaffektion mere eller mindre fremtrædende. Ligesom dette forekommer hos enkelte Individer, saaledes iagttages det ogsaa i det Större; derpaa seer man et slaaende Exempel i Landet mellem Züricker- og Vierwaldstædter-Söen (das Gasterland), som tidligere, paa Grund af Flodens Oversvömmelse, stedse var udsat for Koldfebre. Senere blev den udtörret, og Koldfebrene forsvandt, men nu optraadte her en langt frygteligere Sygdom, Lungephthisis, som tidligere var aldeles ubekjendt. Mortalitetsforholdet blev uforandret, men ikke mere afhængigt af Intermittens, men af Tuberculosen.

— Christian Sohnholtz, Guldsmed, 42 Aar gl. Patienten er imorges indlagt i Hospitalet, men i en saadan Tilstand, at vi ikke kunne faae synderlig Oplysning af ham selv. Vi maa altsaa ligesom den forensiske Læge, som skal opdage en local Læsion, holde os til de objektive Tegn, Patienten delirerer bestandig og er meget urolig, Hovedet er hedt. Ansigtet rödt, Öinene lidt injicerede; her synes mig ikke at være Sygdommens Sæde. Man kunde tænke paa Delirium tremens, men man sporede ingen halitus spirituosus ved hans Optagelse, ligesaalidt som nogen Zittren i Hænderne, skjöndt jeg ikke vil nægte, at Patienten ei er aldeles fri for Nydelsen af Spiritus. — Vigtigere ere Symptomerne i Brystet, uagtet der næsten ikke er et eneste subjektivt Tegn tilstede. Patienten aander frit, og hoster ganske ubetydeligt. I den venstre Side er Percussionen klar, og Auskultationen afgiver intet Anomalt, derimod er Percussionen i överste Del af höire Brystdel dump og mat, og her höres en anomal Lyd: bronchös Respiration med tör Knittren. Endelig mærkes nogle Underlivstilfælde, det er udspændt, men blödt, ömfindtligt i Coecalregionen, hvor en knurrende Lyd fornemmes. Til disse tre locale Grupper kommer endnu en betydelig Feber, Pulsen er 120, lille og blöd, Huden heed. Disse ere de Tilfælde, som Undersögelsen viser os; endnu mangle vi Stoludtömmelserne og Urinen. Vi faae ud af denne Undersögelse, at fornemmelig to Organer ere angrebne: den överste Lobus af den höire Lunge og den nederste Del af Tarmslimhinden; vi maa altsaa have Mistanke om en typhös Feber compliceret med Betændelse i överste Lap af höire Lunge. I det Tilfælde er Cerebralaffectionen consecutiv og underordnet.

Skjöndt vor Undersögelse er höist ufuldkommen, da vi mangle alle anamnestiske Momenter, maa vi dog derefter lægge en Curplan. Idet vi derfor især tage Hensyn til Brystbetændelsen, ville vi strax anvende Blodkopper paa den överste Del af Brystet, og ifald en betydelig Exacerbation skulde indtræde, instituere en Aareladning, og indvendig give Inf. digitalis gr. x — ℥iv. Mucil. saleb ℥ij. Natri nitrici ʒij Syr. simpl. ℥j.

— Vi fandt igaar adskilligt ved Diagnosen, som var uklart; vi ansaae den höire Lunge som Affectionens Hovedpunkt, medens Betydningen af Underlivstilfældene var os mindre tydelig; de kunde, hvad vi have seet hos andre Patienter, være Medicamentvirkninger, og at gjöre Forskjel herpaa er allerede vanskeligt nok, naar Patientens Nærmeste kunne give os Oplysning, men endnu vanskeligere, naar vi aldeles Intet kunne erfare om ham. Senere have vi erfaret, at han har været syg i 9 Dage, og har brugt Magnesia sulphurica, som bevirkede talrige Stolgange. Affectionen af Tarmslimhinden er altsaa rimeligviis en Virkning deraf og hörer ikke videre til Sygdommen; i Respirationsorganet er Concentrationspunktet, Gaadens Nögle.

— Saa tydelige som Underlivs- og Cerebraltilfældene vare, saa vanskelig var deres Bedömmelse; heri ligger ogsaa Diagnosens Opgave; der hörer ikke meget til at opdage en Sygdoms Symptomer, det kan ved nogen Övelse enhver Sygevogter gjöre, men at vurdere, at sammenstille disse Symptomer og ordne de enkelte Grupper efter hinanden, henhörer til Synthesens Proces og kræver en combinatorisk Evne, som vel lader sig uddanne, men ei indgive med Skeer. Hos vor Patient have vi nu faaet ud, at Underlivssymptomerne hidrörte fra det tidligere anvendte Laxeermiddel, altsaa vare en kunstig Gruppe, og at Cerebraltilfældene kun vare en Biting og afhang af Feberen og Pulmonaltilfældene.

Saasnart der efter Blodudtömmelserne var indtraadt Rolighed og Sövn, dukkede ogsaa de subjektive Symptomer frem. Jeg har seet en athletisk Gaardskarl, som indbragtes paa Julins-Hospitalet med Pneumonia biliosa og heftige Delirier, hos hvem der ikke viste sig et eneste subjektivt

Symptom i selve Brystet; han aandede frit, og naar man spurgte ham, om han fölte nogen Smerte, svarede han, med et Slag af den knyttede Haand paa Brystet, at han var ganske rask, og först da han atter kom til Besindelse, begyndte de subjektive Symptomer at vise sig. Det samme er Tilfældet hos vor Patient.

— Jeg troer, at dette Tilfælde især egner sig til at fremhæve Fortrinligheden ved den nyeste Undersögelsesmaade; thi efter den ældre vilde det have været aldeles umuligt at diagnosticere dette Tilfælde, da der ikke var et eneste Symptom af dem, som de Gamle ansaae som Tegn paa Lungebetændelse, men tvertimod en hel Mængde andre Symptomer, som nödvendigviis maatte tiltrække sig Opmærksomheden, og dog blev det tydeligt, at alle disse Tilfælde kun havde et underordnet Værd. Det er netop charakteristisk, at de funktionelle Symptomer træde tilbage, saasnart Hjernens Function forstyrres, og det ikke alene paa den Maade, at enhver Klage forstummer, men ogsaa saaledes, at Respirationen ikke i mindste Maade synes generet. Herpaa har Stokes især henledt Opmærksomheden, idet han anbefaler Undersögelsen af Brystet paa ethvert Individ, som kommer under Behandling med forstyrret Bevidsthed, især delirium tremens, selv om de ikke klage over det mindste — og dersom man altid fulgte denne saa vigtige praktiske Regel, da vilde snart Inflammationes occultæ forsvinde som Spögelser i Drömmens Rige.

— Til de övrige Symptomer har nu sluttet sig en tydelig Affection af Endocardium, som giver sig tilkjende ved den paafaldende hurtige og uregelmæssige Puls, som ikke kan tilskrives Digitalis, da den staaer i Forbindelse med et andet objektivt Symptom, en Blæsebælglyd, som höres ved Udspringet af Aorta, ved venstre Rand af os sternum.

— Vi opstillede igaar det Spörgsmaal, om Pulsens Uregelmæssighed var et medicamentelt eller et pathisk, til Sygdommen henhörende Symptom. Vi afgjorte det, og Resultatet blev, at det var et pathisk Symptom, og det af fölgende Grunde: 1) fordi det faldt sammen med et andet objektiv Hjertesymptom. 2) fordi Uregelmæssigheden ikke var ledsaget af en langsom Puls, hvilken dog ialmindelighed er det primære Symptom paa Virkningen af Digitalis; og endelig af en tredie Grund, som dog ikke vilde være afgjörende, naar den ikke var i Forbindelse med de övrige: fordi intet af de övrige Digitalis-Symptomer, i Hovedet, Halsen o. s. v. var tilstede. Ialtfald ville vi nu, da der ikke længer er nogen Indication for at fortsætte Digitalis, heller udsætte dets Brug, og derved faae en ny Understöttelsesgrund for den af os opstillede Mening. Jeg gjentager for Dem ved denne Leilighed, hvor ubehageligt det er ved Bedömmelse af Symptomerne, at være i Uvished om de tilhöre Sygdommen eller Medikamentet, og at man i denne Stilling saa saa lidt som muligt maa anvende Midler, der frembringe Symptomer, som ligne de pathiske — altsaa aldeles det Modsatte af den homöopathiske Læresætning.

Ved en anden Patient. hos hvem der ligeledes tilligemed Recidiv af Lungebetændelse viste sig Hjertetilfælde, yttrede Schönlein:

De have her allerede seet flere Tilfælde, hvor Tilbagefald af Lungebetændelsen compliceredes med Hjertebetændelse; jeg troer, at de ingenlunde ere saa sjeldne, og at Tilbagefaldene netop ved denne blive saa farlige. Phænomenet er i sit Causalsammenhæng noget gaadefuldt, man kan vel have en Formodning, men ingen Vished; om det nemlig er hos de Individer, hos hvilke man i Forlöbet af Pneumonien har anvendt Digitalis, et Middel, som virker saa nedstemmende paa Hjertets Virksomhed og bringer Hjertet i en Svækkelsestilstand; om det især er hos disse Individer at Tilbagefald ledsages af Hjertebetændelse. Under denne Forudsætning kunne vi under samme Kategori henföre en anden analog Proces hos chlorotiske Piger: at en Betændelse hos dem let tillige angriber den indre saavelsom den ydre Hjertehinde. — Hvis dette er Tilfælde, da maa altsaa den ingribende Antiphlogose være et afgjörende Moment for Hjertebetændelser. Dette er, som sagt, kun Formodning, som kan bringes i Forbindelse med Erfaring, men ingen Vished. For den praktiske Læge maa den Iagttage'se være nok, at der med Recidiver af Lungebetændelse let forener sig en Hjerteaffektion.

11te Mai 1841. Fredrik Bohn, Postillon, 26 Aar gammel, en Mand af robust, kraftig Constitution og tidligere af godt Helbred, blev for tre Uger siden angreben af Kulde med paafölgende Hede og stikkende Smerte i den höire Brystside, som, dog ikke i höi Grad, fremkaldtes ved dyb Indaanding, Bukken og Bevægelse af Armen. Disse Tilfælde bleve af hans Læge ansete for Muskelrheumatisme, en Forvexling, som ikke er sjelden. Jeg har seet Tilfælde af Pleuritis, som forlöbe uden Smerte, og hvor Patienten först blev opmærksom paa sin Sygdom ved sammes Udfald. Den anstillede Behandling rettede sig efter den anförte Forvexling: Patienten har faaet en Oplösning af Tart. emet.,

Blodkopper og Trækplastre, hvilket altsammen var utilstrækkeligt mod den tilstedeværende Sygdom; Tilfældene forværredes, og han indlagtes igaar i Hospitalet. Idag giver Undersögelsen fölgende Udbytte: Ingen betydelig Aandedrætsbesværlighed, især naar Patienten ligger rolig, dog kan han kun vanskeligen ligge paa den venstre sunde Side, men foretrækker Leiet paa Ryggen eller den höire Side. Ved at betragte Brystet, seer man den höire Side stærkere hvælvet og dens Intercostalrum bagtil udslettede; Maalningen af begge Brystdele viser omtrent en Tommes Forskjel. Af större Vigtighed og Betydning ere de Tegn som Percussionen og Auscultationen afgive. Percussionslyden er paa venstre Side overalt klar og sonor, paa den höire kun paa det lille Rum mellem Clavicula og andet costa, hvor Respirationslyden ogsaa er klar; men fra dette Sted og nedad er Percussionen mat og dump, og höres ingen Respiration, undtagen ganske svagt överst oppe. Hertil kommer endnu nogle andre Phænomener af mindre Vigtighed, som dog ikke maa oversees: lidt tör Hoste, der, ligesaavelsom et ydre Tryk mellem femte og sjette Ribben paa höire Side, fremkalder nogen Smerte. Hjertet er ikke trængt ud af sit Leie, hvad vi ellers saa ofte see ved Exsudat i venstre Brystsæk, men Leveren er derimod her trængt noget nedad. Denne Dislocation af Leveren, som saa ofte finder Sted ved Udgydning i den höire Brystsæk, giver meget ofte Anledning til en feilagtig Antagelse af en Leveraffection; — jeg har seet Leveren som Fölge af en saadan Udgydning i Brystet rage ned til os ileum. Her er imidlertid kun den mindre Leverlap trængt ud af sit Leie.

Disse ere de lokale Tilfælde; men foruden dem maa vi endnu undersöge Reactions- og Secretionssymptomerne. Pulsen er temmelig rolig, omtrent 80, om Aftenen neppe hyppigere, fuld og kraftig; Hudsecretionen temmelig rigelig, Mængden af den udtömte Urin kunne vi endnu ikke nöiagtigen bestemme, dens Farve er ialtfald mörk, Alvus er aaben, Tungen er hvidlig belagt.

Her har öiensynligen været en Pleuritis tilstede, hvoraf Udfaldet har været en Udsvedning af et lymphatisk Exsudat. Det er et yderst paafaldende Phænomen, som saa ofte iagttages, at saadanne Patienter, hvis Bryst næsten er helt fyldt med et Fluidum, ikke ved Aandedrætsbesværligheder men först ved Dislocation af andre Organer, fornemmeligen Hjertet, blive opmærksomme paa deres betydelige Lidelse. De have ingen Vanskelighed ved Aandedrættet, men föle tilfældigviis Hjertets Slag paa urette Sted. Hos mange viser sig blot Beklemmelse ved at stige op ad Trapper, hos andre indfinde sig kun smaa asthmatiske Anfald om Aftenen. Vort förste Spörgsmaal er nu om Betændelsen allerede er hævet? Den tilstedeværende Smerte i höire Side, Hosten, den skjöndt ringe Reaction, den endnu vedvarende Pulsfreqvens, den fulde Puls og den mörke Urin antyder, at Betændelsen vedvarer. — Men nu Bortfjernelsen af Exsudatet?

Skal det ske ved Forögelse af Secretionerne, eller er den eneste Vei, som her lover os Hjælp, den kunstige Udtömmelse ved Paracenthesen?

Siden Diagnosen af Empyem ved den nyere Undersögelsesmaade er bleven os ligesaa let, som den var de ældre Læger, der savnede denne, vanskelig, saa den endog ansaaes som et Mesterværk, ere Meningerne om hine Spörgsmaal endnu mere delte. Min Troesbekjendelse kjende mange af Dem allerede, jeg har flere Gange haft Leilighed til at aflægge den, og navnligen ved et Tilfælde af Pneumohydrothorax hos en Phthisiker; dette endte, som vi forudsaae, med dödeligt Udfald; der viste sig ved Sectionen en Aabning af en Tommes Længde paa den överste Del af den höire Lunge, hvis Rande vare begyndte at blive callöse.

Jeg betragter Paracenthesen af Brystet som det sidste Middel, naar den anden Methode til Bortfjernelsen af Exsudatet ikke förer til Maalet, eller naar Fluidets Tryk paa Lungen er saa betydeligt, at et öieblikkeligt dödeligt Udfald er at befrygte.

— At bestemme det Organ, som i det enkelte Tilfælde skal vælges til at udskille det pathiske Produkt, er ikke altid let, og trods de mange theoretiske Regler, som man i den Anledning har opstillet, kommer man dog kun ved Experimenteren til et Resultat. I enkelte Tilfælde saae jeg Udtömmelsen ske kun igjennem Tarmkanalen ved Afgang af seröst, sjeldnere af purulent Fluidum. Denne Vei er imidlertid den sjeldnere; i Reglen sker Udtömmelsen igjennem Diuresen, og da er Urinens Beskaffenhed, som det synes, afhængig af det pathiske Produkts Natur: er dette kun vandagtigt, da er Urinens Mængde kun forögct, medens dens faste Bestanddele aftage; men i andre Tilfælde indeholder Urinen en stor Mængde Slim, og atter i andre virkeligt Pus, og det fornemmeligen, naar Exsudatet var purulent. Ja man kan ofte omvendt slutte fra Urinens Beskaffenhed til Exsudatets Natur. Hvor nu denne Udskillelse er purulent, vise sig ofte for Lægen vigtige Indicier: Udtömmelsen sker gjerne om Natten, og iforveien indfinder sig om Aftenen en hektisk Feber med Kuldegysninger og paafölgende Hede, og henimod Midnat afgaaer den purulente Urin med en brændende Fornemmelse i Urinröret; henad Morgen ophörer Feberen igjen. Denne Karirritation kan ogsaa antage en sthenisk Charakter og fordre en lille Blodtömmelse, ja der kan endog udvikle sig en nephritis, som kræver sin egen symptomatiske Behandling.

— Jeg har for nogle Dage siden læst en Afhandling af Skoda om de paa hans Afdeling for Brystsvage behandlede Tilfælde af Empyem, og jeg maa tilstaae, at de Kjendsgjerninger, som han med den ham egne Aabenhed og Upartiskhed, beretter, ingenlunde indbyde til Efterligning; han foreslog hyppigen Operationen, men næsten i to Trediedelen af Tilfældene med ugunstigt Udfald; Symptomer paa en ny opdukkende Pleuritis fulgte snart efter. Her i dette Tilfælde, hvor Complication med delirium tremens truer med at opstaae, ere vistnok Indicationerne for Behandlingsmaaden undergaaede en Forandring. Dog tilstaaer jeg, at Sagen ingenlunde er mig ganske klar, og at jeg derfor ikke er tilböielig til at tage nogen overilet Beslutning: 1) fordi Complicationen ikke er indtraadt, men kun truer dermed. 2) fordi Operationen, hvis delirium tremens virkelig skulde indtræde, da kunde have et slettere Resultat, da vi vide, at Saar under denne Sygdom saa let antage en putrid Charakter, og enhver operativ Indgriben desuden virker tilbage paa Hjernen.

— I den omtalte Afhandling af Skoda findes anfört et Tilfælde af Exsudat i Brystsækken, som, idetmindste hidtil, ikke lader sig diagnosticere i levende Live, men som ikke alene gjör Operationen særdeles vanskelig, men ogsaa, jeg kunde næsten sige altid, vil gjöre dens Udfald uheldig, og frembyder et nyt Moment til at jeg ialmindelighed erklærer mig imod Operation: det er det Tilfælde, hvor der i den exsuderede Vædske svömmer coagulabel Lymphe. Jeg har först seet et saadant Tilfælde i Würtzburg hos en aldrende Mand, hvor Textor paa min Anmodning foretog Operationen; efterat der var udtömt vel de 100 Fnokker, stoppede det udflydende Vand; Textor undersögte Saaret med Fingeren og troede at være trængt ind i Hjerteposen, da han fölte en Masse, som lignede et cor villosum, men det var blot en Samling af plastiske Fnokker, som ved at skydes tilside strax gav Plads igjen for det udströmmende Fluidum. Men nu bevirkede disse tilbageblivende Fnokkers Beröirelse med Pleura en heftig Betændelse, som havde et dödeligt Udfald. Skoda og Schuh have anfört lignende Tilfælde, og som jeg troer, uden at de vare opfordrede ved trængende Symptomer til at foretage Operationen; Udfaldet var ugunstigt, og Brystsækken fandtes ved Sectionen fyldt med coagulabel Lymphe. Af hvilken Beskaffenhed det udgydte Fluidum er i de enkelte Tilfælde, have vi hidtil intet Tegn paa i levende Live, först Sectionen giver os Oplysning herom, og heri ligger endnu en Grund til at man ei skal ile formeget med at foretage Operationen. "Men" vil man indvende mig, "ved Exsudatets Bortskaffelse gjennem Secretionerne, vil den flydende Del deraf resorberes, men Fnokkerne blive tilbage og foraarsage den samme mechaniske Irritation, som efter Paracenthesen," — Erfaringen leverer vistnok intet i denne Henseende, men ifölge Analogien lader der sig anföre Grunde, som svække denne Indvending. Ved Paracenthesis sker Udtömmelsen pludselig, og Coagula af Æggehvide og Fibrine komme strax efter Vædskens Bortfjernelse i Contact med Pleurasækken; men nu vide vi, at jo pludseligere en Flades Contact med et fremmet Legeme er, desto större er Reactionen, og omvendt jo langsommere, desto ringere er Reactionen, ja denne kan da endogsaa ganske udeblive, med andre Ord: at Irritationen efterhaanden slöves, er en almindelig pathologisk Sætning. Men endnu et Moment kan anföres mod hiin Indvending: ligesom vi vide, at Blodcoagula f. Ex. i Apoplexia cerebralis efterhaanden kunne resorberes ved Hjælp af det omgivende Fluidum, saaledes kunne ogsaa her Coagula af Æggehvide og Fibrine efterhaanden oplöses, og heri ligger nok en Grund til at vælge denne Resorptionsmethode, at foröge Secretionerne fremfor den umiddelbare Udtömmelse.

— Hvorledes det i en serös Sæk udgydte Fluidum fuldstændigen kan resorberes, viste sig i et Tilfælde af hydrops pericardii, som efter endt Resorption senere havde et dödeligt Udfald; vi meddele den Epikrise, som Schönlein holdt til dette interessante Tilfælde, tilligemed de Facta, som ere nödvendige for at forstaae den: Patienten led förend sin Indlæggelse af Betændelse i venstre Pleura og i Percardium, som, hvad enten nu Sygdommen eller Lægen havde Skylden, endte med Exsudat. De Symptomer, som angave Exsudatet i pericardium, vare af særegen Interesse: en dump Percussion ikke blot paa venstre Side af sternum, men ogsaa tilhöire for samme og under processus ensiformis; der sporedes intet normalt Hjerteslag, men derimod en uregelmæssig Banken snart hist snart her, et Symptom, som allerede **Textor** anförer som charakteristisk for hydrops pericardii, men som dog ikke er saa almindeligt, som han mener, og kun gjelder for de Tilfælde, hvor en betydelig Mængde Vand er ansamlet i pericardium, og Hjertet, uden at være hypertrophieret, endnu holdes svævende i Vædsken. Hjerteslaget blev ligesom rykket bort fra Öret, og perciperet gjennem et Medium, hvilket ogsaa var Tilfælde med Hjertelydene; desuden iagttoges i Begyndelsen tillige Forstyrrelse i Hjerteslagenes Rhytmus. Med disse Symptomer vare tillige de övrige hydropiske, oedema pedum, sparsom Urinsecretion, tilstede. Vi anvendte fornemmeligen diuretica, men ogsaa afförende Midler, og blandt disse især deleshed med god Nytte Syrupus Rhamni cathartici, hvilket Middel jeg hos irritable Subjekter, især sensible Fruentimmer og Börn, foretrækker for de stærke Drastica. Denne Behandling blev endnu understöttet ved Indstik i de stærkt svulne Födder, hvorefter Tegnene paa Vandansamlingen tabte sig. Men i samme Forhold som Percussionen og Auscultationen viste Resorptionen af den seröse Udgydning i Hjerteposen, fremtraadte ved Hjertet selv nye Phænomener, som vare af en ganske anden Natur end de tidligere; den dumpe, matte Lyd iagttoges i Hjerteregionen i endnu större Omfang, men Hjertet slog nu stærkere mod Brystet og Pulsen intermitterede. Desuden indfandt sig en ny Affection: Patienten fik heftige Kuldegysninger med paafölgende Hede, og samtidigen hermed udviklede sig en Pseudoerysipelas paa den höire Underextremitet. Affectionen begyndte ikke fra Indstikkene, og Mistanken om, at disse havde fremkaldt samme, syntes altsaa ugrundet. I Forbindelse med denne Betændelse i det subcutane Cellevæv opstod en heftig Feber med torpid Charakter. Vi maatte skaffe Patienten Ro ved Morphin, og hun bukkede under otte Dage efter den ny Affections Begyndelse.

Sectionen viste den venstre Lunge fri, ikke sammenvoxen med Pleura, den höire besat med gamle Adhærencer; i begge Brystsække faudtes nogle Unzer rödligt Serum. Bronchierne vare opfyldte med purulent Slim, paa enkelte Steder injicerede, og deres Slimhinde opvulstet (i de sidste Uger havde der nemlig viist sig nogle bronchitiske Tilfælde). Hjertet var hypertrophisk, sammenvoxet med pericardium lige til apex, hvor der var blevet et lille Rum tilbage; Sammenvoxningen var frisk og nylig opstaaet, Adhærencerne vare altsaa lette at hæve. Det af Blodkar gjennemtrængte Lag af lympha coagulabilis var farvet purpurrödt,

Der var altsaa indtraadt en radical Heldbredelse af Hydrops pericardii, idet den afsondrende Sæk var tilintetgjort, ligesom ved den radicale Heldbredelse af hydrocele. I Underlivet, hvor der i levende Live opstod en Episode i Leveren, som vi maatte bekjæmpe med Blodkopper og Indgnidninger, fandtes paa Leverens stumpe Rande en begyndende Cirrhosis og hele Leveren meget blodig. Ellers intet Sygeligt i det chylopoetiske System undtagen en ringe Hypertrophi af Milten, hvorimod Genitalia fremböd et Phænomen, som vi för Döden ikke havde ahnet hos Patienten: en Chondroidsvulst paa fundus uteri af Störrelse som et Æble, og Tuba dilaterede og fyldte med blodig Vædske. Interessant var den anatomiske Tilstand af de Dele, hvorfra Döden var udgaaet. Den höire Underextremitet var infiltreret med vandagtigt Fluidum, og paa Ryggen af Foden fandtes smaa Pusansamlinger. Cruralvenen var i en Udstrækning af idetmindste tre Tommer opfyldt med et fast Coagulum, som i sine Mellemrum indeholdt Pus, og kun med Vanskelighed kunde lösnes fra Venens Vægge, som tillige vare fortykkede.

— Det vilde falde mig vanskeligt at udöve praktisk Medicin uden at have Digitalis; imidlertid er det med alle sine Fortrin et meget farligt Middel, og stadfæster ganske den Sætning af en berömt Læge: at et Middel, som ikke dræber, heller ikke kan helbrede. Især er det gamle Folk, paa hvem Digitalis virker saa skadeligt afkræftende; man seer hos dem, naar man anvender det mod Hjerteaffectioner eller hydrothorax, vel en gunstig Virkning paa disse Tilfælde, men Patienten selv magrer derhos hurtigen af, og collaberer i en paafaldende Grad, saa at han ikke mere kommer til Kræfter; der udvikler sig en rask forlöbende Marasmus. Naar dette allerede gjelder om smaae Doser, hvad maa da ikke ske ved den anpriste heroiske Anvendelse af dette Middel? Vær derfor hos gamle Folk meget forsigtig med Anvendelsen af Digitalis, og lad Dem ikke, af dets gunstige Virkning paa Diuresen og de asthmatiske Tilfælde, forlede til at oversee dets positive Virkning paa Digestionen og Nervesystemet.

— Man har endog, især blandt de engelske Læger, aldeles villet fraraade Brugen af Digitalis i Hjertesygdomme; især fortjener Stokes at nævnes, skjöndt jeg ikke kan dele hans Mening om, aldeles at undlade Anvendelsen af Digitalis i Sygdomme i Hjertets Klappeapparat. Thi jo mere tumultuariske Hjertets Contractioner fölge paa hinanden, desto mere forstyrrende indvirke de; Intermissionerne ere kun at betragte som en Naturbestræbelse, og jo langsommere Contractionerne fölge paa hinanden, desto sjeldnere vil Naturen behöve at lade Intermissionerne indtræde. Her sees da altsaa, hvorledes Digitalis ved at ,retardere Pulsen tillige gjör den regelmæssigere.

Men lad os betragte Spörgsmaalet fra det rette Standpunkt; det gjelder om den Hindring, som stiller sig iveien for Blodlöbet, og om den Kraft, som Hjertet behöver, for at overvinde denne Hindring. Er denne meget betydelig, er den en Fölge af Stenose, en fuldkommen Ossifikation, da vil ethvert Middel, som svækker den Energi af Hjertet, som skal overvinde denne Hindring, virke skadeligt; derfor ville i slige Tilfælde incitantia, som ydre Hudirritationer og indvendig Naphta og Ammoniaksalte, virke gavnligen.

I dette Punkt ligger efter min Mening den hele Vanskelighed ved Spörgsmaalet, og det gjelder om man har saadanne Tegn, ved hvilke man i levende Live kan faae Oplysning om Hindringens Grad. Disse have vi i den Grad, Beskaffenhed og Heftighed hvormed den abnorme Lyd höres gjennem Stethoscopet. Er en simpel Pusterlyd tilstede, da antager man, at Hindringen ikke er betydelig, men kun en partiel cartilaginös eller ossös Transformation af Klapperne; jo mere den derimod nærmer sig File- og Raspe-Lyden, jo mere den har en metallisk skjærende Tone, en desto större Degeneration af Klapperne maa man antage, og i dette Tilfælde maa Digitalis kun med Forsigtighed anvendes. Nogle have, for at undgaae Vanskeligheden, gjort en höist latterlig Anvendelse af dette Middel, nemlig som Tra digitalis ætherea, paa den ene Side naphta, paa den anden Digitalis, som i dette Præparat synes at spille en aldeles underordnet Rolle.

— Derimod troer jeg at kunne anbefale et andet Præparat, nemlig Acetum digitalis, hvis Virkning paa Diuresen og Nedstemmen af Hjertevirksomheden træder tydeligen frem, men som tillige limiterer, om ikke ganske neutraliserer, den narcotiske Virkning paa Nervesystemet.

Det er sjeldent, at de överste Lungelapper angribes af en simpel, idiopathisk Betændelse, men denne er der gjerne et Produkt af organiske Forandringer, nemlig Tuberculosis. Hos vor Patient — en Mulat — maa vi tillige (Patienten led af Pneumoni i Spidsen af den höire Lunge) tage Hensyn til hans Nationalitet, ihvorvel han er födt i Tydskland og hans afrikanske Blod er blandet med det tydske (Moderen var tydsk); Negerne have nemlig stor Tilböielighed til Tuberkeldannelse, ligesom vi vide, at Dyr, der fra de tropiske Lande bringes til vort Himmelströg, saa ofte angribes af Tuberkler og derved rives bort. Derfor maa vi i dette Tilfælde under alle Omstændigheder være opmærksomme paa denne Eiendommelighed, da der, selv om Patientens Lunger hidtil havde været sunde, saa let udvikler sig Tuberkler af Betændelsen, og det saameget lettere, som Patientens Nation endnu har en anden Eiendommelighed, nemlig en særegen Skjörhed i Huden, en Utilböielighed til Sved, hvis Afsondring tildels forhindres ved det afsatte sorte Pigment. Som Fölge deraf kan Kunsten næsten slet ikke paavirke denne Secretion, og derpaa beroer tillige den Erfaring, at de acute Exanthemer ere saa ödelæggende blandt Kulörte, ligesom ogsaa at Betændelser hos dem saa let gaae over i Exsudat.

Ved Sectionen (af en Mand, 69 Aar gammel, død af en pericarditis og pleuropneumoni) fandtes i den venstre Lunge en Anomali, som vi ikke opdagede i levende Live, og vanskeligen kunde have opdaget: nemlig en Absces af Störrelse som en lille Valdnöd, beliggende i basis af Lungen, neppe nogle Linier fra Pleura, fuldkommen lukket, uden nogen Communikation med nogen Bronchialgren, og hvad der er mærkeligt, i sin Hulhed indesluttende et Stykke Lungesubstans saa stort som en Hasselnöd, som tydeligen havde Lungens Structur, men comprimeret og lufttomt. Denne Iagttagelse har jeg hidtil aldrig selv gjort, eller seet den omtalt af andre; men jeg mindes herved et andet Tilfælde, som jeg ogsaa iagttog, og som er beskrevet af Dr. Joël i Hufelands Journal, hvor der i levende Live blev ophostet et helt Stykke Lungesubstans, der tydeligen viste Bronchialgrene med deres Bruskringe. Man troede tidligere, at dette var en Fölge af Lungegangræn; her se vi imidlertid, hvorledes Lungestykket först indesluttes af en Absces, og senere bliver udskilt. Abscessen behövede blot at have communiceret med en Bronchialgren, for at det sequestrerede Stykke kunde have lösnet sig og ventelig under betydelig Anstrængelse være ophostet, især naar det iforveien kunde være bleven mere oplöst og formindsket i Pusset.

Ved de traumatiske Pneumonier anseer jeg Fomentationer for et Hovedmiddel, især de varme; de maa ikke være for tunge, men kun bestaae af enkelt sammenlagte

Compresser, dyppede i et Infus iförstningen af narcotiske Urter, hvori Ammon. muriat. eller nitrum, senere af Arnica-Blomster med de samme Salte; hvorhos man dog, selv ved denne udvortes Anvendelse af Arnica, maa passe vel paa den mulige Forværrelse af Betændelsen. At give Arnica indvendig, som nogle have raadet, anseer jeg ikke for hensigtsmæssig.

Det skandinaviske Naturforsker-Selskabs 5te Möde i Kjöbenhavn.

Dette constitueredes Löverdagen den 10de Iuli under Præsidium af Conferensraad Örsted. Forsamlingen delte sig i 6 Sectioner for 1) Physik og Chemi 2) Zoologi 3) Botanik 4) Mineralogi og Geognosi 5) Pharmasi 6) Lægevidenskab.

Det bestemtes at Trykningen af Selskabets Forhandlinger skal begynde efter 3 Maaneders Forlöb, inden hvilken Tid altsaa de skrevne Foredrag maa være indleverede.

Den lægevidenskabelige Section afholdt 6 Möder fra 12 — 17 Juli under Præsidium af Generaldirektör Eckströmer. (Viceordförere: Prof. Conradi og Fenger).

1ste Möde. 1) Prof. Conradi forelæste den fra den norske permanente Comite affattede Betænkning om de medicinske og epidemiske Forhold i Aarene 1844 — 46. Prof. A. Retzius forklarede Muskel- og Ligamentapparatet omkring Prostata og Urethra. 2) Dr. Sandberg forelæste en Meddelelse fra Dr. Ebbesen om Sandöfjordsbadet. 3) Prof. Drejer foreviste forskjellige Vaccinationsinstrumenter, omtalte de forskjellige Maader, paa hvilke Lymphen opbevares, samt fremsatte Nödvendigheden af en Reform i Lovgivningen om Vaccination og Revaccination

2det Möde. 1) Prof. Sommer: förste Afdeling af den danske permanente Comites Arbeide. 1) Prof. Huss: Beretning fra den svenske permanente Comite. 3) Prof. Trier: om den typhoide Febers Smitsomhed, som gav Anledning til en længere Discussion. 4) Licent. Blich: om Incubationstiden for de intermitterende Febre.

3die Möde. 1) Dr. Steffens foreviste en fra Bestyrerne af det orthopædiske Institut i Christiania hidsendt Samling af Gibsafstöbninger. 2) Prof. A. Retzius foreviste en Afbildning af en Polypus narium congenitus af enorm Störrelse. 3) Livmedicus M. Retzius holdt et Foredrag over det lapske Bækken. 4) Dr. Bremer foredrog den anden Afdeling af den danske permanente Comites Arbeide.

4de Möde. D'Hrr. Fenger, Sommer, Huss, Ballin, Kayser og Conradi förte en Discussion om Typhus. 1) Lector Faye holdt et Foredrag om den praktiske Anvendelse af de nyere Undersögelser om Blodet, navnlig med Hensyn til Barselfeberen. 2) Livmed. Retzius: et Foredrag om Structuren af Livmoderen.

5te Möde. 1) Prof. Larsen foreviste og forklarede fölgende Instrumenter: a. en Knudebinder til Staphyloraphi og lignende Operationer, af egen Opfindelse. b. et Elevatorium og Compressorium nasi af egen Opfindelse til Brug ved Rhinoplastik. c. et Cauterisationsapparat. d. Instrumentmager Nyrops skiveformige Dobbeltsaug. e. Model til en kunstig Haand. 2) General-Direktör Eckströmer meddelte Bemærkninger over Steenoperationen, nemlig sectio intestino-urethralis. 3) Samme meddelte sine Anskuelser om Ætherindaandingen og Ætherens Anvendelse som Lavement. 4) Prof. Stein beskrev en ny Methode at danne en kunstig Læbe (Cheiloplastik). 5) Cand. Bock foreviste nogle nyere orthopædiske Apparater, som han forudskikkede nogle Bemærkninger om orthopædiske Cure. 6) Prof. Wahlgrén fremviste en monströs Uddannelse af de övre Extremiteter.

6te Möde. 1) Etatsraad Bang meddelte en Plan til en Centraladministration for de civile Hospitaler, tilligemed de Bestemmelser, der vare trufne med Födselsstiftelsens fremtidige Omdannelse, hvilket gav Anledning til en Discussion, hvori Prof. Möller, Lector Faye, Dr. Ballin, General-Direktör Eckströmer, Etatsraad Sibbern og Dr. Guldberg deltoge. Prof. Otto holdt et Foredrag over Forbryderhovedet i phrenologisk Henseende, hvorved der fremkaldtes Discussion mellem Referenten, Professor Sommer, Lector Simesen, Etatsraad Sibbern og Lector Faye. 3) Lector Faye stillede en Opfordring i Almindelighed om en nöiere literær Forbindelse mellem de tre Rigers Læger. 4) Dr. Melchior foreviste forskjellige Skriveapparater for Blinde.

Af den zoologisk-anatomiske Sections Forhandlinger fremhæve vi fölgende:

Prof. A. Retzius over Leverens finere Bygning, med særdeles Hensyn til Gallegangene og deres fineste Forgreninger og Ender. — Licentiat A. Hannover foreviste en Række Tegninger over Örets forskjellige, saavel ydre som indre Dele, alle udförte efter Naturen og i meget forstörret Maalestok — dernæst foreviste han under Mikroskopet Synsnerven hos Mennesket efter Præparater. — Lic. Hannover omtalede de Forsög, som han havde anstillet for at bestemme Krydsningspunktet af Retningsstraalerne i Öiet, samt foreviste de Instrumenter hvormed og Maaden hvorpaa han (i Forening med Hr. Cand. Thomsen) havde nærmere udmaalt og bestemt den blinde Plet i Öiet. — Samme foreviste derpaa paa flere i Chromsyre opbevarede Öine den af ham opdagede eiendommelige Bygning af Glasvædsken i Öiet. — Regimentschirurg, Lector Ibsen bekræftede denne Opdagelse om det menneskelige Öie, og havde fundet den samme Bygning hos en Sælhund (Phoca vitulina). — Lector Ibsen gav en systematisk Sammenstilling af Örets Labyrinth hos Hvirveldyrene, grundet paa Nerveudbredningen. Han gjorde derhos opmærksom paa, at de hindeagtige "halvcirkel-formede Rör" ikke ligge i Midten af de benede Rör eller Kanaler, men imod den convexe Side af disse, og foreviste Præparater til Oplysning af en af ham funden arteriös Kanal i Modiolus. Efter Foredraget forevistes ogsaa endnu en Del af Lectorens udmærkede Præparater til de forskjellige Dele af det indre Öres sammenlignende Bygning. — Prof. A. Retzius bekræftede for flere Dyrformer den af Lector Ibsen angivne Udbredning af Hörenerven, men forbeholdt sig indtil nærmere Undersögelser af talrigere Former at gaae ind paa den af Nerveudbredningen udledte Sammenstilling af Steensækken hos Fisk og Padder med Fuglenes og Pattedyrenes Snegl (cochlea). — Licentiat A. Hannover fremstillede flere egne Anskuelser om Pattedyrtændernes Udvikling og Bygning, især deleshed med Hensyn til Tandrörenes Udvikling af Celler og Benlegemernes Forhold til Tandrörene, i hvilke Henseender en Discussion fremkaldtes mellem ham og Professor A. Retzius. Efter Foredraget foreviste han en Mængde særdeles smukke Præparater og Tegninger af forskjellige Pattedyrtænder. — Licent. A. Hannover omtalte og foreviste forskjellige Forbeninger i det menneskelige Legeme, deriblandt Osteophyter hos Barselqvinder, Exostoces, Forbeninger mellem Pia mater og arachnoidea, Forbeninger af Fracturer, og gjorde opmærksom paa den traadede Structur, som i flere Tilfælde gik forud for Bruskdannelsen. — Lector Ibsen fremsatte og paa Öine opbevarede i Chromsyre foreviste, at Tverfolden i Nethinden manglede i det friske Öie og blot var en Fölge af Döden paa Grund af Glasvædskens Udtörring. Lic. A. Hannover understöttede denne Anskuelse tildels, men antog, at da der paa dette Sted var en Spalte, maatte sammes mere eller mindre opsvulmede Rande snarere give Anledning til Antagelsen af to Folder eller Fortykkelser end blot af en. Prof. Retzius antog derimod Rigtigheden af den sædvanlige Anskuelse om Tverfolden.

Af almindelig Interesse er det af Biskop Agardh fremsatte Forslag, at udgive et fælleds populært naturvidenskabeligt Tidsskrift, hvilket efter at have været behandlet ved en Comite antoges i det sidste almindelige Möde. Ligeledes fortjener det Opmærksomhed, at Forsamlingen gjennem sin styrende Comite har besluttet at virke for en Udvidelse af Flora Danicas Grændser ogsaa til de i de senere Aar i Sverrig og Norge opdagede fuldkomnere Planter, for at dette vigtige Værk saaledes kunde komme til at repræsentere hele den nordiske Flora.

Til styrende Medlemmer af den danske Comite valgtes Örsted, Schouv, Forchhammer, Mansa og Bang.

Det Hovedspörgsmaal vi efter Slutningen af dette Naturforskermöde maa fremsætte for hverandre er naturligviis om Nytten, Udbyttet af denne Sammenkomst. Vi mindes da hvad Prof. Forchhammer i det sidste almindelige Möde saa træffende anmærkede om Vanskeligheden ved altid at paavise og veie Resultaterne i Aandens Verden. Saamange Videnskabsmænd kunne naturligviis ikke have staaet i daglig Berörelse, endel endog i nöiere Samliv, uden at dette har frembragt sine Virkninger. Ideer og Fölelser maa være blevne vakte. De nordiske Videnskabsmænd og gjennem dem Nationerne ville föres til Erkjendelse af hinanden, og derved atter til de Frugter, der flyde af Udvexlingen saavel mellem aandsbeslægtede Folk som mellem aandsbeslægtede Individer. Dette Udbytte er tilstede, om ogsaa vanskeligt at paavise strængt, om ogsaa Frugterne vise sig seent. Ingen vil med nogenlunde Varme have hengivet sig til disse Sammenkomster, uden at han meer eller mindre bevidst har fölt deres Paavirkning i denne Retning. Mange ville medbringe til deres Hjem og daglige Sysler ikke alene behagelige Erindringer men ogsaa Forsætter, der idetmindste hos de bedre Naturer ei ville udslettes som Drömme men modnes til Virkelighed.

Söge vi at gaae videre, da paatrænger sig os atter en Yttring af hiin af Naturforskerne og deres Möder saa fortjente Videnskabsmand, at de fleste Deltagere i disse Sammenkomster ved at kaste et overskuende Blik tilbage ville indrömme, at deres Anskuelse af Videnskabens Standpunkt er bleven klarere, mere omfattende, end den var forinden. Ogsaa dette maa vi indrömme, naar vi tænke paa Videnskabens Standpunkt idethele, og vi tro at Anskuelsen af dette er udvidet i samme Grad som man har mödt med forberedte Evner og Kundskaber, og navnlig naar man har kunnet deltage i beslægtede Sektioners Forhandlinger. Men blive vi ikke staaende herved — ville vi fremdeles sige, at vor Betragtning af den medicinske Videnskabs Standpunkt er bleven en bedre og höiere under Indflydelsen af vore Sektionsmöder, deres Foredrag og Discussioner, da forekommer det os, at der reiser sig ikke ringe Tvivl. Ja vi tör vel endog, uden at træde Sandheden for nær, tillade os den Yttring, at disse Möder ikke i nogen væsentlig Henseende have udvidet vor Blik, at de altsaa ikke have bragt os noget videnskabeligt Udbytte, der i strængere Forstand fortjener dette Navn. Dette kan maaske ved förste Betragtning synes miströstende, men selv om saa er, vil det udentvivl være bedre at erkjende det Sande end at smigre sig med en Illusion; og ialtfald gives der som sagt andre Frugter, et andet mere indirekte Udbytte, der kan have sit Værd og maaske ogsaa med Tiden före til noget Resultat for Videnskaben.

Det kunde synes forunderligt, at saamange tildels begavede og aandfulde Læger have kunnet afholde flere videnskabelige Möder, uden at dette har bragt noget öiensynligt Udbytte for Videnskaben. Man skulde tro, at deres Tankeudvikling maatte vækkes ved den gjensidige Berörelse, deres Aand og Indsigt aabenbare sig i al sin Glands. I Virkeligheden er dette dog anderledes. Dels er det egentlig kun Livet og dettes Gjerning, som har Magt til at vække og aabenbare de Kræfter, hvorfor det har behov; derfor synes ofte endog höit begavede Mænd saa smaa udenfor deres rette Virkekreds — dels synes Videnskaben idethele at være voxet de selskabelige Foreninger til dens Fremme over Hovedet. De samme Aarsager, der gjöre saadanne Foreninger ialmindelighed mindre tiltrækkende og frugtbringende, de samme staae ogsaa i Veien her. Videnskaben har naaet et Omfang, som kræver dybtgaaende Undersögelse og Studier; disse nödvendiggjöre atter en bestemt, i længere Tid fortsat Forberedelse. Mangler en saadan dybere Bearbeidelse af et Spörgsmaal, da vil det kun være af underordnet Betydning, hvad man ved en overfladisk Discussion kan afgjöre derom. Intet Æmne viser maaske dette klarere, end naar Talen er om Typhus, typhoid Feber og disses Contagiösitet. Uden et omfattende Kjendskab til dette Gebet af Videnskaben og en alsidig Betragtning af samme, kan man neppe undgaae at famle noget omkring i Discussionen. Idetmindste vil denne neppe före til noget som maatte kunne kaldes et videnskabeligt Udbytte. Har man nu paa den anden Side trængt saa dybt ind i et Æmne, at man overskuer og behersker hele dets Stof, da vil man vel ofte være istand til at tale interessant og belærende derom, men selv i större Forsamlinger vil sjelden nogen findes saa funderet og forberedt i det samme Emne, at Debatten kan blive udtömmende. Den omfattende Undersögelse optager nemlig hele Discussionen i sig, og jo dybere denne er trængt, jo mere om vi saa maa sige afvæbnede staae Tilhörerne. Först ved en grundig Prövelse kan maaske betydningsfulde Indvendinger drages frem; derfor har den skriftlige Discussion i vor Tids Videnskabelighed saa meget forud for den mundtlige.

Skjöndt det saaledes ligger i den skandinaviske Lægeforsamlings nödvendige Forhold til vor Videnskabs nuværende Standpunkt, at den vanskelig vil kunne yde mere betydningsfulde direkte Resultater, saa tro vi dog det vilde være urigtigt at forholde sig aldeles passiv og ligegyldig for dens videnskabelige Charakter. Man kan idetmindste stræbe at hæve og forædle denne saavidt Grændserne ville tillade. Kan nu maaske dette siges at være sket ved nærværende Sammenkomst? Heller ikke dette Spörgsmaal tör vi besvare aldeles bekræftende. Det synes næsten som det mere Universelle har i disse Möder været overvældet af Specialiteterne. Aanden havde muligviis kunnet röre sig friere og tydeligere röbet sig, naar den ikke havde været beleiret af Gjenstande, af hvilke desværre ikke faa for en saadan Forsamling maa betragtes som Trivialiteter. De mange mindre, stundom trættende Foredrag synes at have indtaget formegen Tid og Plads ligeoverfor de mere opvækkende Discussioner. Af disse förtes under alle de medicinske Möder ikkun 3. Den ene, om Typhus og Contagiösiteten af samme, led under disse Æmners dunkle, saameget omtvistede og vanskelige Forhold. Den anden skyldtes Etatsraad Bangs Foredrag om en Centraladministration for Hospitalerne og om Födselsstiftelsens fremtidige Skjæbne. Denne vandt os ialtfald en Dom ogsaa blandt Naborigernes Læger om Grundens Betydning. Föier man hertil Udbyttet af Prof. Levys sidste Reise, saa synes altsaa nu den Mening at staae forladt af alle (med Undtagelse af Direktionen), at man uden at tilsidesætte saavel Humanitetens som Videnskabens Fordringer kan tillade sig flere Experimenter med den gamle Stiftelse. Den 3die Discussion af phrenologisk Indhold maatte maaske hellere være aldeles uført.

See dette var den skandinaviske Lægeforsamlings hele Forraad af Discussioner. Undtage vi nu blot enkelte Foredrag, hvis Æmner vare af större Betydning, for at nævne et Exempel Fayes om Barselfeberen som Blodsygdom betragtet i Relation til de nyere Undersögelser af Blodet, eller Eckströmers om Ætherindaandingen, saa vare iövrigt kun altfor mange af en saa specialistisk og mindreinteressant Natur, at flere endog neppe egnede sig paa dette Sted.

At dette Misforhold har haft Magt til at gjöre sig gjeldende, synes for en Del at maatte söges deri, at man ialmindelighed ikke har været noksom forberedet, eller ialtfald ikke med tilstrækkelig Klarhed har gjort sig rede for, hvilke Fordringer der burde stilles til en skandinavisk Lægeforsamling, hvilke Æmner her passede sig til Forhandling. Nogle af vore Landsmænd synes, for at tage et Exempel, at have sat denne Forsamling paa lige Fod med et Möde i Philiatrien eller medicinsk Selskab — saavel flere Foredrag som mindre betydelige Discussions Yttringer vidne herom — og dette kan dog neppe have været Meningen med en Sammenkomst af Nordens Læger. Naturligviis vender Blikket sig her först til dem, der i vort daglige Liv ansees som vor Stands Notabiliteter. Hvor det gjelder at repræsentere os ligeoverfor vore skandinaviske Colleger, at vække et aandeligt Röre, der om ikke for alle dog for de fleste maatte kunne vare ud over Öieblikket og virke befrugtende for det daglige Livs Sysler, der forekommer os at være en Forpligtelse, der maa staa i nogenlunde Forhold til de Kræfter og gunstige Omstændigheder man har til sin Raadighed. Naturligviis kan dette kun siges ialmindelighed; skjöndt vore Notabiliteters Præstationer ogsaa ved en saadan Leilighed kunne afgive undertiden endog charakteristiske Bidrag til deres Bedömmelse, vilde det dog være ucorrekt at drage nogen bestemt Slutning. Ideerne lade sig ikke tvinge; gjennemarbeidede Æmner kræve heldige Omstændigheder; Undtagelser maa derfor være berettigede; men jo flere der tro at burde stille sig blandt disse, jo ugunstigere bliver det Totalindtryk, der dog idetmindste maa blive eet Lod i Aandens og Kræfternes Vægtskaal.

Hvad der især har manglet, turde maaske være Interesse for og Tro paa Betydningen af en saadan Sammenkomst, paa de vistnok for störste Delen usynlige Frugter deraf maatte kunne fremspire. Den, hvis Öie var aabent herfor, hvis Sands förte ham ikke blot til at producere sin egen Personlighed, men til at skabe et befrugtende Indtryk, endelig hvis Kundskaber og Evner satte ham istand dertil, hvor vilde han finde en Forsamling, hvor det levende Ords indtrængende Magt bedre kunde udfolde sig, hvor vilde der möde ham en Leilighed i vor Tid og Stand, hvor et betydningsfuldt Spörgsmaal med större Virkning kunde fremsættes og klares? Vi mindes vel, at et saadant ikke let og ikke altid haves paa rede Haand, men at det ikke haves kan stundom ogsaa ligge deri, at Hverdagslivets vante Higen gjör sig for meget gjeldende, at vi bygge for meget paa de Frugter vi skulle see modnes ad denne Vei, og at vi derfor undervurdere de mere usædvanlige Leiligheder Skjæbnen förer os imöde til at nedlægge en Sæd, hvis Höst forekommer os tvivlsom og maaske heller ikke vilde hjemsöge vort eget Forraadskammer.

Dog, nogen Skyld lod sig vil ogsaa finde i andre Forhold skjöndt af mindre Betydning. Vi for vor Part vilde saaledes tiltræde den af Dr. Schölberg fremsatte Anskuelse, at al Discussion bör föres fra Cathedret. Ulempen herved forekommer os langt at overveies af Fordelene. Dels vil alle bedre kunne höre, hvad der dog synes at maatte være af temmelig Vigtighed, dels vil man derved modvirke den blandt os indgroede Vane, at tale i Munden paa hverandre, at give enhver ubetydelig Tanke Luft; ved at skulle tale fra Cathedret vil man bedre lære at undertrykke det Betydningslöse, at samle og ordne Tanker og Indvendinger i mere sammenhængende Foredrag, hvorved Discussionen bliver klarere og mindre udskeiende. Dernæst forekommer det os, at da det subjektive Skjön har viist sig at være utilstrækkeligt til at vurdere de forskjellige Æmner, synes en nöiere seende Critik ved Valget af de anmeldte Foredrag at ville være paa rette Sted. Som det nu er, staaer det jo næsten i enhvers Magt idetmindste i en halv Time at kjede den hele Forsamling, og ligesom man med denne Udsigt for Öie har indrömmet meer end tilstrække-Tid iáltfald fra Tilhörernes Standpunkt, saaledes vilde en slig Restriktion være urimelig, naar Foredraget virkelig opfyldte sin Hensigt at gribe Tilhörerne. At en saadan Critik, overgivet til Mænd med almindelig Tillid, f. Ex. Ordförerne, og anvendt ikke paa Enkeltheder men paa Foredragets Indhold og Hovedtanke, skulde faae Udseende af Censur, er der ingen Grund til at frygte for. For at bekræfte Önskeligheden af et saadant Tilsyn skulle vi tillade os at anföre nogle Exempler, tagne fra nærværende Forsamling.

Arbeider af statistisk Natur stötte deres Værd först paa Brugbarheden og Paalideligheden af det Materiale, hvorpaa de grundlægges, dernæst paa den Skarpsindighed og Alsidighed hvormed dette benyttes, endelig paa de erholdte Resultater. Ihvormeget nu de i Lægemöderne meddelte Comiteberetninger af saadan Art kunne udmærke sig ved hine Egenskaber, saa ligger det altid i slige Arbeiders Natur, at de kræve en mere alvorlig Undersögelse for at vurderes, end ske kan ved hvilkensomhelst mundtlig Oplæsning. Denne vil altid, hvor smukt den end foredrages, blive trættende; ikkun Resultaterne sagte i muligste Korthed, med faa Ord, bör have deres Plads for en större Forsamling; Resten maa overlades de med speciel Interesse og Kyndighed udstyrede at gjöre sig bekjendt med. Det forekommer os at man ved denne Anordning vilde have indvundet nogen Tid, der maaske kunde være benyttet paa en mere oplivende Maade. — Fremdeles hvad Foreviisningen af Instrumenter angaaer, skjöndt det gives flere Maader at gjöre sig bekjendt med disse paa end just ved en Sammenkomst af de 3 Landes Læger, ville vi dog ikke ganske have dem bortviste fra en saadan Forsamling. Kun tro vi, at de bör henlægges til Slutningen af et eller andet Sektionsmöde, for at Vedkommende da med ganske faa Ord kan fremvise dem for saadanne, der enten have en særegen Interesse derfor eller dog intet imod ved en videnskabelig Sammenkomst ogsaa at tage det Udbytte med, som kan faaes ved at see nogle Instrumenter man ikke för har kjendt. I samme Grad saadanne maatte være af underordnet Betydning for Kunst og Videnskab, blive de naturligviis ogsaa ved nærværende Leilighed mindre paa deres Plads. Navnlig synes Forevíisningen af nogle Vaccinations-Apparater, hvis indre Sammenhæng med "en Reform i Lovgivningen om Vaccination og Revaccination" ikke falder meget stærkt i Öinene, at være et noget ufyldestgjörende Krav paa ½ Time af Forsamlingens Tid og Opmærksomhed.

Vi maa endnu tillade os at anföre et Exempel, der forekommer os af störst Mærkelighed i denne Retning, nemlig Prof. Ottos Foredrag "over Forbryderhovedet i phrenologisk Henseende." Prof. O. underrettede Forsamlingen om, at der gaves 3 Slags Hjerner eller Hjerneorganisationer. Organisationen af 1ste Classe var fortræffelig, Organerne stode i et saare priseligt Forhold, idet Tilböielighederne vare underordnede Moralitet og Intelligens. Indehaverne af disse Hjerner kunde naturligviis ikke andet end i deres hele Liv opföre sig som nette respektable Mennesker. Organisationen af anden Classe stod ligesom Herkules paa Skilleveien; Organerne balancerede imod hverandre; Vedkommende kunde let komme paa gale Veie. Imidlertid naar han blev sat under en omhyggelig Opdragelses Paavirkning, naturligviis med stadigt Hensyn til alle mistænkelige Organers Udvikling, naar han veiledes ved gode Exempler og nyttig (ikke historisk) Læsning, naar endelig Staten i det værste Fald anbragte ham i en Anstalt for moralsk fordærvede Personer, da vilde der endnu være nogen Sandsynlighed for at han kunde blive et brugbart Exemplar af Menneskeslægten. Saavidt vi forstode den ærede Foredrager, gjorde han Forsamlingen den Ære at slaae deres Hoveder sammen under disse tvende Classer (Hovederne af anden Classe havde selvfölgelig alle erholdt en god Opdragelse). Endelig Organisationen af 3die Classe var höist uheldsvanger; Tilböieligheds Organerne havde Overvægt over dem for Moralitet og Intelligens; Vedkommende vare födte Forbrydere, uforbedrelige og ubrugelige for Samfundet. At straffe dem vilde imidlertid være absurd, da de handlede under deres uharmoniske Organers Nødvendighed. De vare utilregnelige og Staten burde kun betragte og behandle dem som Syge. Til Bestyrkelse af sine Meninger fremviste Prof. O. et Antal Forbryder-Cranier, paa hvilke han vilde see tydelige Spor af hiin Disharmoni i Organerne. Han sluttede med at anbefale sine Erfaringer til Forsamlingens Opmærksomhed og Selvprövelse. — Dette var omtrent Indholdet af Prof. Ottos Foredrag, saavidt vi have været heldige i at gjengive det.

Det forekommer os först, som dette havde megen Overeensstemmelse med de bekjendte Anskuelser Professor Otto for flere Aar siden udtalte i nogle Reiseoptegnelser i "Bibliothek for Læger." Forsaavidt vilde han ligesaa godt, maaske endogsaa bedre, have sat Forsamlingen ind i sine Ideer ved at omdele hiint Hefte. Foredraget kunde da være sparet for alle Parter. Imidlertid havde Prof. O. maaske til Hensigt at overbevise stærkere ved de fremviste Hovedskaller. Hvad Forbrydersporene paa samme angaaer, da forekom disse Cranier os, med Undtagelse af et Eneste, ikke at være kjendeligt forskjellige fra Cranier, som de findes hos Folk ialmindelighed. Hvo har desuden ikke seet höist mærkelige Craniedannelser hos Mennesker, der ingenlunde kunde henregnes til Forbrydere. Saavidt det syntes havde mange i Forsamlingen ligesaa megen Vanskelighed ved at see, hvad Prof. O. önskede at vise. Prof. Sommer paapegede et Par Cranier, paa hvilke han ikke kunde opdage noget ualmindeligt. Rector Simesen havde paa flere af de foreviste Cranier heller ikke kunnet bemærke de i Prof. Ottos Öine saa indlysende Afvigelser fra sædvanlige Hjerneskaller — og dog havde denne Videnskabsmand, som et af de almindelige Möder udviser, i længere Tid og med stor Flid beskjæftiget sig med samme Gjenstand, skjöndt paa en for Naturvidenskaberne mere værdig Maade, nemlig ved med et sindrigt Instrument at foretage talrige Maalninger paa et vist Antal Individer af forskjellige Aldre og forskjellig Kjön, og deraf beregne Middelhoveder, hvilke han endnu ikke havde fundet at frembyde Afvigelser, der kunde komme i Betragtning.

Spörgsmaalet om, hvorledes et Menneske bestemmes som moralsk og intelligent Væsen, er et af de dunkleste Gebeter, hvorpaa vor Forsken kan indlade sig. Om den af Skaberen givne Sjæl for hvert Individ er i Besiddelse af eiendommelige Kræfter og Egenskaber, om den, paavirket af Opdragelse og Omstændigheder, udarbeidet i alle Omverdenens Conflikter, udpræger sig i Organismen og efterhaanden danner Menneskets Evner, dets Væsen og hele Personlighed — i hvilket Fald Sjælen med Villie og Samvittighed ogsaa maa have Tilregnelighed — eller om Materien er det Bestemmende, om Opdragelse og Omgivelser formaae snart lidet, snart intet, om vore Anstrængelser, vore Kampe, vor fri Villie er en Illusion og vi altsaa som Skabninger af Nödvendigheden, consequent taget, ere utilregnelige, idetmindste ligeoverfor Forsynet — dette er to Hovedanskuelser, der tiltale Menneskene forskjelligt, hvorom der kan strides i det Uendelige, og som det neppe nogensinde vil lykkes os at afgjöre ved Forstandens Hjælp. Ethvert Bidrag til at belyse den ene eller anden af disse Anskuelser kan i Forhold til Omstændighederne have sit Værd; vi skulle derfor ikke gaae i Rette med Professor Ottos Livsbetragtning, om den og, idetmindste med Hensyn til Udfindelsen af Forbryderne, forekommer os at hvile vel meget i Materien; men naar han söger at dokumentere sin Mening paa en saa overfladisk Maade, naar han troer at kunne begrunde den ikke ved stringente

Undersögelser men ved et löseligt Blik paa endel Cranier af Forbrydere, naar han endog undlader at sammenligne disse med Cranier i Almindelighed og affærdiger Indvendingen herom ved med en humoristisk Pantomime at pege paa de omkringstaaende Tilhörere som passende Sammenligningsled, ja paa yderligere Indvending herimod tillader sig at give Anviisning paa den ærede Formands, Generaldirektör Eckströmers Hoved — saa röber dette et saa naivt Ubekjendtskab med Naturvidenskabernes nuværende Standpunkt for Observation og Beviisförelse, at det for en Universitetslærer maa synes, mildest talt, aldeles ubegribeligt. Dersom vi vare Tilhængere af Prof. Ottos Anskuelser, vilde vi intet have at beklage os over; vi burde vel da alene henholde os til Professorens Hjerneskal; men da vi stille den Fordring til Naturforskere i Almindelighed og Medlemmer af det medicinske Facultet især deleshed, at de dog til en vis Grad maa besidde videnskabelig Takt for hvad man sömmeligt kan byde en Forsamling af skandinaviske Læger, saa ansee vi os forpligtede til at henlede Opmærksomheden paa et saadant Misbrug af Tid og Sted.

En af de Betragtninger, der ved dette Möde hyppigst er bleven anstillet, er den, at vi ialmindelighed ere altfor ubekjendte med de medicinske Forhold og fremragende Personligheder i Naborigerne. Dette er bleven fölt og erkjendt gjensidig af de tilstedeværende nationale Repræsentanter for vor Stand, og har hos mange vakt Önsket om en Forandring. Denne er maaske for os endnu mere paatrængende end for vore Naboer. Aarsagen maa naturligviis söges dels i Mangel paa Samqvem mellem de nordiske Læger navnlig ved Reiser, og i denne Henseende vil vistnok Naturforskermöderne gjöre endel, men dels beroer den ogsaa paa en Undervurdering og Ligegyldighed for den nordisk-medicinske Literatur. Vi tabe derfor ikke denne Leilighed af Sigte til at minde vore Colleger saavel her som i Provindserne om, ikke at svigte de gode Forsætter i denne Retning, som vistnok mange have fattet.

De af vore ældre Læger, der maatte interessere dem for at opnaae et baade ideelt og reelt Udbytte, ville i Reglen med Lethed kunne gjöre det fornödne Offer; de Yngre kunne realisere det samme ved at forene sig om Anskaffelsen af den svenske og norske Literatur. Et nöiere Bekjendtskab vil neppe lade dem fortryde det ringe derpaa anvendte Offer. Hvad den periodiske Literatur angaaer have Redaktionerne i alle 3 Lande til Formaal, saavidt muligt at meddele det Vigtigste af Udlandets medicinske Frembringelser. Ved at blive gjort bekjendt med alt, hvad der i den Retning bydes i norske, svenske og danske Tidsskrifter, vil man sjelden savne noget af særdeles Betydning, naar man ikke gjör et dybere og mere specielt Studium. Bliver dette Forhold nu gjensidigt, vil man foruden et mere udbredt Kjendskab til Nabolandenes medicinske Forhold og Arbeider tillige opnaae, efterhaanden at skaffe det ene Lands Literatur et Stöttepunkt i de tvende andre. At dette med Tiden vil kunne lykkes turde maaske alene det Exempel vise, at Ugeskrift for Læger tæller omtrent 60 Abonnenter i Norge. Forögede Kræfter og större Enhed i de medicinsk-literære Bestræbelser vil naturligvis ikke undlade at fölge heraf. Saaledes tör man da haabe efterhaanden at bane en velfunderet Vei for en endnu nöiere Tilknytning mellem Skandinaviens periodisk-medicinske Literatur.

Modtagne Tidsskrifter: Norsk Magazin for Lægevidenskaben, 1ste Bind, 7de Hefte. Hygiea Nr. 6, 1847.

Vacancer: Lægecandidatposten ved St. Hans Hospital paa Bidstrupgaard. — Underlæge-Embedet ved Christians Pleiehuus i Eckernförde er ledigt. Gagen er 180 Rbd. aarlig foruden 24 Rbd. i Brændselspenge, fri Bolig, indrettet til en lille Familie, samt Brödkorn ($1\frac{1}{2}$ Td. aarlig) mod Betaling af 2 Rbd. pr. Tönde. De Herrer Candidater, som maatte attraa denne Ansættelse, ville behage at indlevere deres Ansögninger, forsynede med de sædvanlige Oplysninger, inden förstkommende 8de August.

Entledigelse: Cand. med. & chir. C. F. Fröhlich i Naade entlediget fra det ham anbetroede Embede som Distriktslæge i Hammerum Herred og Timring Sogn i Ulvborg Herred i Ringkjöbing Amt.

Forlagt af C. A. Reitzel. Trykt hos Bianco Luno.

Den 7. August. 1847.

Ugeskrift for Læger.

2den Række VII. Nr. 8.

Redigeret af L. Brion og C. Hempel.

Fragmentariske Uddrag af Schönleins kliniske Forelæsninger.

Scarlatina

12te Juli 1841.

Gustav Franck, Skræderdreng, 21 Aar gl. De see her en udtalt Scarlatina. Patienten blev den 9de Juli angreben af en heftig Kuldegysning, paafölgende Hede, Örhed i Hovedet og Deglutitionsbesværligheder. Man gav ham et Brækmiddel, hvorfra han kan sige, han er sluppen godt, da det hverken gjorde til eller fra. Först igaar, altsaa efter Forlöbet af 48 Timer, udbröd Exanthemet; det er noget seent, ellers pleier det at vise sig allerede efter 24 Timer. Igaar blev Pt. indlagt, og man fandt Exanthemet i Flor, udbredt over hele Legemet, confluerende, hvilket ved Scarlatina er det hyppigste, men ikke saa farligt, som ved Kopper. Slimhindesymptomerne vare meget intensive: heftige Synkningsbesværligheder, Intumescens i Deglutitionsorganerne, som tillige vare mörke, violette injicerede, og bedækkede med en betydelig Mængde Slim. Pulsen havde den charakteristiske Hurtighed, og slog 160 Slag i Minuten. Der er vist ingen anden Sygdom, hvor denne uhyre Pulsfreqvens finder Sted, og allerede af dette Symptom, i Forbindelse med den eiendommelige Beskaffenhed af Tungen, kan man forudsee Udbruddet af en Skarlagensfeber.

Pt. har faaet 20 Igler paa Halsen og Chlor i Gurglevand. Exanthemet ville vi ikke kunne blæse bort ved det

Hahnemannske Middel: De kunne tro mig paa mit Ord, og skjænke mig Experimentet.

Huden er nu ikke saa heed, Deglutitionsbesværlighederne mindre, men fauces ere endnu stærkt injicerede, Tonsillerne svulne og Pt. taler igjennem Næsen. Tungen er paa Midten belagt og tör, paa Randene röd, kornet, ligesom fryndset. Pulsen er 120, Urinen mörk, Exanthemet i fuld Flor, hvormed det vil vedblive til den 6te Dag.

Ordination: Gjentagelse af Igler; Fortsættelse med Chlor.

13de Juli. Vi maa ikke oversee, at der allerede idag er Spor af Æggehvide i Urinen, en Bestanddel, som i Scarlatina, især i det senere Stadium, og fornemmeligen i alle de Tilfælde, hvor der udvikler sig Hydrops, sjelden pleier at mangle, men dog, efter engelske Lægers Paastand, heller ikke er constant. Jeg vil i den Anledning gjöre Dem opmærksomme paa Undersögelserne af Philip, som ikke engang hos de Individer, hvor hydrops fulgte efter, kunde finde Albumin i Urinen. Dermed er imidlertid Vigtigheden og Nödvendigheden af Urinens Undersögelse paa Sygdommens Höidepunkt ingenlunde forringet, thi om endogsaa Æggehvidestoffet undertiden kan mangle, og der i saa Fald ingenlunde er Vished for, at Hydrops ikke vil opstaae, saa er dog dets Tilstedeværelse i Urinen et næsten positivt Tegn paa at Vattersot senere vil indtræde. — Nu viser sig her Spor af Albumin i Urinen; vi maa derfor være paa vor Post og forudsætte Muligheden af en saadan Fölgesygdom, tilmed da der iaftes indfandt sig Urinbesværligheder og virkelig Retentio urinæ, som först hævedes ved en Aareladning. — Der er imidlertid andre Tilfælde nok, som for Öieblikket kræve vor Opmærksomhed; flere Symptomer ere langt fra behagelige; dertil hörer Tilstanden i hele Svælgets Slimhinde, som er ligesom overströget med en Purpurfarve og afsondrer en rigelig purulent Slim. Vi kunne befrygte, at Affectionen vil udbrede sig videre, og det i forskjellige Retninger. Den kan saaledes angribe Næseslimhinden og her fremkalde Coryza, ja endogsaa Ozoena, hvorved Fölgesygdommen vil indklæde sig i en Form, som i den nyere Tid först er iagttaget i de östersöiske Lande, men som endnu synes at være aldeles ubekjendt i det sydlige Tydskland. Denne Næseslimhindeaffection udbreder sig til de nærliggende Hulheder i antrum Highmori, sinus frontalis og sphenoidalis, og danne, især ved scrophulös Disposition, Ulcera og Caries, der kunne have Döden tilfölge. — Fremdeles kan Slimhindens Affection fra Pharynx udbrede sig til det indre Öre, i mildere Tilfælde ende med Svulst i den mucöse Membran i tuba Eustachii, og derved bevirke Forsnævring i samme og Tunghörighed, men i værre Tilfælde gaae over i Exulceration af os petrosum, der, længe efterat den oprindelige Sygdom er hævet, kan medföre Döden. I det hele angriber Scarlatina hyppigen Öret, hvorpaa jeg allerede för har gjort Dem opmærksomme ved en anden Scarlatina-Patient, som klagede over en brændende Smerte fra Svælget ud i begge Örene, der dog lykkelig hævedes.

Endeligen har jeg seet Affectionen udbrede sig endnu i en tredie, tillykke sjelden, Retning: til larynx — og der fremkalde Ulceration eller, endnu værre, ödema glottidis, eller endogsaa til Trachea og Bronchierne. Jeg erindrer endnu tydeligen en ung Dr. Becker fra Aschaffenburg, som var kommen i Besög til Würzburg, og der blev angreben af Skarlagensfeber; hos ham bleve pludseligen den 11te Dag Larynx, trachea og Bronchierne i en stor Udstrækning angrebne, saa han döde inden 24 Timer Ved Sectionen fandtes Slimhinden i disse Organer aldeles skarlagenröd ligeindtil de sidste Bronchialforgreninger — en Farve, som vel maa skjælnes fra den kirsebærröde Farve, som sees ved den typhöse Bronchialaffection.

Den udbredte Slimhindeaffection er os saaledes höist ubehagelig, værre dog den vedvarende Reaction, Pulsen er 132, lille; heller ikke synes jeg om, at saavel det ydre som indre Exanthem, fra den lyse flammende Rödme, har faaet en mörk violet Farve. Den eneste Forandring til det Bedre er, at Hovedet er frit, og at intet af Sandseorganerne, og navnligen Öret, er bleven angrebet. Autenrieth har her anseet Skelen for lethal; det har jeg ikke erfaret, men derimod har jeg fundet, at Farveseen, Photopsie, Forkeert- og Halvseen, eller endogsaa Amaurose, især naar Pupillen tillige havde en god Farve, stedse vare lethale Symptomer. Vi ville vadske Huden med Chlorvand og sætte Nitrum til Gurglevandet.

— Det er ubegribeligt, hvorledes der endnu blandt Lægerne kan föres en saa lidenskabelig Strid, om der gives et indre Exanthem ɔ: paa Slimhinderne. Variolæ forekomme saa ofte i Mundhulheden og Svælget, som De selv have overbeviist dem om her paa Hospitalet; jeg har endvidere seet dem i larynx, i Luftröret, paa Bronchialslimhinden, i Tarmkanalen, især Tyktarmen, og paa Genitalia.

Lignende Eruptioner finde vi ved Scarlatina og Mæslinger; jeg har allerede talt om Skarlagensudslettet paa Næse-Laryngal- og Bronchialslimhinden. Undertiden fortsættes Eruptionen helt ned i Tarmkanalen, og giver sig tilkjende ved Diarrhoer; ved Sectionen findes da Slimhinden injiceret og Tarmkjertlerne svulne ligesom ved Cholera.

— Scarlatina miliaris har man med Urette opstillet som en egen Form, forskjellig fra den glatte scarlatina lævigata, — ja Hahnemann har endogsaa angivet en særegen Behandling for hver især, idet nemlig den glatte skulde bekjæmpes med belladonna, den miliare med aconit. Denne Modification i Exanthemet betinger imidlertid ikke nogen væsenlig Forskjel, da man ofte seer hos det samme Subjekt eller i den samme Epidemi, at den ene Form aflöses af den anden. Mindst Grund er der til at betragte Skarlagenfriselen som en værre Form; tvertimod har jeg fundet, at Sygdommen havde et lettere og gunstigere Forlöb, hvor Epidermis hævede sig, da her Exanthemet var mere fix og ei tilböielig til Metastaser. Fra denne Skarlagenfrisel maa man imidlertid skjelne Scarlatina med Frisel, og alt det farlige, som man har tillagt hiin, synes kun at gjelde denne anden Eruption ved Siden af Scarlatina.

— Ihvor tilfredsstillende og heldig Sygdommens Gang hidtil kan have været, saa indtræder der dog ofte paa en af disse Dage (6—11) Forandringer, hvortil man ikke kan opdage tilstrækkelig Aarsag i de ydre Forhold. Det er især to Organer, som i disse Dage ere udsatte for at angribes: 1) Hjernen, som altid spiller en betydelig Rolle i denne Sygdom, og især i dens mere ondartede Former. Den Syge, som hidtil har været ret vel, udstöder pludselig et Skrig og klager over Hovedpine; snart falder han i en soporös Tilstand, faaer convulsiviske Trækninger, kortsagt frembyder alle Tegn paa et Exsudat i Hjernen. 2) Hjertet og maaske den hele Blodblanding: fornemmelig maa man befrygte en pludselig lethal Katastrophe hos Fruentimmer, hvis Menstruation er i Anmarsch, ligesom overhovedet ved alle acute Exanthemer Menstruationens Indtrædelse ofte medförer en ugunstig Forandring. At dette var Tilfældet ved Variola, vidste allerede de ældre Læger; "i det Öieblik, da Menstruationen indtræder, fylde Kopperne sig med Blod, eller udsveder sort Blod i halones omkring Kopperne, og danne store Ecchymoser." Heine har endogsaa paastaaet, at en eneste med Blod fyldt Koppepustel, er et sikkert Tegn paa et dödeligt Udfald. Noget lignende finder Sted ved de andre Exanthemer, den indtrædende Menstruation er dem altid ugunstig, især paa Sygdommens 7de eller 11te Dag: Pt., som tidligere var ret vel og aldeles feberfri, angribes pludseligen af en uhyre Angst, under hvilken hun med Bestemthed forudsiger sin nærforestaaende Död (ægte Clairvoyance); snart efter indtræde ogsaa objektive Symptomer: Ansigtet collaberer, Pulsen bliver hurtig, ikke til at tælle, Kroppen heed — calor mordax, — Extremiteterne kolde, og i faa Timer gaaer Patienten tilgrunde. Man finder da ved Sectionen en fuldkommen Dissolution af Blodet, og som en Fölge deraf, den indre Arteriehinde ved Inbibition mörkeröd, som hos Folk, der ere trufne af Lynild, hvilket Phænomen man urigtigen har antaget for inflammatorisk. De maa derfor ikke stole altfor meget paa de tilsyneladende gunstige Symptomer i Scarlatina, förend dies fatales ere overstaaede, og da bliver endda Desquamationsperioden tilbage.

— Ved en anden Patient, som led af Mæslinger, yttrede Sch. sig paa fölgende Maade om den Indflydelse, som Menstruationen udöver paa de exanthematiske Sygdomme:

De see, at vi hos denne Patient ere komne til Maalet uden nogetsomhelst Lægemiddel, hvilket overhovedet kan ske i hele Epidemier af Mæslinger, hvor blot en passende Diæt og Rolighed kunne være tilstrækkelige til at medföre et gunstigt Udfald af Sygdommen. Men om dette ogsaa finder Sted i de fleste Tilfælde, idetmindste hertillands, hvor ingen malign Epidemi af denne exanthematiske Sygdom i lang Tid er forekommet, saa gjelder det ikke paa alle Steder og i alle Epidemier, og Mæslinger kunne ofte, ikke alene sporadisk, men i hele Egne, antage en ondartet Charakter. Jeg vil derfor raade Dem, ikke at være altfor trygge paa Grund af de Iagttagelser, vi i en Række Aar have gjort. Navnligen er det hos Fruentimmer, at Mæslinger kunne kræve den störste Opmærksomhed. Menstruationen har overhovedet en skadelig Indflydelse paa alle acute Exanthemer, og vi maa saameget mere have dette for Öie, som man er saa tilböielig til at tro, at naar Mæslinger udbryde kort efter at menses have været tilstede, de da ikke ville forstyrres i deres Forlöb ved de atter indtrædende Menses; thi ofte vise disse sig igjen efter 6 a 7 Dages Forlöb. Menstruationens Indtrædelse er ved Mæslinger, som ved alle acute Exanthemer, et höist ubehageligt Phænomen; thi om der end kan forekomme Tilfælde — jeg har nyligen iagttaget det, — hvor Menstruationen kan have en kritisk Betydning, idet den stærke Feber, og de heftigste nervöse Symptomer kunne forsvinde ved dens Indtrædelse — saa finder langt oftere det Modsatte Sted. Enhver opmærksom Læge, som har haft Leilighed til at iagttage en stor Mængde Mæslinge - Patienter, vil kunne bekræfte, at Menstruationen, saasnart den indtræder under Eruptionsstadiet, ofte i faa Timer, under Symptomer af Angst og Beklemmelse, kan medföre Döden. Skjöndt nu dette Udfald lykkeligviis ikke er det hyppigste, saa vil man dog altid see, at der indtræder en Forandring i Exanthemet; det bliver livid, og mellem de enkelte Mæslingepletter fremkomme Petechier, som derved adskille sig fra Exanthemet, at de ikke forsvinde under Fingerens Tryk; tillige bliver Tungen tör og brun, Aanden stinkende — et ildevarslende Symptom, som ofte yttrer sig i samme Öieblik, som Menstruationen indtræder. — Supprimeres nu tillige Menstruationen, forüges Livsfaren for Patienten endnu mere.

— Med Hensyn til Desquamationen paa Slimhinden, maa endnu tilföies, at der efter Scarlatina meget hyppigen forekommer en Afskalningsproces paa den uropoietiske Slimhinde, som man ved Hjælp af Mikroskopet kan opdage som en utallig Mængde Epitheliumsblade i Urinen, der for det blotte Öie vise sig som et mucöst Sediment eller en opaliserende Sky. — Det har for mig en særegen Interesse, at den indre Desquamation hyppigst findes paa Urinveienes Slimhinde, da jeg antager, at denne Afskalning maa staae i Forbindelse med den saa ofte efter Scarlatina indtrædende Hydrops, og maa afgive en Disposition for samme. Thi denne Hydrops udmærker sig fornemmeligen ved en samtidigen tilstedeværende Mængde Æggehvidestof og Blodrödt i Urinen, som netop beroer paa en Tilstand i Urinveiene, der efter min Mening ikke er andet, end en foröget Irritation, saaledes som man finder den ved Desquamationen i disse Organer. Skulde dette bekræftes ved senere Erfaringer, vilde det blive af stor Betydning i praktisk Henseende. De vide nemlig, hvor seent der efter Scarlatina, selv under Iagttagelse af den störste Forsigtighed, kan opstaae hydrops, og P l e n c k har endogsaa beskrevet Vattersot som et nödvendigt og væsenligt Stadium i Sygdommen, fordi det i hans Tid var ligesaa almindeligt, som selve Exanthemet. Saalænge denne indvendige Afskalning gik for sig, maatte vi da vogte den Syge, og ikke demittere ham af vor Behandling, om ogsaa den ydre Desquamation var tilendebragt, og der hverken var Feber eller andre Ulemper tilstede. Först ved Desquamationens Ophör i Urinveiene ɔ: med Epitheliets Forsvinden i Urinen, kan man sige at Patienten er uden Fare for at blive hydropisk.

Erysipelas faciei compliceret med Delirium tremens.

Carl F., Arbeidsmand, 44 Aar gl. Allerede hans Ansigt siger os Diagnosen af Sygdommen; dog maa jeg gjöre Dem opmærksomme paa, at ikke alt, hvad De see i Ansigtet, hidrörer fra den nærværende Sygdom, men at en Del maa tilskrives en ikke meget priselig Vane hos Patienten, som er en potator strenuus: det er Virkning af Intemperies in spirituosis. Denne Omstændighed er af stor Betydning ved samtidig tilstedeværende Ansigtsrosen. De have saa ofte her i Hospitalet, hvor saa mange af denne Slags Mennesker indlægges, haft Leilighed til at iagttage, hvilken modificerende Indvirkning paa forskjellige Sygdomsprocesser Brændeviinsdrik har, og saameget större maa denne Indflydelse være paa en Sygdom, som har sit Sæde i Nærheden af Hjernen, hvorom vi vide, at den staaer i nært Forhold til denne. Naar nu Erysipelas faciei allerede i og for sig er en betydelig Sygdom, saa bliver den endnu farligere hos Drankere, da her let kan findes ikke blot en simpel Irritation af Hjernen, men endog materiel Forandring i dens Hinder.

De see, at Tumescensen ikke er betydelig, i Sammenligning med Forandringen i Coloriten: Huden er mörkeröd, og Rödmen forsvinder momentant under Fingerens Tryk; paa enkelte Steder er Desquamationen begyndt, men under den er den ny Hud paany angreben. Feberen er forholdsviis ubetydelig, Pulsen 84, lille, saaledes som man saa ofte finder den ved Cerebralaffectioner. Urinen er mörkeröd, men ikke flammende; Stolgangen ikke træg; den hvidlig belagte Tunge begynder at blive tör. Patienten er hed og fortumlet i Hovedet, er urolig og delirerer, men bringes let til Bevidsthed; Hænderne zittre, naar de udstrækkes.

Vi have altsaa at gjöre med en Ansigtsrosen, men hos en eiendommelig Individualitet, hvor en umaadelig Nydelse af Spiritus har fremkaldt en Hjerneirritation: de förste Tegn paa delirium tremens; tilmed er Beskaffenheden ved selve Rosen yderst slet: den ringe Hævelse i Huden, den mörke livide Farve, den Omstændighed, at der paa de Steder, hvor det primære Exanthem skaller af, danner sig et nyt, og endelig, at det ambulerer videre nedad Halsen, hvilket jeg oftere har seet hos ældre Subjekter, og især hos Drankere. Hjernen er her mest udsat for Fare, og vor förste Opgave maa derfor være, at afværge denne. Det mod delirium tremens saa virksomme Opium passer imidlertid ikke her, vi ville derimod derivere stærkt til Huden, for derved tillige at vække det torpide Exanthem til större Liv, og virke paa Nyre- og Tarmsecretionen. Ifölge disse Indicationer vil jeg ansee fölgende Behandling for hensigtsmæssig: Efter Applicationen af 20 Igler bag Örene, sættes Patienten i et fladt Kar, og overgydes med koldt Vand. Denne Behandling er noget voldsom, og ikke uden Fare, men synes mig den eneste, hvoraf vi endnu kunne vente nogen Nytte. Indv. vil jeg give: Inf. digitalis ℈β ℥iv Nitri ʒij Tart. stibiat. grj. Mucil. gummi arab. Syr. simpl. āā ℥j m. s. En Spiseskee fuld hver Time.

— Den kolde Overgydning blev igaar anvendt to Gange: Kl. 2 og Kl. 7 om Aftenen. Derefter ere Symptomerne i höi Grad mildnede; Patienten har sovet godt inat, Hovedet er mindre betaget, Bevidstheden vender mere tilbage; men tremor artuum indfinder sig af og til. Med Exanthemet er foregaaet en heldig Forandring: Farven er ikke længer livid, Desquamationen er i fuld Gang og intet nyt Exanthem danner sig under den, og Rosen udbreder sig ikke videre. Pulsen er blöd, 80, Huden blöd og fugtig, Temperaturen ikke forhöiet. Urinen endnu röd og uden Bundfald.

— Jeg er langtfra at tilskrive mig den Fortjeneste, at være den förste, som har anvendt den kolde Overgydning ved Rosen, og navnlig ved Ansigtsrosen. Allerede tidligere har en engelsk Læge **Currie**, og senere en ungersk **Kolbaris** anbefalet den, vistnok som et tilsyneladende dristigt Foretagende, da man forhen troede, ikke at kunne behandle Rosen varmt og tört nok. Naar senere **Reuss** har villet anvende Overgydning ved enhver Rosen, selv i de letteste Tilfælde, synes han mig at have misbrugt dette heroiske Middel, da det her endogsaa kunde afstedkomme Skade, og man med mildere Midler kan naae Maalet. Bestemte Grændser maa sættes for et saa heroisk

Middel, og min Erfaring giver fölgende Resultat: ved Ansigtsrosen, hvor Exanthemet har en blaa Farve. Huden har en ringe Turgescens, dertil er tör og brændende, stikkende hed, hvor Temperaturen er ulige fordelt, saa Extremiteterne ere kolde, og Hoved og Krop stikkende hede, hvor der tillige er en torpid, mere nervös Feber med tör Tunge, lille svag accelereret Puls, milde mussiterende Delirier: der vil den kolde Overgydning være det eneste heldbringende Middel; man seer strax efter dets Anvendelse en stærkere Turgescens i Huden, den livide Farve bliver mere levende röd, Delirierne ophöre og Tungen bliver fugtig; vedblive nu disse Forandringer, da behöver Overgydningen ei at gjentages, men tabe de sig igjen, og dukke de ældre Symptomer op igjen, da er dens Gjentagelse indiceret.

Jeg har seet en anden Form af Rosen, hvor alle kolde Overgydninger havde en mærkelig Virkning; den forekom epidemisk 1836 i Züricker Hospitalet. Exanthemet viste sig paa den Maade, at man kunde see Spor af Afskalning, og enkelte blegröde Pletter, som kom og gik, i Forbindelse med vedvarende Cerebralaffection; de færreste laae i Sopor, de fleste vare forvirrede, vidste ikke hvor de vare, og vilde ud af Sengen til deres Forretninger; nogle satte sig midt i Salen i den Tanke de vare paa Apartementet. Pulsen var kun om Aftenen lidt accelereret, Urinen normal; hos enkelte var Pulsen retarderet. Efter den kolde Overgydning bröd Exanthemet frem, Ansigtet fik en erysipelatös Rödme og Pulsen hævede sig. Hos Pluraliteten var Virkningen af Styrtebadet kun af kort Varighed, og det maatte efter faa Timers Forlöb gjentages, indtil Rosen blev fixeret i Huden, og gjennemgik sit fuldstændige Forlöb.

Der gives endnu en tredie Art Rosen, hvor Styrtebadet kan anvendes. Ligesom vi hos vor Patient iagttoge, at Exanthemet ophörte med at vanke videre, og at der under Desquamationen udviklede sig et nyt Exanthem, saaledes finder noget Lignende Sted hos gamle Folk, som lide af habituel Rosen: de röde Steder paa Næsespidsen eller Arcus zygomaticus omgives med en röd Ring, og blive glindsende, saaledes bliver Exanthemet staaende, medens der tillige indfinder sig de heftigste Tilfælde: Fortumlethed, Delirier, freqvent, hurtig Puls, tör brændende hed Hud, tör belagt Tunge, Brækning. Ældre Læger gave her Emeticum og Campher eller lignende Midler. Jeg vil ei ligefrem banlyse denne Behandling, men maa dog tilstaae, at jeg har langt större Tillid til den kolde Overgydning, end til den ældre varme Behandling.

— Saalænge Desquamationen varer, maa Patienten ikke betragtes som helbredet, thi Afskalningsakten er en integrerende Del af den erysipelatöse Sygdomsproces. Uagtet Forstyrrelser i denne ikke saa ofte medförer Fölgesygdomme efter Rosen som efter Scarlatina, saa ere de dog ingenlunde sjeldne, og undertiden endog ligesaa farlige, som efter Scarlatina. Jeg har ofte ikke alene efter Ansigtsrosen, men ogsaa efter Rosen paa andre Steder, seet hydrops, partiel saavelsom universel, opstaae; Forstyrrelse i Sandseorganerne, især i det indre Öre. Abscesdannelse og Suppuration, som efter flere Aars Forlöb kan medföre Döden, forekomme ligesaa ofte efter Rosen som efter Scarlatina. Jeg vil endelig minde Dem om, at Cerebraltilfælde uden mindste Spor til Feber, og Mani kunne optræde som Fölgesygdomme efter Rosen, hvorpaa jeg saae flere Exempler i Zürich.

Apoplexia.

24de Mai 1841. Carl N., Arbeidsmand, 27 Aar gammel, en ung, kraftig, robust Mand, tilsyneladende af sangvinsk Constitution, blev for omtrent 3 Maaneder siden förste Gang angreben af Hovedpine, som især föltes i det Indre af Forhovedet, i Regionen af venstre protuberantia frontalis. Denne Smerte var bankende, undertiden stikkende, og straalede fra sit Midtpunkt udover det övrige Hoved, af og til endogsaa helt ned til Halsen; den var i Begyndelsen ikke permanent, intermitterede ofte hele Dage, forögedes ved anstrængende Arbeide og formindskedes ved Rolighed. Saaledes forlöb ¼ Aar, da Smerten den 14de Mai, efter et vedholdende Arbeide, optraadte paa bemeldte Sted med usædvanlig Heftighed. Patienten sov rolig om Natten, men var den næste Morgen paralytisk i hele höire Side. Lamheden indtog i Overensstemmelse med de physiologiske Love for Nervernes Krydsning, den modsatte Side af Smertens, Over- og Underextremiteterne, Tungen og Ansigtsmusklerne vare angrebne, Smerten i Hovedet vedvarede endnu den næste Morgen, men i mindre Grad. En tilkaldt Læge aarelod Patienten og gav et Afföringsmiddel. Herved tabte nogle af de paralystiske Symptomer sig: Benet kunde bevæges, Talen vendte tilbage, men de övrige vedbleve og saaledes indlagdes han i Hospitalet, hvor han atter mistede 8 Unzer Blod.

Vi iagttage nu ikke nogen Forandring i Ansigtsmusklerne, saalænge Patienten ligger rolig, men derimod saasnart han taler; han kan række Tungen ligeud, taler ret godt, og feiler ikke noget paa Sandseorganerne; den höire Fod kan han bevæge, men slæber den dog efter sig, naar han gaaer; hans Gang er usikker. Den höire Arm, som har sin naturlige Fölelse, kan han aldeles ikke bevæge. I den venstre Halvdel af Hovedet er Smerten næsten ganske borte, og der mærkes ikke nogen foröget Hede deri om Aftenen. Pulsen er langsom, hvilket især var Tilfældet iaftes. De övrige Organer ere normale, navnligen er Bækkenorganerne uden al Paralyse.

Hvad faae vi nu ud af dette Tilfælde? Efter Gangen i Sygdommens Udvikling, kunne vi vel ikke betvivle, at her tidligere har fundet en Congestion Sted til den forreste Lobus af venstre Hjernehemisphære, som senere har bevirket en Hæmorrhagi, hvis Fölge er Paralysen i höire Side. Vor förste Opgave er derfor, at forebygge videre Congestion, den anden at bortskaffe Extravasatet, hvilket sidste vi iövrigt maa overlade til Naturen, som vi kun formaae at understötte.

25de Mai. Nogen gunstig Forandring kunne vi her ikke vente i Löbet af 24 Timer, men derimod nok Forandringer, som tyde paa forögede Congestioner. Saaledes som Sagerne staae, er vor vigtigste Opgave, at forebygge disse, fordi de ved at blive langvarige, kunne blive permanente, og fordi der saa let danner sig en Congestionstilstand omkring et Extravasat. Desuden maa jeg tilföie, at Patienten ved sin Indlæggelse klagede over Trækninger, i den tidligere paralytiske Underextremitet, et Symptom, hvorpaa jeg maa henlede hele Deres Opmærksomhed. De have seet det samme Symptom hos en Patient, som leed af meningitis; han beskriver Smerten som rivende, ligesom rheumatisk, hvormed den imidlertid ikke maa forvexles, da den er et Reflexsymptom af en Hjerneaffection, og altsaa hos vor Patient tydede paa en Congestion, der ogsaa veeg for en her institueret Aareladning. Endelig vide vi, at en Irritationstilstand — der saa let gaaer over til en sand Betændelse — er tilstede ved enhver Resorptionsproces, for at danne en serös Membran omkring Exsudatet. Derfor er det saameget mere nödvendigt, at fortsætte den Behandling, vi have begyndt, hvis Hensigt var at forebygge Congestion.

— De ville maaske opkaste mig det Spörgsmaal, hvorfor jeg nu ikke anvender et Middel, som i den nyere Tid saameget er rost mod Lamheder, der blive tilbage efter Apoplexier, jeg mener Nux vomica og dets Præparater. Hertil svarer jeg, at jeg, ifölge Andres og mine egne Erfaringer, fuldkommen anerkjender dette Middels Virksomhed imod disse Lamheder, men at dets Anvendelse er begrændset til en vis Tid, og i Bestemmelsen af denne er jeg af en anden Mening end mange andre. Disse Midler virke kun da med bestemt Sikkerhed, naar Extravasatet er resorberet, og Paralysen alligevel vedbliver. Men nu seer man ofte, lige om i vort Tilfælde, at Paralysen ophörer med Resorptionen, naar Extravasatet er ringe, men at den derimod bliver tilbage, hvor Extravasatet er betydeligt, og da er det netop Tid, at anvende Nux vomica. Skeer dette tidligere, inden Resorptionen har fundet Sted, da anseer jeg nux vomica 1) for unyttigt, fordi Lamheden kun er en Fölge af Extravasatet, og altsaa maa vedblive saalænge dette er tilstede, ligesom det, for at bruge en Lignelse af Franck, vilde være unyttigt, at anspore en Hest til Galop, der var bunden ved Benene. 2) for skadeligt, paa Grund af Midlets inciterende Virkning. Dette er mit Svar paa hiint Spörgsmaal, hvis Rigtighed jeg haaber vil bekræfte sig ogsaa i dette Tilfælde; vi ville neppe behöve et saa voldsomt Middel, som Strychnin, skjöndt jeg helt vel veed, at Lægernes, saavelsom de Syges Utaalmodighed, ofte fremkalder dets Anvendelse langt tidligere.

De ville hertil gjensvare, at det kan være en meget god Theori; men hvilke Symptomer antyde, at Resorptionen er tilendebragt? naar skal Midlerne mod den tilbageblivende Lamhed anvendes? Jeg indrömmer at Svaret kan være vanskeligt nok, og man kan være nogen Tvivl underkastet, men troer dog, at kunne give dem nogle Vink til dette Spörgsmaals Lösning i fölgende Momenter: 1) Blodextravasatets Störrelse bestemmer Lamhedens Intensitet. 2) Efter de Resultater, som den pathologiske Anatomi yder os, kræver Resorptionen en vis Tid, som retter sig efter Extravasatets Störrelse og Individets Alder. Jo större Exsudatet er, og jo ældre Individet, desto længere varer Resorptionen, og omvendt. Smaa Extravasater hos unge kraftige Personer resorberes i Löbet af 4 á 5 Uger;

större hos gamle Subjekter först i flere Maaneder. 3) Med Resorptionen hæves Trykket, som Extravasatet udöver og dermed aftager ogsaa Paralysen. Man kan antage, at saalænge de paralytiske Phænomener aftage, saalænge fortsættes Resorptionen; men saasnart man mærker, at der indtræder en Stilstand i Paralysens Aftagen og det anseer jeg for et Hovedmoment, — kan man antage, at Extravasatet er resorberet, og at den Paralyse, som da er tilbage, ikke hidrörer fra Trykket, og da er det Tid at anvende Nux vomica.

4de Juni. Der er indtraadt nogle Forandringer af den störste Betydning, nemlig nogle peripheriske Reflexsymptomer, medens ikke et eneste Symptom har viist sig i Nervesystemets Centraldel, skjöndt vi der maa söge Sygdommens Kilder; der er intet Spor af de straalende Smerter i venstre Side af Hovedet og ingen Svindel, kun Temperaturen synes noget höiere her, end i det övrige Legeme. Desuagtet klager Patienten igjen over en sovende Fornemmelse i den höire Halvdel af Legemet, navnligen fra Knæet til Tæerne, uden at dog Bevægelsen er formindsket. Denne Fölelse har vel for en Del tabt sig igjen, men derimod vedvare de allerede för omtalte trækkende Smerter i höire Overextremitet. Den forhöiede Temperatur i den höire Side af Hovedet, disse Reflexsymptomer i de paralytiske Lemmer, og endelig den langsomme Puls (idag 48, iaftes 58 og igaar Morges 64) lade os ikke være i Tvivl. Vi maa formode at der har udviklet sig en ny inflammatorisk Irritationstilstand i den forreste Lap af venstre Hjernehemispære, hvoraf man kan befrygte, at der atter vil danne sig et Blodextravasat, eller udvikle sig en Emollition. Vi ville derfor gaae strængt antiphlogistisk tilværks, applicere 20 Igler o. s. v.

— Tager jeg ikke feil, saa er det M. Hall, som först har paastaaet, at Smerten ved Affection af de indenfor Craniet liggende Dele indfinder sig ved en rask Bevægelse og Rysten af Hovedet, og anseer dette for et charakteristisk pathognomonisk Tegn. Ihvormeget jeg end anerkjender og paaskjönner denne fortjente Mands Undersögelser i Nervepathologien, kan jeg dog ikke indrömme denne Paastands Rigtighed. Det gaaer med Stadigheden af denne Smerte, som med Ömheden ved den af Copland anpriste Anvendelse af en hed Svamp ved Rygmarvssygdomme; dens Mangel har ligesaalidt noget Beroligende ved sig, som dens Tilstedeværelse, naar alle andre Symptomer mangle, har noget Bevisende; man tör fölgeligen ikke af dens Tilstedeværelse eller Manglen, men kun af en Forening af samtlige Symptomer, slutte sig til om Sygdommen er tilstede eller ikke.

— Den intermitterende Charakter ved Affectioner af Centra for den sensitive Sphære, Hjernen og Rygmarven, maa man vel lægge Mærke til, for ei at geraade i Vildfarelse. Ved hydrocephalus hos Börn sees sædvanligen i Begyndelsen en tydelig Intermission. Jeg har meget ofte iagttaget denne intermitterende Typus ved den sande hydrocephalus, ikke ved intermittens maligna cerebralis, som saa ofte forvexles med hydrocephalus, nei ved den rene sande hydrocephalus acutus. Börnene have om Eftermiddagen Symptomer paa Cerebralirritation, som tabe sig efter Midnat, og om Morgenen synes Börnene saa raske, at endog Lægen ofte lader sig skuffe. Men om Eftermiddagen komme Cerebraltilfældene igjen, og saaledes fremdeles, indtil de blive permanente, og da kommer Lægehjælp gjerne bagefter. Det samme finder Sted ved Spinalaffection, navnlig ved Meningitis spinalis.

— Anbringelsen af en Fontanelle i Hovedhuden har jeg ofte seet udmærket Nytte af i chroniske endogsaa organiske Sygdomme i Hjernen; jeg vil ikke altid sige som curativt men mest som et særdeles lindrende Middel. Jeg erindrer endnu en Kone, hos hvem en Destruktion fra os temporum banede sig Vei indad til Hjernen; hun havde de frygteligste vedvarende Smerter, som ikke i mindste Maade lindredes ved narcotica, hun afmagrede og faldt i en hektisk Feber. Et Cauterium potentiale, appliceret paa pars squamosa, formindskede Smerten i höi Grad, og udsatte Catastrophen en Tid. Hos Koner, især ældre, som tidligere have lidt af hysteria cephalica, forekommer ofte en chronisk Irritation af meninges — först beskreven af Autenrieth, — hvor de Syge klage over heftige Smerter oppe i Issen, langsmed sutura sagittalis, og ved Siden af denne — ofte tilhöire, — og hvor man efter Döden finder arachnoidea fortykket og sammenvoxet med dura og pia mater, de saakaldte Pacchionske Kjertler af en Bönnes Störrelse, og det overliggende Been næsten aldeles absorberet. Narcotica, nervina, opium, asa fætida, castoreum o. s. v. hjelpe her aldeles ikke, ja skade ofte mere, hvorimod gjentagne Bloduttömmelser og Anbringelsen af en Fontenelle paa Issen ere de vigtigste og eneste virksomme Midler.

— De paralytiske Symptomer ere tildels bedrede; Patienten gaaer endnu bestandig vaklende og usikkert, den höire Arm kan han vel bevæge, men ikke Fingrene. Vi have anbragt Strychnin i Fontanellesaaret ($\frac{1}{8}$ gr. salpetersurt S. Aften og Morgen), hidtil uden tydelig Virkning. Saasnart vi kunne være sikkre paa at Cerebraltilfældene ere hævede, ville vi tage vor Tilflugt til et andet Middel: Anvendelsen af Elektromagnetismen. Iblandt alle Midler til at gjenopvække Muskelkraften er dette det fortrinligste. Hörstningen kunde jeg ikke ret fatte Lid til de pralende Anpriisninger over samme, som i de offentlige Blade mest udgik fra Opfinderne eller Opdagerne af de forskjellige elektromagnetiske Apparater, idetmindste gik jeg til deres Anvendelse med en vis Aversion og Mistanke om at blive skuffet. Det förste Tilfælde, hvor jeg anvendte den, traf en russisk Söcapitain, som var paralytisk i en saa afskyelig Grad, at han understöttet af to Personer, blev bragt til mig med udhængende Tunge og uden Tale; for at gjöre et Forsög lod jeg ham bringe til en Mand, som eiede et elektromagnetisk Apparat. Hvor forbauset blev jeg imidlertid ikke, da denne samme Officeer 6 Uger efter traadte ind i mit Værelse, og takkede mig for mit gode Raad. — Ogsaa ved Lamheder i Genitalia og Impotens, synes dette Middel at virke gavnligen.

— Med Hensyn til Atrophien af paralytiske Lemmer, maa man vel adskille to Arter; den ene er en Fölge af Mangel paa Virksomhed, og kan undertiden tiltage i den Grad, at Lemmet ikke engang, naar Muskelactionen atter indtræder, kan faae sin vante Förlighed. Den anden Art beroer paa en Transformation af Vævet til tendinös eller adipös Masse, og her bliver det ikke muligt at restituere Delens Volumen. — Det eneste Reagens vi have til at skjelne mellem disse to Arter, er den galvaniske Kraft, som virker specifisk paa Muskelfibrene. Anvendelsen af Elektromagnetismen har paa vor Patient virket gavnligen; dog gjelder dette kun om Virkningen i Begyndelsen paa den höire Overextremitet, hvorimod vi i den sidste Tid ikke have sporet nogen Nytte deraf. Der synes nu, hvad man ogsaa seer ved andre Midler, som Douche, Strychnin, at være indtraadt en Stilstand i Virkningen af dette Middel, hvorfor vi ville udsætte det nogle Dage i Haab om at see ny Virkning af en senere Anvendelse.

— Man finder meget ofte, at et Medicament naaer et Saturationspunkt i sin Virkning paa et Organ, saa det ikke engang nytter at stige med Dosis. Det vilde være vigtigt at erfare om dette Phænomen traf sammen med andre positive Virkninger af Medicamentet, ved Digitalis f. Ex med dets narcotiske Virkning. Hvis dette var Tilfælde, da havde man et Holdepunkt ved Midlets Udsættelse. De ældre Læger kjendte meget godt dette Phænomen, og sagde, at saalænge Medicamentet paavirker Sygdomsprocessen, træde de övrige skadelige Virkninger ikke frem; man kan saaledes i Betændelser anvende Nitrum i uhyre Indgifter, uden at det fremkalder Forstyrrelser i Digestionen. Midlet reagerer kun mod Sygdomsprocessen; men er denne hævet, fremtræde skadelige positive Virkninger. Det samme seer man ved Qviksölv.

Skjöndt jeg ikke kan indrömme Rigtigheden af denne Paastand i den Udstrækning som de ældre Læger, ligger der dog meget Sandt deri. Noget lignende finder Sted hos hydropiske Patienter; man seer ofte at Diuresen, som hidtil har været stærk, pludselig ophörer; udsætter man nu Medicamentet, og giver det om kort Tid igjen, da virker det atter, uden at en forhöiet Dosis er nödvendig. Man seer ogsaa i saadanne Tilfælde, at Virkningen ikke altid afhænger af det Qvantitative, men af det Qvalitative, idet det ikke altid er de stærkere Midler, man behöver at tye til.

Literatur. C. J. Kayser: Statistisk Tabelværk, 11te Hefte, indeholdende en detailleret Fremstilling af og summariske Tabeller over Selvmord i Kongeriget Danmark i Aarene 1835—44. — 13de Hefte, indeh. detaillerede Criminaltabeller for Kongeriget Danmark for 1832—40, samt en almindelig Fremstilling af disses Indhold.

H. C. B. Bendz: Haandbog i den almindelige Anatomi, med særligt Hensyn til Mennesket og Huusdyrene. 2det Hefte.

Udnævnelser. Bataillonschirurg Siemsen, Distriktslæge paa Romö Gad og Cand. chirurg. F. W. Lund i Nexö udnævnte til Distriktslæger, respektive i Mariager med tilhörende Landdistrikt, i Landdistrikt i Aalborg Amt og Landdistrikt i Randers Amt. — Cand. chirurg. Hoffbauer til Distriktslæge i Herning.

Vacance. Distriktslæge-Embedet i Colding. Opslaaet vacant den 27de Juli.

Forlagt af C. A. Reitzel. Trykt hos Bianco Luno.

Den 14. August. 1847.

Ugeskrift for Læger.

2den Række VII. Nr. 9.

Redigeret af L. Brion og C. Hempel.

Nye Iagttagelser over Mesmerismen.

Vi have i en tidligere Artikel henledet Opmærksomheden paa Mesmerismen, idet vi meddelte et Udtog efter Forbes Review, April 1845, hvori vi netop fandt de Anskuelser udtalte, som forekom os at have meest for sig med Hensyn til denne Gjenstand. Læserne ville mindes, at der af Forbes Undersögelser fremgik fölgende Hovedresultater:

1) At man hos dertil disponerede (nervöse) Individer kunstigt kan fremkalde de samme pathologiske Tilstande, som i visse Sygdomstilfælde undertiden ogsaa optræde spontant, navnlig en dyb Sövn, under hvilken Bevidstheden og Fölelsen næsten ganske er tilintetgjort, Sövngjængeri, Katalepsi og Ecstase.

2) At man derimod aldeles ikke har noget constateret Factum, som kunde vise, at de Individer, som kunstigt ere bragte i en saadan pathologisk Tilstand, skulde være istand til at sandse paa anden Maade og ved andre Organer end de respektive Sandseorganer, eller at de skulde faae en ny Evne til med Aandens Öie at skue Ting, der

ved Rum og Tid ere unddragne enhver menneskelig Kundskab og Iagttagelse.

3) At der ikke haves nogetsomhelst tilfredsstillende Beviis for Mesmerismens Objektivitet, i den Betydning, at dens Phænomener skulde skyldes nogen udvortes Kraft, hvadenten man vil kalde den Magnetisme, Elektricitet eller Nerveemanation. Det var ikke blot denne Mangel af Kjendsgjerninger, som kunde vise de saakaldte mesmeriske Phænomeners Forhold til og Forbindelse med udvortes Naturkræfter, men ogsaa især den Omstændighed, at disse Tilstande kunde fremkaldes paa forskjellige Maader (enten ved de saakaldte Manipulationer, eller ved at lade Vedkommende fixere en nær Gjenstand i længere Tid med Öinene, eller ved en let Börstning paa Panden o. s. v.), som kun have det tilfælleds, at de tiltale og spænde Phantasien og Opmærksomheden paa en eiendommelig Maade, hvorved det blev os meer end sandsynligt, at det er en psychisk og ikke en physisk Potens, der betinger de constaterede mesmeriske Tilstande og Tilsyneladelser.

Iflölge hine Erfaringer ledes man altsaa til den Anskuelse, at der dog er noget Sandt i Mesmerismen og at den, skjöndt dette staaer langt under hvad dens Tilhængere ialmidelighed have forebragt, dog fortjener at undersöges nærmere af gode Iagttagere, istedetfor at behandles med vantro Foragt, ihvormeget end tidligere Iagttagelsers letsindige Charakter og det uendelige Væv af Bedrag og Selvbedrag som skjuler Sandheden i dem kunde opfordre dertil. Det er forsaavidt interessant at Mesmerismen, langtfra at være glemt, netop i den senere Tid har fængslet mange dygtige Mænds Opmærksomhed, ikke blot i Europa, men endog i Ostindien; vi skulle her meddele Resultaterne af deres Iagttagelser.

I Wien var Mesmerismen i Aaret 1845 atter bleven Gjenstand for offentlig Omtale og Opmærksomhed; Anledningen hertil gav et Tilfælde, som Dr. v. Eisenstein, en bekjendt praktiserende Læge, havde iagttaget i sin Praxis og viist til meer end 20 Læger, og da Sagen dernæst begyndte at blive Conversationsemne for Publikum, viste sig snart saa mange Tilfælde, at man næsten maatte befrygte en formelig mesmerisk Epidemi. Prof. Czermak fandt sig derved foranlediget til i det k k. Lægeselskabs almindelige Forsamling at holde et Foredrag, hvori han gjorde opmærksom paa de Fordringer som man maa stille til en god Iagttager i Almindelighed, samt paa de Omstændigheder som saa let forstyrre Iagttageren af de saakaldte mesmeriske Phænomener, og som efter hans Mening havde skuffet Dr. Eisenstein og flere af de tilstedeværende Læger. Sypigen Leopoldine R., som havde givet Anledning til den hele mesmeriske Bevægelse i Wien, havde nemlig, som han paastod, bedraget Dr. v. Eisenstein, navnlig ved at forudsige et Anfald af Hæmoptysis, der ogsaa blev præsteret til den fastsatte Tid, men som aabenbart var fingeret, eftersom den mikroskopiske Undersögelse af det ophostede Blod havde viist Czermak, at det var Fugleblod og ikke Menneskeblod hun havde givet fra sig. — Foranlediget ved dette Foredrag forlangte Eisenstein, at der maatte nedsættes en Commission for at undersöge, hvorvidt de mesmeriske Phænomener, som han havde iagttaget hos Leopoldine R. og som han forpligtede sig til at forevise, vare sandfærdige eller ikke.

Commission kom da til at bestaae af Regjeringsraad Güntner, Prof. Schuh, Prof. Schroff, Overlæge Haller, dHrr. Dlauhy, Zehetmayer, Hummel, v. Dumreicher, Stainer og Gouge, og der blev besluttet, at der over hvert Möde skulde föres nöiagtig Protokol, som hvergang skulde oplæses og certificeres ved alle de Tilstedeværendes Underskrift. Der afholdtes i Alt 21 Möder og de i samme förte Protokoller ere tilligemed de Resultater, som Commissionen har uddraget af samme, offentliggjorte i det k. k. Wiener Lægeselskabs Tidsskrift for November og December 1846.

Leopoldine R., 30 Aar gammel, havde en religiös sværmerisk Moder og en fordrukken Fader. I hendes 7de Aar blev hun efter en Contusion paa Hovedet meget nervesvag, saae Lys udstraale af levende Mennesker og Dyr, saavelsom af Grave, Metaller o. s. v., vandrede om Natten omkring i det Fri for at betragte Stjernerne, övede sig i at adskille Metaller o. desl. ved Fölelsen. Da hendes Moder döde, formanede denne hende til at drage Nytte af sine besynderlige Evner. Flere fornemme Damer, som tidligere havde taget sig af hendes Opdragelse, understöttede hende endnu en Tidlang; senere toge forskjellige Læger, der fandt hendes Tilstand interessant, sig af hende og experimenterede med hende. Naar hun befandt sig vel i Mellemrummene, beskjæftigede hun sig med Syning. I sit 16de Aar blev hun anfaldet af hæmopthysis, som oftere vendte tilbage og især i den senere Tid kom engang om Maaneden. I hendes 19de Aar blev hun Sövngjængerske og spadserede omkring paa Tage og Træer; senere begyndte hun kun at ville spise raat Kjöd, levende Fisk og Blomsterblade; hun led derhos af forskjellige Arter af Kramper o. s. v. Forat kunne fatte os kortere ville vi, istedetfor at fölge den chronologiske Orden, gjennemgaae de enkelte Phænomener som Dr. v. Eisenstein vilde have iagttaget hos hende og sögte at forevise for Commissionen, og for hvert især angive det Udfald som det fik for Commissionen. Tillige skulle vi i Forbigaaende angive det Udfald, som de paa 13 andre Sensitive ved samme Leilighed anstillede controllerende Forsög fik.

I Særdeleshed henvendte Commissionen næsten i ethvert Möde sin Opmærksomhed paa Besvarelsen af det Spörgsmaal, hvorvidt sensitive Personer afficeres af Magnetismen og hvorvidt denne Kraft kan antages at staae i noget Forhold til disse Individers sygelige Tilstand. Dr. v. Eisenstein havde paastaaet, at et Stykke Jern, som et sensitivt Individ, især Leopoldine holdt i Haanden, blev magnetisk — men iforveien undersögt, ikke magnetisk Jern viste ingensinde de mindste Kræfter efter at have været berört nok saa længe af Leopoldine. Dr. v. Eisenstein paastod, at L. gjennem en Jerntraad, som hun holdt i Haanden og som var ledet gjennem flere Værelser, kunde föle, naar Nogen rörte ved Jerntraadens anden Ende, ja at hun kunde föle, hvor megen Livskraft det eller de Individer som berörte den havde; desuden skulde hun föle naar en Magnet berörte den, naar Solen skinnede paa den, naar den opvarmedes o. s. v., — men de ofte gjentagne Undersögelser viste, at hun aldeles manglede denne Evne.

Dr. v. E. havde paastaaet, at hun i et mörkt Værelse saae Lysemanation fra Magnetens Poler — men Undersögelsen viste, at hun aldeles ikke var istand dertil, ja hun blev herved endog grebet i et Forsög paa at skuffe Forsamlingen ved at tage Fölelsen til Hjælp.

Dr. v. E. havde paastaaet, at hun kunde smage paa Vand om det var elektriseret, om Glasset udvendig var beströget med en Magnet, om det var berört af en Haand, eller om det var sædvanligt Vand som det indeholdt — men Forsögene viste, at hun aldeles ikke var heldig i at gjætte.

Dr. v. E. vilde vise, at de Sensitives Hænder bleve tiltrukne af Magneten ligesom et Stykke Jern, og hos et Par af hans Sensitive fulgte Haanden virkelig med Magneten, men kun naar man med samme berörte Haanden umiddelbart og tildels paa mechanisk Maade langsomt löftede Haanden op med Magneten. Med et sædvanligt Blyant lykkedes desuden Experimentet ligesaa godt.

Dr. v. E. sögte at vise den Indflydelse som Magnetens Bevægelser forbi de Sensitive havde, udenat Magneten berörte Legemet — men Forsögene viste, at Intet iagttoges naar man gjorde Bevægelserne uden at de Syge saae det, men naar de saae det frembragte simpelt Jern de samme Tilsyneladelser som de kraftigste Magneter.

Af disse mange negative Resultater, hvoraf ethvert blev bekræftet ved mangfoldige med stor Taalmodighed gjentagne Forsög, kunde man fristes til at antage den magnetiske Kraft (i dens sædvanlige Betydning) for aldeles indifferent imod det menneskelige Legeme, men heri vilde man dog vel tage Feil. Nogle andre Forsög med Leopoldine synes nemlig at vise: at det magnetiske Jern har Egenskaber, hvorved det ogsaa ved Fölelsen og andre Sandser (især Smagen) kan adskilles fra Jern. I næsten alle Tilfælde vare hendes Angivelser i den Henseende rigtige og det fortjente derfor at undersöges, om ikke ogsaa fuldkommen sunde Mennesker ved Övelse kunne sætte sig istand til ved Hjælp af Sandserne at skjelne imellem magnetisk og simpelt Jern.

Dr. v. E. havde desuden paastaaet, at L. og andre af ham fremstillede Personer skulde kunne adskille alle Slags Pulver og Vædsker fra hinanden ved Fölelsen, selv om de vare indesluttede i Papiir eller Glas — Noget som rigtignok vilde vidne om en særdeles fin Fölelse. Men dette stadfæstedes ikke. Dels tog Leopoldine Lugten og Smagen til Hjælp ved Undersögelsen, dels angaves kun, om det forelagte Legeme fremkaldte Fornemmelsen af Varme eller Kulde, og desuagtet vare Udsagnene aldeles uoverensstemmende.

Dernæst sögte Commissionen at komme til Vished om de af Dr v. E. saakaldte kataleptiske Anfald, som dels indtraadte spontant, dels ved Magnetens Indvirkning eller ved Manipulationer hos Leopoldine, saavelsom om den af Dr. v. E. saakaldte magnetiske Sövn, der iagttoges hos flere Sensitive, var virkelig eller fingeret. Under de saakaldte kataleptiske Anfald vedligeholdt L. ingenlunde sin Stilling, naar den var besværlig, men gjorte sig det lidt efter lidt mageligt; hun var under dem ligesaalidt som under Sövnen ufölsom og sögte ved Bevægelsen at unddrage sig for Indvirkninger, der vare hende ubehagelige. Pupillerne kunde ved de förste Möder ikke undersöges, da hun sammenkneb Öinene meget stærkt eller dreiede dem saa stærkt opad og indad at de ikke kunde sees; men senere fandt man dem fuldkommen bevægelige. Desuden gjordes Tilstandens Sandsynlighed mistænkelig derved, at hendes qvindelige Blufærdighed forledede hende til at ordne sine Klæder og til at bortstöde en Haand, der vilde undersöge de Magneter, som hun bar i Strömperne paa Læggene — Alt midt under et af Dr. v. E. saakaldt kataleptisk Anfald, under hvilket dog toniske og kloniske men især Reflexkramper skiftede med hinanden. Flere af de andre Sensitives magnetiske Söva viste sig ganske tydeligt at være fingeret.

Commissionens Undersögelser over Leopoldines Evner som Clairvoyante gave ligeledes meget uheldige Resultater. Adspurgt om en Ting som en Tilstedeværende holdt skjult i Haanden, erklærede hun at det var Been, medens det var et lille Etui af Læder; adspurgt om den Farve som en Tilstedeværendes Skjorteknapper havde, undveg hun Spörgsmaalet ved at paastaae, at hun ikke blot kunde see hvilken Farve hans Kraveknapper havde, men at hun endog kunde gjennemskue hans Charakter. Hun beskyldte ham dernæst for at være det skjönne Kjön vel meget hengiven. Men ved nærmere Forespörgsel fandt man, at hun troede at være sat i Rapport til en ganske anden Person end den, om hvem hun talte. Sat i Rapport med Syge, beskrev hun meget udförligt deres indre Organers Tilstand, men paa en aabenbart aldeles modsigende Maade; hun var endog uforsigtig nok til at tale om udvortes Læsioner som slet ikke fandtes og til at nægte at en Patient havde Udslet, omendskjöndt hans i Leopoldines hvilende Haand var bedækket dermed. — Hun kastede sit Blik i det Fjerne og saae, at der i Regjeringsraad G.'s Huus, hvor hun opholdt sig, var en Pige der skulde have Navnet Maria, men der fandtes ingen Pige men vel en gammel Enke af det Navn i Huset og det oplystes, at nogen af Husbeboerne havde kaldet paa denne Maria, medens Leopoldine var paa Gangen. Efterat Dr. v. E. under hendes foregivne Somnambulisme med höi Röst havde taget Afsked, faldt L. i Fælden ved at fortælle, at han befandt sig hos Patienter i Forstaden, medens han i Virkeligheden opholdt sig i det tilstödende Værelse, og hun gjentog senere sin Forsikkring, da han endog stod tæt bag ved hende.

At L. under en saadan, vi tör vel sige det, Pseudo-somnambul-Tilstand i Commissionenes Nærværelse spiste Bladene af flere Blomsterbouquets, ja endog en stor levende Fisk, viser vel ikke andet, end at hun var et meget hysterisk Fruentimmer, som vel neppe vilde föle Modbydelighed for at tage Munden fuld af Hönseblod, hvilket hun efter Czermak havde spyttet ud under det foroven omtalte Tilfælde af Hæmoptoe og som af Prof. Czermak var foreviist Commissionen under Mikroskopet og sammenlignet med Leopoldines sunde og aldeles normale Blodkorn.

Naar man saaledes finder, at der af alt det Vidunderlige, som Dr. v. Eisenstein og mange andre Læger og Ikke-Læger havde iagttaget hos Leopoldine R., og som ligesom ved et Contagium syntes at udbrede sig blandt Sypigerne i Wien, kun det befandtes sandt:

1) at Leopoldine R. var et meget hysterisk og sensibelt Fruentimmer,

2) at hun ved Hjælp af samtlige Sandser især Fölelsen og Smagen syntes at kunne adskille magnetisk Jern fra sædvanligt Jern og Staal,

saa seer man hvor let det er at bedrage den, som gjerne vil bedrages. Dr. v. Eisenstein er endnu ligesaa troende, som han var det för Commissionen blev nedsat; naar Leopoldines Angivelser vare urigtige, saa paastod han med Bestemthed at hun meget vel vidste det Rette, men at en Aand bragte hende til at sige Usandhed.

I Forbes Reviev, Oktober 1846 meddeles et Uddrag af: Mesmerism in India, and its practical Application in Surgery and Medicine — by James Esdaile, M. D. London, 1846, som vistnok fortjener Opmærksomhed. Dr. Esdaile, Læge ved et Civil-Hospital i Bengalen, var næsten ganske ubekjendt med Mesmerismen, da han engang, ganske tilfældigviis, ved en Operation for Hydrocele, hvorved Patienten, en hindostansk Forbryder af den laveste Kaste, yttrede megen Smerte, faldt paa at forsöge ved mesmeriske Manipulationer at bringe Patienten i Söva. Efterat have fortsat Manipulationerne uafbrudt i ¾ Time, yttrede Patienten "at der var Rög i Værelset," efter 1 Times Forlöb delirerede han og noget senere var han aldeles fölelseslös, hvorom man overbeviste sig ved at knibe og stikke ham, ved at holde ham Ammoniak under Næsen, ved at hælde ham en Blanding af Ammoniak og Vand i Munden og endelig derved, at Iris var aldeles ubevægelig ved Lysets Indvirkning. Efter dette Experiment anvendte Dr. Esdaile altid mesmeriske Manipulationer forat gjöre Patienter, som han vilde operere, ufölsomme. I otte Maaneder foretog han saaledes 73 smertelöse Operationer, hvoraf nogle vare af den frygteligste Art*), udenat Forsög paa at fremkalde mesmerisk Coma nogensinde vare mislykkede for ham, naar han fortsatte dem længe nok, og uden nogensinde at have seet skadelige Fölger af denne Tilstand.

Hans Fremgangsmaade er fölgende: Man lader Patienten lægge sig ned og forberede sig til Sövn, uden at lade ham vide, at han skal opereres; Værelset er

*) Blandt Operationerne som Forfatteren udförlig gjennemgaaer nævne vi kun: Amputation af Armen, af mamma, af penis, Exarticulation af Tommelfingerens sidste phalanx, Exarticulation af Hælen, en Mængde Castrationer, Exstirpationer af Neglen paa den store Taae etc.

mörkt og stille, Patientens Öine lukkes. Operatören förer dernæst begge sine Hænder fra Patientens Nakke over Ansigtet paa Siden af Halsen ned til Cardia, hvor han i nogen Tid holder dem stille; derefter gjentages de samme Strög — altid i omtrent 1 Tommes Afstand fra Legemet i c. ¼ Time. Man aander under Operationen paa Patientens Ansigt og Bryst. Naar man dernæst vil undersöge om Katalepsi er indtraadt, saa udstrækker man Patientens Arme og seer, om de vedligeholde den Stilling, hvori man bringer dem; sker dette, saa kalder man Patienten ved Navn og stikker ham i Huden; vækkes han ikke herved, saa kan man begynde Operationen. Lykkes det ikke efter saa kort Tid at gjöre Patienten fölelseslös, saa maa man vedblive længere, undertiden endog over 1 Time.

I vor tidligere Afhandling have vi viist, at forbigaaende Tilfælde af Coma med Bevidstlöshed og Ufölsomhed ikke blot undertiden forekomme spontant, men ogsaa, at de i mange constaterede Tilfælde bleve fremkaldte vilkaarligt, snart ved de saakaldte mesmeriske Manipulationer, snart ved efter Braids Methode at lade Patienten fixere en Gjenstand med Öinene o. s. v. Naar vi derfor af en efter Forbes Vidnesbyrd agtet og anseet Hospitalslæge faae en Beretning om en stor Række af lignende constaterede Facta, saa maa de vistnok vække Opmærksomhed og opfordre til en nærmere Undersögelse af Sagen. Om man end maa tilstaae, at det er almindeligt, at Iagttagere, som tidligere betvivlede en vis Classe af Phænomener, efter engang at være overbeviiste om deres Realitet i et eller nogle Tilfælde, ofte gaae fra den ene Yderlighed til den anden og senere med stor Lettroenhed overalt antage dem, om man end maa indrömme Muligheden, ja, efterat have læst Esdailes Beretning, selv Sandsynligheden af, at han i nogle Tilfælde har antaget Patienter for ufölsomme under Operationen, uden at de virkelig vare det *), saa vilde man dog have ondt ved at gjöre dette antageligt i alle de anförte 73 Tilfælde. I een af de 8 Maaneder, da Dr. Esdaile opererede sine Patienter, efterat have gjort dem ufölsomme ved en mesmerisk Sövn, foretog han flere Operationer, end der i et Aar gjöres paa de Indfödtes Hospital i Calcutta, og flere end han selv havde foretaget i de foregaaende 6 Aar — en Omstændighed, der viser den Folkegunst som Fremgangsmaaden har vundet i Indien.

Vi kunne ikke andet end istemme Forbes Opfordring til Chirurgerne, at pröve, om det virkeligt er muligt altid eller dog i visse Tilfælde ved at fremkalde mesmerisk Sövn at befri Patienterne for Smerte under Operationerne, og vi tillade os tillige at forelægge dem det Spörgsmaal, om i saa Fald denne Fremgangsmaade eller Ætherisationen fortjener Fortrinet? Dr. Esdaile vil aldrig have seet skadelige Fölger af den mesmeriske Sövn, men paastaaer tvertimod, at Almeenbefindendet lider mindre og at Saarene heles hurtigere, end naar Operationerne foretages uden nogen Forberedning.

De af Esdaile refererede medicinske Tilfælde, hvor han med Held troer at have anvendt mesmerisk Sövn, ere baade mindre talrige og mindre interessante, da man af den ufuldstændige Beretning ikke engang kommer til nogen Vished om de omtalte Tilfældes Natur. *m.*

*) De Opererede vare for det meste Personer af de laveste hindostanske Kaster, hvis Tilböielighed til at före Enhver, helst Europæere, bag Lyset er ligesaa bekjendt, som den Heroisme hvormed de udholde de frygteligste, ofte vilkaarlig fremkaldte legemlige Pinsler.

Bemærkninger ved "Forsög til en Hospitalsrevue."

(Meddelt af Cand. P. Knudsen).

Enhver, der besöger alm. Hospital, navnlig dens chir. Afdeling, faaer uden Tvivl strax den Anskuelse, at Sygestuerne ere belagte med et större Antal Patienter, end deres Störrelse tillader; det er ikke nödvendigt at vide, hvor mange Kubikfod Luft enhver Patient har for sin Part; Meningen om Stuernes Overfyldning paatrænger sig uvilkaarlig. Da denne Overfyldning ei blot har fundet Sted i denne Vinter og paafölgende Foraar, men efter min Mening stedse har existeret i de senere Aar paa denne Tid, uden at Hospitalets Bestyrelse er bleven opmærksom paa Nödvendigheden af at forebygge den, skyldes sikkerlig Cand. Brandes stor Tak for hans Bestræbelser efter at bestyrke vor forudfattede Anskuelse; men beklage maa jeg, at han synes at være selv i altfor stor Grad forudindtagen, hvorved hans Beviisförelse for at den lille Epidemi af erysipelas ambulans i Maanederne December 1846 — Mai 1847 paa alm. Hospitals chir. Afdeling skyldes Overfyldning, ei bliver ganske upartisk.

Betragte vi först den overordentlige Stigen i Patienternes Antal, nemlig i 7 Aar fra 3374 til 4489, vil den ærede Forfatter vist selv indrömme, at Middelvarigheden af den Tid, i hvilken de 3374 Patienter have ligget i Hospitalet, har været længere end for de 4489; idetmindste troer jeg at kunne paastaae, at den ugentlige Visitats af de offentlige Fruentimmer, samt den fuldstændige Indförelse af Sæbekuren imod Fnat have en ikke aldeles ubetydelig Indflydelse paa Middelvarigheden. Hospitalet har, som anført, samtidig haft en Tilgang af 28 Senge. Det synes derfor umuligt at bedömme, hvorvidt Hospitalet nu er mere overfyldt end tidligere, saafremt man ei kan bringe i Erfaring, om enhver enkelt Stue nu har flere Patienter end forhen; hvorvidt dette lader sig gjöre, veed jeg ikke, jeg for min Part erindrer tydeligt, at den chir. Afdeling, idet mindste siden 1837, stedse har, om Vinteren, været belemret med Extrasenge.

Det synes dernæst, som om det ikke har været Forfatteren ganske klart, hvad man skal forstaae ved Overfyldning. Han burde uden Tvivl have forudskikket et Svar paa det Spörgsmaal: hvornaar ere Stuerne fulde? thi först da vil Extrasengenes Betydning rettelig kunne vurderes. En Udmaaling af Stuernes kubiske Indhold burde derfor nödvendigviis have været udfört. Dersom Forfatteren vil anstille denne Udmaaling, vil han aabenbart faae et Resultat, der maa bestyrke ham i sin Anskuelse om Aarsagen til erysipelas, idet hver Patient ei engang har 1400—1600 Kubikfod Luft, saaledes som Prof. Fenger angiver for Frederiks Hospitals Patienter under Epidemien 1838—42; vi give ham derimod at betænke, om han troer, at alm. Hospitals chir. Afdeling 1838—42 havde at disponere over 14—1600 Kubikfod Luft for hver Patient; jeg mener nei; og dog var denne Afdeling i disse Aar aldeles forskaanet for erysipelas. Mod Forfatterens Paastand, at alm. Hospital dengang ikke var overfyldt, kan jeg, der ei har Adgang til de Kilder, hvoraf han kan öse, kun fremsætte en beskeden Tvivl.

Ved at sammenstille de af erysipelas angrebne Stuer med dem, der ei have været afficerede, gjör Forfatteren sig skyldig i en Feil, der ikke kan falde den i Öie, der ei kjender alm. Hospital. Han siger saaledes: at Overfyldning har frembragt Epidemien, gjöres i höi Grad sandsynligt ved, at der paa Stuerne Litr. TT, TTT, CC og C, der ei vare angrebne, ikke har været opreist Extrasenge i Vinter. Enhver, der kjender Littr. CC, vil strax indsee, hvor lidet den skal kunne hjælpe Forfatteren med Beviser; er Overfyldning Aarsagen, maa man snarere undre sig over, at ei alle Patienterne have faaet erysipelas; men der paa hele alm. Hospital findes nogen Sygestue saa overfyldt som Litt. CC? maaske kunne vi undtage Litr. DDD, der dog lettere kan faae frisk Luft paa ethvert Punkt i Værelset end Litr. CC. Bemærke vi endvidere, at alle de 7 Patienter, paa hvilke foretoges Excisioner, angrebes af erysipelas, at 6 af de övrige 11 Tilfælde vare traumatiske efter Læsioner, modtagne udenfor Hospitalet, medens Incisioner foretagne paa samme ei fremkaldte erysipelas, samt at saadanne Patienter, der altsaa synes at disponere, i Reglen ei henlægges paa nogen af de anförte 4 Stuer, synes det virkeligt at være mere tilfældigt, end Forfatteren antager, at ikke et eneste Tilfælde af erysipelas har viist sig paa disse Stuer.

Ogsaa ved Sammenstillingen af de enkelte, af erysipelas angrebne, Stuer, svækkes hans Beviisförelse. Han sammenstiller saaledes Litr. L og U. Disse Stuer have samme normale Patientantal, samme Antal Extrasenge, samme Antal Patienter angrebne af erysipelas, samme Qvadratindhold, men et meget forskjelligt Kubikindhold, da L ei er lidet höjere end U. Det samme gjelder, skjöndt i mindre Grad, om Litr. F og O Paa den förste forekom 5 Tilfælde af erysipelas, paa den sidste 1. Her synes Forfatteren at have Ret; men erindre vi, at disse Stuer have samme normale Patientantal, at F havde 2 á 3 Extrasenge, O Extrasenge, altsaa mindst 2, at Qvadratindholdet af disse Stuer er eens, hvorimod Kubikindholdet er forskjelligt, da F er höjere end O, troer jeg bestemt at kunne antage, at Patienterne paa F have flere Kubikfod Luft end paa O.

Ifölge Forfatterens tabellariske Oversigt finde vi 6 Tilfælde af erysipelas i April blandt 154 Patienter, medens Sengeantallet var 170, altsaa det största Antal Patienter med erysipelas paa en Tid, da det övrige Patientantal var ringere end i de foregaaende Maaneder, og Sengeantallet forholdsviis större. Sammenligne vi April, med det mindste Antal Senge, med Marts, med det störste Antal, nemlig 180, faae vi fölgende Forhold, 170 : 154 = 18[illegible] : 163, eller at Marts, med 173 Patienter, havde 10 Patienter flere end April, begges Sengeantal taget i Betragtning, og dog kun det halve Antal Tilfælde af erysipelas, nemlig kun 3. Forfatterens Forsög, Pag. 24, paa at imödegaae denne Indvending, forekommer mig kun lidet tilfredsstillende, saa meget mere som han, ligeledes Pag. 24, söger at svække Fengers Conclusion Nr. 2 ved et Beviis, der, ifölge hvad jeg har anfört, maa fælde ham selv.

Det Resultat, at erysipelas standsede, efterat den Stue, hvorpaa den især begyndte at blive hyppig, istandsattes o. s. v., kan maaske veie imod, men sikkert ei ophæve de Erfaringer, man i sin Tid gjorde paa Frederiks Hospits' om disse Midlers Utilstrækkelighed.

Naar endelig Forfatteren, Pag. 30, betvivler, at typhoid Feber nogensinde er seet holde sig ene til et Hospital, kan jeg vel ikke bestemt modsige ham, men skal dertil blot anföre, at, medens der i Sommeren 184[illegible] kun viste sig enkelte sporadiske Tilfælde af typhoid Feber paa Nörrebro, herskede den saa stærkt i et Hus der, at der til een Tid laae 9 Syge hjemme, medens flere fra dette Hus samtidig laae paa Byens Hospitaler.

Hvor kjært det vilde have været mig at underskrive den ærede Forfatters Mening om Aarsagen til erysipelas, mener jeg tydelig at udtrykke, naar jeg haaber, at det vil være ha[illegible]uligt at imödegaae mine Indvendinger. Dog vil dette [illegible]ppe kunne ske, med mindre han vil give os Sygestuernes specielle Historie, hvori deres respektive Ventilation vistnok bör værdiges nogen mere Opmærksomhed, saa meget mere som Forfatteren i sin Afhandling söger at besvare det Spörgsmaal bekræftende: er erysipelas en reen Nosocomialsygdom, der skylder Overfyldning i Forbindelse med en mangelfuld Ventilation sin Oprindelse. At en saadan Gaaen i Detaille kan være besværlig, indrömmer jeg vel; men Besværligheden ved Opfyldelsen retfærdiggjör ingenlunde Ikkeopfyldelsen.

Æther camphoratus anvendt ved Erysipelas.

(Gazette medic. 1847, Nr. 18).

Ved Behandlingen af Erysipelas hos smaa Börn anbefaler Trousseau en Fremgangsmaade, der har frembudt ligesaa gunstige Resultater, som den af ham selv nylig imod samme Sygdom lovpriste Salve af argentum nitricum, men med den Forskjel, at den ikke medförer de Inconvenienser, som undertiden ledsage det sidstnævnte Middel. Ligefra Begyndelsen og under Sygdommens hele Varighed bestryges de erysipelatöse Steder og et lidet Omfang udenfor disse ved Hjælp af en Charpipensel med en stærk Oplösning af Campher i Æther (almindeligviis 1 D. i 2 D), hvilket gjentages 5—6 Gange daglig. Ætheren fordamper hurtig og der bliver da et meget tyndt Lag af Campher tilbage paa Hudens Overflade.

Forlagt af C. A. Reitzel. Trykt hos Bianco Luno.

Den 21. August. 1847.

Ugeskrift for Læger.

2den Række VII. Nr. 10—11.

Redigeret af L. Brion og C. Hempel.

Nogle Grundtræk til Mandens og Qvindens comparative Psychologi.

(Af Rasmus Schmidt).

Ligesom Kundskab til Legemets pathologiske Tilstand har sin nödvendige Forudsætning i Læren om det sunde Legeme og det Liv, som rörer sig i dette, saaledes er det ogsaa med Hensyn til Sjælens Sygdomme af störste Vigtighed at kjende den normale Tilstand. Studiet af denne maa derfor ogsaa have Betydning for Lægen, og en Erkjendelse heraf synes at gjöre sig gjeldende i de fra lægevidenskabeligt Standpunkt forfattede Bearbeidelser af Sjælelæren, hvormed i den seneste Tid flere Forfattere ere fremtraadte. Men ligesom Legemet frembyder Modifikationer, som det er nödvendigt at kjende for at kunne sige, hvad der er pathologisk og hvad der ikke er det, saaledes forholder det sig paa lignende Maade med Sjælen, og navnligt viser der sig en dyb og gjennemgribende Modification som charakteristisk for 2 hele Klasser af Individer, der ogsaa i legemlig Henseende ere bestemt adskilte. Vi tænke her paa de Modifikationer, som ere begrundede i Kjönsforskjellen. Bestemmelsen af denne maa nemlig ikke söges i enkelte for hvert Kjön eiendommelige Organer; den maa tvertimod opfattes som et eget Præg, der er paatrykt den hele Organisme. En bestemt Adskillelse af den physiske og psychiske Natur er umulig; vi kunne ikke drage nogen fast Grændse mellem Sjælevirksomheden og den almindelige Livsvirksomhed, da Sjælen overhovedet ikke existerer udenfor Totaliteten af sin Livsvirksomhed, der igjen for en stor Del betinges af Legemet og dets Udvikling. För denne har naaet et vist Punkt kan Sjelen ikke siges at være til som saadan, skjöndt den som en Mulighed allerede maa tænkes opvakt i Spiren samtidigt med Opvækkelsen af det legemlige Livsprincip ved Befrugtningen. Ved Födselen gaaer Fosterets forhen vegetativ-animalske Liv over i et rent animalsk, men det höiere sjælelige Liv udvikler sig först successivt, eftersom hele Organismen skrider frem i Udvikling — ved Födselen og i den tidligste Barnealder er der end ikke Spor af dette. Sjælen gjennemgaaer altsaa en Udvikling, der er analog med den Legemet er underkastet, og at hiin Udvikling ikke blot er samtidig, men tildels betinget af den, see vi af flere pathologiske Forhold, idet vi f. Ex. hos Idioten öiensynligt finde den totale Mangel af Aand betinget ved mangelfuld legemlig Udvikling (Hjernen). Maaske vil man invende, at vi profanere Aanden og nedværdige Sjælen til et det legemlige ganske underordnet Princip; men dette er ikke Meningen. Vi fremhæve kun, at Sjælen ligesaalidt kan tænkes at bestaae uden Legeme, som Kraften uden Materie, og at Sjælen ligesom denne er nöie knyttet til og betinget af sit Substrat. — Men ved en opmærksom Betragtning finder man, at der i Sjælen skjelnes ligesom en dobbelt Sphære, en höiere nemlig, den vi ialmindelighed betegne som Aanden, og hvis Livsvirksomhed yttrer sig i

Fornuft, religiös Fölelse og fri Villie, og en lavere sandselig Sphære, der gjennem det Legemlige modtager Indtryk fra Omverdenen og reagerer mod disse*). Denne sidste, der ligesom hiin yttrer sig i Bevidsthed, Fölelse og Villie, men af en lavere, sandselig Natur, maa væsentligt tænkes at have sit Substrat i Nervesystemets Centralorgan, bliver altsaa i strængere Forstand afhængig af Legemet og forgaaer med dette; Aandens Substrat nödes vi derimod til at sætte i et os ubekjendt Noget, der synes at være ganske forskjelligt fra det i almindelig Forstand Legemlige — omtrent som vi tænke os Forholdet med Lys og Varme, hvis Substrat vi heller ikke formaae at fatte ved sandselig Beskuen**). Vi kunne derfor ogsaa forstaae, at Sjælen, skjöndt

---

*) F. W. Hagen: "Psychologi und Psychiatri," R. Wagners Handwörterbuch der Psysiologi, II. Denne Dobbelthed i den menneskelige Sjæls Enhed har forresten allerede Buffon erkjendt og fremhævet i sin "Discours sur la nature des animaux" (Histoire naturelle, IV, p. 69), hvor han siger: L'homme intérieur est double-composé de deux principes différents par leur nature, hvilke han derpaa nærmere charakteriserer som le principe spirituel og le principe animal. Dette bör saameget mere fremhæves som Buffons Fortjeneste, eftersom en af hans talentfuldeste Lovtalere, Flourens, i sin Histoire des travaux et des idees de Buffon (1844) heri troer at see et Punkt, hvor han trænger til at undskyldes for en mindre skarp Iagttagelse.

**) At dette skulde misforstaaes som Udtryk af en kras Materialisme er vel neppe at befrygte — Aandens Selvstændighed og Uafhængighed af Legemet er jo netop paa det bestemteste urgeret; derimod er det maaske ikke overflödigt, for at forebygge at Phrenologerne skulle tage sig disse Ord til Indtægt, forud at bemærke, at vi ikke antage, at de enkelte sjælelige Evner, der henhöre under det höiere Stadium af den sensuelle Sjælssphære, som vi strax nærmere skulle charakterisere, have hver sit specielle Sæde i Hjernen. Det er upaatvivleligt den store Hjernes Hemisphærer, som udgjöre Organet for dette Parti af Sjælelivet, men de enkelte herhen hörende Yttringer ere i deres Forskjellig-

opranden og udviklet med Legemet, kan bestaae efter dettes Oplösning; thi den Oplösning, som Döden förer med sig, træffer kun det i almindelig Forstand Legemlige — for Sjælens Vedkommende altsaa kun dennes lavere Sphære. Vilde ikke Fosteret, dersom det kunde reflektere over sin Tilstand, betragte Födselen som sin Individualitets Undergang? og virkelig sönderrives og tilintetgjöres de Organer, der vare vigtigst for det som Foster (Moderkagen og Æggehinderne), idet de betingede dets Forbindelse med Moderens Legeme, altsaa dets Ernæring og Liv; men midt i denne Ödelæggelse, der med Rette kan betegnes som Æggets Död, vedligeholdes en Rest af Organismen som Individets Substrat (Fechner). Af dette Forhold mellem Sjælens Udvikling og den legemlige Udvikling som Betingelse for hiin er det en Selvfölge, at Sjælen maa blive forskjelligt modificeret i Forhold til Legemets Modification — da nu det Legemlige hos Individerne af modsat Kjön er i höi Grad charakteristisk modificeret, og det ikke blot i Henseende til de egentlige Kjönsorganer men ligesaafuldt i hele det övrige legemlige Apparat, er det naturligt, at den sjælelige Sphære ikke kan blive uberört heraf. Vi finde da hos begge Kjön i den psychiske Sphære ligesom i den somatiske en tydelig Ulighed i Ligheden og omvendt en öiensynlig Lighed i Uligheden, hvilket aabenbart betegner det mandlige og qvindelige Princip som en blot Modifikation af

hed kun Resultatet af en forskjelligt modificiret Virksomhed af disse Hemisphærers Totalitet. Dersom særegne Dele af denne dannede Udgangspunkt for de særegne sjælelige Livsyttringer, maatte flere og flere af disse beröves Individet, efterhaanden som man borttog flere og flere Lag af Hemisphærernes Masse; men dette er ikke Tilfældet. Tvertimod slöves de alle uden at nogen enkelt udslukkes.

et og samme Væsen, men dog som en gjennemgribende og betydningsfuld Modifikation.

Anerkjende vi dette maa vi tillægge Kjönsbegrebet en höiere Betydning end den almindeligt gjængse. Det viser sig nemlig som en ikke blot i den somatiske men ogsaa i den psychiske Sphære udtalt typisk Forskjel i Individer af væsentligt samme Natur, beregnet paa en til höiere Formaal stræbende Vexelvirkning — og dette höiere Formaal er nu ikke den blotte Vedligeholdelse af Arten ved Forplantning, hvilket fornemmeligt kunde betegnes som Kjönslivets sandselige Sphære, men det er lige saa fuldt en gjensidig sjælelig Paavirkning, hvorved Individernes egen aandelige Udvikling fremmes, hvilket udgjör Kjönslivets aandelige Sphære. Dette vil blive mere klart i det fölgende, hvor vi skulle forsöge i nogle skizzerende Træk at fremstille Analogien mellem Mand og Qvinde indenfor Sjælelivets Grændser.

Vi have allerede sagt at der i den menneskelige Sjæl skjelnes en Dobbelthed, idet der öiensynligt maa gjöres Forskjel paa den lavere Sandsesphære og den höiere Aandssphære, som kun igjennem hiin og dens Substrat, Legemet, staaer i Vexelvirkning med Yderverdenen. I hver af disse Spærer finde vi en Erkjendelse, en Fölelse og en Villie, og med Hensyn til hver af disse Grundevner forholde Mand og Qvinde sig forskjelligt; men förend vi gaae over til Betragtningen af, hvorledes denne Forskjel udtaler sig, vil det ikke være af Veien nærmere at bestemme, hvorledes selve Grundevnerne maa opfattes saavel fra den sandselige som fra den aandelige Sphæres Synspunkt *).

---

*) Dette findes udviklet af F. W. Hagen (l. c.), af hvis Fremstilling vi med nogen Modifikation laane Grundtrækkene af de

Ved den sandselige Bevidsthed fatte vi de gjennem Legemet i Sjælen bevirkede Forandringer. Vi modtage udvendigt fra et Indtryk gjennem Sandserne og tilegne os dette, idet vi forme det efter visse immanente Love, hvorved den umiddelbare dunkle Fornemmelse fremtræder som en bestemt Forestilling. Det saaledes erhvervede Billede opbevares ved Erindringen og kan senere fremkaldes paany ved Opvækkelsen af Forestillinger af lignende Art, Forestillingsassociation. Herved kunne Forestillingerne fremtræde med meer eller mindre Liv, eftersom de tilsvarende Hjernebilleder reproduceres med meer eller mindre Klarhed, og, naar vi undertiden slet ikke kunne fatte Sammenhængen, hidrörer dette derfra, at enkelte Mellemled kun have været ligesom blotte Forestillingskiim, hvis tilsvarende Hjernebilleder paa Grund af den Hurtighed, hvormed Associationen skeer, ikke have faaet Tid til at udvikle sig. Evnen til at fremkalde saadanne Forestillinger med behörig Klarhed er Phantasi, der, saaledes som den fremtræder i denne Sphære af Sjælelivet, vel maa skjelnes fra den egentlige skabende Phantasi, idet den ikke som denne formaaer selvstændigt at frembringe nye Forestillinger. At denne hele Klasse af Bevidsthedsyttringer med Rette betegnes som en sandselig, af legemlige Tilstande og Bevægelser betinget, indlyser allerede af de Abnormiteter i Forestillingen, som fremtræde i visse Sygdomme og ved Indvirkningen af Spirituosa, især da de forskjellige Sygdomme f. Ex. Typhus, Delirium tremens og Phrenitis medföre specifikt forskjellige Delirier, ligesom ogsaa Rusen har en aldeles forskjellig Charakter, eftersom den frembringes ved Viin eller Öl eller Opium o. s. v.

---

indledende Bemærkninger, som vi forudskikke den comparative Betragtning.

Den sandselige Fölelse er en Stemning, som fremgaaer af de forskjellige physiske Tilstande, hvori vi befinde os, og som efter det forskjellige Indtryk, Sjælen modtager heraf, viser sig forskjelligt modificeret. Enhver veed, at f. Ex. Aandetrang fremkalder Ængstelse (der ikke maa forvexles med Frygt for en eller anden truende Fare), at Ischuri bevirker en overordenlig piinlig Fornemmelse, at generet Circulation i Portaaresystemet disponerer til Melancholi, at en rask og fri Circulation derimod stemmer Sindet til Munterhed, at Smerte föles ved de forskjellige Læsioner o. s. v.

Den sandselige Villie er den særegne psychiske Virksomhed, der svarer til èn hel Klasse af de ialmindelighed som uvilkaarlige betegnede Bevægelser, der ikke, som man hidtil har været vant til, uden videre tör slaaes sammen med de saakaldte Reflexionsbevægelser, hvilke have en rent physisk Grund (de fremkaldes jo endog i döde Legemers Muskler f. Ex. ved Galvanisme). Der gives nemlig Bevægelser, som hverken ere vilkaarlige (ɔ: resulterende alene af den höiere Villie) eller reflektoriske (ɔ: resulterende alene af en physisk Proces), men som udgaae fra Nervesystemets Centrum, i hvilket de synes at have deres egen Sphære (maaske i den lille Hjerne), hvor de styres af et eget "Bevægelsesprincip," der yttrer sig som en Trang til Virksomhed udad. Disse kræve ikke saaledes som Reflexbevægelserne nogen kraftigere Stimulation af de sensitive Nerver, de ere aldeles ikke spasmodiske, men ialmindelighed forbundne med Forestillinger og sandselig Fölelse og kunne standses eller ændres ved en ringe Villiesanstrængelse. Herhen hörer Gangen (naar vi först ere komne i Bevægelse), Aandedrættet, Somnambulismen, det mimiske Muskelspil, mechaniske Haandarbeider, som ere blevne til en Vane, f. Ex. Afskrivning o. s. v. At Principet for disse Bevægelser ikke tilhörer den höiere aandelige Sphære, see vi strax, da de kunne ske uden fjerneste Paavirkning af den höiere aandelige Villie; men at dette heller ikke er rent physisk, see vi deraf, at de kunne associeres med Forestillinger og sandselige Fölelser, thi kun det Ensartede kan associeres.

Foruden dette laveste Trin af Erkjendelse, Fölelse og Villie skjelne vi endnu i den sensuelle Sjælsphære et andet höiere Stadium, hvori det sjælelige Liv culminerer hos de höiere Dyr, medens det hos Mennesket kun danner Overgang til den ideelle Sphære, hvorfor vi ogsaa her mest passende kunne betragte det i sit Forhold til denne.

Allerede i den laveste Sphære forholde vi os analytisk og synthetisk, uden dette kunne vi ikke frembringe bestemte Hjernebilleder, uden dette var Forestillingsevnen overhovedet ikke tænkelig. Men denne synthetiske Virksomhed gjentages endnu paa et höiere Trin ved Forstanden, hvorved Sjælen gjennem Abstraktion vinder Begreber og drager Slutninger, og först efter at der saaledes er fældet Dom over det Sandsede (hvilket alt endnu gaaer for sig i Sjælens sensuelle, ogsaa Dyrene tilkommende Sphære), er det at den höieste aandelige Erkjendelse, Fornuften, træder til for at udfinde Causalforbindelsen mellem de ved flere enkelte Domme bestemte Forhold ved Hjælp af Bestemmelser, hentede fra selve det aandelige Liv, Ideen. Ved at combinere Forestillingerne efter lignende fra selve den aandelige Verden hentede Bestemmelser er det endelig, at Phantasien viser sig skaberisk. Paa det höiere Trin af sandselig Bevidsthed (den höiere dyriske Bevidsthed) fatte vi altsaa os selv i Modsætning til Verden, eller med andre

Ord vi blive os Verden bevidst (Verdensbevidsthed); ved den Mennesket egne aandelige Bevidsthed fatte vi derimod vor egen Sjælevirksomhed som saadan, vi reflectere over vore egne Tanker og Fölelser og blive saaledes os selv bevidst (Selvbevidsthed). — Den aandelige Fölelse maa vi fatte i Modsætning ikke blot til den allerede nævnte laveste sandselige Fölelse af legemligt Befindende, men ogsaa til den höiere dyriske (ligeledes den sensuelle Spære tilhörende) Fölelse af Tilfredshed eller Utilfredshed som Fölge af, at et Objekt tænkes harmonerende eller disharmonerende med vor Personlighed. Den höieste, den aandelige Fölelse opstaaer nemlig derved, at vi veie vore ydre og indre Tilstande paa Ideens Vægtskaal ɔ: i Forhold til Idealet. Herhen hörer den æsthetiske Fölelse af Velbehag eller Mishag, den intellektuelle Fölelse af Anerkjendelse eller Forkastelse (endnu uden bestemt Viden) og den moralske Fölelse af Villieskraft i sædelig Retning, hvilke alle forenes i den religiöse Fölelse. — Endelig finde vi, at Villien, der i sin laveste Form optræder som en blot Bevægelsestrang, paa et höiere Trin yttrer sig som Vilkaar eller dyrisk Villie, der da ifölge visse Fölelser (Affecter) fremtræder som en vis Stræben (Drift), hvoraf Handling resulterer. Men denne Villie gaaer dog stedse kun ud paa en sandselig Bevægelsesytring eller paa Fastholdelsen af Forestillinger og Fölelser for Bevidstheden; den höiere aandelige Villie, den fri Villie, gaaer derimod ud paa at regulere selve den höiere Sjælevirksomhed og træder först i Kraft paa Fornuftens og den aandelige Fölelses Bud. Men idet vi saaledes bestemt skjelne mellem den aandelige og den sandselige Sphære af Sjælen, maa vi dog erindre, at Aanden ikke tör betragtes ganske isoleret for sig — hele Mennesket med alle sine

Evner udgjör een Totalorganisme, og naar vi have sagt, at Aanden maa have sit eget, fra det almindelige Legemlige forskjellige Substrat, maa dette ikke forstaaes anderledes, end at denne Aandens Bærer jo ogsaa maa være et Noget, der har udviklet sig med Legemet og efter samme Love, som gjöre sig gjeldende i hele den övrige Organisme. Dette see vi allerede af den successive Optræden af höiere og höiere Sjæleevner i Forhold til Legemets fortsatte Udvikling, og forsaavidt maa vi sige: "Geist und Körper sind nur gedachte Unterschiede" *).

De Grundkræfter, vi i det foregaaende have fremstillet som tilhörende den sandselige Sjælssphære, træde hos de forskjellige Individer i forskjellige, men bestemte Vexelforhold til hinanden, saaledes at derved fremkomme eiendommelige Combinationer af Forestillinger, Affecter og Drifter. Dette Individet medfödte Grundforhold er det, som vi kalde Temperament, og heraf skjelnes navnligt 4 Hovedformer. Hvor en Tanke meget let opvækker Fölelsen og denne ligesaa let en Stræben, hersker det sangvinske Temperament; sker derimod denne Opvækkelse af Affect og Drift med en vis Langsomhed og Træghed, optræder det phlegmatiske Temperament; hvor Tanken vanskeligt opvækker Fölelsen, den engang vakte Fölelse derimod med Lethed fremkalder Drift, have vi det choleriske, og hvor Fölelsen omvendt vækkes let men selv vanskeligt bevirker en Stræben, det melancholske Temperament (hvorved kun betegnes en Hensynken i sine egne Fölelser, uden at dermed maa forbindes Tanken om Mismod, idet mindste ikke som nödvendig Fölge). Uagtet dette Temperament

*) Feuchtersleben: "Lehrbuch der ärtzlichen Seelenkunde," 1845.

staaer i et nöie Forhold til det physiske Liv og öiensynligt betinges deraf, maa vi dog bestemt skjelne det fra den blot legemlige Grundcharakter, der ofte betegnes som et "legemligt Temperament," hvilket da efter de forskjellige Systemers Overvægt gestalter sig som sangvinsk (almindeligt hos Manden) eller som lymphatisk eller nervöst (almindeligt hos Qvinden). Dette er i Virkeligheden ikke andet end hvad vi meget bedre betegne som den legemlige Constitution. I den höiere aandelige Sphære træffe vi lignende Individualitetsforskjelligheder, der kunne betegnes som Gemyt, hvorved vi da forstaae den for Individet eiendommelige Modifikation af Tænkemaade, Fölelse og Villiestendens i deres indre organiske Forbindelse med hinanden.

For at give et fuldstændigt Billede af Kjönscharakteren, som den fremtræder paa dette psychiske Gebet, burde vi nu vistnok forfölge den sjælelige Udvikling og paavise Kjönsforskjellen i de forskjellige Livsperioder, men dette vilde overskride de Grændser, inden hvilke vi ere nödte til at holde disse Betragtninger. Vi skulle derfor nöies med at give Grundtrækkene af Charakteren for hvert Kjön i den modne Alder, og det saameget mere som herved implicite ogsaa det, der væsentligt charakteriserer de andre Aldere, er givet. Kun maa vi tilföie den Bemærkning her, at Pigen gjennemlöber de forskjellige Udviklingsstadier hurtigere end Drengen i sjælelig Henseende ligesaavel som i legemlig. Pigebarnet viser sig saaledes langt tidligere opvakt end Drengebarnet, hun yttrer tidligere Opmærksomhed for ydre Gjenstande, smiler tidligere og lærer endelig ogsaa tidligere at tale, og saaledes vedbliver det gjennem hele Barnealderen, indtil hun endelig ved Pubertetens Indtræden forholdsviis er ligesaa sjælelig moden som

Manden viser sig paa dette Punkt, uagtet det indtræder langt tidligere for hende.

Hos den voxne Qvinde ere de egentlige Sandseorganer mindre fuldkomment udviklede end hos Manden, og som en Fölge heraf er selve Sandsningen mindre skarp, men Receptiviteten for ydre Indtryk er tillige mere levende, og heraf maa det forklares, at Qvinden viser sig mere aaben for ethvert Indtryk og overhovedet bemærker Alt lettere end Manden. Nogen væsentlig Forskjel er der imidlerlid ikke. De Fornemmelser Qvinden modtager gjennem Sandserne, ere ligesom ogsaa de Love, hvorefter hun former dem til bestemte Forestillinger, ganske de samme som hos Manden. Associationen af Forestillinger og Ideer viser sig derimod charakteristisk modificeret, Noget som dog lettere observeres end beskrives. Den synes at gaae for sig med en vis Flygtighed, hvorved der ofte betinges Overgange, som det kan falde Manden vanskeligt at fatte. Derved fremkommer den Lethed i Ideernes Vexel og de Spring i Tankegangen, som i saa mange Tilfælde gjöre Qvinden piquant. I det Hele er hendes Forestillingsmaade mere billedlig og hendes Begreber staae i en lettere og mere sandselig indbyrdes Sammenhæng. Men netop derfor ere de paa den anden Side ikke saa skarpt sondrede og bestemt udprægede, som de fremstaae ved Mandens strængere Abstraction. Manden fatter altsaa tydeligere Begreber, men viser mindre Lethed i at sammenknytte dem; hans Dom udmærker sig derfor ogsaa mere ved stræng Rigtighed og logisk Bestemthed, medens Qvinden fælder sin Dom med större Hurtighed, men mindre Sikkerhed. Ved den praktiske Indgriben i Yderverdenens Forhold faaer Mandens hele sjælelige Liv en Retning udad, og han erhverver sig en praktisk Dygtighed, der fornemmeligt lægger sig for Dagen i Skarpsindighed; Qvinden har derimod en mere indskrænket Virkekreds, og Forholdene nöde hende saa ofte til at betvinge sig selv, at hendes sjælelige Liv derved nödvendigt styres i Retningen indad. Herved udvikles da særdeles den hende eiendommelige Snildhed (de Franskes "Finesse"), der i det daglige Liv yttrer sig som en fiin Sands for altid paa en god Maade at hjælpe sig ud af Affairerne, men som ogsaa let hos den mindre ædle Qvinde antager Charakteren af List og Snedighed, hvilken dog paa ingen Maade maa confunderes med hiin Evne, der charakteriserer Qvinden som saadan, altsaa saaledes som hun viser sig blottet for alle tilfældige Skröbeligheder (ved Betragtningen af det Somatiske abstrahere vi jo ogsaa fra de Puklede og Skjæve). At Fornuften er overveiende hos Manden, bemærke vi med Lethed — det er bekjendt nok, at Spekulation og overhovedet al höiere Philosophi ikke tiltaler Qvinden eller fattes af hende. I Tankens höiere Regioner staaer hun stedse tilbage eller forholder sig ialtfald kun receptiv, idet hun i det höieste tilegner sig, hvad Mandens Spontaneitet har frembragt, Inventionen. Denne Modsætning af Receptivitet som Qvindens, Spontaneitet som Mandens Særkjende gjör sig endelig ogsaa gjeldende med Hensyn til Phantasien. Den höiere, egentlig skaberiske Phantasi er fremherskende hos Manden og findes næsten aldrig udviklet hos Qvinden, hvilket tydeligt nok giver sig tilkjende i det charakteristiske Præg, som Qvindens Værker næsten altid bære tilskue, hvor hun forsöger sig i Kunsten, der forudsætter indre Plastik, eller i Videnskaben, der kræver varig Fastholden af Tanker og Forestillinger. Derimod har den sandselige, blot reproductive Phantasi stor Magt i Qvinden — Billederne fremkaldes med et Liv og en Hurtighed og forbindes med en Lethed, som giver det en egen Interesse at forfölge en dannet og aandrig Qvindes Tanke. Men ligesom Forestillingernes Association saaledes er ogsaa Hjernebilledernes Reproduction kun et flygtigt Spil; de paany fremkaldte Billeder have ikke den Varighed, som hos Manden, og Phantasien taber saaledes i Styrke (Udholdenhed) hvad den vinder i Liv.

Falder Sammenligningen saaledes paa Erkjendelsens Gebet ud til Mandens Fordel, saa faaer Qvinden igjen Overvægten paa Fölelsens Gebet, hvor hun finder en rigelig Erstatning; men ligesom det navnligt var i Bevidsthedens höiere, aandelige Sphære (Fornuft og skaberisk Phantasi), at Qvinden havde sin störste Svaghed, saaledes er det her navnligt i Fölelsens höiere, aandelige Sphære, at hun har sin Styrke. Den lavere sandselige Fölelse afhænger for meget af tilfældige legemlige Forhold til at den skulde kunne frembyde nogen for det enkelte Kjön særegen Modifikation, det skulde da være den, at der overhovedet hos Qvinden findes en forhöiet Sensibilitet, som i Forbindelse med den stærkere Reflexirritabilitet for en Del betinger de mangfoldige saakaldte hysteriske Tilfælde, hvilke ialmindelighed uden videre Kritik sættes i Causalforbindelse med Uterus. Med Hensyn til Affecterne har Manden endnu Fortrinet; hos Qvinden vækkes de rigtignok lettere, men hos Manden ere de stærkere og varigere. Charakteristisk hos Qvinden er en særegen Lethed i Overgangen fra een Fölelse til en anden, ofte ganske modsat, Lune, "Caprice" (hvorfra man dog her absolut maa sondre den odiöse Bibetydning af noget meer eller mindre Ondskabsfuldt, som den daglige Talebrug lægger ind i disse Ord). Til Exempel kan det tjene, at man ikke sjeldent kan see Latter og Graad vexle med hinanden endog flere Gange næsten i umiddelbar Fölge. I den höiere Fölelse er det derimod, at Qvinden har sin Rigdom. Hun lægger her en Styrke, en Fiinhed og en Udholdenhed for Dagen, som aldrig findes hos Manden. Intet overgaaer en Hustrus eller en Moders Kjærlighed. I denne Fölelsens Dybde og Inderlighed har Qvinden umiddelbart alt det samme, som Manden först erhverver sig gjennem Spekulationen. Vel har hun ikke som Manden den bestemte Viden, men i den intellectuelle Fölelse har hun en umiddelbar Overbeviisning, som opveier den, og paa samme Maade forholder det sig med den æsthetiske og moralske Fölelse, hvori ligeledes det, som Manden först maa tilkæmpe sig med Fornuftens Anstrængelse, er hende givet umiddelbart. Denne Umiddelbarhed er det, som Qvinden skylder sin sunde og let opvakte Sands for det Smukke og Rigtige, hvorved hun saa hurtig lader sig paavirke deraf og hylder det uden at kunne gjöre sig selv eller andre Regnskab hvorfor, medens Manden almindeligt först pröver og dömmer. Hvad den ene (Manden) saaledes vinder i Klarhed og Bestemhed, det erstattes hos den anden (Qvinden) i Friskhed og Fylde.

Hvad nu endelig Villien angaaer, da er dette et Punkt, hvori man ialmindelighed gjör Qvinden stor Uret, idet man beskylder hende for at være svagere end Manden. Dette er ingenlunde Tilfældet, men Sagen er, at Villien hos hende underkastes en eiendommelig Modifikation, hvorved den rigtignok bliver mindre iöinefaldende, men derfor ikke mindre stærk. Det er her ligeledes i den höiere Aandssphære, at vi maa söge det Særegne; i den sensuelle Sjælssphære opdage vi ligesom ved Bevidsthed og Fölelse kun de Forskjelligheder mellem begge Kjön, som allerede ere begrundede i de forskjellige somatiske Forhold. Det immanente psychiske Bevægelsesprincip er ganske ens hos begge Kjön, og ligesom vi fandt, at Affecterne vare heftigere hos Manden, lettere opvakte derimod hos Qvinden, saaledes finde vi at det samme er Tilfældet med de dertil svarende Drifter. Som ret betegnende maa vi dog fremhæve den eiendommelige Maade, hvorpaa Kjönsdriften yttrer sig. Medens denne hos Manden næsten stedse fremtræder som en med meer eller mindre stærk legemlig Excitation forbunden Attraa, der med Bevidsthed söger sit Maal, yttrer den sig hos Qvinden kun i de sjeldnere Tilfælde (naar selve Copulationsöieblikkene undtages) paa denne Maade, idetmindste ikke hos den sædelige og dannede Qvinde, hvorimod den her ialmindelighed fremtræder ligesom tilslöret i Form af Sentimentalitet, uden at Qvinden selv veed hvad det egentlig er, som bevæger hende — det er (hos Pigen idet mindste) ligesom en dunkel Anelse, der rörer sig i hende, men den vaagner ikke til Bevidsthed. Den legemlige Excitation, som ledsager denne psychiske Rörelse, er i Forhold hertil langtfra ikke saa heftig som hos Manden. — Den höiere aandelige Villie yttrer sig hos Manden i Virkekraft: han fatter en dristig Beslutning, udtaler den bestemt og forfölger den conseqvent. Hos Qvinden savne vi denne Bestemthed og strænge Conseqvens og kalde hende derfor svagere. Dog er det en bekjendt Sag, at Manden staaer langt tilbage for Qvinden i Ulykken, hvor det kommer an paa at vise Udholdenhed i at lide og Underkastelse (Resignation); men dertil kræves ikke mindre Styrke end til at ville en dristig Handling. Ligeledes finde vi, at Qvinden viser en overordenlig Kraft i den Hengivelse, hvormed hun lader sit hele Væsen ligesom gaae op i og fortabe sig i en Andens. Dette kunde nu vel synes netop at være Svaghed, men i Virkeligheden hörer der mere Styrke til at hengive sig selv end til at modtage. Den væsentlige Forskjel mellem den Form, hvorunder Villien gjör sig gjældende hos Manden og hos Qvinden, maa söges deri, at den hos Manden træder i Kraft fornemmeligt ifölge Fornuftens strænge Bud og altsaa navnligt staaer i Ideens Tjeneste, hos Qvinden derimod paavirkes den mere umiddelbart af den dybe aandelige Fölelse.

Det viser sig saaledes, at Qvinden overalt har sin Kraft i Fölelseslivet, Manden derimod i Bevidsthedslivet, og det er denne samme Modsætning, som gjör sig gjældende i den individuelle Combination af Aandsevnerne, hvilken vi have betegnet som Gemyt. Man vil erindre, at vi herved forstaae det eiendommelige Grundpræg, som betegner Individets hele aandelige Optræden. Betragte vi nu dette, finde vi hos Manden fremherskende Sands for Virken i en videre Kreds og ærgjerrig Stræben, hvorved han ofte kommer til at vise sig haard og ensidig; hos Qvinden derimod yttrer sig en ganske egen Sands for stille og huslig Virken, hendes hele Optræden er mere bramfri, hun er böielig og blöd og hendes Sindslethed danner en Contrast mod Mandens Alvor — saaledes viser da Manden sig overalt hvor han fremtræder i Verden, i Ideens, Qvinden derimod i Kjærlighedens Tjeneste. Udtrykket af de lavere sensuelle Sjælsevners individuelle Combination, Temperamentet, er naturligviis ogsaa forskjelligt, og denne Forskjel ligger allerede i det vi have sagt om hine Evner. Hos Qvinden er Temperamentet næsten altid sangvinsk, thi Affecter og Drifter vækkes let, men de holde ikke længe ved; hos Manden derimod er det ialmindelighed cholerisk, idet Fölelsen vækkes med mindre Lethed, men, naar den er vakt, driver den let til Handling. Mindre almindelig, men dog ligeledes oftere hos Manden, forekommer det phlegmatiske Temperament, hvor der viser sig stor Træghed i Opvækkelse baade af Affect og Drift, eller det melancholske, hvor Fölelsen vækkes med större Lethed, men ikke ægger til Virksomhed udad.

At den Kjönscharakter, vi her have skildret, er mange Modifikationer og Afvigelser underkastet under sin Fremtræden i Mangfoldigheden af Individer, er naturligt. Ved excessiv Fremtræden af forskjellige Affecter og Drifter, der endog kunne stige til sande Lidenskaber, ved den omtalte qvindelige Snildheds Overgang i Snedighed og ved forskjellige moralske eller andre Skröbeligheder, som kunne træde til, bliver Qvindens Charakter ofte mindre reen, og Mandens finde vi ligesaa hyppigt forandret i Analogi hermed. Selv i denne Forvandskning kan vistnok et for hvert Kjön eiendommeligt Præg efterspores, men at gaae ind paa dette Gebeet vilde före os for vidt. Andre Afvigelser, der staae paa Overgangen til det Pathologiske, finde vi undertiden, hvorved der da ialmindelighed vil kunne paavises om just ikke en Sygdom, saa dog en tilsvarende Abnormitet i det Legemlige. Hertil maae de Tilfælde henregnes, hvor der findes en afgjort mandlig Charakter hos qvindelige Individer eller omvendt. Denne Tvetydighed i psychisk Henseende fremtræder især hos de saakaldte Viragines og de til disse svarende Mares foeminei — men stedse finde vi, at Abnormiteten her ligesom i de egentlige Sjælssygdomme, har sin Rod i den sensuelle Sphære (F. W. Hagen, Feuchtersleben), saa at den yttrer sig i Forestillingsmaaden, Affecter og Drifter, altsaa mere i Temperamentet end i Gemyttet (naar vi tage dette Ord i den Betydning, som vi ovenfor have vindiceret det).

At forfölge de egentlige pathologiske Forskjelligheder i Sjælssphæren hos Mand og Qvinde vilde være af höieste Interesse og er navnligt det, som maa ligge Lægen paa Hjerte. Imidlertid har Hensigten med disse Linier kun været at antyde den Grundvold, hvorpaa en saadan Betragtning maatte bygges — dette vigtige Afsnit ville vi derfor opsætte til vi ved en anden Leilidhed kunne optage Traaden.

Perforation af et hydrocephalisk Foster, foretagen i den kongl. Födselstiftelse

af Dr. med. Saxtorph.

Patienten Nr. 158, ugift, 29 Aar gammel, förste Gang svanger, indkom i Stiftelsen den 21de Juni d. A. Angaaende hendes tidligere Sundhedstilstand, da har hun, saavidt hun erindrer, i Ungdommen ikke lidt af noget betydeligere Sygdomstilfælde; fra sit 16 Aar har hun været regelmæssig menstrueret, indtil i October forg. Aar, da det Maanedlige sidste Gang viste sig. For omtrent 9 Aar siden laae hun i 14 Uger i Frederiks Hospital angreben af en Typhusfeber, og efter den Tid har hun aldrig ret haft sit Helbred; hun har lidt af forskjellige Brysttilfælde, kort tör Hoste, Kortaandethed og Hjertebanken, uden dog derfor at have holdt Sengen i længere Tid. I October forg. Aar antager hun at være bleven svanger; i de to förste Maaneder af Svangerskabet bemærkede hun aldeles ingen Forandring i hendes sædvanlige Helbredstilstand, men efter Nytaar led hun af bestandig Ildebefindende, hvorfor hun, i Begyndelsen af Januar, sögte Hjælp i almindelig Hospital, hvor hun laa i omtrent 2½ Maaned. Derefter udgik hun, men indkom omtrent 14 Dage efter atter sammesteds, og forblev der indtil hun den 21de Juni derfra sendtes her til Stiftelsen. Hun klagede i al denne

Tid fornemlig over vage Smerter i Brystet og Underlivet, forbunden med kort, tör, krampeagtig Hoste, Mathed, Afmagring, cachectisk Udseende og Sövnlöshed. De objektive Svangerskabssymptomer, fornemlig de man skulde have ved den udvendige Undersögelse og Sthethoscopet, vare bestandig meget tvivlsomme. Underlivet tiltog vel i Udvidning, men ikke paa nogen regelmæssig Maade; det var usædvanlig haardt, og i Löbet af de sidste to Maaneder, dannede der sig hurtigt en meget fremstaaende haard Svulst, oppe i det höire Hypochondrium. Fosterbevægelser fölte hun under hele Svangerskabet ikke mindste Spor til; Fosterets Hjerteslag hörtes i Reglen ikke, kun engang formodede man, at have hört det, men kun meget svagt og utydeligt. Natten til den 11te Juli begyndte hun at faae Veer i almindelig Hospital, og Undersögelsen viste da, at Födslen var begyndt, og at rimelig en anden Del end Hovedet vilde byde sig for.

Ved Ankomsten til Stiftelsen fandt jeg ved Undersögelsen Modermunden temmelig tyk, endnu knap tilgjængelig for Fingeren; indenfor den naaede jeg gjennem de slappe Hinder en större Fosterdel, uden at kunne bestemme hvilken; den haarde og blöde Födselsvei fremböd iövrigt intet abnormt. Ved den udvendige Undersögelse fandt jeg Underlivets Form, som ovenfor beskrevet, uregelmæssig, fornemlig fremstaaende i höire Hypochondrium, som var meget ömt ved Tryk; Livmoderen var slap, dens Form og Omfang lod sig ikke tydelig begrændse, men de tydede dog i det hele paa et Længdeleie af Fosteret. Fosterets Hjerteslag hörte jeg, vel noget svagt, i höire Side, stærkest i Nærheden af Navlen.

Först Natten mellem den 22de og 23de indfandt Veerne sig atter og tiltoge temmelig hen ad Morgenen. Jeg undersögte hende den 23de Kl. 6 Morgen, og fandt: Modermunden som en Daler, Vandet stod, Sædet forliggende höit i Bækkenets Indgang. Veerne tiltoge stadig og regelmæssig, inden Kl. 7 var Modermunden udslettet, hvorefter Vandet afgik og Sædet traadte ind igjennem Bækkenets överste Aabning, saaledes at Rygfladen laa til höire og lidt fortil. Det trængtes bestandig dybere ned, saaat det Kl. 8 næsten var kommet ned til Bunden af Bækkenet, uden dog endnu at udspile Mellemkjödet, som imidlertid var bleven meget blödt og godt præpareret. Fra den Tid af forandredes Veernes Charakter kjendelig, de bleve mere korte og afbrudte, og meget mere smertelige for den Födende;

naar Veen begyndte, udstödte hun et Par meget gjennemtrængende Skrig, men derpaa taug hun pludselig stille, som om al Smerte var forbi. Ogsaa bleve disse Veer nu langt mindre virksomme, de bragte næsten slet ikke Sædet længere frem, saaat dette, efter to Timers Forlöb, kun var avanceret meget lidt. Hendes Almeenbefindende var endnu aldeles ikke afficeret; Puls, Aandedræt og Ansigtsudtryk naturlige og rolige. Fosterets Hjerteslag hörtes endnu, dog noget hurtigere og svagere. Da Veerne bestandig vedbleve og dog syntes at virke noget, da det var tydeligt af det forliggende Sædes Omfang, at Fosteret ikke kunne være meget stort, og da Mellemkjödet var saa blödt og eftergivende, at dette ingen synderlig Modstand kunne gjöre, overlod jeg endnu til Kl. 12 Middag alt til Naturen, og anvendte blot varme, oleöse, narkotiske Indgnidninger af Underlivet, for at modvirke den spasmodiske Form, som Veerne forekom mig at antage. Men efter denne Tid fandt jeg endnu alt uforandret, Sædet var ikke avanceret det mindste, det trak sig endogsaa noget tilbage saasnart Veen hörte op, uden at denne Tilbagevigen kunne være en Fölge af Mellemkjödets Elasticitet, da dette endnu saagodtsom slet ikke udspændtes under Veen. Jeg begyndte nu at frygte, at mulig en Feil i Bækkenets Indgang i Forbindelse med en mindre fordelagtig Stilling af Hovedet, kunne hindre dette i at trænge ind, og jeg bestemte mig netop til at hjælpe den bagtil liggende Hofte frem over Mellemkjödet, saameget mere som Fosterets Hjerteslag vare blevne kjendelig svagere, da pludselig, under en meget kraftig og vedholdende Vee, Sædet trængte frem af Födselsdelene. Underextremiteterne laae udstrakte op af Underlivet og imellem disse, den meget svagt pulserende Navlesnor. Jeg lod nu en af Candidaterne begynde Extractionen, som uagtet Kroppen kun var lille, bestandig blev vanskeligere og vanskeligere, saaat der udfordredes meget kraftige og vedholdende Trækninger for at bringe Kroppen saa langt frem, at man kunne forsöge at lösne Armene. Den Arm, som laae ned mod Mellemkjödet, gjorde temmelig megen Modstand, fornemlig fordi Skulderen ikke lod sig bringe synderlig frem af Födselsdelene; den anden var endnu vanskeligere, og först efter gjentagne Forsög lykkedes det mig at bringe den ned bagved det venstre Skambeen; men selv efterat begge Armene vare lösnede, var det umuligt at fjerne Skuldrene synderligt fra Födselsdelene. Jeg ventede derfor vel at Hovedet maatte ligge meget höit, men ahnede endnu ikke, hvor megen Vanskelighed det skulde gjöre mig.

Jeg indbragte den höire Haand langs Fosterets Bryst og Hals, og kunde netop naae til Hagen, som jeg fandt aldeles fjernet fra Brystet, höit oppe i Bækkenets Indgang, vendede lige til Konens venstre Side. Da jeg kun med Spidsen af min Langfinger kunde naae over Randen at Undermaxillen, og altsaa ikke virke med nogen Kraft til at forbedre Hovedets ufordelagtige Leie, gik jeg ind med min venstre Haand, fra den modsatte Side under Fosterets opløftede Krop, og paa denne Maade lykkedes det mig at faae to Fingre ind i Munden og dog have Haanden og Armen i en saadan Stilling, at jeg med Kraft kunde trække paa Undermaxillen, forat bevæge denne nedad og bagtil, medens jeg understöttede denne Bevægelse ved en tilsvarende Dreining af den udhængende Krop; men det hele jeg derved udrettede var, at Hagen kom lidt mere bagtil, og Munden af Barnet blev noget lettere at naae, dog laa dette mere i at Underkjæben ved de kraftige Trækninger efterhaanden bragtes længere ned, end deri at Hovedet selv virkelig fulgte med. Gjentagne Gange forsögte jeg og Overjordemoderen paa denne Maade at bringe Hovedet frem, men vi overbevistes snart om, at det stod urokkeligt for Hændernes Kraft; Aarsagen hertil kunde jeg kun söge i en mulig Forsnevring i Bækkenets Indgang, i Forbindelse med en ugunstig Stilling af Hovedet; thi Barnets temmelig lille Krop og den ringe Störrelse af den Del af dets Ansigt, som jeg kunde naae, bragte mig fra at tænke paa et monströs stort Hoved.

Jeg forsögte nu at anlægge Tangen, men intetsteds hverken i Sidedelene eller bagtil i Krydsbenet, var det mig muligt at faae Tangarmene saaledes anlagte, at de lode sig forene; jeg gjentog disse Forsög flere Gange, med Tænger af forskjellig Störrelse og Bækkenkrumning, men med lige lidet Held; det var som om Hovedet aldeles tillukkede hele Indgangen i Bækkenet, intetsteds fandt jeg mindste Plads til at slippe imellem disse.

Da disse Forlösningsforsög havde medtaget omtrent tre Qvarteer, og Barnets Liv altsaa for længe siden var tabt, lod jeg den Födende ligge rolig omtrent en halv Time; hendes Almeenbefindende var dog endnu ikke synderlig afficeret, og hun taalte meget godt Indbringelsen af Haand og Instrumenter over Mellemkjödet, som heldigviis var meget blödt og slap.

Der var nu intet andet for mig tilbage end Anvendelsen af skarpe Instrumenter, og da jeg antog, at det fornemmelig kom an paa at bringe Hovedet til at træde ind i en mere fordelagtig Stilling, nemlig ved at bringe Hagen ned mod Brystet, besluttede jeg först at forsöge at anlægge en skarp Hage udvendig paa Ansigtet, om mulig i en af Öienhulerne eller Overmaxillen, for ved Hjælp af denne at bringe Forhovedet ned i Bækkenet. Jeg indbragte derfor min höire Haand og sögte at naae op forbi Overmaxillen til Barnets Ansigt, for paa denne at indbringe og anlægge Hagen, men ogsaa her fandt jeg Ansigtet overalt saa tæt ind imod Bækkenet, at jeg intetsteds kunde faae mine Fingre og endnu mindre den skarpe Hage op imellem disse; jeg gik mere bagtil i venstre udhulede Hjörne men heller ikke her kunde jeg faae Hagen op; endelig forsögte jeg i den höire Bækkenhalvdel at anlægge den et eller andet Sted i Fosterets Baghoved, men overalt forgjæves.

Jeg maatte altsaa nu bestemme mig til at gjöre Perforation, uagtet jeg vel indsaae, at Omstændighederne her vare i höi Grad ugunstige og maatte gjöre denne Operation temmelig vanskelig. For det förste generedes jeg i höi Grad af Fosterets Legeme, hvis Skuldre, som sagt laa tæt ind imod Födselsdelene, en naturlig Fölge af Hovedets höie Leie i Bækkenet; jeg var derfor meget fristet til at skaffe mig denne Hindring afveien ved at overklippe Fosterets Hals, hvad jeg havde kunnet gjöre med störste Lethed, og hvorved jeg vilde have vundet meget med Hensyn til at kunne komme med Lethed ind til Hovedet med Haand og Instrumenter · men paa den anden Side maatte jeg frygte, at Hovedet, naar jeg skilte det fra Kroppen, vilde ligge saa bevægeligt paa Bækkenets Indgang, at det ikke vilde give den nödvendige Resistence imod en Perforation af dets Basis cranii.

Denne Del af Barnehovedet er, som bekjendt, den vanskeligste at perforere, da de almindelige saxformige Instrumenter kun vanskelig kunne trænge igjennem de faste Been, og endnu vanskeligere dilatere Aabningen i dem tilstrækkelig; det har derfor ogsaa været dette Sted, hvor Trepanperforatoriets Forsvarere have anpriist dette som fortrinligt, da det uden Vanskelighed skjærer alt igjennem, og strax skaffer en tilstrækkelig Aabning; jeg tænkte ogsaa paa at bruge dette Instrument, men jeg overbeviste mig snart om at dets Anvendelse, netop i dette Tilfælde var aldeles umulig, da der intetsteds var Plads til at komme ind med det og anbringe det paa den Del af Hovedet, som jeg maatte söge at aabne, nemlig Nakken eller Sidedelene henimod Örene, uden at sætte Konens Födselsdele i störste Fare, med mindre jeg först vilde decapitere Fosteret, hvortil jeg af ovennævnte Grund, ikke vilde bestemme mig.

For at lette mig Adgangen til Fosterets Nakke, som laa til höire i Bækkenet, fattede jeg Kroppen med begge Hænder om Hals og Skuldre og trak den saa stærk som mulig over imod venstre Side; efterat have gjentaget dette flere Gange, lykkedes det mig at bringe saa meget af Nakken frem over den höire Bækkenrand, at jeg, ved at lade den venstre Haands Fingre glide langs op af Fosterets Rygflade, kunne sætte disse imod det nederste af Os occipitis, og noget mere bagtil naae Process. mastoideus af det venstre os temporum, og dog have saamegen Plads imellem Volarfladen af Haanden og Fosteret, at jeg mulig kunne bringe et saxformig Perforatorium ind til Hovedet, og med dette trænge igjennem Brusken imellem pars mammillaris oss. temporum og os occipitis. Jeg valgte Nægeles Perforatorium, som fornemlig i dette Tilfælde, hvor jeg kunde forudsee, at Dilatationen af Perforationsaabningen i de faste Been vilde möde megen Modstand, har ubetinget væsenlige Fortrin for Smellies, da det dilaterer ved Sammenklemning af Brancherne, hvortil man med den Haand, som indbringer Instrumentet, har langt mere Kraft, end til at aabne den smellieske Sax, saa at man kan lade den anden Haand blive inde i Genitalia, og gardere disse under Dilatationen.

Efter altsaa at have fixeret Enderne af den venstre Haands Langfinger og Ringfinger imod det angivne Sted af Basis cranii, förte jeg Perforatoriet ind langs med disse, og efter et Par Rotationer fölte jeg det stod fast i Benet; at trykke det igjennem, lod sig kun gjöre under fortsatte Rotationsbevægelser, indtil det var trængt ind til Modstopperne; jeg aabnede nu Böilen imellem Brancherne og dilaterede, idet jeg med höire Haand klemmede dem tæt sammen. I samme Öieblik udströmmede en stor Mængde lysegult, vandagtig Fluidum ud af Genitalia, hvoraf jeg opsamlede omtrent en Pot. Efterat dette var ophört, tog jeg Perforatoriet ud, indbragte atter min höire Haand til Ansigtet og udviklede nu Hovedet saagodt som uden Modstand over Mellemkjödet. Omtrent Kl. 1 Middag var Patienten forlöst. Hun befandt sig strax efter taalelig vel, Pulsen 96; hun klagede kun over nogen Törst, og sviende Smerte i Födselsdelene, der dog ikke havde lidt meget, navnligt havde Mellemkjödet kun omtrent ½ Tommes Rift. Livmoderen kuglede sig strax, men holdt sig temmelig höi, der gik aldeles intet Blod fra Födselsdelene. I samme Tilstand laa hun de följgende 3 Timer, uden mindste Tegn til Efterveer eller Lösning af Moderkagen. Kl. 4 Eftermiddag fik hun derfor Secale grx. hver ¼ Time; efter 4 Doser, fornemlig efter de förste, syntes det vel som om hun fik stærkere Smerter, men senere tabte disse sig atter aldeles. Livmoderen holdt sig uforandret höi og fast kuglet, Moderkagen var ikke til at naae indenfor Modermunden. Jeg ventede endnu til Kl. 6 Eftermiddag, og da Tilstanden endnu var uforandret anvendte jeg Injection af Moderkagen med koldt Vand gjennem Navlestrængens Blodaare. Efterat jeg havde indspröitet 20 ℥ Vand i denne, klagede hun over kjendelig Kuldefornemmelse inde i Underlivet, Livmoderen kuglede sig fastere og sank dybere ned, hun fik saa stærke Efterveer at hun atter skreg höit, og omtrent ¼ Time derefter, fölte hun at noget trængte ned i Moderskeden, hvor vi da fandt Moderkagen saa langt nedsunken, at den uden Vanskelighed kunde udtages.

Patienten bragtes derefter iseng, og situeredes efter eget Önske, paa höire Side; Födselsdelene badedes med lunknet Blyvand og indvendig gaves 10 Draaber Laudanum.

Under Forlöbet af Barselsengen udviklede der sig, som man kunde vente, en Metritis, som dog bestandig vedligeholdt en reen traumatisk Charakter og aldeles ikke compliceredes af noget Symptom af Infectio purulenta; det lykkedes mig ogsaa, ved almindelig antiphlogistisk Behandling med Igler og Calomel, at bekjæmpe denne, hvorefter Lochialfloddet, som i de förste 10 Dage efter Födslen havde været aldeles supprimeret, kom temmelig rigelig igang, ligesaa blodig som om det havde været Dagen efter Födslen; under dette, og samtidig Dannelse og Udtömmelse af en phlegmonös Absces i den höire Skamlæbe, restitueredes hun lidt efter lidt fuldkommen, saa at hun 14 Dage efter Forlösningen kunde forlade Sengen, og senere har befundet sig i stadig Reconvalescens, indtil hun forlod Stiftelsen fuldkommen restitueret.

Fosteret var et Drengebarn, som efter at Vandet i Hjernehulheden var udtömt, veiede 5¼ Pd.; det var 15″ lang fra Fodsaalen til Nakken, og fuldkommen velskabt undtagen det hydrocephaliske Hoved og en deform venstre

Haand, som kun havde tre Fingre. Denne Deformitet af Haanden var under Födselsakten aldeles undgaaet min Opmærksomhed, da Armen saavel som det övrige af Fosterlegemet, holdtes indsvöbt i et Klæde.

Udmaalingerne af Hovedet tilligemed de blöde Dele, som jeg strax efter Födslen udspilede, ved at fylde det med Vand, vare:

Længdeviden	$5\frac{1}{2}$''
Tværviden bagtil	$5\frac{3}{4}$''
— fortil . . . . , .	$4\frac{1}{4}$''
Skraaviden	$5\frac{1}{4}$''
Dets horizontale Omfang	$18\frac{1}{3}$''
Dets lodrette Omfang	17''
Fra Næseroden til Hagen	$2\frac{1}{4}$''
Imellem Process. orbitar. externi . . .	$2\frac{3}{4}$''

Hovedets forögede Omfang ligger saaledes alene i en Udspiling af Sömmene og abnorm forögel Udvikling af Benene i Lacunar cranii, hvorimod Ansigtes Been omtrent have deres normale Störrelse. Efterat have skeletteret og præpareret Hovedet, fandt jeg at jeg med Perforatoriet har trængt igjennem den venstre Annulus tympani, spaltet denne, og derefter adskilt pars petrosa fra pars sqvamosa af venstre Tindingebeen og ved Dilatationen skaaret noget ind i Process. pherygoideus sinist. af os sphenoideum; derigjennem er jeg kommen ind i fossa media cranii, og har aabnet Hjernens venstre Sideventrikel i Enden af dennes Cornu descendens, som rimelig har været stærk udspilet af Vandet, der, saavidt jeg ved Præparationen af Hovedet kunde see, fornemlig var samlet inde i Ventriklerne, og havde udspilet den dem omgivende Hjernemasse til en tynd Lamel.

Moderkagen var usædvanlig lille og tyk, nyreformig af Figur, med Navlestrengen insereret i den concave Rand; den var mere end 2 Tommer tyk i sin Substans, som var meget tæt og fast i Struktur, og i omtrent $\frac{1}{3}$ af den fandtes en betydelig Infiltration af frisk coaguleret Blod (Apoplexia placentaris).

Om Anvendelsen af Strychnin imod St. Veits-Dands.

(Gazette medicale 1847, Nr. 18).

Trousseau har med meget Held benyttet Præparater af Nux vomica imod St. Veits-Dands. To Grunde bestemte ham til at forsöge denne Behandling: först at St. Veits-Dandsen næsten altid ledsages af en incomplet Paralyse i en af Legemets Sider; dernæst at de toniske eller tetaniske Contractioner, der fremkaldes ved Nux vomica paa en Maade staae i Modsætning til de nervöse Phænomener, der ere egne for St. Veits-Dandsen. — Af 13 Tilfælde lykkedes Behandlingen fuldstændig i de 10. Bedring indtraadte i Almindelighed efter 8 — 10 Dages Behandling; Helbredelsen var oftest fuldstændig efter en Maaneds Forlöb.

T. lægger megen Vægt paa Valget af Præparatet og dets Anvendelsesmaade. Extractet af nux vomica maa forkastes, da det ofte er slet tilberedt og lettelig forandres naar det laves i Pilleform; ligeledes Strychnin, da det næsten er uoplöseligt i Vand. Det Præparat, som udelukkende maa gives Fortrinet, er Sulphas Strychnini, oplöst i Syrupus simplex og anvendt saaledes at $\frac{1}{10}$ Gr. gives i 4—6 Indgifter i Forlöbet af 24 Timer; hver Dag tillægges $\frac{1}{20}$ Gr. indtil der indfinde sig lette toniske Trækninger i Musklerne; man maa altid stige med Midlet indtil dette Symptom indtræder. Dosis formindskes da eller foröges i Forhold til den Virkning, som indtræder. — Naar St. Veits-Dandsen næsten er helbredet, bliver man staaende ved Dosis i nogle Dage; den formindskes derpaa, og man ophörer endelig med Brugen, naar der blot vise sig svage Fordreininger i Ansigtstrækkene, der i længere Tid pleie at findes hos dem som have haft St. Veits-Dands.

T. anseer Sulphas Strychnini som Hovedmiddel imod denne Sygdom. Dog maa man ikke forsömme andre Indicationer, f. Ex. Aareladning, hvis der er Amenorrhoea med Plethora, Martialia, hvis Sygdommen er compliceret med Chlorosis o. s. v.

Lægeforsamlingen i Roeskilde.

(Meddelt).

Ifölge den ifjor paa Lægeforsamlingen i Roeskilde vedtagne Bestemmelse og efter forudgaaet speciel Opfordring fra Forsamlingens Formand, Hr. Cancelliraad Mürer, samledes atter i Aar i Roeskilde, Dagen efterat Mödet for de skandinaviske Læger og Naturforskere i Kbhvn. var hævet, den 19de Juli, 20 Provindsiallæger fra Landets forskjellige Hovedprovindser, som alle fandtes repræsenterede. I Lighed med hvad der finder Sted i Hovedstadens medicinske Selskaber vedtog man efter Hr. Cancelliraad Mürers Forslag, aarligen at vælge Selskabets Embedsmænd, og blev ved det derpaa fölgende Valg Landphysicus Höegh-Guldberg udvalgt til Formand, Kammerraad Ewertsen til Viceformand, Dr. Brodersen til Secretair og Dr. Marcher til Kasserer. Paa den afgangne Formands Spörgsmaal: om Selskabet fremtidigen maatte ville samles hvert eller hvertandet Aar, blev det ved Stemmefleerhed svaret: at det maatte ansees tilstrækkeligt at samles hvertandet Aar, med mindre Anliggender, der maatte være af særlig Interesse for Lægestanden og hvorover det maatte være af Vigtighed for denne at afgive fleerstemmigt Votum, f. Ex. angaaende en Medicinalreform, skulde være bragt paa Bane af Autoriteterne, i hvilke Tilfælde man eenstemmigen vedtog at træde sammen, paa den fungerende Formands nærmere Forslag, naar behövedes.

Efterat den valgte Formand derpaa havde anmodet Selskabets Medlemmer om at fremkomme med de Meddelelser, som de paa nærværende Möde agtede at afgive, udbade fölgende Herrer sig Ordet:

1) Cancelliraad Mürer berettede et i hans Praxis forekommende Tilfælde af en hydrops saccatus hos en aldrende Kone, der flere Gange havde födt og hos hvem Svulsten pludselig forsvandt under en indtraadt voldsom diuresis.

2) Samme berettede et Tilfælde af fluxus coeliacus i Forbindelse med en Svulst i Livmoderen, der prominerede stærkt i Moderskeden, uden at der ved Exploration gjennem Endetarmen kunde opdages nogen Forbindelse mellem denne og Svulsten.

Han opkastede det Spörgsmaal: om den stærke Sliimafgang fra Tarmkanalen kunde ansees for reen consensuel, og indledede en Discussion i Anledning af dette og det foregaaende Tilfælde.

3) Samme foranledigede ogsaa en Discussion i Anledning af Spörgsmaalet: om hvorvidt det ikke altid maatte ansees for indiceret at foretage Vendingen ved Ansigtsfödsel compliceret med forliggende Navlestreng, for hvilken Menings Rigtighed Selskabets Medlemmer udtalte sig dels paa Grund af den Fare, der var forbunden med Navlestrengens Compression, dels paa Grund af Fosterhovedets eiendommelige Stilling, der ialmindelighed havde Fosterets apoplektiske eller suffocative Död til Fölge, naar ei Kunsten itide kom Naturen til Hjælp.

4) Landphysicus Hoegh-Guldberg meddelte en Beretning om en ung Kone, hos hvem der i Begyndelsen af tredie Maaned af hendes förste Svangerskab udviklede sig i Löbet af et Par Uger, ifölge en Forkjölelse, en saa betydelig Svulst af hele Underlivet, at han aldrig, selv ved den höieste Grad af Bugvattersot, havde seet den större og maaske aldrig havde iagttaget en saa tydelig Fluctuation ved at percutere Underlivet. Da Svulsten havde naaet sit Höidepunkt og var ledsaget af en smertefuld Expansion især af Underlivets överste Regioner, som gjorde Patientens Aandedræt meget kort og beængstet, indtraadte der pludselig Födselsveer, og under Födselen af et lille Tvillingepar styrtede der en saa umaadelig Masse Vand fra Konen, at det löb igjennem samtlige Sengeklæder og endda strömmede henad Gulvet.

En tydelig Fölelse af Fosterets ballottement ved Explorationen igjennem Födselsveiene havde vel bestyrket hans Diagnose om Tilstedeværelsen af et Svangerskab og hans Formodning om, at den abnorme Svulst af Underlivet havde sin Grund i en hydrometra; men Referenten tilstod, at han ei havde troet det muligt at Livmoderen i en saa tidlig Svangerskabs Periode kunde expanderes i den Grad som i nærværende Tilfælde, hvor dens tynde og udspilede Vægge synes at have ligget i umiddelbar Contact med Underlivsvæggene, eller at Fluctuationen ved hydrometra kunde blive saa paafaldende tydelig, og tilföiede, at han havde været i nogen Tvivl om han ved en almindelig Punction af Underlivet, eller ved Indbringelsen af en Stilet igjennem Modermunden burde bestræbe sig for at udtömme et Fluidum, der ved sin usædvanlige Mængde var Pt. til uendelig Qval. Han berettede, at der i det samme Aar var forekommet et lignende Tilfælde i Hr. Kuhlmanns Praxis, hvor imidlertid Svulsten ei var bleven saa stor, og at han havde bragt i Erfaring, at afdöde Saxtorph og Vinslöv engang havde gjort en lignende Observation, hvor Diagnosen havde frembudt de samme Vanskeligheder, som i det af ham iagttagne Tilfælde, og bragt dem til at vakle i Valget af Operationsmethoden. Naturen havde imidlertid i alle 3 Tilfælde gjort en Ende paa al Vaklen ved at fremkalde en Födsel, der hver Gang havde baaret en Tvillingfrugt, som altsaa muligen turde indeholde Dispositionen til den abnorme Ansamling af Frugtvandet. Der udviklede sig en Discusion angaaende Rigtigheden af denne eller hiin Operationsmethode, eller rettere, om hvorvidt det vilde have medfört nogen Fare, hvis man havde punceteret Underlivet efter den ved Bugvattersot brugelige Methode.

5) Professor Göricke henledte med nogle Ord de Tilstedeværendes Opmærksomhed paa Daaresagen og bemærkede, at Forsamlingens Skridt i denne Retning ifjor endnu ingen synlige Frugter havde baaret. Han foreslog derfor, at Forsamlingen skulde henvende sig med et lignende Andragende til Sundhedscollegiet, for at gjöre samme fuldkommen bekjendt med de Foranstaltninger, der ialmindelighed træffes for de Sindssvages Forpleining i Provindserne, og de Anskuelser og Principer, der endnu i saa Henseende hyldes og fölges af Localövrighederne. Efter Formandens Opfordring, der tillige meddelte hvad han i saa Henseende havde sögt at udvirke i sin Embedskreds siden ifjor, blev man enig om at gaae ind paa Hr. Görickes Forslag, der begge tilligemed Hr. Kammerraad Ewertsen bleve udvalgte til at forfatte og indsende til Sundhedscollegiet det respektive Promemoria.

6) Cancelliraad Örnstrup oplæste en Afhandling "over Typhus og de typhöse Febres Væsen og den derpaa grundede Behandling, stöttet paa praktiske Iagttagelser af Sygdommen, saaledes som den i de sidste 28 Aar er forekommen i Svendborgs Omegn." Han distingverede imellem tvende Hovedformer: en asthenisk eller scorbutisk og en sthenisk eller inflammatorisk, hvorefter Behandlingen maatte modificeres; men önskede iövrigt ei sit Foredrag

meddelt i noget udförligt Extrakt, da han agtede at lade det trykke in extenso om föie Tid.

7) Dr. Brodersen fremkom med et Forslag angaaende et större litterært Samqvem imellem Provindsiallægerne og Oprettelsen af medicinske Læseselskaber for engere Kredse. Forsamlingen erkjendte det Gavnlige i at dette Forslag blev realiseret, og Formanden tog Anledning til at gjöre Selskabet bekjendt med, hvad der allerede i saa Henseende var sket iblandt Lægerne i Præstö Amt.

8) Dr. Kietz meddelte et Accouchementtilfælde, hvis væsentligste Abnormitet havde bestaaet deri, at der nogen Tid efter Forlösningen var afgaaet et stort trevlet Legeme igjennem Endetarmen, hvis Natur og Beskaffenhed han imidlertid endnu ei havde faaet nöiagtig undersögt.

9) Cancelliraad Mürer meddelte nogle Reiseiagttagelser, som han havde samlet paa en videnskabelig Excursion til Paris og Tydsklands nordvestlige Stater, og sögte navnlig at give en skitzeret Fremstilling af disses Medicinalforhold. Ved iblandt andet at beröre de Institutioner, ifölge hvilke alle höiere Medicinalembedsmænd maatte underkaste sig en Statsexamen, ifölge hvilke Apothekerne visiteredes af erfarne Chemikere, og ifölge hvilke der fandt en periodisk gjentagen Examination Sted af de ansatte Gjordemödre, yttrede Referenten, at det ei lod sig nægte, at Staten ved saadanne Foranstaltninger havde langt större Garanti, end hos os, for, at hine modtage en til deres eventuelle Embedsstilling svarende Uddannelse, og at disse sörgede for at vedligeholde de engang erhvervede theoretiske Kundskaber; men han maatte paa den anden Side tilstaa, at vore Medicinalforhold i flere andre Henseender langtfra stode tilbage.

10) Ved at omtale de statistiske Arbeider, som det kongelige medicinske Selskabs statistiske Comite ifjor havde paabegyndt, og ved at skildre de Vanskeligheder, som den Art Arbeider i flere Henseender havde for Provindsiallægerne, hvis Medvirkning Comiteens Formand havde stræbt at sikkre sig ved at omdele forskjellige derhenhörende Schemata og Comiteens förste Halvaarsberetning, henledede Cancelliraad Mürer Forsamlingens Opmærksomhed paa den Daddel, der findes udtalt i nysnævnte trykte Beretning (pag. 24) over Forsamlingens Virksomhed under det ifjor afholdte Möde, og beklagede den Mangel paa Takt, som

Comiteens Formand havde udviist ved at lade et privat Brev med alle dets dadlende Bemærkninger aftrykke i et officielt Aktstykke, hvilket han, uagtet han maatte indsee at hine Bemærkninger vilde være saarende for alle de Provindsiallæger, der havde deltaget i Mödet, desuagtet ei tog i Betænkning at tilsende dem i den Hensigt at vinde dem for sin Plan. Forsamlingen, der villigen erkjendte, at hverken dette, eller det forrige Möde ganske havde tilfredsstillet de Forventninger, man havde næret inden deres Afholdelse, vilde dog ei lade uberört, at der ifjor havde været en særlig, man kunde maaske sige, nödvendig Anledning til at dröfte de materielle Spörgsmaal, som optoge en Del af Forsamlingens Tid, Spörgsmaal, for hvilke vedkommende Brevskriver af naturlige Grunde ingen Interesse kunde have, og angaaende hvilke han desaarsag maa beholde sin private Mening, — og maatte paa den anden Side erklære sig enig med Referenten i hans Misbilligelse af Comitteens Formands Adfærd, hvis Flid og Iver for det paagjeldende videnskabelige Arbeide Forsamlingen iövrigt fuldelig anerkjendte *).

11) Ifölge Indbydelse af Dr. Marcher tog Selskabet Vandkuranstalten i Öiesyn og forsikkrede sig om de Fremskridt, som Anstalten siden ifjor i flere Retninger havde gjort. Efter Mödets Slutning besaae en Del af Selskabets Medlemmer tillige Bidstrupgaards Hospital.

---

*) Uden at indlade os dybere paa en Sag, der forekommer os af mindre Betydning, tro vi dog for vort Vedkommende at burde udtale den Anskuelse, at en Yttring om formeentlig Mangel paa "Aand og Kraft" hos hvilkensombelst Forsamling ikke behöver at saare dens enkelte Medlemmer personligt, og at der vel neppe kan være viist nogen "beklagelig Mangel paa Takt" ved at offentliggjöre den med Vedkommendes Tilladelse. At Prof. Fenger "ikke har taget i Betænkning at tilsende Forsamlingens Medlemmer det hiin Dom indeholdende Aktstykke," synes os kun at forudsætte hos disse en Grad af uhildet Fordomsfrihed, der under alle Omstændigheder ikke ved en Meningstilkjendegivelse om en offenlig Virksomhed vilde afdrages fra at understötte et gavnligt Foretagende. Red.

Udnævnelser. Cand. med. & chir. Petersen udnævnt til Underlæge ved 7de Infanteri-Bataillon; Underlæge Lanng i Nyborg til Ridder af Æreslegionen.

Forlagt af C. A. Reitzel. Trykt hos Bianco Luno.

Den 28. August. 1847.

Ugeskrift for Læger.

2den Række VII. Nr. 12.

Redigeret af L. Brion og C. Hempel.

Om Behandlingen af Gonorrhoe med Indspröitning af en stærk Oplösning af Argentum nitricum.

Anvendelsen af en Oplösning af argentum nitricum til Injection i Urinröret ved Blennorrhoe er i den senere Tid bleven temmelig udbredt og skyldes fornemmelig en Afhandling af Debeney*), i hvilken denne Methode anprises som ufeilbarlig. De vigtigste Regler ved dens Brug ere fölgende: Oplösningen er ialmindelighed af 1 D. arg. nitric. i 40—30 D. destilleret Vand; ved Brugen gjöres först en Injection i den Hensigt at rense Urinröret for den blennorrhoiske Materie, som muligen kunde være tilstede, og naar denne Vædske umiddelbart efter er udtömt, indspröites en ny Qvantitet, der holdes i Urinröret omtrent 1 Minut, idet man tillige ved at trykke med Fingrene langs med Canalen söger at drive Oplösningen forfra bagtil, for at være sikker paa at den er trængt op lige til Urinrörets prostatiske

*) Memoire sur le traitement abortif de la blennorrhagie par l'azotate d'argent a haute dose, et sur l'emploi des injections caustiques à toutes les periodes de l'uretrite. Paris 1843.

Del og kan komme til at indvirke paa ethvert Punkt af den mucöse Membran. Indsprøitningen gjentages hver anden eller tredie Dag, i Forhold som den ved Ætsmidlet foraarsagede Irritation har tabt sig. Methoden kan efter Debeney anvendes i ethvert Stadium af Blennorrhagien; Inflammationsstadiet skal den betydeligt formindske, "efter to Indsprøitninger er det sjeldent, at der findes noget acut Symptom paa Urethritis; den er i Reglen om ikke aldeles standset saa dog reduceret til et usmerteligt Udflod, der let hæves ved nogle adstringerende Injectioner." I det hele skulle 3 eller 4 Indsprøitninger, ofte en eneste, (D. har af 66 Tilfælde opnaaet Helbredelse ved een eneste Injection i 14) være tilstrækkelige til næsten constant at bekjæmpe Blennorrhoen, og det saavel nylig opstaaede som chroniske, simple saavelsom haardnakkede. Det er naturligt, at en Methode, der lovede saa meget imod en langvarig Sygdom, der er saa vanskelig at helbrede, blev forsögt af de fleste franske Læger, som forestaa Hospitaler for Veneriske, men desværre vare de Resultater der erholdtes kun lidet overeensstemmende med de glimrende Udfald, som loves af Methodens Ophavsmand.

De fleste ere imidlertid enige i, at de ætsende Injectioner, anvendte lige i Blennorrhoens Begyndelse, naar det begyndende Udflod viser sig sero-mucöst, Smerten er ubetydelig og Inflammationen lige i sin Födsel, ere istand til at indvirke saaledes paa Slimhinden, at Sygdommen bringes til at abortere. Ligeledes kunne de ogsaa anvendes med Nytte henimod Enden af Blennorrhagien, naar Betændelsen er nærved at udslukkes. Derimod i det acute Stadium af Betændelsen, naar Strangurien er heftig, Erectionerne meget smertefulde, Udfloddet skarpt, i det Hele i den Tilstand som benævnes gonorrhoea chordata, er Methoden absolut skadelig, ja endog farlig. Ligeledes maa den kun anvendes med störste Forsigtighed hos saadanne som lide af Forsnævringer i Urinröret. Iövrigt gives der mange Tilfælde af Blennorrhagi, der med lige saa stor Haardnakkenhed modstaa dette som alle andre Midler. Endelig ere de umiddelbare Fölger af de ætsende Indspröitninger af ringe Betydning, langt mindre end man forestiller sig.

Hvad der unægtelig frembyder mest Interesse er at komme til et nogenlunde bestemt Resultat om denne Behandligsmaade af Gonorrhoen under de Forhold som hyppigst træffes, nemlig i det egentlige saakaldte blennorrhoiske Stadium, d. e. hvor den acute Betændelsestilstand er forbi, hvis den har været der, hvor Udflodden er af en middelmaadig Qvantitet, hvidligt eller hvidagtigt grönligt, hvor Urinladningen foraarsager en ubehagelig Fornemmelse, men ikke synderlig Smerte, og hvor Erectioner vel ere hyppige især natlige, men ikke egentlig smertefulde. Herom skulle vi meddele nogle Resultater af et större Antal Erfaringer, samlede af Diday, Overlæge ved Antiquaille (Hospitalet for Veneriske) i Lyon og af Dr. Cazalis i Montpellier. (Gazette medicale for 1845 og 1846).

Diday behandlede i Löbet af 3½ Maaned 38 Gonorrhoer i et Stadium omtrent lig det ovennævnte (Middelvarigheden för de toges i Behandling var 24 Dage) med Indspröitninger af Argentum nitricum efter Debeneys Methode. Styrken af Injectionsvædsken var i Reglen 1 D. Arg. nitr. til 30 D. Vand; dog anvendtes den ogsaa i Forhold af 1—20, ja endog af 1—15, uden at dette dog gjorde nogen væsentlig Forskjel i Behandlingens Udfald. Fremgangsmaaden med Indspröitningen var ialmindelighed den af Debeney angivne. Da det imidlertid var tænkeligt, at ikke alle Slimhindens Folder udslettes ved denne Methode, og at fölgelig enkelte Partier af denne ikke paavirkes af Ætsmidlet, men blive foci for en ny Udbredelse af Sygdommen, saa benyttede Diday ogsaa fölgende Haandgreb. Efterat Injectionen var sket, comprimeredes Urinrörets Aabning af en Medhjælper, og holdtes fast tillukket. Derpaa indbragte han selv venstre Pegefinger i Rectum og comprimerede Blærens Hals imod Skambenet; med Fingrene af hölre Haand sammentrykkes Urinrörets Væg stærkt og paa flere Steder, hvorved en Afdeling efter en anden af Canalens Hulhed momentant ophæves, og den indeholdte Vædske kommer til saa meget mere at udspænde den övrige Del af Canalen. Paa denne Maade maa Folderne udslettes, og Ætsmidlet kan altsaa indvirke paa alle udbugtede eller foldede Steder af Urinröret. I samme Hensigt gjordes ogsaa, efterat Urinröret paa lignende Maade var comprimeret saaledes, at Vædsken ikke kunde slippe ud af Canalen, Injection med en större Spröite, saa at Canalen holdtes betydelig spændt og udvidet som en Pose paa den nederste Flade af Penis. Denne Indspröitning foretoges oftere med en betydelig Kraft, uden at der opstod Hæmorrhagi eller noget Tegn til Ruptur af Urinröret. Resultatet af disse Fremgangsmaader afgav imidlertid ikke nogen synderlig Forskjel. Ialmindelighed foretoges Indspröitningerne kun 2 á 3 Gange, med mindre der, i Mangel af fuldstændig Helbredelse, viste sig nogen Bedring, der opfordrede til Midlets Gjentagelse; under disse Omstændigheder foretoges da en 4 – 5 Indspöitninger; men dersom der efter disse ikke viste sig anden Forandring i Udfloddet end efter 2den eller 3die Gang, saa ophörtes med Brugen af denne Methode.

Resultaterne af sine Erfaringer deler Diday i 3 Categorier, nemlig de, hvor der ingen eller ubetydelige Forandringer fulgte efter Indspröitningerne; hvor Forandringen var gunstigere men forbigaaende; hvor der indtraadte Helbredelse.

1. Hos 20 Patienter (af de 38) bemærkedes enten ingen Virkning eller en Formindskelse i Udfloddet, der ikkun var temporær, hvorefter det atter viste sig med samme Beskaffenhed baade i Qvantitet og Qvalitet som för Indspröitningen, og behandledes da som sædvanligt med Præparaterne af Cubeber eller Copaiva. Vel forekom der enkelte Gange en tydelig Bedring som Fölge af een Injection; men denne Virkning var ikke vedvarende.

2. 15 Patienter bleve ved meer eller mindre gjentagne Indspröitninger bragte i en saadan Tilstand, at en fuldstændig Helbredelse lod sig haabe ved Hjælp af adstringerende Injectioner. Ved enhver Indspröitning af arg. nitricum formindskedes de inflammatoriske Symptomer tydeligt. Men en videre Gjentagelse var uden Nytte; allerede ved den anden eller tredie Gang sporedes ingen fremskridende Aftagen i Udfloddets Mængde; dette vedblev, var hvidt, halv gjennemsigtigt, af middelmaadig Qvantitet, udtrækkelig i Traadform, ikke forbunden med Smerte. Det er denne Tilstand, i hvilken Debeney lover en fuldstændig og hurtig Helbredelse ved Brugen af adstringerende Indspröitninger. Der anvendtes da efter hans Forskrift de sædvanlige adstringerende Substanser som Vitriolum Zinci eller endnu oftere Subacetas plumbi, idet Oplösningens Styrke afpassedes efter enhver Patients Sensibilitet. Men dette förte ikke til noget gunstigt Udfald. I en Tid af 2—3 Dage stod Udfloddet omtrent ved samme Punkt eller syntes endog at aftage; men efter den Tids Forlöb tiltog det atter, snart langsomt og gradeviis, snart næsten paa een Gang, og havde endelig efter 5—6 Dages Forlöb op-

naaet en Intensitet, som, uden at være constant den samme som fandt Sted för Indspröitningerne, dog tydede paa at disse ikkun havde momentant dæmpet Sygdommen men ikke bekjæmpet den. For at overbevise sig herom, maa man vedholdende iagttage Patienterne eller holde dem paa Hospitalerne i længere Tid end sædvanlig sker; det er udentvivl Undladelsen af denne Forholdsregel, der for en Del kan forklare os de heldige Resultater, som Debeney angiver, og tillige viser os deres Betydning; thi der behöves kun en ringe Grad af forudfattet Mening, for i de anförte Erfaringer at træffe et Tidsrum, hvor man let indbilder sig selv og endnu lettere Patienten, at han er paa den sikkre Vei til Helbredelse og altsaa kan udskrives af Hospitalet. Naar han nu efter nogle Dages Forlöb kommer til Kundskab om den lovede Helbredelses ringe Grad af Soliditet, tager han gjerne sin Tilflugt til en anden Læge, og saaledes sker det, at et saadant Tilfældes reelle Udfald iagttages af en ganske anden Læge end den, som er fuldkommen overbeviist om at kjende det i sin Helhed.

3. Under Categorien af Helbredelse komme alene 3 Patienter. Hos den förste havde Blennorrhagien varet omtrent et Aar, og var i den Tid gjentagne Gange recidiveret; den var temmelig acut og inflammatorisk, da denne Behandling institueredes. Indspröitningerne, gjentagne 5 Gange, bekjæmpede den. Hos den anden var Sygdommen nylig opstaaet; der behövedes kun 2 Injectioner for at fremkalde en varig Helbredelse. Hos den tredie standsede Udfloddet fuldkomment efter 2 Indspröitninger, men da han strax efter forlod Hospitalet, kunde man ikke være aldeles sikker paa Helbredelsens Varighed.

De Tilfælde som indtraadte efter Methoden vare i Reglen sjeldne og af mindre Betydning. 2 Gange blev Udfloddet mere inflammatorisk end för Injectionen; tre Gange opkom en noget besværlig Cystitis, der dog kun varede et Par Dage; en Gang opkom en acut Epididymitis. Disse ere alle de Tilfælde som medförtes i de 38 Erfaringer; thi vi kunne ikke herhen regne Smerten, der altid ledsager Injectionen, ei heller Udtömmelsen af et Par Draaber Blod af Urinröret, som undertiden fölger efter og ikke er af nogen Betydning.

Resultatet af disse Iagttagelser bliver altsaa, at **Indspröitning af argentum nitricum i stærk Oplösning, anvendt alene i Behandlingen af Blennorrhagi i sit mellemste Stadium, giver et saa svagt Forhold af Helbredelser, at man i Reglen ganske maa opgive denne Methode.**

Der lader sig endnu reise det Spörgsmaal, om denne Methode, skjöndt den som ene Middel for det meste er utilstrækkelig, dog ikke kunde være fordelagtig til at forkorte Sygdommens Varighed og Intensitet. Dette benægter **Diday**; han mener, at om man end opnaaer nogen Gavn af Injectionerne, saa opnaaes dette dog mindre og sjeldnere end ved en passende Anvendelse af Copaiva eller Cubeber, ikke at tale om de Smerter, som ere forbundne med Indspröitningerne, og som dog ikke ere at regne for Intet. Endelig antager han, at de heller ikke bevirke nogen saadan Forandring i Sygdommen, at den derved lettere viger for Cubeber eller Copaiva; thi om end Erfaringerne med Hensyn til dette Moment ere forskjellige, saa hidrörer dette fra den Variabilitet, som saa hyppig iagttages i Virkningen af disse Midler af individuelle, atmosphæriske eller andre Grunde; Gonorrhoer behandlede med Indspröitninger ere ofte ligesaa haardnakkede imod Brugen af disse Medicamenter, som ellers. Med Hensyn til dette sidste Punkt gives der dog andre Autoriteter som antage, at de sædvanlige Midler virke hurtigere, naar Indspröitninger forud ere anvendte.

Cazalis har samlet 46 Erfaringer angaaende Anvendelsen af Indspröitninger efter Debeneys Methode imod Blennorrhagier. Han deler disse i 3 Classer: de meget acute (heftig Stranguri, smertefulde Erectioner, Rödhed og Svulst i Glans), de chroniske (hvidagtig melkelignende Udflod, ingen Stranguri, Erectionerne sjeldne, usmertelige); og de subacute (Symptomernes Heftighed staaende midt imellem de to foregaaende). Udfaldet af disse Tilfælde var fölgende:

1. Acut Blennorrhagi, 8 Tilfælde. Indspröitningerne fremkaldte for det meste voldsomme Smerter og en heftig Exacerbation af Urinrörets Betændelse; i et Tilfælde vedvarede Betændelsen uagtet Anvendelsen af Igler henved 6 Dage. Ingensinde opnaaedes nogen varig Helbredelse, og om end momentan Standsning i Sygdommen undertiden viste sig, saa maatte dog de sædvanlige Midler benyttes for at bevirke en fuldstændig Helbredelse.

2. Subacute Blennorrhagier, 23 Tilfælde. I mindre heftige Affektioner kunne Indspröitninger af Argentum nitricum benyttes med noget Haab om gunstigt Udfald. I 7 Tilfælde fremkaldtes Helbredelse alene ved disse. Ved alle de övrige maatte Behandlingen fortsættes med Balsamica eller adstringerende Indspröitninger.

3. Chroniske Blennorrhagier, 15 Tilfælde. I disse viste de ætsende Indspröitninger sig langt mere virksomme; af 15 Patienter bleve 6 fuldkomment helbredede ved dem alene, 2 ved en Forbindelse af dem med adstringerende Indspröitninger (af Acetas plumbi ell. Vitriol. Zinci); ved de 7 maatte man tage sin Tilflugt til Copaiva eller Cubeber.

Resultaterne blive altsaa, at de ætsende Indspröitninger altid ere skadelige i de acute Blennorrhagier. I de subacute opnaaes kun af 3 Syge een Helbredelse, og denne kræver, med Middeltal, 12 Dages Behandling, 4 Injectioner, undertiden tillige Adstringentia. I de chroniske Tilfælde indtræder Helbredelse omtrent i Halvdelen; den opnaaes da hurtigt, i mindre end 8 Dage, og kræver kun 3 Injectioner. Naar Adstringentia her blive fornödne, er Udfaldet langt fra saa gunstigt. Tager man nu i Betragtning de heftige Smerter som de ætsende Indspröitninger foraarsage, saa synes de ingenlunde at kunne opveies af saa uvisse Fordele som de ovennævnte. Som almindelig Methode i Behandlingen af Blennorrhagier ere de derfor bestemt at forkaste.

Cazalis antager endelig, at Copaiva viser sig langt virksommere hos Patienter, som i Forveien ere behandlede med ætsende Indspröitninger, og troer, at man i det mindste i denne Henseende vil kunne drage nogen praktisk Nytte af denne Methode.

Om de med Hensyn til Aands- og Sindssvage herskende Fordomme *).

Ved Prof. Jessen.

(Meddelt af pract. Læge Gjersing).

Jeg tillader mig at henvende nogle Ord til den ærede Forsamling angaaende en talrig Klasse af Lidende, hvis Vel

*) Dette Foredrag, som er holdt i de tydske Naturforskeres og Lægers Forsamling i Kiel den 21de Septbr. 1846, blev mig be-

Enhver af dem er istand til at fremme, og jeg gjör derfor ikke blot Krav paa deres Opmærksomhed og Deltagelse, men ogsaa paa deres kraftige Medvirkning. Det er de Aands- og Sindssvage, som jeg her taler om; Spörgsmaalet er om at tilintetgjöre en gammel, dybt rodfæstet, almindeligt udbredt og for disse Syge meget fordærvelig Fordom.

Denne Fordom bestaaer deri, at man endnu bestandigt betragter Aands- og Sindssygdommene fra et ganske andet Synspunkt end alle andre Sygdomme, at man tildels forvexler og sammenblander dem med moralske Feil, at man nærer en taabelig Frygt og Rædsel for Sindssvage, ja, at man endog betragter det som noget Beskjæmmende, at blive angreben af en Sindssygdom eller at have været i et til disse Sygdommes Helbredelse bestemt Sygehuus — en Daareanstalt.

Naar en saadan Fordom udbreder sig saa vidt, naar den har holdt sig i Aarhundreder og forplantet sig fra Slægt til Slægt — da kunde man maaske allerede derved ansee den som vel begrundet; man kunde tro, at den i vor oplyste Tid af sig selv maatte være forsvunden, hvis den ingen Sandhed indeholdt. Men vi maa vende Blikket hvorhen vi ville, overalt see vi Fornuften i en stadig Kamp med Fordomme; overalt möder Overtroen os i mangfoldige Skikkelser, og enhver Videnskab giver os Exempler paa Theorier og Læresætninger, som blive ansete for ube-

---

kjendt ved et Besög paa Forf. berömte, ny Daareanstalt Hornheim ved Kiel. Der findes i denne Tale Anskuelser, som jeg har troet vilde læses med Interesse af den danske Lægestand, og det saameget mere som de komme fra en Mand, hvis Dygtighed, Oprigtighed og sjeldne Menneskekjærlighed ere hævede over al Tvivl. Oversætteren.

grundede og intetsigende, efterat de i Aarhundreder have gaaet og gjeldt for afgjorte Kjendsgjerninger.

I Videnskaben gjelder ingen Hævd, og hverken Alder eller almindelig Udbredelse bör sikkre en Anskuelse for vor nöieste Undersögelse. Forelægge vi os nu det Spörgsmaal, om hiin Fordom paa nogen Maade er bleven bestyrket og retfærdiggjort ved Iagttagelse og Erfaring, da bliver Svaret afgjort benægtende. Idet mindste kan jeg ikke undlade ved denne Leilighed paa det Bestemteste at udtale, som Resultatet af mine Erfaringer, den Overbeviisning, at den indbildte Modsætning mellem Fornuft og Afsindighed i Virkeligheden ikke existerer — den Overbeviisning, at det langt snarere geraader et Menneske til Ære end til Skam, at blive angreben af en Sindssygdom. Derimod anseer jeg det for en Skam, at en saa tom, taabelig og intetbetydende Fordom vedbliver at herske i vor oplyste Tidsalder, der roser sig af sine livlige Fremskridt i alle Videnskaber og i den almindelige aandelige Dannelse. Den er vel i Aftagende, men ingenlunde tilintetgjort; den findes ikke alene hos Udannede, men endog hos de mest dannede Personer, ja selv hos Læger, sjöndt disse fortrinsviis havde Grund til at skamme sig derover. Enhver Daarelæge vil have erfaret dette, enhver Daarelæge maa kjæmpe med denne Fordom; enhver Daareanstalt bliver derved hemmet og indskrænket i sin Virksomhed, og en stor Mængde Sindssvage blive kun uhelbredede, fordi hiin Fordom og den deraf fremgaaede Rædsel for de offentlige Daareanstalter forhindrer de Syges betimelige Indlæggelse i en Helbredelsesanstalt.

I 25 Aar har jeg forestaaet den betydelige Daareanstalt, som i Aaret 1820 blev oprettet ved Slesvig for Hertugdömmerne Slesvig og Holsten; jeg har kjendt og behandlet 1,500 Afsindige; jeg har levet med og blandt dem og har omgaaedes mere med dem, end med Fornuftige. Skal jeg fælde en Dom om de Sindssvages moralske Værd i Sammenligning med deres, som ofte kaldes Fornuftige, da kan jeg kun fælde den til Fordel for de förstnævnte. Jeg bekjender frit, at jeg ialmindelighed agter Sindssvage höiere end andre, at jeg gjerne lever iblandt dem, at jeg i deres Selskab ikke savner Omgang med Fornuftige, ja, at de tildels forekomme mig at være naturligere og fornuftigere end Menneskene ialmindelighed. Jeg har truffet Tillid, Velvillie, Kjærlighed og Taknemmelighed hyppigere i deres Midte end andetsteds, og i ethvert Fald kommer den sande menneskelige Natur i mange Tilfælde langt meer tilsyne hos dem, end i det borgerlige Selskab, hvor kun altfor ofte Skinnet træder i Sandhedens Sted.

Jeg veed vel, at jeg nærer en særdeles Forkjærlighed for Sindssvage, at ethvert Menneske, om hvem jeg hörer, at han er Sindssvag, forekommer mig at være et beslægtet Væsen, som har Krav paa mit Venskab; det var derfor muligt, at min Forkjærlighed kunde have forledet mig til en skuffende og eensidig Dom. Jeg vil derfor retfærdiggjöre min udtalte Overbeviisning ved nogle almindelige Betragtninger over Sindssygdommenes oprindelige Aarsag, men skal dog indskrænke mig til faa Bemærkninger, eftersom Tid og Sted ikke tillader nogen udförlig og grundig Dröftelse.

Sindssygdomme opstaae enten som Fölge af legemlige Sygdomme eller paa Grund af sjælelige Indtryk, det være sig pludselige og heftige Sindsrystelser eller, hvad der er langt hyppigere, vedvarende og nedtrykkende Sindsbevægelser. Paa Grund af legemlige Sygdomstilstande kan ethvert Menneske blive sindssvag, ligesaavel som han kan komme til at phantasere, naar han bliver angreben af en hidsig Feber; ethvert Raseri hos den Afsindige er i det Væsentlige aldeles ikke forskjelligt fra Feberraseriet. I disse Tilfælde finder der overhovedet aldeles ingen Forskjel Sted mellem Legemets og Sindets Sygdomme, og det vilde dog her aabenbart være taabeligt, at tillægge Sygdommen en forskjellig Betydning med Hensyn til den Syges moralske Værd.

Hvorledes forholder det sig nu i de Tilfælde, hvor Sindssygdommen er opstaaet af sjælelige Paavirkninger? Hvorpaa beroer Sindets Tilböielighed til Sindssygdomme? hvorledes maa det Sind være beskaffent, som let bliver sygt? og hvorledes maa dens Sind være, som ikke behöver at frygte for en saadan Sygdom? Mine Herrer, de ville selv kunne besvare disse Spörgsmaal, det kan ske med faa Ord. Den, som intet Gemyt, intet Sind har, den behöver ikke at frygte for at blive sindssyg; den derimod, hvem Naturen har begavet med et dybt, rigt og ædelt Sind, han bærer ogsaa Spiren til Sygdommen i sit Indre. Kun de saakaldte Forstandsmennesker, disse kolde, hjertelöse Naturer, som mangle enhver dybere Fölelse, de have det Fortrin, at de ikke let blive angrebne af en Sindssygdom; den, som derimod bærer Kjærlighed i sit Hjerte, den, som er samvittighedsfuld, han er disponeret til Sindssygdom; thi det er netop Overmaal af Kjærlighed og Samvittighedsfuldhed, som fremkalder den. Det er Sorgen, ikke for eget Udkomme, men for Familie og Börn, det er Græmmelse over Tabet af kjære Mennesker, det er ugjengjeldt Kjærlighed; det er Længsel efter höiere Fuldkommenhed, det er Samvittighedens Higen og Stræben efter trolig at opfylde sine Pligter, som ad den sjælelige Vei fremavler Sindssygdom. Den, som altsaa ad denne Vei kan blive sindssvag, staaer aabenbart höiere end den, for hvem disse Indtryk ikke existere, eller for hvem de flygtigt gaae forbi, uden at efterlade noget varigt Spor *).

Men nödes vi nu til at anerkjende denne Kjendsgjerning, saa opstaaer det Spörgsmaal, hvorledes det dog er muligt, at der har kunnet opstaae en saadan Fordom mod de Sindssvage? Ogsaa dette Spörgsmaal er ei vanskeligt at besvare, og jeg vil her kun fremhæve een Omstændighed, som mest har bidraget til at fremavle og vedligeholde hiin Fordom: det er den forfærdeligt sörgelige og usle Tilstand, hvori Forsörgelsesanstalterne for Sindssvage befandt sig indtil Slutningen af forrige Aarhundrede. Der existerede næsten slet ingen Helbredelsesanstalter for Sindssvage; navnlig fandtes i Tydskland kun Galehuse, og, hvad der endnu var langt værre, disse Galehuse stode næsten overalt i umiddelbar Forbindelse med Fængsler og Tugthuse. Den Sindssvage og Forbryderen stod paa samme Trin; om

*) Uden at ville bestride den her af Prof. Jessen udtalte Anskuelses Rigtighed i mange Tilfælde, tör den dog neppe gives en almindelig Anvendelse. Det er vel allerede et stort Spörgsmaal, om vi ere berettigede til at frakjende noget Menneske, selv det koldeste, Gemyt i udstrakt Forstand; men det vigtigste synes at være det, at Sindssygdom vel ofte findes i Forbindelse med hvad man kalder et dybt Gemyt, men ofte tillige med en Skjævhed, der har uddannet sig ved ubeherskede Lidenskaber, en svag Charakter eller et altfor stort Misforhold mellem Forstand og Fölelse. Saavist nu en saadan sjælelig Abnormitet, der kun behöver en Leilighedsaarsag for at optræde saaledes, at den for alle bliver indlysende som Sygdom, ofte har sin Grund i Opdragelse og andre Omstændigheder, saa skyldes den dog ogsaa ofte Mangel paa Livsalvor, Villieskraft og Selvfornægtelse; dette Forhold kan, som anfört, undertiden være undskyldeligt, men fortjener dog neppe nogen Roes, og det er vel denne meer eller mindre bevidste Betragtning, der har fremavlet den strænge Dom over Sindssyge i Almindelighed, hvis Uretfærdighed stedse mere erkjendes. Red.

et Menneske kom i Galehuset eller i Tugthuset, kom ud paa et; de Gale behandledes paa samme Maade som Forbryderne, Tugthusforvalteren var de Sindssvages Opsynsmand. Men selv hvor denne ulykkelige Forbindelse mellem Galehuse og Straffeanstalter ikke fandt Sted, var man dog kun fortrinsviis betænkt paa, at sikkre sig mod de Udbrud af Voldsomhed, som man befrygtede hos enhver Sindsforvirret; thi denne gjalt kun for Afsindighedens Repræsentant, selv hos Daarelægerne. De havde i Reglen ogsaa kun med saadanne Syge at gjöre; thi kun dem, som man aldeles ikke kunde styre andetsteds, sendte man i Galehuset; i alle andre Tilfælde gyste man tilbage for det med en naturlig Rædsel. Fuldkommen paalidelige, mörke Celler, Dörre med tunge Stænger og Skodder, Lænker og Kjæder, legemlige Revselser og Mishandlinger, see! det var de Hjælpemidler, hvoraf man betjente sig for at tæmme og helbrede de Sindssvage!

Först ved Slutningen af forrige Aarhundrede havde den berömte Pinel den udödelige Fortjeneste at banlyse Lænkernes Brug fra de Afsindige, at sætte en sjælelig og saakaldet moralsk Behandling i Tvangsmidlernes Sted, og at skaffe Menneskekjærlighedens Princip en ubetinget Gyldighed; og hans Exempel har haft den glædelige Fölge, at der for Öieblikket aldeles ikke findes Galehuse i de fleste civiliserede Lande, men kun Daareanstalter. I de sidste Aartier tiltager disses Antal Aar for Aar i England, Frankrig og Tydskland, og alle Daarelæger stræbe nu at indföre en meer og meer menneskekjærlig Behandling af de Sindssvage, at undgaae enhver unödvendig Indskrænkning af deres personlige Frihed og, saavidt som ske kan, at gjöre legemlige Tvangsmidler ganske overflödige. Hvorvidt dette lader sig gjennemföre og er hensigtsmæssigt hos de

Ustyrlige, Ondskabsfulde og Rasende blandt dem, er for Öieblikket et af de vigtigste Spörgsmaal i Daarevidenskaben, men i nogle engelske Daareanstalter har man allerede gjort Forsög med at afskaffe alle Tvangsmidler, ene med Undtagelse af Afsondring i eenlige Værelser.

Daarevidenskaben er i Aarhundreder bleven langt tilbage fra Lægevidenskabens övrige Grene; men i de sidste Aartier har den gjort overordenlige Fremskridt, og i de sidste 50 Aar er der gjort saameget for Daareanstalternes Forbedring, at de næsten nu ingen Lighed have med de gamle Galehuse.

Blandt Daarelægerne ere hine Fordomme mod Sindssvage forlængst forsvundne; men skjöndt de i Gjerningen have viist og daglig vise deres Intetsigenhed; skjöndt de paa mangfoldige Maader have gjort sig Umage for at udbrede rigtige Anskuelser om Sindssygdommene; skjöndt de hundrede, ja tusinde Gange have udtalt, at de Sindssvage ikke ere slettere end andre Mennesker, og at de i mange Henseender kunne opföre sig ligesaa forstandigt, saa er det dog ingenlunde lykkedes dem ganske at udrydde hine Fordomme. Kun altfor ofte maa vi höre, selv i dannede Kredse, at enhver Sindssvag bliver betragtet som et galt Menneske, at man forbauses, naar man hörer et fornuftigt Ord af ham eller seer ham opföre sig forstandigt, at man endelig anseer det som en Plet for et Menneske, naar han er saa ulykkelig at maatte ty hen til en Daareanstalt, for der at söge Hjælp og Frelse mod den tungeste Lidelse, hvoraf et Menneske kan hjemsöges.

Jeg haaber nu, mine Herrer, at disse Ord, som ere udströmmede af mit Hjertes Dyb, ogsaa have fundet Indgang i deres Hjerter, jeg haaber, at jeg ikke vil bede forgjæves, naar jeg opfordrer dem til at staae os Daarelæger bi i vor Bestræbelse for at tilintetgjöre en Fordom, hvorved de Sindssvages haarde Skjæbne er bleven dobbelt haard og nedtrykkende baade for dem selv og deres Paarörende. Enhver af dem vil finde Leilighed nok, hver i sin Kreds, til at arbeide imod denne Fordom.

Forlagt af C. A. Reitzel. Trykt hos Bianco Luno.

Den 11. September. 1847.

Ugeskrift for Læger.

2den Række VII. Nr. 13.

Redigeret af L. Brion og C. Hempel.

Kliniske Undersögelser over de organiske Aarsager til de saakaldte hysteriske Affectioner og Maaden hvorpaa de fremkaldes.

(Ch. Schutzenberger, Prof. ved det medicinske Facultet i Strasburg; Gaz. medicale 1846).

Nærværende Afhandling indledes af Forfatteren med en vidtlöftig historisk Betragtning og Vurdering af de Theorier, der fra de ældste Tider lige til nu have været fremsatte om Hysterien og dens Oprindelse, hvilke det vilde være for vidtlöftigt her at gjengive. Vi ville blot gjöre opmærksom paa, at de her fremsatte Anskuelser i Hovedsagen stemme overeens med Rombergs, der, fornemmelig stöttet paa theoretiske Betragtninger, bestemmer Hysteriens Væsen som en fra en Irritation i Genitalsphæren udgaaende Reflexneurose*). Nærværende Forfatter gaaer et Skridt videre, forsaavidt han ad den kliniske Erfarings Vei stræber

*) Lehrbuch der Nervenkrankheiten des Menschen, 1ster Bds. 1ste Abtheil. 1843. See Ugeskr. f. L. 1ste Række, 8de Bd., Nr. 14.

at paavise bestemte Kilder til Reflexneurosen og saaledes at vindicere denne Theori praktisk Betydning. Paa samme Maade ledes han ogsaa til at adskille forskjellige pathologiske Tilstande, som man har sammenfattet under Navnet Hysteri, og at opstille disse som bestemte Sygdomsformer.

Den betydelige Tilvæxt, hvormed Experimentalphysiologien i den nyere Tid har beriget vore Kundskaber om Lovene for Nervesystemets Funktioner, vil upaatvivlelig ved en fornuftig Anvendelse paa Pathologien blive Udgangspunktet for en mere videnskabelig og fuldstændig Indsigt i det, som man omfatter under Navnet Forstyrrelser i Innervationen. Vistnok har den pathologiske Anatomi oplyst os om den nærmere eller fjernere organiske Aarsag til en Række Funktionsforstyrrelser i Nervesystemet; men selv i disse kunne Virkningerne af den materielle Forandring i Væverne, Maaden hvorpaa de deraf fölgende dynamiske Phænomener udvikle sig, ikke forstaaes uden ved Hjælp af Physiologiens Love. Paa den anden Side gives der en heel Classe af nervöse Affektioner, der ikkun ere kjendte forsaavidt som Funktionen er forstyrret, og som ikke kunne paavises at hidröre fra materielle Forandringer, det er de saakaldte Neuroser. Skulde den videnskabelige Betragtning standse ved disse, fordi den anatomiske Kniv lader os i Stikken? Skulde Physiologien være ganske afmægtig ved denne Klasse af Nervesygdomme, da den dog er nödvendig til at oplyse det Forhold, som finder Sted, naar de funktionelle Symptomer i Apoplexien paavises som hidrörende fra en Hæmorrhagi i Hjernen? Ingenlunde. Tvertimod tör man være forvisset om, at Læren om Afvigelserne i Nervesystemets Funktioner vil udvikle sig ligesaa hurtigt ved Hjælp af Experimentalphysiologien, som Læren om de

Sygdomme, der charakterisere sig ved materielle Strukturforandringer, har udviklet sig ved Hjælp af den pathologiske Anatomi.

Med dette Hensyn ere efterfölgende Undersögelser foretagne om en af de hyppigste nervöse Sygdomme, Hysterien; Resultatet meddeles kun som et Forsög paa at berede Veien til en mere videnskabelig Betragtning af denne Neurose.

De Symptomer, der ere charakteristiske for den Sygdomsform, som vi benævne Hysteri, bestaa i visse Forandringer i Fremtrædelsen af Nervesystemets Funktioner. Dette er en noksom bekjendt Sag; alle de nyere Forfattere betragte derfor Hysteri som en Neurose, en Benævnelse, der sædvanligviis anvendes om saadanne funktionelle Forstyrrelser i Nervesystemet, hvis nærmeste Aarsag er ubekjendt og ikke kan paavises ved synlige Forandringer i Organerne.

Phænomenerne af Föleise og Bevægelse (med hvilke vi her alene have at bekjæftige os) ere altid et Udtryk af en funktionel Proces i Nervesystemet. Denne Proces er i sit Væsen den samme, hvor forskjellige end de den fremkaldende fjernere Aarsager ere, eller de Omstændigheder under hvilke den viser sig. Derfor hvad enten Bevægelser eller Fornemmelser fremtræde som physiologisk eller pathologisk Phænomen, er den funktionelle Akt den samme. Den umiddelbare organiske, den nærmeste Aarsag dertil maa ogsaa være den samme. Denne Aarsag, hvis materielle Grundvold er ubekjendt, men som i Almindelighed sammenlignes med en Bevægelse eller Oscillation af et eiendommeligt imponderabilt Agens, kalde vi med Physiologerne den funktionelle Excitation; denne Benævnelse indbefatter baade selve den funktionelle Akt og dens nærmeste Aarsag. Excitabiliteten er altsaa den i Organerne nedlagde Tendens til at frembringe denne Bevægelse ved Paavirkning af Stimuli.

Den Rækkefölge af Muskel-Contraktioner, som benævnes hysteriske Convulsioner, og de physiologiske Muskel-Contraktioner bero saaledes begge paa den selvsamme umiddelbare nærmeste Aarsag; i begge Tilfælde er Bevægelsesnervernes Excitation, omend varierende i Intensitet og forskjellig med Hensyn til Bevægelsernes Association, i sit Væsen den samme; det er alene Betingelserne eller Aarsagerne til Excitationen der kunne og maa være forskjellige, thi det er alene disse, der adskille den vilkaarlige Bevægelse fra Convulsion eller den uvilkaarlige Bevægelse. Det samme gjelder om de Fornemmelser, der opstaa förend og under hysteriske Anfald; som en funktionel Akt af de sensitive Nerver ere de Udtrykket af en Excitation, der ikke adskiller sig fra den physiologiske eller normale Excitation paa anden Maade, end fordi de fjernere Betingelser til Phænomenet ere usædvanlige, abnorme.

For altsaa at opnaae en videnskabelig Indsigt i de funktionelle Forstyrrelser, behöver man aldeles ikke at granske efter den materielle Akt, som foregaaer i Nerverne under pathologiske Fornemmelsers og Bevægelsers Fremtræden, og Theorierne om Forandringen i Organerne eller det nervöse Agens i disse pathologiske Tilstande ere om ikke andet saa aldeles unyttige. Men det, som det kommer an paa, er ad den videnskabelige Erfarings Vei om muligt at bestemme Udgangspunktet, de fjernere Aarsager og de organiske Betingelser til de Funktionsphænomener, som, om de end maa ansees for pathologiske, ikke desto mindre med Hensyn til Maaden hvorpaa de opstaae, ganske ere undergivne de Love], der i den physiologiske Tilstand gjelde for Nervekraften.

I. Om de saakaldte hysteriske Affectioners Udgangspunkt og Maaden hvorpaa de fremkaldes.

Blandt de mange Theorier, som i Tidernes Forlöb ere fremsatte om Hysteri, finder man, at mangfoldige Pathologer have udledt denne Sygdoms Oprindelse fra Uterus. Det vilde före os for vidt her at udvikle den Maade, hvorpaa denne Forklaring har været opfattet, eller de Grunde, hvorpaa man har stöttet denne Ide; thi om disse end kunne have hævdet Theorien en större eller mindre Grad af Sandsynlighed, saa have de dog ingensinde kunnet afgive noget fyldestgjörende Beviis derfor; dette tro vi os istand til at levere. Men vi maa, for at forebygge Misforstaaelse, strax bemærke, at, naar det fremgaaer af disse Undersögelser, at Generations Organerne hos Qvinden hyppigt frembyde Udgangspunktet for de saakaldte hysteriske Funktionsforstyrrelser, saa gives der ogsaa Funktionsforstyrrelser, i deres Form analoge med disse, der kunne fremkaldes ved Indflydelsen af visse Forandringer i Nervesystemets Kræfter, og hvis foranledigende Aarsager have et ganske andet Sæde og Beskaffenhed. Dernæst i de Tilfælde, hvor Generationsorganerne ere Udgangspunktet for de hysteriske Affektioner, har den foranledigende Aarsag sit Sæde ikke saa ofte i selve Uterus, som de Gamle og störste Delen af de Nyere antage, men i Ovarierne. — Det er dette som vi nu nærmere skulle söge at begrunde.

Naar man underkaster hysteriske Fruentimmer fölgende Undersögelse: lader dem lægge sig paa Ryggen med Hoved og Bryst lidt ophöiede, Laarene böiede imod Bækkenet, saa at Bugmusklerne bringes i den störst mulige

Slaphedstilstand, og man da anbringer et dybt Tryk paa Bugvæggen imellem regio hypogastrica og den nederste Del af den ene eller anden fossa iliaca i Retningen af höire eller venstre Ovarium, saa vil en stor Del af Patienterne angive en meer eller mindre heftig Smerte paa den ene eller anden Side. Naar man nu, efterat det smertende Punkt er bestemt, fortsætter eller foröger Trykket, saa foröges Smerten derved, udstraaler op imod regio epigastrica og concentrerer sig der. Fortsættes Trykket endnu videre, saa ville nogle af Patienterne falde umiddelbart enten i Convulsioner eller i hysterisk Lipothymi. Andre faae Fornemmelsen af en Kugle der stiger op imod Svælget; der udvikle sig Phænomener af spasmodisk Strangulation, og til Slutning optræde hysteriske Convulsioner med forskjellige Former. Der gives Patienter, hos hvem Trykket paa Ovariet constant fremkalder Convulsioner; hos andre men de færreste indskrænker det Hele sig til Smerten, og Udstraalingen af den finder ikke Sted undtagen i visse Öieblikke.

Hvad der her er fremsat er et strængt Resultat af en Række kliniske Undersögelser, foretagne paa Hysteriske saavel af os selv som af andre. Vi ansee det for passende mere detailleret at beskrive nogle af de Erfaringer, vi have samlet.

1. Den förste Ide til denne Undersögelses-Methode fremböd sig hos en ung Pige, 22 Aar gl., af en god Constitution, som aldrig havde haft nervöse Anfald. Hun indkom i Hospitalet for en Blennorrhoea vaginæ og havde tillige i nogle Dage lidt af en fix Smerte i den nederste Del af fossa iliaca, der af og til forværredes og da udstraalede ned imod Laaret og til Lænderne. Ved Undersögelsen bemærkedes i Regionen af höire Ovarium en afrundet Svulst, af Störrelse som et lidet Æg, temmelig haard og meget smertefuld ved Berörelsen. — Uagtet Anvendelsen af Igler,

Bade og blödgjörende Omslag tiltog Smerten efter et Par Dages Forlöb; den forplantede sig til Hjertekulen, concentrerede sig der og ledsagedes af hyppige Opstöd. Den 15de Dag opkom, under en Exacerbation af Smerten i Ovariet, hyppige Opstöd og endelig almindelige convulsiviske Bevægelser med Krampe i Stemmeridsen og Svælget og delviis Tab af Bevidstheden. Næste Dag opstod under Explorationen et nyt hysterisk Anfald, idet det anvendte Tryk forögede Smerten og fremkaldte convulsiviske Bevægelser. — Ved gjentagne lokale Blodudgydelser, Omslag og Bade forsvandt efterhaanden Smerterne og Svulsten i Ovariet; de hysteriske Anfald, der flere Gange havde viist sig og mod hvilke Dyvelsdrækslavementer vare ordinerede, ophörte samtidig med Symptomerne af den locale Irritation. — Senere have ikke indfundet sig Kramper.

Udgangspunktet for de convulsiviske hysteriske Anfald og disses foranledigende Aarsag var i dette Tilfælde aabenbar, nemlig Ovariet, og Affektionen af dette ligeledes tydelig charakteriseret som en Betændelse. Den causale Forbindelse mellem denne og de nervöse Attaqver, samt Maaden, hvorpaa disse opstode, er indlysende. Paa samme Maade som en inflammatorisk Irritation af Bronchierne og Struben fremkalder Hoste, Betændelse i Maven, Bugbinden og Nyrerne Brækninger, Betændelse i Blæren Tenesmi — alle krampagtige Phænomener eller Functionsforstyrrelser i Nervesystemet; paa samme Maade fremkaldte Betændelse i Ovariet ved dette Tilfælde og en Del lignende en for det irriterede Organ eiendommelig Form af Convulsioner. Den Lov, ifölge hvilken alle disse Tilfælde opstaae, er aabenbar den samme, nemlig Reflexens Lov, d. e. den peripheriske Excitation forplantes til Centralorganerne og reflekteres af disse til visse Afdelinger af Bevægelses- eller Fölelses-Nerver.

Der opstaaer nu det Spörgsmaal, om den convulsive Form af Hysteri staaer i et særegent Forhold til Excitation af Ovariet (ligesom Hoste staaer i eget Forhold til

Excitation af Luftveienes Slimhinde-Nerver, Brækning til Mavens Slimhinde); dernæst, hvilke andre Affectioner foruden Inflammation og Congestion, der kunne kalde dette Forhold tillive. Til Oplysning herom ad Erfaringens Vei ville vi blandt forskjellige derhen hörende Iagttagelser gjöre et Udvalg.

2. E. R., en 17 Aars gammel Tjenestepige, af en god Constitution, havde i Pubertets-Tiden lidt af convulsiviske Anfald med Tab af Bevidstheden, uden at Menstruationens Fremkomst og i det Hele regelmæssige Gang yttrede nogen Indflydelse derpaa. Anfaldene bleve habituelle, indfandt sig næsten hver Dag; i Mellemtiden befandt Patienten sig vel; i flere Maaneder havde hun været underkastet forskjellige Behandlingsmaader imod Epilepsi uden Nytte.

Under en nöiagtig Examination forklarer Pt., at hun forud for Anfaldene föler Smerter i den nederste Del af Underlivets höire Side; derfra udstraale Smerterne imod Maven og frembringe en ubehagelig Fornemmelse af Sammensnören, der siden forplanter sig til Halsen; endelig opstaaer et Anfald af fuldstændig Bevidstheds-Tab med universelle Convulsioner. Disse Anfald vare ¼ til ½ Time. Symptomerne fölge snart hurtigt snart langsomt efter hinanden; men de smertefulde Fornemmelser ende sig næsten altid med Convulsioner. — Ved Undersögelsen findes ingen Spor til Hyperæsthesi paa Ryggen, ei heller paa Underlivet undtagen i Regionen af höire Ovarium. Et let Tryk i Retningen af dette fremkalder en levende Smerte, men der er ingen Haardhed eller Svulst at opdage. Den ved Trykket fremkaldte Smerte udstraaler ligesom den spontant opkommende imod Hjertekulen, og naar Trykket vedholdes, opkommer Stivhed i Kroppen, convulsive Bevægelser i Mellemgulvet, Krampe i Struben, Bevidstheds-Tab og Convulsioner.

Ved en Behandling med gjentagne Igler, flyvende Vesicatorier paa det smertende Sted samtidig med Lavementer af asa foetida i stor Dosis forsvandt Sensibiliteten i Ovariet lidt efter lidt og tilligemed den de convulsive Anfald. Da Patienten i hele 14 Dage havde været fri for saadanne, forlod hun Hospitalet helbredet. Omtrent 13 Maaneder efter, da Pt. fik en Forskrækkelse under Menstruationen, hvorved denne strax standsede, opstod et nyt hysterisk Anfald, der gjentog sig nogle Uger efter, hvorpaa hun igjen indkom i Hospitalet. Anfaldene indfandt sig nu hver Dag flere Gange med stor Heftighed. Ved Undersögelsen findes Regionen af höire Ovarium overmaade smertefuld ved Tryk, forresten hele Underlivet saavelsom Regionen omkring venstre Ovarium usmerteligt. Vedholdes Trykket, saa opkommer en sammensnörende Fornemmelse i Hjertekulen, Krampe i Svælget og Struben, Stivhed, Tab af Bevidstheden og Convulsioner. Anfaldene opstaae i de fölgende Dage spontant flere Gange daglig, snart under den nysbeskrevne Form med alle Tilfælde indtil Convulsioner, snart alene som Constriction af Hjertekulen og Svælget.

Man var istand til vilkaarlig at fremkalde Symptomerne ved at indvirke paa Ovariet — paa samme Maade som man vilkaarlig kan fremkalde Nysen ved at paavirke Næsens Slimhinde. Naar Trykket er moderat og kortvarigt opstaa ikke altid Convulsioner, men man fremkalder dem sikkert ved at forlænge Trykket. Dette Forsög blev gjentaget i Overværelse af flere Læger; ingensinde bevirkedes noget lignende ved Tryk paa andre Steder, og intetsteds undtagen i höire Ovarium fandtes noget andet Focus for Sensibiliteten.

Ved den samme Behandling som forrige Gang bekjæmpedes atter Sensibiliteten i Ovariet og samtidig med den de convulsiviske Anfald, og Patienten udgik helbredet.

I det nævnte Tilfælde var Udgangspunktet for Funktionsforstyrrelserne tydelig nok i Ovariet; Affektionen af dette var den eneste paaviselige Aarsag til de convulsive Anfald, der bestod og forsvandt tilligemed denne. Intet tydede paa Tilstedeværelsen af en universel sygelig Tilstand i Nervesystemet eller dets Centralorganer; der fandtes hverken forhöiet Excitabilitet eller nervöse Symptomer i Mellemrummet imellem Anfaldene. Denne Iagttagelse beviser altsaa, at Affektionen af Ovariet kan alene uden anden opviselig Afvigelse i Nervesystemets eiendommelige Kræfter fremkalde Hysteri og fölgelig i visse Tilfælde afgive den eneste organiske Aarsag til den Abnormitet i Nervesystemet, som kaldes Hysteri, ganske paa samme Maade som Excitationen af Nerverne til Struben i visse Tilfælde er den organiske Aarsag til Hoste. Med Hensyn til Beskaffenheden af Lidelsen i Ovariet saa berettiger intet til som i förste Tilfælde at antage den for en Betændelse; Smerte kan finde Sted uden Betændelse, som de saakaldte smertende Punkter i Neuralgier tilfulde bevise; Lidelser i Ovariet kan altsaa ligesaavel være en Ovaralgi som en Ovaritis, rimeligviis hyppigere hiin end denne.

Holde vi os altsaa alene til disse Kjendsgjerninger, saa tör vi nok opstille den Slutning, at Excitation af Nerverne i Ovariet, hvad enten den er congestiv, inflammatorisk eller ikke, er i og for sig istand til at afgive den organiske Aarsag til de saakaldte hysteriske Affektioner. Saavidt vi kunne slutte efter vore hidtil gjorte Erfaringer, træffes den Art af Hysteri, som ene afhænger af en Lidelse i Ovariet ikke hyppigst, og i det overveiende Antal af de saakaldte hysteriske Affektioner er Tilstanden meget mere compliceret. Men for at danne sig en videnskabelig Indsigt i disse complicerede Tilstande kræves, at man i Forveien maa kjende den simpleste Form.

Til Bestyrkelse af det ovenangivne Resultat kunde vi tilföie mange andre Iagttagelser, der vise, at Udgangspunktet for Hysterien var i Ovariet; men da Affektionen tillige var compliceret med andre pathologiske Tilstande, skulle vi senere komme tilbage til dem, og blot endnu tilföie fölgende Iagttagelse.

3. A. U., en 19 Aars gammel Bondepige, robust, regelmæssig menstrueret, havde siden sit 16de Aar Anfald af Hysteric, der viste sig med suffocative Anfald og universelle Convulsioner. Anfaldene vare hyppige og varede undertiden hele Timer; i Mellemtiden var Pt. meget irritabel men forresten ved fuldkommen Velbefindende. Ved

antiphlogistisk Regimen og antispasmodiske Midler vare Anfaldene lidt efter lidt aftagne i Hyppighed. — 3 Uger efter, det sidste Anfald blev hun nöiagtig undersögt. Underlivet var blödt og usmerteligt undtagen i Regionen af höire Ovarium. Ved Tryk herpaa opstod en levende Smerte; Ansigtstrækkene fortrak sig, og ved at fortsætte Trykket opstod Anfald af Qvælning, Pt. lukkede Öinene, reiste sig med udstrakte stive Arme og faldt endelig i Convulsioner. Man ophörte med Trykket og ved Bestænkning med koldt Vand i Ansigtet standsede Anfaldet. — Ved Brugen af Assa foetida i Lavement og indvendigt formindskedes Sensibiliteten i Ovariet efterhaanden, og Anfaldet kom ikke mere igjen spontant; man forsögte ikke mere at fremkalde det.

I endnu et Tilfælde, som havde meget Lighed med dette, kunde Anfaldene fremkaldes vilkaarligt, svage eller stærke, fuldstændige eller ufuldstændige i Forhold til Graden af Trykket paa Ovariet.

Det er overflödigt at tilföie flere lignende Sygehistorier; vi kunne efter det Anförte fastsætte hint Resultat som et Factum godtgjort ved Erfaring, ikke alene som en theoretisk Slutning. Billedet af de fremkaldte hysteriske Anfald er forresten ikke altid et og det samme. Snart opstaa de som et simpelt Tab af Bevidstheden uden convulsive Phænomener, snart fremtræde universelle Convulsioner med fuldstændig Bevidstlöshed, snart iagttages alene spasmodiske Bevægelser af Respirationsmusklerne uden Tab af Bevidstheden.

Vi have saaledes ad den cliniske Erfarings Vei godtgjort, at Ovariet i en Række af Tilfælde afgiver Udgangspunktet for de saakaldte hysteriske Funktionsforstyrrelser; men man vilde vistnok feile meget, hvis man (som man har gjort med Hensyn til uterus, skjönt med ulige færre fra Erfaringen hentede Beviser) vilde fremsætte som almindelig Grundsætning, at alt det som paa Videnskabens nuværende Standpunkt bærer Navn af Hysteri, har sin Kilde i en Indvirkning paa Nerverne i Ovariet. Der paatrænger sig nemlig strax det Spörgsmaal, om den hysteriske Krampe ikke kan have sit Udgangspunkt fra andre Steder? Dette ville vi nu ved egne saavelsom Andres Iagttagelser söge at oplyse, forinden vi opstille nogen almindelig Regel; og om disse end lade meget tilbage at önske, indeholde de dog Stof nok til at vise, at ovennævnte Regel ikke er anvendelig i saadan Almindelighed.

Et Factum har i lang Tid beskjæftiget Alle som have gjort et dybere Studium af Hysterien, nemlig den vel sjeldne men dog visse Erfaring, at Mandfolk kunne være underkastede convulsive Anfald, der med Hensyn til Symptomerne ere analoge med de hysteriske Anfald hos Fruentimmer. Hoffmann anförer et mærkeligt Exempel herpaa.

4. En Yngling paa 16 Aar, kraftig bygget, af en god Constitution og udtalt sangvinsk Temperament, led i nogen Tid af en heftig Smerte i Bugringen; endvidere havde han imod sin Villie voldsomme Erectioner og plagedes af libidinöse Lyster. Der indfandt sig i Löbet af nogle Uger lette Feberbevægelser hver Aften; Smerten i Lysken indfandt sig, saasnart Feberen var endt. Desuden viste sig andre Tilfælde, som lignede hysteriske: voldsomme Kramper der udgik fra Regionen af Skambenet til Ryggen, Hjertekulen og Struben ja endog til Hovedet med Hjertebanken, Sammensnören af Struben, generet Respiration, Besvimelse, Sopor og convulsive Bevægelser af Yderlemmerne. En saadan Paroxysme vendte tilbage næsten hver Maaned. Forresten var Appetiten god; jævnlig haardnakket Forstoppelse der krævede stærke Drastica; Pulsen sædvanlig kraftig, under Anfaldene uregelmæssig og deprimeret.

Efter en frugteslös Behandling med forskjellige antispasmodica og antiepileptica, forordnedes en Aareladning hver Maaned, Salpeter-Pulver og strængt Regimen, hvorefter Patienten snart helbrededes.

Imellem denne Iagttagelse og de foregaaende, hvor Excitationen forplantede sig fra Ovariet, er der sikkerlig ingen væsenlig Forskjel. Ikke i Symptomernes Form; thi Analegien er aabenbar. Ei heller i Sygdommens Væsen og Maaden hvorpaa Anfaldene fremkaldtes; thi vi see, at Functionsforstyrrelsen var der den samme som iagttoges hos Hysteriske, og at den endydermere fremkaldtes ved en Excitation af Generationsorganernes Nerver, nöiagtig paa samme Maade som i ovenvævnte Iagttagelser. Excitationerne gik fra Ovariet. Forskjellen ligger alene i Udgangspunktet, men denne Forskjel kan ikke ömstöde Analogien, og fra et videnskabeligt Standpunkt ere vi med Hoffmann fuldkommen berettigede til at henföre dette Tilfælde til Hysteri. Man indvende ikke, at Iagttagelser af denne Natur ere for sjeldne til at man kan lægge stor Vægt derpaa; thi, om vi end villigen indrömme, at Iagttagelsen af saadanne Tilfælde sædvanligen er for overfladisk, saa har Factum dog sit Værd uafhængig af dets större og mindre Hyppighed. Forresten ere Anskuelserne om dette Punkt forskjellige, thi Nogle benegte, at Hysteri kan findes hos Mandfolk, hvorimod Andre, navnlig Romberg, antage det, og Trotter har seet Söfolk lidende af Hysteri, som udtalte sig ved Fölelsen af Globulus, uvilkaarlig Latter og Graad og ved Convulsioner. Et analogt Tilfælde fortjener her, skjöndt Detaillen er utilstrækkelig, at anföres.

5. Et ungt Menneske paa 22 Aar, af en svag Constitution, udtalt nervöst Temperament og særdeles incitabel, som havde fört et frit Liv, forlovede sig. Under Indflydelse af en næsten vedvarende sjælelig og legemlig Irritation blev han angrebet af meget hyppige krampagtige Anfald, som i Formen vare analoge med hysteriske Anfald, dog uden Bevidstlöshed, med fuldkommen fri Mellemrum. Efter Bryllupet forsvandt de og kom ikke mere igjen.

Vi ere ved dette Tilfælde ude af Stand til at angive, om der forud for de convulsiviske Symptomer gik Smerte-Fornemmelser eller muligen Smerter i Testiklerne; men under Forhold, som de, for hvilke dette unge Menneske var udsat, forhöies som bekjendt Sensibiliteten i Kjönsorganerne, og den kan ofte stige til en virkelig Smerte.

Hvorledes nu end dette forholder sig, og om man endnu ikke vil indrömme som beviist, at Mandfolk kunne angribes af convulsiviske hysteriske Anfald ved en Excitation af Kjönsorganerne, saa bliver det i det mindste vist, at Sagen fortjener en videre Undersögelse, for ad Erfaringens Vei at bestemme Udgangspunktet for saadanne Anfald hos Mandfolk ligesom hos Fruentimmer.

Vi gaae videre. Selv hos Fruentimmer kunne krampagtige Tilfælde, der almindelig betragtes som pathognomoniske for Hysteri, udvikle sig ved exciterende Aarsager, der have Sæde paa andre Steder end i Ovariet. Et mærkeligt Tilfælde tjener som Beviis herfor.

6. En Pige paa 29 Aar af god Constitution og sangvinsk Temperament havde i 3 Uger lidt af en inflammatorisk Affektion, som rimeligviis havde sit Sæde i Cellevævet bag Peritonæum paa höire Side. Hendes Tilstand var ved Indlæggelsen i Hospitalet fölgende: Den höire Side af Underlivet lige til fossa iliaca var særdeles sensibel ved Tryk; Percussionen gav en mat Lyd, der ikke var en Fortsættelse af Lever-Matheden og ophörte ved den överste Del af fossa iliaca. Ved Fölelsen bemærkes der en diffus Hævelse i Dybden, der strakte sig hen imod Navle-Regionen. Meget heftige Smerter indfandt sig spontant med Mellemrum; de forögedes ved Respirationen, Hoste og enhver Anstrængelse; desuden Smerter i det höire Laar og Uformuenhed til at böie det imod Bækkenet; Musklerne paa Laarets forreste Side vare paralytiske; fuldstændig Ufölsomhed i Huden paa Laarets Forside, medens Pt. imellemstunder fölte gjennemfarende Stik deri. Pulsen hurtig og fuld, Huden hed, Törst, Tungen fugtig; den övrige Del af Underlivet usmertelig.

Ved en kraftig antiphlogistsk Behandling formindskedes lidt efter lidt Smerten; Fölelsen og Bevægelsen i Laaret vendte tilbage, men Hævelsen i Dybden vedblev bestandig; der indtraf uregelmæssige Gysninger og lette Feberbevægelser, der lode befrygte Suppuration i Dybden. I denne Periode opdagedes ved den lokale Undersögelse fölgende Række af Phænomener: Ved et Tryk udövet i Dybden paa höire Side i Retningen af den diffuse Hævelse opstod en meget heftig Smerte, der constant ledsagedes af en sammensnörende Fornemmelse, analog med Globulus hystericus, medförende Symptomer af Strangulation lig dem i den saakaldte hysteriske Krampe. Ved at vedholde Trykket opstod Stivhed i Kroppen og lette Rystelser i Yderlemmerne, men man troede ei at burde fortsætte Forsöget saalænge, at der kunde opstaae universelle Convulsioner hos den allerede meget svækkede Pt.; Alting tydede paa, at man ved stærkere og langvarigere lokal Indvirkning vilde kunnet kalde dem tillive. De samme Phænomener viste sig men med mindre Intensitet, hvergang den Syge böiede sig forover. Underlivets nederste Parti og navnlig Regionen om Ovarierne var fuldkommen smertefri, og Tryk derpaa fremkaldte hverken Smerte eller Krampe.

Efterhaanden som Sensibiliteten formindskedes, kunde Kramperne ikke længer fremkaldes. Efter ½ Aars Forlöb udgik Pt. helbredet.

I dette Tilfælde vare de nervöse Tilfælde et simpelt Biphænomen, et Symptom, om man saa vil, af en Betændelse i Dybden paa höire Side; men Factum er ikke destomindre af Vigtighed, thi det viser at Betændelser i Underlivet, som ikke staa i Forbindelse med Genitalsphæren, kunne give Anledning til Funktionsforstyrrelser, analoge med dem, der betragtes som pathognomoniske for Hysteri. Vel er her den oprindelige organiske Aarsag ganske forskjellig fra det sædvanlige Forhold, Udgangspunktet ligeledes; men der findes umiskjendelige Analogier ikke alene med Hensyn til Formen af Abnormiteten i de nervöse Funktioner, men ogsaa i Maaden, hvorpaa Funktionsforstyrrelsen fremkaldes; thi det er her en abnorm Indvirkning, en Excitation paa Lumbar-Nerverne ved en Betændelse i de omgivende Væv, der paa Reflexens Vei fremkaldte Kramperne i Halsen.

Omendskjöndt Livmoderen langt sjeldnere end man længe har antaget afgiver Udgangspunktet for de hysteriske Tilfælde, kan det dog ikke benægtes, at Affektioner af dette Organ ogsaa kunne virke som exciterende Aarsag for hysteriske Anfald. Romberg har bekjendtgjort en Iagttagelse fra sin Klinik, der synes at paavise et nöiere Causalitetsforhold imellem en Anteversio uteri og convulsive nervöse Tilfælde. Bekjendt nok er den Rolle, man i denne Henseende har tildelt den chroniske Metritis. Dette fortjener vistnok en nöiere Undersögelse; thi der er Intet som beviser, at Ovariet i de paaberaabte Tilfælde har været fri for Sygdom, eftersom man ikke har tænkt paa at undersöge dette Organ. At Livmoderen hos en Hysterisk er inclineret, dens Hals svullen eller ulcereret, berettiger ikke til at ansee den for Udgangspunkt for Sygdommen; der maa vises, at der ikke gives noget andet Udgangspunkt. Vistnok er der endnu meget at gjöre for at komme til bestemt Kundskab om den Rolle, som Affektioner af Livmoderen kunne spille ved Fremkaldelsen af hysteriske Tilfælde.

Af de hidtil anförte Iagttagelser fremgaaer, at en vis Classe af de sygelige Tilfælde, der indbefattes under Navnet Hysteri, har sin Oprindelse i en lokal Excitation af visse Nerver, der forplante sig videre ifölge Lovene for Reflexvirksomheden — uden at der ellers er nogen universel sygelig Disposition i Nervesystemet tilstede. Den lokale Excitation er hyppigst begrundet i en Affektion af Ovariet (denne kan være en Betændelse, Congestion, men for det meste en Neuralgi), og dette udgjör en bestemt Sygdomsform, kjendelig ved bestemte Symptomer ved Sygesengen; man kan for denne bibeholde Navnet Hysteri eller give den et andet Navn, som maaske svarer bedre til Sygdommen, dette er af underordnet Vigtighed. — Den lokale Excitation fremkalder ikke nödvendig de fjernere Afvigelser i Nervesystemets Yttringer; ligesom en Pneumoni kan være tilstede uden Hoste, Gastritis uden Brækning, saaledes kan ogsaa og endnu oftere findes ovaritis uden hysteriske Kramper.

I sjeldnere Tilfælde kunne i symptomatisk Henseende analoge Nervetilfælde udvikle sig fra andre lokale Affektioner paa samme Maade som fra Ovariet.

I det Fölgende skulle vi söge at paavise, hvilke andre bestemte Sygdomstilstande man har indbefattet under Hysteri.

Befordringer. Underlæge ved 7de Infanteri-Bataillon E. A. Petersen forsat i lige Egenskab til Christians Pleiehuus i Eckernförde; Licent. med. M. Trier udnævnt til Underlæge ved 7de Bataillon.

Forlagt af C. A. Reitzel. Trykt hos Bianco Luno.

Den 18. September. 1847.

Ugeskrift for Læger.

2den Række VII. Nr. 14.

Redigeret af L. Brion og C. Hempel.

Kliniske Undersögelser over de organiske Aarsager til de saakaldte hysteriske Affectioner og Maaden hvorpaa de fremkaldes.

(Ch. Schutzenberger, Prof. ved det medicinske Facultet i Strasburg; Gaz. medicale 1846).

II. Om de Forandringer i Nervesystemets Kræfter, der have Betydning som Aarsag til de saakaldte hysteriske Affektioner.

I de Iagttagelser, som hidtil ere fortalte, have vi seet, at der ikke fandtes Spor til nogen pathologisk Tilstand i Nervesystemet i dets Helhed eller i dets Centralorganer. Vi komme nu til en anden Række af kliniske Iagttagelser, der udvise, at den Sygdom som benævnes Hysteri andre Gange, ja meget ofte, beroer paa særegne Tilstande i Nervesystemet.

Den Egenskab, som Nervesystemets Centralorganer navnlig Rygmarven besidder, at kunne forplante Paavirkninger hidrörende fra Fölelsesnerverne til andre især motoriske Nerver, d. e. Reflex-Evnen, kan være forskjellig ifölge en oprindelig Organisation i Nervesystemet, uden derfor at ophöre at være physiologisk. Der gives f. Ex. Individer, som paa Grund af en egen Disposition i Nervesystemet falde i Convulsioner, naar de kildres under Fodsaalerne, medens saadant aldeles ikke bemærkes hos Andre, der underkastes samme Paavirkning. Deres Modtagelighed er forskjellig men alligevel ikke pathologisk hos de Förste, uagtet Excitationen paa Fodsaalens Fölelsesnerver er den væsentlige Aarsag til de optrædende Symptomer. Det samme gjælder i en Del Tilfælde om den lokale Excitation, som fremkalder den hysteriske Krampe. Den kan paa Grund af Nervesystemets oprindelige Disposition ved en Reflex hos nogle Individer fremkalde convulsiviske Phænomener, der ikke indtræde hos andre under lignende Omstændigheder — uden at Rygmarven eller Nervesystemet befinder sig under særegne pathologiske Betingelser.

Den exciterende Aarsags Virkninger afhænge altsaa ikke alene af denne Aarsags Beskaffenhed og Intensitet, men tillige fornemmelig af de Organers Excitabilitet, til hvilke Paavirkningen forplantes. Denne Excitabilitet kan variere inden visse Grændser uden at ophöre at være physiologisk; men den kan ogsaa blive pathologisk, og vi betragte den som saadan, naar de habituelle Stimuli fremkalde usædvanlige Virkninger.

Denne sygelig forhöiede Excitabilitet udgjör en eiendommelig pathologisk Tilstand, og det er aabenbart at visse sygelige Affektioner, der ligeledes bære Navn af Hysteri, netop charakterisere sig som en saadan. Dens materielle Betingelser ere ubekjendte; vi kjende den kun af dens funktionelle Yttringer. Vi finde saaledes, at et simpelt Tryk fremkalder en smertelig Fornemmelse i Fölelsesnerverne; den optræder da som meer eller mindre udbredte Hyperæsthesier. Paa den anden Side kan enhver lokal peripherisk Excitation selv en physiologisk reflekteres af Centralorganerne til andre Fölelses- eller Bevægelses-Nerver; vi have da en forhöiet Reflexvirksomhed i Centralorganerne. Under saadanne Betingelser, hvor den letteste lokale Excitation fremkalder udbredte Funktionsforstyrrelser, blive Udgangspunkterne for de abnorme Yttringer af Nervesystemet mangfoldige og tabe derved deres praktiske Vigtighed. Den lokale Excitation bliver vel endnu Aarsag til Kramperne, men den spiller ikkun en underordnet Rolle og udgjör ikke det væsentlige Grundlag for Affektionen.

Naar den sygelige Excitabilitet har sit Sæde udelukkende i den sensitive Sphære, fremkalder den ikke hysteriske Convulsioner, skjöndt den iövrigt aabenbarer sig ved forskjellige funktionelle Afvigelser. Uterus og Ovarierne have ingen væsentlig Betydning i denne Tilstand, og det er med Urette at man har tillagt den Navnet Hysteri. I Hypochondri hos Mandfolk, ihvorvel den charakteriserer sig fornemmelig ved den Syges mentelle Tilstand, er Tilstedeværelsen af en saadan pathologisk Hyperæsthesi umiskjendelig, og det er dette fælleds Element for Hypochondrien og visse saakaldte hysteriske Affektioner, der har forledt saa mange endog navnkundige Mænd til at sammenblande disse to Sygdomme. Hvad iövrigt Hypochondrien angaaer saa er det et Spörgsmaal, om de neuralgiske Foci eller Hyperæsthesierne fremkaldes og vedligeholdes af den mentelle Tilstand — som nogle (Romberg) mene — eller om ikke snarere — hvilket vi ere tilböielige til at antage i det mindste i en Del Tilfælde — den mentelle Tilstand, den hypochondriske Nosomani er en Virkning af abnorme

Fornemmelser, som de physiologiske stimuli uophörlig fremkalde i de sensitive Nervers Omraade.

Det er overflödigt at anföre mange Iagttagelser for at paavise de enkelte Træk af den omtalte pathologiske Tilstand. Enhver Praktikus kjender de saakaldte nervöse, sensible Fruentimmer, for hvem de physiologiske stimuli ere blevne Kilden til en sand Tortur. Som oftest har den udviklēt sig idiopathisk ved en feilagtig Leveviis i physisk og intellektuel Henseende, andre Gange er den konsekutiv ifölge andre organiske Aarsager, blandt hvilke de hyppigste ere den chlorotiske Anæmi og den Anæmi, som er en Virkning af visse akute Sygdomme. Folgende Iagttagelse viser os den sensitive Excitabilitet i sin störste Reenhed.

7. C. B., 45 Aar gammel, Nonne i et Kloster, spinkel af Constitution, regelmæssig menstrueret, havde tilforn nydt et upaaklagelig Helbred, men dette forandrede sig efterat hun i nogen Tid havde fört et Liv fuldt af Savn og Bodsövelser; hun blev overmaade sensibel, og denne Sensibilitet tiltog betydeligt ifölge en Sindsaffektion, som hun havde haft nogle Uger för Indlæggelsen i Hospitalet; forskjellige smertende Fornemmelser udviklede sig snart i Hovedet, snart i Brystet eller Underlivet.

Hun led af Forstyrrelse i Synet, Hovedsvimmel, ubehagelig Susen for Örerne, vedholdende af og til exacerberende Smerter, som strakte sig fra Nakken lige til Issen og föltes som en Banken, synchronisk med Pulsslagene. Smerten fölger temmelig nöiagtig Retningen af Nervus occipitalis og auricularis post. paa venstre Side. Der opdages ikke ved Tryk noget neuralgisk Punkt; undertiden er Halsen stiv, fordi Smerten foröges ved Bevægelse. Patienten farer sammen ved den mindste Lyd, lider undertiden af Sövnlöshed; ogsaa i psychisk Henseende er der en stor Modtagelighed for Indtryk. — Hun er iövrigt mager, spinkel af Lemmer, Ansigtet blegt, Læberne normalt farvede; Appetiten og Fordöielsen god, Stolgangen ordenlig, Menstruationen regelmæssig, Underlivet overalt usmerteligt; undertiden indfinde sig Palpitationer med Anfald af Hede, men Brystets og og Hjertets Stethoscopi og Percussion ere normale, ingen Blæselyd i Carotiderne.

En spansk Flue, der anvendtes i Nakken, fremkalder ved Irritationen Besvimelse og længere hen en febrilsk Bevægelse, hvis Fremkomst ikke kan tilskrives nogen anden Aarsag.

I Sygdommens Forlöb tiltoge Sensibilitetsforstyrrelserne og skiftede ofte Sæde; foruden Smerter i Ansigtet bemærkes smertefulde Trækninger i Lemmerne, Gastralgi, Hyperæsthesier paa forskjellige Steder af Kroppen, paa Ryggen, Brystet, i Hjertekulen; smertende Dysuri; undertiden Hjertebanken, men aldrig convulsive Symptomer, Menstruationen altid regelmæssig; ingensinde Ovaralgi. Hele Sygdommen bestaaer i en Vexlen af Sensibilitets-Forstyrrelser, smertende Fornemmelser, som neppe dulme paa et Sted för de vise sig paa et andet. Den omhyggeligste Undersögelse er ikke istand til at opdage Affektion af noget Organ, Patienten er svag men ikke chlorotisk.

I en Tid af 16 Maaneder ere anvendte forskjellige Medikamenter, som Jernmidler, tonica, beroligende Midler, Bade, der dog ikkun bragte momentan Bedring. De sygelige Phænomener vedbleve dog uden at forværres; Sygdommen synes uhelbredelig.

I denne Iagttagelse, som lettelig kunde forøges med flere, se vi, at den organiske Tilstand, som vi kalde den sensitive Excitabilitet, Hyperæsthesi kan existere alene, idiopathisk og udgjöre en eiendommelig pathologisk Tilstand, der ikke kan sammenfattes med den fra Genitalsphæren udgaaende Excitation; en Tilstand, som her viser sig i sin Renhed, og som vi ville faae Leilighed til at gjenkjende som et Element i mere complicerede Tilfælde, der kunne frembyde sig for klinisk Iagttagelse.

Vi have forhen viist, at lokale Excitationer navnlig fra Ovarierne kunne paa reflektorisk Vei og uden nogen anden ledsagende pathologisk Tilstand fremkalde Funktionsforstyrrelser, der charakterisere det hysteriske Anfald. Paa den anden Side se vi, at Nervesystemet kan lide af en meer eller mindre almindelig sygelig Excitabilitet; endvidere at denne Tilstand, lokaliseret i den sensitive Sphære, kan existere idiopathisk eller fölge af Anæmi, uden at fremkalde saadanne krampagtige Tilfælde som de, der forplantes fra en Excitation i Ovariet. Man vil da let indse:

1) At den sygelige Excitabilitet, naar den omfatter Centralorganernes navnlig Rygmarvens Reflexvirksomhed, afgiver en organisk Disposition, der meget begunstiger Forplantelsen af lokale Excitationer. 2) At disse sidste udvikle sig desto lettere og selv ved simple physiologiske Stimuli, jo stærkere og jo flere peripheriske Nerver ere angrebne af den pathologiske Excitabilitet. — Disse to Tilstande findes tydelig forenede i en Del Tilfælde, og udgjöre da complicerede pathologiske Tilstande, hvor der vedvarende findes dels en meer eller mindre udbredt, forhöiet Reflexevne, dels lokale Excitationer, der virke som occasionelle Aarsager til Anfaldene. De reneste Tilfælde af denne Categori ere saadanne, hvor den sygelige Reflexvirksomhed i Rygmarven er forbunden med en Excitation fra et Ovarium. Et Exempel herpaa afgiver fölgende Iagttagelse:

8. M. B., en Pige paa 18 Aar, af kraftig Constitution, som förte et stillesiddende Liv men forresten levede under gunstige hygieiniske Betingelser, havde paa nogle Uregelmæssigheder i Menstruationen nær, bestandig befundet sig vel, da hun uden nogen bekjendt Aarsag omtrent ½ Aar för hendes Optagelse i Hospitalet blev angrebet af hysteriske convulsive Anfald. Disse indfandt sig sædvanlig een undertiden flere Gange daglig med forskjellig Varighed og Intensitet. De begyndte med Smerte i Underlivet, der forplantede sig til Hjertekulen, derfra steg op i Halsen som globulus, ledsaget af Qvælningssymptomer, ufuldstændig Tab af Bevidstheden og Convulsioner; — i de fri Mellemrum Mathed, universel Excitabilitet, hyppig Smerte i Lemmerne, Hjertebanken, uregelmæssig Appetit.

Ved Undersögelsen iagttoges fölgende Tilstand: bleg Ansigtsfarve, chlorotisk Farve af Læberne, Hjertebanken, vedholdende Blæselyd i Carotiderne, höi Grad af Sensibilitet. Ved Tryk paa 6te, 7de og 8de Ryghvirvels proc. spinosi föles en levende Smerte; men denne straaler ikke ud til noget andet Sted og fremkalder ikke Reflexphænomener. Cardia er ligeledes smertefuldt, men Tryk derpaa fremkalder heller intet Anfald. Iövrigt er Underlivet usmerteligt undtagen i Regionen af venstre Ovarium; selv et svagt Tryk paa dette Punkt fremkalder en levende Smerte, umiddelbart derpaa en sammensnörende Fornemmelse i Hjertekulen, Krampe i Struben og Mellemgulvet, endelig universelle Convulsioner med delviis Tab af Bevidstheden.

Denne Undersögelse gjentaget flere Gange, i Overværelse af andre Læger, fremkalder constant den samme Række Symptomer. Flere Gange forplanter Virkningen sig næsten med Lynets Hurtighed, saa at der kun er et Mellemrum af et Par Sekunder imellem Smerten i Ovariet og Convulsionerne, og Cardialgi, Globulus mangle da ganske. Psychiske Indtryk som Skræk, Modsigelse fremkalde ogsaa men sjelden Anfaldene, men aldrig opstaae de ved Tryk paa Ryghvirvlerne eller paa Hjertekulen.

Den Behandling, som lykkedes ved Tilfælde af en simpel Excitation fra Ovariet, Assa foetida, Vesicatoria o. s. v. blev her ganske frugteslös. Ved Brugen af Jernmidler bekjæmpedes Chlorosen, Blæselyden i Carotiderne forsvandt, Hudfarven blev normal og Menstruationen regelmæssig; men de nervöse Symptomer vedbleve med samme Charakter og Heftighed. Imod disse hjalp ligesaalidt en længere Brug af de sædvanlige antispasmodica, Valeriana o. s. v. i höi Dosis. — Der benyttedes nu kolde Vadskninger Morgen og Aften, kolde Overgydninger under Anfaldene og kolde Bade 2 Gange daglig; indvendig Protochloretum Stanni i Dosis af 5 Gr. stigende til 40 Gr. — Ved disse Midler opnaaedes en forbedret Tilstand, saaledes at Anfaldene bleve sjeldnere, kortere og mindre voldsomme; de viste sig omtrent hver 10de Dag og kunde endnu fremkaldes ved Tryk paa Ovariet, men vare svagere, uden Convulsioner. Pt. forlod da Hospitalet for i Forbindelse med Badene at nyde Landlivet.

Vi öine lettelig de enkelte væsentlige Momenter i dette complicerede Tilfælde. Ovaralgien var aabenbar den fornemste organiske Leiligheds-Aarsag til Fremkomsten af Anfaldene; men den forhöiede Sensibilitet i Ovariet var sandsynligviis ligesaavelsom i Ryghvirvlerne og Hjertekulen, Udtrykket af en mere almindelig Hyperæsthesi. Letheden, hvormed den lokale Excitation forplantedes, viser os dernæst en Forhöielse af Rygmarvens Reflexevne. Den chlorotiske Anæmi synes ikke at have været den oprindelige Aarsag til denne Sygdom i Nervesystemet; thi denne vedvarede i samme Grad, efterat de anæmiske Symptomer vare forsvundne. Men det er her muligt, hvad der sikkert ofte er Tilfældet, at den pathologiske Excitabilitet i Rygmarven var en consekutiv Tilstand, udviklet ved en hyppig Gjentagelse af Anfald, der oprindelig ere fremkaldte ved en reen lokal Excitation fra Ovariet. Denne Ide er fuldkommen i Overensstemmelse med bekjendte Love for Nervevirksomheden. Vanens Magt, hvorved Bevægelser i en bestemt Retning opvækkes saa meget desto lettere, jo oftere de för ere gjentagne, gjör sig upaatvivlelig ofte gjældende i Pathologien ligesaavelsom den i physiologisk Tilstand er noksom bekjendt.

Paa Grund af denne sygelige Excitabilitet og ligeledes paa Grund af den gradeviis tiltagende Lethed, hvormed Rygmarven under Indflydelsen af svage stimuli gjentager pathologiske Bevægelser, som ere blevne den tilvante, udvikle sig hos mange saakaldte hysteriske Fruentimmer en Mangfoldighed af foci for Forplantelsen af Excitationen i een eller anden Retning. I disse Tilfælde opstaae Anfaldene ikke alene ved en Excitation fra Ovariet, men ogsaa med særdeles Lethed ved psychiske Indtryk; man kan fremkalde dem undertiden ved Tryk paa Hjertekulen, paa Ryggen, kort paa forskjellige Steder, hvor sensitive Nerver ere angrebne af Hyperæsthesi.

Vi have nylig hos en ung Pige seet, at Tryk paa den höire n. frontalis og n. infra-orbitalis paa det Sted, hvor de træde frem af Benet, fremkaldte Tab af Bevidstheden med convulsive Rystelser; vi have for Tiden en Patient under

Behandling, hos hvem der findes 3 foci, hvorfra Excitationen kan forplantes i en bestemt Retning og fremkalder constant den samme Række af Phænomener. Fölgende er et Omrids af denne vidtlöftige Sygehistorie.

9. E. H., 36 Aar gammel, af svag Constitution, havde i sin Barndom været sygelig. I sit 12te Aar blev hun efter stærke Anstrængelser angreben af krampagtige Rystelser i Underkjæven med Tænderklapren, Hjertebanken, Halskrampe, hvilke Tilfælde indfandt sig ved ubetydelige Anledninger, undertiden ved Gangen, og senere have forenet sig med andre af lignende Natur, uden at Menstruationens Indtræden i det 14de Aar eller en Behandling for Spinalirritation (med Antispasmodica, Blodkopper paa Ryggen, flyvende Vesicatorier) havde nogen Indflydelse paa Tilfældene. I Mellemrummet mellem Anfaldene plagedes hun af forskjellige Symptomer paa Hyperæsthesi, Smerter i Ryggen, Hjertekulen, Lemmerne o. s. v. Hun blev endelig anseet for epileptisk og var i længere Tid uden Behandling. Ved hendes Indlæggelse iagttoges fölgende:

Constitutionen svag, dog er hun nogenlunde ved Huld; de intellektuelle Evner fuldkomne og meget udviklede; höi Grad af Sensibilitet; Digestionen normal; intet Abnormt ved den physiske Undersögelse af Brystorganerne; Menstruationen regelmæssig.

Ved Undersögelse af Rygraden bemærkedes en levende Smerte ved Tryk paa proc. spinosi af alle Hals- og Ryg-Hvirvler; Smerten er heftigst i Nakken. Ved at vedholde Trykket opstaaer en krampagtig Rystelse af Underkjæven med Tænderklapren, stærkere end i Kuldestadiet af en Koldfeber. Derpaa fölger en Sammensnören af Svælget og Struben og en Hoste, der ligner Kighoste. Krampen i Struben tiltager, og Patienten gjör i en höi Grad af Ængstelighed frugteslöse Indaandingsanstrængelser. Efter disse fölger en vedholdende Hikke med Eructationer, derefter voldsomme Udaandings-Anstrængelser. Qvælningsanfaldene vedvare og true med Asphyxi; tilsidst ender hele Paroxysmen med Opspytning af en stor Mængde skummende Slim Under denne er Pulsen hyppig og lille; Bevidstheden fuldkommen klar, i det de forelagte Spörgsmaal besvares rigtigt ved Tegn.

Nogen Tid efter foretoges en Undersögelse af Underlivet, hvoraf Resultatet var fölgende: Det er overalt usmerteligt ved Tryk, undtagen i Regionen af höire Ovarium, hvor Smerten kan opvækkes i en meget höi Grad. Ved at fortsætte Trykket udstraaler Smerten imod Maven og fixeres der som en piinlig Fornemmelse af Sammensnöring. Derefter fölger Globulus og Krampe i Svælget. Man ophörer med Trykket og Symptomerne forsvinde; ved at gjentage det indtræde de samme Fornemmelser, ledsagede af de samme krampagtige Respirations Symptomer som ovenfor ere beskrevne, i samme Rækkefölge med Undtagelse af Krampen i Underkjæven; ved gjentagne Forsög opstod denne dog oftere som begyndende Phænomen.

Der opdagedes endnu et tredie Focus i Hjertekulen, hvor Tryk ligeledes var meget smertefuldt og fremkaldte lignende Anfald. Man kan vilkaarlig fremkalde Anfaldene ved Excitation af de tre nævnte Punkter, og Patienten er, som næsten alle Hysteriske vi have undersögt, saa godt bekjendt dermed, at hun indstændig beder om at forskaanes for Exploration paa de smertende Punkter.

Desnden opstod Anfaldene hyppigt ifölge psychiske Indtryk; efter nogenlunde stærke eller pludselige Indtryk paa Sandserne; udgaaende fra spontane Smertesfornemmelser i Underlivet, eller efter universel Uro og Rystelse. — Anfaldene indfinde sig i Reglen hver Dag; undertiden er der en eller flere Uger imellem, men i Menstruationsperioden indtræde de sikkert igjen. Mellemtiden imellem Anfaldene er aldrig ganske fri, men Patienten plages af forskjellige Tilfælde af forhöiet Sensibilitet: Hovedpine, Lysky, Öresusen, smertende Trækninger i Lemmerne, Oppression, Hjertebanken o. s. v.

I Löbet af et Aar har denne Patient benyttet forskjellige Lægemidler, som det vilde være for vidtlöftigt at opregne, og som, om de undertiden have bragt Lindring, dog aldrig have medfört varig Nytte.

I dette complicerede Tilfælde kan tydelig paavises flere særegne pathologiske Tilstande. For det förste se vi i de fri Mellemrum den hele Samling af Symptomer, som characteriserer den sensitive Excitabilitet, Hyperæsthesi, en Tilstand som vi have seet existere alene i Nr. 7. Dernæst flere constante neuralgiske Foci, hvorfra Excitationen kan udstraale og med stor Lethed fremkalde krampagtige Anfald i Respirationsorganerne; endelig en sygelig forhöiet

Reflexvirksomhed i Centralapparatet, som med störste Lethed forplanter de modtagne Indtryk i en og samme Retning. — Man kalde det Hysteri om man vil; kun at man ikke sammenblander denne Classe af Affektioner under Eet med de forhen beskrevne. Vistnok er der Analogi med Hensyn til Funktionsforstyrrelserne og Maaden hvorpaa Anfaldene opstaae, men der findes tillige væsentlige bestemt betegnede organiske Betingelser. Hvilken Forskjel gjör det ikke i Prognosen og i de therapeutiske Indicationer! det gjælder her ikke om at bekjæmpe en lokal Excitation; der kræves til Helbredelse en Omstemmen af hele Nervesystemets Disposition; dette er maaske muligt ved aldeles forandrede hygieiniske Forhold, noget som i Reglen vanskelig kan iværksættes og endda altid er mislig i sit Udfald.

10. Til ovennævnte Tilfælde kunne vi endnu föie en Sygehistorie om et Fruentimmer, der i et Aar har lidt af hysteriske Convulsioner af stor Heftighed. Sygdommen, der opstod ifölge en Sindsaffektion, charakteriserede sig fra Begyndelsen ved en sygelig forhöiet Reflexvirksomhed hos Rygmarven og dens Nerver. Hos denne Patient findes ogsaa flere neuralgiske Foci, fra hvilke convulsive Anfald kunne fremkaldes, nemlig i Regionen af venstre Ovarium, Hjertekulen og Rygraden; til visse Tider er der en universel Hyperæsthesi i Underlivet, saa at den letteste Beröring fremkalder Smerter og Krampe i Struben.

Romberg omtaler en ung polsk Dame, som i lang Tid havde lidt af Hysteri; de nervöse Tilfælde, som paafaldende forværredes efter Borttagelsen af en plica polonica, kunde fremkaldes med Lynets Hurtighed i Form af universelle Convulsioner ved den letteste Beröring. "Neppe berörtes Haanden med Fingrene for at undersöge Pulsen, för der strax opkom Blinken med Öienlaagene og krampagtige Bevægelser i Aandedrætsmusklerne og Struben." Brodie anförer flere Iagttagelser af Hysteriske, hvor Tryk paa

Brystbenet var istand til at fremkalde Convulsioner. "Det er ingenlunde nödvendigt," tilföier Romberg, "at Indtrykket er smertefuldt; en pludselig Excitation synes at virke ligesaa kraftigt. Ikke alene Indvirkning paa Huden men og andre Irritationer fornemmelig paa Tarmkanalen kunne fremkalde Anfaldene. Ofte har jeg seet depositio alvi bevirke det hysteriske Anfald." — I denne Classe af Tilfælde, som man ofte kan stöde paa, kan den peripheriske Irritation, der udgaaer fra forskjellige foci, Ovarierne, Hjertekulen o. s. v. ikkun tillægges en underordnet Betydning, og den kan ikke gjelde for nogen væsentlig organisk Betingelse, men kun som occasionel Aarsag. Den rette væsentlige Betingelse, den som vedvarende bevirker Funktionsforstyrrelserne, er for det förste Hyperæsthesien i de sensitive Nerver, dernæst især Rygmarvens sygelig forhöiede Reflexvirksomhed i en bestemt Retning.

Almindelig Oversigt.

Benævnelsen Hysteri er i symptomatisk Henseende ingenlunde en nöiagtig bestemt pathologisk Tilstand; thi medens Alle fremhæve den særdeles store Variabilitet i dens Symptomatologi, indskrænke Nogle den specielt til meer eller mindre almindelige convulsiviske Anfald, Andre udstrække den næsten til alle nervöse Affektioner, der iagttages hos Fruentimmer. Ikke heller er Hysteri nogen bestemt Sygdomsform med Hensyn til sin Oprindelse, om hvilken man ligesaa lidt er enig som om dens Symptomer. Man har antaget en saadan ifölge theoretiske Grunde, men ikke kunnet gjöre den til Gjenstand for den praktiske Diagnostik. — Uden derfor strengt at holde sig til Navnet kan man muligen blandt denne Classe Funktionsforstyrrelser i

Nervesystemet paa den kliniske Iagttagelses Vei udsondre bestemte pathologiske Former, hvis Charakterer ere hentede fra Nervesystemets bekjendte physiologiske Egenskaber.

1.

Kliniske Iagttagelser lære os at kjende en Tilstand, hvor visse lokale Excitationer af Nerverne ere den organiske Aarsag til intermitterende Funktionsafvigelser, som fremtræde under Form af meer eller mindre universelle convulsive Anfald, med eller uden Bevidsthedstab, uden at Centralorganerne eller Nervesystemet i sin Helhed befinder sig i nogen vedvarende sygelig Tilstand. Ovariet er hyppigst det Sted, hvorfra Excitationen udgaaer (hvilket kjendes ved en bestemt Undersögelsesmaade); dog kunne ogsaa andre lokale Excitationer fremkalde lignende Symptomer. Maaden hvorpaa disse fremkaldes sker ifölge Lovene for Reflexvirksomheden.

Denne Tilstand i sin Renhed, navnlig den hvor Ovariet er Udgangspunktet, afgiver en gunstig Prognose, med mindre den forsömmes eller compliceres med andre Sygdomsdispositioner i Nervesystemet. — I praktisk Henseende er det af Vigtighed at udfinde den Sygdomsproces, som er Anledning til den lokale Excitation. I Ovariet kan dette være en Inflammation, Congestion, maaske en Degeneration, eller ogsaa en reen Neuralgi. Indicationerne blive altsaa först at bekjæmpe den lokale Sygdomsproces, dernæst at nedstemme den sygelige Excitabilitet hos Nerverne paa Udgangspunktet. Det förste sker ved Midler rettede imod den lokale Sygdomsproces (Ovaritis, Hyperæmi, uordentlig Menstrual - Congestion o. s. v.). I den anden Henseende synes visse Substanser som Asa foetida, Castoreum, Galbanum at besidde en Virkning til at nedstemme Excitabiliteten i Ovariet, hvortil imidlertid ogsaa andre sedative Midler, hentede fra den almindelige Therapi, kunne benyttes.

Indicationerne med Hensyn til Anfaldet selv ere af underordnet Betydning og gaae kun ud paa palliative Midler. Anfaldenes Indtræden ophörer med den foranledigende lokale Excitation — med mindre en hyppig Gjentagelse af Anfaldene consecutivt ved Vanens Magt har udviklet en sygelig Excitabilitet i Centralorganet, der da kan sættes i Virksomhed ved simple physiologiske Stimuli; dette bliver en ny pathologisk Tilstand.

2.

Ifölge en anden Række af kliniske Iagttagelser maa visse Funktionsforstyrrelser i den sensitive Sphære tilskrives en særegen pathologisk Tilstand, hvis materielle Betingelser ere ubekjendte, men som fremtræder i Form af en forhöiet Excitabilitet i Fölelses-Nerverne. Navnet Hyperæsthesi betegner tydelig denne organiske Tilstand. Den kjendes ved Sygesengen derpaa, at ubetydelige selv physiologiske Stimuli fremkalde usædvanlige, forhöiede Ytringer i de sensitive Nervers Sphære.

Denne Tilstand i Nervesystemets Organisation er undertiden idiopathisk, oprindelig nedlagt i Constitutionen, eller udviklet ved slette hygieiniske Betingelser. Under disse Omstændigheder er ogsaa en Forandring i disse sidste det fornemste therapeutiske Middel. Anvendelsen af Medikamenter for direkte at nedstemme den universelle Hyperæsthesi bringe ikkun momentan Lindring, og Behandlingen af lokale Excitationer kan ikkun ansees for rent symptomatisk og palliativ.

Andre Gange er Hyperæsthesien en Fölge af det simple eller chlorotiske Anæmi (det er dette, som har foresvævet Sydenham, naar han kalder Chlorosen en hysterisk Affektion). En Cur rettet imod denne Aarsag er her den eneste virksomme. Jernpræparater ere Hovedmidlet, medens Medikamenter, der rettes direkte imod Hyperæsthesien, ikkun ere palliative.

3.

En tredie Række af kliniske Iagttagelser viser os Tilværelsen af en mere compliceret pathologisk Tilstand, hvor Hyperæsthesien er forbunden med en egen sygelig Affektion i Rygmarven, der, ukjendt i sit materielle Grundlag, charakteriserer sig ved en pathologisk forhöiet Reflexvirksomhed. — Denne complicerede Tilstand kjendes ved Sygegangen ved de anförte Tegn paa Hyperæsthesi, dernæst ved Tilstedeværelsen af flere bestandige neuralgiske Foci, hvor en kunstig og mekanisk Paavirkning med Lethed fremkalder Reflexbevægelser under Form af convulsiviske Anfald.

Ligesom den rene Hyperæsthesi kan ogsaa den pathologiske Reflexvirksomhed have en simpel eller chlorotisk Anæmi til Aarsag; dog kan den ogsaa udvikle sig selvstændig, eller være en Fölge af en hyppig Gjentagelse af intermitterende convulsive Anfald, der oprindelig have alene et lokalt Udgangspunkt.

I Tilfælde af denne Natur have de mange Udgangspunkter for Anfaldene kun en underordnet Betydning og afgive kun palliative Indicationer, hvis Værdi staae i omvendt Forhold til Mængden af saadanne Udgangspunkter. — Den fornemste Indication bestaaer i at forandre de organiske Betingelser for Funktionsforstyrrelserne, Hyperæsthesien og Rygmarvens forhöiede Reflexevne.

Midlerne imod Hyperæsthesien ere allerede omtalte.

Til at bekjæmpe den sygelige Reflexvirksomhed kjende vi ikke noget bestemt Middel. Blodudtömmelser ere ialmindelighed uvirksomme; de kunne endog være skadelige og gjöre kun Gavn i de sjeldnere Tilfælde, hvor Sygdommen er forbunden med en Congestionstilstand til Rygmarven eller en almindelig Plethora. Narcotica have ingen varig Virkning og Antispasmodica som Valeriana, Asa foetida, Castoreum o. s. v. have ikke udviist nogen tydelig Indflydelse paa Dispositionen i Rygmarven. Metalliske Præparater som Flores Zinci, Protoclotetum stanni, Cuprum ammoniacale, Argentum nitricum o. s. v. saavelsom Sulph. chinini ere endnu ikke tilstrækkelig forsögte i nöiagtig specificerede Tilfælde. Det Middel, som for Tiden forekommer os at have den störste Indflydelse paa Rygmarvens sygelige Reflexvirksomhed, er Anvendelsen af Kulde under Form af kolde Vaskninger, kolde Bade og Overgydninger.

Det er ligeledes vist, at Villien til en vis Grad kan beherske Rygmarvens excessive Reflexevne, og at methodisk anstillede vilkaarlige Bevægelser (som Romberg ogsaa anbefaler) ere et af de bedste Midler til at hindre Gjentagelsen af Reflexkramperne. Ialmindelighed kan man antage, at Reflexvirksomheden formindskes i Forhold som Villiens Herredömme over Rygmarven bliver stærkere.

Det fremgaaer heraf, at en bestemt efterviist, forhöiet universel Excitabilitet gjör Prognosen meget mislig. Omendskjöndt Helbredelse ikke er umulig, kan den dog ikkun paafölge af en væsentlig hygieinisk Behandling, fortsat methodisk og i lang Tid.

Litteratur. Ledetraad i Pharmacodynamiken af C. Otto, M. D. Prof.

Forlagt af C. A. Reitzel. Trykt hos Bianco Luno.

Den 25. September. 1847.

Ugeskrift for Læger.

2den Række VII. Nr. 15—16.

Redigeret af L. Brion og C. Hempel.

Forsög til en Hospitalsrevue.

№ 2.

(Af L. Brandes, Candidat paa Almindelig Hospital).

Veneriske Sygdomme. — Gonorrhoen.

Almindelig Hospital er et Hospital med en ganske eiendommelig Charakter; det er fortrinsviis et Specialhospital, hvis Specialiteter imidlertid ikke have synderlig anden Sammenhæng end at være Sygdomme, et andet Hospital, ifölge Bestemmelser i sin Fundats, ikke tör optage. Efter oprindelig at have været en Lemmestiftelse, senere at være bleven udvidet til tillige at være et Hospital for de under Stadens Fattigvæsen henhörende Syge, der ei kunde finde Forpleining hjemme, er i Tidernes Löb det Antal Patienter, der afvises fra Frederiks Hospital, bleven saa betydeligt, at det er kommen til at udgjöre almindelig Hospitals Hovedbefolkning, der saaledes især dannes af Veneriske, Patienter med chroniske Sygdomme, med Hudsygdomme og endelig Börn og Oldinge, der udenfor visse Grændser afvises paa Grund af Alderen, alle Patienter, hvis Sygdomme i den nyere Tid ere blevne uddannede til specielle Fag af

Medicinen og i nogle större Stæder henlagte under egne Hospitaler.

Jo mere almindelig Hospital i disse Retninger kommer til at repræsentere Videnskabens Standpunkt hos os, jo rigere det Materiale er, det heri frembyder, desto mere bör vel en Revue fra det fortrinsviis beskjeftige sig med Sygdomme af denne Art.

Blandt disse indtage de veneriske den förste Plads; afdelte paa den Maade, at Mandfolkene behandles paa den chirurgiske Afdeling, Fruentimmerne paa den medicinske, udgjör deres Antal i Almindelighed næsten ⅓ af Patientantallet. De Tilfælde, der forekomme hyppigst paa den chirurgiske Afdeling ere Gonorrhoer og Chankre; jeg skal her forsöge at give en Oversigt over de Gonorrhoer, der ere blevne behandlede paa denne Afdeling i Tidsrummet December 1846—September 1847.

Naar Patienter med Gonorrhoe indkomme paa Hospitalet, er saa godt som altid Irritations-Stadiet, der under Antagelse af 3 Stadier i Gonorrhoen, bliver det förste, forbi. Af 141 Patienter, der ere blevne behandlede for Gonorrhoe paa den chirurgiske Afdeling i det nævnte Tidsrum, var der ikke flere end 4, hos hvilke Gonorrhoen kun havde varet i 3 Dage, og endog hos disse var Udfloddet allerede purulent da de indkom. Paa den anden Side er det heller ikke almindeligt, at Patienterne indkomme i det sidste Stadium, thi den Classe af Mennesker, hvortil vore Gonorrhoe-Patienter höre, og som for störste Delen dannes af Laugssvende, bryder sig sjeldent om Udfloddet, naar det kun er ringe og ei generer dem i Udövelsen af deres Forretninger. Vel havde Gonorrhoen hos omtrent en Trediepart varet længere end en Maaned, men Tidsbestemmelsen har vist ikke synderlig Betydning her, thi ikke sjeldent söge Patienterne Hospitalet, fordi Udflodδet, efter i længere Tid alt at have været seröst, atter er bleven purulent, og i Tilfælde af denne Art bör vel Sygdommens Stadium snarere bestemmes efter Symptomerne end efter Tiden.

Den allerstörste Del af Patienterne indkomme saaledes i det phlegmonöse Stadium med et tykt purulent Udflod, nogen Smerte ved Vandladningen og Rigiditet i Lemmet. Men hvor stort end Antallet af Patienter med inflammatoriske Tilfælde er, saa er det dog höist sjeldent, at Betændelsen stiger til nogen betydelig Grad; jeg har ikke en eneste Gang i dette Tidsrum seet Dysurien i den acute Gonorrhoe stige til Ischuri, og Erectionerne vare vel ofte smertefulde, men sjeldent chordate eller forbundne med Blödninger.

Der er et Symptom, som et Par Patienter have frembudt og som upaatvivleligt staaer i Forbindelse med Inflammationen; det er Svulster i Cellevævet uden paa urethra. Saaledes viste der sig hos en Patient, der indkom i Juni for en Gonorrhoe, han havde paadraget sig nogle Dage för Indlæggelsen, en Svulst af en Hasselnöds Större1se, der sad paa den nederste Flade af Lemmet, omtrent ½ Tomme bag corona uden paa urethra, til hvilken den syntes fastheftet ved en Stilk. Den var temmelig haard at föle paa, aldeles ikke öm ved Beröring og viste ingen Tendens til at gaae over i Suppuration. Huden, der var af naturlig Farve, kunde forskydes over den. Patienten havde oftere haft Gonorrhoe og havde da hver Gang iagttaget denne Svulst, som var svunden af sig selv, naar Gonorrhoen var standset. Blandt Modstanderne af Injectionerne har jeg hört nogle skrive Svulster af denne Art paa disses Regning; denne Patient havde aldrig brugt Injectioner. Den Forklaring af disse Svulster, der synes mig rimeligst, er, at der under en stærk local Betændelse f. Ex. i fossa navicularis skeer en plastisk Exsudation i det underliggende Cellevæv, der begrændser sig og lidt efter lidt, naar Betændelsen i urethra taber sig, resolveres.

Hos en anden Patient iagttoges en Svulst ganske af samme Art i Perinæum; den var ikke öm og viste heller ingen Tendens til Suppuration og svandt under Brugen af Igler og varme Omslag. Langt stærkere inflammatorisk fremtraadte denne Complication hos en tredie Patient. Denne Patient indkom i Marts for en Gonorrhoe og nogle Excoriationschankere paa frenulum. Nogen Tid efter hans Indlæggelse iagttoges paa den venstre Side af urethra lige bag scrotum en Svulst af den omtalte Art, men som var meget smertefuld ved Beröring; nogle Dage derefter viste der sig en lignende paa höire Side; begge Svulster tiltoge i Störrelse, især den höire, der meer og meer blev adhærent til Huden og tilsidst blev aabnet ved Incision, hvorved der udflöd endel Pus, men hverken strax eller senere Urin, og den synes saaledes ikke at have communiceret med urethra. Incisionsaabningen lukkede sig alligevel overmaade langsomt, og da Patienten blev udskreven en Maaned efter at Incisionen var gjort, var Saaret endnu ikke aldeles lægt.

I dette sidste Tilfælde, der vel forekommer hyppigere end de foregaaende, synes mig Processen at have haft en renere inflammatorisk Charakter, hvorimod Smertelösheden og den ringe Tendens til Udvikling gave de to andre et langt mere eiendommeligt Præg.

Dog denne Forplantelse af Betændelsen i Gonorrhoen efter Contiguiteten maa vel betragtes som sjelden i Sammenligning med den Hyppighed, hvormed den sees skride frem efter Continuiteten. Saaledes have blandt 141 Patienter 40 frembudt Svulst af Testiklerne, som oftest en simpel epididymitis, der undertiden var ledsaget af hydrocele; kun i et Par Tilfælde var selve testis angrebet. Gonorrhoen var ofte standset, naar Patienterne indkom, eller standsede kort efter, undertiden af sig selv uden noget Middels Anvendelse.

I de gonorrhoiske Fölgesygdomme gjöre to ikke uvæsentlige Spörgsmaal sig gjældende; det ene er, hvorvidt de kunne opstaae som Metastaser efter en Standsning af Gonorrhoen navnlig en utidig ved Medikamenter; det andet er, hvorvidt de kunne være Symptomer af en Indvirkning af Gonorrhoen paa Constitutionen. Begge Spörgsmaal gribe ofte ind i hinanden, uden at lade sig skarpt adskille. Det er især de gonorrhoiske Ophthalmier og Testikelsvulster, der i den Henseende have været Gjenstand for Strid. Der er i dette Tidsrum kun forekommet faae Tilfælde af disse to Fölgesygdomme, der kunde tjene som Bidrag til Besvarelse af disse Spörgsmaal. Ophthalmierne, hvoraf der behandledes 5, vare Tilfælde af en simpel, i det höieste let granulerende conjunctivitis; den ene af disse Patienters Sygehistorie troer jeg dog ikke at burde forbigaae her. Det var en Bagersvend, der indkom den 21de Februar. Han tjente i et Bageri, hvor der vare 4 Svende foruden ham. Af disse havde den ene i Slutningen af 1846 og Begyndelsen af 47 ligget paa Hospitalet for en Gonorrhoe, compliceret af en let conjunctivitis. Han var bleven udskreven midt i Januar, men et Par Dage derefter var Ophthalmien recidiveret; han var imidlertid bleven nogle Dage i Bageriet og havde i den Tid brugt samme Haandklæde som de övrige Svende. Af disse havde först Mestersvenden faaet en Öienbetændelse af begge Öine med nogen Rödhed og stærk Slimafsondring; under Brugen af et Öienvand af Vitriolum zinci var denne Ophthalmi imidlertid forsvunden efter et Par Dage. Efter Mestersvenden angrebes en anden Svend ganske paa samme Maade, og ogsaa her var Ophthalmien forsvunden efter et Par Dage. Sidst angrebes vor Patient, men hos ham aftog ikke Ophthalmien som hos de andre i saa kort et Tidsrum, men tiltog stedse; da han indkom var der en betydelig Svulst og Injection især af det venstre Öie, en let Granulation af Slimhinden af nederste Öienlaag paa dette Öie og en stærk Slimafsondring og Photophobi, hvilke Symptomer imidlertid alle vege i kort Tid for en kraftig Behandling. Men denne Patient led, da han fik Ophthalmien, af en Gonorrhoe, som han havde haft i en 6 Ugers Tid og som den Gang næsten var standset. Han havde desuden Aaret i Forveien ligeledes haft en Gonorrhoe.

Her kan vistnok være nogen Tvivl om ikke den bestaaende Gonorrhoe hos denne Patient har bidraget til at give Sygdommen hos ham en langt betydeligere Udvikling end den havde hos de to andre, der ingen Gonorrhoe havde og angrebes samtidigt med ham.

Skjöndt Antallet af complicerende Testikelsvulster var langt betydeligere, fremböd dog intet Tilfælde af dem noget bestemt Exempel paa Metastase. Vel var det ikke ganske sjeldent, at Patienterne angave, at have faaet deres Testikelsvulst af et eller andet Middel navnlig af Copaiva eller Injectioner, idet de stöttede denne Mening derpaa, at de kort Tid efter Brugen af Midlet omtrent samtidigen havde bemærket Udfloddets Standsning og Dannelsen af Testikelsvulsten; og det er vel især paa saadanne Udsagn, der ingenlunde ere sjeldne, at nogle Forfattere bygge deres Beretninger om Hyppigheden af Metastaser efter Brugen snart af det ene snart af det andet Middel.

Men disse Tilfælde kunne vistnok betragtes fra en anden Side. Naar vi i en erysipelas ambulans see Sygdommen aftage og forsvinde paa et Sted, medens den angriber og fixerer sig paa et nærliggende Parti, saa ansee vi det ingenlunde, hvilke indvortes eller udvortes Midler der end maatte være anvendt, for nogen Metastase; vi see deri kun en efter Continuiteten fremadskridende Proces, der, idet den hurtigt gjennemlöber sine Stadier, allerede kan være endt paa et Sted, medens den er i sin Udvikling paa et tilgrændsende. Det samme finder vistnok Sted i alle de Tilfælde af gonorrhoisk Testikelsvulst, hvor Svulsten har sit Sæde eller udgaaer fra Bitestiklen, navnlig naar vas deferens tillige föles afficeret. Men nu er dette almindelig anerkjendt i Reglen at være Tilfældet med den gonorrhoiske Testikelsvulst, og i de sidste Aar skal der ikke være seet noget Tilfælde af en gonorrhoisk orchitis her paa Hospitalet, der ikke har været forbunden med epididymitis. Indrömmes det nu, at det er en Charakter for den gonorrhoiske Betændelse at forplante sig efter Continuiteten, er det dernæst aldeles uomtvisteligt, at vi see Testikelsvulst opstaae under Forlöbet af en Gonorrhoe hos Patienter, der intet Lægemiddel have brugt, hverken Copaiva eller Cubeber eller Injectioner, og at vi ofte see Gonorrhoen standse ganske af sig selv, naar Testikelsvulsten opstaaer, saa forekommer det mig fuldkomment tilladeligt at argumentere i disse Tilfælde med et: post hoc non est propter hoc.

I det Hele finder man langt mere talt om disse Testikelmetastaser hos ældre Forfattere end hos nyere. Dette beroer vistnok derpaa, at den anatomiske Retning, der i de sidste Decennier er kommen ind i vor Videnskab, ogsaa har vidst at gjöre sig gjældende i Studiet af Gonorrhoen. Medens man, naar man læser de ældre Forfattere over Gonorrhoen, seer, hvorledes de nöiagtigt skildre de forskjellige Forandringer, Udfloddet undergaaer, og deraf danne Stadier, hvorunder de gruppere Symptomerne, seer man de nyere især have deres Opmærksomhed henvendt paa Betændelsens Fremadskriden gjennem Urinröret; de gruppere Symptomerne herefter, see Udfloddet forandre sig, eftersom Betændelsen indtager en længere eller en kortere Strækning af Canalen eller holder sig til et enkelt Punkt, de forfölge den fra orificium igjennem ductus ejaculatorius ned til epididymis og trænge med Lallemand i Spidsen ind i prostata og vesiculæ seminales.

Denne Betragtningsmaade har ikke undladt at udöve en stor Indflydelse paa Behandlingen af Gonorrhoen; den har gjort de Nyere til mere active, medens de Ældre vare mere passive. Det er aldeles naturligt, at den Tanke maatte paatrænge sig, at hvis Gonorrhoen var en Betændelse, der udgik fra et enkelt inficeret Punkt, vor förste Bestræbelse da burde være den, strax at standse den för den fik Tid til at udbrede sig, og hermed var Ideen til en abortiv Behandling af Gonorrhoen navnlig med Helvedstens-Injectioner given. Man saae den lykkes uden at give Anledning til Metastaser etc., og saae atter heri et Beviis for, at den Forudsætning, man var gaaet ud fra, var rigtig, at virkelig Gonorrhoen i dens förste Optræden ikke var Fölge af nogen virulent Infection af hele Organismen, men af en local specifik Betændelse af et Punkt i Urinröret. Jeg har ovenfor anfört, at Patienterne her næsten aldrig indkomme i Irritationsstadiet, hvor denne Methode har sin Indication; den anvendes derfor aldrig her paa Hospitalet, og jeg kan blot anföre om den herfra, at man nu og da hörer, at en og anden af Candidaterne har anvendt den med Held i den private Gonorrhoepraktik, der er knyttet til Hospitals-candidaturen. Der hersker hertillands en temmelig betydelig Frygt for denne Methode; jeg troer imidlertid, at man kan tro Ricord, naar han erklærer at have benyttet den i et stort Antal Tilfælde uden nogensinde at have seet nogen ubehagelig Fölgesygdom opstaae, naar Gonorrhoen lige var i sin Begyndelse, Smerten mere en ubehagelig Kildren end egentlig Smerte, Udfloddet snarere en Forögelse af Slimhindens Secret end en Fölge af Pusdannelse; men paa den anden Side næsten kun da at have seet heldige Resultater af disse abortive Indspröitninger, naar han til dem i et Par Dage föiede Brugen af Copaiva eller Cubeber.

De Nyere kunne imidlertid ikke rose sig af at have optaget Copaivaen og Cubeberen efter et rationelt Princip; det er Empirien, der har bragt dem ind i den acute Gonorrhoes Behandling næsten mod Lægernes Villie. Medens der hos de fleste Læger ikke er Tvivl om at disse Midler fra et theoretiskt Standpunkt maa være contraindicerede i den acute Gonorrhoe, forskrive dē dem dog dagligt, fordi Erfaringen lærer, at de virke mod den. Jo mindre man man kan föle sig tilfredsstillet af en saadan Empiri, jo större den Mængde af Tilfælde er, der frembyder sig for Iagttagelsen paa et Hospital, jo mere man her virker under gunstigere Forhold end i Privatpraxis, fordi man kan vaage over Patienternes Diæt, holde dem i Sengen etc., med desto större Ret kan man fra et Hospital som vort fordre Bidrag til Besvarelsen af Spörgsmaalet om Virkningen af disse Midler og Sammenligninger af de Resultater, de give.

Vil man imidlertid forsöge herpaa, stöder man paa Vanskeligheder, der ere saa betydelige, at de forekomme mig at maatte vække en ikke ringe Mistillid mod alle de mange statistiske Fremstillinger af heldige eller uheldige

Resultater snart af en snart af en anden Behandling af Gonorrhoen.

Thi hvad de uheldige angaaer, saa kunne de bero og bero vist ofte paa, at Midlerne ikke ere blevne benyttede som de burde, eller saaledes, som de have benyttet dem, der have været heldige i Brugen af dem. Saaledes faaer Een gunstige Resultater af Injectioner, som han selv instituerer hos Patienter, hvis diætetiske Forhold han vaager over, medens en Anden faaer ugunstige ved Indspröitninger, som han lader Patienterne selv gjöre, hvis diætetiske Forhold han ikke passer; Een anvender f. Ex. Cubeber i frisk Tilstand, en Anden forkaster dette Middel, efter at have experimenteret med det i tör Tilstand, efter at det har staaet længe pulveriseret; og saaledes gjelder vistnok her den gamle Regel, at 99 negative Erfaringer ikke opveie 1 sikker positiv.

Hvad derimod de heldige Resultater angaaer, saa svækkes deres Betydning overmaade meget derved, at man i Fleertallet af Tilfældene, navnlig paa et Hospital, ikke veed, om Patienterne virkelig have været helbredede eller ikke. Jeg har sammenstillet de 141 Patienter, der ere behandlede i det angivne Tidsrum, noteret hvormange der ere blevne udskrevne helbrede; men hvis jeg vilde her give dette Resultat, er jeg aldeles vis paa, at jeg gav et fuldkommen urigtigt, der ligesaagodt kunde være 1 som 100 for gunstigt. Den Classe Mennesker, hvortil vore Patienter höre, har nemlig sjelden Taalmodighed til, naar Gonorrhoen er ophört, at blive et Par Dage i Hospitalet for at see, om Sygdommen virkelig er helbredet; man kan ikke tvinge dem til at blive, de udskrives derfor som helbredede, men intet er almindeligere, end at de et Par Dage efter at have forladt Hospitalet maa söge Lægehjælp for Gonorrhoen, der er vendt tilbage. Disse Patienter falde imidlertid i to Classer. Den ene Classe feterer strax sin Udgang fra Hospitalet; om Lægen nok saa meget advarer dem, en saadan Aften maa celebreres enten paa den ene eller anden Maade. Til stor Glæde for Patienten er Gonorrhoen den næste Morgen sædvanlig ikke kommen igjen; men desto ubehageligere overraskes han ved som oftest den paafölgende Morgen at finde den i fuld Kraft; der er da intet andet for end at gaae til Lægen og begynde forfra med Cubeber eller Copaiva. Disse Patienter bære selv Skylden; man behandle en Gonorrhoe hvordan man vil, exspectativt, antiphlogistisk, med Copaiva, Cubeber eller Indspröitninger: naar Patienterne begaae Excesser lige efterat et acut Udflod er standset og ikke ville holde sig en 8 til 14 Dage, saa kan man vistnok med Sikkerhed forudsige, at den vil komme igjen.

Den anden Classe Patienter forlader ogsaa Hospitalet kort Tid efter at Udfloddet er standset, men lover at undgaae Excesser og at iagttage Diæt; de holde Ord; alligevel kommer Gonorrhoen efter et Par Dage igjen. I dette Tilfælde heroer det imidlertid meget paa hvad Behandling der er bleven anvendt. Der er ingen Tvivl om, at en Gonorrhoe, der er bleven behandlet med Copaiva eller Cubeber eller med Indspröitninger, langt lettere og langt hyppigere recidiverer end en, der er behandlet antiphlogistisk, og hvor Betændelsen uforstyrret har gjennemlöbet sine Stadier og er endt med Resolution.

For dernæst ikke at tale om, at Patienterne narre Lægen og, kjede af at ligge paa Hospitalet, erklære sig for helbredede uden at være det og uden at det just altid er let, at komme paa det Rene med, om det er sandt eller ikke, saa er det en ikke ringe Ubehagelighed, at heller ikke alle Læger ere enige om, naar en Patient kan betragtes som helbredet for en Gonorrhoe. Nogle ansee deres Patienter for befriede for Sygdommen, naar Udflodde er standset, om end Patienterne om Morgenen kunne udtrykke af Urinröret en enkelt Draabe serös Vædske; de see heri kun en uvæsentlig Forögelse af Slimhindens normale Secret, der taber sig lidt efter lidt, og regne disse Patienter blandt de helbredede, medens andre just ansee disse Patienter for uhelbredede, lidende af en chronisk Gonorrhoe. Ligesaamegen Uovereenssstemmelse hersker der om, naar det inflammatoriske Stadium skal ansees for endt. Nogle lade det vedvare saa længe der er Stranguri, Andre saa længe der er Rödhed af Læberne af Urinrörets Munding, atter Andre saa længe der er Rigiditet af Lemmet, medens ikke Faae tage Tiden til Bestemmelse, og dog bliver det til en Bedömmelse af Midlernes Virksomhed i Gonorrhoen i höi Grad væsentligt, at der nöie bestemmes, i hvilket Stadium de ere anvendte.

Til alle disse Vanskeligheder kommer der endnu, at der gives en Mængde af individuelle Forskjelligheder, som det vilde blive höist vanskeligt at adskille i Classer. Saaledes seer man hos nogle Subjekter Gonorrhoen optræde med alle en acut Inflammations Tegn, der er Rödme, Svulst, Smerte etc. og et tykt purulent Udflod. Hos andre derimod optræder den med saa godt som intet af disse Tegn; der er kun et seropurulent Udflod, men ingen Skjæren af af Vandet, ingen Svulst. Begge ere acute Gonorrhoer i samme Stadium, kunne have været lige længe, men ville vel i de fleste Tilfælde forholde sig forskjelligt ved de anvendte Midler. Vel vil man her kunne benytte til en Classification, at den sidste Form af Gonorrhoen viser sig, især hos Patienter, der för have lidt af Gonorrhoe; men dette er langtfra altid Tilfældet; det er ofte individuelt, beroer paa Individets constitutionelle Forhold;

som man ikke altid kan vente at trænge ind i, mindst paa et Hospital.

Alle disse Vanskeligheder synes mig at maatte gjöre vaersom i Benyttelsen af den numeriske Methode ved disse Spörgsmaal, og jeg vil derfor i det Fölgende kun bruge Tal til at lette Oversigten over den Behandling, der er anvendt her paa Hospitalet.

Behandlingen er i det nævnte Tidsrum i de fleste Tilfælde bleven indledet med Cubeber. Saaledet ere af 141 Patienter 92 blevne behandlede med dette Middel. Det er bleven givet i en Dosis af en toppet Theskefuld enten 3—4 Gange om Dagen, eller hver eller hver anden Time.

Denne sidste Maade er bleven anbefalet endel i den sidste Tid, og der forekom et Par Tilfælde behandlede paa den Maade, der syntes at tale for den. Jeg skal anföre disse to Tilfælde, fordi de höre til de heldige, hvor Patienterne ere forblevne nogle Dage i Hospitalet efter at Gonorrhoen var standset, og hvor man altsaa kan have, om ikke Vished, saa dog nogen Grund til at antage, at Gonorrhoen var cureret.

Den ene Patient var et Menneske paa 25 Aar, der för havde lidt af Gonorrhoe, og som havde bemærket Udfloddet omtrent en Uge för hans Indlæggelse paa Hospitalet, den 14de Januar. Det var en Gonorrhoe i det inflammatoriske Stadium, mod hvilken der intet var bleven anvendt og som var ledsaget af en Kjertelsvulst i höire Ingvinalregion. Der anvendtes Cubeber en Theskefuld hver Time, og den 21de Januar var Gonorrhoen fuldkommen standset. Han hörte op med Cubeberen, forblev imidlertid paa Grund af Saar, han havde paa Skinnebene, indtil den 30te i Hospitalet, og i den Tid viste Gonorrhoen sig ikke igjen.

Det andet Tilfælde var hos en Patient, der 5 Uger i

Forveien havde faaet en Chanker paa corona glandis, og hos hvem der nogle Dage derefter havde viist sig et Udflod af Urinröret. Stranguri var ophört da han indkom paa Hospitalet den 5te Januar; han fik Cubeber i samme Dosis som den foregaaende Patient, og den 15de hörte han op dermed, da Gonorrhoen var aldeles standset. Han blev liggende paa Hospitalet til den 25de, uden at Udfloddet kom tilbage.

I disse Tildælde synes unægtelig Cubeberne at have virket meget godt, men om der endog i de fölgende Maaneder forekomme nogle Tilfælde, hvor Cubeberne virkede ligesaa hurtigt ja undertiden hurtigere, saa forekommer der dog paa den anden Side et langt större Antal, hvor de enten aldeles ikke have virket eller saa langsomt, at man har maattet ty til andre Midler. Og undersöger man nærmere de Tilfælde, hvor Cubeberne have virket hurtigt, saa finder man, at det fortrinsviis er saadanne, hvor der foruden Gonorrhoen har været en Testikelsvulst; men da det nu er en Kjendsgjerning, at i disse Tilfælde Gonorrhoen som oftest standser ganske af sig selv, kunne disse Tilfælde ikke benyttes ved en Bedömmelse af Midlets Virksomhed. Af större Vægt til en saadan Bedömmelse bliver det, at i 49 Tilfælde af de 92 har man maattet ty til andre Midler, navnlig i 45 til Indspröitninger. Vel ere disse undertiden anvendte strax saasnart Udfloddet var bleven seröst, men som oftest har det dog været, fordi Behandlingen med Cubeber enten blev for langvarig eller uden Virkning, og der syntes mig i den Henseende ikke at være synderlig Forskjel paa, om Patienterne havde faaet den hver anden Time eller 3 Gange om Dagen. Drager man nu disse fra Antallet af dem, der ere behandlede med Cubeber, og fra denne Rest atter de Tilfælde, hvor Sygdommen har været compliceret med en Testikelsvulst, og betænker, at af et vist Antal Patienter, der udskrives som helbredede, kun en Del virkelig kan ansees for curerede, saa synes mig Behandlingen med Cubeber, i det mindste med den fra vor Dispensationsanstalt, ikke at have givet synderlig gode Resultater. Jeg troer ogsaa, at det er temmelig almindelig antaget, at Copaiva er et kraftigere Middel, men Cubeberne have det store Fortrin, langt mindre at angribe Digestionsveiene. Kun i nogle enkelte Tilfælde har man ophört med Midlet, fordi Patienterne ikke kunde taale det; et Par Gange frembragte det Diarrhoe, meget oftere Forstoppelse, og navnlig syntes det mig flere Gange at frembringe Forstoppelse hos Patienter, der havde brugt Copaiva i Forveien og hvor denne havde frembragt Diarrhoe. Det at det ene saaledes kan virke modsat det andet er vel en af Grundene til at man for Öieblikket i Frankrig seer saa ofte begge Midler gives enten sammen eller alternerende. Piller eller smaa Boli af Cubeber, indesluttede i en Gelatinacapsel og indeholdende et Par Draaber Copaiva, have for en Del fortrængt de för saa meget brugte capsules de Mothe, de Requin etc., der som bekjendt kun indeholde Copaiva.

Langt hyppigere end ved Behandlingen med Cubeber angrebes Digistionsveiene hos de af vore Patienter, der behandledes med Copaiva og hvis Antal belöb sig til 62. Nogle fik desuden Feber, et Par Exanthem, og omtrent $\frac{1}{3}$ af Patienterne maatte ophöre med Copaivaen, fordi de ei kunde taale Midlet, der hos os fast altid gives uden nogen Tilsætning i en Dosis af 40 Draaber 3 Gange daglig. Et Par Gange blev der forsögt at give det ligesom Cubeberne hver anden Time, i en Dosis af 10 Draaber, den ene Gang med meget Held, de andre derimod med mindre gunstigt

Resultat, og da det for de fleste Patienter er et i höi Grad modbydeligt Middel, maatte vistnok Forskjellen i Resultaterne være stor, for at man skulde plage Patienterne med det hver anden Time. Undertiden virkede Copaiva meget hurtigt: inden 48 Timer var Strangurien sædvanligen betydelig aftaget, om ikke ganske ophört, og Udfloddet blev i de fölgende Dage snart mere serōst for endelig ganske at standse. Jeg har troet nogle Gange at iagttage, at i Tilfælde af Testikelsvulst, hvor Gonorrhoen endnu ei var standset og hvor der blev givet Copaiva, Testikelsvulsten svandt hurtigere end i lignende, hvor der gaves Cubeber mod Gonorrhoen. Saaledes forekom et Tilfælde i Januar, hvor Testikelsvulsten og Gonorrhoen helbrededes i 6 Dage, et i August, hvor Sygdommen helbrededes i 8, hvorimod der næsten altid hengik 14 Dage og derover, naar der, paa Grund af den tilstedeværende Gonorrhoe gaves Cubeber. Hvis dette ikke blot er tilfældigt, saa stemmer det godt med at Ribes og andre, deriblandt Laennec, ville have helbredet gonorrhoiske Testikelsvulster alene med Copaiva Cubeber.

Indsprōitninger med en Oplösning af Helvedssten (grij—3j) anvendtes i dette Tidsrum 54 Gange, hvoraf 37 Gange efter en foregaaende Anvendelse af Cubeber, 8 Gange efter Cubeber og Copaiva, 5 Gange efter Copaiva alene, og 4 Gange uden at noget andet Middel var brugt i Forveien. De anvendtes her sædvanlig paa den Maade, at der gjordes 3 Indsprōitninger om Dagen i 3 Dage, og derpaa ophörtes med Midlet en Dag; derefter anvendtes for det meste, nemlig i 49 Tilfælde, Indsprōitninger med en Oplösning af Vitriolum zinci (grv—3j) bih., indtil Udfloddet fuldkomment standsede. Det er ikke sjeldent, at man hörer paastaae, at Indsprōitninger give Stricturer; det er en Sag, der vist næsten er umuligt at afgjöre. Anvendes de som her, i Tilfælde, hvor Udflodden er serösat, og hvor der vistnok som oftest er en chronisk Gonorrhoe tilstede, synes det mig rimeligere at tilskrive Blennorrhoen Dannelsen af Stricturen, hvis den skulde finde Sted, end Indspröitningerne. Jeg har udspurgt en stor Del af de Patienter, der ere blevne behandlede her paa Hospitalet i dette Tidsrum for Strictur, og paa en nær, var der ikke en eneste, hvor Gonorrhoen var bleven behandlet med Indspröitninger; derimod vare de fleste blevne behandlede med Copaiva. Beviset hentet fra at man i England, hvor man meget bruger Injectioner, har mange Stricturer, synes mig ingenlunde stringent, og det forekommer mig vanskeligt at indsee, hvorfor dette Middel her snarere skulde frembringe Fortykkelse af Slimhinden end i Öiet, hvor det er saa almindelig anerkjendt for at være fortrinligt mod chroniske Betændelser.

Af andre Midler brugtes et Par Gange i dette Tidsrum Cauterisation af fossa navicularis post. med Lallemands porte-caustique. Desuden en enkelt Gang Boli ad modum Velpeau eller Indgnidninger af ungv. kali hydriodici langs med Lemmet.

Et Hovedspörgsmaal saavel ved Brugen af Injectioner som især af Copaiva og Cubeber bliver imidlertid, i hvilket Stadium de bör anvendes. De fleste, der bruge Injectioner, ere enige i kun at bruge dem i to Tilfælde, det ene er lige i de förste Dage, i Irritationsstadiet, det andet er, naar Gonorrhoen begynder at være eller allerede er chronisk. Derimod hersker der langt större Dissens med Hensyn til Copaiva og Cubeber. Et Parti vil nemlig ikke have dem anvendte, saalænge der er inflammatoriske Symptomer tilstede; de give dem först i Relaxationsstadiet, hvilket de, som ovenfor er antydet, lade begynde forskjelligt, idet Nogle blot rette sig efter Tiden, der er forlöbet, Andre efter Symptomerne. I Irritationsstadiet og det inflammatoriske Stadium give de Demulcentia navnlig Slimthe, ofte i Thepotteviis.

Det andet Parti förer til Valgsprog: jo tidligere desto bedre; de benytte Copaivaen og Cubeberne perturberende, give dem i store Doser og paastaae, at Gonorrhoen ikke blot helbredes desto hurtigere men ogsaa giver desto sjeldnere Recidiver, jo mere man skynder sig med at give disse Midler.

Det forste Parti paastaaer om den anden Methode, at den gjör Gonorrhoerne chroniske, og at den hyppigt giver Leilighed til Fölgesygdomme.

Det andet Parti paastaaer om det förste, at det har bygget sin Practik paa Speculationer, at det ved ikke at forstyrre Sygdommen, giver den Tid til at faae fast Fod, og at det just derved bevirker dens store Tendens til at recidivere og til at blive chronisk, og at, hvis Gonorrhoen virkelig udöver nogen Indflydelse paa Constitutionen, det da begunstiger en saadan.

Begge Partier stötte sig paa deres Erfaringer, men jeg har ovenfor anfört, hvorfor man maa være forsigtig i at stole paa Erfaringer over Gonorrhoen. De beraabe sig ligeledes begge paa Historien.

Det förste Parti har nemlig en meget betydelig Anciennitet at stötte sig til; Copaivaen har været brugt tildels paa den Maade, som dette Parti vil have den anvendt, i et Par hundrede Aar. Fred. Hoffmann, Monro, Cullen, John Hunter og mange andre Autoriteter have alle kun brugt Copaiva mod den chroniske eller atoniske Gonorrhoe, og protestere alle mod dens Brug i det inflammatoriske Stadium som farlig og slet.

Det andet Parti støtter sig fortrinsviis paa de vilde Nationers Instinkt, det samme, der har lært os at bruge China mod Koldfeber. Det er vilde Amerikanere, der have lært Franskmændene, mod Slutningen af forrige Aarhundrede, dristigt at bruge Copaivaen i Begyndelsen af en Gonorrhoe; det er Indianere, der have lært de engelske Officerer i Indien, for 30 Aar siden, at helbrede Sygdommen med Cubeber. Efter at disse Methoder vare bragte over til Europa, bleve de prövede af et stort Antal Læger, deriblandt af Mænd som Delpech og Ribes; de erklærede, at de gave de gunstigste Resultater, og at det var saa langt fra at Sygdommen tiltog, saaledes som de Ældre havde meent, at den tvertimod endte langt hurtigere.

Disse Forsög ere ikke blevne uden Virkning paa det förste Parti; de have bragt dem til, ikke blot som de Gamle, at bruge disse Midler i den chroniske Gonorrhoe, men ogsaa i Relaxationsstadiet af den acute, ja nogle, der höre til Partiet, anvende dem naar de förste 10 til 14 Dage ere forlöbne, men man seer dog let, at der i hele Anskuelsesmaaden er en dyb Spaltning, og at det vel derfor neppe gavner her at ville gaae en Middelvei.

Denne Spaltning beroer nemlig paa, hvorledes man tænker sig at disse Midler virke. De Gamle kunne have haft Ret, naar de, efter de forskjellige Systemer de hyldede, have kaldt Copaiva et tonicerende eller stimulerende Middel; og dets Virkning i den chroniske Gonorrhoe bliver maaske derved ret godt forklaret. Men Spörgsmaalet bliver vel, om den ogsaa virker saaledes i den acute; det maa indrömmes, at hvis den virker saaledes, saa maa den være contraindiceret, men det gjelder at bevise at den gjör det, eller maaske bedre, at den ikke kan virke paa nogen anden Maade.

Det andet Parti har imidlertid ikke ladet det ganske mangle paa Forklaringer.

Man troede först i Frankrig at kunne forklare Nytten af disse Midler i den acute Gonorrhoe ved en revulsorisk Virksomhed paa Tarmkanalen. Man indsaae imidlertid snart, at det ikke var saa, at disse Midler kunne virke ganske forskjelligt hos to Individer og dog hæve Gonorhoen hos dem begge; man kom desuden til det Resultat, at disse Midler virkede desto kraftigere, jo bedre de taaltes af Digestionsveiene. Man har dernæst troet at maatte antage en egen local Virkning af den med disse Stoffer svangrede Urin paa Urinröret. En Erfaring, som Delpech, Ricord og flere ville have gjort, synes at tale herfor. Det er den at Copaivaen er uvirksom hos Fruentimmer med acut Gonorrhoe, undtagen i det temmelig sjeldne Tilfælde, at Gonorrhoen har sit Sæde i Urinröret. Indtager den foruden urethra desuden samtidigt vagina og collum uteri, ville de have seet Affektionen af Urinröret forsvinde, medens Betændelsen i de andre samtidigt angrebne Partier er forbleven upaavirket af Midlet. En Erfaring, Ricord anförer at have gjort, taler ligeledes for en saadan Betragtning. Hos en Patient, Ricord behandlede, var nemlig Urinröret ved en Adskillelse i Continuiteten af dets nederste Væg, delt i en forreste og bagerste Del. Denne Patient fik en Gonorrhoe, som i Begyndelsen havde sit Sæde i den forreste Del af Urinröret, men senere ogsaa forplantede sig til den bagere. Ricord anvendte Copaivaen; den bagere Del var snart helbredet, medens Udfloddet vedblev af den forreste Del, som ikke gjennemströmmedes af Urinen, der löb ud gjennem Fistlen. For at standse Gonorrhoen blev han nödsaget til at gjöre Indspröitninger i den forreste Del af Canalen. Ricord og flere Andre mene derfor, at disse Midlers Virksomhed maa bero paa Urinens Beskaffenhed; de mene, at den bliver balsamisk, lade Midlet især virke som udvortes, og da de see Strangurien saa hurtigt forsvinde, antage de denne Virkning for sedativ. Men dette er vistnok imod disse Midlers, navnlig Copaivaens sædvanlige Virkning, anvendte som udvortes. Anvendt saaledes see vi den nemlig forbedre Pusafsondringen og give Betændelsen nyt Liv. Mere overensstemmende hermed kunde man vel, hvad især er fremhævet af Trousseau, betragte den som irriterende, og det bliver unegtelig her et Spörgsmaal, om Copaivaen og Cubeberne ikke just virke ved at fremkalde en Betændelse, der er i Stand til at fortrænge den specifike Betændelse, der er tilstede. Der vilde da maaske være en temmelig stor Analogi imellem disse Midler og Indspröitninger, hvis Virksomhed vanskeligt synes mig at kunne forklares paa anden Maade, end ved at sætte en kunstig limiteret Betændelse istedetfor en til Fremadskriden tenderende specifik. Overensstemmende med dette vilde Copaiva og Cubeber ligesom Injectionerne have deres Plads især i det förste Stadium, de vilde maaske endnu kunne gavne i den förste Tid af det inflammatoriske Stadium; men naar de gaves i den sidste Del af dette, altsaa naar de förste 12—14 Dage vare forlöbne efter at Gonorrhoen havde viist sig, vilde de kun föie en ny Betændelse til den gamle uden at være istand til at fortrænge den; de vilde altsaa kun foröge Betændelsen, og den bedste Behandling i denne Periode maatte altsaa blive den reen antiphlogistiske. I Relaxationsstadiet og den chroniske Gonorrhoe vilde de derimod saavelsom Injectionerne atter gjöre Nytte, fordi de fremkalde en ny Betændelse, der undertiden kunde tage den gamle med sig.

Man har villet stille denne Betragtningsmaade paa en Pröve. Saaledes har f. Ex. Prof. Fenger, som Overchir. paa Frederiks Hospital, gjort Indspröitninger af en Emulsion af Copaiva. Disse Forsög mislykkedes. Der er ligeledes ifjor bleven anstillet nogle Forsög her paa Hospitalet med Indspröitninger af en Oplösning af Cubeber. Disse Forsög mislykkedes ligeledes. Men det vilde dog være urigtigt heraf at drage nogen Slutning med Hensyn til denne Forklarings Rigtighed eller Urigtighed. Man bör vist ikke ganske forglemme, at Jacquin i hans Beretning fra 1787 om den dristige Maade, hvorpaa Amerikanerne benyttede Copaiva mod den acute Gonorrhoe, just omtaler, at de ogsaa brugte den til at indspröite i Uriorörct.

Ganske vist er denne Forklaringsmaade hypothetisk, men det er ogsaa det förste Parties, og det synes mig desuden, som om alle de forskjellige og tildels modsatte Erfaringer om disse Midlers Virksomhed bedst kunne rimes sammen ved en saadan Betragtningsmaade; det at hiin har et Par Aarhundredes Anciennitet beviser ingenlunde, at den er den rette.

Det forekommer mig, som om vi her staae paa et vanskeligt Punkt. At handle efter Hypotheser og Spekulationer — det er ikke tilladt i vor Tid; at kaste sig en raa Empiri i Armene kan ligesaalidet bifaldes; at gaae en Middelvei turde maaske være det allerværste, hvilken af Forklaringerne der end er den rette, og vilde for at være forsvarlig, udkræve en ny Theori; gaae efter Erfaringer vilde være det bedste, men paa hvilke skal man stole og hvilke skal man forkaste?

Der bliver vel intet antet tilbage, end at lade Spörgsmaalet staae som det er og söge at gjöre ny Erfaringer, der kunne bidrage til at löse det. Vort Hospital kan, saavidt jeg kan see, for det nævnte Tidsrum kun yde tarvelige Bidrag til Spörgsmaalets Besvarelse, og jeg kan kun her anföre et Par Tilfælde, hvor Sygdommen strax i Begyndelsen blev behandlet med Copaiva eller Cubeber og hvor disse Midler syntes at virke perturberende.

Den 10de August indkom saaledes en Patient med et Udflod af Urinröret, som han paastod kun at have haft i 3 Dage. Udfloddet var purulent, og der var nogen Stranguri tilstede, iövrigt var Gonorrhoen aldeles ucompliceret. Der ordineredes Bals. copaivæ 40 Draaber 3 Gange om Dagen, og allerede den 14de, altsaa efter at han havde brugt Midlet i 4 Dage, var Gonorrhoen standset. Han blev endnu to Dage i Hospitalet, og da han forlod det, var Udfloddet endnu ikke vendt tilbage.

En anden Patient var indkommet den 17de Februar, Han angav 5 Dage i Forveien at have bemærket to Chankere paa præputium, og Dagen för hans Indlæggelse et purulent Udflod af Urinröret tilligemed Skjæren af Vandet. Han fik Cubeber hver 3die Time, og da han 6 Dage derefter udskreves, var Udfloddet standset.

Til dette Tilfælde knytter sig det ovenfor, ved Behandlingen med Cubeberne anförte, hvor en Patient, der havde haft en Gonorrhoe en Uges Tid, blev helbredet i 8 Dage under Brugen af Cubeber.

Den 25de Februar indkom en Patient med Chankre, Gonorrhoe og Bubon, Tilfælde, som Patienten meente at have faaet 5 Dage i Forveien. To Dage derefter havde han fölt Smerte i den höire Ingvinalregion; Dagen efter bemærkede han, af han havde Chankre paa frenulum, og desuden en Gonorrhoe. Han havde tidligere lidt af alle disse Tilfælde og sögte strax Hospitalet. Her ordineredes Copaiva, som han brugte i 5 Dage, og som han derpaa hörte op med, fordi det voldte ham tormina. Han fik derpaa Cubeber i 7 Dage. Under Brugen af disse Midler standsede Gonorrhoen og var aldeles helbredet den 9de Marts. Han blev derpaa endnu 7 Dage i Hospitalet for Bubonens Skyld, i hvilket Tidsrum Gonorrhoen ikke vendte tilbage.

Dog disse Tilfælde og et Par lignende kunne ikke være stringent bevisende; for at de skulde kunne være det maatte enten Patienterne have opholdt længere Tid derefter paa Hospitalet, eller man maatte have fulgt dem udenfor Hospitalet, efter at de havde forladt det. Men dette er forbundet med ikke faa Vanskeligheder, og desuden i flere Henseender ubehageligt; det er desuden en Fordring, der ikke godt kan stilles til Hospitalet, og som vel derfor heller neppe vil blive stillet til Hospitalsrevuen. Derimod troer jeg, at der maaske gives en anden Maade, hvorpaa man her paa Hospitalet vil kunne bidrage til Spörgsmaalets Lösning. Det bestaaer i at udspörge Patienterne, navnlig de veneriske, om de tidligere have ligget her paa Hospitalet for Gonorrhoe, og om Gonorrhoen, efterat de vare udskrevne fra Hospitalet som helbredede, kom igjen eller ikke. I sidste Tilfælde vilde man kunne eftersee i Journalerne paa hvad Maade de vare blevne behandlede, og ved at sammenligne deres Referat af Tilstanden og Behandlingen paa Hospitalet med den i Journalerne anförte, vilde man let kunne dömme om, hvorvidt Patientens Udsagn om Tilstanden efterat han havde forladt Hospitalet, stod til Troende eller ikke.

Dog en Undersögelse af den Art ligger udenfor denne Hospitalsrevues Grændser, og jeg skal derfor opsætte til en anden Leilighed at forsöge, hvad Resultat en saadan Undersögelse formaaer at give.

I Nr. 9 af dette Bind af Ugeskriftet findes nogle Bemærkninger til det foregaaende Nummer af denne Revue. Hr. Knudsen synes mig heri især at stille to Fordringer til mig: den ene er at angive Antallet af Sygedagene for den chirurgiske Afdeling for Aarene 1840—47, for derefter at bestemme om Middelvarigheden af den Tid, Patienterne nu ligge her paa Hospitalet, er ligesaa stor som för. Dette er mig umuligt, da i Listerne, der föres over Patientantallet her paa Hospitalet, den chirurgiske Afdeling ikke er skilt fra den medicinske. Den anden er en cubisk Opmaaling af Stuerne, navnlig Litr. O, F, U og L. Denne skal jeg saameget hellere opfylde, som jeg gjerne indrömmer, at det er en Forglemmelse, som jeg ikke kan undskylde bedre end ved Hr. Knudsens egne Ord: "Meningen om Stuernes Overfyldning paatrænger sig saa uvilkaarligt, at det ikke er nödvendigt at vide, hvormange Cubikfod Luft enhver Patient har."

Ved at udmaale Litr. F befindes hver Patient at have 676 Cubikfod Luft, medens paa Litr. O enhver kun har 628. Denne Forskjel vilde, skjöndt den ei er betydelig, dog være af nogen Vægt, hvis Værelserne ventileredes ved stadigt virkende Ventilationsapparater; her derimod, hvor Ventilationen skeer igjennem Vinduer og derfor er langt mindre stadig, bliver en saadan Forskjel af mindre Betydning; den vil her maaske opveies af andre Momenter; saaledes ligger Litr. O en Etage höiere end Litr. F, og altsaa vil vel Luftströmmen, idet mindste ved visse Vinde, her maatte ansees for at være stærkere end paa Litr. F, hvor den brydes ved de ligeoverfor liggende Bygninger. Det samme gjelder om Litr. L og U.

Som Bidrag til disse to Stuers Specialhistorie turde maaske fölgende tjene. I Slutningen af August Maaned vare alle Stuer paa den chirurgiske Afdeling udluftede og reparerede paa disse to nær. Dagen för Litr. L sattes under Reparation fik imidlertid en Patient paa denne Stue erysipelas ambulans. Det var en Patsent, der havde ligget her i flere Maaneder og led af en Affektion af Albueleddet, hvorfor der var anvendt to Striber med ferrum candens, der holdtes aabne.

Just paa samme Tid var der i Löbet af omtrent 14 Dage bleven gjort 5 af de Operationer, jeg i det foregaaende Nummer kaldte Excisioner, og som saalænge den lille Epidemi i Vinter varede, altid havde været complicerede af erysipelas. Patienterne bleve flyttede ind paa de nylig istandsatte Værelser paa en nær, der flyttedes op paa Litr. U. Men, medens der ikke viste sig noget Spor til erysipelas ambulans hos de andre Patienter, blev Saarfladen hos denne Patient et Par Dage efter bedækket med en gangrænös Skorpe, paa samme Tid som Omfanget blev Sædet for en erysipelatös Hævelse, der imidlertid ikke skred videre, men tabte sig efter et Par Dage.

At disse to Tilfælde forekom paa de to Stuer, der ikke vare udluftede, kan naturligviis være noget rent Tilfældigt, men det synes mig dog at være af de Tilfældigheder, der ved at opsummeres gjöre det rimeligt, at virkelig en ved Overfyldning, slet Ventilation og mangelfuld Udluftning fordærvet Luft er en væsentlig Aarsag til erysipelas ambulans og forsaavidt vel maa ansees for den vigtigste, som det ikke ligger udenfor vor Magt at hæve den.

Forlagt af C. A. Reitzel. Trykt hos Bianco Luno.

Den 2. October. 1847.

Ugeskrift for Læger.

2den Række VII. Nr. 17.

Redigeret af L. Brion og C. Hempel.

Endocarditis.

(Zehetmayer: Die Herzkrankheiten. Wien 1845).

Nærværende Afhandling giver os et Billede af en iblandt flere nyere Pathologer gjængse Anskuelse om Endocarditis som en Sygdom, der spiller en betydelig Rolle i Pathologien. Vi tro imidlertid at maatte forudskikke den Bemærkning, at denne Sygdoms anatomiske Charakterer paa Grund af Endocardiums eiendommelige anatomiske Forhold i mange Tilfælde ere tvivlsomme og vistnok meget sjelden saa tydelig udtalte, som de her ere angivne; dernæst er det vel unægteligt, at Symptomer af Endocarditis og de anatomiske Mærker, som tilskrives den, ei sjelden træffes i Forbindelse med visse Sygdomme, som acut Rheumatisme, Brystbetændelser, Pyæmi og Blodinfection, men det er vistnok aldeles problematisk, hvorvidt den staaer i Forhold til disse som Aarsag til Virkning.

Betændelsen i Hjertets indre Beklædning er en Sygdom, der först er bleven bekjendt ved den nyere Tids Undersögelser, og fornemmelig er det Kreysig og Bouillaud der have gjort os opmærksomme paa denne Proces, der ved sin hyppige Forekomst, vanskelige Diagnose og for Organismen vigtige Fölger er lige mærkværdig.

Endocardium, der som en Fortsættelse af Aarernes indre Hinde overalt beklæder Hjertehulerne med deres Kjödpapiller og Senestrænge, og som ved en Sammenfoldning synes alene at danne de forskjellige Klappeapparater, bestaaer af flere Lag, nemlig inderst mod Hjertets indre Overflade af et Epitheliallag, uden paa dette af Længdefibre, dernæst elastiske Traade og endelig et Bindevævslag, der ligger nærmest Muskelsubstansen. Det er egentlig kun dette Bindevæv der indeholder Blodkar, hvorfra altsaa i sund Tilstand de övrige Lag maa ernæres ved at gjennemtrænges af det flydende Plasma, og i Overensstemmelse hermed maa Sædet for Endocarditis antages at være Bindevævet, hvorfra Betændelsesproduktet (Exsudatet) da kan gjennemtrænge de andre Lag og kun paa denne Maade vise sig paa Hjertets indre Overflade. Alle Partier af Endocardium kunne betændes, men hyppigst den Del, der danner Klapperne. Vi skulle omtale Phænomenerne herved saaledes som de, ofte utydelig nok, fremstille sig for os paa Sectionsbordet.

Det förste Betændelsesstadium (Hyperæmi og Stase) vil sjelden findes, da den for disse charakteristiske Injectionsrödme forsvinder ved den tidligt, sædvanlig i Löbet af faa Timer indtrædende Exsudation; skulde den dog endnu finde Sted, da vilde den vel kunne adskilles fra den simple Imbibition ved den stribede, punkterede, Karforgreningen fölgende Rödme.

Exsudationsstadiet kjendes i det hele taget paa, at Endocardium er fortykket, mör og guulagtighvid, idet

det har tabt sin Glands og Gjennemsigtighed; de saaledes forandrede Partier tabe sig jevnt over i de ikke angrebne Dele. Det fibrinöse Exsudat, hvorom först skal tales, kan afsættes mellem Lamellerne af Endocardium, eller det træder ganske, eller for en Del som fine Fnogger ud paa Overfladen, der da efter Afstödningen af Epithelet bliver mat, ru, eller flöielsagtig. Det paa Overfladen afsatte Exsudat kan nu atter föres bort med Blodströmmen og blandes med Blodet, hvorved Reactionssymptomerne maa foröges, indtil det deels svinder hen i Blodmassen, dels bliver udskilt under kritiske Udtömmelser; medens secundære Phænomener i Capillærkarsystemet först optræde, naar det fibrinöse Produkt er forvandlet til Pus. Men er Exsudatet afsat paa et Sted, der mindre er udsat for Blodströmmen, da danner det et Coagulum, der kan undergaae forskjellige Metamorphoser.

Paa Hjerteklapperne opstaae herved de saakaldte Vegetationer eller Excrescenser, der i Overensstemmelse med den langt hyppigere Optræden af Endocarditis i venstre end i höire Kammer, oftest og i störst Udstrækning findes paa Aorta- og Bicuspidal-Klapperne, hvor de af ældre Forfattere almindeligt ere antagne for condylomatöse Udvæxter. Sædvanlig sidde de paa Klappernes frie Rande, men frembyde forresten mange Forskjelligheder. Snart danne de et neppe bemærkeligt fiinkornet Overtræk, snart isolerede eller sammenhobede vorte-, kjölle- eller multebær-formige Legemer, der under Microskopet vise sig som en coaguleret Masse med talrige Korn og Fidtkugler; lösnes de fra det underliggende Endocardium, da sees denne opvulstet, ru og uden Epithelium. I Begyndelsen er deres Farve gunlröd eller blaaligröd, senere blegere som udvadsket Fibrine Coagulum, hvilket de ogsaa ligne i Henseende til Consistens, indtil de med Tiden blive haardere og indskrumpe under Resorbtion af de flydende Bestanddele. Men foruden den paa denne Maade bevirkede Aftagen i Störrelse maa man antage Muligheden af en delviis eller fuldstændig Oplösning, fornemmelig ved Hjælp af det circulerende Blods Serum, hvorved Fibrinen i en fiinkornet Tilstand svinder hen i Blodmassen og bliver uskadelig. Det er kun saaledes at store Fibrinemasser fuldkommen kunne forsvinde, ligesom vi ogsaa lettest ved denne Antagelse kunne forklare Vegetationens store Udbredning efter friske og hurtigforlöbende endocarditiske Processer, medens de ved de langsommere forlöbende ere ubetydelige og endog aldeles kunne mangle. Ved denne Leilighed maa vi bemærke, at Vegetationerne vel for en Del ere primært frembragte som Exsudat af den betændelsesagtige Proces, men at en anden og maaske större Del af Fibrinemassen er opstaaet paa en secundær Maade ved Afsætning fra den gjennem Hjertet circulerende Blodmasse.

I det nemlig Plasmaet træder frem paa den indre Overflade af Hjertet, vil en Del af det forblive paa Stedet og danne det primære Exsudat, medens den langt overveiende Del bortföres af Blodströmmen; Blodet, der allerede i og for sig under nærværende Omstændigheder er rigt paa plastisk Stof og tilböieligt til at afsætte dette, vil nu, efterat have erholdt denne Tilvæxt af Plasma, saameget lettere kunne deponere Fibrine, og det fornemmelig i Hjertet, hvor de allerede i sund Tilstand begunstigende Momenter for en saadan Afsætning have faaet en större Vægt ved Tilstedeværelsen af det primære Exsudat, der ligesaavel som den af Betændelsen fölgende Lösning af Epitheliallaget har givet Hjertets indre Overflade en ganske særegen Ruhed og Ujævnhed. Det er disse secundært afsatte Fibrinelag, der fornemmelig gjöre Vegetationerne voluminöse, men som paa den anden Side kun ere lidet tilböielige til Organisation eller Metarmorphose overhovedet, og derfor let oplöses i Blodmassen, hvorved den störste Del af Vegetationerne da kunne svinde ligesaa hurtig, som de ere opstaaede. Klappevegetationerne ere altsaa Betændelsesprodukter, hvis Resorbtion eller Oplösning i mange Tilfælde kan paavises.

Naar man har meent, at de abnorme Dannelser paa Klapperne skulle kunne opstaae uden foregaaende Endocarditis ved en simpel Fibrineafsætning af den sygelige Blodmasse, da maa imod denne vistnok aldeles urigtige Antagelse paa den ene Side bemærkes, at det tilstedeværende Exsudat uden tydelige Tegn paa en foregaaende Betændelse, ingenlunde beviser, at denne ikke har været tilstede; ja vi have endog tidligere omtalt, at Hyperæmi og Stase i Regelen maa være forsvundne för Obductionen giver os Leilighed til at efterspore dem; og hvad Texturforandringerne angaaer, da ere de ved denne Sygdom overhovedet ubetydelige, og skjules end mere ved den oven paa liggende Exsudation, hvori de umærkeligt gaae over; paa den anden Side maa man vel vogte sig for at forvexle de her omtalte Sygdomsprodukter med de Fibrine-Coagula, der saa ofte i stor Masse træffes i Hjertehulerne temmelig fast vedhængende Klapperne og saaledes infiltrerede mellem Papillarsenerne, at de kun med en vis Forsigtighed kunne udtages hele. Disse have sin Oprindelse fra en til Fibrine-Udskilning tilböielig Blodsygdom; men de indgaae aldrig nogen organisk Forbindelse med Endocardium, der efter deres Fjernelse viser sig med sin normale Glathed og Glands, men hverken fortykket, ru eller berövet sit Epithelium, saaledes som Tilfældet er, hvor de sande Klappe-vegetationer ere lösnede fra deres Plads.

Blive Vegetationerne hverken oplöste eller resorberede, da undergaae de forskjellige Forandringer; de enten organiseres, eller forsvinde ved Atrophi, eller forkalkes, eller endelig gaae de over i Pusdannelse, hvorved Ulcerationen paa Klapperne foranlediges.

Organisation af Exsudatet forudsætter, at dette direkte er udskilt af et betændt Parti af Klappen og hænger sammen dermed, medens det aldeles maa benægtes, at en paa en sund Del af Endocardium af Blodet afsat Fibrinemasse kan organiseres; dette sker ligesaalidt her som med Fibrinen i et apoplektisk Extravasat eller peritonitisk Exsudat, naar den hændelsesviis kommer i Berörelse med de sunde Partier af den seröse Hinde, skjöndt den hænger fast ved denne. Vistnok indeholder Fibrinen i sig selv Spiren til Organisation, men det andet vigtige Moment er, at den er heftet til en betændt Flade; ogsaa bemærkes ved den microskopiske Undersögelse tydeligt, hvorledes Organisationen er skredet videst frem i de Lag, der ligge i nærmest Berörelse med den betændte Endocardium; saaledes findes nærmest Hjertehulen kun Granulationer, dernæst Cellekjerner, Celler, endelig nærmest Endocardium Traade, först i en rudimentær, senere i en fuldkomnere udviklet Form. Derpaa miste Vegetationerne de flydende Bestanddele ved Resorbtion og forandre herved Consistensen til en bruskagtig, skjöndt de ingenlunde indeholde virkelig Brusk. Efter at have opnaaet denne Udviklingsgrad, kunne de endnu under Tiltagen i Consistensen svinde endel ind, men neppe ganske resorberes. Naturligviis gjelder hvad der her er sagt om Exsudatet paa Klappernes Overflade ogsaa om det, der dannes mellem deres Lameller; det kan ogsaa her resørberes eller organiseres, hvorved opstaaer den saakaldte Forbruskning enten blot af Randen eller af Klappen i hele dens Udstrækning; sædvanlig forekomme de omtalte Vegetationer paa Klappens Overflade samtidig hermed.

Indtræder Organisationen ikke, da kan Exsudatet gaae over i Atherom, hvorved forstaaes en hvidguul, grödet Masse, der seer ud som fortykket Pus, uden at Microskopet viser andet end Granulationer, Fidt og Cholestearin-Krystaller; Pusceller findes ikke, og aldrig henflyder denne Substans, saa at den eneste Forvandling, den kan undergaae, er, at den kan blive forkalket. Men denne Forkalkning kan ogsaa optræde uafhængig af Atheromdannelse og bliver saa at ansee som en ny Metamorphose af det ikke organiserede Exsudat. Herved dannes hyppigt en den hele Ostium indesluttende og forsnævrende fast og haard Ring med Udstraalinger i forskjellige Retninger i det hele Klappeapparat; er en Pericarditis opstaaet samtidig med den endocarditiske Proces, da kan den forbenede Ring blive end mere fremtrædende ved en lignende Deposition af Kalkmasse i Sulcus transversus udvendig fra.

Hvad der hidtil er sagt om det endocarditiske fibrinöse Exsudat og dets Metamorphoser paa og i Klapperne, lader sig anvende paa ethvert andet Punkt af Hjertets indre Overflade; saaledes blive ved Betændelsen Papillarmusklerne med deres Sener möre, overrives let og indgaae atter abnorme Sammenvoxninger, eller de blive fortykkede, callöse, ja endog forkalkede. Endocarditis paa den egentlige Hjertevæg forholder sig endelig paa en analog Maade: Injectionsrödmen kan oftere iagttages her; Endocardium bliver mindre gjennemsigtig og, organiseres Betændelsesproduktet, da opstaae de saakaldte Seneplettter, d. v. s. meer eller mindre udstrakte Pletter og Striber paa Endocardium med en blaalighvid, seneagtig-glindsende og glat, sjeldnere ru Overflade; de kunne temmelig let lösnes fra det underliggende Væv. Strækker Betændelsen sig dybere i Hjertemassen, da kan i denne opstaae en callös Forhærdelse, hvorved Muskeltexturen gaaer tilgrunde, eller en Maceration og Oplösning af Muskelsubstansen, hvorved atter det af Rokitansky saakaldte Hjerteaneurisma foranlediges *).

Som bekjendt er det ikke altid de samme Stoffer der ved Betændelsen udskilles af Blodet; snart kan den ene, snart den anden af dettes Bestanddele være tilstede i Betændelsesproduktet i overveiende Mængde, ja undertiden kan det saagodtsom alene bestaae af en enkelt af dem. Med Hensyn hertil kunne vi inddele Exsudaterne i de fibrinöse, albuminöse, seröse og primær-hæmorrhagiske, og dernæst sammenfatte disse under Navnet primære Exsudatformer, forsaavidt som de alle umiddelbart ere komne fra Blodmassen uden væsentlig at have forandret de Charakterer, de havde, medens de vare indlemmede i denne.

Alt hvad der i det Foregaaende er sagt om Exsudation, refererer sig til det förste af de her angivne, til Fibrine Exsudatet som det, der ved sin store Tilböielighed til Coagulation og höiere Organisation tydeligst frembyder sig for vore Sandser; men at en albuminös Exsudation ogsaa finder Sted ved Endocarditis, kan vistnok ikke betvivles, kun bliver det umuligt at eftervise den anatomisk, da paa

---

*) En abnorm accessorisk Hulhed i Ventrikelvæggen, opstaaet som en Fölge af Betændelse (Endocarditis, Myocarditis), hvorved Hjertets normale elastiske Textur har maattet vige Pladsen for en af Betændelsesproduktet dannet Masse, der ikke besidder de nödvendige Egenskaber til at modstaae Blodets Impuls.

den ene Side dens vanskelige Coagulation, paa den anden Side dens hurtige og gjennemgribende Transformation i Pusceller gjör, at den snart skylles bort af Blodströmmen. Endnu mere umuligt bliver det naturligviis at eftervise et serödt eller hæmorrhagisk Exsudat paa den af Blodet beskyllede indre Overflade af Hjertet.

Secundære Exsudater kalde vi fölgende Transformationer af hine primære: hvor Disposition dertil finder Sted i Legemet, omdannes fornemmelig Albuminen til Tuberkel- og Kræft-Exsudat; de Blodkar, der opstaae i en nydannet Masse, have sædvanlig i Forhold til deres Lumen meget tynde, af et eller höist to Lag bestaaende Vægge, der let briste ved en paa ny opkommende Betændelse eller simpel Congestion; heraf den secundær-hæmorrhagiske Udgydning, der hyppigst forekommer i Tuberkel- og Kræft-Masse. Naar Exsudatet med Opgivelse af al videre Metamorphose hensmelter til en tynd, forskjelligfarvet, ofte stinkende, corroderende (ikke som Pus blot macererende) Vædske, hvori Microskopet kun viser lidt Fibrine og faa Elementarkorn, da opstaaer det ichoröse Exsudat. Men vigtigst og hyppigst af de secundære Exsudater er det purulente.

Organisationen af et Plasma (Fibrine, Æggehvide) begynder med Dannelsen af Granulationer, derpaa Cellekjerner, endelig Celler, som ere de saakaldte Pusceller; Dannelsen af disse sidste er ligesaa nödvendig for Fibrinens fuldkomne Organisation som f. Ex. for Tilheelningen af en Saarflade, hvorpaa en större Udsvedning har fundet Sted. Men medens Fibrine-Udsvedningen sædvanlig forfölger sin Organisation videre, kommer Æggehviden sjelden længere end til Dannelse af Pusceller, der i Forbindelse med Pusvædsken danne det bekjendte flödeagtige Fluidum, hvis

Plasticitet er störst, jo flere Celler Vædsken indeholder i Forhold til Elementarlegemerne. Man maa nu tænke sig, at en Del af Exsudatet organiseres fuldkomment, en anden Del bliver til Pus, atter en anden Del til Atherommasse eller det forkalkes. Hvor Pus er dannet, smelter og macererer det de omliggende Dele, skaffer sig saaledes Vei ud igjennem Hjertets indre Overflade og optages i Blodströmmen efterladende sig et Ulcus paa Hjertet; er dette endnu ikke skeet, da finde vi Abscesser f. Ex. mellem Klappernes to Flader, i Papillerne, eller i Hjertevæggens Muskelsubstans; undertiden fortættes de Pusset indesluttende Dele til en callös Masse, og det paa denne Maade indesluttede Pus kan gaae over i Atherom eller forkalkes; dog at Pus, rigtignok efter en lang Tids Forlöb, ogsaa kan organiseres og blive til et Væv, der selv under Microskopet ikke viser sig forskjellig fra Hjertets normale, derom have vi ingen Grund til at tvivle.

Efter denne pathologisk-anatomiske Fremstilling vil man let indsee, hvormeget den endocarditiske Proces bidrager til at forklare en Mængde af den chroniske Hjertesygdoms Phænomener, der endog synes at maatte fremgaae som de umiddelbare og næsten uundgaaelige Fölger af den. Hjertets indre Overflade har mistet sin Glathed, hvorved Blodströmmen (Blodkuglerne) udsættes for en usædvanlig Rivning; Böielighed og Elasticitet i Hjertesubstansen og de indvendige Appendices have givet Plads for Stivhed og Sprödhed eller Mörhed, hvorved ofte tillige de normale Former i Hjertets indre Bygning gaae tabt.

Vegetationerne paa Klapperne give Anledning til, at disse ikke fuldkommen kunne lægge sig til hinanden, hvor-

ved Aabningerne ei tilfulde tilsluttes, eller at de omvendt ved deres Masse formindske Aabningerne, hvorved foranlediges den saakaldte Stenose, der fremdeles kan opstaae, naar Klapperne formedelst det optagne Exsudat blive saa stive og ubevægelige, at Blodströmmen ikke kan skyde dem tilstrækkeligt fra Ostierne, eller naar det superficielt liggende Plasma har frembragt Sammenvoxning mellem to Klapper; men da ethvert fastere Exsudatvæv medförer Atrophi i de nærliggende Dele, saa svinde Klapperne ind og formindskes i alle Retninger, og der opstaaer en Insufficiens, der er saameget betydeligere, jo nærmere Klappernes Insertionsring Betændelsen har fundet Sted; ved de fra denne Ring sædvanlig udgaaende kalkagtige Concretioner saavelsom ved Atheromdannelse frembringes naturligviis ogsaa den sidste Feil, for ikke at tale om de Tilfælde, hvor en Forkortelse af Papillarsenerne eller en Sammenvoxning af disse med den nedre Klappeflade holder Klapperne bestandigt ned imod Ventrikelhulerne, eller hvor endelig en Klap ved Atrophi aldeles er forsvunden.

Vi have tidligere omtalt, at Endocarditis hyppigst angriber den venstre Halvdel af Hjertet, og heri maa den vigtigste Grund söges til, at Mitralklappen og det dertil hörende ostium hyppigst lider af Insufficiens eller Stenose; derefter kommer det venstre arterielle ostium; sjelden angribes Tricuspidalklappen og allersjeldnest Lungearteriens Klappeapparat. Omvendt forekommer Endocarditis i den foetale Tilstand oftest i höire Hjertehalvdel, hvorved opstaaer Forsnævring i höire venöse Ostium og Lungearterie, og deraf secundært Formforandringer i Hjertet.

Naar Plasmaet inden i en Klap gaaer over i Pus, da smelter dette de bedækkende Dele, der ved den foregaaende Betændelse allerede ere möre og tilböielige til Destruction;

Pus baner sig en Vei gjennem den ene eller den anden Flade af Klappen, og igjennem den herved opstaaede Aabning trænger Blodet paa den lige over for liggende, til den anden Flade hörende Del af Klappen, denne udvides, og der opstaaer, hvad vi kalde Klappeaneurysma; der sees paa den ene Side af Klappen en sædvanlig med Fibrinecoagulum opfyldt Hule, hvortil paa den anden Side (paa de venöse Klapper mod Forkammeret, paa de arterielle mod Kammeret) svarer en Hævelse af Störrelse fra en Ært til et Dueæg, det sidste dog kun ved Bi- og Tricuspidalklappen. Vanskelig tilheles et saadant Aneurysma, derimod opstaaer let en Bristning af den udvidede Del, altsaa en Aabning i Klappen, hvoraf atter Insufficiens.

Endocardium bliver ved Betændelsen fortykket og taber den Elasticitet, hvormed det skulde modstaae Blodets Impuls; noget lignende sker med de nærmest liggende af Hjertets Muskellag, der ved at deltage i Betændelsesprocessen ikke blot miste deres Elasticitet formedelst Opfyldning med Exsudatet, men ogsaa paralyseres, saaledes som det er Tilfældet overalt hvor Muskler forefindes i eller i Nærheden af betændte Dele. Af denne Grund vil Endocarditis foranledige Dilatation af Hjertet. Sker en Bristning paa et enkelt Sted af den fortykkede og möre Hinde, da trænger Blodströmmen ind i Aabningen, forstörrer denne meer og meer og danner saaledes det ovenfor omtalte Hjerteaneurisma; endelig kan Exsudatet mellem Membranen og Muskellaget foraarsage Abscesser, der atter kunne aabne sig ind ad i Ventriklen eller udad i Pericardiums Hulhed, saa at Hjertevæggen endog ganske kan gjennembores.

Men foruden disse locale Virkninger i Hjertet har Endocarditis andre vigtige Fölger for Organismen i det hele. Ved Optagelsen i Blodet af det sygelige Produkt, fornemmelig den omtalte purulente Form deraf, opstaaer den saakaldte purulente Infection, der i sin störste Udvikling viser sig ved, at Blodet bliver smudsigt, mörkerödt, tyndflydende, mindre tilböieligt til at farves lyserödt ved Luftens Indvirkning og til at coagulere, medens det derimod let afsætter sit plastiske Stof som et purulent Exsudat. Dette sidste iagttages ikke altid, da Döden kan indtræde, för det kommer saavidt; man træffer da kun de omtalte Forandringer i Blodmassen tilligemed meer eller mindre tydelige Tegn paa en indre Hjertebetændelse, ja undertiden endau purulent Exsudat paa Steder af Hjertets indre Overflade, hvorfra Blodströmmen ikke let har kunnet bortskylle det. Vedligeholdes Livet derimod længer, da vil der ikke blot findes sygelige Produkter i Circulationssphæren, men ogsaa udenfor den. Den nærmeste Fölge af Pussets Indvirkning paa Blodmassen synes at være Coagulationer i Capillærkarrene, fornemmelig i Milten, Nyren og Lungen, sjeldnere i Leveren og de membranöse Organer. Disse Coagulationer, der ved deres mörkere Rödme og fastere Consistens ere tydeligt afgrændsede fra det sunde Parenchym, indgaae under Udskillelsen af et plastisk Stof, rimeligviis forandret Fibrine, men uden betydelige locale Betændelsessymptomer, en Forvandling, som vi nöiere ville beskrive ved Milten og Nyren, de Organer hvori de allerhyppigst forefindes.

I Miltparenchymets Peripheri sees gulröde eller bleggule Steder, der ere skarpt og regelmæssigt begrændsede og ved Gjennemskjæringen vise en Kegle- eller Kileform med Basis mod Miltens Overflade; de bestaae af en temmelig tör, tyk, hvid Masse, der under Microskopet viser talrige Granulationer. En secundær Betændelse træder altid til; dog kan Helbredelse af det syge Miltparenchym bevirkes ved, at dette tilligemed den abnorme Masse under Obliteration af Karrene svinder hen til et cellulös-fibröst Væv, hvorved den sammentrukne Miltkapsel faaer et rynket og arret Udseende; men fölger denne Atrophi ikke, da indtræder en ichorös Henflyden af Parenchymet, Miltkapslen gjennemædes og det i Underlivet udgydte corroderende Fluidum medförer en dödelig Peritonitis. I Nyrernes Corticalsubstans forholder det sygelige Produkt sig paa en lignende Maade; den kileformede Masse, der kan være af en Valnöds Störrelse, er i Begyndelsen mörkeröd, senere hvidgul, men omgives da af en secundær Betændelsesrödme; har Blodets Decomposition naaet en betydelig Grad, kan der i Nyreparenchymet tillige vise sig utallige Ecchymoser, der atter indeslutte smaa purulente Punkter. Endelig forandres Nyremassen til et fast fibröst Væv eller til Atherom, eller den forkalkes; den atrophieres altsaa, medens Kapslen falder sammen og faaer et arret Udseende; men en fuldkommen purulent Henflyden og deraf fölgende om sig gribende Destruction kan ogsaa indtræde. Alt dette finder ligeledes sin Anvendelse paa de saakaldte Lobulær-Abscesser i Lungerne. Den plastiske Masse, der ved Erysipelas malignum (phlegmone diffusa) deponeres vidt og bredt i det subcutane Cellevæv, og som ved sin Hensmelten ofte bliver dræbende for Individet, kan uden Tvivl ogsaa under visse Omstændigheder skyldes en Endocarditis med purulent Exsudat og deraf fölgende Bloddecomposition, hvilken sidste allerede antydes ved den icteriske Farve, der her ingenlunde er at ansee for et Symptom paa Polycholi; den erysipelatöse Hudbetændelse er ved denne Sygdom kun en secundær. Herhid maa fremdeles regnes de store udbredte Abscesser saavelsom de undertiden samtidig over hele Legemet fremtrædende mindre Pusansamlinger, der opstaae uden tydelig foregaaende Betændelse, men vel under deres senere Forlöb fremkalde en saadan i de omliggende Dele, og som saa ofte ende med Döden under typhöse Symptomer. Den samme Oprindelse har endelig de under Navn af Metastaser bekjendte Ansamlinger i Hjernen, Ledene og fornemmelig i de egentlige seröse Hinder. Men herved bliver vort Begreb om Metastase noget forskjellig fra de Ældres. For det förste bliver Pus ikke her, som man tidligere antog, resorberet af Karsystemet, men kun bortskyllet af Blodmassen fra et betændt Sted paa Aaresystemets indre Flade for atter at deponeres paa et andet Sted udenfor Circulationssphæren; men sammenligne vi dernæst den ubetydelige Qvantitet purulent Masse, Endocardium kan afgive, med de ofte meget betydelige og i kort Tid dannede metastatiske Ansamlinger, saa vil man let indsee, at det ikke er den af Blodet optagne Materie alene, der atter deponeres, men at selv en ringe Mængde Pus, engang optaget i Blodmassen, hvad enten dette sker ved Phlebitis, eller ved Udtömmelsen af en Absces i et Blodkar eller endelig ved en direkte Indspröitning af Pus i Blodet, er istand til at omstemme dette saaledes, at den purulente Infection opstaaer, hvorved Blodet bestemmes til under Forvandlingen af sine plasitske Bestandele at udskille et Produkt, der er analogt med det, hvorved det er bleven inficeret.

Forskjellige Sygdomme kunne optræde i Forbindelse med en indvendig Hjertebetændelse, uden at dog Forholdet mellem hine og denne altid er tydelig, saaledes en Pleuritis og Pneumoni paa venstre Side, udbredt Peritonitis, Periostitis, puerperale og exanthematiske Sygdomsformer, ja den kan endog ledsage den bright'ske Sygdom. Dens Forbindelse med Pericarditis er tidligere omtalt; det er som om disse to Sygdomme komme hinanden imöde for gjennemgribende at forstyrre Hjertets Textur og Funktion; men ikke mindre mærkeligt er dens Forbindelse med acut rheumatisk Betændelse i Ledene. Skjöndt det vistnok er overdrevent, naar Bouillaud, der först har gjort opmærksom paa denne Combination, paastaaer, at Halvdelen af de Tilfælde, han har seet af Rheumatismus articularis, har været forbunden med Endo- og Pericarditis, saa sees dette dog saa hyppigt, at man ikke kan tvivle om en indre Sammenhæng mellem disse to Sygdomme. Sjeldent opstaae de samtidigt af samme Aarsag, og endnu sjeldnere er Pericarditis den præexisterende; sædvanlig har Gigtaffection været tilstede i nogle Dage, naar Symptomer paa Hjerteaffection vise sig, men denne miskjendes eller rettere sagt oversees saalænge, indtil Fölgerne af den, et acut Lungeödem, eller en indtrædende Lamhed i Hjertet henvender Opmærksomheden paa Brystorganernes Tilstand, og man er da tilböielig til heri at see en Metastase, skjöndt Hjerteaffectionen kun er opstaaet ved en Forplantelse af den oprindelige Betændelsesproces til analoge Væv. Undertiden seer man dog et metastastisk Forhold mellem disse Sygdomme, men paa en omvendt Maade; naar nemlig en Endocarditis har foranlediget en purulent Infection, da kan Pus afsættes i Ledene, hvor da de secundært indtrædende svage Reactions Phænomener saavelsom den universelle adynamiske Tilstand har givet Anledning til den efter vor Formening urigtige Antagelse af en acut anomal Rheumatismus eller Arthritis.

Endocarditis er hyppigst i den ungdommelige Alder, ja selv i de tidligste Perioder af Livet. Foranledigende Aarsag til den er alt hvad der gjör Blodet tilböielig til Udskilning af plastiske Stoffer, og hvad Fölgerne heraf ville blive for Organismen, beroer fornemmelig paa hvilket Stof

Blodet har Overflod paa, og derfor helst skiller sig af med; saaledes vil ved en forresten kraftig Organisation, hvor Blodet har Overskud paa Fibrine, fornemmelig opstaae chroniske Sygdomme, der bero paa en höiere Organisation af Sygdomsproduktet f. Ex. Insufficiens eller Stenose i Hjertets Klappeapparater; hvor derimod Betændelsen træder i Forbindelse med en scorbutisk Diathese eller en overveiende Mængde Albumin i Blodet, saaledes som Tilfældet synes at være f. Ex. med de exanthematiske Sygdomme, der vil Produktet være tilböielig til at danne Pus, og den purulente Infection vil opstaae med alle dens Fölger. I begge Tilfælde vil Döden indtræde middelbart efter kortere eller længere Tids Forlöb.

Som umiddelbar Fölge af Endocarditis kommer Döden igjennem et Lungeödem eller, fornemmelig ved samtidig Pericarditis, gjennem Hjerteparalyse. Fuldkommen Helbredelse derimod kan opnaaes, naar Exsudatet efter Betændelsens Ophör ved Hjelp af det oplösende Blodserum henfalder i Molecularkorn og saaledes svinder bort i Blodmassen.

Diagnosen. Den Sygdommen ledsagende Feber begynder som en reen inflammatorisk med Exacerbationer, der regelmæssig indtræde om Aftenen; den förste Kuldegysning pleier ei at gjentage sig senere, dog kan til ubestemte Tider Feberen tiltage noget, naar Optagelsen af Exsudatet i Blodmassen fremkalder Reaction i Organismen; derimod frembringer Organisationen af det Exsuderede ikke nogen febrilsk Excitation. Pulsen er regelmæssig, hurtig (120—140) og lille, saa at den staaer i et vist Misforhold til de i Begyndelsen af Sygdommen stedfindende voldsomme og udbredte Hjerteslag. Da alle andre Febersymptomer kunne være mere eller mindre utydelige, medens Pulsens Hurtighed vistnok altid er tilstede, maa allerede dette Symptom lede os til en nöiagtig Undersögelse af Hjerteregionen, naar ingen anden Locallidelse kan bemærkes. Det udladte Blod har sædvanlig en seig og stærkt sammentrukken, i Randen rynket, inflammatorisk Cruste. Ansigtet er fuldt, hedt og rödt, Huden hed og pergamentagtig tör, ved rheumatisk Ledaffection ogsaa stærkt svedende og besat med Milliaria-Vesikler, der dog neppe have nogen kritisk Betydning. Existerer samtidigt en Pericarditis med Ansamling i Hjerteposen, da blive Extremiteterne kolde, seröst infiltrerede og undertiden blaalige af den generede Venecirculation. Digestionsorganerne lide naturligviis her som ved Feber i Almindelighed. Ved et stærkere Tryk eller en kraftigere Inspiration frembringes i Hjerteregionen ingen Smerte, der ligesaalidet som Dyspnoe hörer med til Symptomerne paa en Endocarditis, naar den ei er compliceret med Pericarditis; heller ikke Symptomer paa Hjerneaffectioner ere charakteristiske for denne Sygdom.

Men har Endocarditis afgivet et purulent Exsudat og derved foraarsaget en Infection af Blodmassen, da indtræder fölgende Forandring: Febren tagér til paa ny med en heftig Kuldegysning, efterfulgt af brændende Hede, stærk Törst og endelig profus Sved; den bliver intermitterende med ofte indtrædende Paroxysmer. Ansigtet, der tidligere var rödt og opdunset, bliver blegt og falder sammen; hele Legemet faaer en icterisk Farve, der som tidligere bemærket ingenlunde skyldes en biliös Complication; Pulsen blöd, uregelmæssig siltrende; er Patienten bleven aareladt, da er Crusten blöd, geleagtig og Serum uklar, mælket. Endelig indtræder en höi Grad af Depression af Sjæls- og Legemskræfterne; en fuldkommen Apathi, og medens Paroxysmerne rykke hinanden nærmere, indtræder Döden under Symptomer af continuerende typhös Feber. Sjeldent vise sig tillige Tegn paa scorbutisk Diathese af Blodmassen f. Ex. Petechier og Hæmorrhagier. Forövrigt kan Feberen af forskjellige Aarsager snart af- snart tiltage til ubestemte Tider; saaledes ville de adynamiske Symptomer formindskes noget, naar store Abscesser dannes i mindre vigtige Organer, hvorved Blodet for en Tid bliver befriet fra noget af det deletære Stof; derimod vil paa den anden Side den omkring det Deponerede secundært indtrædende Betændelse oftere fremkalde en Reaction, og afsættes Stoffet i et Organ som Hjernen eller dens Hinder, vil Feberen neppe nogensinde blive lettet herved. Overhovedet maa naturligviis disse Fölgesygdomme give Anledning til mange Tilfælde, der ikke væsentlig forefindes ved Endocarditis i dens oprindelige Form; saaledes vil den nysnævnte secundært indtrædende Betændelse i Almindelighed vise sig i ethvert Organ, der har optaget det sygelige Stof af Blodmassen; navnlig kan herved opstaae saavel Hjernesymptomer som en overordentlig Dyspnoe; den sidste f. Ex. foraarsaget ved Lobulær-Abscesser i Lungerne.

Det er dog ikke blot den purulente Infection, der gjör at Endocarditis forlöber med nervöse Symptomer; dette bevirkes paa forskjellige andre Maader, f. Ex. naar en tillige tilstedeværende Pericarditis med Exsudat lammer Hjertets og Arteriestammernes Kraft; naar Lungeödem hindrer den fri Venecirkulation især i Iugularvenerne; naar Exsudatet i Hjernen og dens Hinder frembringer et Tryk paa hiin; endelig hvor Blodmassen formedelst profuse Afsondringer f. Ex. Diarrhoe og Sved har mistet en stor Mængde plastisk Stof.

Ligesom Endocarditis og den purulente Infection har

givet os Anledning til at gjöre Indvendinger mod den bestaaende Theori om Metastaser, saaledes synes denne Sygdomsproces ogsaa at kaste et nyt Lys over de saakaldte Nerve- og Forraadnelsesfebre. At disse ere selvstændige Sygdomsprocesser og ikke blot en vis Charakter, der paatrykkes allerede tilstedeværende Sygdomme, derom har man vel længe været paa det Rene, men da man ofte saavel under Livet som under Sectionen ikke fandt andre Abnormiteter end Forandringen i Blodmassens Udseende, meente man at burde ansee dem for saakaldte essentielle Febre uden nogen Locallidelse. At man i mange saadanne Tilfælde har overseet en Endocarditis, derom tör man neppe tvivle. Det samme er vistnok Tilfældet med mange perniciöse og larverede Febre; allerede den sædvanlige Intermittens har i sin Typus i det mindste overordenlig meget tilfælleds med Feberen ved den purulente Infection; er Endocarditis end ikke altid Aarsagen, saa have vi dog al Grund til at supponere en anden lignende Betændelse, der ved sit Exsudat frembringer Infection i Blodmassen; thi vi vide, at Symptomerne paa denne altid blive sig selv lig, hvorledes end Pus kommer i Berörelse med Blodet. Ogsaa den saakaldte puerperale Feber, der ofte ledsages af en Endorcarditis, frembyder mærkværdige Sammenligningspunkter; ligesom Typhus snart optræder med Localliden i Ileum og Colon, snart i Bronchierne, snart paa Huden som en Typhus exanthematicus, saaledes synes ogsaa her at være et sygeligt Produkt tilstede i Blodet, der snart afsættes i et, snart i et andet Organ. I Begyndelsen af Epidemien sees fibrinöse Exsudationer paa de seröse Hinder og croupöse paa Slimhinderne; senere bliver Exsudatet mindre consistent og henflyder til Pus, indtil paa Epidemiens Höide Patienten i utrolig kort Tid rives bort, alle

Medicamenter til Trods, uden at man efter Döden finder andet end Tegn paa Bloddecomposition.

Skjöndt den physicalske Undersögelse af Hjerteregionen ikke ganske lader os i Stikken med Hensyn til Diagnosen af Endocarditis, saa ere dog de ad denne Vei hentede Tegn i det Hele taget af en saa negativ Natur, at der allerede hörer betydelig Övelse i den stethoskopiske Undersögelse af Hjertesygdommene i Almindelighed til paa denne Maade at komme til noget bestemt Resultat.

Inspection og Palpation vise kun et uregelmæssigt, vidtudbredt Hjerteslag, medens en mærkelig Fremstaaenhed af Brystkassen i denne Region ligesaalidet kan ansees for constant, som en egen snurrende af den paalagte Haand bemærkelig Bevægelse; begge Phænomener höre meer til Pericarditis. Heller ikke kan Udstrækningen af Percussionsmatheden synderlig overskride den normale Grændse, skjöndt vi ikke, saaledes som de Fleste, aldeles ville benægte Muligheden deraf; thi en om end kun forbigaaende Opfyldning af Hjerteaabningerne med Betændelsesproduktet, maa aabenbar medföre en momentan usædvanlig Dilatation af Hjertets Hulheder. Lægges Öret til Brystet, da iagttages saaledes som alt længe har været lært, en dobbelt Blæsebælgslyd, nemlig en med hvert Hjerteslag, dog maa herved bemærkes, at den falske Lyd altid maa rette sig efter det Sted, hvor Exsudatet gjör Blodströmmen Modstand, at dette kan være paa et hvilketsomhelst Sted af Hjertets indre Overflade, og endelig at den, hvor Exsudatet, saaledes som sædvanligt er Tilfældet, fornemlig har leiret sig i Hjerteaabningerne og deres Klapper, kun kan være tydelig udtalt ved begge Hjerteslag, naar baade de arterielle og venöse Orificier ere afficerede. Derfor findes den falske Lyd i Begyndelsen af Sygdommen sædvanlig kun tydelig under Systole, medens den senere, naar ostium venosum bliver forsnevret, ogsaa bemærkes ved Diastole; men da Forsnevrelsen af det venstre venöse Ostium medförer en Standsning af Blodet saavel i venstre Forkammer som i Lungen, saa vil Blodcolonnen i Art. pulmon. have Vanskelighed ved at trænge fremad igjennem Lungernes Capillærkar, hvoraf atter fölger, at Blodmassens Tilbagestöd mod Pulmonalarteriens lukkede Klappeapparat vil være usædvanlig stærkt; med andre Ord den dobbelte Blæsebælgslyd vil være forbunden med en usædvanlig stærk 2den Pulmonallyd. Ved forskjellige Febre f. Ex. de exanthematiske, höres ogsaa en Blæsebælgslyd, men dels er den langt utydeligere, dels forsvinder den efter faa Dages Forlöb ved Exanthemets Udbrud, og vil ikke let give Anledning til Feiltagelse i Diagnosen; vigtigere er det derimod at fastholde de Tegn, hvorved Endocarditis skjelnes fra Pericarditis. Kun ved denne sidste forekommer en ved Indaanding og udvendig Tryk i Hjerteregionen fremkaldt eller forögет Smerte; den fremmede Lyd her er særligt charakteriseret som en Gnidningslyd, og kan snarere siges at komme ligesom slæbende bagefter end egentlig at fölge med Hjerteslaget; senere vil det tiltagende Exsudat i Hjerteposen sætte Diagnosen udenfor al Tvivl; men naturligviis kan Pericarditis aldeles skjule en samtidig tilstedeværende Endocarditis.

I det fölgende Nummer skulle vi endnu udbede os vore Læseres Opmærksomhed for en Betragtning af Endocarditis i Forbindelse med dennes chroniske Fölgesygdomme, navnlig med Hensyn til Momenter, der nærmere have deres Betydning for Lægen som Diagnostiker og Therapeut ved Sygesengen.

Om Lungens finere Bygning.

Efter Rossignol: Recherches sur la structure intime du poumon de l'homme et des principaux mammifères; aftrykt i Mém. de l'Acad. royale de méd. de Belgique.

De Undersögelser, Rossignol har foretaget med Hensyn til Lungens Bygning, omfatte ikke blot selve Luftapparatet (Bronchiernes Forgrening og peripheriske Ende) men tillige Blodkarrenes Forgrening og Lungelappernes histologiske Forhold. Disse sidste Punkter skulle vi her ikke indlade os paa, men blot fremsætte den Modification, som Læren om Bronchialforgreningen modtager ved disse Observationer. Vi maa forudskikke den Bemærkning, at R. har anstillet sine Undersögelser paa injicerede og törrede Lunger, hvilke han imidlertid ikke har undladt at sammenligne med friske Præparater saavel af Menneske- som Dyrlunger. Paa fine Snit af saadanne Præparater opdager man da ved Loupen en Mængde smaa polygonale eller prismatiske Aabninger, hvis Retning er næsten lodret med Pleura. De staae meer eller mindre regelmæssig og have en rundagtig Bund af samme Dimension som Mundingen. Mellem disse iagttages större Aabninger af ulige Vidde og tragtformig Figur med den brede Ende skraat udad i Retningen af Pleura. I modsat Retning forene de sig to og to, undertiden smelte ogsaa to meget skraatliggende Hulheder sammen med en tredie mere fjerntliggende. Den herved opstaaede Fælledscanal er snævrere end Summen af de enkelte Hulheders Mundinger. Betydningen og det indbyrdes Forhold af disse Hulheder angiver nu Rossignol saaledes: Bronchierne dele sig ialmindelighed dichotomisk eller trichotomisk; i Begyndelsen blive Grenene finere med hver Deling, derpaa beholde de i Resten af Forlöbet samme Dimension indtil de endelig gaae over i de ovennævnte tragtformige Hulheder, som R. kalder Infundibula (Entonnoirs). Den anden Classe af Hulheder forholder sig nu til denne Hovedcanal saaledes, at de udklæde hele den indre Flade af Luftveien ligesom Cellerne i en Bikube. De staae lodret paa Bronchialvæggen, tæt op til hinanden og have en polygonal Form med rundagtig Bund; selve den Kant, som fremkommer ved Sammenstöd af den snevre Bronchialgren og dens Infundibulum, er fri, men derpaa vise Cellerne sig atter udklædende hele Inderfladen af Infundibulum. Disse Celler kalder Forf. Alvéoles pulmonaires og deler dem derpaa efter Sædet i Alv. pariétales og Alv. términales. De svare i enhver Henseende til Parietalcellerne i Fuglelungen, og da hver enkelt Entonnoir eller Bronchialtragt danner en lille kegleformig Sæk, der kun staaer i Communication med Luften ved en eneste Bronchialgren, og kun modtager en eneste Arteriegren, viser der sig en frappant Lighed mellem hver enkelt af disse Smaalapper og Structuren af hele Lungen hos Batrachierne. Luftveienes Slimhinde viser altsaa et ganske lignende Forhold, som det man i den senere Tid har iagttaget ved flere andre Secretionscanaler, nemlig en cellet Structur. Derimod forkaster R. de Moleschottske Parietalblærer (som iövrigt godt lode sig forene med hans Fremstilling).

Vacance. En Underlægepost ved 16de Linie-Infanteri-Bataillon (Garnison Rendsborg). Ansögninger indeholdende de sædvanlige Oplysninger indleveres til Stabslægen inden 12te October.

Befordring. Underlæge i Sö-Etaten F. C. Krebs udnævnt til Distriktslæge paa Læsö.

Rettelser. Det foregaaende Nummer Pag. 240, L. 20, Cubeber læs Copaiva — Pag. 245, L. 24, Oplösning læs Infus.

Forlagt af C. A. Reitzel. Trykt hos Bianco Luno.

Den 9. October. 1847.

Ugeskrift for Læger.

2den Række VII. Nr. 18.

Redigeret af L. Brion og C. Hempel.

Praktiske Bemærkninger om Endocarditis og dens Fölgesygdomme.

Dersom vi efter den i det foregaaende Nummer meddelte Oversigt over den nyere Pathologis Lære om Endocarditis skulde fremhæve det fra et praktisk Standpunkt fortrinsviis Mærkelige ved samme, da vilde vi nævne dens skjulte Forlöb, det Dunkle ved dens Causalforhold og dens vanskelige Diagnose, 3 nöie sammenhængende Phænomener.

Hvad det förste angaaer, da fremtræder Erkjendelsen heraf öiensynligt, naar det indprentes, at man i enhver Feber, for ikke at sige i enhver Sygdom, aldrig bör undlade at sætte Stethoskopet til Hjertet, selv hvor der ikke findes noget fremtrædende Symptom paa dettes Liden, hvilken ikke desto mindre ofte skal være tilstede. Vi bestyrkes i den samme Mening ved det ikke ringe Antal chroniske Hjertesygdomme, der först kjendes, efterat de allerede ere udviklede, og hvoraf dog största Delen om ikke alle maa tilskrives en Betændelse af Endocardium. Dennes skjulte Forlöb synes paa den ene Side at have bortdraget Lægernes Opmærksomhed og derved hos mange vakt den Mening, at Endocarditis er et meget sjeldent Phænomen, paa den anden Side at have næret hos de fleste Praktici Anskuelsen om, at den ialtfald hyppigst forlöber chronisk, idet man nemlig har forvexlet den egentlige endocarditiske Proces med dennes Fölger, Exsudatets Organisation og Udviklingen af de forskjellige chroniske Former. Vel maa det indrömmes, at Endocarditis endnu temmelig sjelden forekommer i Hospitalernes Sygelister, at dens Diagnose er usikker, at endog Sektionen, naar Udfaldet förer hertil, maaske i de færreste Tilfælde formaaer at löse Tvivlen; men paa den anden Side haves saamange Erfaringer tildels af Mænd, hvis Beretninger i lige Grad bære Præg af Sandhedskjerlighed og Dygtighed til at undersöge — vi skulle i det Fölgende meddele et Exempel — at man ikke tör drage deres Iagttagelser i Tvivl. Om man derfor end ikke vil antage den indvendige Hjertebetændelse for et saa almindeligt Phænomen, som enkelte Undersögere have villet finde, saa er det dog rimeligt, at en större Interesse og skarpere Iagttagelse med Hensyn til dette Punkt vil sætte os istand til at paavise den langt hyppigere end hidtil. Det tör vel neppe betvivles, at Stethoskopets Anvendelse i Hjertesygdomme endnu ikke er tilstrækkelig benyttet. Maaske afholdes endnu ikke faa Læger enten ved Vanskelighederne eller den for Praktiken tilsyneladende Mangel paa Udbytte. Men om ogsaa dets Anvendelse i Tilfælde af udviklede Hjertesygdomme kan være mindre væsentlig for den praktiske Behandling, saa vil dog den omhyggelige stethoskopiske Iagttagelse neppe undlade at bære sine Frugter i andre Tilfælde, hvor Behandlingen maaske ikke vil være forgjæves.

Det dunkle Causal-Forhold ved Endocarditis maa dernæst ofte paatrænge sig den oplyste praktiske Læge, thi uagtet alt hvad der er bleven sagt herom, især af enkelte Autoriteter med Hensyn til Forholdet til Rheumatisme, saa vil dens egentlige Aarsager for enhver dybere Betragtning være lige tilhyllede. Det samme gjelder om Aarsags-Forbindelsen med andre Sygdomme. Hvergang en hidtil mere ubekjendt pathologisk Proces bliver Gjendstand for Lægernes Observation, söger man fra alle Sider at sætte den i Forbindelse med andre Sygdomsformer, at opklare disses Dunkelheder ved det nye Lys. Saaledes er den purulente Infection bleven benyttet, der, skjöndt den vistnok griber ind i og oplyser ikke faa pathologiske Tilstande, dog ogsaa undertiden er tillagt en for vidt dreven Betydning. Paa lignende Maade er det gaaet med Endocarditis, hvori man strax troede at finde Nöglen til mange Gaader, navnlig antoges Pusinfectionen og forskjellige Febre ofte at bero paa den. Det er allerede berört, at man under saadanne Omstændigheder har vanskeligt ved at afgjöre, hvilken Lidelse der er den primære og aarsagelige, ligeledes om de ikke begge i Forening skyldes en tredie ukjendt Sygdomstilstand, f. Ex. en Blodsygdom. Men foruden Dröftelsen af disse Spörgsmaal, hvor der tales om Combinationen mellem en Feber og indvendig Hjertesygdom, saa bliver det tillige at tage under Overveielse, hvorvidt ikke denne sidste ved nöiere Undersögelse maatte vise sig som en samtidig altsaa tilfældig tilstedeværende chronisk Form af en Hjertesygdom, hvis aarsagelige Momenter fölgelig tilhöre en tidligere Tid.

Hermed staa vi ved den saa vanskelige Diagnostik af Endocarditis. Vi möde den paa den ene Side, hvor der handles om at skille Endocarditis fra reen funktionelle (ikke organiske) Forandringer i Hjertet, som de f. Ex. vise sig i visse Febre. Selv paa Sectionsbordet kan en saadan Diagnose være i höi Grad usikker, naar vi mindes, hvormeget de forskjellige Slags Rödme og Koagler ligne hinanden, og hvor let og ofte de egentlige plastiske Exsudationer bortskylles af Blodströmmen; men den bliver det endnu mere i levende Live, hvor vi skulle afgjöre hvilke Phænomener der skyldes Feberen og hvilke en mulig Complication med en Hjertelidelse, og da med hvilken. Paa den anden Side maa vi erkjende den samme Vanskelighed, naar der tales om at diagnosticere Endocarditis fra de mere chroniske Former af Hjertesygdomme, der saa ofte blive dens Fölger, og om den differentielle Diagnose mellem disse sidste indbyrdes.

Ved physikalske Tegn at adskille en Endocarditis fra en chronisk Hjertesygdom er særdeles vanskeligt, forsaavidt som de sensuelle Phænomener i hiin have sin Oprindelse i Forhold, der ere fælleds for dem begge; det er egentlig kun Tilstedeværelsen eller Manglen af Tegn paa Forandringer, hvis Uddannelse fordrer Maaneder eller rettere Aar, der kan lede til en differentiel Diagnose mellem disse Sygdomme; navnlig ville Symptomer paa stærkere udtalt Dilatation eller Hypertrophi af Ventriklerne give Vished om, at Endocarditis idetmindste ikke alene er tilstede.

Men selv naar dette er oplyst, bör man ikke her blive staaende. For at komme til den Grad af Klarhed over den forhaandenværende Lidelse, som vore nuværende Kundskaber ville tillade, bör vi yderligere styrke hiin Afgjörelse ved at bestemme saavidt muligt Beskaffenheden og Sædet af den chroniske Form. Vi skulle i dette Öiemed tilföie en kort Fremstilling af de chroniske Hjertesygdommes Diagnostik, saaledes som den fortiden kan stilles ved en nöiagtigere Sammenstilling af de tilstedeværende funktionelle Forstyrrelser og Resultaterne af en physikalsk Undersögelse. Vel maa et theoretisk Bekjendtskab med denne sidste ansees saa almindelig udbredt, at vi ikke kunne vente hermed at give de Fleste af vore Læsere noget egentlig Nyt; men paa den anden Side vil det ikke være overflödigt at indprænte i Erindringen, at denne Diagnose ikke længer maa betragtes hverken som i höi Grad usikker, eller som en blot videnskabelig Curiositet uden sand Betydning for Praktiken.

Det er allerede tidligere omtalt, at den endocarditiske Proces fornemlig hjemsöger den venstre Halvdel af Hjertet; de organiske Forandringer i Aortamundingen og den venstre atrio-ventriculær Aabning med tilhörende Klappeapparater ere derfor de hyppigst forekommende; medens Sygdomme i höire atrio-ventriculær Munding ere meget sjeldne, og kun i nogle faa Tilfælde ere efterviste i Mundingen af Art. pulmonalis. Hyppigst af alle ere dog Feilene i venstre venöse Aabning.

Det afsatte Betændelsesprodukt frembringer primært en Forögelse i Volumen af de Dele, der danne Aabningerne, altsaa en Forsnævring, Stenose, hvorved Blodströmmen forsinkes og Gnidningsmodstanden foröges, men med Klappernes abnorme Tiltagen i Volumen fölger let en uhensigtsmæssig Form, saa at de ikke længere passe til hinanden, Aabningerne lukkes derved ufuldstændig, og der opstaaer den saakaldte Insufficiens af Klapperne, der tager til efterhaanden som det nysdannede Produkt under delviis Absorbtion forhærdes, medens det normale Væv skrumper sammen eller forsvinder. Ialmindelighed findes derfor disse to Abnormiteter forenede, og vise sig i en höiere Grad af

Udvikling ved at Betændelsesproduktet tilligemed Resterne af det normale Klappevæv danner en ujævn og kun lidet elastisk, meer eller mindre sammenhængende Ring, hvorved Mundingen kan forsnevres i den Grad, at neppe en tynd Pennepose kan bringes derigjennem. Den nærmeste Fölge af Insufficiens er naturligviis den, at et efterfölgende Hjerteslag ikke bringer den hele dertil bestemte Blodcolonne et Skridt fremad paa Blodbanen men stöder en Del af den tilbage i det Rum, hvoraf et foregaaende Hjerteslag har udstödt den.

Den saaledes regurgiterende Blodmasse vil, ligesom den der presses gjennem en stenoseret Aabning, udsættes for en foröget Gnidningsmodstand, hvorved opstaaer en usædvanlig Lyd, der træder istedetfor den til hvert Hjerteslag normalt hörende. Denne abnorme Lyd, der i Intensitet og Charakter er meget forskjellig, kalder man som bekjendt snart en Pusterslyd, snart Raspe- eller Filelyd, men i den Overbeviisning, at en saadan Distinktion fortiden ingen praktisk Nytte medförer, ville vi her blot benævne den en falsk eller Mislyd. Vi tale da om en förste Mislyd, der falder sammen med Hjertespidsens Anslag mod Brystvæggen, de to Hjertekamres samtidige Contraktion og Blodets Udtömmelse fra Kamrene i Aorta og Art. pulmonalis, og en anden Mislyd, der er isochronisk med Kamrenes Dilatation og det andet kortere Hjerteslag, altsaa, efter den nu almindelige Antagelse, samtidig med Tilbagestödet af de ved förste Hjerteslag i Art. pulmon. og Aorta indskudte Blodcolonner mod de lukkede arterielle Klappeapparater.

Foruden ved disse falske Lyd kan en videre fremskreden Klappefeil ofte give sig tilkjende ved en egen zittrende eller dirrende Fornemmelse, der iagttages ved at lægge den flade Haand paa Hjerteregionen, det er den saakaldte Kattesnurren.

En anden Art af organiske Forandringer, om hvis Tilstedeværelse den physikalske Undersögelse til en vis Grad kan overbevise os, er i Reglen at ansee som secundær, idet de först opstaae som Fölge af en længere bestaaende Klappefeil. Blodets Udströmning gjennem en forsnevret Hjerteaabning fordrer en usædvanlig Anstrængelse af vedkommende Hjerterums muskulöse Væg, der herved, i Analogi med hvad der under lignende Omstændigheder sker med andre Muskler, vil undergaae en Hypertrophi; men er Stenosen som sædvanligt forbunden med Insufficiens, da vil herved betinges en habituel Overfyldning med Blod i det respektive Hjerterum; Væggene give efterhaanden efter for denne Udvidning og forsættes tilsidst i en vedvarende Dilatationstilstand. En Combination af Hypertrophi og Dilatation eller den för saakaldte hypertrophia excentrica*) vil derfor være den hyppigste Form og betegnes som bekjendt ved et Hjerteslag, der dels er usædvanlig kraftigt — saa at Hovedet gjennem det paalagte Öre faaer et Stöd, hvorved det endog kan löftes noget iveiret, ligesom Brystkassen herved kan faae en permanent Udbugning foran det pulserende Hjerte — dels höres i usædvanligt Omfang, f. Ex. paa Rygsiden af höire Thorax, hvorhen det normale Slag ikke lettelig vil forplante sig, naar Lungevævet forresten har sin normale Consistens. Endelig er Percussionen af Hjerteregionen her et vigtigt diagnostisk Middel. Da de normale Percussionsphænomener kunne ansees for almindelig bekjendte, skulle vi kun med et Par Ord bringe dem i Erindring.

*) H. concentrica antages som bekjendt ikke mere.

Percuteres i Nærheden af Brystbenets venstre Rand mellem 4de og 5te Ribbensbrusk, da höres den saakaldte Hjertelyd, der om den end ikke af det uövede Öre opfattes som en bestemt mat eller klar, dog altid vil vise sig som en eiendommelig, naar den sammenlignes med den klare Lungelyd, som bemærkes ved Percussionen f. Ex. mellem 2den og 3die costa, eller med den tympanitiske Mavelyd, saaledes som den höres f. Ex. i 7de Intercostalrum. Den charakteristiske Hjertelyd vil kunne forfölges ved Percussionen hen til Brystbenets venstre Rand og omvendt fra denne udad i en Strækning af omtrent 1½—2″; i en ligesaa stor Strækning vil den kunne efterspores i Længderetningen nemlig fra 3die til 5te Intercostalrum. I den saaledes betegnede Flade af 1½—2 □″ Omfang fremkaldes den mattere Percussion af den överste Del af höire Ventrikels Forflade, der her ligger umiddelbart uden mellemliggende Lungesubstans op til Brystvæggen. Vanskeligheden ved denne Undersögelse ligger væsentligst deri at Lungemassen, der begrændser denne Flade, först efterhaanden opnaaer en saadan Tykkelse, at den fulde Lungetone kan fremkomme ved Percussionen; herved bliver Grændserne for den matte Lyd noget utydelige; men for en stor Del hæves denne Vanskelighed ved at det hypertrophiske Hjerte skyder Lungemassen tilside og altsaa frembyder en större Flade umiddelbart mod Brystvæggen.

Vi skulle endnu blot omtale et Par af de hyppigste Combinationer, hvori de organiske Hjertelidelser forekomme mest med Hensyn til deres Forhold til de omtalte physikalske Phænomener.

Forsnevring i Aorta-Aabningen kan opstaae ved en Fortykkelse dels af Mundingen selv, dels af det tilhörende Klappeapparat, uden at Klapperne dog have mistet den

Elasticitet, der er nödvendig for at de kunne vige tilbage for den fremskridende Blodström og derpaa slutte sig fuldkommen sammen bag den. Her finder da en Stenose Sted uden Insufficiens. Tegnet herpaa vil være en Mislyd ved 1ste Hjerteslag; denne falske Lyd vil være utydelig ved Hjertets Spids, men bliver stærkere, naar man nærmer Stethoskopet til den överste Del af Hjertet; den vil fremdeles kunne höres i en kortere eller længere Strækning af Aorta og dens Forgreninger, fornemlig i Regionen af 2det Ribbens tilhöire for Brystbenet eller endog op i Carotiderne. Den forögede Modstand fremkalder efterhaanden en Hypertrophi af venstre Kammervæg, hvis Tykkelse man endog har seet tiltage indtil henved 2″, altsaa til omtrent det firdobbelte af det Normale; og det constant stærke Hjerteslag i Forbindelse med Percussionsmathedens Udbredelse i en usædvanlig Strækning til venstre for Brystbenet vil i Reglen tydeligt nok vise denne Volumensforögelse; dog maa herved bemærkes, at Hypertrophien af venstre Kammer i Almindelighed forögger Hjertets Störrelse meer i Længden end i Breden; den matte Percussions store Udstrækning opad og nedad maa derfor her især lægges Vægt paa, og staaer i Forbindelse med den ikke sjeldne Forrykning nedad af Hjertespidsens sædvanlige Anslagspunkt mellem 5te og 6te Ribben.

Ialmindelighed ville Klapperne med Tiden undergaae den Forandring, der giver Anledning til Insufficiens; i dette Tilfælde vil ogsaa under 2det Hjerteslag, naar Kammeret dilateres for at optage Blodet fra Forkamrene, endel Blod fra Aorta strömme tilbage gjennem den ufuldstændig lukkede Aortamunding, og herved opstaae en anden Mislyd.

Patienter, der lide af denne Art af organiske Forandringer, ville fortrinsviis klage over en generende Hjertebanken, der ogsaa vil være Lægen paafaldende ved det Misforhold, hvori den staaer til den let forklarlige lille Puls.

En anden maaske endnu hyppigere Combination af Symptomer paa organisk Hjertefeil synes at udgaae fra en Stenose i venstre venöse Aabning, hvad enten den ligger i en Forsnevring af atrio-ventriculær Mundingen selv eller i Vegetationsfeil af Biscuspidalklappen. Idet Blodet fra Forkammeret presses gjennem det forsnevrede Sted ned i Kammeret, vil en Mislyd opstaae, der naturligviis falder sammen med 2det Hjerteslag. Men Blodet udströmmer kun ufuldstændigt i den dertil bestemte Tid, derfor overfyldes venstre Forkammer, der atter ikke til rette Tid kan optage Blodet fra Lungerne; disse komme herved i en jevnlig Congestionstilstand, der fremkalder Dyspnoe, Hoste, Blodspytning og ikke sjelden apoplektiske Udtrædninger i Lungevævet. Fremdeles kan Lungen ikke i tilstrækkelig Mængde optage Blodet fra Art. pulmonalis, heraf et nyt physikalsk Phænomen. I normal Tilstand höres nemlig i denne Arterie, hvis Leie nærmest svarer til Regionen af 2det Ribben nær Brystbenets venstre Rand, et Dobbeltslag, hvoraf Eftertrykket ligger paa det förste; naar derimod i det nævnte pathologiske Tilfælde kun en ringere Del af Arteriens Blodcolonne ved det förste Slag föres ind i Lungerne, vil den tilbageblevne större Del med usædvanlig Voldsomhed under det andet Slag prelle tilbage mod de lukkede Sigmoidalklapper og derved et forandret Forhold mellem de normale Lyd opstaae; man hörer en forstærket anden Pulmonallyd. Endelig virke alle disse Forhindringer tilbage paa det höire Kammer, der undergaaer en Hypertrophi med Dilatation, sædvanlig det sidste meer end det förste. Tegnet herpaa er en usædvanlig Udstrækning af den matte Percussion fornemlig i Tverretningen; der foregaaer nemlig herved tillige en egen Form og Leieforandring af Hjertet, idet den nedre Del af höire Ventrikel bliver den nederste Del af Hjertet i det Hele, medens den sande Hjertespids drives udad til venstre og tillige noget iveiret, saaledes at dens Anslagspunkt falder noget höiere end sædvanligt. Ogsaa vil Percussionsmatheden kunne udvide sig i en modsat Retning, idet en Del af höire Hjertehalvdel strækker sig ind under Brystbenet.

Er der med den Feil, hvorfra vi ere gaaede ud, Stenose i venstre venöse Munding, forbunden en Insufficiens af Biscuspidalklappen, da vil til de omtalte Phænomener endnu komme en Mislyd med förste Hjerteslag, idet Kammercontractionen lader en Del Blod regurgitere i venstre Forkammer.

Aorta og Bicuspidalklapperne ligge hinanden for nær til at Afstanden mellem de Punkter, hvori den falske Lyd i enhver af dem tydeligt höres, skulde kunne afgive et væsentligt Moment til Bestemmelsen af, hvilken Aabning der i et givet Tilfælde er afficeret; den differentielle Diagnose stötter sig her paa det angivne Complex af Symptomer, der vil vise om f. Ex. en Mislyd med förste Hjerteslag opstaaer af en Stenose i Aortamundingen, eller af en Insufficiens af Biscuspidalklappen; dog kan man hertil föie, at Lyden der fremkaldes i den venöse Aabning sædvanlig er meer forlænget, medens den i den arterielle pleier at være kort og afbrudt; fremdeles at Mislyden i den förste forplantes stærkt ned mod Hjertespidsen, medens den i den sidste, som allerede omtalt, forplantes langs Aorta og dens Forgreninger.

En Række af funktionelle Forstyrrelser, som almindeligt antages at staae i en særegen Forbindelse med Hjertesygdommene, ere de saakaldte Hjernesymptomer. Vil man herved tænke paa Hjerneapoplexi, da er vistnok dennes Forhold f. Ex. til Hypertrophien af venstre Ventrikel meget dunkel, hvor hyppig Coincidensen af disse to Sygdomme end er; derimod finde de ved Feil i Biscuspidalklappen af og til indtrædende Tegn paa venös Congestion til Hjernen f. Ex. Svindel, forstyrret Sandsning, Delirier etc., let Forklaring dels i Lungernes Congestionstilstand, der her bevirker det samme som en vidt udbredt Hepatisation, dels i at den venöse Ström fra Hovedet ikke hurtigt nok optages af höire Ventrikel, der bestandig har Vanskelighed ved at udtömme sit Indhold i Pulmonalarterien og derfor jevnlig er overfyldt. Men det er vist, at Hjernesymptomernes Forekomst ved Hjertesygdomme langtfra er saa hyppig som sædvanligt antages; en Mængde meget stærkt udtalte Tilfælde forlöbe aldeles uden noget Spor til en saadan Sympathi. Kun med Feil i Tricuspidalklappen og höire venöse Aabning have Tegn paa Congestion til Hovedet en væsentlig Sammenhæng. Organiske Forandringer paa dette Punkt af Hjertet ere, som tidligere bemærket, overordenlig sjeldne og forekomme, hvad Erfaringen bestemt lærer, kun i Forbindelse med allerede vidt fremskredne Fölger af Feil i Biscuspidalaabningen. Mislyden vil naturligviis forholde sig ganske som ved denne sidste; eftersom Stenose, eller Insufficiens eller begge Abnormiteter ere tilstede, vil den falske Lyd höres med förste eller med andet Hjerteslag, eller den vil være en Dobbellyd. Den höres meget tydelig ved Spidsen af Hjertet, og kan herfra forfölges mod Corona cordis i to Retninger, nemlig dels i en mere perpendiculær Linie opad omtrent til Papillen (Biscuspidalklappen), dels i en mere transversel til venstre Rand af Brystbenet (Tricuspidalklappen), og Afstanden mellem disse 2 Punkter vil være stor nok til at angive den falske Lyds dobbelte

Oprindelse. Fornemlig ved Insufficiens, naar Blodet i höire Ventrikel regurgiterer op i Atriet, vil denne Bevægelse meddeles Blodet i Vena cava superior og v. jugulares externæ, hvorved i disse sidste fremkaldes en Venepuls, der bedre opfattes ved Synet end ved Fölelsen, men ogsaa vil være tydelig for Öret igjennem det let paasatte Stethoscop.

Den Udvidning, Læren om de chroniske Hjertesygdomme har modtaget ved Stethoskopien og den pathologiske Anatomi, bestaaer egentlig kun i en nöiere Oplysning om sygelige Forhold, hvis fuldkomne Ophævelse forstörstedelen ligger uden for Kunstens Grændser. Vi ere istand til med en vis Grad af Sikkerhed at erkjende de mechaniske Forandringers Tilstedeværelse, deres Udstrækning og Sæde, og endelig deres Sammenhæng med visse funktionelle Forstyrrelser; men Umuligheden, eller ialtfald den store Vanskelighed for en radikal Helbredelse af disse sidste er kun bleven meer indlysende. For den engang udviklede organiske Forandring gives der nu som hidtil kun en palliativ Cur, der dog efter vore nuværende Kundskaber lader sig instituere paa en mere rationel Maade, saaledes som tidligere er antydet (v. Ugeskriftet 2den Række, 6te Bd., Pag. 29). Tilbage staaer endnu at undersöge, hvorvidt Sygdommen kan forhindres, men dette beroer atter paa Afgjörelsen af det Spörgsmaal, hvorvidt vi ere istand til at hæve en Endocarditis og dens nærmeste Fölger.

I det vi ved Besvarelsen af dette Spörgsmaal skulle önske at indskrænke os til hvad Erfaringen har lært, kunne vi ikke vente at komme til noget særdeles vigtigt eller stort Resultat; Hjertebetændelserne have hidtil tiltrukket sig Lægernes Opmærksomhed for lidet, til at en tilstrækkelig Masse Erfaringer skulde være samlede; og paa den anden Side fordrer Besværligheden ved en i lang Tid fortsat Undersögelse af disse Sygdomme en Interesse hos vedkommende Læge, der meget let parrer sig med en vis Grad af Eensidighed.

For denne Beskyldning tro vi dog at kunne fritage Londoner Lægen Latham, hvem en mangeaarig Praxis i Bartholomæus-Hospitalet har givet en sjelden Leilighed til at samle Erfaringer i denne Retning *). Ogsaa efter ham er Hjertebetændelsen (Endocarditis, Pericarditis) en langt hyppigere Sygdom end man almindeligt forestiller sig, saa hyppig, at enhver Patient, der kommer under Lægens Behandling med en heftigere Feber uden nogen anden tydelig udtalt local Betændelse, strax bör underkastes en stethoskopisk Undersögelse af Hjerteregionen; Opmærksomheden vil da være vakt for enhver senere under Feberens Forlöb indtrædende Forandring i Hjertets Lyd eller Slag, og enhver saadan vil efter L.s Mening angive en Betændelsestilstand i dette Organ. Naar han kun i faa Tilfælde har observeret disse Affectioner og navnlig Endocarditis alene og uden Forbindelse med nogen anden Sygdom, da söger han Grunden hertil i, at hans Hospitalserfaringer forstörstedelen falde i en Periode, da de her omtalte Locallidelser kun kjendtes som Complicationer ved den rheumatiske Feber, hvorfor han kun i denne Forbindelse har iagttaget dem med tilstrækkelig Nöiagtighed.

I de 5 Aar fra 1836—1840 behandlede L. i det omtalte Hospital 136 Tilfælde af acut Rheumatisme.

---

*) Latham, Vorlesungen über die Herzkrankheiten, aus dem Engl. von Krupp. Leipzig 1847.

Af disse var Hjertebetændelse tilstede hos . . . . . 90.
Deraf atter: Endocarditis alene . . . . 63.
Pericarditis alene . . . . 7.
Endocarditis og Pericarditis . . . . . 11.
Uvist, hvilken af disse 2 Betændelser . . . . 9.

Kun hos 3 endte Sygdommen med Döden; disse henhörte til de Tilfælde, hvor baade Endo- og Pericarditis var tilstede.

Af denne Beretning sees altsaa, at Betændelsen i Hjertets indre Hinde imod de almindelige Anskuelser er langt hyppigere, end i den ydre; dernæst at Sygdommen ikke kan siges at medföre nogen stor öieblikkelig Fare for Livet. Derimod lære vi af en anden Sammenstilling, at kun 17 af de 63 endocarditiske Patienter bleve fuldkommen restituerede; hos de 46 vedblev nemlig den under den rheumatiske Febers Forlöb opstaaede Endocardiallyd (Pustelyd) ikke blot saalænge Patienten var under Behandlingen, men ogsaa hos de Enkelte, ved hvilke man har haft Leilighed til at overbevise sig derom, endnu længe efter den, og maaske for bestandig. Forsaavidt som den vedblivende Pustelyd her kun kan være et Beviis for Exsudatets Organisation, altsaa for en allerede begyndt organisk Hjertesygdom, maa dette Resultat vistnok ansees som meget nedslaaende; imidertid taler L.s Erfaring for at det kan undgaaes, naar Sygdommen angribes tidligt nok.

Pustelyden indtræder sædvanligt efterat den rheumatiske Feber har existeret i nogle Dage, og er et fuldkomment sikker Tegn paa Complication med Endocarditis; men er Lyden engang fuldkommen udviklet, da vil hverken locale og almindelige Blodudtömmelser eller Calomel med Opium være istand til at hæve den, hvormeget end disse Midler under andre Omstændigheder kunne være gavnlige for Patienten. Det er altsaa i denne Henseende for sildigt at angribe Sygdommen i det udviklede Exsudationsstadium; men forud for den distinkte Endocardiallyd pleier at gaae en Del Symptomer, hvoraf et enkelt alene afgiver tilstrækkelig Indication til at behandle Sygdommen som en Endocarditis; saaledes har en Forlængelse af det förste Hjerteslag, eller kun en med dette fölgende særegen ru Lyd, der ikke tidligere har været tilstede hos Patienten, i mange Tilfælde med Sikkerhed ladet L. forudsige Endocardiallydens Indtræden i Löbet af 24 Timer; andre Tegn herpaa ere en stærkere Impuls, et tumultuarisk eller intermitterende Hjerteslag, og endelig særegne Fornemmelser i Hjerteregionen, f. Ex. Fölelse af Tyngde eller Tryk etc. Kun hvor et eller flere af disse Symptomer foranledige Lægen til betimelig Indgriben, kan han vente at restituere sin Patient fuldkomment; hvorimod Behandlingen i de Tilfælde, hvor hine funktionelle Forstyrrelser eller maaske rettere begyndende Betændelsessymptomer allerede have existeret i flere Dage og forenet sig med Exsudationssymptomer, i Reglen vil blive ufuldstændig.

Forlagt af C. A. Reitzel. Trykt hos Bianco Luno.

Den 19. October. 1847.

Ugeskrift for Læger.

2den Række VII. Nr. 19.

Redigeret af L. Brion og C. Hempel.

Rudolph Wagner: Neue Untersuchungen über den Bau und die Endigung der Nerven und die Struktur der Ganglien. Supplement zu den Icones physiologicæ. Leipzig 1847. M. 1 Kpfft.

(Anmeldt af Rasmus Schmidt).

Kan man paa den ene Side ikke andet end glæde sig over de raske Fremskridt, Physiologien gjör næsten daglig i de sidste Decennier, saa kunde det dog paa den anden Side synes meget misligt, at ikke sjeldent den ene Dags Opdagelser og de Theorier, som bygges herpaa, omstyrtes af nye "Resultater", som den næste Dag förer med sig. Dette er imidlertid en uundgaaelig Fölge af den nu saa overordentlig almidelige Anvendelse af Mikroskopet, hvorved dette uskatterlige Hjælpemiddel naturligvis ikke sjeldent falder i Hænderne paa Mennesker, der hverken legemligt eller aandeligt egne sig for denne Slags Arbeider, idet de hverken besidde det skarpe Blik eller det klare Iudicium eller endelig den Besindighed og Samvittighedsfuldhed, som udkræves hertil. Mængden af dygtige og omhyggelige Forskere böder dog for en stor Del herpaa, idet disse dels selv berige Videnskaben med nöiagtige Fremstillinger af Forholdene, dels ikke tillade Vildfarelsen at hævde sig nogen varig Plads. Bör Physiologen altsaa ikke uden stræng Kritik modtage og benytte den Rigdom af Detail, som hver Dag bydes ham af Mikrotomerne ialmindelighed, saa er der dog iblandt dem Mænd af saa stor Fortjeneste og det ikke blot af Vævenes Anatomi men ofte tillige af Physiologien i det Hele, at man skylder deres Ord mere end sædvanlig Tiltro. Men en Hovedfordring til den mikrotomiske Fremstilling, som vi skulle sætte Lid til, bliver det dog stedse, at den ikke staaer i aabenbar Strid med beviste Love for Livet.

Blandt de Mikrotomer, der tillige indtage en höi Rang som Physiologer, er R. Wagner en af de förste. Det er derfor ogsaa naturligt, at Beretningen om en Række nye, af ham foretagne Undersögelser modtages med ualmindelig Interesse, og denne retfærdiggjöres tilfulde ved Resultatet af disse Undersögelser (som ere fremstillede i det i Overskriften citerede Værk). Det angaaer 3 væsentlige Punkter af Nervephysiologien: Nervegrundelementernes Bygning, Loven for den isolerede Ledning og Adskillelsen af et eiendommeligt organisk Nervesystem. Hvad de förste 2 Punkter angaae, finde vi her de ældre Theorier principielt bekræftede, tildels udvidede, men tillige i mange Henseender betydeligt modificerede; hvad derimod det 3die Punkt angaaer, see vi kun den Usikkerhed, der i saa lang Tid har hersket paa dette Gebet af Nervephysiologien, forøget. Forsaavidt nemlig Nervephysiologerne i den sidste Tid, og blandt disse navnlig Kölliker, synes at have opbygget Noget, omstyrtes dette atter ved den Wagnerske Fremstilling. Imidlertid maatte jo ogsaa dette betragtes som et Gode, saafremt hine Iagttagelser virkelig skulde være byggede paa Feiltagelse; men ialtfald kræver dette en yderligere Pröve og er af physiologiske Grunde neppe rimeligt.

Vi skulle betragte de Wagnerske Sætninger noget nærmere og vende os först til Forfatterens Fremstilling af Strukturforholdene.

Bygningen af Nervegrundtraadene er höist forskjelligt fremstillet til forskjellige Tider og af forskjellige Anatomer. Nogle have antaget en enkelt, Andre en dobbelt Skede, og i Marven har Purkinje fundet en Axecylinder, Remak det saakaldte Primitivbaand — endelig har man i den nyeste Tid villet gjöre bestemt Forskjel paa de almindelige cerebrospinale Traade og en anden Art tynde og graalige Nervetraade som Repræsentanter for et eget organisk Nervesystem (Bidder og Volkmann) — om de Remakske Knudetraade ville vi ikke tale, da de som bekjendt slet ikke ere sande Nerveelementer. Denne store Uoverensstemmelse mellem saa mange dygtige Mikrotomer lader sig kun forklare af Nervevævets særdeles Tilböielighed til efter Livets Udslukkelse at forandre sit oprindelige Udseende. De forskjellige Anatomer have upaatvivleligt kun beskrevet forskjellige Forvandlingsstadier, medens det sande Normaludseende iflölge den Beskrivelse, R. Wagner giver deraf, er langt simplere, end de tidligere Observationer gave Formodning om. Hver Grundtraad findes efter W., saasnart den er udtraadt af Centraldelen stedse omgivet af en fiin Skede, der ialmindelighed slutter saa tæt, at man ved förste Öiekast slet ikke bemærker den; men i andre Tilfælde skjelnes den tydeligt som en fiin, bleg yderste Contur — især viser den sig tydeligt, hvor Marven sondrer sig i flere eller færre langagtige ovale Brudstykker, hvilket meget almindeligt indtræffer efter nogen Tids Forlöb; mellem disse Marvpartier observeres da den blege Skede med et let stribet Udseende, der enten bidrörer fra Længderynker eller maaske snarere fra en oprindelig traadet Sammensætning, hvilket fornemmeligt synes indlysende ved Betragtningen af saadanne Nerver, hvor Grundtraadsskeden er usædvanlig tyk — her findes nemlig ogsaa mange store, mörke langagtig runde Kjerner rækkeviis indleirede i Skedens Substans. Endelig er Skedens Selvstændighed fuldkommen beviist derved, at det er lykkedes W. at fremstille den isoleret (men dog hel), idet han ved Maceration i Viinaand har udtömt al Nervemarven. Hvad denne sidste angaaer, viser den i fuldkommen frisk Tilstand kun en enkelt, mörk Contur, men indenfor den og parallel med den danner der sig overordentlig hurtigt endnu en anden, blegere Contur. Denne Bygning er fælleds for alle Nervegrundtraade, ogsaa for de saakaldte "fine Nervetraade", saa at man ialmindelighed kan angive som Nervetraadenes Grundelementer: en cellulös Skede af forskjellig Tykkelse, indesluttende en Marvcylinder af gjennemsigtig, olielignende, kun noget mere tykflydende Substans, hvis yderste Lag har Tilböielighed til (ligesom ved en Coagulation) at sondre sig til en Slags secundær Skede. Oprindeligt frembyder altsaa den friske Nervegrundtraad kun een mörk Contur (eller, hvor Skeden er synlig, endnu en meget svag og bleg yderste Contur) — först ved en Forvandling af det normale Nerveelement optræder den bekjendte Dobbeltcontur (der viser sig med en indre bleg Contur) og ved en yderligere Forandring eller Henfalden af det döde Organ opstaaer hvad man har kaldet Axecylinderen og Primitivbaandet. — Bygningen af Nervecellerne (Hjerne- og Gangliecellerne) har Wagner fundet ganske som den er bekjendt fra tidligere mikroskopiske Observationer undtagen med Hensyn til det indbyrdes Forhold mellem Nerveceller og Nervetraade, hvorom vi senere skulle tale.

Hvad det andet Punkt, Loven for den isolerede Ledning, angaaer, saa beroer denne naturligviis fornemmeligt derpaa, at de enkelte Nervegrundtraade forlöbe fra Centrum til Peripherien uden nogensinde at anastomosere indbyrdes. Omendskjöndt Gyldigheden af denne Lov er almindelig anerkjendt og med Bestemthed paaviist ved mangfoldige Experimenter, have Mikrotomerne dog troet at see Nervegrundtraadene ende sig peripherisk ved at gaae slyngeformigt over i hinanden. De Tilfælde, hvor man har antaget med nogenlunde Bestemthed at iagttage en saadan Slyngedannelse ere dog ikke mange, og af dem ere flere senere atter gjort tvivlsomme endog af selve Iagttagerne — saaledes f. Ex. Slyngedannelsen paa Ampullerne i Öret (R. Wagners Physiologie, 3te Auflage). Paa den anden Side anföres derimod ogsaa Tilfælde, hvori ligesaa troværdige Undersögere antage at have seet Nervetraadene ende med frie Spidser uden Spor af Slyngedannelse — saaledes paastaaer Hannover (der ellers netop hylder den Valentinske Slyngetheori), at Grundtraadene af Nervus opticus ende frit i forreste Del af Retina, og fremdeles er det med fuldkommen Evidens efterviist i de saakaldte Paciniske (eller Vaterske) Legemer, at Nervetraaden ikke blot ender frit men endog gaffeldelt. Desuagtet og til Trods for den Modsigelse, hvori Slyngedannelsen staaer til den ved Experimenter constaterede Lære om Isolationen, har imidlertid Hypothesen om en peripherisk Slyngedannelse af Nervegrundtraadene vundet almindelig Indgang. At den er falsk bekræfte nu de Oplysninger, vi erholde af R. Wagner *). Foranlediget ved Paolo Savi's Iagttagelse af en Forgrening af Nervegrundtraadene i det elektriske Organ hos Rokken foretog R. Wagner en mikroskopisk Undersögelse af disse Dele (den förste Anledning til de Forsög, hvis Resultater vi her beskjeftige os med). Hermed fandt han da, at der fra Enden af Nervegrundtraaden udsprang 12—25 Grene i et Knippe, hvilke derefter forgrene sig dendritisk mellem Söilernes Skillevægge og paa Tværbladene, idet de atter dele sig i Smaagrene, som endelig udsende særdeles fine Endegrene (af $\frac{1}{1000}$ Linies Gjennemsnit). Disse synes ved en mere overfladisk Betragtning at danne et Maskenet, og Smaagrenene af forskjellige Nervegrundtraade synes at anastomosere med Slynger (saaledes som Paolo Savi har beskrevet og som Wagner i Begyndelsen selv antog) — men ved en mere omhyggelig Undersögelse viste det sig, at dette kun er et optisk Bedrag, hidrörende derfra, at forskjellige Smaagrene lægge sig krydsviis over hinanden. I Virkeligheden danne de fineste Endegrene hverken Net eller Slynger; Wagner synes at antage, at de gaae over i Organets Parenchym **). Rigtighe-

---

*) At Wagners Undersögelse kun er foretaget hos Bruskfisk og Fröer er ikke til Hindring for den almindelige Gyldighed af de derved opnaaede Resultater — dertil er Analogien mellem de forskjellige Pattedyr altfor stor — desuden ere de ovennævnte Exempler paa Spaltning og frie Ender af Nervetraadene i de Vaterske Legemer endog fundet hos Menneskene.

**) Forgrening af Nervegrundtraade er allerede oftere iagttaget — saaledes ikke blot, som allerede anfört, af Paolo Savi i det elektriske Organ, men ogsaa af Schwan og senere af Kölliker i Amphibiernes Mesenterium og i Svandsen af Haletudserne, af Joh. Müller og E. Brucke i Gjedens Öiemuskler o. fl. a. St. Naar man her har troet at see Netværk, tör man uden Tvivl antage, at det forholder sig hermed som med det ovennævnte af Wagner sete (optisk Bedrag).

den heraf har Wagner fundet bekræftet ved senere Undersögelser ogsaa af Nerver i andre Dele og hos andre Dyr. I Fröens Tungebeensmuskler fandt han nemlig det peripheriske Forhold af Nervegrundtraadene ganske analogt hermed. Först saae han ogsaa der en tilsyneladende Net- og Slyngedannelse, men en nöiagtigere Betragtning viste (skjöndt med mindre Lethed end i det elektriske Organ hos Rokken) det sande Forhold. I Musklerne löbe Nervegrundtraadene omgivne af fine Skeder mellem Muskelgrundbundterne (ɔ: Fibræ musculares) og forgrene sig her, idet en eller flere Smaagrene afgaae under ret Vinkel, medens andre fortsætte Forlöbet til nærmere eller fjernere Muskelbundter. Disse Grene synes endelig at gjennembore den ydre gjennemsigtige Skede af de Muskelbundter, hvortil de hver især ere bestemte og spalte sig derpaa i overordentlig fine Grene (af $\frac{1}{1000}$ Linies Gjennemsnit) mellem Muskeltraadene. Anastomoser eller Endeslynger sees derimod aldrig. — Fiinheden af disse Dele og det skuffende Udseende af Netværk, som fremkomme ved Smaagrenenes Krydsning, gjör det begribeligt, hvorledes saamange övede og dygtige Mænd, der have helliget Mikrotomien deres Kræfter, kunne være blevne skuffede, men netop denne Omstændighed vilde ogsaa gjöre os mistænksomme endog mod en Rudolph Wagner, hvis ikke hans Fremstilling stemte saa nöie med det, som vi allerede a priori ere nödte til at tænke os ifölge de utvivlsomme Resultater, som ere vundne ved de utallige Experimenter, der hævde Loven for Nervetraadenes isolerede Ledning.

Anderledes forholder det sig i denne Henseende med W a g n e r s Undersögelser angaaende E x i s t e n s e n af e t e g e t o r g a n i s k N e r v e s y s t e m eller med andre Ord om F o r h o l d e t m e l l e m N e r v e c e l l e r og N e r v etraade. Om Antagelsen af et særegent af Hjerne og Rygmarv uafhængigt System har man fört en langvarig og vidtlöftig Strid, som langtfra ikke endnu kan ansees for afgjort. Vel har i den seneste Tid den Anskuelse, at der gives et saadant, vundet temmelig almindelig Indgang, og den finder Bekræftelse i de Erfaringer man har samlet ad den experimentelle Vei; men Forskjellen mellem dette "sympathiske" og det almindelige cerebrospinale System sætte Nogle i særegne, for hvert System charákteristisk forskjellige Grundelementer (de Bidder-Volkmanske "fine Nervetraade"), Andre derimod i det anatomiske Forhold af forresten ensartede Grundelementer (Kölliker, idet han mener, at det sympathiske System, skjöndt uselvstændigt ɔ: afhængigt af det cerebrospinale System, saavel formedelst indblandede almindelige cerebrospinale Traade, som ogsaa formedelst "fine Nervetraade", der udspringe fra Cerebrospinalgangliernes Celler, dog paa den anden Side netop er selvstændigt og uafhængigt af det cerebrospinale System ikke ved eiendommeligt charakteriserede Elementer, men ved ganske lignende "fine Nervetraade", som tage deres Udspring fra Cellerne i selve de sympathiske Ganglier). Meget taler for den sidste Anskuelse, der ogsaa synes at være den, der tæller flest Tilhængere for Tiden. Men uden Hensyn til dette Punkt ansee vi det for hævet over al Tvivl, at der gives et eget af Hjerne og Rygmarv uafhængigt Nervesystem, som vi kunne kalde det vegative i Modsætning til det cerebrospinale som det animalske. Dette bevises nemlig ikke blot ved den selvstændige Bevægelse af det af Legemet udtagne og fuldkomment isolerede Hjerte*) og af Tyndtarmen, naar denne udskjæres af

*) At Hjertet vedbliver at slaae, efterat det er udskaaret af Legemet, er længst bekjendt, og man har allerede længe tilskrevet

Legemet tilligemed sit Krös, men ogsaa af den eiendommelige og gjennemgribende Forskjel, som af Edw. Weber er paaviist i Bevægelsen af de organiske og animalske Muskeltraade. Den væsentlige Aarsag hertil kan nemlig ikke söges i den forskjellige Textur af disse 2 Arter af Muskelgrundtraade — uagtet den organiske Bevægelighed finde vi jo Muskeltraadene tværstribede (altsaa i anatomisk Henseende charakteriserede som animalske Traade) hos Hvirveldyrene i Hjertet og hos de lavere Dyr i mange andre Tilfælde, f. Ex. hos Insekterne i Tarmkanalen *), desuden formaae (ifölge Bidders Forsög) Fröer, hvor Hjernen eller Rygmarven eller begge tilsammen ere destruerede med Undtagelse af den lille Del, som forestaaer Respirationsbevægelserne, ikke blot at vedligeholde Livet (i förste Tilfælde i 10 Uger, i andet i 8—14 Dage, i tredie Tilfælde i 5 Dage), men ingen af de vegative Funktioner synes at lide væsenligt derved: Blodcirculationen og Hjerteslaget vedvare, Digestionen gaaer uforstyrret for sig, Urin- og Gallesecretionen fortsættes, og Tarmene vise peristaltisk Bevægelse. Dette er klart beviste Kjendsgjerninger — mikrotomiske lagttagelser, som staae i aabenbar Strid hermed, saa at disse nödvendigviis maae udelukke hine, kunne altsaa ikke andet end vække Mistillid. Nu har Wagner allerede ved de

---

dette de smaa Remakske Ganglier; men ved Experimenter af Kölliker faaer dette en yderligere Bekræftelse — skjærer man nemlig et saadant af Legemet udtaget Hjerte i Stykker, vedbliver Bevægelsen uhindret i de Stykker af Hjertet, hvis Nerver staae i i uafbrudt Communication med hine Ganglier, medens den öieblikkeligt standser i de Stykker, hvor denne Communication er afbrudt (Volkmann i Müllers Archiv 1845: "Beitrag zur nähern Kenntniss der motorischen Nervenwirkungen").

*) Cfr. "Muskelphysiologien" — Ugeskrift for Læger, 2den Række, VI Bind.

ovennævnte Undersögelser angaaende Nervetraadenes Textur udtalt sig mod Antagelsen af 2 væsentlig forskjellige Arter af Nervegrundtraade (og sikkert med Rette) — der synes altsaa ikke at blive andet tilbage end at holde sig til den Köllikerske Theori, men imod denne tale de Iagttagelser, som Wagner mener at have gjort med Hensyn til Gangliernes Structur og Forholdet mellem Nervetraade og Nerveceller. Han finder nemlig (ligesom Hannover og Kölliker og senere flere andre), at Nervegrundtraadene med deres Marv gaae umiddelbart over i de bekjendte Fortsættelser paa Nervecellerne; men fra hver enkelt af disse Celler afgaaer stedse (efter Wagner) hverken meer eller mindre end 2 Nervetraade, sædvanlig fra Cellens diametralt modsatte Sider, og af disse Traade forlöber altid den ene mod Nervesystemets Centrum, den anden mod Peripherien (kun undtagelsesviis iagttog han Celler ganske uden Fortsættelse eller blot med een Fortsættelse, men i sidste Tilfælde gjerne med Spor af, at den anden Fortsættelse var afreven). Dersom det forholder sig saaledes, maa enhver fra Centrum kommende Nervegrundtraad i Gangliet gaae over i en Nervecelle, hvorfra der da atter udgaaer en lignende, men pheripherisk forlöbende Traad. Forholdt dette sig saaledes, vilde en Multiplication af Traadene naturligviis blive uantagelig og hermed vilde virkelig, som ogsaa Wagner siger, Læren om et eget nutritivt Nervesystem være kuldkastet, hvis ikke dets Existens af andre Grunde maatte ansees for beviist. Netop derfor tro vi imidlertid, at den Wagnerske Fremstilling trænger til nærmere Prövelse — skulde den da imod al Sandsynlighed vise sig at være sand, vilde der ikke være nogen anden Udvei end at ty til den gamle Anskuelse om Ganglierne for at forklare sig de Phænomener, som ikke kunne bortdisputeres. Dog maatte man i saa Fald betragte Ganglierne ikke blot som en Art Modulatorer for den fra Rygmarven udgaaende eller til Rygmarven stræbende Nerveledning, saa at Gjennemgangen gjennem en forskjellig Art af Nerveceller blev Betingelse for en forskjellig Art af Nervevirksomhed (Centraldelenes Celler og Gangliecellerne skulle jo endog i ydre Habitus charakterisere sig forskjelligt (Hannovers Undersögelser), fölgelig er det ogsaa ganske naturligt at tilskrive dem forskjellige dynamiske Egenskaber, som kunne yttre sig ligesaavel ved Gjennemströmningen som ved den direkte Udstraaling); men man maatte tillige antage, hvad der er höist usandsynligt, at Gangliecellerne skulde kunne virke til Opvækkelsen af selvstændig Virksomhed i de gjennem Gangliet forlöbende Nervegrundtraade. Förend vi tage vor Tilflugt til en saadan Hypothese, maa det imidlertid ved gjentagne Undersögelser med Sikkerhed eftervises, at Antagelsen af Nervetraades Udspring fra Gangliecellerne virkelig er falsk.

Om Subcutan Overskjæring af Sphincter ani.

Denne Operation har flere Gange været foretaget med særdeles gode Resultater, förste Gang af Guerin 1840, senere af Blandin, Velpeau o. Fl. Dens Indicationer saavelsom Methoden, hvorpaa den bedst udföres, ere nöiagtigen beskrevne af Demarquay i Archives generales de medicine 1846.

Indicationer. Submucös Myotomi af Sphincter ani kan foretages under to Hovedbetingelser:

1. For at hæve en krampagtig Sammentrækning af Sluttemusklen, hvad enten denne hindrer den til en eller anden Operation nödvendige Indbringelse af fremmede Legemer i Endetarmen, eller den standser Passagen af forskjellige Materier, som kunne opholdes i denne Del af Tarmkanalen, eller endelig for at hæve en Indsnöring af visse Dele, bevirket ved Sluttemusklens Sammentrækning. — Saaledes har Blandin og Demarquay gjentagne Gange foretaget denne Operation, snart for at reponere indvendige Hæmorrhoidalsvulster, der vare fremfaldne og indeklemte, efterat der i Forveien forgjæves vare gjorte Forsög paa at tilbagebringe dem; snart alene for at formindske en smertefuld Spænding og forögert Omfang af udvendige Hæmorrhoider, foraarsaget ved Contractionen af Orificium ani.

2. For at hæve en vedvarende Contractur af Sluttemusklen. Man finder her tillige en Fissur, til hvilken denne Contractur er, om ikke Aarsagen, saa dog en saa væsentlig Complication, at naar denne kan bekjæmpes ved et saa radicalt Middel som Gjennemskjæringen af Sphincter, helbredes Sygdommen i de allerfleste Tilfælde derefter i nogle faa Dage. Operationen er altsaa bestemt indiceret under disse Omstændigheder. D.s Afhandling indeholder en Beretning om 7 Tilfælde, i hvilke den fuldstændig har hævet dette Onde, der ofte foraarsagede Patienterne voldsomme Lidelser, og hvor i Forveien de mest anbefalede Curmethoder vare anvendte.

Undertiden ledsages habituel og haardnakket Forstoppelse af en Contractur af Sphincter. Hvor dette Symptom er stærkt fremtrædende, kunde man maaske i Betragtning af Operationens Uskadelighed og Nemhed tage Anledning til at udföre den, skjöndt den ved förste Öiekast her kunde synes noget umotiveret.

Ved Operationens Udförelse bemærkes fölgende. Först gjöres en lille Aabning paa Huden; dette maa ske i omtrent 4 Liniers Afstand fra Anus. Gjöres Aabningen nærmere derved, kunde Cicatricen let briste ved Anstrængelserne under depositio alvi, Incisionsstedet betændes og Suppuration opstaae; ved at gjöre Aabningen længer borte vilde Gjennemskjæringen af de inderste Fibre af Sluttemusklen blive meget vanskelig. Dernæst indbringes Fingeren i Endetarmen og Huden strammes til begge Sider af Anus. Disse to Forsigtighedsregler ere af Vigtighed, thi ved Undladelse af een af dem vilde man lettelig komme til at gjennemtrænge Endetarmens Slimhinde. Derpaa indbringes Tenotomen imellem Slimhinden og Sphincter. Dette maa ske med Forsigtighed og er den sværeste Del af Operationen; men det vilde endnu medföre större Ulempe at gjennemskjære Musklen fra Dybden imod Overfladen saaledes som Velpeau har gjort, thi man risikerer at overskjære mere end Musklen eller kun at gjennemskjære den ufuldkomment. — Endelig overskjæres Musklen; dette kjendes ved en tydelig crepiterende Lyd, og Fingeren föler et Mellemrum imellem begge Musklens Ender. Efterbehandlingen bestaaer alene i Badning med Koldt, roligt Leie i Sengen i nogle Dage, ligesom det ogsaa vil være tjenligt at tage Forholdsregler for at Stolgangen kan udsættes en 3—4 Dage efter Operationen.

I et Tilfælde har Blandin maattet gjennemskjære Musklen paa begge Sider, inden Contracturen fuldstændig kunde hæves.

Blandin har til denne Operation angivet et eget Instrument, der bestaaer i en Bistouri, fæstet til et stærkt

Skaft; paa den ene Side af Knivsbladet findes en bevægelig Plade, der er lidt længere end Bladet og afrundet ved sin forreste Ende; naar den er skudt frem bedækker den fuldkommen Bladet. Paa Skaftet af Instrumentet ere anbragte Mærkepunkter, der betegne Retningen af Eggen. Med dette Instrument er man istand til at udföre hele Operationen. Naar man vil gjöre den lille Punktur i Huden saa blotter man Knivsspidsen lidt; naar Kniven derimod skal passere imellem Musklen og Slimhinden, saa bedækkes Eggen af den bevægelige Plade, og Instrumentet virker da som en stump, noget flad Sonde. Naar Musklen skal gjennemskjæres, trækkes Pladen ind i Skaftet og man har da en sædvanlig Bistouri at virke med.

Om de hvidtede Huse i Byerne.

(Af practiserende Læge Gjersing i Kjöge).

I mine Medicinalindberetninger har jeg i flere Aar tilladt mig at henlede det höie Sundhedscollegiums Opmærksomhed paa den store Ulempe, som hvidtede Mure i Gaderne foraarsage de respektive Gjenboere, i den Formening, at der for Sundhedspolitiet var tilstrækkelig Grund til her at skride ind for Kjöbstædernes Vedkommende, og det saa meget mere, hvis det forholder sig saaledes som det er mig meddelt, at der allerede for Hovedstaden existerer et Forbud imod at Husenes Façader maa være hvidmalede. Da min ringe Stemme imidlertid ikke synes at have trængt tilstrækkeligt igjennem, og jeg dertil dagligen selv lider af slige solbestraalte hvidtede Mure, saa har jeg anseet det for hensigtsmæssigt korteligt gjennem Pressen at omtale denne Gjenstand med Opfordring til mine ærede Collegaer trindt omkring i Landet, at forene deres vægtigere Stemmer i denne Sag, hvis den virkelig maatte forekomme dem at være nogen Anstrængelse værd. Efter min Formening fortjener den ikke i ringe Grad Sundhedspolitiets Opmærksomhed.

Enhver Læge i en Kjöbstad vil have haft rig Leilighed til at iagttage, hvorledes slige hvide Mure fortrædige baade Sunde og Syge. Ikke alene de, der maa söge deres Livsophold ved Öinenes stadige Brug, men ogsaa Embedsmænd med jevnlige Contoirforretninger, hele den qvindelige Befolkning, der tilbringer en stor Del af Dagen ved Syarbeide, ja selv Börnene i Skolerne ere i höieste Maade generede, naar de ere saa uheldige at komme til at bo ligeoverfor en saadan skinnende hvid Væg. Hvormeget den tiltagende Synssvækkelse og de hyppige Klager over Symptomer herpaa have deres Grund i de hvide Mure, er vistnok ikke let at afgjöre, men de synes ad den rationelle Vei at maatte have en betydelig Del deri, ligesom det ogsaa er vist, at jeg undertiden har hört slige Klager forsvinde, efterat en Gjenbo har været saa skikkelig at give sit Hus en Farve. Naar vi erindre, hvilken Virkning de reflekterede Straaler fra en stor Sneflade have paa Öiet, saa kan der vel neppe være Tvivl om, at de fra hvide Mure tilbagekastede Solstraalers stadige Indvirkning maa være höist skadelig.

Men lad os et Öieblik tænke os, at den, som er saa uheldig et have et sligt Gjenboskab, bliver angreben af en Öienbetændelse, f. Fx. af en scrophulös med dens charakteristiske Lyssky, da vil der vel neppe være to Meninger om, at en saadans Lidelser blive forögede baade i Styrke og Udstrækning, ikke at tale om de pekuniære Udgifter og Lægens sörgelige Stilling, at han ikke er istand til at hæve maaske den væsentligste Grund til Sygdommens Vedbliven, uagtet han har den lige for Öinene. Den mere velhavende Syge kan vel her, som i saa mange Tilfælde hjælpe sig; men det fattige scrophulöse Barn, hvis Forældre ikke kunne undvære Dagslyset i den eneste Stue, maa ligge med Ansigtet i Puderne hele Dagen og trykke det saa meget dybere ned i dem som Solen skinner klart paa Gjenboens hvide Hus. Skulde her da ikke være Anledning for Sundhedspolitiet til efter Evne at værne om Menneskets ædleste Sands, som paa denne Maade staaer Fare for at svækkes hos saa mange, og at bidrage til, at de Öiensvage kunne befries fra unödvendige Lidelser, helbredes hurtigere eller idetmindste ikke staa Fare for mere og mere at miste Synet? Man indvende ikke, at Vedkommende kunne skifte

Boliger, thi man vil let tænke sig alle de Vanskeligheder, der under forskjellige Omstændigheder kunne reise sig herimod. Og selv om det lod sig arrangere, hvo indestaaer da for, at den ny Gjenbo ikke om kort Tid finder, at hans Hus dog seer bedre ud, naar det bliver hvidt? Tilmed bestaaer den hele Foranstaltning, hvorved Kjöbstedbeboerne kunne blive befriede fra et föleligt Onde, blot deri, at det paalægges enhver Huseier, at give sit Forhus til Gaden en anden Farve end den hvide eller lysgule, et Paabud som for et almindeligt Kjöbstedshus kan foraarsage en Udgift af höist 1 Rbd.

Enhver Læser af disse Linier, som i Hovedsagen maatte dele mine Anskuelser, opfordrer jeg derfor til efter Evne at gjöre det indlysende for höie Vedkommende, at her er Grund til Forandring i de bestaaende Forhold.

☞ Da vi oftere gjennem Provindslæger have modtaget Klager over, at Ugeskriftet ved den hidtil benyttede Commissions-Forsendelse ikke alle Steder tilstilles Abonnenterne med den önskelige Orden og Hurtighed, have vi truffet det Arrangement, at de Abonnenter i Provindserne, der maatte önske det, kunne fra det tilkommende Aars Begyndelse erholde Ugeskriftet tilsendt ved Hjælp af den saakaldte fri Postforsendelsesret, hvorved hertillands forstaaes, at Postvæsenet for Benyttelsen af samme tager 50 pCt. af et litterært Produkts fulde Værdi i Boghandelen. Heraf maa Forlæggeren yde 20 pCt. — de övrige 30 pCt. erlægges af Subskribenten. Betalingen for Ugeskriftet saaledes forsendt vil altsaa blive 1 Rbd. 60 Sk. hvert Qvartal. De som ville benytte denne Frihed, bedes at gjöre Anmeldelse derom paa vedkommende Postcontoir inden December Maaneds Begyndelse.

Red.

Afgang. Regimentschirurg Döllner, Garnisonschirurg paa St. Thomas, afskediget ifölge Ansögning i Naade og med Pension.

☞ Med dette Nr. af Ugeskrift for Læger fölger Philiatriens Forhandlinger Nr. 5, 3die Aargang.

Forlagt af C. A. Reitzel. Trykt hos Bianco Luno.

Den 23. October. **1847.**

Ugeskrift for Læger.

2den Række VII. ***Nr. 20.***

Redigeret af **L. Brion** og **C. Hempel.**

Om Behandlingen af den typhoide Feber med Æthiops mercurialis.

(Serres: Gazette medicale, No. 33 et seqq. 1847).

I en Afhandling forelagt det franske Academie des scienses har Serres, Overlæge ved Hospitalet St. Pitiè i Paris, angivet en ny Behandlingsmaade for den typhoide Feber, hvis Theori han stötter paa ganske eiendommelige Anskuelser om den typhoide Feber og Mercurens Virkninger paa Affektionen i Tarmkanalen, hvis Resultater han imidlertid, efterat have benyttet den henved 3 Aar, angiver som særdeles gunstige. Derfor, antagende at denne Behandling fortjener at kjendes af vore Læsere, skulle vi her i Korthed fremsætte S.s Theori saaledes som han selv udvikler denne, og tilföie nogle af hans praktiske Erfaringer til nærmere Overveielse.

Det, hvorfra Serres gaaer ud, er den Analogi, som finder Sted imellem den typhoide Feber og de exanthematiske Febre navnlig Kopper; denné Analogi vil han overföre ogsaa paa Behandlingen af den typhoide Feber, i Henhold til den af ham og flere Andre anbefalede abortive

Behandling af Kopper, der stötter sig til en egen Anskuelse om Exanthemets Betydning i exanth. Sygdomme. Fölgende ere Hovedtrækkene i de af Serres fremsatte Anskuelser.

Enhver exanthematisk Feber bestaaer af to Hovedelementer, nemlig Exanthemet, der er Grundvolden for Sygdommen, dens væsentlige Moment, dernæst den Række af Phænomener, som dette Exanthem udvikler i Organismen og vedligeholder ved sin Nærværelse, hvilke man betegner med det almindelige Navn Feber; denne afgiver Sygdommens Form og er det underordnede Element. Af Forholdet mellem Exanthemet og Feberen fremgaaer de væsentlige Betingelser for exanthematiske Febre. Naar Exanthemet er discret eller svagt, er Feberen let og ubetydelig; hvis derimod Exanthemet er confluerende, er Feberen heftig. Forlöbet af Mæslinger, Skarlagensfeber, Rosen, men fremfor Alt af Kopperne og Kokopperne overtyde os om dette pathologiske Forhold.

Den typhoide Feber eller, som S. kalder den, febris entero-mesenterica, maa med Hensyn til sine Symptomer, sit Forlöb og sine anatomisk-pathologiske Charakterer henregnes til de exanthematiske Febre. Udviklingen af de pathologiske Ferandringer i Tarmene og i mesenterium gaae jævnsides med Udviklingen af den typhoide Feber; Heftigheden og Farligheden af dennes Symptomer staaer altid i ligefrem Forhold til Intensiteten af Tarmaffectionen — et Resultat, som S. tillægger saa fuldkommen Sikkerhed, som den kan haves i Medicinen paa Grund af 30 Aars Erfaringer ved Sygesengen og Obduktioner, fornemmelig paa hans eget Hospital.

Den Sygdom, hvormed den typhoide Feber har den störste Analogi, er Kopperne. Der gives en f. entero-mesenterica discreta og confluens, ligesom der existerer discrete og confluerende Kopper. I Kopperne viser Erfaring, at jo færre Pustler der findes, des mindre er Faren, og omvendt jo flere Pustler, desto farligere er Sygdommen; thi da enhver af disse Pustler er at betragte som en lille Absces, saa maa naturligviis — uanseet den oprindelige Infection — den secundære Feber, som Suppurationen fremkalder, være mere eller mindre voldsom i Forhold til den Mængde af Pus, som danner sig. Sammenligne vi hermed den typhoide Feber, saa finde vi en stor Analogi i Symptomerne af den ledsagende secundære Feber; her er ogsaa en Infection af Blodet, en vedvarende Kilde til denne Infection i det deletere Stof, som afsættes i Tarmkanalen, og en Infection af hele Organismen med dette deletere Stof. Grundvolden for disse Sygdommes Therapi maa derfor staae i en lignende Analogi.

Da Faren ved Kopperne bestandig staaer i Forhold til Mængden af Pustler, som udvikle sig paa Legemets Overflade, saa vil det være af væsentlig Betydning i Behandlingen af denne Sygdom at forhindre Pustlernes Udvikling i for stort et Antal. Dette er allerede antydet af Sydenham, idet han anbefalede den kjölende Behandlingsmaade; det ligger ligeledes til Grund for den saakaldte aborterende Methode, foreslaaet af Bretonneau, Serres, Velpeau, som bestaaer af Ætsning af Pustlerne med argent. nitricum. Men da dette Middel medfører flere Inconvenienser, har Serres og efter ham Briqvet og Nonat bragt et andet Middel i Anvendelse, der ligeledes skal virke aborterende paa Pustlerne, nemlig Anlæggelsen af Mercurialplaster paa de Steder af Huden, hvor Kopperne mest sætte sig. Man betjener sig til den Ende sædvanlig af Emplastrum de Vigo cum Mercurio; dette anlægges over hele Ansigtet, saaledes at blot Næseborene, Öinene og

Munden ere fri; man kan tillige anvende det paa andre Steder af Huden. Denne Methode skal ifölge de ovennævnte Hospitalslægers og andre*) Lægers Forsikkring have den Virkning, at Pustlerne standses i deres Udvikling; ere de begyndte at vise sig, blive de indurerede, ligesom vorteformige uden at suppurere; anvendes Midlet noget senere, saa suppurere de vel, men svagt. I alle Tilfælde og paa hvilket Udviklingstrin Pustlerne befinde sig, bliver den omgivende inflammatoriske Areola svagere eller svinder, saaledes at Hævelsen af Ansigtet og Halsen, hvis Fölger ere saa farlige ved confluerende Kopper, forebygges, naar den ikke er indtraadt, eller fordeles, hvis den er tilstede. I Korthed, Suppurationen forhindres tilligemed alle de Tilfælde, som ere en Fölge deraf, Feberen mildnes og Sygdommen bliver i det hele mindre farlig. Mercurialplastret skal virke ikke ved sin Compression men alene ved Mercurens fordelende Egenskaber.

Paa Grund af den Analogi, som finder Sted imellem Kopper og den typhoide Feber, frembyder sig nu den Betragtning, om der ikke kunde udfindes en med nysnævnte analog Behandling for den sidste Sygdom. Denne Tanke bragte Serres til at forsöge Mercurens Virkning paa de lenticulære, rosenfarvede Pletter, der ere et af de charakteristiske Symptomer for den typhoide Feber, skjöndt de ere væsentlig forskjellige fra Koppepustlerne. Dette skete 1845 paa en Tid, da disse Pletter af ubekjendt Aarsag vare særdeles rigelige hos Patienter med typhoide Febre. Der indgnedes da Mercurialsalve Morgen og Aften paa Underlivet. Efter dette Middel forsvandt Pletterne med en ikke forhen

*) Grisolle: Traité de pathologie interne. 11me Edition. Tome 1mier. 1846.

iagttaget Hurtighed; samtidig hermed formindskedes Underlivets meteoristiske Udspænding, hvoraf vel tör sluttes, at Mercuren foruden sin fordelagtige Virkning paa Forlöbet af de rosenröde Pletter tillige udstrækker denne sin Indflydelse paa Tarmaffectionen, der udgjör Grundvolden for den typhoide Feber. Forholder dette sig saaledes, saa er det antageligt, at dette Middel anbragt indvendig paa selve Tarmen maa virke endnu kraftigere og hurtigere. Efter en nöiagtig Prövelse af de forskjellige Præparater af dette Metal og deres Virkninger paa Organismen antog S. det sorte Svovlqviksölv (Æthiops mineralis, mercurialis) for det mest passende.

Den Behandling, som S. anvender, bestaaer altsaa baade i en indvendig og udvendig Brug af Mercur. Udvendig anvendes Indgnidning af Ungvt. mercurialis ℥ij—℥iij paa Underlivet hver Morgen; indvendig gives Æthiops mineralis i Piller, saaledes at omtrent ℈j forbruges i Dögnet i en 4 Indgifter. Denne Behandling kan ofte fortsættes uden Afbrydelse i 8—10 Dage, förend der viser sig Spor til Affection af Munden. Naar der indtræder Tegn til denne, saa ophöres med Indgnidningerne og Dosis af Æthiops mineralis formindskes til det halve, hvis man forövrigt da anseer det for nödvendigt at vedblive med Brugen; samtidig benytter Pat. Gurgelvand med Allun og Gnidning af Tandkjödet med Citronskiver.

Serres tillægger denne Behandling en betydelig Virksomhed i en dobbelt Henseende.

Den virker nemlig for en Del purgerende, og opfylder saaledes en vigtig Indication: at udtömme de inficerende Stoffer — hvilket man ogsaa har sögt at opnaae ved den Behandling, som benævnes den purgerende Methode (de la Roque).

Men der kan vel neppe være nogen Tvivl om, at den særdeles Farlighed ved den typhoide Feber afhænger for störste Delen af den ledsagende locale Affection af Tarmene og af dennes större eller mindre Udbredelse, og man tör da vistnok haabe betydelig at formindske Faren for en ugunstig Vending af den typhoide Feber, naar man kan indvirke paa Exanthemet, saaledes at Patienten beskyttes for Ulcerationen af de typhoide plagæ og de deraf fölgende Reactionsphænomener. Til at opfylde denne Indication nytte ikke Purgativ-Midler ialmindelighed; det er alene Mercurialpurgantia som have en saadan særegen local Virkning paa Tarmaffectionen, og blandt disse fornemmelig det sorte Svovlqviksölv, Æthiops mineralis.

Det er ikke muligt at give et direkte Beviis for denne Indvirkning af Æthiops mineralis paa plagæ, efterdi vi ikke kunne have disse for Öie; men vi kunne maaske slutte os dertil a posteriori, naar vi betragte Indvirkningen af Mercurialpræparater paa Sygdomme, som ere analoge med den typhoide Feber og paa Hudexanthemet i selve denne Sygdom, og dermed sammenligne de Symptomer, som fölge efter dette Middels indvendige Brug.

Diarrhoe og Udspænding af Underlivet maa upaatvivlelig i det mindste for störste Delen ansees for Symptomer, der ere umiddelbare Virkninger af Sygdommens anatomiske Optræden og af dennes Indvirkning paa Tarmkanalens Slimhinde. Naar vi nu see at den locale Anvendelse af Mercurialmidler bringer Koppepustlerne til at abortere, at de fordele Rosen, som opstaaer af indvendig Aarsag, at de bringe de röde lenticulære Pletter paa Underlivet i den typhoide Feber til at forsvinde, og man dernæst iagttager under den indvendige Brug af æthiops mineralis, at Diarrhoen mildnes og bliver mindre hyppig — efterat Midlets purgerende Virkning er ophört — at Underlivets Udspænding formindskes og forsvinder eller udebliver, hvis Midlet gives fra Sygdommens Begyndelse, saa maa denne Virkning aabenbar tilskrives en eiendommelig Indflydelse af Æthiops mineralis paa Aarsagen til disse Tilfælde, nemlig Tarmaffectionen — efterdi vi ikke opnaae dette ved de almindelige laxantia. Æthiops mineralis besidder saaledes foruden sin purgerende Virkning endnu den særegne at standse eller hindre Udviklingen af Tarmaffectionen i den typhoide Feber.

Men foruden denne Indflydelse paa Diarrhoen og Underlivets Spænding see vi endnu mere universelle Virkninger af dette Middels Brug, der tyde paa at Virkningerne gaae endnu videre, til selve Sygdomsaarsagen; nemlig Feberen aftager, Pulsens Hurtighed formindskes, Delirier og Hovedpinen mildnes, og det paa en saa iöinefaldende Maade, at det neppe kan tilskrives andet end dette Medicaments Indflydelse. Dog opnaaer man neppe ved denne Methode at forkorte den typhoide Febers Varighed; den varer, som ved anden Behandling i Reglen 3—4 Uger; men, naar den anvendes i dens Begyndelse, reduceres Sygdommen i de allerfleste Tilfælde til en status qvo, som den gjennemlöber uden noget farligt Tilfælde.

Da det er ved den praktiske Anvendelse at man fornemmelig skal vurdere en Curmethodes Nytte, hidsætte vi her nogle af Serres' Sygehistorier.

1. R. M., en 16 Aars gammel Tjenestepige, indkom den 12te December 1846, efterat have været syg i 8 Dage, med fölgende Symptomer: Udtrykket i Ansigtet nedslaaet, Öinene glindsende, Huden varm og tör, Pulsen fuld og hyppig; Hovedpine med Svindel, Tungen hvid paa Midten, röd paa Randene; fuldstændig Madlede dog uden Qvalme; de to sidste Dage ubetydelig Næseblod. Underlivet, der smerter ubetydeligt ved Tryk, er ikke udspændt; der iagttages ved

Tryk en ringe Smerte og Gargouillement i höire fossa iliaca. Paa Huden i denne Region findes talrige, smaa, runde, rosenfarvede Pletter. Der forskrives en Gram (Əj) Æthiops mineralis, en Gang Indgnidning med Mercurialsalve paa Underlivet; Citronlimonade og en Gummimixtur. Den 14de: gjentages en Gram Æthiops og en Mercurial-Indgnidning. Den 15de: Pulsen er faldet, Feberens Intensitet formindsket, Hovedpinen næsten fuldkommen forsvunden. Den 19de: en ny Dosis af Æthiops m., Pulsen er betydelig langsom; de röde Pletter paa Underlivet ere forsvundne. Den 20de: Convalescens.

2. M., 26 Aar gammel, Tjenestepige fra Landet, som havde opholdt sig ½ Aar i Paris, indkom i Hospitalet den 12te December, efterat kave været syg i 8 Dage, med fölgende Symptomer: betydelig Prostration og nedslaaet Udtryk, Stupor, vedvarende Sövnagtighed; Tungen og Tandkjödet bedækket med et gulagtigt Overtræk. Underlivet spændt og tympanitisk, smerteligt i höire fossa iliaca; Hudbedækningerne paa dette Sted besaaede med en Mængde rosenröde typhoide Pletter. Pulsen hyppig og fuld, heftig Hovedpine, Diarrhoe, Uro om Natten; lette Congestioner til Lungerne. — Æthiops 1 Gram, Mercurialsalve, Citronlimonade, Cataplasma. — Den 14de: Tilstanden uforandret. Den 15de: Skorper paa Tungen og Tænderne, Exacerbation af alle Symptomerne, Delirium. Æthiops en Gram, Catapl. Indgnidning. — Den 17de: En Flaske Seidlitzer Vand. Den 19de: Tydelig Bedring, Pulsen mindre stærk og hyppig, Hovedpinen næsten borte, intet Delirium. Den 21de: De rosenfarvede Pletter forsvundne, Pulsen langsommere end i Normaltilstand, Tungen ganske ren. Den 25de: Udtalt Convalescens.

3. F. T., en 25 Aar gl. Mand, indkom den 26de November, efterat have været syg i 5 Dage, i fölgende Tilstand: Udtryk af betydelig Stupor, Pulsen kraftig, hyppig, Huden tör og brændende, heftig Hovedpine, natligt Delirium, Gargouillement i fossa iliaca, typhoid Exanthem. — Citronlimonade, 1 Gram Æthiops, Catapl. — Den 28de: Hovedpinen mindre. Den 29de: Feberen formindsket, Pulsen mindre hyppig og stærk. Æthiops 1 Gram, Indgnidning. Den 30te: Stupor forsvunden, betydelig Bedring, det typhoide Exanthem forsvundet. Den 1ste December: Æthiops gjentages. Den 3die: Convalescens.

4. G. H., en 25 Aar gl. Skomager, indkom den 25de November efterat have lidt i 4 Dage af Hovedpine med Svindel, Feber og Ömhed i Lemmerne. Hans Tilstand ved

Indlæggelsen var følgende: Ansigtet rödt, Udtryk af en betydelig Stupor i Physionomiet, Öinene glindsende; Huden er tör, hed, Pulsen fuld og hyppig; Underlivets og Brystets Hud er besaaet med en stor Mængde typhoide Pletter. Törsten heftig, Smagen bitter, Tungen bedækket i Midten med et tykt hvidt Overtræk, röd paa Randene og i Spidsen. Siden Sygdommens Begyndelse har Patienten flere Gange daglig haft tynde diarrhoiske Stolgange; der er tydelig udtalt Gargouillement i höire regio iliaca; der er endelig Svindel med Smerte over Panden, Sövnen urolig, dog intet Delirium, de forelagte Spörgsmaal besvares rigtigt. — Seidlitzer Vand, Limonade, Mercurialindgnidning paa Underlivet, Omslag. Den 27de: Tilstanden uforandret. 1 Gram Æthiops i 4 Piller, Mercurialindgnidning og Omslag. — Den 28: Patienten befinder sig bedre, men Hudens Törhed og Hede samt Törsten vedbliver; de typhoide Pletter paa Brystet, hvor Salven ikke er indgnedet, bestaae med deres normale Farve, medens de paa Underlivet, hvor Salven er indgnedet, ere forsvundne. Underlivet er lidt spændt. Mercurialindgnidning. — Den 29de: 1 Gram Æthiops. Den 30te: Tydelig Bedring. Pulsen har tabt sin Hyppighed og er endog langsom; Patienten föler kun en betydelig Mathed. Kraftigere Diæt. — 1ste Dec.: Diarrhoen næsten ganske borte, kun ubetydelig Gargouillement i fossa iliaca; svagt Næseblod. Æthiops min., Indgnidningerne og Omslaget gjentages. — Den 2den Dec. begynder Tungen at faae sit normale Udseende, Underlivet sit naturlige Volumen; Pulsen er langsom, Pletterne paa Brystet ere ganske forsvundne. Huden er endnu noget tör, og Diarrhoen ei ophört. Der er Spor til Mercurialindvirkning paa Tungen og Tandkjödet. I de fölgende Dage tiltog Reconvalescensen jevnt, Stolgangen var fuldkommen normal den 7de. Affectionen af Tandkjödet, som ikke var meget betydelig, behandledes med adstringerende Gurgelvand og var borte efter 8 Dages Forlöb.

5. C. V., en 21-aarig Tjenestepige, der i omtrent 14 Dage havde lidt af Hovedpine, Træthed i Lemmerne, Aftenfeber, under hvilke Tilfælde Menstruationen var indtraadt, indkom den 19de Juni 1847 i fölgende Tilstand. Ansigtet rödt og injiceret, Huden tör, hed, Pulsen haard og hyppig (100), besværlig Hovedpine og Sövnlöshed, Törsten levende; Underlivet noget spændt, smertende ved Tryk i höire fossa iliaca, ingen Diarrhoe, Tungen hvid i Midten og röd paa Randene, Menstrua vedbleve men svagt; typhoid Exanthem rundt omkring paa Underlivet. — 1 Flaske Seidlitzer

Vand, Gummimixtur, Omslag paa Underlivet. — Den 20de og 21de hyppig, tynd Diarrhoe, Feberen vedvarer med lige Heftighed. Den 22de, da ingen Bedring viste sig i den Syges Tilstand, forordnedes 1 Gram Æthiops. Den 23de: Feberen er mindre, Patienten befinder sig bedre; flere Stolgange om Natten; Aftenexacerbationen mindre heftig end de foregaaende Aftener. Der bemærkes Rallen og Tegn til Congestion til Lungerne. De typhoide Pletter meget blege, nærved at forsvinde. Stibiatplaster mellem Skuldrene. Mercurialindgnidning og Omslag paa Underlivet. — Bedringen i Patientens Tilstand er iöinefaldende, Diarrhoen er aftaget, Feberen mindre, Pulsen normal, Menstrua vedvare. Bronchitis den samme. 1 Gram Æthiops. Den 25: Stolgangen noget hyppigere, forresten Tilstanden den samme. Efter et Par Dage aftog ogsaa Bronchitis, men da Mercurialindgnidninger skete daglig, indfandt sig en let Affection af Munden, der dog snart forsvandt, da Brugen af Mercurialmidler ophörte. Den 1ste Juli var Convalescensen i bedste Fremskridt.

De Slutninger, som Serres udleder af sine Erfaringer med Hensyn til dette Middels Virkninger, ere fölgende:

1. Indflydelsen af denne Behandling paa Feberen og Hovedpinen spores efter en Tid fra 24 Timer til 7 Dage; dette sidste dog kun ved overvættes Intensitet af Sygdommen; i Reglen er Virkningen tydelig efter 2—3 Dage.

2. Ikke alene er Feberen formindsket, men Pulsen er ogsaa sunket under Middelhyppigheden ved Brugen af Mercurialmidler, ja er endog bleven mærkelig langsommere.

3. Naar der under Curen er indtraadt adynamiske Tilfælde, eller saadanne have været fra Begyndelsen, ere de snart forsvundne.

4. Forbruget af Æthiops mineralis til at opnaae dette Resultat har aldrig været over 3 Gram; oftere er ikkun anvendt 2 Gram.

5. Uagtet den samtidige Brug af Indgnidning med Mercurialsalve har man dog altid kunnet være Herre over Indvirkningen paa Munden og Spytkjertlerne.

6. Convalescensen er tydelig indtraadt fra den 8de til den 14de Dag, og Fremgangen til Sundhed er altid sket uden Recidiv.

Vi ville senere komme tilbage til denne Behandling af typhoid Feber med Mercurialia, der synes at have vakt en Del Opmærksomhed, da Serres lover at ville angive de Omstændigheder, under hvilke han anseer Æthiops miner. for ikke at være indiceret. Vi skulle kun bemærke, at Behandlingen af hidsige saavelsom af typhoide Febre i disses Begyndelse med Mercurialia, fornemmelig vel som purgantia, langfra er ukjendt hos os, da den for nogle Aar siden anvendtes blandt andet meget almindelig paa Frederiks Hospital af Etatsraad Bang *).

Eclampsia parturientis.

(Meddelt af Distriktslæge C. Friis Jespersen).

N. N., 29 Aar gammel, gift, Primipara, bondeföd, af noget spinkel Legemsbygning, aldeles ikke plethorisk, har i det hele nydt et ret godt Helbred, naar undtages, at hun hyppig, fornemmelig For- og Efteraar, led af catarrhalsk Hoste; Krampetilfælde har hun, saavidt Oplysning derom haves, kun en enkelt Gang for 3—4 Aar siden været underkastet, og da kun aldeles forbigaaende. Hun blev förste Gang svanger sidste Vinter og med Undtagelse af Hoste i Begyndelsen og nu mod Slutningen af Svangerskabet har hun ikke været sygelig under sammes Forlöb. I Löbet af den 5te October befandt hun sig ikke vel og klagede flere Gange over Hovedpine, men gik dog oppe största Delen af Dagen; hun antog, at hun havde gaaet sin Tid ud. Om

*) Hr. Hornemanns Disputats: de usu Calomellis majorum docium etc.

Aftenen Kl. 10½ fik hun pludselig voldsomme Convulsioner med Tab af Bevidstheden, som vedvarede hele Natten igjennem med korte Mellemrum og Opkastning eengang. To Gange i Löbet af Natten udstödte hun enkelte forstaaelige Lyd: "Hjelp mig, min Mave, mit Hoved;" iövrigt var og forblev hun aldeles bevidstlös lige til sin Död. Kl. 7½ Morgen den 6te October blev jeg kaldet til hende, og fandt jeg hende da liggende apathisk, soporös, med contraherede, immobile Pupiller, noget rödligt Ansigt, Fraade ud af venstre Næseboer; Respirationen var meget snorkende og Pulsen imellem 90 og 100, hverken spændt eller fuld. Underlivet var ikke stærkt udvidet, der hörtes Foetallyd, Benene vare oedematöse fra Knæerne nedad. Hun fik strax efter min Ankomst et fuldstændigt epileptisk Anfald med fremstaaende Öine og dilaterede Pupiller. Hovedet böiet bagover, stærk Bevægelse i Ansigtsmusklerne, Tænderskjæring, Udstrækning af Over- og Underextremiteterne, uden voldsomme Bevægelser i samme, Tommelfingrene omsluttede af de andre Fingre; Anfaldet varede omtrent 5 Minutter. Under senere Anfald hævedes undertiden, især mod Slutningen af Födslen, Underlivet iveiret og Hovedet böiedes stærkere bagover. Ved Explorationen kunde jeg med Vanskelighed naae Modermunden og ikke med Bestemthed bestemme om Födslen var begyndt; de blöde og haarde Födselsveie vare naturlige. Dagen i Forveien havde hun ingen Aabning haft; jeg ordinerede Clysma evacuans og derefter Clysma med Asæ foetid. ℥ij, Epithema frigidum capitis og, hvis Convulsionerne indfandt sig efter Lavementerne, en Aareladning paa 12 Unzer. Kl. 10 saae jeg hende igjen, hun havde haft rigelig Afföring, men Kramperne og Bevidstlösheden vedvarede, hun var bleven aareladt. Ved Explorationen fölte jeg nu tydelig Modermunden aaben og Hovedet forliggende, uden at jeg dog endnu kunde bestemme det specielle Leie af samme. Jeg ordinerede at vedblive med kolde Fomenter paa Hovedet og forskrev hende en Mixtur af Nitri ʒj, Aqvæ chamomillæ ℥iv og Tr. opii simpl. ʒj, en Spiseskefuld hver Time. Da jeg 2 Timer senere igjen saae til hende, viste Veerne sig tydeligere, gjerne et Par Gange efter hvert Krampeanfald; der var længere Mellemrum imellem disse, ½ Time omtrent imellem hvert Anfald. Veerne bleve kraftigere og kraftigere, hun udstödte aldeles ingen Skrig eller lod til at föle Smerter under samme, men gav dog enkelte mere brummende end klagende Lyd fra sig. Hovedet föltes nu tydelig forliggende med Baghovedet vendt bagtil imod venstre udhulede Hjörne og den firkantede Fontanelle fortil imod höire Skamben; Kramperne lod ikke til at yttre nogen Indflydelse paa Födselens Fremgang. Jeg lod hende vedblive med Mixturen. Baghovedet dreiede sig mere og mere fortil, og Kl. 3½ Eftermiddag födte hun uden nogensomhelst Kunsthjelp en levende Pige, som vel i Begyndelsen kun gav svage Livstegn, men snart kom sig efterat være bragt i varmt Bad, og senere er vedblevet at befinde sig vel. Faa Minutter efter Födslen fik hun et voldsomt Krampeanfald, Uterus trak sig kraftig sammen, og kort efter födtes Placenta. — Efter Födslen laae Konen aldeles som en apoplectica, comatös, med rallende, snorkende Respiration, Munden vidt aaben, Læberne og Tungen aldeles törre, Fraadet flöd uafbrudt ud af venstre Næseboer; hun kunde aldeles ikke synke, og hvert Forsög paa at bibringe hende blot et Par Draaber koldt Vand mislykkedes og fremkaldte Convulsioner. Jeg lod hende nu lægge en Blære med Iis paa Hovedet, lod hende give kolde Superinfusioner, et Par store Sennopskager paa Laarene, som imidlertid efter flere Timers Forlöb neppe havde rödmet Huden. Flere Forsög paa at bibringe hende Lavementer med infus. chamomillæ, med Eddike og Salt mislykkedes aldeles og fremkaldte hver Gang Convulsioner. Disse vedvarede med ½ til 1 Times Mellemrum, i Begyndelsen med Udstrækning baade af Hænder og Ben, senere udstrakte hun kun Hænderne. Kl. 12 om Natten laae hun, som jeg troede, in agone, med halvt aabne brustne Öine, Fraade nu ud af begge Næseboer, langsom sublim Respiration, og, naar Convulsionerne indfandt sig, rullede blot Öinene i Hovedet, Ansigtsmusklerne trak sig sammen, fornemmelig Masseteres og enkelte Muskler i Armene toge Del i Kramperne, men hun bevægede eller udrtrakte hverken Arme eller Ben. Hun fölte aldeles ikke, at jeg paa forskjellige Steder af Legemet stak en Knappenaal dybt ind. Saaledes vedblev hun imidlertid at ligge den 7de hele Dagen igjennem, kun at Kramperne indfandt sig sjeldnere og efter Kl. 5 Eftermiddag aldeles ophörte. Da jeg Kl. 5 om Natten igjen saae til hende, var Fraadet ophört at flyde ud af Næsen og hun kunde nu synke lidt. Pulsen, som efter Födslen stedse havde været lille og meget hurtig, 140-160, irregulær, blev svagere og svagere, Hjerteslaget kunde dog tydelig föles ved at lægge Haanden paa Brystet, det var endog ikke uden Kraft. Jeg ordinerede nu 20 Hofmandsdraaber i Vand hver Time, forsaavidt hun formaaede at synke. Om Morgenen den 8de var Tilstanden omtrent som om Natten, dog kunde hun vanskeligere synke; höire Pupil var stærk contraheret, venstre dilateret, begge immobile; enkelte Gange kunde hun aabne Öienlaagene lidt mere end halvt. Ansigtet og Hænderne vare blevne blaaligröde, Huden fugtig og varm, og flere Gange om Natten var der brudt stærk Sved frem paa Panden. Læberne og Tænderne vare bedækkede med törre, sorte Skorper, Tungen, saavidt den kunde sees, tör og nögen. I Dagens Löb saae jeg flere Gange til hende, efterhaanden formaaede hun ikke at synke mere, om Eftermiddagen faldt Ansigtet sammen, blev blegt, og om Aftenen Kl. 10 döde hun, uden altsaa i de sidste 29 Timer at have haft Convulsioner.

Obduktionen blev anstillet Dagen efter, Hr. Licenciat Hassing assisterede mig ved samme.

Sinus cerebri vare overfyldte med Blod, Veneudbredningen under arachnoidea cerebri var meget stærkt udtalt overalt paa Hemisphærernes Yderflade, saa at saavel de tykkere som meget fine saaes at forlöbe slangebugtede og spændte. Paa den forreste Del af den höire forreste Lap var desuden en virkelig Blodudtrækning udbredt i Cellevævet af Pia mater, der dannede et meget tyndt, ikke skarpt begrændset Lag af omtrent en Species Störrelse, men hvis Udgangspunkt ikke lod sig eftervise. I Hjernemassen selv var derimod ingen tydelige Tegn til Congestion, kun meget faa Blodpunkter saaes paa Snitfladerne af Medullærmassen, og Cortikalsubstansen var hverken rosenröd eller paa anden Maade affarvet. Intet Vand i Ventriklerne, ei heller nogen Injection paa Basis cranii.

Lungerne vare aldeles sunde og uden nogensomhelst Congestion eller Overfyldning, der fandtes en Del gamle Adhærenser imellem Pleura costalis og pulmonalis.

Hjertet var ligeledes naturligt, det venstre Kammer og Forkammer aldeles tomme for Blod; i det höire Kammer og Forkammer sort Coagulum, men i meget ringe Mængde, saa at der ikke kunde være Tale om Udspænding. Ingen Imbibitionsrödme paa Hjertets Indside.

Leveren sund, i en ringe Congestion.

Milten naturlig, uden Blodoverfyldning.

Livmoderen normal contraheret, dens venöse Sinus indeholdt Blod i middelmaadig Mængde; dens Indside ganske sund. Nyrerne uden al Congestion, af normal Störrelse og Consistens, men Corticalmassen i begge tydelig bleg affarvet; desuden havde den i begge fortrængt en Del af de midterste Pyramider, og her saaes Cortikalmassen, især af venstre Nyre, ligesom lidt fleskeagtig, graalig, ikke fast, og Snitfladen fint granuleret (2det Stadium af Brights Sygdom). Urinen indeholdt ved Kogning og tilsat Salpetersyre tydelig Albumin. Tarmkanalen sund.

Hvad der i dette Tilfælde har givet Anledning til Eclampsien, bliver selv efter Obduktionen vanskeligt at angive. Konen var rigtignok Primipara, Fosteret böd sig for med Baghovedet vendt bagtil og der var Oedem i Underextremiteterne, hvilke 3 Ting af flere, som Velpeau, P. Dubois, Burns o. s. v. ansees som prædisponerende Aarsager, men der var iövrigt tilsyneladende ingen Vanskelighed for Födslen. Kramperne pleie ellers at vise sig, naar Smerterne under Födslen have opnaaet en vis Grad af Varighed og Vedholdenhed, her yttrede de sig med Voldsomhed fra Födslens Begyndelse, ja endog længe för man med Bestemthed kunde naae Modermunden. De pleie at yttre betydelig Indflydelse paa Veerne og Födslens Fremgang, her syntes Kramperne og Veerne at være uafhængige af hinanden, og Kramperne toge snarere af end til imod Slutningen af Födslen, idetmindste var der længere Mellemrum imellem dem. Saasnart man kunde föle Modermunden aaben, gik Födslen frem aldeles naturligt, idet Veerne bleve kraftigere og kraftigere, Vandet stillede sig, Modermunden udslettedes og Baghovedet dreiede sig mere og mere fortil. Fosteret var lille, der var ikke meget Frugtvand, Moderhalsen eller Modermunden var hverken stiv eller ueftergivende, kort sagt, för Obduktionen var det vanskeligt at sige, hvad der foranledigede Convulsionerne, og efter samme ere vi ikke stort bedre farne, idet man vanskelig med Vished kan sige, om den Blodcongestion, der fandtes til Hjernens Overflade og det lille apoplektiske Focus, der fandtes sammesteds, have foraarsaget Sygdommen eller ere sammes Fölger. Hvad Behandlingen angaaer, da syntes jeg ei at der var Indikation til at tage mere Blod fra Patienten, efterdi Veerne efter den ene Aareladning og efter Mixturen bleve tydeligere og kraftigere og der ingen videre Tegn var til Congestion til Hjernen. Efter Obduktionen skulde jeg antage, at Igler bag Örene eller i Tindingerne vilde have været paa deres Plads efter Aareladningen.

Der Æther gegen den Schmerz von Johan Friderich Dieffenbach. Berlin 1847.

Som Resultater af sine mange Forsög med Ætherisationen troer Dieffenbach sig berettiget til at opstille fölgende:

1) Ætherisationen er istand til fuldstændigen at undertrykke den heftigste Smerte ved de störste chirurgiske Operationer.

2) Den er derfor til störste Lettelse for den Syge, for Lægen derimod (i Luxationstilfælde ene undtagen) altid til Besvær.

3) Den kan undertiden foröge Fölelsen af Smerten og endog foraarsage Raseri.

4) Den er livsfarlig ved Tilböielighed til Apoplexi, Blodflod og flere andre (sygelige) Tilstande.

5) Overdrivelse af Ætherisationen kan hidföre öieblikkelig Död.

6) Blödningen er stærkere end ellers ved Operationer, ligesom Tilböieligheden til Efterblödninger.

7) Umiddelbart forenede Saar hele ligesaa hurtigt. —

8) Saar med Substanstab sædvanligt langsommere.

9) Tilstanden efter chirurgiske Operationer er ialmindelighed mindre gunstig hos Ætheriserede end hos dem, som opereres uden Æther

10) Midlet er bleven ligesaameget overvurderet som ringeagtet. Summerer man alle de med Ætherisationen forbundne Ulemper hos mange Personer, saa faaer man deraf en större Sygdomssum, saa at der blandt Tusind Ætheriserede forekomme nogle Dödsfald mere end blandt Tusind ikke Ætheriserede. — Desuagtet er Midlet af stor Værdi ved smertefulde Operationer, og det er ved en varsom Anvendelse bleven til betydelig Vinding for den lidende Menneskehed, især deleshed naar det bruges med stor Forsigtighed og kun ved meget smertefulde Operationer.

Udnævnelse. Cand. chir. Bloch, der har været Distriktslæge i Grönland, udnævnt til Distriktslæge i Colding.

Dödsfald. Stiftsphysicus, Etatsraad Guldbrand i Odense.

Forlagt af C. A. Reitzel. Trykt hos Bianco Luno.

Den 30. October. 1847.

Ugeskrift for Læger.

2den Række VII. Nr. 21.

Redigeret af L. Brion og C. Hempel.

Om en ny Anvendelsesmaade af Ætsmidlet ved indvendige Hæmorrhoidalsvulster.

(Amussat: Memoire sur la destruction des hæmorrhoides internes par la cauterisation circulaire de leur pedicule etc. Gazette medicale. Aug. Sept. 1846).

I ovenstaaende Memoire giver Forf. en historisk Fremstilling af den operative Behandling, han i et Tidsrum af omtrent tyve Aar har anvendt mod indvendige Hæmorrhoidalsvulster. Det sees heraf, at hans Behandling af dette Onde, skjöndt i det Hele taget heldig, dog ofte, og fornemlig i en tidligere Periode har været forbunden med meer eller mindre betydelige Inconvenienser, der nærmest maatte tilskrives den anvendte Operationsmethode og derfor ved bedre Valg af denne kunde ventes hævede. Erfaringen synes tilstrækkeligt at have viist dette; efter forskjellige Forandringer med Hensyn saavel til Hovedmethoden, som til den mere specielle Fremgangsmaade er Amussat kommen til det Resultat, at Cauterisationen, anvendt med et særegent Middel, paa en eiendommelig Maade og med visse Forsigtighedsregler, hvorpaa han lægger særdeles megen Vægt, er at foretrække for enhver anden operativ Behandling.

Af de forskjellige Operationer, man lige siden Hippocrates Tid har bragt i Anvendelse mod Hæmorrhoidalknuder, har snart en snart en anden været i Mode; saaledes blev i sin Tid Exstirpationen anseet for den hensigtsmæssigste, fornemlig paa Grund af Dupuytrens Anbefaling. Den er imidlertid vanskelig, overordentlig smertefuld og farlig, idet den ikke sjelden giver Anledning til en Blödning, der er vanskelig at standse, og i enkelte Tilfælde endog har medfört Patientens Död; ogsaa bliver af denne Grund undertiden den samtidige Anvendelse af det glödende Jern nödvendig. Det actuelle Cauterium, anvendt alene, er vel neppe mere smertefuldt end Excisionen, men heller ikke mindre afskrækkende for Patienten; det er dertil vanskeligt at applicere saaledes, at det virker tilstrækkelig kraftigt uden at angribe de omliggende sunde Partier. Det potentielle Cauterium f. Ex. Helvedessteen, som man hidtil har brugt, virker for svagt; Applicationen maa hyppigt gientages, hvoraf fölger en vedholdende Irritationstilstand i Svulsten, saa at Patienten i det mindste for en lang Tid forsættes i en Tilstand, der er endnu utaaleligere, end den hvorfra han önskede at befries. For disse Methoder har Ligaturen aabenbart store Fortrin; det var derfor den, A. fra först af benyttede, og han har som sagt udfört den i en Række af Aar med Held; imidlertid medförer den ikke faa Ulemper. Paa Grund af Svulsternes Form er Snorens Anlæggelse ikke let; ofte bliver det nödvendigt ved forelöbige circulære Incisioner at sikkre sig mod dens Afgliden, og ved en saadan Anvendelse af Kniven har A. seet faretruende saavel arterielle, som venöse Blödninger opstaae. Ligaturen er dernæst ikke let at snöre sammen i en tilstrækkelig Grad, hvorfor en gjentagen Anlæggelse af den ikke sjelden bliver uundgaaelig, saa meget mere som Brugen af en Knudesnörer her generer Patienten for meget. Den ufuldstændige Sammensnören medförer fremdeles Bristninger af Svulsten og deraf fölgende Blödninger; betydelig inflammatorisk Svulst, der medförer overordentlig voldsomme Smerter, ja Kramper og en almindelig nervös Tilstand. Endelig udsættes Patienten for alle Ubehageligheder af at bære paa en kun langsomt putrescerende Masse. Endnu har A. lagt Mærke til, at udvendige Hæmorrkoidalknuder, hvor saadanne forud vare tilstede, sædvanlig under Anvendelsen af Ligauren svulnede op, og bleve smertefulde i en Grad, der ofte alene var istand til at frembringe en betænkelig universel Reactionstilstand.

Af de mange Tilfælde, hvori Forf. har anvendt denne Methode, beskrives enkelte, hvoraf det sees, at Svulsten endnu i flere Dage efter Underbindingen kunde være særdeles ömfindtlig, og at den anden Gang omlagte Ligatur kan fremkalde ligesaa heftig Irritation, som förste Gang; i eet Tilfælde maatte Ligaturerne omlægges tre Gange, og desuagtet blev en smertefuld Afskjæren af den kun halvt mortificerede Masse tilsidst nödvendig. Spændingen i de udvendige Hæmorrhoidalsvulster fordrede sædvanlig Punktur og Udtömmelse af Indholdet.

Endel af disse Vanskeligheder vilde maaske kunne undgaaes ved Anvendelsen af et Causticum, hvis Virkning paa den ene Side var tilstrækkelig kraftig, og paa den anden Side lod sig nöiagtig indskrænke til Applicationsstedet. Et saadant fandt Amussat i det saakaldte "Caustique de Vienne solidifié de M. Filhos," en Composition, der tidligere med Held havde været anvendt imod visse Affectioner af Livmoderens Hals; den indeholder noget meer caustisk Kali end det bekjendte Vieneraetsmiddel, og bestaaer af 2 Dele Kali Causticum og een Del ulæsket Kalk, smeltede sammen til Stænger og anvendte som lapis chirurgorum.

I Begyndelsen applicerede A. dette Middel paa hele Svulstens Overflade; Fölgerne heraf vare en hurtig Mortification, ingen eller dog ubetydelig Blödning, en kortvarig Smerte, og i det hele svage saavel locale som almindelige Reactionssymptomer.

Det viste sig altsaa, at Cauterisationen, anstillet paa denne Maade, allerede var langt at foretrække for Underbindingen; imidlertid syntes Methoden tilgjængelig for en Del Forbedringer, der ogsaa efterhaanden bleve foretagne med den, og som fornemlig bestod i at indskrænke Applicationsstedet til Svulstens Basis eller Stilk, og at sikkre de omkringliggende Dele for Ætsmidlets Indvirkning. För vi gaae over til Beskrivelsen af denne nyeste af Forf. adopterede Fremgangsmaade, maa vi tillade os nogle almindelige Bemærkninger nærmest med Hensyn til Indicationerne for Operationen: Der er, som hidtil overalt kun Tale om indvendige Hæmorrhoidalsvulster; naar, som undertiden er Tilfældet, en Varicositet ligesom afsnöres ved Sphincter ani i en udvendig og indvendig Svulst, da bliver Operationen kun anvendt paa denne sidste; og er den lykkedes her, da svinde næsten altid de udvendige bort af sig selv. Det er vigtigt, men ikke altid let at adskille en Prolaps af Endetarmen fra Hæmorrhoidalsvulster; ofte findes begge Affectioner samtidigt, idet de sidste i Tidens Löb have fremkaldt den förste. I et saadant Tilfælde vil Operationen i Reglen være indiceret; men det kan i mange Tilfælde være vanskeligt at opdage Grændsen mellen Svulsten og Prolapsen; undertiden giver den fremfaldne Slimhinde sig dog tydelig nok tilkjende ved sin matte hvide

Farve, medens Hævelsen er röd eller blaalig; ialfald er den prolaberede Slimhinde af en meer ensformig Farve, og den danner en temmelig jævn ringformig Vulst, der meer umiddelbart paavirkes af Patientens nisus depressorius. At undersöge Rectum med den indbragte Pegefinger kan være hensigtsmæssigt for at overbevise sig om, at Desorganisationer af anden Art ikke ere tilstede; til at undersöge Hæmorrhoidalsvulsternes Störrelse og Antal er denne Undersögelsesmethode derimod mindre anvendelig, da Svulsterne let sammentrykkes og udtömmes, og derved undgaae Opmærksomheden. Det er derfor nödvendigt at bringe dem frem gjennem orificium ani, og hvor dette ikke sker ved Patientens Trængen, kan det fuldstændige Fremfald af dem ofte bevirkes ved Udtömmelsen af et forud appliceret Lavement; dog bliver man ofte först bekjendt med Affectionen i dens hele Udstrækning, naar endel af Svulsterne ved Operationen ere blevne fjernede.

Hvor en anden Lidelse hos Patienten staaer i et tydeligt Vexelforhold til Hæmorrhoidalsvulsterne, er det hensigtsmæssigst kun at borttage enkelte af disse, og ialfald at lade een Varicositet forblive urört. Contraindiceret er Operationen, naar Sygdommen ingen Gene medförer.

En Forberedelsescur med Blodladning, varme Bade og Purganser maa sædvanlig forudskikkes Operationen; i de sidste Dage för denne indskrænkes den Syges Diæt, og Dagen forud gives Ol. ricini for at udtömme Endetarmen. For end fuldstændigere at bevirke dette gives Patienten atter samme Dag, som Operationen foretages, og kort för denne et Clysma, som Patienten söger at holde tilbage indtil det Oieblik da Operationen skal paabegyndes. Excretionen af dette i Forbindelse med nogen Trængen af den Syge er det bedste Middel til at frembringe Svulsterne tilstrækkeligt. Den af Knuderne, man har bestemt at destruere, fattes med særegne Pincetter, som dog meget godt kunne substitueres af de saakaldte Korntænger; kun maa de have temmelig smalle Brancher; Tænderne i Biddet maa kun være svagt fremspringende, og Tængerne i det Hele temmelig lange paa Grund af Dybden, hvori de skulle virke; hensigtsmæssigt er det at give dem en Krumning hvorved de kunne virke mere fra Siden. De holdes af to Medhjelpere, der ved at anvende et svagt Tryk paa Svulsten, tillige frembringe en Afstumpning i Sensibiliteten i denne, hvorved Indvirkningen af Ætsmidlet bliver mindre smertefuld for Patienten. Ved Hjælp af Spatler helst af Træ eller Ben, f. Ex. de saakalde Parpirglattere, trykke de samme Medhjelpere alle nærliggende Dele tilside, saaledes at Svulsten er fuldkommen isoleret. Derpaa anbringes Ætsmidlet circulært omkring Hæmorrkoidalsvulstens Basis eller Stilk. Som porte-caustique benytter Amussat et eget til denne Operation inventeret Instrument, istedetfor hvilket ogsaa meget vel kan bruges en Korntang, der har de fleste Egenskaber tilfælles med de ovenomtalte, men dertil paa de mod hinanden vendte Flader af Brancherne er forsynet med en 1—2‴ bred, passende lang Rende, hvori det tidligere omtalte Ætsmiddel anbringes enten smeltet, eller med Alkohol dannet til en lille Pasta. Svulstens Stilk omfattes af Porte-caustiquen i 2 til 3 Minutter, og under hele denne Akt er en tredie Medhjelper idelig beskjæftiget med at spröite Svulsten og de nærliggende Dele med koldt Vand. Hensigten hermed er ikke blot at nedstemme Irritationen, og hindre Inflammation, men ogsaa öieblikkeligt at bortskylle enhver Partikel af Ætsmidlet, der maatte komme udenfor det af Porte-caustiquen fattede Sted. A. lægger stor Vægt paa denne Besprængen med Vand, og for intet Öieblik at afbryde den, er det nödvendigt at have flere Spröiter ved Haanden, der forud ere fyldte. Naar Ætsmidlet er borttaget, udtömmes Blodet af Svulsten enten ved et Indsnit, hvori A. undertiden har indfört en lille Plade af Ætsinstrumentet, eller bedre uden dette blot ved at punktere Svulsten, hvorpaa Blodets Udtömmelse befordres ved at sammentrykke den paa forskjellige Steder med den först omtalte Tang, der derpaa ogsaa fjernes. Ved denne Udtömmelse af Indholdet formindskes betydeligt den putrescerende Masse. For Hæmorrhagi behöver man ikke at frygte, da Ætsningen i Reglen medförer for en stor Del Coagulation af Blodet i Svulstens Stilk. Efter i nogen Tid at have fortsat de kolde Indspröitninger, indvikles den cauteriserede Hævelse i tyndt Linned besmurt med Cerat, og bringes tilbage i Rectum, hvori indföres en Mesche. Endelig tager Patienten et Bad, hvori han opholder sig 1 á 2 Timer; det er det bedste Middel til at lindre den brændende Smerte.

Paa denne Maade har A. i den senere Tid opereret 3 Patienter, der alle i en lang Række af Aar havde lidt af Hæmorrhoidalsvulster. Hos Een af dem, hvor de tillige havde fremkaldt et betydeligt Fremfald af Endetarmen, havde Blödningerne været saa hyppige og rigelige, at Patientens Liv truedes med Fare; i dette Tilfælde viste Cauterisationen fornemlig sin Virkning ved at frembringe Coagulation i Svulstens Kar. I det Hele blev paa disse Patienter 10 Hæmorrhoidalknuder cauteriserede; sædvanlig vare de allerede Dagen efter Operationen henvisnede, og efter faa Dages Forlöb affaldne. Paafaldende var ved alle Operationerne, den overordentlig ringe Grad af Reaction; Feber indtraf saa godt som aldrig, og den locale Smerte forsvandt sædvanligt efter det varme Bad; kun sjeldent gjentog den sig senere under Stolgangen. Skjöndt Amussat endnu ikke har forsögt det, tvivler han dog ikke om, at man uden nogen Fare i Reglen kunde cauterisere alle Svulsterne paa engang, istedetfor först at angribe en ny Knude, naar den tidligere opererede er affalden. Denne ringe Grad af Irritation maa aabenbart tilskrives ikke blot det anvendte Ætsmiddels Utilböielighed til at udbrede sig udenfor det Sted, hvorpaa det appliceres, men ogsaa Svulstens omhyggelige Isolation fra de nærliggende Dele, og den under Ætsningen uafbrudt vedligeholdte Oversprötning med koldt Vand.

Det efter Operationen opstaaende Udflod fra Endetarmen maa befordres ved lunkne Injectioner; sjeldent stiger det til en saadan Grad, at man behöver at anvende adstringerende Midler Endelig dannes paa Stedet, hvor Svulsten har siddet, et lille ofte neppe kjendeligt linieformigt Ar, der med Tiden bliver fuldkomment fast. Recidiver indtræffe kun forsaavidt som ny Varicositeter kunne opstaae mellem Arrene; for saa meget som muligt at forhindre dette maa Patienten for Eftertiden anvende nogle faa Igler circa anum, saasnart han föler en usædvanlig Spænding eller Hede i Endetarmen. Fremdeles maa han i lang Tid ved milde Afföringsmidler sörge for lind Aabning, og fremfor Alt vogte sig for vedholdende Trængen under Stolgangen.

Langsom Blyforgiftning ved blyholdig Kaffe.

(Foredraget i en Lægeforening i Kjöge).

I en lille By i Höielse Sogn boer en Bondefamilie bestaaende af Mand, Kone og en 12-aarig Sön.

Manden, omtrent 70 Aar gammel, har altid fört et ordentligt Levnet og været meget virksom; men i de sidste 30 Aar har han været plaget af meer eller mindre voldsomme Cardialgier, der især om Sommeren vare besværlige. Hos mange forskjellige Læger og Ikkelæger har han sögt Hjælp mod dette Onde og brugt en Mængde Medicamenter af forskjellig Art med meer eller mindre Held; i de sidste 6 Aar har han saaledes ogsaa jevnligt henvendt sig til mig, som ved oleöse Afföringsmidler og Narcotica sögte at skaffe ham nogen Lindring, hvilket ogsaa ialmindelighed lykkedes mig, i det mindste for en kort Tid; dog maa jeg bemærke, at jeg altid samtidigt forböd ham Brugen af Kaffe. Imidlertid var det tydeligt, at hans Sygdom i Löbet af disse Aar mærkeligt forandrede sig i flere Henseender. Istedetfor at den tidligere væsentligt indskrænkede sig til Sommeren, blev den nu meer og meer constant baade Vinter og Sommer; Paroxysmerne kom hyppigere, varede længere og standsede ikke som hidtil ved Udtömmelser af vandagtig Slim fra Ventriklen, men lindredes kun öieblikkeligt derved; Smerterne sank dybere ned i Underlivet, vare mere knibende og sammensnörende, varede nu ofte i flere Dage, saa at han slet ikke kunde arbeide, og vare forbundne med tiltagende Madlede, habituel Forstoppelse med haarde knollede Excrementer og nogen Törst. Imidlertid afmagrede Manden mere og mere, fik en bleg askegraa Ansigtsfarve, tabte sine Kræfter og sit muntre Sind.

Konen, 48 Aar gammel, var tidligere et sundt, kraftigt og fyldigt Fruentimmer, hvis Kjönsfunktioner vare og ere i naturlig Orden. For omtrent 4 Aar siden begyndte hun af og til at ledsage sin Mand til mig og klagede da ligeledes over Smerter og Klemmelse i Hjertekulen og Underlivet; senere ledsagedes disse Smerter af Ængstelighed og i de sidste Aar af habituel Forstoppelse, afvexlende med Diarrhoe og hyppig Afgang af faste Excrementer. Ogsaa her lykkedes det kun ved ovennævnte Midler at skaffe nogen forbigaaende Lindring. Hendes Klager bleve imidlertid hyppigere, hun magrede af, mistede sin tidligere livlige Ansigtsfarve, blev bleg, ja næsten bleggraa i Ansigtet og klagede over et tiltagende Kræftetab.

Sönnen er 12 Aar gammel og har tilsyneladende befundet sig vel, men er dog bleg og kun lille af Væxt.

Saaledes er i Korthed denne Families Anamnestica. Det maatte naturligvis tidligere være mig paafaldende, at denne ældre Mand og hans endnu kraftige Hustru led af saa ganske lignende Symptomer, som hos begge vare saa forskjellige fra de i de senere Aar saa sædvanlige nervöse Cardialgier, med Hensyn til den betydelige Afmagring, det store Kræftetab og den askegraa Hudfarve; men jeg havde ikke været istand til ved den anstillede Udspörgen at opdage noget Særegent i disse Folks Levemaade eller Levnetsmidler, som kunde antages for en rimelig Aarsag til en saadan Sygdom. Heldigere var jeg derimod i denne Henseende, da jeg den 26de Juli d. A. efter Anmodning besögte dette Ægtepar i deres Hjem, hvor jeg traf dem begge, som jeg ikke havde seet i flere Maaneder, tilsengs.

Manden forklarede, at han i de senere Maaneder var bleven saa svag, at han nu kun kunde forlade Sengen nogle Timer om Dagen, og at han da havde meget ondt ved at holde sig varm uagtet den betydelige Sommervarme dagligen, og ofte hver Dag pintes han af paroxysmatiske Smerteanfald, der ikke som för begyndte i Hjertekulen, men nu alene holdt sig til Underlivet, til Siderne og til Ryggen, som om noget var fast sammensnöret derom. Underlivet var indfaldent, haardt og spændt, men aldeles ikke ömt. Tungen var hvidlig, ei belagt, Appetiten ingen; Aabningen var i den sidste Tid naturlig. Huden var tör spröd; Pulsen 70 lille, men noget haard.

Konen, som netop ved min Ankomst jamrede sig under et voldsomt Smerteanfald i Maven, forklarede, at hun de sidstforlöbne 6—7 Uger havde lidt af tiltagende voldsomme Mavesmerter, som indfandt sig anfaldsviis baade Dag og Nat efter kortere og kortere Mellemrum, og da varede 10 Minuter indtil ½ Time; Smerterne begyndte altid i Underlivet omkring Navlen, udbredte sig derfra til Siderne og bag til Ryggen, og naar de havde varet nogen Tid, var det som om de kom farende tilbage fra Ryggen langs Siderne hen i Underlivet, og med en saadan Pine, at hun i en krumböiet Stilling maatte udstöde formelige Jammerskrig; ja hun forsikkrede, at hun ansaae det at föde et Barn for intet i Sammenligning med de Pinsler, hun dagligen maatte gjennemgaae. Der var ingen Appetit men nogen Törst og Tungen var hvidlig, ei belagt; ingen Smerte i Cardia eller i Underlivet ved Tryk; Underlivsmusklerne vare indtrukne og spændte. Aabningen havde i lang Tid kun indfundet sig efter engelsk Salt, og Excreta vare haarde, knollede og mörkfarvede. Pulsen 80, lille og contract. Huden tör.

Disse to Menneskers saa analoge Tilstand maatte nu atter med Nödvendighed lede Opmærksomheden hen paa en fælleds Aarsag — og Tanken paa Bly laae da nærmest. Da Konen imidlertid ikke kunde give nogen Oplysning om, at der fandtes Bly i noget af Kjökkenredskaberne, undersögte jeg selv Gryder og Potter, indtil jeg endelig fandt en Kaffekjedel af Kobber, hvis Bund indvendig var belagt med en Plade af et hvidligt graat Metal, som ved nöiere Eftersyn fandtes ved Varmen saaledes at være hævet iveiret fra Kobberbunden, at der var et aabent Rum mellem disse to Plader, hvortil den i Kjedelen kogte Kaffe og Kaffegrums havde fri Adgang. Denne Metalplade havde omtrent en Diameter af 4½ Tomme og altsaa en Overflade af 20 □ Tommer; den havde Blyets ydre Kjendetegn, var blöd, lod sig let skjære og lod sig med Lethed bukke sammen, uden at give nogen knirkende Lyd. Formodningen blev imidlertid snart til Vished, da et lille Stykke af Massen blev oplöst i fortyndet Salpetersyre, derefter udfældet med Svovlbrinte, og Bundfaldet digereredes med fortyndet Eddikesyre, hvoraf da det regulinske Bly udkilte sig i smaa Naale paa et nedhængt Stykke Zink.

Det forekom mig nu klart, at disse Mennesker lede af Blycolik, og den herimod rettede Behandling — oleöse Midler, store Doser af Opium og en svovlsyret Drik, virkede ogsaa saa godt, at Konen efter faae Dage ganske var befriet for sine Smerter og senere Dag for Dag er kommet sig. Den gamle Mand blev vel ogsaa nogenlunde fri for de voldsomme Smerter, men hans Kræfter synes at være altfor nedbrudte, til at der er Sandsynlighed for, at de atter ville vende tilbage *).

Har nu her fundet en Blyforgiftning Sted eller ikke? Jeg troer utvivlsomt, at dette Spörgsmaal maa besvares bekræftende. Alt afhænger imidlertid deraf, om Kaffen var istand til at oplöse noget af Blypladen. For at have no-

*) Manden er senere död; Konens Bedring vedbliver.

gen Mening herom er det nödvendigt at vide, hvorledes disse Folk, og Bönderne ialmindelighed, tilberede deres Kaffe. Dette sker paa den Maade, at malede Kaffebönner kommes umiddelbart i Kjedelen og da koges med Vand; naar da Kaffen er skjænket, bliver Kjedelen hensat med det deri værende Kaffegrums og staaer saaledes til næste Gang. Naar der atter skal laves Kaffe, bliver Kjedelens Indhold sædvanligt kun löseligt udheldt, uden at der foretages nogen nöiagtig Udskyldning, förend de friske Bönner sættes paa. Saaledes havde det ialmindelighed været Tilfældet her, efter Konens Sigende; undertiden havde hun end ikke bortkastet Kjedelens gamle Indhold "for at spare paa Bönnerne." Betænke vi nu, at selv mellem Kjedelens Bund og Blypladen var et snevert Rum, hvor Kaffegrumset maaske ofte har henligget i meget lang Tid, saa kan det ikke forundre os, at der her har kunnet danne sig tilstrækkelig Syre, for at oplöse noget af en saa stor Flade *). For imidlertid i denne Henseende at komme til Vished, har jeg ladet Kaffegrums i 24 Timer henstaae over Halvdelen af nævnte Blyplade og derefter ladet dette give et lille Opkog med Vand; den filtrerede Vædske viste da et svagt men tydeligt sort Bundfald efter gjennemströmmet Svovlbrint. Herved syntes det afgjort, at Bly paa denne Maade lader sig oplöse, og naar man da hörer, at disse Mennesker over 10 Aar have eiet denne Kjedel og dagligt, undertiden 2 Gange, deri have lavet deres Kaffe, da er det forstaaeligt, at selv den ubetydeligste Del af oplöst Bly endelig har kunnet give Anledning til saa alvorlige Tilfælde. Naar man betragter den udtagne Blyplade, da er den underste Flade langt mere angreben end den överste. Dette kan have sin naturlige Grund deri, dels at hin Flade har været mest udsat for en syrlig Vædskes Paavirkning, og dels i at den överste Flade rimeligvis har været fortinnet, ligesom Kjedelens hele indvendige Overflade; först da denne Fortinning var afslidt, er Forgiftningen begyndt, og kun ved en saadan Antagelse lader det sig forstaae, at Familien i saa mange Aar brugte Kjedelen uden Skade for deres Sundhed. Disse 2 Mennesker ere saaledes uden Tvivl blevne Offere for et simpelt Bedrageri. Som bekjendt sælges nemlig alt Kobbertöi efter Vægt; for nu at foröge denne Kjedels Værdi er den bleven forsynet med et

*) Hvorvidt ogsaa her noget af Kobberet kan være bleven oplöst, derom tör jeg ingen Mening have.

Lag Bly, og det hele derefter fortinnet for at skjule Bedrageriet.

Dette Tilfælde, som i og for sig ikke er uden Interesse, bliver det endnu mere derved, at det i saa lang Tid, i det mindste hos Konen, simulerede en nervös Cardialgi. Hvor hyppig denne Sygdomsform i de senere Aar er bleven blandt Almuen, og hvor haardnakket og tilböielig til Tilbagefald den ofte er, er noget, der vist har været de fleste Provindsiallæger paafaldende, og at samtidig Nydelsen af Kaffe er tiltagen i en overordenlig Grad, netop blandt Almuen, er vistnok; men hvorvidt disse Omstændigheder staae i nöiere Forbindelse er ei let at afgjöre. Imidlertid har jeg fundet, at det næsten altid er nödvendigt, at forbyde disse Syge Nydelsen af Kaffe, naar man vil helbrede dem; naar de afholde sig herfra og fra at spise Flesk og alle fede Spiser, lykkes det vel i de fleste Tilfælde. I denne Henseende har jeg i adskillige Aar med megen Nytte brugt et Belladonnainfus (H. bellad. ℈j til ʒviij collat.) med Tilsætning af ʒβ Ol. tart. per deliqu. og ʒij aqua amygd. a. c., hvoraf 1 Spiseskefuld 3 Gange daglig, samtidig med Indgnidning i Cardia af et Terpentinliniment — lige Dele Ol. tereb. ol. olivar. og Acid. acet. Men om ogsaa de allerfleste Tilfælde ved dette og lignende Midler lade sig bekjæmpe, saa möde dog enkelte, hvor Sygdommen viser en særdeles Haardnakkethed, og naar disse nu træffe sunde og robuste Almuesfolk, som ingenlunde synes at have nogen Disposition til Neuralgier, saa bringes man naturlig til at tænke paa en eller anden stadigt virkende Aarsag, som det ligger nærmest at söge i Mad og Drikke. Hvilken Indflydelse i denne Henseende den stadige Nydelse af **kogt** Kaffe kan have paa Underlivsnerverne skal jeg ikke kunne have nogen Mening om; men det synes mig ikke urimeligt at antage, at der **maaske** undertiden kunde være en lignende Grnnd tilstede som her, om ikke just i tilstedeværende Bly, saa f. Ex. i Brugen af slet fortinnet Kobbertöi e. desl. Hvorvidt en saadan Formodning er begrundet, vil Fremtiden vise; i ethvert Fald forekommer det mig, at dette Tilfælde har Krav paa mine ærede Collegers Opmærksomhed.

Gjersing.

Nedenstaaende Linier har Redaktionen modtaget til Optagelse i Ugeskriftet.

Af "Ugeskrift for Læger" har jeg ganske uventet erfaret, at nogle Yttringer, som jeg angaaende den i Roeskilde den 3die Juli 1846 afholdte Lægeforsamlings Forhandlinger havde ladet falde i et Brev til Formanden for det medicinske Selskabs statistiske Comite, have i den sidste Lægeforsamling foranlediget megen Fortrydelse. Da denne imidlertid forekommer mig i mere end een Henseende at være uden skjellig Grund, kan jeg ikke vel lade det offentliggjorte Resultat af den i den Anledning förte Diskussion hengaae aldeles upaaagtet.

Kort efterat den förste Lægeforsamlings Forhandlinger vare blevne bekjendte, kom jeg til at sysselsætte mig med Udkastet til de af den statistiske Comite paatænkte Arbeider, hvorved jeg strax stödte paa alle de Vanskeligheder, som de provindsielle Forhold ville lægge i Veien for Indsamlingen af de attraaede statistiske Data, og som jeg i förste Öieblik indsaae fortrinligen havde egnet sig til at dröftes i en Forsamling af saa erfarne og sagkyndige Mænd som de, der hiin Dag fra forskjellige Egne af Landet vare komne sammen i Roeskilde. Det var fölgelig naturligt, at jeg i samme Grad, som jeg selv stræbte at udfinde Midler til at overvinde disse Vanskeligheder, uden at jeg ifölge min egen Erfaring saae mig istand dertil, maatte finde det meget uheldigt, at Lægeforsamlingen ikke havde fundet Anledning eller Tid til at skjænke denne Sag nogen synderlig Opmærskomhed; og da jeg derved ledtes til at gjöre Forhandlingerne til Gjenstand for nærmere Betragtning og saaledes saae, at Forsamlingen næsten udelukkende havde ladet sig beherske eller henrive af materielle Spörgsmaal og rent personlige Interesser, saa kunde jeg ikke andet end beklage, at ikke en anden "Aand (Stemning)" havde været overveiende i Forsamlingen, eller at denne ikke havde besiddet "Kraft nok" til at holde Behandlingen af slige Spörgsmaal indenfor en mere passende Begrændsning. Dersom den ærede Forsamling — for at jeg ved et Exempel, hentet fra dens Forhandlinger, skal gjöre mig aldeles tydelig — i Stedet for udelukkende at holde sig til Spörgsmaalet om Honoraret for syge Reservers Cur, tillige var gaaet ind paa en Undersögelse af, om ikke de gjeldende Lovbestemmelser angaaende Reservers Udskrivning til at tages under Lægebehandling for offentlig Regning enten ganske kunde bortfalde, eller dog taale adskillige Forandringer efter Nutidens Forhold, saa havde der i Forsamlingen været den "Aand", som det var min og neppe blot min Mening at man havde savnet. At der i en saadan Meningstilkjendegivelse om en Forsamling, der selv har offentliggjort sine Forhandlinger, paa hvilken Maade end denne senere maatte komme de enkelte Medlemmer i Hænde, skulde indeholdes nogen upassende Daddel, end mindre noget "personligen Saarende", kan jeg aldeles ikke indrömme. I en mere speciel Retning ligger heri ikke andet, end hvad den ærede sidste Forsamling selv om hiin förste i en större Almindelighed har yttret, idet den har udtrykt Erkjendelsen af, "at den ikke ganske havde tilfredsstillet de Forventninger, man havde næret inden dens Afholdelse."

Hvad endvidere "alle de dadlende Bemærkninger" angaaer, ved hvilke man har villet finde sig afficeret i de faa Linier, hvori jeg har omtalt Lægeforsamlingen, da maa jeg antage at derved sigtes til, at jeg har tilladt mig at kalde Diskussionerne om Gagering, Diæter o. s. v. "kun lidet frugtbare." Uagtet den dertil givne Anledning, skal jeg dog vide at afholde mig fra en omstændeligere Vurdering af de paapegede Diskussioners Værdi ligeoverfor det Forsamlingen dengang foreliggende kongelige Lovudkast. Jeg kan lade mig nöie med blot at henvise til Diskussioner som saadanne: om Distriktslægers Fritagelse for Fattigskat; om hvorvidt det for Distriktslægerne maatte ansees fordelagtigt eller ikke, at erholde Honoraret for Fattigpraxis forhöiet; om Övrighedens Bevilling til Lægevidenskabens Udövelse af praktiserende Læger o. s. v., og jeg tör derefter hengive mig til den Overbeviisning, at i det mindste mange ville være enige med mig i, at saadanne kun mildest talt ere kaldte "lidet frugtbare." — Det kan vel være, at der paa hiin Tid kunde antages at være Opfordring for Forsamlingen til at skjænke adskillige materielle Spörgsmaal nogen Opmærksomhed; men naar det derved viste sig, at der ikke i Forsamlingen var Kraft nok til paa en passende Maade at begrændse den i den Anledning reiste Discussion, saa havde det i det mindste været at önske, at man aldeles havde undladt Offentliggjörelsen af Forhandlinger, der paa den ene Side nödvendigviis maatte være "saarende" for en meget stor Del af Provindsens Læger, og paa den anden Side ikke saaledes skikkede til at styrke den Agtelse, som det maa være i enhver Læges Interesse, at Publikum har for Lægestanden som Videnskabsmænd.

Endelig synes den ærede Lægeforsamling at være i en besynderlig Vildfarelse, naar den antager, at de af den afhandlede materielle Spörgsmaal "af naturlige Grunde" ingen Interesse kunne have for mig; thi uden at tale om, at jeg for disse Spörgsmaal dog maatte formodes at have samme Interesse, som enhver af de i Forsamlingen tilstedeværende private eller praktiserende Læger, der vel alle kunne vente efterhaanden at indtræde i Rækken af Distriktslægerne, saa er jeg desuden aldeles paa samme Maade som alle Distriktslæger interesseret i Forbedringen af de for disse bestemte Diæter og Honorarer, eftersom jeg for Udförelsen af alle offentlige Forretninger indenfor Grændserne af mit Distrikt ogsaa af det Offentlige nyder ganske den samme Godtgjörelse, som alle Distriktslæger.

Frysenborg i September 1847.

Ditzel.

Prisopgave.

Universitetets aarlige lægevidenskabelige Prisopgave for 1847 er ikke bleven besvaret. Det for 1848 udsatte Spörgsmaal lyder:

"Hvorvidt stemmer de ved Ætherisationen gjorte "Erfaringer overens med Nervephysiologien paa den"nes nærværende Standpunkt? Hvorvidt give de An"ledning til deri at gjöre Modifikationer?"

Kgl. Resolution af 18de Mai

her approberet det af Borgerrepræsentantskabet i Hovedstaden under 18de Marts sidstleden gjorte Forslag, til Forhöielse af Gagen for Statsphysikus i Kjöbenhavn, for den den nuværende Statsphysici Vedkommende.

Forlagt af C. A. Reitzel. Trykt hos Bianco Luno.

Den 6. November. 1847.

Ugeskrift for Læger.

2den Række VII. Nr. 22—23.

Redigeret af L. Brion og C. Hempel.

Om Cephalæmatom.

(Meddelt af Cand. med. & chir. Brünnicke.)

Da jeg just i Sommer har havt Leilighed til at obducere et Barn, der led af Cephalæmatom, og som döde i et Stadium af Sygdommen, der maaske sjeldnere frembyder sig paa Obductionsbordet, vil jeg tillade mig korteligen at meddele Sygdommens Forlöb samt Sectionsfundet, og forsöge dertil at knytte nogle Bemærkninger.

Den 19de Juni indbragtes paa Ammestuerne Barnet Nr. 1309, födt den 11te s. M. ved en temmelig besværlig Födsel, der dog var tilendebragt ved Naturens Hjælp. Barnet var forresten sundt og stærkt af Lemmer, alle de naturlige Functioner i bedste Orden, men allerede strax efter Födselen var bemærket en oval Svulst paa venstre Side af Hovedet, hvis Spænding og Fremstaaenhed fra Begyndelsen skal have været större. Den erkjendtes for et Cephalæmatom omtrent midt paa venstre os bregmatis. Störrelsen var som Halvdelen af et lille Gaaseæg; Formen aflang-rund, regelmæssig; det var overalt skarpt begrændset ved en et Par Linier höi Benvold, der omgav hele Randen af Svulstens Basis, hvilken intetsteds naaede hen til de Benet begrændsende Suturer. Man kunde med Fingeren passere over denne Benvold og uagtet Svulstens nogenlunde Spænding tydeligt föle, at en haard Benmasse udgjorde dens Bund. Den var elastisk og fluctuerende, gav ingen Fölelse af Pulsation eller Bevægelse, og Tryk paa den bragte den ikke til at formindskes eller foraarsagede nogen iagttagelig Indvirkning paa Barnet. Den bedækkende Hud var naturlig. Under Anvendelsen af resolverende Fomenter og et let Tryk syntes Benvolden at foröges i Höide, men Svulstens Störrelse blev uforandret, indtil der den 6te Juli bemærkedes ved Tryk paa Svulstens Overflade en egen Pergamentknagen, der i nogle Dage vedvarende iagttoges og syntes at være ledsaget af en Formindskelse af Svulstens Höide. Barnet blev imidlertid udskrevet af Ammestuerne, og da jeg siden havde Leilighed til at iagttage det i Byen, var Svulsten bleven aldeles fast og resistent som Ben, kunde ikke nedtrykkes og var paa enkelte Steder af sin Overflade sjunket lidt sammen, saa at denne ligesom var bleven ujevn og kantet. Pludseligt angrebes Barnet den 3die August af en heftig Ecclampsi, der gjorde Ende paa dets Liv inden Hjælp kunde skaffes.

Ved Sectionen udtoges venstre os bregmatis, og et Segment udskjæres af dette og Svulsten. Dennes ydre Overflade var ujevn, bölget, höiest op imod Sutura sagittalis, hvor Gjennemsnittet af Benet omtrent beløb sig til 4‴; lavest var Svulsten nedad og bagtil og tabte sig jevnt over i det sunde Parti uden nogen synlig eller fölelig Grændse, saa at man egentligt kun kunde bestemme Svulstens Begrændsning ved at holde Benet op mod Lyset, da det overalt, hvor Cephalæmatomet strakte sig, var uigjennemsigtigt. Svulstens ydre Flade var overalt benhaard at föie paa. Dens Længde var lidt over 2¼", Breden lidt over 2". Pericranium fandtes aldeles naturlig og uden Spor til Betændelse; den underliggende Benmasse mindre compact end sædvanligt lige under Pericranium. Den indre Flade af os bregmatis havde fuldkomment sin normale Skikkelse; Dura mater var uforandret, men Benet saae noget rödagtigt og osteoporotisk ud, saa at de smaa foramina parietalia vare betydeligt forstörrede, omtrent som Hampekorn, og ledte ind til Cephalæmatomets Hulhed, medens af disse Huller en sparsom tynd blodig Vædske lod sig udtrykke. Hulheden af Cephalæmatomet laae nu midt i Bensubstansen, saa at begge de den begrændsende Benlameller vare lige tykke, medens de dog hver for sig vare saa tynde, at Skalpelspidsen, idetmindste paa enkelte Steder, ved Knivens egen Vægt kunde trænge derigjennem. Det dannede ikke nogen uafbrudt Hulhed, men snarere Gange med Udvidninger hist og her, hvilke netop svarede til de mere prominerende Steder af Svulstens Overflade. Indholdet bestod af Klumper af brunlig Farve og ligesom gelatinös Consistens — vistnok metamorphoserede Blodcoagula, mellem hvilke flöd en tynd blodig Vædske. Paa de Steder, hvor Benlamellerne nærmede sig til hinanden, det være sig ved Svulstens Indsænkninger eller ud imod dens Grændser, ophörte dette Contentum, og en tydeligt bruskagtig Masse forenede Lamellerne. I denne var Ossificationen paa enkelte Steder begyndt, idet Benfliser hist og her gjennemkrydsede den. Desuden gik omkring hele Contentum, altsaa indvendigt beklædende hele Hulheden, et Lag, der udad var ossificeret og indad bruskagtigt; ellers fandtes ingen egen Membran omkring Indholdet.

Dette Cephalæmatom, der vistnok kan ansees for fuldkomment svarende til de almindelige Beskrivelser over denne Sygdom og derfor kan kaldes normalt baade hvad dets Form og Sted, Kjendemærker og Forlöb angaaer, giver en ret god Leilighed til et Indblik i denne Sygdoms indre Historie. Hvad det egentlige Sæde for Blodansamlingen angaaer, da stadfæster dette Tilfælde fuldkomment den Paastand, at dette er imellem Pericranium og Benet. Dette er imidlertid kun for en kort Tid Tilfældet, idet en ny Benafsætning snart (her omtrent den 25de Dag) adskiller Blodmassen fra Pericranium. Denne Overtrækning af Svulsten med en Benlamel har foranlediget forskjellige Tydninger, idet Enkelte have antaget, at det var Pericranium selv der ossificerede, Andre at Blodmassen var bleven omgivet af en egen sækformig Membran, der altsaa skulde ligge under Periosteum, og hvis fra Randene udgaaende Ossification frembragte först den voldlignende Bensvulst og siden den pergamentagtige Knittren ved Tryk paa Svulstens Overflade (Valleix). Hvad Periosteums Ossification angaaer, da er dette vistnok en Proces, som vi a priori vilde benægte, da den aldrig er bleven eftervist paa noget andet Sted i Organismen; — vor Obduction viser os ogsaa Pericranium aldeles naturlig, beklædende hele Svulstens nydannede Benmasse paa det Nöiagtigste, og uden nogen Forskjel fra ethvert andet Sted paa Cranium. Den nydannede Benmasse ligger altsaa under Pericranium. Men for at kunne forsvare hin af Valleix opstillede Mening, maatte man vistnok ikke tage Benævnelsen „Membran“ i saa streng en Betydning, som man f. Ex. gjör det ved dermed at betegne Begrændsningen for de encysterede Svulster. Jeg bemærkede i den foreliggende Svulst ingen Membran omkring Contentum, men derimod et eget Lag, der netop ved sin Beskaffenhed giver et temmeligt klart Vink om Processens Fremgang. Den Omstændighed nemlig at det förste Spor til Bendannelse föles som en voldlignende Svulst om Cephalæmatomet, den rigeligere Bruskafsætning og langt mere fremskredne Ossification længst ud mod Randene, hvor Hulheden, saa at sige, ikke mere var tilstede, synes at maatte overbevise os om, at Bendannelsen her, ligesom ved Heling af Fracturer, först udgaaer fra det Punkt, hvor Periosteum stöder til det oprindelige Ben. Den her dannede Bruskmasse er Forlöberen for den ny Bensubstans, og den forögersig i Masse og Udstrækning, saa at et saadant Brusklag efterhaanden udbreder sig langs Indsiden af Pericranium og mödes i Midten fra de forskjellige Sider. Dette Brusklag begynder derpaa at ossificeres nærmest Pericranium — hvilket er Tiden for Indtrædelsen af hin Pergamentknittren —, ny Brusk har imidlertid atter efterhaanden leiret sig paa Indsiden af Laget, og saaledes tiltager Benet gradvis i Tykkelse.

Medens det, hvad de anförte Bemærkninger angaaer, kun har været min Hensigt at sammenholde det pathologiske Præparat, hvoraf Tilfældet har sat mig i Besiddelse, med de Theorier, man har troet sig berettiget til at opstille for denne Sygdoms Forlöb, og det aldrig har været Meningen at noget Nyt eller Ubekjendt her förste Gang saae Lyset, troer jeg dog at burde opkaste et Spörgsmaal, hvorom dette maaske kunde gjelde i en vis Grad.

Jeg behöver nemlig vistnok neppe at gjöre opmærksom paa den Omstændighed, at begge Cephalæmatomets Benvægge, den indre og den ydre, vare omtrent lige tykke — eller rettere lige tynde, thi de overskred neppe nogetsteds ½ Linies Tykkelse og vare paa enkelte Steder saa tynde som et Kortblad. Hvad den ydre Lamel angaaer kan dette nu nok forklares som en ufuldendt Proces; men hvorledes skal man da forklare, at den indre ogsaa er bleven saa tynd? Hvis man bör antage, at Cephalæmatomet er opstaaet ved en simpel mechanisk Lösning af Pericranium fra Benet og Blodets derpaa fölgende Udgydning derimellem, saa maa man dog forudsætte, at Benet oprindeligt paa dette Sted har været ligesaa tykt som de övrige Steder paa Cranium, eller, om man vil, som den symmetrisk stillede Region paa den anden Halvdel af Hovedet, og hvorfor findes det da nu — 53 Dage efterat Cephalæmatomet förste Gang bemærkedes, og medens den ydre Bedækning er bleven fra membranös til benagtig o. s. v. — tyndere og osteoporotisk? Dette er et Spörgsmaal, som jeg vel ikke her vil fordriste mig til at besvare, men kun i det Höieste tillade mig at yttre en Formodning om, paa hvilken Vei dette maaske bör søke.

Det forekommer mig nemlig at dette Spörgsmaal er nöie knyttet til et andet, der har været Gjenstand for Strid, nemlig om det oprindeligt er en Bensygdom der begrunder Cephalæmatomet, eller om Benet ved Svulstens Opstaaen var ganske sundt. Ville vi derfor sammenfatte disse under eet, da maatte vel dette Spörgsmaal omtrent henstilles saaledes: Var Benet, ved Svulstens Optræden, ligesaa sundt og af samme Tykkelse som f. Ex. den symmetrisk tilsvarende Del af Cranium, eller var det sygt og maaske i den paa foreliggende Præparat fundne osteoporotiske og atrophiske Tilstand? Denne sidste Mening skulde virkelig synes at finde sin Bekræftelse i vort Præparat. Da Benet her er atrophisk og osteoporotisk, skulde man vel nærmest antage, at det var denne Bensygdom, der maatte have ligget til Grund for Cephalæmatomet. Men ogsaa Atrophiens og Osteoporosens Grund maatte man da kunne forklare sig og fornemmelig söge i et meer eller mindre stærkt og langvarigt Tryk, som altsaa maatte have fundet Sted under Fosterlivet. Et saadant Tryk maa man vel indrömme Muligheden af, men det vilde vistnok være urigtigt at tænke sig et saa overordentligt Tilfælde, — hvis Tilstedeværelse i Forhold til den paagjeldende Sygdom vistnok aldrig er paavist — for dermed at forklare Oprindelsen til en Affection, som der idetmindste er ligesaa megen Sandsynlighed for slet ikke har været tilstede fra Begyndelsen. Besynderligt nok bygge desuden netop Forsvarerne heraf fornemlig paa den Iagttagelse, at de med Cephalæmatom beladte Börns mechaniske Forhold til Födselsveiene stedse har været saa overmaade gunstigt, hvorved de ville bevise Umuligheden af Sygdommens Opstaaen under Födselsmechanismen. Paa den anden Side har Undersögelsen af dette Ben hos Börn, der ere döde i et tidligere Stadium af Sygdommen, og hos Levende, paa hvem Svulsten er bleven aabnet, givet os Formodning om, at Benets Tilstand idetmindste ikke ubetinget kan kaldes sygt. Dets Lamina externa er nemlig kun tilstede i meget svage Spor og Diploë altsaa blottet, men dette findes saaledes over hele Cranium, og ikke paa Grund af nogen egen Sygdom i denne Del af os bregmatis. Det nyfödte Barns Cranium frembyder altsaa udvendigt en, om man saa tör sige, normal Osteoporose, og i denne har Dubois ved Indspröitninger godtgjordt Letheden, hvormed Blodudtrædning kommer istand. Er denne nu sket — det være sig ved en blot mechanisk Lösning af Periosteum eller paa anden Maade — og har Svulsten derved, som sædvanligt, erholdt sin betydelige Spænding, da forekommer det mig, at netop denne Spænding kan tænkes som det Moment, der betinger Benets Atrophi, at den fra alle Sider comprimerede Blodmasse maa virke trykkende paa det i Forveien svagt osteoporotiske Ben, som derved bliver det i en endnu höiere

Grad. Den Indvending falder imidlertid meget naturligt herimod, at man da ogsaa maatte vente at finde det nydannede Ben paa den indvendige Flade af Periosteum osteoporotisk, da det skulde synes at være udsat for samme Tryk. Dette er imidlertid i Virkeligheden ikke Tilfældet, thi man maa lægge Mærke til at Perioden for Svulstens egentlige Spænding — og altsaa for Trykkets Udövelse — fornemmeligt falder för Indtrædelsen af Ossificationen over Svulsten. Hvorvidt en saadan Atrophi af Cranium ved dette Tryk maatte kunne drives, — om maaske til Gjennembrydning af den indvendige Lamel i sin hele Tykkelse — lader sig ikke let bestemme. Dog borger os for Usandsynligheden heraf dels den mindre betydelige Varighed af Svulstens Spænding og altsaa af Trykket, dels den Formodning, som Analogien med Helingen af Fracturer ogsaa tillader os at nære, at en ny Bendannelse vil finde Sted, om ogsaa lidt senere, fra Svulstens Rande og langs med det oprindelige Bens Overflade, — en Formodning som nærværende Præparat endog synes at bekræfte, idet den ved Randene afsatte Bruskmasse ikke alene fortsætter sig til Laget under Pericranium, men ogsaa viser en Antydning til en Fortsættelse henimod Svulstens Bund.

Det er denne Benets Atrophi og Forklaringen deraf, hvilken synes mig ret godt at passe til Læren om Cephalæmatomets Oprindelse paa det normalt osteoporotiske Barnecranium, som det fornemmelig her har været min Hensigt at meddele.

Fjerde Moment til Discussionen om vor militære Lægeetats Forholde.

Fra Hr. Overlæge Goos har Redaktionen til Optagelse i Ugeskriftet modtaget Efterfölgende:

Efterat jeg i 4 Maaneder, jeg tör lægge til, med Held har forestaaet Garnisonshospitalets 1ste Afdeling, har Stabslægen, Hr. Professor Müller, ved et "Bidrag til Kundskab om Kjöbenhavns Garnisonshospitals Historie," som findes indrykket i Bibliothek for Læger, 2det Binds 2det Hefte, Pag. 414—432, atter bragt Sagen paa Bane angaaende min Udnævnelse til Hospitalslæge. Idet nu hans Artikel, saavidt mig synes, kjendelig forsöger at bortdemonstrere det, mildest talt, Usædvanlige i den mod mig brugte Adfærd, hvorom tilstrækkelige Oplysninger foreligge det lægekyndige Publikum, har han ikke formildet, men snarere forøget det Odiöse i hiin Fremgangsmaade. Uden her paa nogen Maade at ville indlade mig paa den sindrige Fremstilling af Forholdenes Natur, som er givet til Priis og næsten synes utrolig for dem, der nöiere kjende Sagens Sammenhæng og mene at kunne forfölge dens Traade, skal jeg blot indskrænke mig til for mit Vedkommende paa det Bestemteste at modsige Stabslægens Fortolkning af Hans Majestæts Anordninger, ifölge hvis letforstaaelige og bestemte Udtryk Overlægerne i Kjöbenhavns Garnison "efter Tour" skulle overtage Tjenesten ved Garnisonshospitalet paa 3 Aar. Jeg kan nemlig ikke anerkjende, at Stabslægen, fordi han efter Ordene i bemeldte Anordninger og den almindelig brugte Forretningsgang skal foreslaae for det kongelige General-Commissariats-Collegium, som derefter vælger de paagjeldende Overlæger, af denne Grund skulde paadrage sig et Ansvar for disses Habilitet som Hospitalslæger, hvilket Ansvar desforuden de faktisk bestaaende Forhold gjör ufornödent; og jeg maa navnlig alvorligen protestere imod, at Stabslægen drager en saadan Habilitet i Tvivl hos mig, der af det kongelige Sundheds-Collegium er indstillet og af Hs. Majestæt funden værdig til det Embede jeg beklæder. Denne Tvivl, tydelig udtalt, burde in casu saa meget mindre kunne opstaae hos Armeens Stabslæge, som han ved Reduktionen 1842 nödvendigviis maa have fundet mig værdig til at beklæde en Overlægepost i Armeen, idet han paa den ene Side bör antages at være bekjendt med Fordringerne til Overlægerne og paa den anden Side selv foranledigede min Ansættelse ved 10de Linie-Infanteri-Bataillon. Iflölge heraf kan jeg ikke undlade at opfordre Stabslægen til offentligt at fremsætte de Fakta, som kunne begrunde hans ligeledes offentlig udtalte Tvivl om min Dygtighed til de mig af Hs. Majestæt Kongen i Medhold af min Stilling som Overlæge paalagte Embedsforpligtelser, for at jeg derefter allerunderdanigst kan andrage paa en Undersögelse af mit tidligere og nuværende Forhold.

Jeg benytter Leiligheden til herved at bevidne min Erkjendtlighed mod det höie General-Commissariats-Collegium, som ikke har skyet at paatage sig det farlige Ansvar for min Udnævnelse til Hospitalslæge paa en Tid, da Armeens Stabslæge notorisk har undslaaet sig derfor, hvorved Collegiet har viist mig den Humanitet, jeg ventede men forgjæves sögte hos min nærmeste og jevnbyrdige Foresatte. Naar Stabslægen forövrigt tillige yttrer, at jeg under en mundtlig Forhandling om denne Sag lod til "gjerne at ville overlade min Tour til Dr. Djörup, men kun ikke önskede at tage Initiativet i Sagen", da maa jeg atter her erklære for ufravigelig Sandhed, hvad jeg i mine tidligere Inserater saavel i "Ugeskrift for Læger" som "Fædrelandet" har fremfört herom, ifölge hvilket jeg kun gav efter for Stabslægens "indstændige Anmodning" og ingensinde havde yttret Önske om at blive fritaget for, hvad min Embedsstilling förte med sig, ligesom det ei heller kan andet end i höi Grad forundre mig, at Stabslægen vedblivende anseer mig for personligen bunden ved en Overenskomst med (rettere Indrömmelse til) Dr. Djörup, der uundgaaeligt maatte tabe al Gyldighed ved den Omstændighed, at Collegiet nægtede sit af mig som förste og eneste Betingelse satte Samtykke.

Kjöbenhavn, den 1ste November 1847.

Goos, Dr.,
Overlæge ved 1ste Hospitals-Afdeling.

Kongelig Resolution om den kjöbenhavnske Födselsstiftelse *).

(Ny Coll. Tidende 1847 Nr. 42).

Efterat den kongelige Födselsstiftelse her i Staden i Slutningen af Aaret 1844 var med Hensyn til den paa Stiftelsen herskende Barselfeber bleven lukket, og det derpaa havde været gjort til Gjenstand for omhyggelig Overveielse og Forhandling mellem alle Vedkommende, hvorvidt det maatte ansees nödvendigt eller tilraadeligt, ganske at opgive Stiftelsens hidtilværende Bygninger og enten fra Grunden af bygge eller indrette een eller flere Bygninger til en ny Stiftelse, eller om Bygningerne i Amaliegaden maatte kunne modtage saadanne Forandringer, at de igjen uden Fare vilde kunne benyttes efter deres Bestemmelse, i hvilken

*) See Ugeskr. 2. R. 3. Bd. Pag. 460.

sidste Retning et Forslag var fremkommet fra Stiftelsens Accoucheur, Prof. Levy, blev det paa Cancelliets i Sagen nedlagte allerunderdanigste Forestilling ved allerhöieste Resolution af 12te Novbr. 1845 bestemt, at Stiftelsens Bygninger i Amaliegaden skulde underkastes en saadan Forandring og Rensning, som den af Professor Levy foreslaaede, dog med de Modifikationer og Udvidelser, som Stiftelsens Direktion maatte finde passende, hvorhos det overlodes til Direktionen at tilkalde en Bygningskyndig til i Forening med nogle af dens Medlemmer og med Tilkaldelse af Accoucheuren og Stiftelses Inspekteur at have Tilsyn med Arbeidets Udförelse. Tillige fastsattes det, at den af Stiftelsen erhvervede Gaard Nr. 242 ved Frederiksholms Kanal maatte benyttes som en interimistisk Födselsstiftelse indtil Indretningen af Bygningerne i Amaliegaden var kommen istand og disse tagne i Brug, hvorefter der i sin Tid vilde blive at tage nærmere Bestemmelse angaaende den fremtidige Afbenyttelse af denne Eiendom *).

I Henhold til denne allerhöieste Resolution blev det af Direktionen efter Raadförsel med Etatsraad Hofbygmester Koch overdraget Architekt Möller at udarbeide en detailleret Plan med Overslag til Bygningsarbeidets Udförelse; men efterat Planen var bleven færdig til Bedömmelse, opstod der adskillige Tvivl i Henseende til Enkelthederne, og hertil kom, at Architekt Möller i Sommeren 1846 udbad sig Direktionens Samtykke til at foretage en Reise til Paris, for at gjöre sig bekjendt med de bedste Ventilationssystemer, hvilket Direktionen, i Erkjendelse af denne Gjenstands Vigtighed for Stiftelsens hensigtsmæssige Indretning, ikke troede at burde nægte. Da derhos Professor Levy havde erholdt offentlig Understöttelse til i Udlandet at indsamle Erfaringer og Oplysninger angaaende flere fremmede Stiftelsers Forhold og Virksomhed, fandt Direktionen det endvidere rettest at oppebie Resultaterne af disse Undersögelser, inden den indkom med endeligt Forslag om Sagen.

Professor Levy, der paa sin Udelandsreise havde haft Leilighed til at gjöre sig bekjendt med 4 Födselsstiftelser i London og 3 i Dublin, udtalte sig i sin derefter indgivne udförlige Beretning imod Bibeholdelsen af den hidtilværende

*) Ny Coll. Tid. 1845. Pag. 929—944.

Stiftelse i Amaliegaden. I Betragtning af den Dunkelhed, som omhyller Barselepidemiernes Ætiologi, vilde man efter hans Formening neppe kunne siges at præstere noget Fyldestgjörende for Nutid og Fremtid uden ved en nybygget velindrettet Stiftelse paa det bedst mulige Terrain i Byen. Dels maatte det indrömmes, at der dog i en enkelt Födselsstiftelses locale Forhold og Indretning fremfor i andres maa kunne ligge en eller anden Aarsag, stærk nok til enten selvstændigen at fremavle Epidemier eller idetmindste i fortrinlig Grad at disponere dertil, dels kunde det ikke miskjendes, at vor ældre Stiftelse har en uheldig Beliggenhed paa et lavt, sumpigt og af Brakvand gjennemtrængt Terrain i de to store Hospitalers umiddelbare Nærhed, og der synes ikke at kunne haves synderligt Haab om nogen væsentlig Omdannelse af Grunden ved de i Forslag bragte Midler. Der vil nemlig altid savnes Frihed i Anvendelsen af de for Födselsstiftelser mest hensigtssvarende Bygningsprinciper, navnlig med Hensyn til Spreden af Barselstuerne, der udentvivl med Rette er skattet saa höit ved de engelske Födselsstiftelser og smukt og fuldkomment vilde kunne lade sig realisere ved Benyttelse af en Pavillon-Stiil, der i Paris er anvendt ved en derværende Stiftelse. Ogsaa vil Anvendelsen af de nyere Varme- og Ventilationssystemer, hvilket af dem man nu end maatte give Fortrinet, ved den gamle Bygning støde paa Vanskeligheder. Han havde tænkt sig, at den oprindelige af Dronning Juliane Marie skjænkede Gaard Nr. 145 i Amaliegaden skulde bibeholdes som interimistisk Födselsstiftelse for mödende Tilfælde under den nybyggede Stiftelses aarlige Purification samt til Inspekteurbolig og Pleiestiftelsens Ammestuer, medens derimod de övrige Bygninger, Nr. 143 og 144 i bemeldte Gade og Gaarden og Frederiksholms Kanal, maatte sælges. Med Hensyn til det tidligere omventilerede Spörgsmaal, om det ikke var hensigtsmæssigere, hvis man ikke kunde faae en ny i alle Henseender vel indrettet Stiftelsesbygning, aldeles at opgive Institutet og indföre en Understöttelsesform for fattige Födende, analog den, man udenfor Födselsstiftelser i saa viid Udstrækning anvender i London, bemærkede han, at hvis Talen alene var om de Födendes Understöttelse, da vilde dette vel kunne realiseres nogenlunde svarende til Hensigten, naar Almindeligt Hospital og enkelte af Byens Fattighuse erklæredes villige til at modtage og forpleie hver nogle faa af det ringe Antal Födende, som ikke kunne forblive i deres Hjem, saa at den i sine Fölger vistnok mislige Indqvartering hos Jordemödre i Byen kunde undgaaes, men at det da vilde blive vanskeligt at löse Opgaven for Underviisningens Vedkommende. For det Tilfælde, at Resultatet, det Anförte uagtet, maatte blive for at bibeholde den gamle Stiftelse, henledede Professor Levy Opmærksomheden paa Nödvendigheden af en livlig Ventilation og Tilveiebringelsen af det störst mulige Dagslys. Endvidere antog han det for gavnligt, om man efter flere engelske Stiftelsers Exempel ved hver Afdeling af Stuer eller samlede kunde have et Par store Reconvalescentstuer, hvor Barselpatienter, der alt have forladt Sengen, i Fælledsskab kunde tilbringe en Del af Dagen, for at man da midlertidigen kunde udlufte de af dem endnu i nogle Dage optagne Barselstuer. Det herved tabte Stuerum vilde formeentligen kunne indvindes ved Inddragningen af en Del af Salsetagen i Nr. 143 til Brug for Barselstuer, hvilket uden Afsavn kunde ske. Angaaende Enkeltstue-Systemet, hvilket Prof. Levy i en tidligere Betænkning havde troet fortrinlig at burde tilraade, yttrede han i sin nu indgivne Beretning, at det endnu ikke er prövet ved nogen Födselsstiftelse undtagen ved den lille Stiftelse i Kiel, hvor det i kort Tid tildels har været indfört, uden at dog derved Barselfeberen er undgaaet. I sin ældre Betænkning havde han for dette System anfört, dels, at man derved kom det private Livs Forhold saa nær som muligt, dels, at Födestuer ganske kunde inddrages, da i Regelen Enhver vilde föde paa sit Værelse, dels at ved indtræffende Sygdomstilfælde ikkun een Seng gik ud af Brug, dels endelig at man ved at anvise enhver Læredatter 2 à 3 saadanne Enkeltstuer til udelukkende Betjening med ganske anden Sikkerhed end ellers vilde kunne vaage over Virkningen af Smitten, hvis Indflydelse vel i Almindelighed bör betvivles, men ikke i alle Tilfælde bestemt kan afvises.

Direktionen kunde dog ikke i de af Prof. Levy meddelte Reise-Iagttagelser og övrige Bemærkninger finde tilstrækkelig Grund til at gjöre nogen væsentlig Forandring i den tidligere lagte Plan for Stiftelsens fremtidige Indretning, og endnu mindre til at andrage paa Ophævelsen af den under 12te Novbr. 1845 afgivne allerhöieste Resolution. Det forekom nemlig Direktionen at være saa langt fra, at der var fremkommet noget nyt, der kunde motivere Stiftelsens Bortflyttelse til en anden, formentlig heldigere beliggende Plads, selv om en saadan kunde udfindes, at tvertimod Professor Levys Beretning syntes at bekræfte, hvad der iövrigt allerede tidligere var bekjendt, at Födselsstiftelsernes Beliggenhed i og for sig betragtet ikke kan antages at henhöre til de Momenter, der have nogen afgjörende Indflydelse i Henseende til Barselfeber-Epidemier, idet disse i flere Tilfælde have viist sig endog i höiere Grad i höit og tört beliggende Stiftelser end i andre, der tilsyneladende ere mindre heldig situerede. Der var heller ikke, hverken tidligere eller nu, fremkommet noget afgjörende faktisk Beviis for nogen fordærvelig Beskaffenhed af den Grund, hvorpaa Bygningen i Amaliegaden er opfört, og Hypothesen om Jordbundens usunde Beskaffenhed syntes dog ogsaa at maatte tabe en Del af sin Betydenhed, naar hensaaes til, at ingen Indvirkning heraf nogensinde er sporet paa det tilstödende Frederiks Hospital, hvor Miasmen, saafremt den virkelig existerede, maatte have været end mere fremtrædende, da der ikke under Hospitalets Sideflöie, saaledes som under Födselstiftelsen, ere Kjeldere. Endelig maa det ikke oversees, at den friske Söluft, som gjennemströmmer den Del af Byen, hvor Födselsstiftelsen er beliggende, medförer Fordele, som neppe vilde opnaaes ved Stiftelsens Henlæggelse til den anden og höiere Del af Staden midt imellem andre Bygninger.

Men medens Direktionen saaledes ikke kunde tillægge Grundens Beskaffenhed nogen skadelig Indflydelse, og heller ikke kunde antage, at de Epidemier, hvoraf den herværende Födselsstiftelse har været hjemsögt, derfra have haft deres Udspring, maatte den dog fuldkommen erkjende, at Intet bör forsömmes, som kan bidrage til i denne Henseende at give en foröget Betryggelse. Der vil derfor, under Afbenyttelsen af den Veiledning, som dertil er givet fra den polytechniske Læreanstalt, blive anvendt hensigtsmæssige Midler til at skaffe Grunden under selve Bygningen en endnu större Grad af Törhed, og Fugtigheden i den lavtliggende Hauge, i hvilken der ved Gravning er sporet Svovlbrinte, vil man skaffe Aflöb igjennem en Ledning under det chirurgiske Akademies Grund ud til Cloaken i Bredgade. At Opinionen i Begyndelsen vilde være imod at Bygningen atter toges i Brug, fandt Direktionen vel antageligt, men Opinionen var ogsaa imod Stiftelsen ved Frederiksholms Kanal, medens Barselfeberen der herskede og omsider medförte dens Lukning, og desuagtet sporedes der dog hos de Födende liden eller ingen Frygt, da den atter blev taget i Brug, efterat Direktionen nogle Dage iforveien havde ladet den staae aaben til Besög og Bedömmelse af Alle og Enhver. En lignende Fremgangsmaade vilde man kunne iagttage, naar Tiden nærmede sig, at den ældre Stiftelse atter skulde aabnes, og man turde da saa meget sikkrere gjöre Regning paa det samme Resultat, som det neppe kunde paatvivles, at Stiftelsens fortrinlige Indretning vilde möde almindelig Anerkjendelse.

Som præsumtive Aarsager til Barselfeber-Epidemiens fordærvelige Udbredelse maa efter Direktionens Formening nævnes, dels flere Födendes Optagelse i samme Værelse enten samtidig eller strax efter hinanden, uden behörig Udluftning, dels Klinikens Indflydelse, naar den ikke gjennemföres med störste Varsomhed, og der navnlig ikke tages Hensyn til, at de Födendes og Elevernes Antal staaer i et passende indbyrdes Forhold, i hvilken Henseende det ogsaa af Professor Levys Beretning erfares, at Sundhedstilstanden ordentligviis har været langt bedre i de mange engelske Födselsstiftelser, der ikke tillige afbenyttes som Underviisningsanstalter, end i den store Dublinske Stiftelse, der ellers er udstyret med en overordentlig Omhu, men tillige afbenyttes til Klinik. Med Hensyn til Virkningen af Optagelse af mange Födende i eet Værelse har Direktionen henviist til de i flere Henseender mærkelige Resultater, som ere samlede af Underlægen ved Stiftelsen, Dr. Saxtorph, og hvoriblandt den yderst ringe Mortalitet, der har yttret sig blandt Födende, som ere forpleiede i privat Logis, contrasterer imod Mortaliteten imellem de Patienter, der have været indlagte hos Jordemödre eller paa Stiftelsen, i en Grad, der er saa meget mere paafaldende, som de Patienter, der have henhört til den förstnævnte Klasse, naar undtages, at de have ligget hver for sig i Værelser, som ikke jevnligen brugtes til Barselpatienter, iövrigt have været udsatte for alle skadelige Potensers Indvirkning. Det er saaledes oplyst, at i de 2 forskjellige Perioder, i Vinterhalvaaret 1844—1845 og Efteraaret 1846, da de Patienter, der forpleiedes i Byen, fornemmelig forpleiedes i Privatlogier, döde af 695 4, og der var altsaa en Mortalitet af 1 : 173. I de to Perioder derimod, fra Mai 1845 til October 1846, og fra December 1846 til Juli 1847, i hvilke Patienterne i Byen alene ere forpleiede hos Jordemödre, ere af 511 Födende 10 döde, altsaa en Mortalitet af 1 : 51. Dette paafaldende Resultat kan efter Dr. Saxtorphs Formening alene hidröre fra, at den vedholdende Brug til Födende af Jordemödrenes Værelser, hvoraf mange i henved 3 Aar have jevnlig været saaledes afbenyttede, efterhaanden gjör sin skadelige Indflydelse gjældende. Med Hensyn til Dödeligheden iblandt de paa Födselsstiftelser forpleiede Patienter oplyses det, at af 317 Patienter, der ere forpleiede dels paa Almindeligt Hospital, medens der her var optaget et mindre Antal Födende, dels paa en interimistisk Födselstiftelse hos en Jordemoder ved Holmens Kanal og paa Födselsstiftelsen ved Frederiksholms Kanal, medens der sammesteds optoges et mindre Antal, ere 6 döde, hvilket giver en Mortalitet af 1 : 53. Derimod er der af de 892 Födende, der ere forpleiede i Almindeligt Hospital og Födselsstiftelsen ved Frederiksholms Kanal, medens der begge Steder optoges et större Antal Födende, död 39, d. e. der har været en Mortalitet af 1 : 23. Især frembyder Stiftelsen ved Frederiksholms Kanal et talende Beviis i denne Retning. Medens man i dens Locale samtidig modtog 20 à 24 Födende, steg Sygeligheden og Dödeligheden til den Grad, at Stiftelsen maatte lukkes, hvorimod der senere, efterat Patienternes Antal var reduceret til 10 og derved saa meget Plads vundet, at der stadig kunde vexles med Brugen af de forskjellige Værelser, i Löbet af et halvt Aar havde været en bedre Sundhedstilstand end nogensinde för, og Mortaliteten var bragt ned til det næsten normale Forhold af 1 : 75.

For nu at afhjælpe den udhævede Ulempe, alt for mange Födendes Optagelse i samme Locale, maatte Direktionen i Forbindelse med de iövrigt paatænkte Indretninger, sigtende til at begrunde Luftighed og Renlighed i Stiftelsen, ansee det meget magtpaaliggende at skaffe Leilighed til at afvexle i Afbenyttelsen af de for de Födende bestemte Localer, og, ved at udbede sig det Kongel. Sundhedscollegii Betænkning over Sagen, tilföiede derfor Direktionen, at den vilde være tilböielig til at andrage paa, at Födselsstiftelsen maatte indrettes til at modtage 30 Födende, hvoraf 3 à 4 Betalende og Resten Fattige, fornemmelig Ugifte, til hvilket Öiemed förste og anden Sal i Bygningerne Nr. 143 og 144 i Amaliegaden skulde indrettes hver med 30 Senge, saa at den ene Etage 2 à 3 Uger i Rad kunde staa aldeles tom til Udluftning, medens den anden blev benyttet.

I sin derefter meddelte Erklæring yttrede Sundhedscollegiet, i hvis Forhandlinger dog Etatsraaderne Bang og Withusen, der tillige ere Medlemmer af Födselsstiftelsens Direktion, ikke toge Del, at de foreliggende Kjendsgjerninger, saavidt skjönnedes, afgave saadanne Beviser, ei alene for det ugunstige sanitaire Forhold, hvori ogsaa de i den interimistiske Födselsstiftelse indlagte Barselkoner have staaet i Sammenligning med dem, der ere behandlede hos Jordemödre og i private Boliger i Byen, men tillige for den paafaldende Forskjel med Hensyn til de dynamiske Födselsforstyrrelser, der gjöre sig gjældende blandt hine fremfor blandt disse, at man herved maatte komme til det Resultat, at en Del af den velgjörende Hensigt, som er Stiftelsens Formaal, langt bedre vilde kunne opnaaes, naar alle Födende, som efter den hidtil bestaaende Indretning qvalificere sig til Optagelse i Stiftelsen, bleve understöttede med Penge eller paa anden Maade hjulpne, saaledes at de kunde overstaae deres Barselfærd i private Boliger i Byen, og at et saadant Arrangement ikke er umuligt, syntes de sidste Aars Erfaringer at have godtgjort. Da Stiftelsens Bestemmelse imidlertid ei alene er den, at være et Asyl for Födende, med tillige at være en praktisk Underviisningsanstalt for Læger og Jordemödre, maa den naturligviis vedligeholdes i dette, men ogsaa kun i dette Öiemed. Med disse Betragtninger for Öie kunde Sundhedscollegiet ikke andet end inhærere den af dets Majoritet i 1845 yttrede Anskuelse, at det hidtil fulgte System, hvorefter Stiftelsen skulde optage alle eller dog Störstedelen af de til samme sig henvendende Födende, bör opgives og i dettes Sted et nyt fölges, hvis Grundtræk maatte være: Oprettelsen af en ny og mindre Stiftelse, ved hvis Indretning alle de i Videnskaben og Erfaringen vundne Resultater maatte finde Anvendelse i deres fulde Udstrækning. Denne Stiftelse maatte væsentlig betragtes som Læreanstalt, og deri kun optages et forholdsviis ringe Antal fritliggende Födende — Collegiet havde tænkt sig, at 10 til 15 Pladser kunde stadig være belagte, — medens de övrige ugifte Fritliggende og alle fritliggende Koner paa anden Maade maatte kommes til Hjælp udenfor Stiftelsen. Dette sidstnævnte större Antal Födende vilde imidlertid ingenlunde kunne ansees tabt for Underviisningen, idet de under vedkommende Lægers Tilsyn og Behandling vilde kunne benyttes til ambulatorisk Klinik. Skulde det fremdeles ansees nödvendigt at have en egen Stiftelse for Betalende, hvor det hidtil fulgte Hemmelighedssystem kunde finde Anvendelse, da maatte denne Stiftelse være aldeles adskilt fra Læreanstalten og dens Personale, og herved saavelsom ved det forholdsviis ringe Antal Födende, den vilde komme til at optage, vilde den paa bedste Maade være betrygget mod de dræbende Barselfeber - Epidemien. Enhver Bygningsplan, hvori disse Grundsætninger ikke vare gjorte gjældende i deres fulde Udstrækning, maatte Sundhedscollegiet ansee for mindre hensigtsmæssig. Collegiet maatte derhos fremdeles finde overveiende Betænkeligheder ved at beholde det til Födselsstiftelsen hidtil benyttede Locale i Amaliegade, i hvilken Henseende Collegiet ikke kunde andet end lægge særdeles Vægt paa hvad der om denne Gjenstand var anfört af Professor Levy, at enhver Omformen af den ældre Bygning dog kun vil blive en Tillempning efter de bestaaende Bygningsforhold, hvorved den ved de engelske Födselsstiftelser saa höit anslaaede Spreden af Barselstuerne ikke vilde kunne udföres, samt at Anlægget af hvilketsomhelst kunstigt Varme- og Ventilations - System vil möde store Vanskeligheder i den ældre Bygning og blive langt kostbarere end i en hel ny. Om man end vilde indrömme, at Sundhedsforholdene i Födselsstiftelsen kunde blive noget forbedrede ved Udförelsen af den paatænkte Plan, saa kunde det dog paa den anden Side ikke nægtes, at Udfaldet var tvivlsomt, ligesom Collegiet og mente, at denne Plan har Opinionen imod sig. Ogsaa bemærkede Collegiet, at Stiftelsens pekuniære Kræfter vilde ved Udförelsen af denne Plan svækkes saaledes, at det siden blev vanskeligt at rette den Feil, som engang var begaaet. Vilde man herimod indvende, at selv et fra ny af opbygget Locale ei vil være istand til at give fuldkommen Betryggelse imod Barselfeber-Epidemïer, da maatte hertil svares, at Sandsynligheden herfor dog er större i et saadant end i det ældre Locale, og at man, hvis Udfaldet mod Forventning ikke skulde svare til Hensigten, idetmindste kunde berolige sig ved Bevidstheden om, at der fra Administrationens Side var gjort Alt hvad der var muligt i denne saa vigtige Sag.

Sundhedscollegiet maatte saaledes tilraade aldeles at opgive den tidligere lagte Plan og istedet derfor at indrette en hel ny Födselsstiftelse efter de af Collegiet angivne Grundtræk.

Forsaavidt nu Sundhedscollegiet i det Ovenanförte havde henpeget paa de heldige Resultater af Födsler i private Boliger fremfor paa Stiftelser, da kunde dog Direktionen, idet den villigen erkjendte den Vægt, der tilkommer disse Resultater, for Tiden deri ikkun finde en foröget Opfordring til at skaffe Födselsstiftelsen en saadan Indretning, at Opholdet paa samme kommer til at svare til Forholdene i vel indrettede private Huse, men ikke til ganske at opgive det hidtil fulgte System med Tilsidesættelse af de fundatsmæssige Bestemmelser angaaende Anvendelsen af de til Stiftelsen henlagte Midler, forinden Virkningerne af Anstaltens paatænkte Reorganisation endnu have viist sig. Saa meget varsommere maatte man formentligen være i denne Henseende, som Födselshjælpen udenfor Stiftelsen har sine meget mislige Sider, hvad enten der anvises de ugifte Fruentimmer Plads hos Jordemödre, med hvilke de derved bringes i umiddelbar og ucontrolleret Forbindelse, eller de understöttes i deres egne Boliger, og Opmærksomheden saaledes i foröget Grad henledes paa, at Feiltrin begrunder en Adgang til Forsorg, som kun undtagelsesviis kan blive trængende Familiemödre tildel. Men vilde man allerede for Öieblikket lægge afgjörende Vægt paa hine Resultater, uden at oppebie hvad der til Stiftelsens Forbedring lader sig udrette ved tænksom Afbenyttelse af den senere Tids Erfaringer, maatte man efter Direktionens Overbeviisning i al Fald langt hellere aldeles ophæve Stiftelsen, og da, hvad Underviisningen angaaer, söge at hjælpe sig med ambulatorisk Klinik, end etablere en særegen Födselsstiftelse blot i det Öiemed at den skulde være en Læreanstalt, hvilket just er en betænkelig Side ved en Födselsstiftelse.

Men medens Direktionen ifölge det Anförte ligesaalidet kunde være enig med Sundhedscollegiet i Henseende til den fremtidige Organisation af den offentlige Födselshjælp, som den kunde tillægge de Betænkeligheder, der vare fremkomne mod Afbenyttelsen af den ældre Stiftelses Bygninger, nogen afgjörende Vægt, troede den dog med Hensyn til Indholdet af Sundheds-Collegiets Betænkning at burde tilraade en Modification i dens tidligere Plan. Istedetfor at denne gik ud paa, at der til Afvexling i hver af begge de överste Etager skulde indrettes Senge til 30 Födende, af hvilke en Del vilde komme til at ligge paa de i Sideflöiene indrettede enkelte Værelser, men Resten i fælleds Stuer, foreslog Direktionen nu, at Sengenes Antal i hver af begge Etagerne indtil videre indskrænkes til 20; at der for samtlige Födende indrettes enkelte Værelser, hvis Döre overalt vende ud mod rummelige og luftige Corridorer; at det hele Sengetal i hver Etage ikke belægges strax, naar Stiftelsen atter tages i Brug, men forelöbigen kun benyttes til 12 fritliggende og 3 betalende Patienter, med Forbehold for Direktionen at foröge Antallet indtil det ommeldte Maximum af 20, saasnart en længere heldig

Erfaring har bekræftet de forandrede Indretningers Hensigtsmæssighed, navnlig i Henseende til den mindre Mortalitet og Forebyggelse af Barselfeber-Epidemien, og at der ikke indrettes særlige Sygestuer, der maa ansees for overflödige, dels fordi de Födende henligge i særlige Værelser, dels med Hensyn til Hospitalernes Nærhed, men i dets Sted i hver Etage anbringes en Reconvalescentstue af en passende Störrelse, hvori de Födende kunne opholde sig i de sidste Dage, de tilbringe i Stiftelsen, medens deres Stuer udluftes.

Med Hensyn til Spörgsmaalet om, hvorvidt den Hjælp, Födselsstiftelsen efter dette Forslag vilde kunne yde de Födende, ikke i Forhold til disses Antal vilde blive altfor indskrænket, bemærkes det, at Födslernes Antal, efter hvad der er oplyst, i Reglen ikke har overskredet 1000 om Aaret; og da hver enkelt Födende kun henligger 9 Dage paa Stiftelsen, vilde der saaledes, uagtet Sengenes Antal indskrænkedes til 20, dog kunne optages 800 Födende i Stiftelsen om Aaret, saa at der kun blev 200, til hvilke Hjælp maatte ydes udenfor Stiftelsen.

Da der, saafremt Patientantallets Reduktion bifaldtes, vilde blive endel Plads tilovers, hvorpaa der ikke tidligere var gjort Regning, mente fremdeles Direktionen, at den Bolig i 1ste Etage, som tidligere har været indrömmet den administrerende lægekyndige Direkteur, kunde anvises Prof. Levy, dog med nogen Indskrænkning, da en Del af Localet vilde blive anvendt til Værelser for de Födende, og at den Bopæl, som Prof. Levy hidtil har haft i Stue-Etagen, kunde afgives til midlertidig Afbenyttelse af Underlægen Dr. Saxtorph. Dog skulde dette Arrangement kun være interimistisk, da det ikke var usandsynligt, at en Udvidelse af Stiftelsen i Tiden, naar Erfaringen maatte have viist, at den under den forandrede Organisation uden Fare kunde afbenyttes af et större Antal Födende, kunde findes tilraadelig.

Direktionen bemærkede endvidere med Hensyn til Pleiestiftelsen, at denne vel i Qvadratindhold er af tilstrækkelig Rummelighed i Forhold til det Antal Börn, som i Gjennemsnit der haves til Forsörgelse, men dog, da Værelserne ere lave, i sanitær Henseende lader en Del tilbage at önske. Naar det oven fremsatte Forslag med Hensyn til Födselssiftelsen toges tilfölge, vilde der imidlertid ogsaa blive Leilighed til at give Pleiestiftelsens Locale en ikke ubetydelig Udvidelse.

Til at gjöre Forslag angaaende det hensigtsmæssigste Ventilations- og Opvarmingssystem, var en Comite af sagkyndige Mænd sammentraadt, hvilken imidlertid havde yttret det Önske, at kunne lade det bero med Afgivelsen af dens Betænkning, indtil man har erfaret Resultaterne af de omfattende Forsög, som for Tiden angaaende denne Gjenstand anstilles i Frankrig. Herefter kunde dog Arbeidets Fremme saameget mindre udsættes, som de i Frankrig ved Forsögene vundne Resultater, om de end forelöbig vise sig tilfredsstillende, dog ikke, især deleshed under saa forskjellige klimatiske Forhold, her kunde ansees for afgjörende, forinden deres Hensigtsmæssighed ved Erfaring er bekræftet; men heldigviis vilde Udluftningen og Opvarmelsen af Stiftelsen saameget lettes ved den senest paatænkte forandrede Plan, at ogsaa denne Del af Opgaven meget snart under Architektens Conference med Comiteens övrige Medlemmer kunde ventes löst paa en fuldkommen tilfredsstillende Maade.

Hvad Underviisningen angaaer, da havde Direktionen, som oven berört, troet at maatte erklære sig imod, at Födselsstiftelsen, det være nu den ældre eller en ny, erholdt et Præg, som om den fornemmelig eller vel endog alene med Hensyn dertil blev opretholdt. Den maatte derhos ansee det for en ufravigelig Betingelse for, at man skulde kunne gjöre sig Haab om Vedligeholdelsen af en god Sundhedstilstand, at Antallet af de Candidater og Læredöttre, der have Ophold i selve Stiftelsen, reduceres idetmindste i samme Forhold som de Födende; men herom saavelsom om hvad der forresten kunde være at iværksætte for at forskaffe Underviisningen al den Fuldkommenhed, som kan forenes med behörig Hensyn til de Födendes Tarv, og navnlig om hvorledes den ambulatoriske Klinik kunde bringes til Udförelse hos de Födende, der henligge i Staden, samt paa en hensigtsmæssig Maade sættes i Forbindelse med Underviisningen i selve Stiftelsen, forbeholdt Direktionen sig efter foregaaende Correspondence med det medicinske Fakultet at indkomme med nærmere Andragende, naar först allerhöieste Resolution var afgiven angaaende Stiftelsens fremtige Indretning og Omfanget af dens Afbenyttelse.

I Henseende til den Stiftelsen tilhörende Gaard ved Frederiksholms Kanal bemærkede endelig Direktionen, at det vistnok vilde overstige Stiftelsens Kræfter at conservere en saa bekostelig Bygning i Forbindelse med Bygningerne i Amaliegade; men om dens Afhændelse kunde der dog ikke være Tale, forinden Alt var ordnet i den ældre Bygning og

Erfaring maatte have viist, at fornævnte Bygning uden Skade kunde undværes.

Uagtet den Vægt, som Sundheds-Collegiets Mening maatte have, blev dog Resultatet af de Forhandlinger, som denne Sag har fremkaldt i Cancelliet, for, at der ei var tilstrækkelig Grund til at opgive Födselsstiftelsens hidtilværende Locale, idet man holdt for, at denne Stiftelses Mangler vilde blive afhjulpne, naar man med nogle Modifikationer fulgte det af Direktionen fremsatte Forslag, hvorved de Hensyn, som Forsigtighed og de gjorte Erfaringer paabyde, syntes at være tagne. Der skjönnedes navnlig ikke i den Tid, der er forlöben siden Afgivelsen af den allerhöieste Resolution af 12te November 1845, at være fremkommet væsentlige nye Data, der talte imod Bibeholdelsen af den ældre Bygning, medens derimod den heldige Indflydelse, som man paa de interimistiske Födselslocaler, efter at Barselfeberen ogsaa der havde faaet Indgang, har sporet af den iværksatte Indskrænkning i de optagne Födendes Antal, lod formode, at lignende Forholdsregler heller ikke vilde blive uden gavnlige Fölger i Stiftelsen i Amaliegade.

Paa Cancelliets i Sagen nedlagte allerunderdanigste Forestilling har det derefter under 4de Oct. d. A. behaget Hs. Majestæt allernaadigst at bifalde:

1) At Födselsstiftelsen i Amaliegade ombygges i det Væsentlige overenstemmende med de af Direktionen fremlagte Tegninger, men med de Modifikationer og de Varme- og Ventilations-Apparater, som Prof. Levy, efter den Kundskab til andre Födselsstiftelser, han ved sine Reiser har vundet, vil have at angive, og især deleshed, at der saavel i förste som anden Etage i Gaarden Nr. 143 og om fornödent i Gaarden Nr. 144 indrettes 20 Enkeltstuer og een Reconvalescentstue, alt efter Direktionens Anordning. Af disse Stuer skulle i det höieste kun det halve Antal benyttes ad Gangen, og i samme for det förste kun optages 12 fritliggende og 8 betalende Patienter, alt for at Værelserne vexelviis kunne bruges med ubenyttede Værelser mellem de belagte;

2) At Födselsstiftelsen ved Frederiksholms Kanal indtil videre benyttes efter samme Grundsætninger som ovenfor ere angivne og for et lignende ringe Antal Patienter ad Gangen;

3) At Over-Accoucheuren og Under-Accoucheuren anvises passende Beboelsesleiligheder hver i sin Stiftelse, samt

hver af dem et Aftrædelsesværelse i den Stiftelse, som de ei bebo;

4) At en Over-Jordemoder anvises Bolig i hver af Stiftelserne, saalænge de begge benyttes;

5) At det ubenyttede Locale i Gaarden Nr. 145, forsaavidt det ikke maatte ansees fornödent til en yderligere Udvidelse eller Forögelse af Enkeltværelser for Födende, anvendes til Udvidelse af Pleiestiftelsen for Börn.

Læge-Examen i Efteraaret 1847.

De skriftlige Opgaver vare fölgende:

I Therapien.

Hvorvidt strækker sig vor Kundskab om *Pyæmien*, navnlig i Henseende til dens Ætiologi, Diagnose, Prognose og Behandling?

I Chirurgien.

Hvilke ere Aarsagerne til *Gangræn*? Hvorvidt er man i Stand til at forklare Gangrænens Symptomer af en nærmeste Aarsag? Hvilke ere de vigtigste Hensyn, som man har at tage ved denne Sygdoms chirurgiske Behandling?

I Medicina forensis.

Hvilke ere Kjendetegnene paa et nyfödt Barns *Fuldbaarenhed*, og hvorvidt ere disse tillige Bevis for, at dets Födsel er indtruffen 40 Uger efter Undfangelsen.

Til Examen indstillede sig 16 Candidater, af hvilke Meyer erholdt Hovedcharakteren Laudab. præ cæteris (dette er förste Gang denne Charakter er givet siden det chir. Academies Forening med det mediciuske Facultet); Dorph, Engelsted, Gundel, Schou, Silfverberg og Withusen erholdt Laudabilis; Dahl, Fibiger, Hansen, Lindorph, Philip, Rahlff, Richter, Tiemroth og Volters Haud. illaud. 1mi gradus.

Forlagt af C. A. Reitzel. Trykt hos Bianco Luno.

Den 13. November. 1847.

Ugeskrift for Læger.

2den Række VII. Nr. 24.

Redigeret af L. Brion og C. Hempel.

Kighosten og dens Behandling.

(Dr. Löschner i Vierteljahrschrift für die praktische Heilkunde, herausgegeben von der medicinischen Facultet in Prag, 5ter Jahrgang, Ister Band).

Forfatteren, der er Forstander for Börnehospitalet ved St. Lazarus i Prag, har under Kighostens hyppige Forekommen og temporære Heftighed i denne By fornemmelig siden 1844 henvendt sin Opmærksomhed paa denne Sygdom; först for om muligt at efterspore, om den er en Neurose, og hvilke Nervepartier der da især ere angrebne, eller om den fremtræder som en sædvanlig pathologisk-anatomisk Textursygdom, ved hvilken Nerveaffektionen forholder sig som secundær; dernæst, om i sidste Tilfælde den pathologisk-anatomiske Undersögelse af Cadaverne muligen kunde afgive faste Holdepunkter for en hensigtsmæssig og sikker Behandling. Blandt 700 Tilfælde af Kighoste, som forekom dels i Hospitalet dels i Privatpraxis i en Tid af henved 4 Aar (fra 1844 til Juni 1847) var Mortalitetsforholdet i Gjennemsnit som 27 : 1—30 : 1; af Obduktioner bleve i dette Tidsrum foretagne 15. Tillige iagttoges der Tilfælde af Kighoste saavel hos Voxne som hos Oldinge.

Gjennemlæser man den ikke ubetydelige Literatur over Kighosten, saa træffer man to Klasser af Anskuelser, af hvilke den ene anseer Sygdommen for en simpel eller en ved Barnealderen modificeret catarrhalsk Affektion af Struben eller Luftröret og dets Grene eller hele Respirationsslimhinden med eller uden Angriben af Nervesystemet, opstaaet og forplantet ved Miasma, contagiös eller ikke contagiös; den anden betragter Sygdommen for en Neurose, snart (Webster) som en primær sygelig Tilstand i Hjernen, snart (Marshal Hall) som en Spinalirritation, snart som en Affektion af plexus solaris, af vagus o. s. v. Ved en nærmere Sammenligning af Hovedrepræsentanterne for Meningerne om Sygdommens Nosogeni finder man Antallet overveiende paa deres Side, som ansee den for en hidtil uforklarlig Neurose eller en eiendommelig, Respirationsorganernes Slimhinde fornemmelig angribende Neurophlogose, en nervös Slimhinde-Betændelse.

Af disse forskjellige Anskuelser, der kunde forøges med endnu flere, bliver man neppe sat istand til med Sikkerhed at drage Slutninger angaaende Kighostens egentlige Væsen. Dertil kræves fremdeles Undersögelser fra det pathologisk-anatomiske Standpunkt for at bringe paa det Rene, om der, som de fleste Forfattere antage, aldeles ikke kunne paavises constante anatomiske Forandringer i Aandedræts-Organerne, men kun saadanne, der bero paa Complicationer eller Combinationer med andre Sygdomme. Benytter man altsaa ved Kighosten med Hensyn til den pathologiske Anatomi den samme Fremgangsmaade, som bruges ved enhver anden Sygdom for at udfinde dens Substrat og synlige Forandringer, nemlig den, at man i ethvert enkelt Sygdomstilfælde betragter de constant forekommende pathologisk-anatomiske Forandringer for pathognomonisk tilhörende samme Sygdom i et bestemt Organ, og fremdeles paa samme begrunder en Anskuelse over Sygdommen, dens Opstaaen, Udvikling og Udfald, kort sagt dens pathogenetiske Charakter; saa finder man ogsaa i Kighosten ved nöiere Undersögelse saadanne pathognomoniske, ikke af nogen Complication afhængige Forandringer, og kan ikke andet end ansee samme for en Sygdom i Luftveienes Slimhinde med en eiendommelig Affektion af Bronchiernes fineste Forgreninger, altsaa for en höist intensiv Catarrh. Dette fremgaaer af en nöiagtig Undersögelse af Bronchierne i deres Forlöb indtil Lungecellerne hos Individer, der vare döde under Forlöbet af Kighoste af hvilkensomhelst Complikation, ja selv i alle saadanne Tilfælde, hvor der, som ofte ved acut Tuberculose, vare forekomne kighosteagtige Anfald; i alle Tilfælde viste sig constant en eiendommelig Affektion af Bronchialforgreningerne og Lungecellerne i större eller mindre Udstrækning. Hos de, som ere döde af Kighoste eller dens Complicationer, findes nemlig især i de Partier af Lungen, hvor de saakaldte Complicationer forekomme, nemlig: hæmorrhagisk Infarctus, röd eller graa Hepatisation, i disse secundære Forandringers Nærhed, Midte eller i Retningen henimod dem, en Overfyldning af Cellerne og de finere Bronchialgrene med Slim, der snart er fortættet, graalig, snart gulagtig, formelig kornet og ofte saaledes tilstopper disse Kanaler, at der behöves nogen Kraft for at udtrykke den af sit Focus; mangen Gang er denne Slim purulent og henimod de större Bronchialgrene skummende. Hvor der er röd Hepatisation tilstede, er Slimhinden i de deromkring liggende fine Bronchialgrene og Lungeceller röd, svullen, Slimen tæt, kornet, graa eller gulagtig, undertiden blodig farvet. Er der graa Hepatisation med en Tilstand af Anæmi, saa er Slimhinden svullen, bleg, Slimen snart tættere snart mere flydende, fordetmeste pusholdig; nærmest omkring de slimfyldte Celler findes enkelte Bronchialgrene udvidede, undertiden Emphysem i det tilgrændsende Lungeparti. Hvor der viser sig Infarctus, findes Slimhinden röd, Slimen blodfarvet, og i Reglen er der ingen Udvidning af Bronchialgrenene tilstede.

Denne Forandring i Bronchialgrenenes Slimhinde manglede ikke i nogen af de undersögte Tilfælde. Den fandtes især i de fine Bronchialgrene, som ligge ud imod Lungens Overflade, omkring Lungens Rod og fornemmelig gruppeviis i Lungens nederste Parti; hyppig fandtes den i begge Lunger. Fordetmeste kjendes det saaledes angrebne Lungeparti allerede ved den ydre Betragtning og ved Fölelsen. Det er enten mörkere af Farve, eller blegt, marmoreret, sees udvendig fra som besat med smaa Höie og föles i Sammenligning med en tilstedeværende Complication meer eller mindre fast og knudret, saa at Fingeren föler ligesom Knuder imellem det ved Complication forandrede Væv. Indskjæres et saadant Lungeparti, saa træder den ovenfor beskrevne Slim ud i Klumper enten af sig selv som ved Complication med den röde eller graa Hepatisation, eller ved Tryk paa Vævet uddrives paa Snitfladen en hel Masse af saadanne Klumper af de tilstoppede fine Bronchialgrene. Selv i Tilfælde, hvor Tuberculose eller Lungeödem var tilstede og havde været den dödelige Complication, manglede dette Phænomen ikke, og man kan derfor ingenlunde ansee det som beroende paa en Forvexling med den tuberculöse Infiltration. Midt i eller mellem de tuberculöst infiltrerede Steder fremtraadte nemlig paa Snitfladen, i hvilken Retning denne end gjordes, stedse et större eller mindre Antal af de ovenomtalte Slimklumper i Form af smaa Ophöininger over det fortættede VæVs Niveau, af Störrelse fra et Hampefrö til en Ært; bortfjernedes de, kom i Reglen de udvidede Lumina af de gjennemskaarne Bronchialgrene tilsyne.

Affektioner, som findes sammen med ovennævnte Slimhindeaffektion, ere Udvidning af Bronchialgrenene; partielt Emphysem undertiden ved Randene af det angrebne Lungeparti; de större Bronchiers Slimhinde besat med en Reactionsrödme eller om end bleg, dog opsvullen; lobulær röd eller graa Hepatisation eller Tuberculose omkring de tilstoppede undertiden udvidede Bronchialgrene. Hepatisationen fandtes aldrig i stort Omfang men altid indskrænket til en eller flere lobuli. I Tilfælde af Kighoste hos Börn, der ere blevne anæmiske paa Grund af Marasmus, findes Omfanget af de afficerede Steder alligevel fortættet skjöndt blodtomt, ved Complication med Vattersot ödematöst. Enkelte Gange fandtes hos kraftige Individer partiel Pleuritis paa det Sted, som svarede til det afficerede Lungeparti. Ved den udtalte Lungeblennorrhoe, som ofte vedvarer efter Kighosten, findes Lungeslimhinden paa de fleste Steder svullen, ligesaa Folliklerne, Lungevævet hist og her atrophisk; dog bestaaer en saadan Blennorrhoe sjelden alene men i Forbindelse med Ödem, og Lungerne ere paa sine Steder tuberculöse; som oftest er der tillige Bronchiektasi og Pleuritis samt Emphysem tilstede.

Da disse Phænomener forekomme constant, saa frembyder sig nu det Spörgsmaal, om de ere tilstrækkelige til Forklaring af det Sygdomsbillede, som Kighosten afgiver, om alle Symptomerne under dens Forlöb lade sig udlede af samme. Dette Spörgsmaal maa udentvivl besvares bekræftende; men forinden vi gaae ind derpaa, ville vi först afhandle de ved Kighosten forekommende Complicationer.

Complicationer og Eftersygdomme. Den hyppigste Complication er den lobulære Pneumoni; med Undtagelse af faa Tilfælde var den næsten stadig tilstede i Omfanget af de tilstoppede fineste Bronchialforgreninger, og om end dens Omfang ikke var stort, saa forekom den idetmindste i nogle Lapper, sjelden alene paa et Sted, sædvanlig i flere Partier af samme Lap. Den opstaaer, som Andre ogsaa have bemærket, hyppig efter den 3die eller 4de Uge af Kighostens Forlöb; oftere viser den sig som graa Hepatisation, mindre hyppigt som den röde, hvilket dels afhænger af Sygdommens kortere eller længere Varighed, fordetmeste dog af Patientens Constitution. Gjöres et Indsnit i en af lobulær Pneumoni angrebet Lunge, saa vise sig paa forskjellige Steder de ovenanförte Phænomener paa Slimhinden i Bronchialforgreningerne og omkring disse hepatiserede Lapper. Enkelte Gange, hvor Kighosten hurtig blev dödelig, fandtes vidt udbredt hæmorrhagisk Infarctus og midt i samme paa flere Steder de oftomtalte Forhold i Bronchialgrenene og Lungecellerne. Kun sjelden er man istand til at diagnosticere denne Pneumoni i levende Live; er den indskrænket til enkelte Steder, saa indtræder sædvanlig Helbredelse, hvilket derimod sjelden bliver Tilfældet, naar den forekommer paa flere Steder eller er meget udbredt.

Bronchitis er den anden vigtige Complication ved Kighosten og mangler sjelden, kjendelig ved Svullenhed og Infiltration af Slimhinden som oftest tilligemed Udvidning af de finere Bronchialgrene, hvilken ogsaa hyppig er tilstede ved Pneumoni; disse Tegn ere sikkrere end den i Cadaveret ofte skuffende eller snart forsvindende Rödme i

Slimhinden. Ved begge de nysnævnte Complicationer er altsaa i Reglen Bronchiektase tilstede. — Iövrigt har i Kighosten ikke enhver Bronchitis heftige Reactionssymptomer tilfölge, thi disse afhænge af dens hurtige Optræden i hele Bronchiernes Forlöb, imedens alle saakaldte Reactionssymptomer kunne mangle, naar Betændelsen optræder langsomt og i mindre Strækninger. Indfinder Bronchitis sig med Heftighed og i större Udbredning, saa bliver den ligesom den vidt udbredte Pneumoni hurtig dödelig.

Emphysem er en ikke sjelden Fölge af Kighoste og dets Fremkomst forklares let, naar man tager Hensyn til den ovenfor beskrevne anatomiske Beskaffenhed af Bronchialgrenene og Lungecellerne samt til det eiendommelige Aandedræt ved Kighosten. Naar Rilliet og Barthez ansee Emphysem for en sjelden Complication, saa kan der neppe gives dem Medhold, thi netop den ved en eneste lang og pibende Indaanding optagne Luft udtömmes kun ufuldkomment ved de stödviis kommende, korte og afbrudte Udaandinger og bliver derved den mekaniske Aarsag til Dannelsen af Emphysem, medens de enkelte Bronchialgrenes Tilstopning og den deraf snart fölgende Fortættelse i det omgivende Væv, tilmed Brystets heftige Anstrængelser under de enkelte Anfald forresten afgive tilstrækkelig Grund til denne Affektion. Emphysemet er iövrigt oftest indskrænket til enkelte Afdelinger.

Lunge-Ödem iagttages sjeldnere som acut, hyppigere som chronisk Ödem og opstaaer paa Grund af Forandringer i Bronchiernes og Lungecellernes Slimhinde, af hines Udvidning og den lobulære Pneumoni og det derved forhindrede Kredslöb i Lungerne. Fordetmeste har det sit Sæde i de överste Lapper og er ofte forbundet med Ödem i Ansigtet og i Extremiteterne. Samtidig med dette Lungeödem eller i Forbindelse med Bronchiectasi, men især med betydelige Forandringer paa Bronchiernes Slimhinde optræder i enkelte Tilfælde det saakaldte Oedema glottidis, dog vel ikkun med en under eller efter Kighosten optrædende Tuberculose.

Convulsioner ere stedse Fölge af et Tryk paa Hjernen enten formedelst hæftig Congestion eller Meningitis tuberculosa med eller uden serôst Exsudat i Ventriklerne, eller Apoplexi. I förste Tilfælde gaae de ofte over uden betydelige Fölger, i de andre Tilfælde medföre de et dödeligt Udfald.

Apoplexi iagttoges to Gange opstaaende i Kighostens Acme under et Anfald med hæftige Convulsioner. Den ene Gang led Barnet af en organisk Feil i Hjertet, den anden Gang var det opdunset og scrophulöst.

Blödninger af forskjellige Organer. De opstaa stedse kun af partiel Hyperæmi i Lungen eller (som ved Næseblod) ifölge hæftig Rystelse under det enkelte Anfald hos zarte Constitutioner.

Tuberculose ansee Barthez og Rilliet med Rette som en ikke sjelden Sygdom under Forlöbet. Den fandtes alene eller i Forbindelse med meningitis tuberculosa og consecutiv Hydrocephalus.

De anförte Sygdomsformer, der af alle Nyere anföres som de sædvanligste Complicationer ved Kighosten, synes just at burde have tjent til at oplyse denne Sygdoms Natur; thi vi kjende hidindtil ikke en eneste Neurose, endnu mindre nogen i Struben, Luftröret eller Lungerne, som har haft saadanne Complicationer tilfölge, og vi finde overhovedet ingen ægte Neurose, der jo, naar den forbinder sig med lignende Complicationer, ved nöiere Forskning lader sig eftervise som en Anomali i Blodet eller i et eller andet Væv.

Som Complicationer og Eftersygdomme anförer man fremdeles: Anasarca, der dog kun opstaaer hos hydræmiske Individer, og Kighosten har forsaavidt Andel deri, som Bronchiernes og Lungeblærernes Catarrh eller den herved bevirkede Stase enten primært foranlediger Hydræmi eller dennes hurtigere Fremskridt ved tilstedeværende Disposition. Pleuritis, kun partielt og i Forbindelse med vidt udbredt Pneumoni. Croup, dog kun sjelden. Af Exanthemer forekomme temmelig hyppig Mæslinger som Forlöbere for Kighosten; denne indbyrdes Fölge imellem disse to Sygdomme tyder ogsaa paa, at Kighosten er en betændelsesagtig Affektion af Luftveienes Slimhinde. Andre Exanthemer kunne ikke betragtes som staaende i nöiere Sammenhæng med Kighoste, men ere ikkun Coincidens-Sygdomme. Udvidning af Hjertet og Aorta, der angives af forskjellige Forfattere, kunne forekomme, men sikkert kun ifölge Lungevævets Impermeabilitet og derved hindret Kredslöb gjennem Lungerne og Hjertet. Ogsaa disse tale for Kighostens ikke dynamiske Natur og for dens organiske Focus i Lungevævet. Asthmatiske Anfald og Blaasyge kun secundært af sidstnævnte Sygdomme. Brok og Fremfald kunne opstaa ved de hæftige Anstrængelser. Chronisk Diarrhoe bevirkes sandsynlig snarere ved for stærk medicamentös Indgreb end ved Kighosten. Marasmus betinges hyppig ved Sygdommens Langvarighed, der medförer mangfoldige Blodanomalier og derved Hindring i Ernæringsprocessen og endelig Atrophi; undertiden foraarsages den ogsaa ved Obliteration af Lungeblærerne med Bronchiectasi og Tuberculose eller ved Lunge-Blennorrhoe, men ingenluude ved nogen neurotisk Proces.

Denne maa ansees som en hyppig Udgangssygdom for Kighoste, og anföres som saadan af mange. Den giver ogsaa et Vink om Sygdommens Væsen. — Hjerneblödhed og Lamhed er kun Fölge af Apoplexi eller Tuberkler, og betinges ikke af Kighosten, ligesaalidet Sindssygdomme, Dövhed, Blindhed eller Epilepsi.

Diagnose. Som Sygdomme, der nöie maa adskilles fra Kighosten, anförer man sædvanlig Bronchialcatarrh, Bronchitis, Lungetuberculose og Tuberculose i Bronchialkirtlerne. Der lader sig dog ikke angive faste Adskillelses-Tegn imellem Kighosten og de nævnte Sygdomme, idet der saavel ved Bronchitis som ved Bronchialcatarrh, ved acut Lungetuberculose og Tuberculose i Bronchialkirtlerne, ifölge Angivelse af de Forfattere, der gjöre en saadan Adskillelse, kunne forekomme og virkelig ikke sjelden iagttages paroxysmeviis indtrædende Hoste. Saaledes siger Wunderlich at "fornemmelig naar Bronchitis og Bronchialcatarrh optræde i Forlöbet af en Kighoste-Epidemi, kan Diagnosen ofte ikkun afgjöres ved Iagttagelse af Sygdommens videre Forlöb, ligesom der gives Tilfælde staaende paa Overgangen, i hvilke en bestemt nominel Diagnose er umulig." Om Tuberculose i Lungen og Bronchialkirtlerne anförer han "at de ofte ledsages af en Hoste, der ligner Kighoste, og at Diagnosen, om der er en reen Tuberculose i Lungerne eller Bronchialkirtlerne eller om der er en simpel Kighoste tilsteste, er ofte umulig. Endnu vanskeligere bliver Diagnosen, naar der som Fölge af en Bronchitis danner sig en Dilatation af Bronchierne." Denne faktiske Umulighed af en streng Adskillelse imellem disse Sygdomme samt den Iagttagelse, at der i de nævnte Sygdomsformer forekomme de charakteristiske kighosteagtige Anfald, maa lede til den sikkre Slutning, at Paroxysmerne i og for sig ingenlunde udgjöre Sygdommens Væsen, men ere noget Accidentelt, Underordnet og afhænge af Sygdommens Udbredning og Affektionen af bestemte Partier af Lungen eller Bronchierne, der som eiendommeligt medförer hine paroxysmeagtige Anfald. At denne Affektion kan være tilstede i större eller mindre Udstrækning, med ringere eller betydeligere Heftighed, er i sig selv klart, og derfor kan det ligesaa godt komme til kighosteagtige Paroxysmer ved Bronchitis og Bronchialcatarrh, Lunge- og Bronchialkirtel-Tuberculose som ved Kighosten — uden at derfor disse Sygdomme ere anderledes beskafne eller modificerede ved en Kighoste-Epidemi — naar blot de bestemte Momenter ere tilstede, og den sygelige Affektion er af den Natur, at de fineste Bronchialgrenes Udbredning drages med ind i den sygelige Proces. Det fremgaaer heraf, at ved Kighosten selv er det ikke Paroxysmerne, som constituere Sygdommens Væsen; de bevise kun, at den catarrhalske Affektion tillige har angrebet de Partier af Aandedrætsorganerne, i hvilke det paa Grund af den særegne Affektion maa komme til en hæftig periodisk Nervereaction — til intermitterende Reflexbevægelser. En Adskillelse imellem Bronchitis og Bronchialcatarrh med kighosteagtige Anfald paa den ene Side og Kighoste paa den anden vil derfor hverken være mulig ved subjektive eller objektive Symptomer, og hverken den kortere eller længere Varighed af Kighoste-Krampen, eller Feberens ringere eller större Heftighed eller Manglen af samme, ei heller den stærkere eller svagere Dyspnoe kunne afgive differentielle Tegn; endnu mindre de physikalske Tegn, som den meer eller mindre pibende Slimrallen eller den klare Percussionslyd, thi alle disse Tegn ere i större eller ringere Intensitet ligesaagodt tilstede ved Kighosten som ved disse Sygdomme, og dette afhænger som anfört, af Kighostens Udbredning og Heftighed. Ved Tuberculose i Lungerne eller Bronchialkirtlerne gives der derimod fastere Holdepunkter, nemlig de physikalske Tegn. Saalænge de ikke ere tilstede, kan der ikke med Sikkerhed dömmes om hine Sygdommes Tilstedeværelse; naar de vise sig, saa er enhver Adskillelse fra Kighosten unödvendig, thi hverken for Prognosen eller for Therapien ere de kighosteagtige Paroxysmer ved begge disse Sygdomme af særegen Vigtighed, de bevise alene en samtidig Affektion af Lungeslimhinden med en eiendommelig Secretion paa de Steder, hvorfra periodisk kan udgaae nervöse Reactionsphænomener.

Sygdommens Væsen og Sæde (pathologisk Physiologi). Af de foretagne pathologisk-anatomiske Undersögelser, de ved samme paaviste eiendommelige Tilstande i Bronchierne og deres fineste Grene samt Beskaffenheden af de hyppigst forekommende Complicationer kunne vi drage fölgende Slutninger. Kighosten er en Katarrh i Respirationsorganerne, der tager sin Begyndelse i Struben og den överste Del af Luftröret, med samtidig Affektion af andre Slimhinder, fornemmelig Næsens og Svælgets. Den optræder enten med betydelige betændelsesagtige Symptomer, ledsaget af stærk Svulst i Slimhinden, ja selv med crouplignende Phænomener, eller den begynder med en let Irritation af Slimhinden, frembydende en hyperæmisk Tilstand med forandret Secretion af samme. Ved sædvanlig diætetisk Forhold varer denne Catarrh i 14 Dage og derover (Kighostens förste Stadium) uden at det imidlertid kommer til den stærkere, consistentere, mere kornede Slimafsondring og dennes Fjernelse ved den sædvanlige Hoste, der indtræder ved Enden af enhver Catarrh, altsaa uden at det kommer til nogen Crise. Den betændelsesagtige Tilstand i Slimhinden vandrer derpaa videre i Luftröret og Bronchierne til disses Bifurcation, til de större og mindre Bronchialforgreninger. Saasnart Affektionen strækker sig ud over Bronchiernes Bifurcation (Begyndelsen af andet Stadium), optræder Sygdommen med Hosteparoxysmer og forlöber som en Bronchitis med Hosteparoxysmer.

Efterhaanden skrider den catarrhalske Affektion efter Retningen af de större Bronchialforgreninger ind i enkelte Afdelinger af disse, som ende sig ved Lungens Overflade, og paa enkelte Steder ind i Luftveienes yderste Endegrene, og det under de sædvanlige pathologisk anatomiske Phænomener af Hyperæmi og Svulst i Slimhinden og dens Follikler. Saasnart dette er sket og enkelte Lungelappers Slimhinde henimod Lungens ydre Overflade er angreben, indtræde hine eiendommelige, hyppige og med Qvælningstilfælde ledsagede Hosteparoxysmer, der ifölge alle Forfatteres Anskuelser ogsaa kunne forekomme ved Bronchitis. Disse Hosteanfald tilveiebringes ved det omkring Lungens Rod liggende Plexus pulmonalis, der er sammensat dels af Grene fra Vagus dels fra Sympathicus, og hvis Forgreninger fölge med Bronchiernes Forgreninger. — Ved Catarrhens videre Fremtrængen til Lungeblærerne forandres disses Slimhinde paa samme Maade som Bronchiernes, og ved den lidt efter lidt tiltagende Slimsecretion, blive enkelte af disse temporært obliterereде ved den ansamlede og ikke fuldstændig udtömte fortættede Slim. Indtil dette Tidspunkt frembyder sig ikke noget eiendommeligt for Kighosten; men ved denne Obliteration af Bronchierne bliver Aandeprocessen altsaa saavel Blodets Oxydation som Udaandingen af Kulsyre forhindret.

Den i Lungeblærerne ansamlede Slim bliver fortættet; Kredslöbet i Haarkarrene afbrydes ved Stase og derfor kommer det let til lobulær Pneumoni eller Infarctus, Lungeblödning, eller ved scrophulös eller tuberculös Disposition til Tuberkel-Infiltration, til Ödem i de överste Lungepartier og, paa Grund af Hindringen i Lungecellerne og den hæftige Anstrængelse under Paroxysmen, til Emphysem i Lungen, hvilket kan finde Sted i större eller ringere Omfang i Forhold til Beskaffenheden og Omfanget af Slimhindeaffektionen i Cellerne.

Ifölge physiologiske Grundsætninger er enhver Hoste en Reflexbevægelse, der fölger efter Indvirkninger paa Luftrörets og Lungens Slimhinde, ved mekanisk eller chemisk irriterende Stoffe, ved Betændelsen, som ledsager de forskjellige catarrhalske Affektioner. Der er saaledes et dobbelt Element til Hosteanfaldene i Kighosten, nemlig et som betinges af den catarrhalske Betændelse og et mekanisk-chemisk. Som en almindelig Erfaring ved Kighosten bemærkes nemlig, at Paroxysmen ikke ophörer, forinden en Masse Slim er udtömt med eller uden Brækning, efter hvilken Udtömmelse der i kortere eller længere Tid indtræder en rolig Tilstand. Den i Lungeblærerne og de fine Luftröregrene til en eller flere Lungelapper ansamlede chemisk forandrede Slim virker nemlig, saasnart Aandeprocessen derved lider en betydelig Hindring, som et fremmed Legeme paa Slimhindens Nerver, og der opstaaer nu for at fjerne dette fra Lungen hine Reflexbevægelser i Form af stödviis fölgende afbrudte Exspirationer; efter en længere Vedvaren af disse maa der efterfölge en dyb Inspiration, som paa Grund af den eiendommelige Affektion af Lungeblærerne sker hurtig og ved samtidig Affektion af Struben og Stemmeridsen ledsages af en pibende Lyd.

H o s t e p a r o x y s m e r n e e r e s a a l e d e s i k k e n o g e n K r a m p e s y g d o m, h i d r ö r e n d e f r a e n p r i m æ r A f f e k t i o n a f N e r v e r n e, m e n d e o p s t a a a l e n e i f ö l g e e n temporær Indskrænkning af Aandeprocessen formedelst Lungeblærernes og de fineste Bronchialgrenes temporære Obliteration af den fortættede Slim, i Form af Reflexbevægelser for at fjerne den fremmede Potens. Ved Kighosten kan derfor kun være Tale om Neurose i samme Betydning som ved enhver anden Hoste, og alene Eiendommeligheden af Slimhindeaffektionen betinger Hostens særegne Beskaffenhed. De paroxysmeagtige Hosteanfald ere altsaa nödvendigviis fremkaldte Reflexbevægelser for at forekomme Suffocation. Vi ville blot henvise til Hosteanfaldenes Eiendommelighed ved Suffocationstilfælde af Kuldampe eller andre mekaniske eller chemiske Indvirkninger paa Lungeslimhinden. I Kighosten er den paa Slimhinden virkende og Nerverne til Reflexbevægelser stimulerende Potens den i Lungeblærerne stagnerende Slim. Jo flere saadanne Lunge-Lapper og dermed i Forbindelse staaende finere Bronchialforgreninger der saaledes ere blevne imperviable, desto hyppigere indtræde de ovenbeskrevne paroxysmeagtige Anfald, desto hæftigere ere de, desto lettere opstaaer Emphysem og Fortættelse i det omgivende Lungevæv samt Udvidning af de ovenfor liggende Bronchialforgreninger. Det er indlysende, at enkelte tidligere angrebne Lungelapper og deres Blærer igjen blive fri og permeable eller igjen under ugunstige Omstændigheder kunne angribes af Sygdommen. Derved forklares Kighostens Vedholdenhed og langvarige Forlöb, den oftere indtrædende Bedring og Forværrelse, selv medens Catarrhen i Luftröret og de store Bronchier tilsyneladende er aflöbet. Deraf kommer det, at der ofte efter Döden ikke opdages nogen Forandring i Struben, Luftröret og de större Bronchier, undtagen nogen skummende Slim.

Der angives ialmindelighed af Forfatterne, at en hyppig Udgang af Kighosten er Hydræmi eller Marasmus. Naar man kjender Liebigs Theori om Aandeprocessen samt Blodberedningens Physiologi, vil man let finde en Forklaring af disse Udgange i Aandeprocessens Hindring og den mangelfulde Blodberedning og Ernæring.

Er Antallet af imperviable Lungelapper ikke betydeligt og de deraf betingede secundære Structurforandringer i Lungen ikke meget udbredte, naar dernæst hensigtsmæssigt Forhold og Diæt have medvirket til Sygdommens Bekjæmpelse, saa blive Lungeblærerne ved Lösningen og Bortfjernelsen af Slimen igjen perviable, og der indtræder det saakaldte tredie Stadium i Kighosten, der er aldeles identisk med det saakaldte kritiske Stadium i enhver Catarrh. De enkelte Symptomer under Kighosten lade sig saaledes forklare ifölge disse physiologisk-pathologiske Grundsætninger.

Udfald: Sygdommen gaaer enten over i Helbredelse, eller i andre Sygdomme og gjennem disse i Döden. Helbredelsen fölger ved Lösning af den i Lungecellerne stagnerende Slim under samtidig foröget Afsondring fra Luftrörets Slimhinde. Expectoratet bliver klumpet, tykt som i sidste Stadium af en Catarrh, ofte viser sig Hydroa, hyppigere Sved og Sediment i Urinen; Barnet bliver livligere, dets Udseende bedre, Ernæringen fuldkomnere. Eftersygdommene vare enten tilstede som Complicationer eller udvikle sig som egentlige Fölgesygdomme af den simple Kighoste og dens Complicationer. De ere navnlig Blennorrhoe af Respirationsslimhinden, habituelle Blödninger, Brok, Fremfald, stærkere Udvikling af Scrophler og Rachitis, Tuberculose, Anasarca, Sygdomme i Hjertet og de större Kar, Atrophi. Döden indtræder ved Qvælning,

Lunge- eller Hjerne-Apoplexi, Oedema glottidis o. s. v., alle de under Complicationerne anförte farlige Sygdomme. Ialmindelighed medföres Döden langt snarere ved den Syges Individualitet, ved foregaaende eller tilstedeværende constitutionelle Sygdomme, ved uhensigtsmæssigt Forhold eller Indgriben med Medikamenter, end ved Kighosten selv, der i og for sig ved hensigtsmæssigt diætetisk Forhold er en af sig selv forsvindende Sygdom; en Anskuelse, hvori ogsaa de fleste nyere Forfattere samstemme.

Symptomatologi. Det vilde være overflödigt at give en fuldstændig Beskrivelse over alle de til Kighosten henhörende Symptomer; vi indskrænke os derfor til en kritisk Vurdering af de forskjellige Stadiers Hovedphænomener.

Forfatterne adskille ialmindelighed tre Stadier, det catarrhalske, convulsive og blennorrhoiske, hvilke efterhaanden gaae over i hinanden. Imod denne Inddeling lader der sig vistnok gjöre Indvendinger, saaledes gives der ifölge Barthez og Rilliet bestemte Iagttagelser for, at Hosten strax optræder med Paroxysmer (i de ovennævnte ved St. Lazarus gjorte Erfaringer forekom dog ikke et eneste Tilfælde, hvor Sygdommen strax optraadte med Hosteparoxysmer aldeles uden Forlöbere); i andre Tilfælde varer den simple Bronchitis, der gaaer forud for Kighosten, saalænge, at man vanskelig kan ansee den som en Forlöber for denne; i andre ingenlunde sjeldne Tilfælde lader det sig umulig afgjöre, naar andet Stadium ophörer og tredie begynder, thi Hosteanfaldene höre undertiden op eller forvandles til en simpel catarrhalsk Hoste og erholde efter nogen Tid igjen deres tidligere Intensitet. Imidlertid er denne Inddeling i 3 Tidsrum dog ikke uvigtig; kun synes det mere passende, ifölge hvad vi have udviklet, at benævne dem noget anderledes, nemlig: det catarrhalske, Stasens og Solutions-Stadiet, hvorved tillige betegnes Stadiet for indtrædende Complicationer og deres Udgange. — Denne Bestemmelse af Sygdommens Forlöb taler aabenbart imod den Anskuelse, at Kighosten skulde være en Neurose; thi det synes dog höist usandsynligt, at en Catarrh skulde gaae over i en Neurose, denne atter i en Catarrh, og dernæst afvexlende denne i hiin; og netop den bestemte Erfaring, at andet og tredie Stadium gjentagne Gange kunne gaa over i hinanden (Kighostens Recidiver), bliver uforklarlig, naar man betragter Kighosten som en Neurose, medens det ifölge den her udviklede Anskuelse indlyser, at disse Overgange lettelig kunne, ja maa fölge og afvexle indbyrdes, om end i ubestemt Omfang og Tid, i Forhold som Slimhindeaffectionen er dybere indgribende og omfangsrigere eller svagere, eller den ved ugunstige Forhold recidiverer.

Det catarrhalske eller febrile Stadium indtræder med Catarrh i de överste Respirationsveies Slimhinde, og de derhen hörende Symptomer tyde alene paa en saadan, der kan være stærkere eller svagere, mere udbredt eller indskrænket, ledsaget af flere Reactions- eller Coincidenssymptomer (Feber, angina, conjunctivitis); ikke et eneste af de her forekommende Symptomer kunne lade formode en dybere Indgriben. Kun paa en Tid, hvor en Kighoste-Epidemi hersker, slutte Læger og Publikum med nogen Sandsynlighed af den blotte Catarrhs Tilstedeværelse til en mulig Indtræden af Kighoste, men kunne ogsaa alene have en blot Formodning for sig, eftersom det ved passende diætisk Forhold eller endog uden et saadant ofte bliver ved den simple Catarrh, uden at Kighoste fölger efter. Imidlertid indtræder ogsaa Kighosten uagtet lagttagelsen af alle Forsigtighedsregler, hvilket dog intet beviser imod den fremsatte Anskuelse, thi i en Epidemi see vi den herskende Sygdom opstaae ogsaa hos Saadanne, som stræbe at undgaae alle Leilighedsaarsager til den.

Det convulsive, Stasens Stadium charakteriserer sig ved paroxysmeagtige Hosteanfald med fri Mellemrum; forud for Anfaldet gaae visse Forlöbere, og det ender med et eiendommeligt Expectorat. Betragtes Symptomerne af dette Stadium nærmere, saa afgive ogsaa disse, naar undtages Hosteparoxysmen, ikke andre Tegn end de som höre til en Catarrh, saalænge der ingen Complication indtræder. Tegnene paa Catarrhen ere saaledes Slimrallen (der höres ved Auscultationen især kort för Anfaldet, Percussionslyden er klar), Hoste og Expectoratet; thi alle de andre Symptomer hidröre dels fra den heftige Anstrængelse og dennes Indvirkning paa Kredslöbet under Anfaldet, dels fra Fölelsen af Suffocation. Til den heftige Anstrængelse höre saaledes Sögen efter et Stöttepunkt, Zittren og Trækninger i Musklerne, ligesaa den röde endog cyanotiske Farve i Ansigtet, Blodaarernes Opsvulmen, Öieæblets Fremtræden, de kolde Extremiteter, udbrydende Sved, uvilkaarlige Udtömmelser, Fremfald, Brok, Blödninger, o. s. v. Det er fornemmelig Hosteanfaldene i andet Stadium, der skulle begrunde den Anskuelse, at Kighosten er en Neurose. Men Anfaldene begynde med en i Förstningen tör, höist anstrængende Hoste, med korte, afbrudte, stödviis kommende besværlige Udaandinger, efter at nogen Tid i Forveien Klemmelse, Trykken for Brystet, ofte Smerte i samme og Aandenöd ere gaaede forud, lutter Tegn paa en i Lungen tilstedeværende Hindring for Aandeprocessen og Kredslöbet, hvisaarsag de afbrudte Exspirationer i Form af den ovenbeskrevne Hoste fremkomme, for om muligt at fjerne denne Hindring. At denne Forhindring i Bronchialforgreningerne, der medförer en momentan Fornemmelse af Fare for Qvælning, alene er den ansamlede stagnerende Slim og ikke andet, beviser Enden af ethvert Anfald, som stedse indtræder, naar der viser sig en rigelig Opspytten af den seige, halvigjennemsigtige, gulagtighvide eller blaalige, undertiden gelatinöse og blodstribede Slim, og altsaa Hindringen fjernes. De langtrukne lydelige Indaandinger ere sikkert ikkun Fölger af en efter flere Udaandinger indtrædende Nödvendighed for Luftindaandingen, uden hvilken Suffocationsfare maatte indtræde; netop de langvarige, stödviis kommende Udaandinger afgive en nödvendig Grund til en lang Indaanding, der kan skaffe Aandedrætsorganerne den tilstrækkelige Mængde af atmosphærisk Luft. At den er langtrukken og lydelig hidrörer fra Sygdommen i Slimhinden og dens Fölger, vel ogsaa derfra at vedvarende Reflexbevægelser ere nödvendige for at bortskaffe Impedimentet i Lungerne. Iövrigt have Anfaldene ingen Typus, ere forskjellige i Intensitet og udsættes længere, naar en större Mængde Slim er udtömt af Lungerne. Det er urigtigt, at Mellemrummene imellem Paroxysmerne ere fuldkommen fri; man gjöre sig blot den Umage at auscultere en Kighoste-Patient oftere, og man vil i Mellemrummene forefinde alle Tegnene paa en Catarrh, selv hist og her en svagere Aandedrætslyd, navnlig i Egnen af Lungens nederste Lapper; auscultere man saadanne Patienter lige för Anfaldene, saa vil man finde Slimrallen för Anfaldets Begyndelse langt mere stærk og udstrakt end bagefter, Beviis nok for, at den stagnerende Slim i den angrebne Slimhinde er en nödvendig Grund til Reflexbevægelserne, for at forebygge Qvælning og muliggjöre Hæmatosen under Aandeprocessens Vedvaren.

Den Paastand at Kighosten er en primær Neurose, kan saaledes ikke begrundes selv ved Paroxysmens Beskaffenhed. At Anfaldene ere hyppigst om Natten og efter Maaltidet, hvilket bekræftes ved de fleste Erfaringer (skjöndt nogle Forfattere paastaae det modsatte), vil ogsaa kunne forklares til Gunst for den Anskuelse, at Kighosten er en dybt i Luftveiene indtrængt catarrhalsk Affektion; thi under Sövnen, medens Aandedrættet og Cirkulationen er langsommere, begunstiges Ansamlingen og Stagneringen af Slim ved mānge Momenter, ligesom ogsaa ethvert Maaltid afgiver nogen Hindring for Aandeprocessen, hvorved de til Slimens Bortfjernelse nödvendige Reflexbevægelser foranlediges. At Diætfeil, raa og fugtigkold Luft, foröge Hosteparoxysmerne, er noget som stemmer overens med enhver Catarrh, der ved disse Potenser ligeledes tiltager; naturligt er det, at Sindsbevægelser fremkalde Anfaldene, da de selv uden nogen Hindring i Luftveiene foranledige Reflexbevægelser.

At Billedet af Kighosten forandres ved en tilstedeværende Complication og det i Forhold til dennes Beskaffenhed, behöver neppe at bemærkes. Udvikler der sig Lungebetændelse eller Bronchitis i större Udstrækning, saa træde Kighosteanfaldene noget i Baggrunden, men vende atter tilbage, naar Betændelsen er aflöbet. Andre pathologiske Processer, som heftige Öienbetændelser, Zona, Rosen, Mæslinger, Skarlagensfeber, Kopper viste i denne Henseende ingen Indflydelse.

Det tredie Stadium, blennorrhoicum, solutionis, varer temmelig ubestemt. Anfaldene blive imod Enden af det convulsive Stadium mindre heftige og sjeldnere, og i dette gaae de over til en sædvanlig catarrhalsk

Hoste, hvorved runde, gulagtige, purulente Slimmasser med Lethed udtömmes (de Gamles sputa cocta) i temmelig stor Mængde. Auscultation og Percussion afgive de samme Tegn, som i en Catarrhs sidste Stadium. Kræfterne tiltage og Helbredelsen indtræder, idet Hosten efterhaanden forsvinder. — Ved ugunstige Potensers Indvirkning kan opstaa Recidiver endog flere Gange; ligeledes kan Sygdommen i dette Stadium gaa over til en chronisk Catarrh og chronisk Blennorrhoe af Luftveiene med dennes Fölger. — Det tredie Stadium er altsaa en Catarrh i sin saakaldte Lösningsperiode og saaledes Kighostens kritiske Stadium. Dets Symptomer tale mest imod Sygdommens nervöse Beskaffenhed; thi saasnart det omtalte Expectorat fremkommer, er Kighostens nervöse Natur forsvunden, og kun en sædvanlig Catarrh tilbage. At Muligheden af Recidiver ligeledes beviser Kighostens ikke primært nervöse Natur, er forhen omtalt.

(Sluttes i næste Nummer).

Om de hvidtede Huse

har Redaktionen i Anledning af Hr. Gjersings Opfordring modtaget Fölgende til Optagelse i Ugeskriftet:

I min sidstafgivne Medicinal-Beretning til det kongelige Sundhedscollegium har jeg yttret fölgende:

"Adskillige mig forekommende Besværinger over den hvide Farve af Gjenboeres Huse, hvis Skadelighed for Synet selv sunde og stærke Öine maa bemærke, foranledige mig til at bringe en Sag paa Bane, hvorom det vel er mig bekjendt, at det höie Collegium tilforn, men forgjæves har andraget for Kjöbenhavns Vedkommende. Forsaavidt Nutiden maatte være gunstigere for Sundhedspolitiets Interesse i berörte Henseende, vil det være overflödigt at henlyde paa, at Befolkningen ligesaavel i Kjöbstæderne, som i Kjöbenhavn, maa föle Trang til den paagjeldende Forholdsregel, — en Trang, der formentligen er langt væsentligere end de Grunde, som lader sig anföre for Bibeholdelsen af hvide Huse i offentlige Gader."

Gjersing yttrer, at der, efter en Meddelelse til ham, allerede for Hovedstaden existerer et Forbud imod, at Husenes Façader ere hvidmalede. Hvorvidt dette nu forholder sig saaledes, er mig ubekjendt, men det kongelige danske Cancelli havde ved Skrivelse af 30te Septbr. 1826, foranlediget ved Hensyn til denne Sags Indflydelse paa Byens Skjönhed, forkastet et af Sundhedscollegiet anbefalet Forslag fra Statsphysikus om, at man ei maatte male Bygninger i Kjöbenhavn hvide eller lysegule. I min 1840 udkomne "Haandbog i Sundhedspolitiet" (§ 48) har jeg ikke blot fremhævet de hvide Bygningers særdeles fordærvelige Virkning paa Gjenboeres Syn, men ogsaa den Omstændighed, at Solstraalernes Tilbagekastning fra de hvide Mure bidrager om Sommeren til at gjöre Heden end mere brændende paa Gaderne.

Holbek den 8de November 1847.

Uldall.

Armeens Stabslæge har tilstillet Redaktionen efterfölgende Bemærkninger med Anmodning om deres Optagelse i Ugeskriftet.

Overlæge, Dr. Goos's Inserat i Nr. 22—23 af dette Ugeskrift foranlediger mig til at erklære, at min historiske Beretning i det sidste Hefte af "Bibliothek for Læger" om Garnisons - Hospitalets Anliggender er aldeles correct og sandhedstro.

Naar Dr. G. i den Omstændighed, at jeg i Aaret 1842 foranledigede hans Ansættelse ved 10de Linie-Bataillon, vil finde en Anerkjendelse af hans Dygtighed som Hospitalslæge (om hans Dygtighed som Læge i Almindelighed kan der fornuftigviis ikke være Tale), da er han i en mærkelig Vildfarelse, thi den Gang jeg i hiint Aar indgav allerunderdanigst Forslag om Fordelingen af Armeens Læger, kunde jeg ikke formode, at min samtidige dermed udarbeidede Plan til en ny Organisation af Garnisonshospitalet skulde blive forandret i et af dens vigtigste Punkter;

var dette ikke sket, da vilde kun en liden Del af Kjöbenhavns Garnisons Læger være blevne Overlæger ved Hospitalet, og kun disse maatte nödvendigen besidde de Egenskaber, som jeg anseer fornödne for Overlægerne ved Armeens störste og vigtigste Hospital.

Det Prinsip, som har ligget til Grund saavel for mit oprindelige Forslag, som for mit senere Forhold i Hospitals-Sagen, foreligger nu det lægekyndige Publicum, og idet jeg paa den ene Side ikke vil nægte, at der kan være forskjellige Meninger om Principets Rigtighed, maa jeg paa den anden Side paa det bestemteste protestere imod enhver Hentydning paa, at mit Forhold i Sagen skyldes andre Motiver, end Interesse for Hospitalets Tarv og Tjenestens Fremme.

Forfatteren til et Inserat i "Fædrelandet" Nr. 263 har troet, at den fordelagtige Maade, hvorpaa jeg i "Bibliothek for Læger" har omtalt Flertallet af Armeens Underlæger, er i Modsigelse med den Bestemmelse i allerhöieste Resolution af 30te Juni 1842, at Underlægerne i Kjöbenhavns Garnison ikke overdrages Overlægernes Forretninger under disses Forfald. I Anledning heraf bör jeg oplyse, at det ikke just er Mistillid til Underlægernes Dygtighed, der har foranlediget den Bestemmelse, at Overlægerne i denne Garnison jevnsidigen skulle vicariere for hinanden, men fornemmelig Hensyn til, at der lettelig vilde blive Mangel paa Underlæger i Garnisonen, naar disse i længere Tid skulde overtage de vedkommende Overlægers Funktioner. Den Underlæges Tjeneste, der fungerede som Overlæge, maatte da enten paabyrdes hans Colleger, eller den kongelige Kasse jævnligen bebyrdes med unödvendige Exra-Udgifter til en constitueret Underlæge.

Müller.

Vacance. Stiftsphysicatet i Fyen, opslaaet vacant den 5te November.

Udnævnelse. Dr. med. & chir. Clasen til Underlæge ved 16de Bataillon.

Forlagt af C. A. Reitzel. Trykt hos Bianco Luno.

Den 20. November. 1847.

Ugeskrift for Læger.

2den Række VII. Nr. 25.

Redigeret af L. Brion og C. Hempel.

Kighosten og dens Behandling.

(Dr. Löschner i Vierteljahrschrift für die praktische Heilkunde, herausgegeben von der medicinischen Facultet in Prag, 5ter Jahrgang, 1ster Band).

(Sluttet).

Ved Ætiologien skulle vi henlede Opmærksomheden paa fölgende Punkter. Med Hensyn til Alderen angives sædvanlig, at Kighosten sjelden angriber Pattebörn og hyppigst forekommer fra det 1ste til det 7de Aar. De foreliggende Erfaringer for 4 Aar udvise imidlertid, at mange Tilfælde ere forekomne fra 4de, 5te og 6te Maaned efter Födselen indtil Enden af det förste Aar; i Aaret 1845 var Antallet af disse endog ulige större end i hvilkensomhelst senere Livsalder. Der lader sig heller indsee nogen Grund, hvorfor Kighosten ikke skulde være ligesaa hyppig inden som efter det förste Aar. Rigtignok forekom denne tidlige Optræden mest hos den fattigere Klasse, naar Börnene ved enhver Veirforandring, uden behörig Forsigtighed, vare udsatte for de ydre Potensers Indvirkning. — I de paafölgende 5 Aar forekom Kighosten ulige hyppigere end i noget af de senere, i hvilke Antallet med hvert Aar formindskedes. Erfaringen stadfæstede ogsaa her den almindelige Angivelse, at Piger snarere angribes end Drenge, saa at Forholdet i de forskjellige Aar stiller sig som 1—1½ eller som 1—1⅔. Hos Voxne er Kighosten sjelden; derimod iagttoges den oftere hos Oldinge og her ligeledes hyppigere hos det qvindelige end hos det mandlige Kjön. — Hvad Constitutionen angaaer, da er det ikke det nervöse Temperament, men især Scrophler og Rachitis, der saavel hos stærkere som svagere Individer mest disponere til Kighoste. Af foregaaende Sygdomme var det især gjentagen Catarrh, Bronchitis og Mæslinger, som begunstigede en hurtigere Indtræden af Kighosten. Aarstid og Veirforhold have dog den störste Indflydelse til dens Opkomst, og det lader sig i denne Henseende ikke nægte, at Mæslinger og Kighoste, som Autenrieth, Höcher o. fl. bemærke, staae i et vist Forhold, hvorom mere siden. Fugtig Bopæl, ureen Luft i Værelset, Forkjölelse fremkalde vel ikke Kighoste, men gjöre den heftigere og varigere, hvorimod den under gunstige Forhold i denne Henseende og ved Lungeorganets hensigtsmæssige Tilvænnen til de ydre Forhold forekommer sjeldnere og forlöber mildere.

At Kighosten hersker epidemisk er en ved Aarhundreder stadfæstet Erfaring, og netop denne epidemiske Optræden indeholder en særdeles Sandsynlighed for, at Sygdommen ikke kan være en Neurose. Erfaringen taler nemlig for, at Kighosten oprindelig betinges ved en Luftconstitution, idet den viser os dens Optræden paa fölgende Maade. Ofte efter Forlöbet af en Mæslinge-Epidemi, fornemmelig naar den ledsages af heftige Catarrher i Respirations-Organerne, og der tillige findes bratte og store Overgange i Temperaturen, naar Atmosphæren er meget vandholdig og taaget, ved stærk Blæst og hyppig Forandring af Vindstanden, viser sig ofte (ogsaa uden foregaaende Mæslinge-Epidemi) saavel hos Voxne som hos Börn en intensiv Catarrh, der efterhaanden forbinder sig med de for Kighosten eiendommelige saakaldte nervöse Symptomer og i Begyndelsen optræder som en mere eller mindre heftig Bronchialcatarrh med intercurrerende heftigere Hosteanfald. Först efterat en saadan ofte vidt udbredt Sygelighed har varet i flere Uger, naar Veirforholdene ikke have taget en gunstig Forandring, og Patienterne uden Hensyn udsættes for dets Indvirkninger, optræder Kighosten i sin eiendommelige Form. Da nu denne prædisponerende Luftconstitution hyppigst og mest udpræget hersker ved Kysterne af de nordlige Have, forekommer ogsaa Kighosten, som Schönlein bemærker, fornemmelig epidemisk i disse Egne og det næsten hvert Aar, hvorfor ogsaa de fleste medicinske Geographer med Rette söge Kighostens Fædreland ved de nordlige Have. Hvis de Kighostens Udvikling befordrende atmosphæriske Forhold tidlig nok bedres, hvis den just ikke er opstaaet paa et Sted nærved Havet og paa fugtig Jordbund, saa ender en saadan begyndt Kighoste-Epidemi snart igjen og ledsages af ingen eller kun ubetydelige Complicationer; kun faa blive derfor dens Offere. Jo længere derimod hine atmosphæriske Forhold vedvare, jo hyppigere de angrebne Individer have lidt af Catarrher, jo mere deres Constitution er scrophulös, tuberculös, jo skadeligere Bopæl, Næring og diætiske Forhold indvirke, jo mere de udsættes for den betydelige Temperaturvexel, desto længere varer Kighosten, desto mere udbredt bliver Epidemien, deste heftigere forlöber den, desto farlige ere Complicationerne og desto flere blive Offere for den. Disse ydre Forholds Indvirkninger yttre sig, som Schönlein rigtig bemærker, selv hos voxne Individer, der lide af chronisk forlöbende Lungetuberculose; thi hos saadanne vise sig ofte ganske tydelige Kighoste-Anfald. Gangen i enhver Epidemi viser altsaa erfaringsmæssig, at Sygdommen begynder med mere eller mindre heftige, 14 Dage vedvarende, catarrhalske Symptomer, og at der ved disse aldeles ikke iagttages noget Periodisk; at de heftige Hosteparoxysmer ingenlunde indtræde pludselig, men at de i Begyndelsen korte og maadelige Paroxysmer efterhaanden blive længere, heftigere og hyppigere, til de endelig efter flere, 5—10 Dages Varighed iagttages i deres fuldkomne Uddannelse. Sygdommens Gang og gradvise Udvikling i enhver Epidemi lader sig altsaa eftervise hos de enkelte Individer; thi hos disse saavelsom i den epidemiske Udbredning begynder den som en simpel, mere eller mindre heftig Bronchialcatarrh, som i sin gradvise Fremskriden angriber de fineste Lungeblærer ved Betændelse, og derved foranlediger en Stagnation af den fra Lungeblærernes Slimhinde afsondrede Slim, der hindrer Aandeprocessen og, som ovenfor udviklet, fremkalder de eiendommelige Reflexbevægelser.

Om Kighostens Contagiositet ere Forfatterne uenige, idet den af Nogle, som Frank, Schönlein, Autenrieth, Wunderlich o. fl. ansees for contagiös, af Andre som Billard, Coley, Laennec benægtes som saadan. Der foreligge imidlertid saa mange iöinefaldende Erfaringer paa Kighostens Forplantelse fra Börn til andre Börn, ja endog fra Börn til Voxne, hvorpaa man i enhver Epidemi ei sjelden seer Exempel hos Ammer og Barnepiger, hvis Pleiebörn lide af Kighoste, at en contagiös Udbredning bliver i höieste Grad sandsynlig, om ikke vis; dog synes det, at Smitten alene finder Sted i Nærheden og ikke overföres ved tredie Person; ligeledes, at Smitte-Evnens höieste Intensitet falder sammen med Sygdommens Acme. Schönlein siger: "Oprindelses-Stedet for Contagiet er Respirationsslimhinden,

Vehiklet for det dels den afsondrede Slim, dels Lungens Exhalationer. Contagiet fæster sig igjen paa Trachealslimhinden og angriber herfra Respirationsorganernes Nerver." Med denne Anskuelse bliver det imidlertid uforklarligt, hvorledes han dog kan ansee Kighosten for en primær Neurose; thi det er dog usandsynligt, at en Neurose skulde vælge sit Udgangspunkt andetsteds end paa selve Nerverne, eller at, om end Neurosen kunde udvikle et Contagium, dette da skulde först komme tilsyne i et fremmed Organ og först igjennem dette blive virksomt.

Ret mærkeligt er Kighostens Forhold til Mæslingerne, idet en Kighoste-Epidemi ifölge en sikker Erfaring ofte fölger efter en Mæslinge-Epidemi, hvorimod en Mæslinge-Epidemi ingensinde fölger efter en Kighoste-Epidemi. Omend Autenrieths og Andres Anskuelse "at Kighoste-Contagiet ikke er andet end et fortyndet Mæslinge-Contagium og dette kun det condenserede Kighoste-Contagium" vistnok maa ansees for en af Luften grebet Paastand, saa lader det sig dog vel ikke benægte, at begge Contagier staa nær ved hinanden, idet Mæslingerne fremtræde som en vidt udbredt Catarrh i Aandedrætsveiene, undertiden endog i alle Slimhinder, med samtidig Affektion af den ydre Hud, medens ved Kighosten Contagiet blot angriber Slimhinden med Affektion af selve Lungeparenchymet. At en Kighoste-Epidemi ikke efterfölges af en Mæslinge-Epidemi hidrörer muligen fra den dybere Angriben af Slimhinden og Lungevævet ved Kighosten og den derved saa at sige bevirkede Udtömmelse af Contagiet.

Endelig maa anföres, at der finder en Modsætning Sted imellem Kighoste-Contagiet og visse pustulöse Hudsygdomme, idet utvivlsomme Erfaringer godtgjöre, at Börn, som lide af Crusta lactea eller Porrigo enten ganske forskaanes for Kighoste eller kun angribes i en ubetydelig Grad; hvorimod Hosten udvikler sig med Heftighed, naar disse Hudsygdomme svinde eller udtörres. Autenrieths Behandling ved Derivation til den ydre Hud finder i denne Kjendsgjerning sin Forklaring.

Om Prognosen er den Anskuelse i Almindelighed opstillet af Forfatterne, at denne ikke er ugunstig, da Kighosten i de fleste Tilfælde gaaer over i Helbredelse, og Döden i Reglen kun foraarsages ved Complicationerne. Denne i og for sig rigtige Anskuelse behöver nogen yderligere Oplysning. Især maa her tages i Betragtning Börnenes Alder, deres foregaaende Sygdomme, deres Constitution; dernæst i hvilken Udstrækning Sygdommen er tilstede, d. e. ifölge vor Anskuelse, hvor mange og i hvilken Gruppering Lungeblærerne ere blevne imperviable; under hvilken Luftconstitution og Aarstid Sygdommen hersker, samt hvorledes Patientens huslige Forhold ere beskafne. Hvad Alderen angaaer, saa forlöber Sygdommen desto heftigere og farligere og bliver desto oftere dödelig, jo yngre det angrebne Barn er. Det er ufornödent at omtale de Grunde, hvorfor de fleste Sygdomme i Almindelighed ere farligere i Barnealderen; kun maa bemærkes, at da netop i denne Miliartuberculose og Pneumoni forholdsviis ere hyppige, indtræffer det ofte, at disse Sygdomme indfinde sig under Forlöbet af Kighosten og efter deres Udbredelse og Heftighed hurtigere eller langsommere betinge Döden. Naar Barnet nedstammer fra tuberculöse Forældre og tidlig bærer Spiren til Scrophulose og Tuberculose i sig, da kan der let tidligere eller sildigere i Kighostens Forlöb udvikle sig Lobulær-Pneumoni, Lunge- eller Bronchial-Tuberculose og de dermed i Forbindelse staaende Sygdomme og betinge Barnets Död. De nævnte Sygdomme ere derfor de hyppigste Dödsaarsager, naar Kighosten angriber Börn i den förste Levealder, og Prognosen retter sig i det enkelte Tilfælde efter den udtalte Constitution samt efter de tilstedeværende ydre Forhold. Ved Urenlighed, fordærvet Luft i snevre fugtige Boliger, slet Næring bortrives Börnene saaledes ofte og da fordetmeste af Tuberculose.

Hos stærke Börn kan i Sygdommens Acme ved heftige Kighoste-Anfald, Apoplexi gjöre Ende paa Livet, sjeldnere skeer dette ved andre Hæmorrhagier, som Næseblod, Lungeblödning. Den engang indtraadte Tuberculose i Lungerne eller Bronchialkirtlerne bliver enten i og for sig dödelig eller Tuberculosen angriber tillige andre Organer, og saaledes seer man opstaa Meningitis tuberculosa og i Forbindelse med denne Hydrocephalus. Forf. iagttog aldrig Hydrocephalus uden Tuberculose. Indtrædende Convulsioner foröge stedse Sygdommens Farlighed, i hvilken Alder end Barnet er, idet de lade formode enten Apoplexi eller betydelige Congestioner til Hjerne og Rygmarv eller organiske Forandringer i disse Organer. — Prognosen beroer fremdeles paa hvilken Udstrækning Sygdommen indtager, hvor stort et Antal Lungeblærer der ere imperviable, hvilket kjendes ved Anfaldenes Hyppighed, Varighed og Heftighed samt ved de auscultatoriske Tegn. Af særegen Vigtighed er desuden Luftconstitutionens og den herskende Aarstids Indflydelse. Alle Forfattere stemme overens om, at Kighosten om Efteraaret eller Vinteren er vanskeligst at bekjempe og da kræver de fleste Offere. Hyppig Temperaturvexel, Taage, fugtig Luft, herskende Nord- og Östen-Vind, jevnlig Forandring i Vinden gjöre Sygdommen farlig. At de huslige Forhold ogsaa maa have Indflydelse paa Prognosen, er en Selvfölge.

Til Prognosen hörer endnu Besvarelsen af det Spörgsmaal, der fra forskjellige Sider er opkastet: Kan Kighosten helbredes eller kræver den — som en Sygdom der ikke lader sig forkorte — alene en Omsorg i visse Retninger? I Henhold til den ovenanförte Anskuelse om Kighosten, bliver dette Spörgsmaal let at afgjöre. Enhver Sygdom fordrer Omsorg og helbredes under den fornödne Omsorg ved Naturens Kræfter, og det lyder hel underligt, naar man fra saa mange Sider endnu hörer den Anskuelse udtales, at Kighosten behöver ingen særegne Hensyn, Patienten helbredes eller döer under hvilkesomhelst Forhold, uden at man i denne Henseende formaaer at opstille faste Grundsætninger. Dette beroer vel fornemmelig derpaa, at man endnu stedse anseer Kighosten for en Neurose, i hvilken man kan gjöre og lade hvad man vil; dernæst afhænger denne besynderlige Anskuelse ogsaa deraf, at man ikke har gjort sig den Umage, strængt at adskille den egentlige Sygdom i sit Forlöb fra de ved mange Complicationer indledte Forandringer i samme. Enhver, som kun nogenlunde er bekjendt med Kighostens Literatur, vil saaledes finde opregnet mangfoldige Symptomer, som ikke tilhöre Kighosten i og for sig, men en eller flere dermed forbundne Complicationer.

Therapi. Betragter man den i Aarhundreder imod Kighosten brugte Behandling, saa stöder man paa de mangfoldigste Methoder og de forskjelligste Lægemidler. Det vilde være for vidtlöftigt og overflödigt at gjennemgaae disse. — I Henhold til de ovenfor opstillede Grundsætninger maa Behandlingen inddeles, eftersom man har at gjöre med 1) den simple Kighoste; 2) den complicerede og combinerede; 3) Eftersygdommene, og endelig kræver den endnu eiendommelige Modifikationer, selv ved de nævnte Hensyn, efter 4) den Syges Constitution.

Er Kighosten simpel, saa maa den förste Opgave være den at hæve Catarrhen i de fineste Bronchialgrene, fjerne den i Lungeblærerne stagnerende Slim og gjöre dem perviable. Den vigtigste Betingelse herfor bliver stedse den at den Syge holdes i en constant Lufttemperatur under et hvilketsomhelst Stadium af Kighosten. Enhver praktisk Læge veed af Erfaring, hvormeget en eensformig Temperatur bidrager til Helbredelse ved alle Slimhindesygdomme. Denne Temperatur maa ifölge Erfaring fra flere Sider helst være 14°—16°. Der maa nöie passes, at denne Temperaturgrad stadig vedligeholdes; Luften maa alligevel jævnlig fornyes, og dette skeer bedst ved at skifte mellem flere Værelser. I Fattiges Hjem lader dette sig i Reglen kun vanskelig udföre, og det viser sig i denne Henseende, hvor velsignelsesrige Börnehospitaler ere. Dernæst maa Diæten være hensigtsmæssig; thi kræver nogen Sygdom minutiöse Hensyn til Luft, Lys, Temperatur og Diæt, saa er det sikkerlig Kighosten. Næringsmidlerne maa være milde og altid nydes i maadelig Qvantitet om end oftere; dette er af Vigtighed at bemærke, thi Kighostepatienter have ofte en enorm Appetit; tilfredsstilles deres Önske, saa foranlediges Overfylding af Maven og derved ny Hosteanfald og Sygdommen forværres. Drikken maa helst være lunket og slimet; vegetabilsk Kost hellere end animalsk. Der iagttages den störste Renlighed i Klæder saavelsom i den omgivende Luft; enhver Aandedrætsslimhinden irriterende Damp fremkalder sandsynligen Hosteanfald. Hvad Medikamenter angaaer, saa maa disse, navnlig i förste Stadium være meget simple: Oleosa, Mucilaginosa og de mildeste Antiphlogistica. Ved stræng Iagttagelse af disse Regler forebygges ofte Udbrydelsen af andet Stadium, eller om det indtræder, forlöber det idetmindste let. De i förste Stadium sædvanlig anbefalede Midler: Sal. ammon. Sulfur aur. antimonii, Sulfur, Ipecacuanha, Sqvilla og en Mængde antiphlogistiske Salte ere ved ovennævnte diætetiske Forhold ganske unödvendige ja endog skadelige.

Er andet Stadium indtraadt, saa bliver, som Milman Coley rigtig bemærker, Hosten langt fra saa heftig, Paroxysmerne ikke saa vedholdende, de ledsagende og complicerende Sygdomme ikke saa hyppige, naar man anvender en særdeles Omhu for Eenshed i Temperaturen og under ingen Omstændigheder tillader Barnet at udsætte sig for den fri Luft. Under disse Forhold forsvinder Sygdommen fuldstændig efter 4—6, idet höieste 8 Uger. Iövrigt kan man i ethvert Stadium af Sygdommen begynde med den eensformige Temperaturstand i Værelset; thi om der end er Bronchitis eller Pneumoni tilstede, saa forskaffes derved altid en stor Lettelse for den Syge. Den övrige Behandling maa indledes ganske som ved en chronisk Catarrh. Ligeledes er fornemmelig en hensigtsmæssig Diæt nödvendig; den maa være mild, dog styrkende; enhver svært fordöielig Næring undgaaes; der maa kun nydes saa meget, at Mættelse men ikke Overfyldelse af Maven finder Sted. Kjödspiser tilstaaes kun i ringe Mængde; Mælkemad er i Reglen mere passende. Til Drikke tjener fortyndet Mælk, slimet lunken The eller Vand af samme Temperatur som den omgivende Luft. — Sindsaffekter og alle Anledninger til legemlig Ophidselse maa strengt undgaaes. Den fra mange Sider anpriste Forandring af Luft er blot at tilraade om Sommeren og ved vedvarende godt Veir, men maa til enhver anden Aarstid forbydes. — Hvad Lægemidlerne angaaer, saa anbefales af forskjellige Læger en saadan Masse af Midler, dels som specifica, dels som gavnlige, at det vilde blive et altfor vidtlöftigt Arbeide at gjennemgaa dem; det behöves heller ikke, da de anpriste specifica formedelst Sygdommens Hyppighed og de stedse feilslagne Forhaabninger snart igjen gaa i Forglemmelse. Da de saaledes aldeles ikke nytte men snarere skade, er man nu kommen til det Resultat, vistnok til Patienternes Gavn, hellere at undlade enhver therapeutisk Behandling af den Art og lade Sygdommen gaa sin Gang. Vilde man derhos blot anvende et hensigtsmæssigt diætetisk Forhold, saa var vistnok den rette Vei funden, men man har desværre tilligemed de pharmaceutiske Midler ogsaa ganske forsömt det huslige Forhold, og dog kan kun derved som ovenfor viist, Sygdommen lykkelig beseires, naar ikke constitutionelle Sygdomme gjöre det umuligt. — Blandt Mængden af de anbefalede Midler kunne, tilligemed de ovenan, förte oleöse og slimede Midler, i enkelte Tilfælde være hensigtsmæssige: Ipecacuanha og Brækvinsteen, smaa Doser Morphium og af udvendige Midler saadanne som irritere Huden, hvoriblandt ogsaa Brækvinsteensalve. Man erindre dog, at disse ei kunne afskjære Sygdommen men blot kunne yde nogen Hjælp. Det ligger i Sygdommens Natur eller rettere i Lungens Structur og den catarrhalske Affektions dybe Indtrængen, at Sygdommen, naar den engang er traadt ind i andet Stadium, forlöber langsomt og kun kan bekjæmpes ved et hensigtsmæssigt Forhold. Man give derfor Ipecacuanha og Brækvinsteen kun ved stor Heftighed af Sygdommen som ordentlige Brækmidler til Udtömmelse af Slimen, for om muligt at gjöre Lungecellerne mere perviable, og gjentage dem först efter længere Mellemrum; thi en oftere Anvendelse af disse Midler stifter i den tidlige Barnealder kun Skade. Ere Brækmidler i den nævnte Hensigt indicerede, saa give man hellere en tilstrækkelig

Dosis, end ved smaa Doser plage Patienten med vedholdende Qvalme og Ildebefindende uden at opnaa Hensigten, og udsætte det, naar Virkningen er indtraadt. Hos större Börn kan man fra Tid til anden give smaa Doser af Morphium; de yde her som ved enhver Catarrh og Lungeblennorrhoe ofte særdeles god Nytte, idet de bedst formindske den forhöiede Sensibilitet i Slimhinden og berolige Patienten uden at fremkalde skadelige Virkninger, naar kun som sagt vælges meget smaa Doser.

Indrömmes det, at Derivation til den ydre Hud ved acut saavelsom chronisk Catarrh er et vigtigt Middel ved disse Sygdommes Behandling, saa vil man ogsaa finde forklarligt, at det rigtigt anvendt kan virke særdeles gavnligt i Kighosten. Sennepskager og spanske Fluer ere derfor ofte uundværlige Midler, og saa meget man end her fra en og anden Side har ivret imod dem, og vel med mere Ret imod Anvendelsen af Brækvinsteensalven, saa kunne de dog i mange Tilfælde ikke undværes. Grunden hertil vil indsees af det Foregaaende. Kun pine man ikke Börn under to Aar med den Autenriethske Salve, noget som Schönlein noksom har advaret imod.

Det forstaaer sig af sig selv, at enkelte Symptomer, som Forstoppelse, Convulsioner, hyppig Brækning saavelsom de ovennævnte Complicationer kræve de imod disse hensigtsmæssige Midler; det er dog bedre at forhindre deres Opstaaen, og dette kan ikkun ske, naar Sygdommen strax fra Begyndelsen behandles med et hensigtsmæssigt Regimen. Fastholder man den om Sygdommens Natur opstillede Anskuelse, at man blot har at gjöre med en Catarrh, og behandler Kighosten, i Overensstemmelse dermed, som en heftig Catarrh, alene med streng Iagttagelse af de paabudne Forsigtighedsregler, saa vil man sikkerlig handle rigtigst, undgaa de fleste Complicationer (med Undtagelse af de som betinges af Constitutionen, foregaaende eller tilstedeværende Sygdomme), og opnaa et meget gunstigt Helbredelses-Forhold. Milman Coley, en Læge af betydelig Erfaring, der anseer Kighosten for en Bronchialcatarrh af specifik Natur (med Affektion af N. vagus) siger ligefrem; "mig er det stedse lykkedes ved en derpaa grundet Fremgangsmaade at forkorte Kighostens Varighed og betydelig formindske dens Heftighed og Fare;" og siden ved Behandlingen af Bronchitis og Pneumoni som hyppige Complicationer, "disse Sygdomme optræde dog ikke, naar man fra Begyndelsen uden Afbrydelse holder Temperaturen paa den angivne Höide."

Særegen Omtale fortiener endnu den store Mængde af forskjellige Plastre og Salver, som man har anvendt snart paa Brystkassen snart i Maveregionen, fra simpel Fidt til Emplastrum foetidum, Terbenthin- og Opiat-Plaster. De gjöre neppe nogen Nytte ifölge vor Erfaring, kunne vel endog skade. Dette sidste gjelder dog i höiere Grad om den indvendige Brug af Narcotica. Sikkerlig vilde mangen et Barn lykkelig have overstaaet Kighosten, hvis ikke en altfor emsig medikamentös Behandling havde skadet den Syge. Som Hovedgrundsætning ved Behandlingen maa fastsættes: Kighosten uden Complication behöver ingen Medikamenter, og Behandlingen indskrænker sig alene til Forebyggelse af Complicationer og et hensigtsmæssigt diætetisk Regimen.

Om Stoffernes Indflydelse paa det udladte Blod.

(Af et Brev fra Dr. A. Bonnet til Dumas om Blodet. Annales de Chemie et de Physique. October 1847).

Med Hensyn til Stoffernes Indflydelse paa det friske Blod, udladt af en Vene, deler Bonnet dem i 4 Klasser.

1) De, der ingen Indflydelse vise paa Blodet, idet de hverken forstyrre Blodkornenes Form eller Fibrinens Koagulation; det er Serum og Sukkeroplösninger; Forf. beklager, ikke at have forsögt, om det samme gjælder om Decokter og Næringsmidler, som Bouillon af Oxe- og Bedekjöd.

2) De, der i Modsætning til Sukkeroplösningen, indvirke baade paa Blodkuglerne og Fibrinen, nemlig oplöse hine og hindre Koagulationen af denne. Alkalier, Ammoniaksalte, især Svovlbrinte, Svovlammonium og svage Syrer.

3) Vand, der oplöser Blodkornene men lader Fibrinens Koagulationsevne uforandret.

4) De, der oplöse Fibrinen og lade Blodkornenes Form uforandret; de ere især Kogsalt, Jodkalium og Salpeter.

Af Forf.'s Undersögelser af det endnu saa lidet oplyste Spörgsmaal om de Lægemidlers Virkemaade, der gaa over i Cirkulationen, troer han, i Forbindelse med Ovenstaaende, at kunne gjöre fölgende Slutninger:

1) Oplösningen af eddikesurt Morphin, Afkog af Nux vomica, Cicut, Digitalis, Belladonna modificerer ikke Fibrinen eller Blodkornene. Man maa deraf slutte, at deres Virkning paa det levende Menneske er uafhængig af deres chemiske Virkning paa Blodet.

2) De svage Syrer og Salpeter ere ofte anvendte for at standse aktive Hæmorrhagier; imidlertid oplöse de först Blodkornene og Fibrinen. Den Indflydelse de udöve, synes derfor snarere at maatte være den, at befordre Blodflodet; denne Strid imellem de almindelig antagne Regler og de Slutninger, man kan udlede af de chemiske Undersögelser, leder altsaa til paa ny at underkaste hines Værd en Undersögelse og navnlig henlede Opmærksomheden derpaa, om de svage Syrers og Salpeterens antihæmorrhagiske Virkning, forudsat at den stadfæster sig, ikke maatte tilskrives en tilfældig Omstændighed, f. Ex. Temperaturen af det Vand, der tjener til Vehikel.

3) Flere Saltoplösninger, anvendte mod fibrinöse Svulster, befordre disses Oplösning; den empiriske Erfaring har især deleshed viist denne Egenskab stærkest hos Salmiak, Sösalt og Jodkalium; chemiske Forsög vise, at disse besidde den Egenskab at oplöse Fibrinen; hvis det især er denne Egenskab, der tildeler dem denne Indflydelse, da maatte ogsaa Salpeter, der har en stærk oplösende Virkning paa Fibrinen, med Fordeel kunne anvendes. Ialfald maatte man skjelne imellem de af disse Oplösningsmidler, der kun virke paa Fibrinen og dem, der baade virke paa Fibrinen og Blodkuglerne, som Ammoniaksaltet.

4) Sukkeroplösninger, der hverken forandre Blodkornenes Form eller beröve Fibrinen dens Plasticitet, fortjene at undersöges i therapeutisk Henseende ligesom de ere blevne det med Hensyn paa Ernæringen.

Den dyriske Varme.

Af Bischoffs Oversigt over Physiologiens Fremskridt i Aaret 1845 optage vi fölgende interessante Notiser om den dyriske Varmes Oprindelse og Vedligeholdelse:

Som bekjendt er det ifölge Undersögelser af Despretz og Dulong over den Varme, der udvikles af Dyrene ved Respirationsprocessen, antaget, at denne skulde udgjöre $\frac{8}{10}$ eller i det höieste $\frac{9}{10}$ af den dyriske Varme. Nu paaviser imidlertid Liebig (i Ls. og Wöhlers Annalen, Bd. 53), at man ved at lægge de nyere, forbedrede Bestemmelser af Kulstoffets og Brintens Forbrændingsvarme dels af Dulong selv dels af Hess og Grassi til Grund for de ovennævnte Beregninger af Dulong og Despretz faaer det Resultat, at ikke en Brök, men den hele Qvantitet af dyrisk Varme ifölge selve hine Beregninger kan udledes fra Forbindelsen af den indaandede Ilt med Legemets Kulstof og Brint. Derimod har han fundet hine Forfatteres Angivelser om Qvælstofudaandingen unöiagtige, thi ved en simpel Beregning viser det sig, at der ifölge Dulongs Angivelse om Hunden efter 7 Dage ikke vilde være andet tilbage af hele Dyret end Benjord og Salte, og ifölge Despretz's Angivelse maatte en Hund i Löbet af 31 Timer tabe 1 Pund af qvælstofholdige Substanser. Liebig mener derfor, at den fundne Mængdetilvæxt i den Luft, hvori Dyrene aandede, maa tilskrives den feilagtige Maaling af den dannede kulsure Gas og af den absorberede Ilt.

Hvad Vedligeholdelsen af den dyriske Varme angaaer, saa er det bekjendt, at de indre Dele af det dyriske Legeme vedligeholde en temmelig constant Temperatur uagtet den betydelige Forskjel, som finder Sted i Henseende til den ydre Varmeafledning ved forresten uforandret Varmeudvikling. Dette forklarer nu Bergmann i en Afdeling i Müllers Archiv, betitlet: "Nichtchemischer Beitrag zur Kritik der Lehre vom Calor animalis," ved de forskjellige Forhold, hvori Huden befinder sig under Afvexlingen af ydre Temperatur, og det navnligt i Henseende til Blodcirculationen. Ved stærk Afkjöling forsnevres nemlig Hudens Capillærkar, derfor föres nu mindre Blod til Legemets Overflade, og saaledes fradrages Blodet mindre Varme end ellers vilde være Tilfældet. Den saaledes tilbageblevne Varme bidrager da til at opretholde Ligevægten. Ved usædvanlig höi Temperatur indtræder ganske det Modsatte. Huden danner saaledes paa en Maade ved lige Varmeudvikling en Regulator for det ulige Varmetab.

Forlagt af C. A. Reitzel. Trykt hos Bianco Luno.

Den 20. November. 1847.

Ugeskrift for Læger.

2den Række VII. Nr. 26.

Redigeret af L. Brion og C. Hempel.

Femte Moment til Discussionen om vor militære Lægeetats Forholde.

Bidrag til Kundskab om Kjöbenhavns Garnisonshospitals Historie, af Stabslæge, Prof. Müller. Bibliothek for Læger, 2. B. 2. H. P. 414—32.

Forfatteren af ovennævnte Afhandling, Stabslæge, Professor Müller, har uimodsigelig Krav paa offentlig Anerkjendelse af den Varme, hvormed han, uanseet Etatens bestaaende Forholde, föler sig kaldet til Talsmand for Clinik og clinisk Videnskabelighed. Det tilkommer os saameget mere at vurdere dette, som "Ugeskriftet" fra sin förste Begyndelse har betragtet det som et af sine fornemste Formaal, at befordre Erkjendelsen af Cliniken og den cliniske Uddannelses store Vigtighed saavel for Ældre som Yngre, og i Samklang hermed har sögt at fremme dens Indgang og Udvidelse, saa tidt Omstændighederne syntes at opfordre dertil. Enhver Stemme, der forener sig med vores i denne Sag, maa være os velkommen, doppelt, naar den tilhörer en Mand, der ifölge sin Stilling bör ansees som den fornemste Autoritet for en hel, vigtig Branche af Medicinalvæsenet, og naar hans Deltagelse ikke indskrænker sig til almindelige Yttringer, men aabenbarer sig i den Erklæring, at det i længere Tid har været og fremdeles er hans Maal, at skabe og udvikle en clinisk Aand og Dygtighed i den ham underordnede Sphære. I dette Öiemed har det, som vi höre, fornemmelig været hans Plan, at bringe Garnisonshospitalet til "ikke blot som praktisk Læreanstalt at slutte sig værdigen til Hovedstadens övrige Hospitaler, men ogsaa til at yde Videnskaben et ikke ringe Udbytte" navnlig derved, at "det underordnes Læger, som ei alene besidde praktisk Dygtighed men med administrativ Talent forene en videnskabelig Aand og Gave til at fremtræde som kliniske Lærere." Hvor interessant at see Cliniken tilvinde sig Anerkjendelse ad saa forskjellige Veie!

Men denne cliniske Interesse, skjöndt Grundtanken i den os foreliggende Afhandling, er dog ikke det eneste betydningsfulde Phænomen. I nöie Samklang hermed og, saavidt vi kunne see, ligesaa værdig til Paaskjönnelse er den aabne og uforbeholdne Tilstaaelse af Armeens Stabslæge, at dens Medicinalvæsen, 5 Aar efter en gjennemgribende Reorganisation, "lider af saadanne Mangler og Bröstfældigheder, at en tidsvarende Reform er önskelig og tildels nödvendig" — "at den Mængde ansatte Overlæger ikke ere fornödne, ja ikke engang kunne erholde en til deres Gagering svarende Beskjæftigelse i Fredstid," hvorfor de maa antages at være valgte "med Hensyn til en udbrydende Krig." Disse Anskuelser ere vel ikke ny; allerede længe have de været fremsatte mundtlig i og udenfor Etaten, ja tildels endog offentlig, men det er förste Gang de træde frem saa aldeles aabne og uden Sky, udtalte höit og lydeligt af Armeens förste lægekyndige Autoritet. Ogsaa her er der nogen Anledning for os til at bringe Stabslægen vor Tak, naar vi mindes at Ugeskriftet strax efter Emanationen af Reformen i 1842 søgte idetmindste i flere væsentlige Punkter at gjöre samme Anskuelse gjeldende om det Held, hvormed det var lykkedes at löse Opgaven.

Man seer naturligviis let, at disse tvende Grundtanker, om Lægeetatens "Bröstfældigheder" og om Önskeligheden af dens clinisk-videnskabelige Reorganisation, hvilke lyse frem af Stabslægens hele Afhandling, ikke mödes der ved en blot ydre og tilfældig Forbindelse men, som allerede bemærket, ved et indre nöie Sammenhæng. Den der vil Udviklingen af en clinisk-videnskabelig Aand, maa ogsaa ville en dertil svarende Reform; den der vil reformere Etaten værdigt, kan ikke undvære den videnskabelige Grundvold. Önsker man nu dette sidste, maa man fornuftigviis ville gjennemföre det med Conseqvens, at ikke Organisationen bliver usammenhængende Brudstykker, hvoraf det ene ikke forstaaer og samvirker med det andet. Man maa altsaa ikke blot eftertragte Oprettelsen af en Clinik paa Garnisonshospitalet, men ogsaa de uundværlige Betingelser derfor, Lærere som kunne og Elever som ville lære. Man maa ikke alene danne en Lægeetat, hvori Ansættelse söges af de Ældre, der attraa en beqvem, nogenlunde lönnet Stilling med Udsigt til en sövndyssende Uvirksomhed, af de Yngre, der önske et Tilflugtsted mod Tidernes Tryk, selv om der bydes dem uværdige og nedtrykkende Beskjæftigelser — under saadanne Forhold trives ingen videnskabelig Clinik. Drivfjedren for en dygtig Lægeetat maatte være Udsigt til nogenlunde Virksomhed i Almindelighed, til Anvendelsen af Talenter og Kræfter for Enkelte. Derfor maatte man ikke blive staaende ved den almindelige Uddannelse som Læge, men tillige fordre en speciel som Armeelæge, saavidt Kunstens og Videnskabens hidtilværende Standpunkt tillader det. Derfor maatte Etaten anvise en Skole for Aspiranter, en Concursexamen for Optagelse blandt dens yngre Medlemmer, en Plads som Leder og Lærer for den Ældre og Talentfulde. Men fremfor alt maatte den byde alle sine faste Embedsmænd en Stilling, der ledsages af den offentlige Agtelse og Haabet om stigende Paaskjönnelse fra Statens Side. Ville vi kortelig sammenfatte det Hele, maatte Lægeetaten organiseres og stilles paa sin rette Plads i Armeen i Analogi med et "Genicorps", i hvis Spidse fandtes et med tilstrækkelig Rang og Indflydelse udstyret lægekyndigt Overhoved*). Saaledes stöttet paa den ene Side ved Videnskaben paa den anden ved sin mere selvstændige Bestyrelse, vil Etaten kunne hævde sin Værdighed, saavel ligeover for de Militære som blandt Lægerne i Almindelighed. Unægtelig vilde en saadan Reorganisation möde ikke faa Vanskeligheder, men vi tro ikke at man vil kunne opnaae den, som Stabslægen siger, "tidsvarende", uden i det Væsentlige at fyldestgjöre vore Fordringer.

Sammenligne vi nu hermed vor bestaaende Lægeetat, saa kunne vi korteligen charakterisere den som et Routinecorps. At skaffe Lægepersonalet ligesom Soldater og Officerer i Almindelighed den for nödvendig ansete Routine, synes at have været den ledende Tanke. Derfor er der ikke Tale om "videnskabelig Aand" eller om Clinik

*) Noget Lignende er allerede bragt i Forslag af Larrey (saavidt vi mindes i hans Memoirer 3 B.) og senere optaget i Organisationen af den belgiske Lægeetat, hvor corps de genie og corps de santé ere indbefattede under "armes des savantes"; begge Corps ere lige vigtige for en aktiv Hær.

eller, som de 3 förste Hospitalslæger i deres Andragende om Forlængelse udtrykke sig, om "noget væsentligt Bidrag til Videnskabens Fremme," men kun om den nödvendige praktiske Routine; derfor er Garnisonshospitalet med Hensyn til Lægerne betragtet som en simpel Övelses-Anstalt, hvor Overlægerne "efter Tour" skulle overtage den vigtigste Beskjæftigelse Etaten formaaer at byde i Fredstid; derfor skulle Underlægerne være tilstede ved Paroler, Svömning, paa Fælleden, eller gjöre lange Marcher ud i Landet, om ikke for ligesom Tropperne at öves i at marchere, saa dog for at være paa rede Haand med Sukker og Hofmannsdraaber, naar en Rekrut faaer ondt; derfor maa de lave Medicin paa Hospitalet, kort udföre Forretninger, af hvilke de fleste ere af en saadan Natur, at de aabenbart kun bör overdrages til en den egentlige Lægeetat underordnet Klasse af Haandlangere, hvad man ogsaa i flere fremmede Etater har haft Takt nok til at indse (Infirmiers, Chirurgengehülfe). — Men her som næsten altid, hvor de bestaaende Bestemmelser ere ufornuftige eller ubillige, er man paa den ene Side tilböielig til at eludere dem, paa den anden til at see igjennem Fingre dermed. Derfor tillades det Underlægerne ved at givte sig at unddrage sig idetmindste en Del af deres trykkende Tjeneste, uagtet man herved har berövet sig det tilstrækkelige Antal tjenstdygtige Underlæger for Hospitalet og Casernerne; derfor tillukker man Öinene for, at enkelte Underlæger mod en Godtgjörelse formaae yngre Candidater til at besörge deres Tjeneste, hvorved disse Poster blive til rene Sinecurer; ja vi kunne anföre et Exempel paa, at en yngre Candidat ifölge saadanne private stiltiende taalte Engagements paa en og samme Tid har udfört 4 Underlægers Funktioner, hvoraf de tvende ved Stabslægens egen Bataillon. Under en saa mangelfuld Organisation, hvis Anordninger næsten uden Sky omgaaes af Over- og Underordnede, hvor man opsnapper enhver Overtrædelse for at benytte den som Præcedens, der kan maaske Individet ved sin tilfældige Personlighed, ikke Etaten som Stand bevare sin Anseelse og bliver neppe nogen gunstig Jordbund for videnskabelige Idrætter.

Hidtil, saalænge Talen mere bevægede sig om det Önskelige, synes det ikke tvivlsomt, at Prof. Müller og vi i alt Væsenligt hylde samme Anskuelser. I det Fölgende, hvor Spörgsmaalet bliver om den praktiske Gjennemförelse, kunne vi ikke ganske dele hans Maade at tage Sagen paa. Fremfor alt forekommer det os besynderligt, at han, Armeens förste og eneste lægekyndige Autoritet, ikke synes at have mindste Anelse om noget Ansvar for sit Vedkommende med Hensyn til, hvad Etaten burde være men ikke er, navnlig efter Reformen 1842. Vi vide det vel, man vil strax nævne os hans ugunstige Stilling, og vi indrömme beredvilligen, at de militære Autoriteter, stöttede til Fortidens forældede Forhold, ere kun altfor tilböielige til Overgreb i en Stand, der i det Væsentlige er og maa være unddraget deres Bedömmelse. Vistnok er det urimeligt, at Grundtrækkene i den sidste Reform gjennemförtes uden Stabslægens Medvirkning, og neppe ganske undskyldeligt, at han fandt sig deri med resigneret Ro — hvad vilde man sige, om en civil Lægereform nu gjennemförtes uden at Sundhedscollegiet blev adspurgt eller selv talede. Men paa den anden Side bör man dog ogsaa drage sig til Minde, hvormeget der ved Alvor og Dygtighed kan bödes paa uheldige Forhold, og at ligesom man i underordnede Stillinger pleier at stille sine Fordringer efter almindelige Evner, saaledes er man upaatvivlelig i sin gode Ret, naar man paa en höi og betydningsfuld Plads forlanger virkelig Dygtighed. Det vilde være en Urimelighed at antage, at en saadan Post kunde fyldestgjöres ved blot lydig Passivitet. Naar nu Stabslægen idetmindste indirekte tillægger vedkommende Collegium Ansvaret for den sidste Reform, saa kan det dog ikke være hans Mening, at dette, der er ukyndigt i Medicinalsager, skulde have handlet af Gjenstridighed. Collegiet maa fornuftigviis antages ikke at have været tilstrækkeligt oplyst, og dette bestyrkes, som vi skulle see, ved flere i Stabslægens Afhandling givne Vink.

Allerede i sine förste Embedsaar, siger Armeens Stabslæge, indsaae han Ulemperne ved den bestaaende Hospitals-Organisation, "men han afholdtes fra at foreslaa saa indgribende en Forandring, som en forbedret Organisation vilde gjöre nödvendig, ved den helt vel begrundede Betænkelighed, at indgroede Fordomme og personlige Hensyn vilde have en for overveiende Indflydelse." Enhver, der alvorligt giver sig til at ville reformere, kan i hvilket Samfund han end virker være temmelig vis paa at möde dette Slags Hindringer, Fordomme og personlige Hensyn, thi de ere almeen menneskelige Skröbeligheder. De bero væsentligt paa utilstrækkelig Oplysning om den paagjeldende Gjenstand og bekæmpes ved at tilveiebringe denne og skabe en Opinion, for hvilken de personlige Hensyn omsider give efter. Jo mere "indgroede" Fordommene ere, jo mere Grund vil der ialmindelighed være til i Tide at tage fat paa deres Udryddelse, forudsat at man selv har en klar Erkjendelse af de Mangler man vil afhjælpe og en nogenlunde Ide om hvad der bör træde istedet. Stabslægen troede imidlertid at burde oppebie et gunstigere Tidspunkt. Dette kom 2 Aar efter hans Ansættelse, "da en total Reform i Armeens Organisation blev bebudet." Det skulde synes, at der nu maatte være god Anledning til at begynde at udjævne hine Hindringer, men Stabslægen "fandt det raadeligst at oppebie den bebudede Organisation," hvor da de personlige Hensyn og de indgroede Fordomme ret vilde faa Leilighed til at give sig Luft. Tiden nærmede sig. Stabslægen kan ikke have været uvidende om, at Reorganisationen behandledes uden hans Medvirkning; Lægeetatens Skjæbne stod paa Spil; det var den höieste Tid til at klare Anskuelserne og vække Opinionen. Isærdeleshed vilde det have været ganske i sin Orden at opfordre det kongelige Sundheds-Collegium, hvoraf Stabslægen selv var Medlem, til at yde sin Bistand i denne vigtige og vanskelige Crisis. Vi forudsee vel den Indvending, at den nyeste Tid noksom har viist Autoriteternes Mangel paa Agtelse for Sundheds-Collegiets Votum, selv hvor dette er givet med Klarhed og Conseqvens samt understöttet af en stærk offentlig Mening; men man maa erindre, at i det saaledes antydede Tilfælde var den ligeledes lægekyndige Direktion af modsat Anskuelse, i hiint var der Sandsynlighed for, at Stabslægen i Sundhedscollegiet kunde have sat sin Mening igjennem, og denne vilde da fremtraadt med den Vægt, som de enige og sagkyndige Stemmer maa have ligeoverfor de ikke sagkyndige. I hvert Fald vilde Stabslægen da været ansvarsfri ved at have forsögt alt, hvad der stod i hans Magt. Men han forblev taus og rolig. Etatens fremtidige Stilling afgjordes i Hovedsagen ved Reskriptet 28de April 1842, der sandsynligviis overbeviste ham om, hvad han let kunde have forudseet, hvorlidet den nye Reform vilde fyldestgjöre Lægestandens Forventninger og de videnskabelige Ideer, han allerede dengang nærede men först nu har fremsat offentlig. Hvorvidt man selv paa dette Standpunkt ved at opbyde alle Kræfter kunde have bevirket et bedre Resultat for Lægestandens Vedkommende, skulle vi lade usagt; der gjordes intet Forsög derpaa.

Imidlertid stod der endnu tilbage at anordne Detaillen og navnlig "den hensigtsmæssigste Maade, hvorpaa en forandret Organisation af Hospitalets medicinske Bestyrelse burde indföres." Ved at træde frem med den fornödne Klarhed og Sikkerhed, vilde det maaske have været muligt at organisere Hospitalet uafhængigt af den övrige Reform. Dog, Stabslægen "fandt det for Öieblikket ubetimeligt at yttre sit Önske" om Clinik og cliniske Lærere,! men "det laa i hans Plan om muligt at realisere det med Tiden, hvorved han haabede, baade at give Hospitalet en mere videnskabelig Anseelse, og at gjöre det til en sand praktisk Skole for de vordende Militærlæger." For Tiden vilde han indskrænke sig til at forberede den kommende Udvikling, fornemmelig ved at inddele Hospitalet i færre Servicer og gjöre Overlægeposterne paa disse tilnærmelsesviis permanente. Men da han tillige "efter allerhöieste Befaling skulde gjöre Indstilling om de militære Lægers Fordeling m. m., hvilket var et ikke aldeles let Arbeide," saa var der, uanseet at han med Hensyn til Hovedsagen, Hospitalets Organisation, allerede i flere Aar havde indseet Manglerne og sandsynligviis overveiet Midlerne derimod, "kun levnet ham liden Tid til Udarbeidelsen af et saa omfattende Forslag." Uagtet denne Tidens Knaphed troede Stabslægen heller ikke denne Gang at burde sikkre sig Sundheds-Collegiets Bistand og Autoritet, men "fandt det raadeligt, at anmode tvende Colleger om hver for sig at optegne de vigtigste Momenter," hvorefter ogsaa "Anskuelserne ved den mundtlige Discussion fandtes saa overensstemmende, at ingen væsentlig Dissens fandt Sted." Desuagtet tilstaaer Stabslægen, at "det vel er muligt, at Forslagets motive-

*

rende Betragtninger b a a d e k u n d e o g b u r d e *) have været udförligere fremhævede," men han troede "at tjene Sagen bedst ved saavidt muligt at fatte sig i Korthed," nemlig af Hensyn til, at "saavel Hs. Majestæt Kongen som Collegiet paa den Tid var overvældet med Forretninger." Hertil kom at man önskede den ny Organisation at træde i Kraft den 1ste Juli, og skjöndt fjendtlige Hære ikke omleirede vort Fædreland, synes man dog hellere at have villet udsætte sig for en rimeligviis for lang Tid mislykket Reform, end anholde hos Hs. Majestæt om Tilstaaelsen af den nödvendige Tid til Forslagets Udarbeidelse.

Det forekommer os, at man under disse Omstændigheder ikke i noget Væsentligt kan dadle Gen. & Comm.-Collegiet for det paafölgende Udfald af Sagen. Dette var ikke lægekyndigt, og efterat Etatens Organisation engang var bestemt som et Routinecorps, maatte Stabslægens Forslag fra dets Standpunkt tage sig ud som en Inconseqvens. Det kongelige Collegium kunde ikke tage sig det saa let som Stabslægen, "at en Del af Garnisonens Overlæger vilde blive udelukkede fra Hospitalstjenesten," skjöndt deres övrige Tjeneste "ikke staaer i Forhold til deres Gage" — heller ikke tröste sig ved den Udvei, "at dersom det om nogle Aar fandtes, at man havde ansat for mange Overlæger," saa kunde man "afskedige de Overflödige." Denne Inconseqvens er formodentlig forekommet Collegiet saa meget större, som Forslaget muligviis ikke var noksom motiveret, og Stabslægen ikke fandt det betimeligt at fremstille sin Tanke aldeles klar. Alligevel opgav han endnu ikke Haabet. Paa Foranledning af de 3 först ansatte Overlæger indkom han i 1844 med et nyt Forslag, men ogsaa denne

*) Ikke udhævet af Forfatteren.

Gang troede Collegiet at burde haandhæve den for saa kort siden grundlagte Organisation, hvorfor det maa tilskrives Hs. Majestæts særdeles Beredvillighed til at lytte til nogle af de af Stabslægen fremförte Grunde, at desuagtet Overlægernes Funktionstid blev forlænget til 3 Aar.

Dette Resultat synes imidlertid ikke at have tilfredsstillet Stabslægen, og da han maatte mistvivle om at komme videre paa den sædvanlige Vei, forsögte han at slaa ind paa en anden, der synes at have fört ham paa Vildspor. Efter hans egen derom afgivne Forklaring (S. 430), haabede han ved den tilsigtede Bytning mellem Overlægerne Djörup og Goos at erholde et "Præcedens" til Efterlignelse, og saaledes omgaaende Anordningerne at sætte det Resultat igjennem, som han ansaae for gavnligt men ikke havde været istand til at skaffe Anerkjendelse ad den lige Vei. Vi tör antage, at de fleste af vore Læsere allerede have dannet sig en Mening om denne Sag. Stabslægen troer at man i ethvert Fald vil indrömme ham, "at han ikke har gjort sig skyldig i Vilkaarlighed," idet han nemlig stadig vil have fulgt "en vel gjennemtænkt Plan" — en saadan Plan kan dog ogsaa blive vilkaarlig, naar den gaaer ud paa at gjöre den personlige Anskuelse om det Rigtige gjeldende, ubekymret om Tingenes bestaaende Tilstand og de Enkeltes lovhjemlede Ret.

Den kgl. Resolution af 30. Juni 1842 byder, gaaende ud fra en Betragtningsmaade af Hospitalstjenesten, der er forskjellig fra Stabslægens, at Garnisonens Overlæger skifteviis skulle overtage Hospitalstjenesten — den undtager ingen som udygtige. Dette beviser baade Anordningens Ord og Organisationens hele Aand — ikke mindst den Maade, hvorpaa de ny og vacante Overlægeposter bleve besatte, thi havde man her (som Stabslægen) haft Videnskabens Sag for Öie, da vilde man neppe have afskaaret den fri Concurrence. Besynderligt nok havde Stabslægen dengang intet at indvende herimod, men efterat han selv har hjulpet det livlöse paa Videnskabens Territorium uberettigede militære Anciennetets - Princip til Seiren, forekommer det ham nu "klart, at Udnævnelsen (til Hospitalsposterne) ikke skulde være en simpel Anciennetetssag," fordi nemlig hans Forslagsret da "vilde være uden Betydning." Efterat Lægeetaten i saa meget andet er bleven en Formalitet, kunde dog muligviis denne Forslagsret ogsaa være det. Maaske har man, for at tale med Prof. Müller selv, villet fyldestgjöre "god Tjenesteorden" — maaske ogsaa man har villet forbeholde Stabslægen under særegne Forholde, Alder, Sygdom og desl. at bestemme Rækkefölgen, men under alle Omstændigheder kan Resolutionens udtrykkelige Bestemmelse: efter Tour, endnu mindre være uden Betydning. Den eneste Tröst vi kunne see for Stabslægen er den Lære, ikke oftere at indstille Overlæger uden Sundhedscollegiets Medvirkning og uden at være bekjendt med, hvilke Funktioner man vil paalægge dem.

Vi haabe hermed at kunne forlade denne Gjenstand, og bede os ligeledes fritagne for udförligere at debattere, hvor stort et Udbytte Stabslægen, selv om hans Plan fuldstændigen var lykkedes, derved vilde tilvinde sin Ide om Clinik og clinisk Videnskabelighed paa Garnisonshospitalet. Derimod maa vi endnu et Öieblik, med Tilsidesættelse af Sagens övrige Sider, dvæle ved det Phænomen, at han ikke synes at have fölt det Mislige i, at ville gjöre sit tilfældige og personlige Kjendskab til Maalestok for Overlægernes cliniske Dygtighed, og at han mener ved sit blotte Valg at kunne paatage sig "Ansvaret" herfor. Tiltroer man sig endog en reen Villie og stor Skarpsindighed, er det som bekjendt dog en overmaade vanskelig Sag, at fælde Dom om saadanne Egenskaber, især naar man ikke kan gaae efter positive Beviser, hvilke hos os höre til Sjeldenhederne. Mangle saadanne, kan egentlig intet med Sikkerhed afgjöres. Man maa da, om Nödvendigheden byder det, hjælpe sig ved med megen Omsigt at veie Vedkommendes tidligere Dannelse, deres gode Villie og almindelige Evner saavidt disse virkeligt have lagt sig for Dagen, endelig Opinionens Dom, der undertiden kan yde et vigtigt Motiv; fremfor alt maa man i Bedömmelsen af disse Indicier omhyggeligt undgaae at paavirkes af noget personligt Bekjendtskab. Da Armeens Stabslæge erklærer i Hospitalssagen at have handlet efter et "Princip" — en "stadigen fulgt Plan," maa han altsaa ifölge denne have indstillet til Hospitalslæger dHr. Djörup, Thune, Rörbye, Petersen, Hahn og Bendz. Da han fremdeles yttrer om disse Overlæger, at "Valget hidtil ikke havde været vanskelig," saa skulde det altsaa synes, at han her uden lang Overveielse havde fundet Mænd, om hvilke han kunde forudsætte, at de noget nær vilde fyldestgjöre de af ham selv opstillede Fordringer til Hospitalslægen (P. 419): at forene "praktisk Dygtighed med administrativ Talent og videnskabelig Aand og Gave til at fremtræde som cliniske Lærere." — Troer Stabslægen sig nu kaldet til at vælge mellem de Berettigede, d. e. de hidtil Uvalgte — hvad var da naturligere end at dröfte disses Qvalifikationer, for om muligt at være ligesaa heldig i det forestaaende Valg som hidtil. Derimod siger han om 2 af disse, at de ere for gamle; om de ovrige 4 (hvoraf de 3 ere over 40 Aar), at de ere for unge — nemlig saa unge i Tjenesten, at deres Udnævnelse til Hospitalslæger "kunde synes stödende" for Overl. Goos; fremdeles om denne, at han "har for lidet Kjendskab til ham." Endelig fremtager han Dr. Djörup som en Deus ex machina, og skjöndt han for Tiden ikke er valgbar, haaber Stabslægen at löse alle Forviklinger ved denne "saavel i videnskabelig som i praktisk Henseende særdeles dygtige Overlæge" — (ikke at tale om hans videnskabelige Reise til Paris, hvis Frugter det næsten vilde være uforsvarligt at lade ubenyttede). Det forekommer os, at her ikke röber sig en saadan Upartiskhed og Frihed i Omdömmet, som anstaaer den, der stiller sig som Autoritet paa hiin vanskelige Dommerplads?

Lovgivning.

Under 13de October er udkommet en Placat angaaende Oprettelsen af en Helbredelsesanstalt for Sindssvage i Nörre-Jylland, saaledes lydende:

Vi Christian den Ottende etc. etc., Gjöre vitterligt: At Vi, med Hensyn til et af Vore tro Provindsialstænder for Nörre-Jylland i Aaret 1844 indgivet Andragende, have ladet forelægge disse Stænders Forsamling i 1846 et Udkast til en Anordning angaaende Oprettelsen af en Helbredelsesanstalt for Sindssvage i bemeldte vort Land, og at Vi, efter at have modtaget Stændernes derover allerunderdanigst afgivne Betænkning, byde og befale som fölger:

§. Der skal i Vort Land Nörre Jylland paa en dertil indkjöbt Plads i Nærheden af Vor Kjöbstad Aarhuus opföres og indrettes en fuldstændig og til de ved Granskning og Erfaring bekræftede Grundsætninger angaaende Afsindiges rette Behandling svarende Helbredelsesanstalt for disse Ulykkelige. Denne Anstalt skal ved sin förste Indretning have Plads for 130 Afsindige, men der vil sörges for, at der bliver Leilighed til, om det i Tiden gjöres fornödent, dermed at forene saadanne Tilbygninger, at der kan blive Plads for et större Antal.

§ 2. De Pengesummer, der maatte medgaae til Erhvervelse af Byggegrund, Gaards- og Havepladser og det Jordtillæg, som maatte findes hensigtsmæssigt til de fornödne Bygningers Opförelse, Indretning og Forsyning med Inventarium, samt hvad der ellers maatte behöves for at sætte Anstalten i behörig Stand, ville blive forskudte af Vor Kasse, imod at der af dette Forskud svares 4 pCt. aarlig Rente, og at Forskuddet efterhaanden afbetales i 12 Aar.

§ 3. Af det Belöb, som udfordres til foranförte Forrentning og Afdrag, udrede Provindsens Kjöbstæder $\frac{1}{8}$, der fordeles imellem disse efter det i Forordn. af 7de Juni 1843 bestemte Forhold og igjen i hver Kjöbstad lignes paa Indvaanerne efter disses Formue og Vilkaar. De övrige $\frac{7}{8}$ udredes af Amternes Hartkorn, saaledes at ethvert Amts Repartitionsfond tilsvarer en til sammes Hartkorn, under Iagttagelse af det sædvanlige Forhold imellem de flere Slags Hartkorn, svarende Andel, der som Fölge heraf bliver at inddrage under den sædvanlige Ligning til bemeldte Fond.

§ 4. Til Dækning af et saadant aarligt Belöb, som maatte ansees fornödent til Vedligeholdelse af Bygningerne, til Lönninger for Lægepersonalet og Stiftelsens övrige Embedsmænd og faste Betjente, saavelsom til Patienternes Underholdning, Lægemidler, Lys, Brændsel, Opvartning, Vedligeholdelse af Inventarium, bliver der, for hver i Nörre-Jylland hjemmehörende og der forsörgelsesberettiget uformuende Patient, at normere en aarlig Betaling, der indtil videre bestemmes til 50 Rbd., hvilken Betaling erlægges af de Private, der ere pligtige at sörge for Patienten, eller den Commune, for hvis Regning samme er indlagt. Dog skal enhver uformuende i Nörre-Jylland hjemmehörende Patient ifölge motiveret Andragende derom nyde aldeles fri Forpleining i Eet og Alt under de tre förste Maaneders Ophold i Anstalten, naar Anmeldelse om Optagelse beviislig er sket kort efter Afsindighedens förste Udbrud, inden en vis Tid, som nærmere i Reglementet for denne Anstalts Indretning og Bestyrelse bliver at bestemme, og Patienten ellers qvalificerer sig til Behandling i Helbredelsesanstalten.

For de Patienter, der höre hjemme i Nörre-Jylland, men ikke kunne henregnes til Uformuende, bliver Betalingen at normere saaledes, at der ved denne kan antages at være dækket de Udgifter, som ville medgaae til hver Patients Underholdning, Lægemidler, Lys, Brændsel, Opvartning og Vedligeholdelse af det Inventarium, som mest er udsat for Slid, hvilken Betaling udredes af Patientens egen Formue eller af dem, som dertil ere pligtige. Forsaavidt der i Helbredelsesanstalten maatte optages Afsindige, som ikke höre hjemme i Nörre-Jylland, bliver der at fastsætte en vis höiere Betaling, der kan antages at indeholde fuld Godtgiörelse for samtlige paa Patientens Ophold, Forpleining, Lægebehandling o. s. v. medgaaende Udgifter, deri beregnet Bygningens Vedligeholdelse, Lönninger til Læger m. m., ligesom det og for de Patienter, som paa Vedkommendes Begjæring erholde större Beqvemmeligheder end de sædvanlige, bör erlægges en forholdsmæssig höiere Betaling. Det Udgiftsbelöb, som ikke ved saadanne Betalinger bliver dækket, tilveiebringes ved Ligning paa Kjöbstæderne og Hartkornet efter det i § 3 nævnte Forhold.

§ 5. Angaaende den i § 3 ommeldte Ligning, der vil tage sin Begyndelse 1848, vil en nærmere Anordning forinden udkomme.

§ 6. Hvad den i § 4 omhandlede aarlige Ligning angaaer, da vil der i sin Tid være at forelægge Vore tro Provindsialstænder for Nörre-Jylland Udkast til en Anordning, der nærmere bestemmer denne Lignings Belöb.

Bekjendtgjörelse.

Det har hidtil været sædvanligt, at praktiserende Læger, hverken naar de nedsætte sig paa et Sted eller naar de fraflytte det Distrikt, hvori de have taget Bopæl, gjöre Anmeldelse derom til vedkommende Medicinal-Autoriteter.

Da det imidlertid er nödvendigt, at disse altid have Kundskab om, hvilken Lægehjælp der ved paakommende Sygdomme kan gjöres Regning paa, maa Sundheds-Collegiet herved paalægge dHr. Læger for Fremtiden uopholdeligt at anmelde for vedkommende Physicus og Distriktslæge, naar de tage Bopæl eller fraflytte samme i Physicatet og Distriktet.

Kjöbenhavn, i det kongelige Sundheds-Collegium den 16. November 1847.

Forlagt af C. A. Reitzel. Trykt hos Bianco Luno.

Den 27. November. 1847.

Ugeskrift for Læger.

2den Række VII. Nr. 27.

Redigeret af L. Brion og C. Hempel.

Bidrag til en Vurdering af de forskjellige Midler, som ere anvendte imod syphilitiske Sygdomme.

(Boys de Loury et Costilhes, Gazette medicale 1847).

I de sidste 20 Aar har Behandlingen af Syphilis, der forhen holdt sig omtrent paa samme Standpunkt, undergaaet hyppige Forandringer, idet Nogle, beusægtende Sygdommens virulente Natur, forkastede særegne Medikamenter imod den og anbefalede den antiphlogistiske Methode, stræng Diæt og locale Midler; Andre, som ansaae specielle Medikamenter for hensigtssvarende, stræbte istedet for Mercur, der under forskjellige Omstændigheder ikke er uden Fare, at udfinde andre Medikamenter, som ligeledes besadde antisyphilitiske Kræfter, men vare fri for det nysnævnte Middels Inconvenienser. Det vil da ikke være uden Interesse at kjende Resultaterne af en Række Forsög med de forskjellige antisyphilitiske Midler, der ere antillede paa Hospitalet St. Lazarus af Boys de Loury og Costilhes. Ethvert Medikament er anvendt paa en og samme Aarstid imod de samme Tilfælde, idet der toges Hensyn til hver Patients Constitution og særegne Tilstand; hele Antallet af de herhenhörende Patienter overstiger 200, og der er bleven taget al mulig Omhu for hvert Medikaments sikkre og rigtige Anvendelse hos de Syge og for en nöiagtig Iagttagelse af de ved dem fremkaldte Forandringer; kun paa denne Maade er man istand til at bedömme hvert Middels Værd og at anstille en Sammenligning imellem dem indbyrdes.

Af Mercurialpræparater til indvendig Brug ere anvendte Calomel, Sublimat og Mercurius vivus i fiint fordelt Tilstand. Calomel blev anvendt hos 10 Patienter, men da der hvergang indtraadte Salivation (hvilken Forff. stedse söge at forekomme), mangle Data til Sammenligning med de andre Medikamenter. I det Hele taget kan Calomel, der forhen har nydt saa stor en Yndest, nu ikke gjelde for noget sikkert Middel. Nogle Chemikere antage, at det i de förste Veie lettelig forvandles til Sublimat og virker som saadant.

Sublimat blev anvendt alene i Oplösning efter fölgende Formel:

℞ Mercur. sublim. corros. ptj.
Aqvæ destill. ptt. 900
Spirit. vini rectif. ptt. 100

hvoraf hver Morgen en Spiseskefuld, der toges i et Glas Sassaparilladecoct med en Sirup. Forff. have i lang Tid anvendt det i primære og consecutive Tilfælde og have i flere Aar sat særdeles Priis derpaa. De syphilitiske Tilfælde, som bleve behandlede med dette Middel, vare især Chanker, flade Tuberkler, Buboner og Syphilider. Middelvarigheden af Behandlingen var 36 Dage. Forresten er Sublimat en væsentlig Bestanddel af den saakaldte arabiske Behandling, der anvendes meget i det sydlige Frankrig og skal være særdeles gavnlig især i inveterereде tertiære Tilfælde. I Paris er den lidet eller slet ikke kjendt.

Mercurius vivus i fint fordelt Tilstand anvendtes som de saakaldte Sedillots Piller, hvis Sammensætning er fölgende:

℞ ungvt. mercurialis dupl. ptt. 10
Sapon. medicati ptt. 8
Pulv. liqviritiæ ptt. 4

hvoraf 3 Grans Piller (1 Gr. Mercur i hver).

Det er et særdeles godt Middel, hvoraf Forf. have seet stor Nytte; der iagttoges ikke Salivation derefter, og naar Nogle indvende derimod, at det fremkalder denne, saa hidrörer det uden Tvivl fra at det er givet i for stor Dosis; det anvendes hyppigt af Cazenave i Hospitalet St. Louis og bevirker kun meget sjelden Salivation. Den sædvanlige Dosis maa være 2 Piller daglig, ikke som Nogle angive 5 à 6 daglig. Det brugtes især imod consecutive Rhagades, Bubones, Chankre, Vegetationer og Syphilider. Behandlingens Middelvarighed var 33 Dage.

Udvendig er Mercur kommen til Anvendelse som Bade og Friktioner. Imod Badene frembyder sig den væsentlige Indvending, at man ikke er istand til at bestemme den Mængde Mercur som optages i Organismen. Derfor blev Mercur aldrig anvendt paa denne Maade, undtagen naar en lang Tid vedholdende Brug af indvendige Midler havde viist sig uvirksom. Imidlertid forekom enkelte Tilfælde, hvor denne Methode viste sig gavnlig f. Ex. ved Syphilider, Sygdomme i Benene, imod hvilke de mest rationelle Medikamenter vare brugte forgjæves. En herhenhörende Iagttagelse er fölgende:

Et 23 Aar gammelt Fruentimmer, af udtalt lymphatisk Constitution, havde 2 Aar i Forveien ifölge Smitte lidt af flade Tuberkler, Chankre paa de ydre Kjönsdele og en Bubon i venstre Lyske, imod hvilke Tilfælde var anvendt en fuldstændig Mercurialbehandling. Ved Indlæggelsen fandtes Chankre paa Kjönsdelene samt over hele Kroppen tuberculöse Syphilider. Paa Grund af hendes Constitution blev hun behandlet med Jodkalium i stigende Dosis. Da hun var steget til ʒj af dette Salt daglig, opstod heftige Coliksmerter og en Art Acne i Ansigtet, hvorfor dets Brug udsattes i flere Dage. Senere anvendtet det igjen, men da der efter 2 Maaneders Forlöb ingen Bedring sporedes, ophörtes med Brugen for bestandig. Da den indvendige Brug af Mercur forrige Gang havde fremkaldt Salivation, forordnedes 4 Sublimatbade hver Uge, omtrent ʒβ til hvert Bad. Efter en Maaneds Behandling var hun fuldstændig helbredet.

Om Friktionerne gjelder den samme Indvending som ved Badene, samt den Inconveniens at det giver Anledning til Ureenlighed og let fremkalder Salivation, hvorved Brugen maa udsættes, för Helbredelsen er indtraadt. Det anvendes saaledes at ℈ij indgnides daglig paa den indvendige Flade af Laarene; man kan stige til ℈iv daglig; samtidig anvendes höi Temperatur og Bade hveranden Dag; paa denne Maade undgaaes bedst Salivation. Det bör neppe bruges undtagen hvor Digestions-Veiene ere mindre modtagelige for indvendige Mercurialpræparater; det har imidlertid under saadanne Omstændigheder viist ret god Nytte imod secundære og især tertiære Tilfælde (flade Tuberkler, Chankre, Rhagades, Exostoser, Bubones); Middelvarigheden af Behandlingen var 42 Dage. Imidlertid staaer det, ogsaa paa Grund af de omtalte Inconvenienser, langt tilbage for Jodkalium.

Præparater af Sölv ere först bragte i methodisk Anvendelse imod Syphilis og anbefalede som virksomme af Serres i Montpellier. Efter hans Forskrift begyndtes med ¼ gr. Oxydum argenti stigende til grj., givet i Pilleform. Forsögene skete ved primitive Tilfælde af Chankre, Rhagades, Buboner og ved to Tilfælde af Syphilider. I disse sidste sporedes ingen Nytte af denne Behandling. Det förste Tilfælde var nemlig en ung Pige af god Constitution, som led af Rhagades ved Anus og papulöse Syphilider i Panden, paa Ryggen og Armene, og som i halvanden Maaned hver Dag fik 2 Piller paa 1 Gran, uden at der sporeredes mindste Forandring. Hun blev derefter behandlet med Protojoduretum mercurii, hvorved Sygdommen fuldstændigen helbrededes efter 1½ Maaneds Forlöb. Det andet Tilfælde var tuberculöse Syphilider af serpiginös Form, der havde deres Sæde paa den venstre Skulder hos et Fruentimmer af stærk Constitution. 7 Ugers Brug af Sölvoxyd i Pilleform fremkaldte ingen Bedring, hvorimod denne fuldkommen bevirkedes ved den locale Anvendelse af Mercur som Emplastrum de Vigo c. Mercurio. — De physiologiske Virkninger af dette Middel vare forresten: Ved Dosis af 2 Piller Colik og Diarrhoe, undertiden Forstoppelse med foröget Urinsecretion; i nogle Tilfælde formindskedes Menstruationsfloddet. Der sporedes ingen Forandring i Appetiten eller i Cirkulationen.

Af Guldpræparater er forsögt Aurum muriaticum natronatum. Det er Christien, som fornemmelig har anbefalet dette Middel og anseer det ligesaa virksomt som Mercur, men foretrækker det for dette, fordi det ikke fremkalder Salivation. De senere Erfaringer navnlig af Cullerier, Baumés, Biett, Casenave og Ricord have aldeles ikke givet saa fordelagtige Resultater, og nærværende Forsög bekræfte disse Mænds Erfaring. Dobbeltsaltet brugtes i Piller indeholdende ⅛ gr., hvoraf 2 Piller daglig i stigende Dosis indtil grj. 2 Gange daglig. De Tilfælde, som behandledes paa denne Maade, vare især secundære; naar Helbredelse indtraadte, skete det först efter flere Maaneders Behandling, og der indtraadte ikke sjelden Recidiver, saa at man maatte ty til andre Midler. Iövrigt bemærkedes faa Dage efter Behandlingens Begyndelse en tydelig Forögelse af Appetiten; undertiden Coliksmerter og Forstoppelse, men hverken Feberbevægelser, Sved eller nogen Indflydelse paa Menstruationen.

Jodkalium. Dette fortrinlige Middel er först i den senere Tid indfört i de syphilitiske Sygdommes Therapi fornemmelig af Wallace i Dublin (1836), af Lugol i Frankrig (1831), som anbefaler det i tertiære Tilfælde, endelig af Ricord (1840), der især har bidraget til dets udbredte Anvendelse ved nöiagtig at bestemme de Tilfælde, imod hvilke det besidder en særdeles kraftig Virkning (gummata, ostitis, periostitis o. s. v.) Paa Hospitalet St. Lazarus anvendes det saaledes, at der i Almindelighed begyndes med en Dosis af 10 gr. eller mindre efter den forskjellige Medtagelighed; en saadan Dosis tages i en Oplösning i to Indgivter, Morgen og Aften. Hver 4de Dag tillægges 10 gr. og saaledes stiges til ℈ij, ʒj, ℈iv; sidstnævnte Dosis oversiges aldrig. Der vedblives med Brugen deraf nogen Tid efterat de syphilitiske Tilfælde ere forsvundne; thi Erfaring har viist, at der hyppigere indtræde Recidiver end efter Brugen af Mercurialmidler, anvendte imod de samme Tilfælde. I Almindelighed bruges det idetmindste i 6 Uger indtil 2 Maaneder og derover.

De physiologiske Virkninger af dette Medikament bleve nöjagtigen antegnede; de vise sig sædvanlig i fölgende Orden. Ved en Indgivt af 15 gr. bemærkes den förste Dag en let Smerte og Trykken i Maven; Smerten viser sig undertiden som Kneb men kan ogsaa mangle. Appetiten er i Almindelighed foröget, og det er ret mærkeligt at see en foröget Madlyst opstaae strax efter Nydelsen af Medikamentet. De fölgende Dage formindskes disse Phænomener eller iagttages slet ikke. Ved en Dosis af ℈j bemærkes den anden Dag Tunghed i Hovedet, Colik og Diarrhoe. — Urinens Mængde er den förste Dag foröget, den er klar og gjennemsigtig; dette er et næsten constant Symptom. Ved en större Dosis fra ℈ij til ʒj finder man snart, at Urinmængden tiltager i Forhold til Indgivten af Jodkalium, snart derimod, at den bliver ved det Normale. Meget constant er Udbruddet af et pustulöst Hududslet, som ligner Acne og viser sig den förste eller anden Dag ved en Dosis af 15 gr.—℈j. Det tager især sit Sæde i Ansigtet og varer i Almindelighed ikke saalænge som Behandlingen, det formindskes nemlig eller ophörer efter 15—20 Dages Forlöb. Enkelte Gange, men meget sjelden, iagttoges ot ecthyma eller eczema impetiginoides. Enkelte Gange iagttoges ved en Dosis af ℈j—℈ij i de förste Dage af Behandlingen en conjunctivitis, der kan indtage begge Öines Bindehud. — Med Hensyn til Mentruationen anföre de Fleste at det virker som et emmenagogum, men dette stadfæstedes ikke ved nærværende Erfaringer, tvertimod bemærkedes ofte en Formindskelse i Menstrualfloddet. — Salivation indtræder vistnok sjelden; det iagttoges kun en Gang. Ricord har derimod hyppig iagttaget den, sandsynligviis fordi han giver en langt större Dosis (indtil ʒij—ʒiij daglig). Iövrigt har denne Salivation ingen særegen Lugt, Spyttet er ikke seigt og Mundens Slimhinde lider ingen Forandring. Nogle antage derfor, at Salivationen i dette Tilfælde har sit Sæde alene i Spytkirtlerne, saaledes at Mundens Slimhinde ikke afficeres, hvorimod ved Mecurialindvirkning den eiendommelige Lugt hidrörer fra Slimhindens Ulceration, hvilken man nemt opdager ved Hjælp af en Loupe. — Med Hensyn til Nervesystemet bemærkedes ofte hos Fruentimmer en Incitation af Hjernen; ved en Dosis af ℈ij — ʒj opstaae Symptomer af Congestion til Hovedet, en Tilstand som ligner en let Beruselse, hvilken man betegner med Navnet Jod - Rus. — Paa Cirkulationen og Pulsen sporedes ingen Virkning, ingen Tilböielighed til Hæmorrhagier, som Nogle angive; ligesaalidet bemærkedes, uagtet den Mængde Patienter, som behandledes med Jodkalium, nogensinde Indvirkninger paa Respirationen og Bronchierne, skjöndt nogle Forfattere ville have iagttaget en rigelig Slimsecretion fra Bronchierne, som skal have det Eiendommelige, at den bestandig er klar og aldrig gaaer over til at blive purulent. — Som umiddelbare, constante Virkninger iagttoges bestandig en Aftagen eller Ophör af osteocopiske Smerter den förste eller anden Dag i Behandlingen, en Egenskab, der er saa meget vigtigere, som vi ikke besidde noget andet Middel, hvor denne Virkning er saa hurtig og constant.

Som Exempel paa at Forgiftnings Tilfælde kunne fölge af for stor en Dosis af Jodkalium tjener fölgende Iagttagelse:

En Patient behandledes for et haardnakket Hududslet med Jodkalium i stigende Dosis fra grj—℈j. Da Bedring nu viste sig, troede Patienten at kunne fremskynde Helbredelsen ved at fordobble Dosis. Efter tre Dages Forlöb mærkede han Ildebefindende og en voldsom Hovedpine, som han dog ikke tilskrev Medikamentet, men den 4de Dag opstod Svækkelse og Forstyrrelse i Synet, Hörelsen var næsten tabt; ved Forsög paa at reise sig og gaae, mærkede han at Benene böiede sig og at hans Arme manglede Styrke. Efterat have gjort nogle Skridt fremad, faldt han pludselig om og tabte Bevidstheden; efter nogle Öieblikke kom han til sig selv, men vedblev hele Dagen at være i en bedövet og udmattet Tilstand, hvoraf han kun langsomt kom sig efter Ophör med Brugen af Jodkalium.

Erfaringerne paa St. Lazarus bestyrke den almindelige Anskuelse om Jodkaliums anerkjendte Virksomhed imod tertiære Tilfælde, navnlig imod invetererede Sygdomme i Benene, Exostoser o. s. v. Ligeledes forekom adskillige Exempler paa syphilitiske Tilfælde, lignende secundære, der vare fremkomne efter en Incubationstid af 2 til 5 Aar, i hvilke Helbredelse meget hurtig bevirkedes ved Jodkalium. For at bestemme dets Virksomhed imod primær Syphilis anstilledes Forsögene efter en stor Maalestok, men der sporedes ikke synderlig gavnlig Virkning deraf; det kunde ikke eftervises, at dette Middel udövede den mindste Indflydelse paa disse Tilfældes Forlöb. Naar Nogle have sporet heldige Virkninger ved primære Tilfælde, saa maa bemærkes, at disse kunne helbredes af sig selv, hvilken Behandling der end anvendes; ligeledes er det bekjendt, at hvis f. Ex. ved den inflammatoriske Chanker en universel Behandling indledes, förend de locale Tilfældes inflammatoriske Periode er modereret, hindres deres Helbredelse. Hvis derfor en Chanker eller flad Tuberkel helbredes under Brugen af Jodkalium, saa beviser det Intet. — En interessant Sygehistorie viser os den ringe Nytte af Jodkalium imod primær Syphilis.

Hos et 27-aarigt Fruentimmer af lymphatisk Constitution opstod en Chanker paa Underlæben ifölge umiddelbar local Smitte; 14 Dage efter opkom papulöse Syphilider paa Læberne og Hagen, og Chankren blev indureret. Senere viste sig tuberculöse Syphilider i Panden og paa Halsen; derpaa Ulceration af Tonsillerne og Svulst i Halskirtlerne; dernæst dels papulöse dels tuberculöse Syphilider paa Armene og Kjönsdelene, tilsidst Rhagades ved Anus og consecutive Saar paa Tungen. Fra Begyndelsen brugtes indvendig Jodkalium samt Ætsning af Saaret, senere tillige Bade og sveddrivende Midler, men uagtet Jodkalium saaledes stadig brugtes i mere end 3 Maaneder, vedblev Sygdommen gradviis at gaae frem. Man anvendte derfor Protojoduretum Mercurii, hvorved Helbredelsen bevirkedes i 2 Maaneder.

I Modsætning til dette Tilfælde staaer fölgende Sygehistorie, der viser os Jodkaliums heldbringende Virkning.

Et 29-aarigt Fruentimmer fik, efter at have længe i Forveien lidt af Ulcerationer paa Moderhalsen (imod hvilke en Behandling paa 4 Maaneder var anvendt), en Exostose paa den överste Del af Tibia af Störrelse som et Dueæg. 2 Aar efter opkom paa 3die, 4de og 5te Ribben nærved Brystbenet meget smertefulde Exostoser, der bleve Sædet for voldsomme osteocopiske Smerter. Hun behandledes med Jodkalium i stigende Dosis fra 10 gr. til ʒj. Den förste Nat efter Brugen dæmpedes Smerterne. Efter 2 Maaneders Behandling vare Exostoserne forsvundne og Recidiv indtraadte ikke.

Nogle Læger give Jodkalium i stor Dosis (ʒij—ʒiij daglig) fornemmelig hos Mandfolk, uden at der, som de paastaae, opkomme Tilfælde deraf. Hos Fruentimmer kan neppe gives saa stor en Dosis. Der iagttoges ofte Tilfælde af Jod-Beruselse og tillige heftige Smerter og Kneb i Maven ved Dosis af ʒj. Man bör derfor ikke overskride denne Dosis og udsætte dets Brug, naar der viser sig Spor til Jod-Beruselse. Dette antages nu ogsaa af de Fleste, tildels ogsaa af Ricord, der för har givet det i höiere Dosis end nu. Diæten kan i Almindelighed være styrkende.

Middelvarigheden ved Behandlingen med Jodkalium har været 46 Dage.

Protojoduretum Mercurii er et Middel, som staaer i stort Ry og gives Fortrinnet af Ricord, Cazenave og Cullerier. Det er anvendt med meget Held imod tuberculöse Syphilider, consecutive Rhagades, Exostoser, Vegetationer, syphilitisk Psoriasis, Buboner, Chankre. Middelvarigheden 49 Dage.

I den senere Tid har man meget anbefalet Deutojoduretum Mercurii; men Protojoduretet er at foretrække, da det bedre taales af svage Patienter især Fruentimmer og ikke irriterer Maven. Imidlertid existerer der en særdeles god Sammensætning af Jodkalium og Deutojod. Merc., der raades af Gibert i Tilfælde af constitutionel Syphilis, som har frembragt en virkelig Cachexi og har modstaaet den sædvanlige Mercurialbehandling og Sudorifica. Den er anvendt paa St. Lazarus i et saadant Tilfælde med Held. Den gives i en Syrup eller Piller, saaledes at Patienten faaer $\frac{1}{8}$ gr. Bijod. Merc. og 10 gr. Jodkalium tilsammen, 1—2 Gange daglig.

Et Overblik over de Grupper af syphilitiske Tilfælde, som ere behandlede med forskjellige Midler, afgiver følgende Resultater, der støtte sig paa 2 Aars Erfaringer:

1. Præparater af Guld og Sölv ere upaalidelige Midler, der ikke have nogen Magt over constitutionel Syphilis. At primære Symptomer ere helbredede under Brugen deraf beviser Intet, derimod har man ved Tilfælde, som kræve en indgribende Behandling, sporet liden eller ingen Virkning og oftest maattet gribe til andre Midler.

2. Jodkalium har ingen Indflydelse paa Gangen og Varigheden af Chankre, med mindre de ere indurerede; her er Mercur at foretrække; det samme gjelder om Buboner af hvilkensomhelst Natur, om Slimtuberkler, nylig opstaaede papulöse og pustulöle Syphilider, i det Hele om nylig opstaaede syphilitiske Tilfælde, hvor Mercur er fordelagtigere. Jodkalium givet ved primære Tilfælde forebygger ikke consecutive Tilfælde; maaske kan det forhale deres Udvikling. Derimod anvendes Jodkalium med Fordel, uden at Mercur eller noget andet Middel kan stilles ved Siden deraf, imod Sygdomme i Benene, Gummata med eller uden Ulceration, tuberculöse og ulcererede Syphilider. I Almindelighed er Jodkalium det bedste Middel, jo ældre Sygdommen er, jo mere Constitutionen er nedbrudt ved

syphilitiske Tilfælde; ligesaa ved Recidiver. Det er et udmærket Narcoticum imod osteocopiske Smerter og kan med Fordel substitueres Mercur, hvor dette udöver en skadelig Virkning paa Constitutionen. En Forening af Jodkalium og Deutojoduretum Mercurii maa ansees fortrinligt imod syphilitisk Cachexi, der har modstaaet andre kraftige Midler.

3. Mercurialbade bör ikke anvendes imod Syphilis undtagen i Tilfælde, hvor Mercurens indvendige Brug er mislykket, og hos svage Individer med en nedbrudt Constitution.

4. Mercurialindgnidninger bör ikkun anvendes, hvor Digestionsveiene ere i en irriteret Tilstand, imod primære og secundære Tilfælde.

5. Sedillots-Piller ere et godt og let fordöieligt Præparat, der fortrinsviis maa anbefales i primære og secundære Tilfælde. Det samme gjelder om Oplösningen af Sublimat.

6. Protojoduretum Mercurii endelig er det bedste therapeutiske Middel, som man kan benytte saavel ved primære som ved nylig opstaaede secundære Tilfælde.

Anatomiske Undersögelser om Staphyloma corneæ.

(Dr. Szokalski i Gazette medicale 1847, Nr. 25).

Om Staphylomets Pathologi har Wharton Jones fremsat en ny Lære, der idet den bekjæmper den almindelig antagne af Beer fremsatte Theori, i Hovedsagen gaaer ud paa, at Staphylomet er et nydannet uigjennemsigtigt Cicatrice-lignende Væv, der tjener til at udfylde et Substanstab i Hornhinden og beklæder den igjennem denne prolaberede Regnbuehinde. Til denne Lære, der tidligere er udviklet i Ugeskriftet (2den Række, 3die Bd. pag. 171), skulle vi som Supplement föie nogle anatomiske Undersögelser af Szokalski, foretagne dels paa stærkt udtalte hos levende Individer exstirperede Staphylomer, dels paa staphylomatöse Öine af Cadavere, hvor Degenerationen var mindre fremtrædende.

Skjærer man et tyndt Lag af Staphylomets ydre Overflade og undersöger det med Mikroscopet ved 150 til 200 Ganges Forstörrelse, saa opdager man let, at det bestaaer af Epithelialceller, der ligge ved Siden af hinanden i Rader. De dybere Lag af den staphylomatöse Degeneration udvise den samme Dannelse med den Forskjel, at man tydeligere seer Charaktererne af Epithelialceller og Epithelialkjærner.

Undersöges et perpendiculært Snit af Staphylomet, saa findes fölgende Lag udenfra indad: först et meget tykt Lag af Epidermis, der i Reglen indtager meer end tre Fjerdedel af hele Hornhindens Tykkelse. I Staphylomets Begyndelse er dette Lag overalt af lige Tykkelse, men i Forhold som Degenerationen bliver ældre, forøges dette Lags Tykkelse imod Midten i den Grad, at man ofte seer en indad convex Bue, saa at Midten danner en Art rund Kjærne, hvorom strax skal handles. — Det andet Lag bestaaer af Hornhindens egen Substans, der mere eller mindre bibeholder sit normale Udseende. Dette Lags Tykkelse staaer i omvendt Forhold til det nylig omtalte Epitheliallag: det aftager imod Midten eftersom hiint formeres. I gamle Staphylomer mangler det ganske paa dette Sted, hvorved opstaaer en mere eller mindre rund Aabning for den omtalte runde Kjærne, der tiltager forfra bagtil. — Bagved dette Lag træffes den Demour'ske Membran, der ret vel kjendes ved Mikroscopet; den er ofte nöie forbunden med den degenererede Regnbuhinde, saa at det undertiden er vanskeligt at bestemme Grændsen som adskiller dem indbyrdes.

Med Hensyn til den runde Kjærne, der ogsaa er iagttaget af andre Undersögere, saa fandtes den kun i store og gamle Staphylomer, hvoraf sluttes, at den maa ansees som et Resultat af den staphylomatöse Degeneration ikke som dens Udgangspunkt. I et Tilfælde var denne Kjærne nöie forbunden med Staphylomets udvendige Epidermis-Lag; den bestod af en haard, fibrös, granulær Substans, og paa et lodret Snit saaes tydelig uregelmæssige Traade, der havde en Retning mod den ydre Overflade og blandede sig tydeligt med Traade af Epitheliallaget. Denne Kjærne trængte tværs igjennem Hornhindens egentlige Substans og den Demour'ske Membran; dens afrundede Ende dannede en Fremstaaenhed gjennem den indvendige Flade af sidstnævnte, hvor den var omgivet af en vaskulær og spongiös Masse, hidrörende fra den degenererede Regnbuhinde. Dette Forhold lod formode, at denne Fremstaaenhed var dannet af en Indböining af Hornhindens Bindehud indad imod Öieæblet, og at den i denne Henseende har nogen Lighed med Ligtorne, i hvilke, som bekjendt, Epidermis böies indad og fæster sig til Læderhuden og samtidig forvandles til en callös Substans.

Ifölge det her Fremsatte synes det indlysende, at en særdeles stærk Udvikling af Hornhindens Epithelium tilligemed en sygelig Forandring i samme spiller en vigtig Rolle ved Dannelsen af Staphylom. Paa denne Maade forklares ikke alene Tilstedeværelsen af den runde Kjærne, men ogsaa de andre Phænomener som charakterisere denne Sygdom. Forestille vi os saaledes Hornhinden som bestaaende af 2 Lag, som ligge op til hinanden, af hvilke det forreste voxer i overvættes Grad, saa ville vi forstaae, hvorfor denne Membran bliver mere og mere rund som Segment af en Cirkelbue og antager snart en conisk snart en sphærisk Form; hvis denne Tilvæxt af Epidermis ikke er compliceret med nogen anden Degeneration af Hornhinden, saa vil denne Hinde blive tynd, paa Grund af dens stærke Udspænding og gradviis tiltagende Atrophi, hvilket næsten altid finder Sted ved Staphylomer, der have en betydelig Störrelse.

Det nægtes ikke, at Elasticiteten af Glaslegemet, den forögede Ansamling af Vandvædsken (eller rettere dens formindskede Transudation igjennem Hornhinden) samt Spændingen af Öiceblets lige Muskler kunne bidrage til at trænge Hornhinden fremad; men disse Omstændigheder bör uden al Tvivl betragtes som accessoriske og ikke tillægges altfor stor Vægt.

Hypertrophien og Degenerationen af Epidermis ved Staphylomer er sjelden idiopathisk; de opstaae derimod som Fölge af betydelige Forandringer i Hornhindens Ernæring, af hvilke den hyppigste er en betændelsesagtig Emollition, der f. Ex. finder Sted ved Ophthalmia neonatorum. Det træffer sig ofte, at den samme sygelige Proces, der foraarsager Hypertrophi i Epitheliet, tillige medförer andre sygelige Produkter; saaledes kunne forskjellige Exsudater, der dannes imellem Hornhindens Lameller, indtræde i dens Textur og give Anledning til forskjellige Degenerationer som Forhærdelser, brusklignende, fibröse, kalklignende Forandringer.

Saaledes forklares de forskjellige Kjendsgjerninger, som den pathologiske Anatomi leverer os.

I de fleste Staphylomer finder man Regnbuhinden forènet med Hornhinden, og undertiden er hiin lösrevet fra Ciliarbaandet paa Grund af Staphylomets tiltagende Væxt; undertiden er den forvandlet til en svampagtig Substans og rigelig forsynet med plastiske og pigmentholdige Produkter. Men disse Forandringer maa kun ansees for Complicationer ved Hornhindens Degeneration, ikke som væsentlige Betingelser. For denne Anskuelse kan anföres Iagttagelser af Tilfælde, hvor Regnbuehinden har bevaret sin Integritet, og andre, hvor den omtalte Degeneration har fundet Sted ved en medfödt Mangel af denne Membran. Naar man har haft saadanne Tilfælde for sig til Undersögelse, kommer man let til at indsee, paa hvor svag en Grund den almindelig antagne Theori hviler, naar den tilskriver Staphylomets Oprindelse en Forening af Hornhinden og Regnbuhinden, og sætter den fornemste Aarsag til dets Væxt i en foröget Afsondring af Vandvædsken.

Ligesom Regnbuhinden kan ogsaa Lindsen og dens Kapsel deltage i Degenerationen af Hornhinden; men den Indflydelse som Beer og hans Disciple tillægge disse Organer paa Stapholomets Forlöb og Form er upaatvivlelig overdreven. Adskillelsen i et conisk og sphærisk Staphylom er rigtig; men Forskjellen imellem disse to Former afhænger ikke deraf, at Lindsen i det coniske Staphylom er forenet med Hornhinden, og at der i det sphæriske Staphylom er et frit Rum imellem disse Organer; men den beroer paa, at i de sidste Tilfælde Epitheliallaget forögés ensformigt paa ethvert Punkt af Hornhindens Overflade, medens Væxten i det coniske Staphylom er begrændset til et större eller mindre Parti af den.

Dödsfald. Prof. Dieffenbach i Berlin.

Forlagt af C. A. Reitzel. Trykt hos Bianco Luno.

Den 4. December. 1847.

Ugeskrift for Læger.

2den Række VII. Nr. 28—29.

Redigeret af L. Brion og C. Hempel.

Betragtninger over Ileus stöttede paa Hospitalsiagttagelser.

(Af A. Manicus, Candidat paa Almindelig-Hospital).

Det er en gammel Erfaring, at der sædvanlig hengaaer lang Tid, ikke sjelden en hel Generation, förend de Resultater og Oplysninger, pathologiske og speciel pathologisk-anatomiske Undersögelser give os om en Sygdomsproces, blive benyttede i den praktiske Medicin. Det er ofte skeet, at Undersögelser af den paapegede Beskaffenhed bleve fremsatte i skarpe og tydelige Træk, uden at man tog noget Hensyn til dem, indtil de efter Decennier bleve opstillede paany og hilste som nye Opdagelser. Et Exempel herpaa have vi i Ileus. Det er nu omtrent 30 Aar siden J. Abercrombie i sine Undersögelser over Tarmkanalens Sygdomme gav os den nu gjældende Theori om Ileus stöttet paa en Mængde Iagttagelser og Obduktioner, dog uden at kunne trænge igjennem med den. Rokitansky optog langt senere det samme Spörgsmaal og kom til de selvsamme Resultater. Omendskjöndt denne hans Fremstilling af den organiske og spontane Ileus' Theori er bleven anerkendt som en af hans mest glimrende Præstationer, vil der vistnok hengaae længere Tid, förend vi see Resultaterne af disse Forskninger komme til praktisk Anvendelse. Og dog burde den rene Empirisme kun være tilladt under to Betingelser: enten hvor vi slet ikke kjende Betingelserne, under hvilke en Række sygelige Phænomener optræde i den levende Organisme; eller hvor vi ikke kjende Midlerne til at ophæve dem f. Ex. ved Kræft.

Hensigten med nærværende lille Arbeide er: ved Fremstillingen af det Standpunkt, hvorpaa vore Kundskaber med Hensyn til Ileus befinde sig, at vise, hvorledes Empirismen her ikke bör raade ene.

Naar Tarmen er tom, saa ere dens Muskeltraade i Ro, og Tilstedeværelsen af et Indhold som Irritament er i normal Tilstand i Reglen nödvendig for at fremkalde peristaltiske Bevægelser. Naar i den normale Tilstand et Tarmstykke a driver sit Indhold i et andet b, som er tomt, saa maa Indholdet ikke alene drives ud af a, men den toniske Sammentrækning, hvori enhver Tarm, altsaa b, befinder sig, maa desuden overvindes. Idet b trækker sig sammen, for at drive sit Indhold i et nyt Tarmstykke, vil maaske Noget regurgitere i a, men kun for et Öieblik, da a endnu har noget af sin aktive Kraft tilbage, hvormed det först trak sig sammen. Langt lettere træder Indholdet af b fremad i det tomme c, hvis Muskler befinde sig i en mere hvilende Tilstand. Saaledes fortsættes og vedligeholdes den peristaltiske Bevægelse. Forudsætte vi derimod, at b i sygelig Tilstand slet ikke trækker sig sammen, fordi dens Muskler ere paralytiske, eller at b ikke trækker sig stærkt nok sammen for at overvinde den Modstand, som de i en tonisk Sammentrækning hvilende Muskler i c gjöre, eller ogsaa at b trækker sig sammen med den normale Kraft, men at der i c er en Tilstopning eller Hindring for den tilstrækkelige Udvidning, saa vil i alle disse Tilfælde den peristaltiske Bevægelse blive afbrudt og naar de angivne Abnormiteter ei hæves, den antiperistaltiske Bevægelse gjöre sig gjældende *).

*) De her anförte Betingelser for den antiperistaltiske Bevægelse gjelde nærmest kun for Tarmene, da for Maven tillige Bugvæggen ved Brækning overtager en vigtig Rolle, hvorimod den ved Tar-

Hvor altsaa Muskelkraften i et Parti af Tarmkanalen b enten er ophævet eller svækket i den Grad, at den ikke er i Stand til at virke i Overensstemmelse med de tilstödende Dele, fortsætte de ovenfor b liggende sunde Partier den peristaltiske Bevægelse og drive nye Masser ind i b. Bliver b ved dette större Irritament strax tvungen til nye eller stærkere Sammentrækninger, saa kan det lykkes den at drive Kontenta frem og den peristaltiske Bevægelse er tilveiebragt igjen. Kan derimod Muskelkraften i b ikke vækkes, saa lykkes det maaske senere de forögede Anstrengelser af den over b liggende Tarm at drive Indholdet igjennem det som en livlös Kanal sig forholdende b ind i c, som saa befordrer det videre, og b kan, efter saaledes ved de ovenfor liggende Tarmmusklers Hjælp at være udtömt, komme ligesom til sig selv og gjenvinde sin tabte Sammentrækningsevne. Formaaer det övre Tarmparti ikke at bevæge Indholdet igjennem b, fyldes og udvides dette tvertimod kun ydermere ved hiins anstrængte Virksomhed; b lammes da, som ethvert over Evne udvidet muskulöst Organ, og vi have en Paroxysme af den atoniske, spontane Ileus.

Lader en Del af Tarmkanalen, i Reglen i Fölge Strukturforandringer, sig ikke udvide i tilbörlig Grad, saa bliver Indholdet liggende over Hindringen; der föres snart nye Masser ned og det ovenfor Hindringen liggende Sted maa udvides, indtil det lammes. Paa dette Standpunkt er Tilstanden den samme som i det foregaaende Tilfælde. Denne Hindring kan forresten godt være af den Beskaffenhed, at den under sædvanlige Forhold lader sig udvide tilstrækkelig og ikke forstyrrer den peristaltiske Bevægelse, hvorfor dens Tilstædeværelse, som ikke röber sig ved særegne Symptomer, ikke kjendes eller anes. Men i et givet Tilfælde f. Ex. efter en Diætfeil udvider en större Masse Kontenta det ovenfor Hindringen liggende Tarmparti

---

menes antiperistaltiske Bevægelse er af langt mindre Indflydelse. S. Valentins Physiologi Side 259 og 264.

i den Grad, at den störst mulige Udvidelighed af det nedenforliggende Sted slet ikke svarer dertil. Den derved opstaaende Forstyrrelse i den peristaltiske Bevægelse kan være forbigaaende, kan gjentage sig og atter hæves, indtil en lille Omstændighed tilsidst bestemmer den til at gaae over i Ileus.

Hvor nu en mere eller mindre fuldkommen mechanisk Tillukning af Tarmkanalens Lumen finder Sted, forstaaer det sig af sig selv, at den beskrevne Proces maa indtræde hurtigere og fuldstændigere.

Hertil svarer den Inddeling som Abercrombie fremsætter, nemlig:

1) Spontan Ileus uden nogen organisk Lidelse.

2) Ileus med en organisk Feil (Strukturforandring), som ikke fremkalder mechanisk Forstoppelse, men virker ved at forstyrre Muskulaturen ovenfor.

3) Ileus paa Grund af mechaniske Forhold.

1ste Iagttagelse.

En Kone paa 73 Aar, som tidligere har lidt af Koliksmerter, indkom den 7de September 1844 paa Hospitalet. For 9 Dage siden var der uden bekjendt Aarsag opstaaet haardnakket Forstoppelse, som efter 5 Dage havde medfört excrementitiel Brækning, der havde gjentaget sig 2—3 Gange daglig. Hun havde kun beholdt Fluida; Underlivet stærkt udspændt, med tympanitisk Gjenlyd overalt, smertede kun lidt ved Tryk; Tungen fugtig med röde Rande, Pulsen lille 70; Ansigtet ikke kjendelig forandret; Extremiteterne kolde.

Den anden Dag samme Tilstand uden Kvalme eller Opkastning, spændende Smerter i Maven, men ingen synderlig Ömhed ved Tryk; ingen Törst, Tungen fugtig, Pulsen 76, Congestioner til Hovedet, Sövnlöshed.

Den tredie Dag, Sygdommens tolvte Dag, havde hun stærkere spændende og knibende Smerter i Underlivet og over Lenderne. Spændingen af Underlivet var tiltagen og man fölte tydelig de af Luft udspilede Tarme. Tungen endnu fugtig, Opkastning havde hun 2de Gange, Pulsen 112, Respirat 42. Död.

Hun havde faaet Lavementer af Sæbevand og koldt Vand med Klysopompen, som hun havde beholdt og hvis Application **i k k e** mödte nogen Modstand. Videre var hun bleven aareladt tvende Gange med naturligt Blod; havde haft Iisblærer paa Underlivet og foruden andre Laxantia brugt flere Doser Calomel paa grx. Ved Obduktionen saaes Tyktarmen fra valvula Bauhini til Endetarmen overordentlig udspilet af Luft, saa at den havde hævet sig i Veiret med Axedreininger, som paa et Par Steder næsten lukkede dens Lumen, samt skjulte Tyndtarmene. Peritonæum havde sit naturlige Udseende. Der var i hele Tyktarmens Forlöb ingen Forsnevring eller Ansamling af haarde Exkrementer; den var overalt fyldt med det indspröitede Vand, der havde oplöst de nu flydende Exkrementer. Slimhinden i Coecum og det förste Qvarter af Colon vare belagte med et tyndt Overtræk af sort koaguleret Blod, som var temmelig fasthængende til Slimhinden. I den paafölgende Del af Colon fandtes disse Blodudsvedninger kun som Pletter; Slimhinden var noget seröst infiltreret og ramollieret, hvilken Tilstand efterhaanden tabte sig ned mod flexura iliaca, fra hvilket Sted til ned ad mod orificium ani Tarmens Lumen og Slimhinden vare normale og Tarmen aldeles tom. Den övrige Tarmkanal og de andre Organer vare normale. Til fundus uteri vare hæftede 3—4 smaa fibröse Svulster, en af et Gaaseægs Störrelse, hvilken sidste laa lige foran Endetarmens övre Ende, dog uden at udöve noget Tryk paa denne, der var fuldkommen permeabel og hverken udvendig eller paa sin Slimhinde viste Spor til Compression.

Vi have her et markeret Tilfælde af den **s p o n t a n e** Ileus, hvor vi kunne forfölge dens Udvikling. Saaledes som her, finder man den nedre Del af Tarmkanalen tom, noget sammentrukken, sund. Denne Sammentrækning holder temmelig skarpt begrændset op og derpaa fölger et i höi Grad udvidet, med exkrementitielle Stoffer og Luft opfyldt Tarmstykke, der sjeldent strækker sig höiere op end til den nederste Del af Ileum. Det er altsaa et af Særkjenderne for den spontane Ileus, at den fortrinsviis udvikler sig i Tyktarmen. Naar Udvidningen i det paralytiske Tarmstykke har naaet en vis Grad, indtræder der en absolut Stase; Slimhinden ramollieres og den og det submucöse Væv infiltreres blodig, hvorpaa Vævet tilsidst mortificeres. Sjeldent finde vi Tegnene paa en virkelig Betændelse med

Udsvedning. Derfor udbreder denne Proces sig ikke hurtig opad — som ved de andre Arter af Ileus, navnlig den mechaniske — under Form af Enteritis peritonæalis. Naar den har naaet sin Udviklings Höide, saa er Tarmstykket mörkerödt indtil sorteblaat, blodig infiltreret i sine Membraner; den peritoneale Beklædning mat, sjeldent bedækket med et tyndt Exsudatlag, oftere med Blod, lader sig let lösne fra Tarmen; Slimhinden formedelst Udvidningen uden Folder, villi eller Follikler, ecchymotisk, ramollieret, stundom forvandlet til en blöd Blodkage, som smuldrer for Fingrene. Grunden, hvorfor den atoniske Ileus har sit Sæde i Tyktarmen, maa dels söges i den stærke Uddannelse qua Muskelorgan som Tyktarmen har faaet, dernæst i den lange Tid, som de exkrementitielle Stoffer hvile her, under hvilken en særdeles rigelig Gasudvikling finder Sted, og endelig i den Omstændighed, at det just er Tyktarmen, hvori den sædvanligste Axedreining af Tarmene, nemlig den om deres Længdeaxe, findes. Den sidste Omstændighed bestemmer vist oftere, end man troer, Overgangen af Tympanitis til den atoniske Ileus. Enhver saadan Tillukning af Tarmens Lumen ved en Axedreining, maa gjöre det mere vanskeligt for de övre sunde Dele at drive det ansamlede Indhold gjennem det paralytiske Tarmrör. Rokitansky angiver disse Axedreininger som primære, men jeg troer, at meget taler for, at denne Dreining af Tarmen omkring sin Længdeaxe tiltræder secundært under Udviklingen af den atoniske Ileus, medens den luftudspilede Tarm lægger og dreier sig i de forunderligste Bugter. Den findes saa godt som kun paa Tyktarmen, det Sted, hvor ogsaa den atoniske Ileus har sit Sæde, og synes ikke vel alene at kunne fremkalde Ileus, naar ikke allerede Paralyse af Tarmen er tilstede. Som talende for denne Anskuelse, tillader jeg mig at meddele en Iagttagelse, hentet fra Abercrombie.

2den Iagttagttelse.

En Mand, 60 Aar gammel, havde i 8 Dage lidt af en tympanitisk Udspænding af Underlivet, Koliksmerter, Opkastning og haardnakket Forstoppelse. Puls 108, blöd. Ansigtet bleg, lidende. Smerten forögedes ikke ved Tryk. Underlivets Udspiling tog, uden at blive öm ved Tryk, saaledes til, at den lignede en i sidste Maaned svanger Kones. Dagen för Döden var han paaklædt og oven Sengen, og paa hans Dödsdag, Sygdommens trettende, var hans Tilstand ikke forværret. De kraftigste Midler vare forgjæves anvendte.

Ved Obduktionen fandtes en Dreining om Længdeaxen paa Overgangsstedet af rectum i flexura iliaca, fremkaldt ved Udspilingen af den til det 3—4 Doppelte af Mavens Störrelse udvidede flexura iliaca, som strakte sig op til Maven og fyldte det halve af Underlivet. Den i normal Tilstand til höire liggende Del af flexura iliaca laa nu paa venstre Side i Beröring med colon descendens og dens venstre opstigende Del i den höire Side. Endetarmen var derved paa sit överste Sted bleven dreiet halv om sin Axe. Rectum tonisk sammentrukken; fra flexura iliaca og opad ind i Ileum den beskrevne Tilstand.

Hvad der gjör dette Tilfælde af atonisk Ileus endnu mere mærkeligt, er at Abercrombie undersögte rectum med en tyk Sonde forsynet med en Elfenbeensknop og paa Overgangen fra rectum til flexura iliaca traf paa en Modstand, der var denne Axedreining. Da han var passeret den, kunde han uden Hindring före Sonden videre. Et Stykke Tarm af et Dyr blev skudt forbi hin Hindring og stærkt udvidet ved indspröitet Vand. I denne udvidede Tilstand lod man det ligge nogen Tid, tog det saa langsomt ud, men der paafulgte ingen Udtömmelse af Tarmcontenta, omendskjöndt de udspilede Tarme *kun* indeholdt *flydende* Exkrementer og Luft. Aarsagen hertil maa naturlig söges i den ovenfor liggende Tarms fuldkomne Paralyse. Hvad der gjör Tilfældet end mere bevisende, er at Manden 2 Gange tidligere havde overstaaet lignende Paroxysmer, hvoraf den ene endog varede 7 Dage, og da der ikke var Noget som fixerede flexura iliaca i sit abnorme Leie, saa synes det mig ikke rimeligt at antage, at denne Axedreining i de to tidligere Tilfælde havde været tilstede, og var forsvunden igjen for atter at vise sig. Alle tre Paroxysmer bör derfor tilskrives den atoniske Ileus. Jeg troer, at man oftere ved Obduktioner overseer denne Dreining om Længdeaxen af Tyktarmen, idet man kun holder sig til Tilstanden af Tarmens Membraner.

Vi komme nu til at omtale en modsat Forklaringsmaade af den spontane Ileus, som tidligere næsten var udelukkende herskende, men nu bliver mere og mere forladt, nemlig den der sætter Aarsagen til den i en krampagtig Sammensnöring af Tarmkanalen. Man kan i det Tilfælde kun söge Sædet for Krampen i det ovenfor beskrevne tonisk kontraherede — fordi det er tomt — nedre Stykke af Tarmen.

Rokitansky afgjör Sagen rask, idet han siger: "Ob "eine krampfhafte Striktur eines Darmstückes die Ursache "einer andauernden Constipation und des Ileus werden "könne, muss man mit allen bessern Pathologen in Abrede "stellen." Af samme Mening er Abercrombie. Vi ville nu see, hvor nær vi kunne komme Afgjörelsen af dette i praktisk Henseende meget vigtige Spörgsmaal.

De sammentrukne Steder af Tarmkanalen ere altid sammenhængende eller fortlöbende og undertiden indtage de store Strækninger. At Krampen skulde sammensnöre et större Stykke af Tarmkanalen overalt lige stærkt — thi det vise Obduktionerne — vilde være usædvanligt hos en organisk Muskel. Men denne tomme koarkterede nederste Del af Tarmkanalen er heller ikke krampagtig sammensnöret, thi den tillader fuldtvel Gjennemgangen af Klysmata, hvilket ogsaa vort Tilfælde beviser, hvor Contenta vare aldeles oplöste ved det indspröitede Vand. I andre Tilfælde see vi at til forskjellige Tider af Sygdommen Tarmkanalen udtömmes af sig selv uden at Ileus hæves. Dertil kommer at Tarmen nedenfor en organisk Hindring, som har givet Anledning til Ileus, er af samme Udseende og Beskaffenhed som i den spontane Ileus, og man vil dog ikke paastaae, at der er Krampe i det nedenfor en Skirrhus af Coecalklappen liggende hele Stykke af Tyktarmen. Intussusceptionen kan man ikke anföre som Beviis for en spastisk Striktur, da det her er den simpelthen forstærkede peristaltiske eller antiperistaltiske Bevægelse, som driver et Tarmstykke ind i et andet udvidet eller paralytisk Stykke. Denne momentane Virkning frembringer först da en mechanisk Forstopning. Et andet Analogibeviis kunde man söge i Colica saturnina, men alle Obduktioner, som Andral har haft Leilighed til at gjöre, vise at Tarmkanalen ikke var contraheret paa noget Sted, at faeces ikke vare ansamlede paa noget enkelt Sted, at de i flere Tilfælde af haardnakket Forstoppelse fandtes blöde og i intet Tilfælde Spor af Betændelse var tilstede (Andral clinique medicale, Malad. de l'abdomen 1839 Tom. II, Side 198 ff.) Man bör derfor her snarere tænke paa en paresis af Tarmkanalen i Forening med en Abnormitet i dens Afsondring. Dog er det mig ikke bekjendt, at Nogen med Colica saturnina er död under Symptomer paa Ileus; de, som Andral obducerede, vare döde af andre Complicationer. Hvad derimod vilde ske, naar Tympanitis traadte til — som mærkeligt nok, under Blykolikens langvarige Forstoppelse ikke udvikler sig — er ikke godt at bestemme. Imidlertid er mig et Tilfælde bekjendt (Canstatts Jahresbericht, zweiter Jahrgang, zweit. Band S. 162), hvor der under en Blykolik udviklede sig en Tympanitis, som truede med Döden.

Vi see saaledes, at Grundene for Krampe som Aarsag til den atoniske Ileus ikke lade sig forsvare, og det er forekommen os som en Slags List, naar hin Theori's Forsvarere til Slutningen beraabe sig paa, at om end Obductionen ikke viser Noget, der vidner om en saadan Krampe, den derfor godt kan have været tilstede i levende Live. Vi behöve vel neppe at indlade os paa dette Punkt, da man i levende Live kan konstatere det Modsatte, men ville blot bemærke, at organiske Muskelsammentrækninger, naar de ske saa kraftige, som der behövedes for at fremkalde Ileus, og vare saa længe, nödvendigen maa efterlade andre anatomiske Kjendetegn. Og paa den anden Side see vi dog, at spastiske Contraktioner af Maven, som dannes i den sidste Tid af Livet, findes efter Döden.

Gives der da ingen krampeagtig Sammensnöring af

Tarmkanalens Muskler? Visselig; den kan ogsaa blive Aarsag til den antiperistaltiske Bevægelse og heftige, tilbagevendende Brækninger. Men dels ere disse kun biliöse fra den överste Del af Tarmkalen, dels optræde de hos nervöse Personer, under neuralgiske Symptomer med fuldkomne Intermissioner. Et meget heftigt Tilfælde, som jeg troer bör henföres herhen, har været iagttaget her paa Hospitalet.

3die Iagttagelse.

Den 20de Juli 1847 indlagdes en Kone, 49 Aar gl., paa Hospitalet. Hun saae ikke svagelig ud, havde i en Maaned lidt af Trykken i Hjertekulen og et Par Gange flere Timer efter Maden havt Opkastninger. For 4 Dage siden var hun uden nogen Aarsag bleven angreben af vedholdende, meget heftige Brækninger, af et deels slimet, deels biliöst Indhold, som ofte afvexlede med en Mellemting af ructus og singultus, der ledsagedes af en pibende eller galende Lyd. Hun havde ikke kunnet beholde det Mindste hos sig, selv ikke koldt Vand. I de 4 förste Dage havde hun Forstoppelse, men havde kort för Indlæggelsen efter et Clysma haft Aabning. Hun havde en reen Tunge, ingen styg Smag, ingen Törst, ingen Hovedpine; hun klagade over Kulde. Underlivet var blödt, mere tilbagetrukken end ellers, ikke öm t ved Tryk.

Denne Tilstand vedvarede med uforandret Heftighed i 6 Dage; Maven udspændtes ikke og blev ei öm ved Tryk. Pulsen var naturlig, Tungen blev lidt belagt. Hendes Ansigt var ængstligt og lidende, dog ikke kollaberet; hun klagede navnlig mere over en trykkende, sammensnörende Fornemmelse i epigastrium end over egentlig Smerte. Brækningerne vare saa voldsomme, at de et Par Gange afbrödes af længere Besvimelser. Urinen gik et Par Gange involuntær fra hende. Brækningerne optraadte i Paroxysmer. Aabningen var træg og vedligeholdtes kun ved Laxantia. Den förste Aabning hun havde herinde, var dels flydende, deels klumpet og haard. Den 26de Juli toge Brækningerne lidt af og den næste Dag var hun saa at sige rask. En Formodning om Brights Sygdom som Aarsag kan ei ansees for konstateret, da der kun en Gang i Urinen viste sig melket Uklarhed ved Kogning, tvende andre Gange saa at sige ingen Forandring. Urinen blev heller ikke undersögt med Salpetersyre. Af andre Symptomer havde der kun været en hyppigere Trang til at lade Vandet förend hun indlagdes, paa Hospitalet ikke.

Hun brugte Laxantia, Klysmata af koldt Vand, Opium, Blodkopper i Hjertekulen og tilsidst, som det lod til med Held, Morphin endermatisk.

Gaae vi nu over til Aetiologien, saa maa vi bemærke, at den atoniske Ileus er sjeldnere end de andre to Former *). Den findes hyppigst hos ældre Folk, udvikler sig under Indflydelse af siddende Levemaade, deprimerende Sjælelidelser, Fraadseri, Nydelsen af gasudviklende, sværfordöielige Födemidler, Misbrug af Purganser og Injektioner, navnlig lunkne, gjennem rectum, forudgaaende langvarige svækkende Sygdomme i Tarmkanalen: kronisk Enteritis, typhoid Diarrhoe, Dysenteri og Cholera, Sygdomme i Rygmarven og maaskee Rheumatisme.

Hvad de diætetiske Forhold angaaer, saa ere de opregnede saadanne, som disponere til Flatulentia, Tympanitis intestinorum. Naar den peristaltiske Bevægelse formedelst svækket Contractionsevne gaaer langsom for sig, udvikler sig let i det stagnerende Tarmindhold den anorganiske Gjæringsproces og dermed forögет Gasudvikling. Et andet Spörgsmaal er det, om Slimhinden kan secernere Gas pludselig i större Mængde; dog gives der ikke faa Data som tale derfor. (Canstatt, Jahresbericht. Erster Band S. 78). Gassen samles stundom i enkelte Tarmpartier, bevæges af Tarmmusklerne, som blive saameget mere slöve jo oftere Anfaldene komme, langsomt fremad, ja blive staaende i længere Tid paa et Sted. Naar vi nu tænke os et Tarmparti, hvis Contractionsevne er ringe, paa en Gang udspilet af en Gaskolonne, saa maa det paralyseres. En lignende Virkning maa let opstaae hos Folk med en Tarmkanal, der endnu er yderst svag efter en typhoid

*) Saaledes er den efter Hr. Ravns Opgivelse i Ugeskriftet for Læger 1844 Nr. 4 & 5 iblandt 480 Obduktioner ikke iagttaget, hvorimod der fandtes 6 Tilfælde henhörende til de andre to Klasser.

Feber eller Dysenteri, som maaskee ovenikjöbet behandledes med Laxanser; man har Tilfælde, hvor i Reconvalescenstadiet af typhoid Feber, en hurtig udviklet Tympanitis dræbte under Oppressionssymptomer. Et aldeles analogt Forhold see vi ved Blæren, hvor en Lamhed af dens Muskler hyppigt fremkaldes ved langvarig katarrhalsk Betændelse.

Det er ikke ualmindeligt hos Folk der lide af Rygmarvssygdomme at finde en stærk udtalt Atoni i Tarmkanalen, stundom med, stundom uden Paralyse i sphincter ani. Det förste Tilfælde see vi paa et ungt Menneske, som for Öieblikket ligger her paa Hospitalet. Han blev for flere Aar siden pludselig efter en voldsom Forkjölelse angreben af en complet Paraplegi med Ischuri. Paralysen hævedes næsten, Ischurien gik over til en Incontinens og senere viste der sig en Lamhed i Endetarmens Lukkemuskel. Han föler ikke, naar Excrementerne passere dette Sted, flatus kan han slet ikke holde. Denne paralytiske Tilstand strækker sig höiere op i Tarmkanalen, saa at der flere Gange har været at föle begrændsede Ansamlinger af scybala i Form af Svulster (tumeur stercorale, tumeurs bosseleés. Andr.) gjennem hans magre Underlivsvæg. De forbleve under en haardnakked Forstoppelse, som krævede de kraftigste Midler, staaende i flere Dage. En lignende, dog ikke saa betegnende, Torpor af Tarmkanalen see vi oftere hos Folk med Spondylarthrocace og Tabes dorsalis.

Naar *Rheumatisme* angives som Aarsag til den spontane Ileus, bör man være lidt mere varsom med Antagelsen heraf. Rigtignok er en af Rheumatisme angreben Muskel mere eller mindre lam, og ligesaa utvivlsomt er det, at man efter heftig Forkjölelse, navnlig under Menstruationen, har iagttaget Kolik med Tympanitis under Symptomer, som truede med Ileus. Dog maa man her tage sig i Aagt for en Forvexling med en Peri-enteritis. Et meget lærerigt Tilfælde har Hr. Etatsraad Bang meddeelt i en klinisk Forelæsning (Ugeskrift for Læger 1842 Nr. 22), hvor Rheumatisme var det rimelige Causalmoment. Der viser sig just i dette Tilfælde efter Symptomerne en mærkelig Mellemting mellem en rheumatisk

Neurose med Paralyse af Tarmmusklen og en Entero-peritonitis, hvorpaa Etatsraad Bang ogsaa henleder Opmærksomheden. Patjenten helbrededes — tilsyneladende ved Opium — under Sved.

4de Iagttagelse.

En Kone, 64 Aar gammel, indlagdes den 28de Juli 1847 paa Hospitalet. For 6 Dage siden angrebes hun efter en Forkjölelse af trækkende Smerter omkring Navlen, Rumlen i Maven og Opblæsning af den. Aabning havde hun haft efter et Klysma paa tredie Dag, Brækning kun en Gang hjemme. Feber havde ikke været tilstede. Pulsen var 112, svag, hyppig ructus uden Kvalme eller Brækning, Rumlen i Maven uden Afgang af Vinde; hun havde spændende Smerter i Underlivet, som var lidt ömt omkring Navlen. Underlivet var jevnt udspændt uden at man fölte nogen Svulst, Perkussionen tympanitisk. Hun törstede og havde Madlede. Abdomens Ömhed var neppe mærkelig de fölgende Dage, Pulsen sank til 104, Tungen blev ikke tör, Aabning havde hun sparsom paa Sygdommens 8de Dag, de to sidste Dage kom extrementitielle Brækninger til. Hun kollaberede ikke. Döden indtraf paa Sygdommens 10de Dag.

Hun brugte Ol. ricini, Infus. sennae composit, Krotonolie, Iis paa Underlivet og Injektioner af koldt Vand med Klysopompen. Det var mig under Applicationen af det kolde Vand paafaldende, at det snart löb ud igjen af rectum, og at Spidsen af Klysopompens Rör ligesom stödte imod Noget, da jeg forsögte at före det op i colon; den undersögende Finger kunde imidlertid Intet opdage. Ved Obduktionen fandtes Tynd- og Tyktarmen ligemeget udspændte af Gas, indeholdende en Masse tynde, vellingagtige, lugtende Exkrementer. Paa Tarmenes Peritonæalflade intet Exsudat, kun pletviis og stribet Injektion. Paa Slimhinden saaes kun höit oppe i Ileum Injektion, længere ned og navnlig i colon var den kun seröst infiltreret og noget ramollieret. I den nederste Del af flexura iliaca iagttog man udvendig en Konstriktion af Tarmen, der paa det Sted skinnede mörkegraa igjennem. Spidsen af den lille Finger kunde godt indbringes gjennem Tarmröret. Forsnævringen var dannet af et ulcus, der strakte sig rundt i hele Omfanget, var meget dybt med næsten kun Peritonealhinden som Bund; dets Længde var ovenfra nedad omtrent 3—4

Linier, Saarrandene afbidte, vulstede, noget rödlig farvede, fleskede og noget indurerede, Bunden noget ujevn, fnokket, graalig-skifergraa, hvorefter Saaret fik mest Lighed med et kankröst. Tarmen var paa dette Sted ikke fixeret. Nedenfor var Endetarmen aldeles normal, noget koarkteret.

I dette Tilfælde have vi et Exempel paa den Afdeling af Ileus, som Abercrombie kalder "*organisk* uden mechanisk Forstopning". En Del af Tarmen kan ikke udvides i samme Grad som de andre Dele, under sædvanlige Forhold maaske tilsrækkelig, men bliver under forandrede Betingelser (f. Ex. Diætfeil) pludselig Aarsag til Ileus. Herhen höre de forskjellige Forsnevringer af Tarmen, som ei have naaet nogen betydelig Grad, ja hvor Tarmen ofte næsten beholdt sit normale Lumen, og kun Hinderne ere fortykkede og uelastiske.

De vigtigste Aarsager hertil ere Kræftstriktur, Saar med Indskrumpning af Randene, Tarmpartier, som i lang Tid have ligt i en Broksæk og senere bleve reponerede, Exsudatlag efter Peritonitis udenpaa Tarmene, en gammel tilvoxen Intussusception. Jo mindre disse Aarsager forhindre Tarmrörets Udvidning paa et Sted, desto mere overensstemmende vil Tilfældet udvikle sig med den spontane Ileus, hvorpaa vor Iagttagelse afgiver et smukt Exempel. Derimod tör man neppe give Abercrombie Medhold, naar han til denne Klasse henförer de partielle saakaldte Littreske Hernier. Han anförer et saadant, hvor den indeklemte Del ikke var större i Diameter end Spidsen af den lille Finger, hvor flere Gange Aabning paafulgte og Betændelsen kun havde udbredt sig ovenfor Herniet. Men i disse Tilfælde have vi strax med en Perienteritis at gjöre, som udbreder sig rask opad. Paa den anden Side udelukker Abercrombie Kræftstricturen fra denne Klasse og henförer den til den mechaniske Ileus, *hvorved hans Inddeling er bleven noget vaklende.* Det er aabenbart at Enterostenoser af Kræft i Reglen udvikle Ileus paa en analog Maade og under tilsvarende Symptomer som den spontane Ileus, derimod ikke som den mechaniske Ileus, hvilket fölgende Fremstilling efter Rokitansky vil vise: Kræftstricturen er hyppigst i Rectum, dernæst i Sromanum, meget sjelden i colon og forekommer i Tyndtarmen saa godt som slet ikke primær, kun forplantet. Den findes enten forplantet udvendig fra eller fra Slimhinden som erektile Svulster (fungus) eller fra det submucöse Væv i Form af begrændsede Knuder, hyppigst som ringformig Deposition. Tarmkræften, som er ringformig, förer lettest til Ileus; den som kommer udenfra, skyder sig ind fra den ene Side og i Reglen er forbunden med Udvidning paa den modsatte Side, mindre. Et andet Moment af Vigtighed er, om den skirrhöse Tarm er fixeret eller ei. I sidste Tilfælde sænker den sig ofte og giver Anledning til Forvexlinger med Hensyn til Sædet; desuden forøge de ved saadan en Sænkning dannede Vinkler i Tarmens Længdeaxe Faren for Ileus, som stiger, naar Tarmstykket i dette sit abnorme Leie fixeres til de omliggende Dele ved Exsudat. Det af skirrhös Tarmstrictur angrebne Parti befinder sig i en fuldstændig passiv Tilstand. Kontenta bevæges kun igjennem det ved Virksomheden af den ovenfor liggende Tarm. Jo stærkere Forsnevringen, desto stærkere dette Stykkes Virksomhed og Udspiling ved Exkrementer. Der kan da i dette Stykke hurtig ved en betydelig Udvidning opstaae en Paralyse, eller den uddanner sig langsom. Er denne indtraadt, saa skulle de ovenfor liggende Tarmpartier ikke allene overvinde Tarmstricturen, men ogsaa Modstanden af de i det paralytiske Tarmparti over Stricturen ansamlede Masser; der opstaaer motus antiperistalticus og vi have Ileus, der udbreder sig opad ved den paafölgende Enteroperitoneitis. Stundom dræber Tarmkræft under andre heftigere Symptomer, idet Irritationen af Scirrhus udbreder sig til Peritoneum.

Vi komme nu til den tredie Afdeling af Ileus, den *mechaniske*. De Betingelser, som fremkalde den, ere ordnede efter deres Hyppighed fölgende: 1) indvendige Strangulationer ved og i medfödte eller dannede Ligamenter og Spalter, 2) Intussusception, 3) Compression af en Tarm paa en anden og en Axedreining.

Den förste af disse Aarsager er den langt hyppigste, og det er Kvindekjönnet, som ved Hyppigheden af exsudative Processer i Underlivet er mest udsat derfor. Tilfældet udvikler sig i Reglen rask efter at være opstaaet pludselig, dog med et Par Undtagelser. Dels see vi nemlig Symptomerne paa den Peritonitis, som frembragte de incarcererende Betingelser, forlænge sig og gaae ind under og over i de derpaa optrædende Tegn paa Ileus. Saaledes i det ene af Ravn meddelte Tilfælde. Andre Gange see vi at Ligamentet, som foraarsager Incarcerationen, angribes med af Betændelsen og lösnes paa sine Endepunkter. En fuldstændig Lösning har jeg ikke seet, men Forberedelsen dertil, hvor den til Tarmen adhærerede Ende var yderst mör, næsten hensmuldrende, medens den anden til Mesenterium heftede Ende var fuldkommen fibrös. I dette Tilfælde, som forlöb langsomt under ikke heftige Symptomer, kom den Omstændighed til, at Tarmen, hvortil hin Stræng var knyttet, var det bevægelige ikke fixerede Jejunum, som tillader en ganske anden Relaxation end Tilhæftningen til den mindre bevægelige Coecum eller andre Organer i Underlivshulheden eller endelig selve dennes Vægge. Forresten er det ikke altid let at forklare, hvorledes Aarsager til et indvendigt Hernia, som synes noget nær lige, i det ene Tilfælde dræbe ved en Incarceration, som er saa stærk, at den fremkalder ringformet Gangræn paa Compressionsstedet, medens man i et andet Tilfælde neppe opdager lokale Forandringer ved Trykket. Forlöbet er da heller ikke saa akut. Ravn har meddelt et Exempel paa det Förste, vi ville tillade os at meddele et paa det Sidste.

5te Iagttagelse.

En Kone paa 32 Aar, som for nogle Aar siden havde lidt af Smerter i Underlivet af en ubestemt Natur, derimod aldrig været tilböielig til Forstoppelse, blev for 5 Dage siden, som hun paastaaer efter at have nydt Mad, hvori var blandet Potaske, under strax optrædende Febersymptomer angreben af Smerter og Ömhed i Maven, Forstoppelse og biliöse Brækninger. Ved hendes Indlæggelse den 3die October 1844 var Underlivet meget udspændt og fortrinsviis öm ved Tryk i epigastrium henimod begge Hypochondrier. Perkussionen var tympanitisk, derimod nedad mod höire Coecalregion mat. Ingen Aabning, de biliöse Symptomer og Opkastning vedvare, Sövnlöshed, Uro, Huden tör, paa Underlivet brændende, Extremiteterne kolde, Pulsen 60, lille.

Under tiltagende Spænding var Ömheden den anden Dag noget ringere; hun havde engang haft Aabning med Exkrementer af naturlig Consistens, men alligevel sterkoröse, vandede Brækninger.

Den tredie Dag havde hun atter haft Aabning af opløste graa Exkrementer, men vandede, lugtende Opkastninger af en brændende Smag vedbleve. Smerterne i den övre og midterste Del af Abdomen vare stegne. — Död paa Sygdommens 8de Dag. Hun var bleven behandlet strengt antiphlogistisk, desuden brugtes kolde Injektioner og tilsidst Tobaksclysma.

Fra Coecum strakte sig paa skraa opad og til venstre to strængagtige Appendices, hver af en tynd Penneposes Tykkelse og henved 2½ Tommes Længde. Deres Anheftning til Messenterium var imidlertid *kun lös, da her en Betændelse paa Insertionsstedet havde udviklet sig.* Mesenterium var nemlig her svullent, fortykket, infiltreret med en dels tuberkulös udseende, dels kalkagtig Masse i en Udstrækning af ⅓ Tomme, hvorhos det omgivende Cellevæv viste Tegn paa Betændelse. Under den ved disse Strænge dannede Bro havde en Ansa af Tyndtarmen skudt sig, der komprimeredes paa to Steder. Dog viste Tarmen ikke noget særdeles Spor til Kompressionen fremfor de nærliggende Partier. Peritoneum paa den större Del af Tyndtarmen mat og overtrukken med et særdeles tyndt plastisk Lag, hvorved ubetydelige Adhærenser dannedes mellem Tyndtarmene paa to Steder. Tarmaffectionen var ikke skarpt begrændset ved Strangulationen, men tabte sig jevnt nedenfor. Tyndtarmen udspilet, Slimhinden i dens nederste Trediedel stærk mörkerödfarvet og blodindfiltreret, noget blöd. Tyktarmens Slimhinde kun noget injiceret. Maven, Duodenum og den överste Del af Tyndtarmen normal.

Hvilken Indflydelse Lösningen af Tarmstrængene har haft, lader sig ikke sige; endnu vanskeligere er Spörgsmaalet, hvorvidt den nydte Potaske först fremkaldte en Enteritis, hvortil senere Incarcerationen kom.

Intussusceptionens Pathologi er tilstrækkelig oplyst ved mange Meddelelser og vi skulle her, efter at have sammenstillet en Del Tilfælde, kun bemærke, at Sygdommen opstaaer pludseligere, saa at Patienten oftest kan angive dens Begyndelse, men derefter, undtagen hos Börn, forlöber langsommere, stundom med paafaldende Remissioner*). Afgang af den invaginerede Tarm iagttoges i Reglen ikke för end efter nogle Uger. Det er i Reglen Tyndtarmen som invagineres i Tyktarmen, langt sjeldnere Tyndtarmen i Tyndtarmen, som i det af Ravn meddelte Tilfælde. Retningen er saa overveiende ovenfra nedad, at jeg i hele den casuistiske Literatur om denne Gjenstand fra Aarene 41—46 i Canstatts Jahresbericht kun har funden et eneste i omvendt Retning, hvor colon descendens var med 3—4 Tommer invagineret i colon transversum. Tilfældet forlöb langsomt med mærkelige Exacerbationer og Svulsten var udvendig at föle.

Hvad den tredie Aarsag til den mechaniske Ileus angaaer, saa hörer herhen en Compression imod den bageste Underlivsvæg navnlig i dens nederste Del, som den med et særdeles slapt og langt Mesenterium forsynede eller overfyldte Tyndtarm udöver paa Tyktarmen eller den nederste fixerede Del af ileum; endvidere Dreining af Tyktarmen om sin egen Axe, efter Rokitansky „der Erfahrung gemæss“ paa colon adscendens, dog viser Abercrombie's meddelte Tilfælde ogsaa Forekomsten paa flexura iliaca; og endelig Sammenrulning af det laxe Mesenterium til en Konus, som har fört en större eller mindre Del af Tyndtarmen efter sig. Hvad angaaer en tredie Maade af Axedreining, som Rokitansky anförer, hvor en Tarmansa danner en Axe, om hvilken en anden slaaer sig med sit Mesenterium saaledes at den berörer alle Punkterne i Axeperipherien og saaledes trykker den ringformet sammen, saa er den kun en höiere Udvikling af den först omtalte Compression af et

---

*) Se Etatsraad Bangs andet Tilfælde i Ug. f. L. 1842 Nr. 22.

Tarmstykke forfra bagtil, som ogsaa Rokitansky indrömmer. Af disse forskjellige Aarsager er Dreining af Tarmen om sin egen Axe den hyppigste, men vi tro efter de ovenfor anförte Grunde, at den i Reglen er sekundær og hörer som et Biphænomen til den atoniske Ileus. Compression af et Tarmparti imod et andet er en Gang konstateret som Aarsag til Ileus paa Frederikshospital. Ellers har jeg hverken af den eller Mesenteriums Axedreining kunnet finde noget Exempel. Som Aarsag til den mechaniske Ileus have vi med Villie ikke anfört Legemer, som gjöre Modstand imod den peristaltiske Bevægelse af Tarmkanalen. Ansamlinger af Exkrementer, naar ikke deres Aarsag ligger i en Atoni af Tyktarmen, give mere Anledning til en kronisk Typhlitis, til hvis sædvanlige Udgang Ileus ikke kan regnes. I Tilfælde, hvor fremmede Legemer f. Ex. Kjerner, Tarmstene vare iblandede, fremkaldte de Ileus.

Vi staae nu ved den vanskeligste Del af Arbeidet, den differentielle Symptomatologi. Begynde vi med den mechaniske Ileus, saa kunne vi kortelig betegne Symptomerne som de, der tyde paa en Enteritis phlegmonosa acuta, som angriber alle Tarmens Membraner, hvad enten den begynder paa Tarmens Slimhinde som Enteritis mucosa eller den seröse Membran som Perienteritis.*) Den angriber fortrinsviis Ileum og Kolon (Ileo-colitis). Betændelsen og Kuldegysninger udvikle sig her paa samme Tid, Smerten er i Reglen fixeret og udgaaer stundom paroxysmeviis herfra. Den mindste Berörelse, Hoste, foröger Smerten, Patienten ligger paa Ryggen med böiede Knæ, Mavens Hud er brændende, Underlivet tympanitisk. Patienten har ingen Aabning og jo mere haardnakket Forstoppelsen er, desto tidligere Emesis. Det er ikke sjeldent, at Patienten har nogle slimede, stundom blodblandede Udtömmelser. Tungen er tör, Pulsen meget hurtig. Uddanner den sig fra Enteritis mucosa, saa er Forlöbet mindre intens, den

*) Se Canstatts Pathologi og Therapi.

gåaer da oftest Diarrhoe i Forvejen, som senere, naar Betændelsen angriber den serðse Membran, skifter med Forstoppelsen. Forklaringen deraf ligger i den Omstændighed, at alle serösc Membraners Betændelse udenpaa et Muskellag bevirker Paralyse af dette f. Ex. i Pleuritis. I ethvert Tilfælde, hvor vi have disse Symptomer pludselig optraadte, og Aarsagen dertil ikke kan söges i Slag eller Stöd paa Abdomen, Gifte og Drastika og maaske Metaschematismus af Colik (rheumatisk- Menstrual- Hæmorrhoidal-), bör vi antage Titstedeværelsen af en af de den mechaniske Ileus betingende Aarsager. Man vilde derved i de fleste Tilfælde see sin Diagnose stadfæstet. Rigtignok kunde Irritation fra en til Perforation tilböielig Ulceration i Tarmene eller de nærliggende Organer, give Anledning til lignende Symptomer, uden*) at have röbet sin Tilværelse tydelig. Men dels vil det Sidste med Hensyn til Ulceration af selve Tarmkanalen være yderst sjelden, dels ikke kunne have væsentlig Indflydelse paa vor Behandling.

6te Iagttagelse.

En Jernbanearbeider, ofte udsat for Forkjölelser, navnlig ved at gjennemblödes af Regn og Snee og staae i Vand ved Gravning af Gröfter, indkom paa Hospitatet den 5te April 1847; han var for 8 Dage siden bleven angreben af Coliksmerter, som i Begyndelsen kom paroxysmevis, senere næsten kontinuerende. Brækning og Kvalme vare ei tilstede, derimod Forstoppelse i 4 Dage. Om Kuldegysning og Febersymptomernes Indtrædelse kunde intet bestemt angives. Paa 5te Dag tiltog Udspilingen og Ömheden af Maven ved Tryk, han havde Kvalme og Opstödninger, först den syvende Dag kastede han op. Da han kom ind paa Hospitalet, var han allerede collaberet, Pulsen 120, Respirationen 40, bestandig Kvalme og Opstöd, Underlivet ömt ved let Tryk, udspændt til Cardia, saa at regio suprapubica stod halvkugleformig hvælvet over penis; overalt tympani-

---

*) Her tænke vi navnlig paa Ulceration og Perforation af Processus vermicularis, hvor ikke sjeldent samtidig Symptomer paa en Perityphlitis og Peritonitis udvikle sig.

tisk Perkussion, Tungen röd, noget tör. Han havde de tre sidste Dage haft sparsom tynd Aabning. Död om Natten.

Ved at aabne Underlivet saaes, at Tyktarmen og de to nederste Alen af Tyndtarmen stærkt udspilede bedækkede de övrige Tarme. Dette Afsnits Peritoneum var mat, sort, mör, uden Exsudat; Slimhinden opvulstet, ecchymotisk, ramollieret, intetsteds ulcereret. Intetsteds bemærkedes nogen Forsnevring. Det angivne Stykke indeholdt en Mængde Luft og en copiös eiendommelig rödlig, gjærende, Viinbærme lignende Masse. Den överste Del af Tyndtarmen var noget injiceret, derimod Tyktarmen fra colon transversums Ende naturlig.

Skulde man efter dette Tilfælde af Enteritis phlegmonosa acuta, sammenlignet med nogle andre, slutte sig til Forskjellighed i Symptomerne paa den idiopathiske og den ved mechaniske Momenter fremkaldte Tarmbetændelse, saa vilde den ikke fuldstændige Forstoppelse og den sent indtrædende, ikke saa heftige og vel neppe exkrementitielle Brækning maaske tale imod et mechanisk Moment.

Hvor vi nu efter det Anförte in casu antage en mechanisk Ileus, spörges der atter om dens Natur. Ogsaa her maa vi gaae negativ frem, först undersöge Tegnene paa Intussusception, dernæst for de saakaldte "blandede" Hernier. Finde vi ingen Grunde som tale for dem, saa blive de övrige Aarsager for den mechaniske Ileus tilbage: Compression af Tarm mod Tarm, hvorfor den höiere Alder skulde tale*), eller dannede Ligamenter, hvorfor Kvindekjönnet og Anamnesen om Peritonitis kunde anföres. Dog tro vi, at man her allerede staaer paa meget usikkre Födder.

Invaginationen er ikke sjeldent diagnosticeret rigtig. Hertil kan man benytte fölgende Momenter: den optræder pludselig under en eller anden Bevægelse, der opstaaer ofte i samme Öieblik Brækning; man föler i Begyndelsen som oftest Svulsten gjennem rectum, opdager i mange Tilfælde en polypagtig Svulst ragende ned i Tar-

*) Saaledes Rokitansky; Ravns Tilfælde viser det Modsatte.

men, som har en spalteformig Aabning, der ikke sidder i Tarmens Centrum og som man i Reglen med en indbragt Sonde eller Finger kan skyde tilbage; stundom rager Intussusceptionen frem af rectum. Som en særdeles hyppig disponerende Aarsag, især hos Börn, maa nævnes Diarrhoe.

Saakaldte "blandede Incarcerationer" opstaae, hvor ét af Broksækkens Hals incarcereret Hernia reponeres eller træder tilbage in massa. Der opstaaer da heftige Incarcerationssymptomer eller de, förend en saadan Taxis tilstedeværende, vige ikke. Dupuytren har, som bekjendt, navnlig gjort opmærksom paa denne Overgangsform fra de udvendige til de indvendige Tarmstrangulationer. Man maa i ethvert Tilfælde af Ileus undersöge Patienten paa Hernia, og naar han har haft et saadant, der er reponeret eller traadt tilbage paa samme Tid, saa meget mere omhyggelig. I det sidste Tilfælde vil man med Fingeren i Reglen let kunne komme ind i Inguinalkanalen — det er i Flertallet af Tilfælde Inguinalbrok, man har at gjöre med — og med den gjennem den indvendige Apertur i Abdomen indförte Finger undersöge, om man kan föle nogen Svulst og Spænding. Man vil forsöge ved Hoste og Bevægelse at faae Svulsten til at træde frem igjen. Föler man det Förste eller lykkes det Sidste, saa er Diagnosen sikkret. I andre Tilfælde bliver Diagnosen mere tvivlsom, som fölgende Iagttagelse vil vise.

7de Iagttagelse.

A. J., Hospitalslem, af robust Constitution, 60 Aar gammel, fik for 30 Aar siden efter ydre Vold et dobbelt Inguinalbrok, som bestandig var reponibelt. For 7 Dage siden fölte han efter en Diætfeil Smerter i Abdomen, som vare intermitterende og ikke forögedes ved Tryk eller Bevægelse. Der indfandt sig Forstoppelse, Underlivet udspændtes noget, navnlig i epigastrium og begge Hypochondrier, han kastede Mad og galdeagtige Stoffe op, havde Rumlen og Ræben, hvorimod ingen Vinde gik fra ham. Ved hans Indlæggelse paa Sygdommens syvende Dag var Pulsen næsten normal, lille og spændt, Tungen belagt, noget tör. Underlivet gav en tympanitisk Lyd paa regio iliaca dextra nær, som var smertefuld ved Tryk, og hvor en ikke stor, öm, mat resonerende Svulst föltes. Begge Hernier vare let reponible og den bagefter indbragte Finger fandt hele Inguinalkanalen fri. Hin Svulst föltes ogsaa, naar Herniet paa samme Side var ude. Et Klysma samme Dag havde skaffet lidt Aabning.

Den anden Dag fik han efter Injektion af 4—5 Potter Vand 4 Gange Aabning til den næste Morgen; Aabningen var tynd, blandet med Klumper og Kugler, graabrun, ildelugtende. Den tredie Dag var Abdomen mindre udspændt, Ömheden i regio iliaca den samme, han havde kastet tre Gange op, ingen Vinde vare gaaede, skjöndt han led af Ræben og man tydelig hörte Rumlen. Om Natten havde han efter Sæbevandslavementer meget rigelig stinkende Aabning med Lettelse af Tilfældene.

Den 4de Dag, Sygdommens ellevte, havde han tre kopiöse Stolgange og hans Tilstand var normal. Svulsten var vel forsvunden, da den ikke nævnes i Journalen. Han havde desuden brugt Igler, Isblære, Laxantia og var aareladt to Gange.

Af hvilken Beskaffenhed var denne Svulst? Var det en Del af de ellers i Brokket indesluttede Tarme, som var traadt ud og maaske indbyrdes sammenvoxne og forforsnevrede gave Anledning til hine Symptomer ved at frembyde Betingelserne for en organisk Ileus? Var det en Typhlitis stercoralis? Eller var det et bag det förste liggende Hernia, som saa rigtignok laae paa et usædvanligt Sted? Under den Forudsætning, at det i Herniet liggende Tarmparti var af colon ascendens eller flexura dextra, vilde overveiende Grunde tale for den anden Antagelse.

Et andet ligesaa tvivlsomt Tilfælde maa jeg af Hensyn til Diagnosens Vigtighed for Behandlingen endnu kort omtale. Det er meddelt i Gaz. d. Hopitaux 1845, 6de Juni. En Kone har i ubestemt Tid lidt af et Cruralbrok i höire Side, uden at benytte nogen Bandage. Naar det gik ud, som ofte skete, befandt hun sig ilde, havde levende Smerter i regio iliaca dextra, Forstoppelse og Brækning. Den 21de Mai 1845 faaer hun Brækning med Forstoppelse og Smerter i det ikke udspændte Abdomen, som concentrere sig i höire regio iliaca. Hvorledes Brokket har forholdt sig paa den Tid, vides ikke. Da hun kom ind paa Hospitalet, havde Tilfældene varet i 6 Dage og Brokket var inde. Ved Hosten hævedes Integumenterne nedenfor lig. Poupartii i Veiret og i den samme Höide indadtil fölte man ikke tydelig (vaguement) en haard Svulst af Störrelse som Enden af en Finger, som fremböd nogen Lighed med en dyb Kjertel. Samme Dag fik hun rigelig grön Aabning, Brækningerne holdt op og hun var Reconvalescent. Hun blev behandlet universel og local antiphlogistisk, fik Bad, Klysma og Krotonolie. Var denne Svulst et Hernia?

Et tredie i diagnostisk Hensende særdeles interessant Tilfælde, som ogsaa endte heldig, har Professor Larsen meddelt i en klinisk Forelæsning (Ugeskrift for Læger 1844, 14de September.)

Ganske anderledes optræder den atoniske Ileus. De ætiologiske Momenter ere andre, ved nærmere Eftersögelse vil man oftest finde at Patienten har haft svagere Anfald tidligere, der af sig selv gik over. Tilfældet udviklede sig hurtig efter Nydelsen af Gasdannende Födemidler navnlig hos ældre Folk eller kommer langsommere efter en længere i Förstningen ikke generende Forstoppelse. Udspændingen er det mest fremragende Symptom, der er næsten ingen Ömhed ved Tryk, ingen Kuldegysninger, Pulsen oftest normal, Tungen fugtig; ja Patientens almindelige Tilstand kan endog, som den anden Iagttagelse viser, være af den Beskaffenhed, at han kan være oppe Dagen förend Döden. Der er ingen af de den mechaniske Ileus strax ledsagende Symptomer, ingen af dens Betingelser at opdage, ligesaalidt som en Undersögelse med Finger og Sonde viser nogen Forsnevring.

Det vil saaledes i Flertallet af Tilfældene ikke være saa vanskeligt at sondre den mechaniske Ileus fra den atoniske. De danne Yderleddene i Symptomernes Række. Vanskeligere bliver derimod Diagnosen af den organiske Ileus, hvor en Strukturforandring af Tarmens Vægge forhindrer dens tilstrækkelige Udvidning. Naar man betragter vor fjerde Iagttagelse, saa seer man en Udvikling, der mere ligner en atonisk Ileus, og dog vilde en omhyggeligere Exploration have skaffet os Oplysning om dens Natur. I andre Tilfælde, navnlig naar Irritationen eller rigtigere Ulcerationsprocessen udbreder sig til Peritoneum, vil den organiske Ileus udvikle sig under heftige Symptomer paa en Enteritis phlegmonosa. Anamnesen og Explorationen gjennem rectum blive her de vigtigste Kilder for vor Diagnose i tvivlsomme Tilfælde.

Spörge vi nu, med hvilke andre Sygdomme kan Ileus forvexles, saa have vi allerede nævnt de to vigtigste Enteritis phlegmonosa og Tympanitis intestinorum. Og vi have ogsaa bemærket, at de begge fremkalde og ledsage visse Former af Ileus. En Feil i Diagnosen vil derfor være af mindre Vigtighed end i mange andre Tilfælde, og den rigtigere eller bedre talt bestemtere Diagnose vil ofte kun have at fortsætte Behandlingen efter de samme Principer. Forholdet af den kroniske Typhlitis til Ileus er allerede nævnt.

Det kan ingenlunde være min Mening, at man efter de angivne Principer og ved med Skarphed at fastholde den negative Diagnose altid vil være i Stand til at diagnosticere og klassificere en Ileus. Jeg veed meget vel, at Naturen spotter vore stive Inddelinger, men derfor var jeg ogsaa særdeles betænkt paa at fremstille disse Overgange. Alligevel forekommer det mig i dette Öieblik, efter at jeg saaledes har klaret dette Æmne for mig selv, at jeg vil være bedre udrustet til Modtagelsen af et nyt Tilfælde. Jeg er forberedt paa, at allerede det kan skuffe mig i en eller anden Retning, men det vil ikke have den Virkning, at jeg derfor opgiver Alt; tvertimod vil jeg söge at opfylde det i Bygningen opstaaede Hul og dertil benytte den Veiledning, som et saadant uheldigt Tilfælde maatte yde mig.

Vi kunne altsaa ikke siges at være uvidende om de Betingelser der fremkalde Ileus, vi kjende ogsaa Midler til at hæve enkelte af dem; det kommer derfor an derpaa, at benytte de rigtige, og dem i Tide. Anerkjender man de tre ovenfor fremsatte Former af Ileus saa maa man ogsaa indrömme, at der ikke gives en og samme Kurmethode fordem. Og dog seer man snart Antiphlogosen priist som det eneste Redningsmiddel, snart Narkotika indtil Intoxikation anvendt i alle dens Former, medens en Tredie i ethvert Tilfælde efterhaanden gjennemlöber hele Scalaen af Laxantia. For at bringe nogen Orden i den Masse af Midler, som ere anvendte og anbefalede i Ileus, ville vi ordne dem i visse Grupper.

1. Antiphlogosen.

Hvor vi have med en mechanisk Ileus at gjöre, hvis Symptomer falde sammen med de paa en Enteritis phlegmonosa, er en kraftig universel og lokal Antiphlogose, en af de vigtigste, stundom den eneste Indikation. Det Navn, som man har givet denne Form, opfordrer saa at sige allerede dertil: Ileus inflammatorius. Hvor den organiske Ileus i sine Symptomer nærmer sig den mechaniske, have vi den samme Indikation, som derimod i andre Tilfælde der forlöbe, som vort 4de, træder i Baggrunden og i den atoniske Ileus slet ikke er tilstede. Dels have nemlig Abercrombie og Andre seet Folk dö afden, förend Tarmen havde undergaaet væsentlige Forandringer, dels er den Tilstand, hvori man finder Tarmen, ikke saameget en Fölge af Betændelse, som af langsomt, mechanisk og chemisk virkende Momenter.

2. Operation.

Vi tænke her först og fremmest kun paa de blandede Incarcerationer, hvad enten det lykkes at bringe Brokket frem igjen og operere det, eller man efter mere eller mindre tydelige Indicier spalter Inguinalkanalen og dilaterer den indvendige Annulus for at opsöge Brokket. De Indicier, som lede Chirurgen ved dette Foretagende, ere ofte saa ubestemte at man kan betegne Operationen som en explorativ. Hvor Indicierne ere meget dunkle, tör den kun foretages naar der er truende Fare for Patientens Liv. Under denne Betingelse vilde Rayer, som iagttog den omtalte Patient, have sögt Chirurgiens Bistand, og Prof. Larsen var ligeledes besluttet at foretage en explorativ Operation. Den ene Chirurg vover mere end den anden, og vi komme saaledes uformærket med smaae Overgange til Enterotomien. Medens i en Diskussion af Londons förste

Chirurger (1845) ikke En hævede sin Stemme imod den explorative Brokoperation, som i visse Tilfælde ikke er andet end en Enterotomi, vilde vist Enterotomien have fundet stærk Modstand. Montfalcon har i Dict. d. scienc. medic. Paris 1818, 23. Bind behandlet dette Spörgsmaal udförligt og kommer til det Resultat, at intet berettiger en fornuftig Chirurg at vove en saa farlig Operation. Siden den Tid have igjen enkelte Stemmer hævet sig for Operationen. Vi kunne i den Henseende vel ikke lægge synderlig Vægt paa den pathologiske Anatom Rokitansky's Ord, naar han siger: "at indvortes Strangulationer, naar de diagnosticeres, bydende fordre Gastrotomi, Ordning af Tarmene, Lösning af de strangulerende Dele med eller uden Kniv." Det kommer her alt an paa hvad man forstaaer ved "at diagnosticere" en indvortes Strangulation. Hvor mange Forhold nemlig vil det under en Operation ikke være umulig at kunne bestemme i Forveien? Desuden bör man for det förste være overbeviist om at ingen Peritonitis er tilstede, og for det andet vel betænke: at man i mange Tilfælde vil være tvungen til Anlæggelsen af en kunstig Anus, naar man ikke vil udsætte sig for den Bebreidelse at have ladet Operationen ufuldendt. Denne Operation for organiske Sygdomme af Tarmen, endnu lidet forsögt, har alligevel fundet Talsmænd. Evans refererede i det Londoner medicinsk-chirurgiske Selskab 1845, et Tilfælde hvor han for en organisk Striktur af ubestemt Natur, som havde sit Sæde i colon adscendens og fremkaldte Ileus, aabnede Colon efter den Callisen-Amusatske Methode. Patienten havde fuldkommen Aabning igjennem den kunstige anus, Saaret var cicatriseret, men Manden fik Diabetes og döde 3 Maaneder efter af en Peritonitis, som havde udviklet sig efter en Kjöretour paa en ubanet Vei. Sektionen viste at Strikturen af en tyk Penneposes Lumen, havde sit Sæde ligeovenfor den kunstige anus. Der var i dette Tilfælde förend Operationen fölt en begrændset Svulst i regio iliaca dextra (det af Exkrementer udspilede Coecum). Men hvor let kunde den ikke have været dannet af Tyndtarmen, og hvad havde saa Operationen udrettet? Evans bemærker endnu, at dette er den 11te Gang hin Operation udförtes, hvoriblandt flere Gange for Scirrhus recti og flexurae iliacae. I tre Tilfælde af Scirrhus recti og flexurae iliacae, hvis Sygehistorier jeg har for mig, blev tvende Gange den kunstige anus anlagt efter Callisens, en Gang efter Littre's Methode; alle tre endte med Döden ved Entero-Peritonitis, den ene paa 28de, den anden paa 10de Dag, den 3die kort Tid efter Operationen. Maisonneuve har i Arch. gen. de. med. Avril 1845 meddelt et Arbeide over den samme Operation paa Tyndtarmen, som allerede 1787 er gjort af Renault med lykkeligt Udfald. M. kommer til fölgende Conclusioner: 1) at de talrige Arter af Tyndtarmens mechaniske Tillukning ikke ligge udenfor Knnstens Hjelp; 2) at Enterotomien er et fortrinligt Middel her; 3) at den kan foretages med heldigt Udfald i alle Tilfælde, hvor Tillukningen ikke er compliceret med universel Peritonitis. Men han indrömmer selv at Opsögningen af det Tarmstykke, som skal incideres, er det vanskeligste Moment ved Operationen og bestemmer det efter Gasansamlingen, som kun findes over det tillukkede Sted. Hvad hans diagnostiske Kjendetegn angaaer, hvorefter han formoder Forsnevringens Sæde i Tyk- eller Tyndtarmen, saa ere de noget vage: 1) om Tarmen rummer en betydelig Mængde injiceret Vand; 2) om Udspilingen med Gas kun holder sig til Navlens Omkreds, medens Colons Tractus er blöd og kollaberet. Er dette Tilfældet, saa skal Forsnevringen efter ham have sit Sæde i Tyndtarmen, i modsat i Tyktarmen. Maisonneuve har engang foretaget Operationen med Held. Vi kunne med Hensyn til Enterotomien og Anlæggelsen af den kunstige anus ved organiske Tarmsygdomme kun underskrive Vidals Yttringer om den förste: une pareille conduite ne peut être donnè pour modèle et les faits heureux qu'on cite ne sont pas en assez grand nombre pour faire loi.

3. Mechaniske Midler.

Herhen hörer Udpompning og Indpompning af Luft

ved Intussusceptionen, som i Begyndelsen, naar den ikke er fixeret, maa betragtes som et Middel, der fortjener Tillid. Ligeledes maa Injection af Luft ved indvendige Hermier og Strangulationer ikke forsömmes. Man har endog Exempel paa, at Reduction af incarcererede Brok lykkedes paa den Maade. Ved den atoniske Ileus og hvor Luftansamlingen over en Hindring i Endetarmen og Flexura iliaca er særdeles stærk, bör man ikke lade det paa heldige Resultater stöttede Raad gaa ubenyttet hen, at bringe en Kanule op i colon (man har indfört en saadan indtil en Længde af 28 Tommer) og gjennem den at udpompe Luften, som i det mindste i den atoniske Ileus for en stor Del foraarsager og vedligeholder Tarmens Paralyse. Indspröitninger af Masser af Fluida, dels i det Öiemed derved at oplöse de ansamlede haardere Exkrementer, dels for at ophæve Axedreiningen, ere i förste Henseende navnlig af Vigtighed i den organiske Ileus, mindre maaske i den atoniske, hvor vi have seet at de flydende Exkrementer alligevel ikke udtömtes. Dog var dette langt hen i Sygdommens Forlöb. Hvor Aarsagen til Ileus ligger i Tyndtarmen, tör man ikke vente nogen Nytte heraf, da det er meget tvivlsomt, om Injectioner kunne trænge forbi Ileo-Coecalklappen. Maaske kun at nævnes fortjene, Compression af Abdomen ved den atoniske Ileus og en almindelig vag Taxis, en Slags Æltning af Abdomen imod den mechaniske Ileus. Qvægsölv tör vist kun komme i Betragtning ved den mechaniske Form, navnlig Intussusceptionen, dels rent, dels med Olier indtil et Pund og mere og maatte da anvendes i Begyndelsen, förend en Fixering er sket. I det Hele taget er det et saare tvetydigt Middel og ingenlunde uden Fare.

4. Laxantia.

Spörgsmaalet om Laxantiers Anvendelse i Ileus er et ligesaa vigtigt, som vanskeligt, hvorom der hersker megen Uenighed, saavel hvad angaaer Midlernes Valg, som den Periode, indenfor hvilken de bör benyttes. Öiemedet ved deres Anvendelse er fortrinsvis at forstærke de övre Tarmpartiers peristaltiske Anstrængelser for at bringe Contenta igjennem den paralytiske eller forsnevrede Del af Tarmkanalen. Det synes indlysende at de i ethvert Tilfælde fortrinsvis bör anvendes i den förste Periode af Ileus og træde i Baggrunden, saasnart Symptomerne paa Enteritis phlegmonosa udvikle sig. For det andet bör man betænke at Ileus ikke er at sætte aeqval med en simpel Ansamling af Exkrementer, som for enhver Priis skal fjernes, og for det tredie at ved Drastica dels Betændelsen forögea, dels det endnu sunde Parti ved Overanstrængelse lammes og tillige en större Masse Stoffer föres sammen i det paralytiske Tarmstykke, ofte lige foran en organisk Hindring. Krotonolien og Koloquinterne maa derfor anvendes med megen Vaersomhed. De Midler som nærmest komme til at staae til vor Raadighed blive Olie, Infus. sennae compos., maaske ikke noksom anvendt da det virker sikkert og selv ved stor Tilböielighed til Brækning ikke fremkalder denne og endelig större Doser af Calomel i Pilleform. Man vil helst anvende disse Midler i smaa Mellemrum og da snart komme til Vished man tör vente at opnaae Öiemedet ad denne Vei. Mindst vil en haardnakket Brug af dem kunne tilraades i den mechaniske Ileus, mere i den organiske i Forbindelse med fluidiserende Midler, stærkest og længst fortsat kan man give dem i den atoniske Ileus i Forbindelse med toniserende og inciterende Midler.

5. Narkotica.

Heraf anvendes fortrinsviis Tobak og Belladonna i Klysma og Opium. Tænke vi os et Tilfælde af atonisk Ileus, som f. Ex. i den anden Iagttagelse eller et som man kunde vente hos et paraplectisk Subjekt, saa veed jeg ikke hvilken Indikation man vilde opnaae ved disse Midler. Deres Nytte er ogsaa vist problematisk i denne og den organiske Ileus, hvorimod de ved den mechaniske Ileus, i Analogi med det hvad vi see ved Hernier, aldeles ere paa deres Plads. Og navnlig her er det ogsaa, at de res fortsatte Anvendelse med 1—2 Timers Mellemrum flere Gange har været kronet med Held.

6. Toniserende inciterende Midler

anvendes kun i den atoniske Form. Herhen hörer Is paa Maven, kolde Overgydninger, iskolde Injektioner, Terpentinolie, nux vomica, smaa Doser af zincum sulphuricum (indtil griij) med lidt tilsat Opium. Elektricitet har ogsaa været forsögt uden bestemt Resultat hvor Rygmarvssygdom var tilstede.

Saameget er dog, synes mig, klart, at Behandlingen for de tre forskjellige Klasser af Ileus er og bör være forskjellig, idet:

1) Den mechaniske kræver Antiphlogose, mechaniske Midler, Narcotica, Operation.

2) Den organiske fluidiserende Midler og Laxantia. Stundom maa Antiphlogosen træde til.

3) Den atoniske toniserende og inciterende Midler, samtidig Laxantia, stundom mechaniske Midler.

For en saadan efter Tilfældets Form afpasset rationel Behandling have ogsaa vægtige Autoriteter udtalt sig.

Jeg har været lidt ængstelig, idet jeg nedskrev disse Bemærkninger om Therapien af Ileus, Noget, som er naturlig hos den yngre Læge og undskyldelig ved det lave Standpunkt, som vor Pharmakodynamik indtager. Det vil maaske forekomme Mangen, at dette Arbeide indeholder en Del Hypothetisk, men som jeg haaber ere det Hypotheser i Ordets gode Betydning. I denne ere de nödvendige ved ethvert Skridt vi gaae videre, thi de betegne Tænkningen som ledsager Fakta og Tal og ere just Særkjendet fra Empirismen. Hypothesen er i saa Tilfælde, som saa smukt er sagt, kun den vordende Lov, hvorpaa vi pröve vore Kræfter.

Om Behandlingen af Albuminuri med Acidum nitricum.

(Bulletin generale de Therapeutique).

Denne Behandlingsmaade, som er anbefalet af Forskjellige, har Forget nylig forsögt hos 2 Patienter, der samtidigen led af Anasarca og albuminös Urin; af disse helbrededes den ene, den anden döde. Hos den förste var Sygdommen 2 Maaneder gammel og begyndte at bedre sig fra den Tid, da der begyndtes med Brugen af acidum nitricum; den 15de Dag i Behandlingen var der ikke Spor til Ödem, den 22de var Urinens albuminöse Beskaffenhed fuldkommen ophört. F.'s anden Patient, som döde, havde haft Albuminuri i 2 Aar, og den var her compliceret med Tuberkler i Lungerne, saa at muligen det uheldige Udfald maa tilskrives Sygdommens Ælde og især Complicationen med Tuberkler. I endnu et tredie Tilfælde som behandledes af en anden Læge med Acidum nitricum var Udfaldet gunstigt. Anasarca forsvandt i en Tid af 8 Dage og samtidigen formindskedes Albuminen i Urinen betydeligt og forsvandt fuldstændigt 1 Maaned efter.

Man har fordetmeste forskrevet Acidum nitricnm i Dosis af ʒj—ʒv i et Vesikel af ℥vj—℥x. F. mener at denne Dosis er for stærk, og at den bedst gives i meget fortyndet Tilstand omtrent ℈j—℈ij, sjelden mere, i ℥x Vand tilligemed en Syrup; en saadan Dosis tages i Dögnet. I en mere concentreret Form har acidum nitricum en ubehagelig Smag, skader Tænderne, virker for stærkt adstringerende paa Slimhinderne og foraarsager Anorexi, Smerte i Maven, Colik og Diarrhoe, Virkninger, som paa den ene Side hindrer Midlets Absorbtion, paa den anden nöde til at ophöre med Brugen, förend dets helbredende Virkninger kunne vise sig.

F. antager, at man ifölge disse Erfaringer maa tillægge acidum nitricum en helbredende Virkning i visse Tilfælde af Albuminuri. Skulde det end ikke lykkes mere end 1 Gang af 3 Tilfælde, saa vilde denne Behandlingsmaade dog være en stor Vinding i Therapien, dersom det forholder som F. slutter ifölge Erfaringer af sin Praxis, at man ved de sædvanlige Methoder kun opnaaer 1 radical Helbredelse af 60. Iövrigt gjöre naturligviis Sygdommens Ælde, Patientens Constitution, Underlivs- eller Brystcomplicationer o. s. v. en stor Forskjel, ligesom disse ogsaa kunne frembyde Contraindicationer eller Indskrænkninger i Brugen af dette Middel.

☞ En Artikel fra Stabslæge Müller kan af Mangel paa Plads först optages i næste Nummer.

Forlagt af C. A. Reitzel. Trykt hos Bianco Luno.

Den 11. December. 1847.

Ugeskrift for Læger.

2den Række VII. *Nr. 30.*

Redigeret af L. Brion og C. Hempel.

Helbredelsesanstalten for Sindssyge i Prag.

(Meddelt af Prof. Sommer).

Jo mere den Mening er almindeligt udbredt, at den österrigske Regjering er utilböielig til tidssvarende Reformer, desmere overrasket bliver den Fremmede, naar han seer at den i en eller anden Henseende ei blot har begrebet Tidens Krav, men endog paa den fuldstændigste Maade har gjort det Fyldest. Dette troer jeg uden nogen Overdrivelse at kunne sige om dens Forhold til Daarevæsenet i Böhmen, det jeg paa en lille Reise i Tydskland ifjor Sommer nærmere lærte at kjende. Jeg anseer det i dette Öieblik for at være af særlig Interesse for den danske Læser, at blive nærmere bekjendt med den nye ifjor omtrent ved Nytaarstiden i Prag aabnede Helbredelsesanstalt for Afsindige, der staaer i relativ Forbindelse med den ældre Anstalt (Catharina-Anstalten), der nu er en Forpleiningsanstalt for de uhelbredelige Sindssvage.

Daareanstalten i Prag ligger som de övrige Hospitaler og en Del velgjörende Stiftelser i den höieste Del af "die obere Neustadt", og er, som saa mange andre Bygninger i denne skjönne og fritliggende Del af Staden, omgiven af Hauger og Marker. I Aaret 1837 besluttedes Opförelsen af en ny Bygning, der blev bestemt til at blive den egentlige Helbredelses-Anstalt. Den kan optage 150 Patienter, medens den gamle, i dens Nærhed liggende Anstalt nu er beregnet paa 250 Uhelbredelige. Helbredelsesanstalten indtager det höieste Punkt af flere til den hörende med en Muur omgivne Marker og overrasker Beskueren saavel ved sit elegante Ydre, som ved sin Störrelse og yderst venlige Beliggenhed. Den mod Nordvest vendende Hovedbygning er over 200 Alen lang og 3 Etager höi; fra den haves den skjönneste Udsigt over hele Staden og Omegnen; til den slutter sig tvende omtrent 50 Alen lange Sideflöie, som ere 2 Etager höie. Det Princip, som man fölger ved Fordelingen af Patienterne i denne Bygning, og som man ved dens Opförelse stadigt har haft for Öie, er det, at tilveiebringe den passende Sondring 1) af Kjönnene, 2) af de Dannede og Udannede, 3) af de til begge disse Klasser hörende Stöiende og Urolige og 4) af de Ureenlige fra de övrige Patienter. Desuden findes der saavel i 1ste som i 2den Sals-Etage af Hovedbygningen 2 disponible Localiteter for sengeliggende Syge og Reconvalesenter.

Vi ville först betragte Hovedbygningen noget nærmere:

I Stue-Etagen findes paa den ene Side af Hovedindgangen og Vestibylen Spisesalene for de dannede og udannede Mænd, og imellem dem et stort Conversationsværelse med et Billard og et Fortepiano; paa den anden Side: Spisekammeret, Kjökkenet, Bolig for Oeconomen og Badekamrene (for Varme-, Styrte- og Regnbade); desuden findes i Stue-Etagen nær ved Hovedindgangen Inspectionscontoiret, et Ordinationsværelse for Primarlægen og Portörboligen. Förste Sals-Etages ene Sidehalvdel er for de dannede Mænd, den anden for de dannede Qvinder; alle Værelserne ligge i een Linie, med Vinduerne vendte imod den ovenomtalte smukke Udsigt over Staden; bag dem strækker sig en lang, luftig og bred Corridor med Udsigt til Hauger og Marker; denne Corridor er naturligviis afdelt i Midten for at sondre Mændene fra Qvinderne. Secundarlægens Værelse ligger netop i denne Etages Midte og har 2 Dörre, een paa hver Side af Corridorens Skillerum, saaat han altsaa fra sit Værelse med lige Beqvemmelighed kan begive sig til Mandfolke- og Fruentimmerafdelingen. Værelserne ere beregnede til 1 á 4 Syge, dog er der ogsaa i denne Etage nogle Boliger paa 2 Værelser (Sove- og Opholdsværelse) for en enkelt Patient; Oppasserværelserne ligge imellem to og to Sygeboliger. Den Side af förste Sals-Etage, som beboes af Fruentimmerne, indeholder desuden deres Spise- og Conversationssal. Alle Værelserne ere höie, lyse, luftige og smagfuldt udstyrede, Vinduerne ere forsynede med lette Jernstænger. — Anden Sals-Etage er for de mindre dannede Patienter af begge Kjön; den bagved Værelserne löbende Corridor er afdelt som i 1ste Sals-Etagen; Anstaltens chirurgiske Assistent har sit Værelse i denne Etages Midte; det er ligesom Secundarlægens forsynet med tvende Dörre, der svare til Mandfolke- og Fruentimmerafdelingen. Værelserne i denne Etage ere större, bestemte til 6, 8—10 Syge; her boer Oppasserpersonalet i de samme Værelser som de Syge, undtagen i de Værelser, som ere bestemte for sengeliggende Syge; her er Oppasserværelset mellem to Sygeværelser. Mandfolkene, som höre til denne Afdeling, have i samme Etage et stort og lyst Arbeidslocale, hvor de almindelige Haandteringer: Skomager-, Skrædder-, Snedker- og Væverhaandteringen drives. Den Side af Etagen, som er bestemt for Fruentimmerne, indeholder, foruden deres Beboelsesværelser, deres Spisesal og deres Arbeidslocale, som er en særdeles rummelig og smuk Sal, forsynet med de almindelige Reqvisiter til qvindelige Haandarbeider. Ogsaa i denne Etage ere alle Værelserne höie, lyse og rummelige; de ere hvidtede og forsynede med simple, men anstændige Meubler.

Den af Sidefflöiene, som ligger nærmest ved Afdelingerne for Mænd i Hovedbygningen, er ogsaa bestemt for Mænd, den anden for Fruentimmer. Bestemmelsen for og Indretningen af disse Flöie er den samme: Stue-Etagen er for de stöiende og urolige, 1ste Sals-Etagen for de ureenlige Patienter.

Stue-Etagen indeholder en höi, bred og lys Corridor,

der benyttes som Opholdsværelse om Dagen og er forsynet med Stole, Borde og Canapeer samt med et Bade- og Douche-Apparat. Fra denne salonagtige Corridor före 7 Dörre ind til 7 Celler, nærmest bestemte til Soveværelser hver for een Patient, men hvori naturligviis, naar Omstændighederne kræve det, Patienterne ogsaa kunne holdes om Dagen. Ovenover enhver Dör er der anbragt et Vindue til Iagttagelse af den Syge. Vinduerne i disse Celler ere anbragte höiere fra Gulvet end i den övrige Del af Bygningen, og forsynede med stærke hvidmalede Jernstænger samt med Vinduesskodder, der kunne rulles op, saaat man, saa at sige, tommeviis kan tilstaae eller beröve Patienten Dagslyset. I Cellen findes ikkun den Syges stærke, faststaaende Seng, en Stol og et Bord samt i en Nische en Natstol, hvis Indhold kan udtömmes fra Corridoren. Ved den Ende af Corridoren, som er Hovedbygningen nærmest, er Oppasserværelset, med Udsigt og Udgang til Corridoren; ved Siden af Oppasserværelset er Kjökkenet for denne Afdeling. Ved Corridorens modsatte Ende er Udgangen til Spadserepladsen for de Stöiende. — 1ste Sals-Etagen, som afbenyttes af de Ureenlige, er i det Hele ganske indrettet som Stue Etagen; Sengene have tredelte Straamadratser, og ere i Midten saaledes indrettede, at man med störste Lethed, ved at forskyde en Del af Sengen, hurtigt kan fjerne Ureenlighederne fra den Syge. Ogsaa denne Afdelings Syge have ad en særskilt Trappe Adgang til en Spadsereplads.

Haugerne, som ligge bag ved Bygningen, ere ogsaa særskilte for hver Hovedafdeling (dannede og udannede Mænd, dannede og udannede Fruentimmer) med særskilte Indgange og dertil svarende Udgange fra Bygningen. Endelig fortjener det med Hensyn til Sondringen af de forskjellige Klasser af Patienter at bemærkes, at i hver Sidehalvdel af Hovedbygningen en mindre Trappe förer fra Stue-Etagen til förste Sal (Opholdstedet for de Dannede), medens en större Trappe förer til anden Sal (Opholdstedet for de Udannede).

Under hele Bygningen er der Kjeldere, hvis Törhed

og Rummelighed Intet lader tilbage at önske; de afbenyttes mest i oekonomiske Formaal.

Opvarmningen af Hovedbygningen skeer ved Vindovne, hvori der lægges fra Corridoren af; i Sideflöiene (saavel Corridorerne som Cellerne) benyttes Luftvarmning efter Prof. Meissner's Methode (Circulationsovnen staaer i Sideflöiens Kjelderleilighed). Med Vand forsynes Anstalten rigeligt fra tvende i Oeconomigaarden værende Brönde. Priveterne, af hvilke enhver Afdeling har et, staae i Forbindelse med en Allöbscanal, og ere saaledes beliggende og indrettede, at man ikke mærker deres Existens för man seer dem.

Imellem Helbredelsesanstaltens Hovedfacade og Anstalten for de Uhelbredelige strækker sig en stor græsbegroet Plaine, som efterhaanden ved Arbeidskraft, der hentes dels fra de Helbredeliges dels fra de Uhelbredeliges Anstalt, skal forvandles til en smuk Park; ved mit Besög ifjor var man allerede rykket temmelig vidt frem med Arbeidet. Denne Park er bestemt til fælleds Afbenyttelse for begge Anstalter.

Hvad det indre Liv i Anstalten angaaer, fik jeg ved de fem Besög jeg gjorde der, det fordelagtigste Begreb derom, som ei heller er bleven rokket ved de forskjellige Samtaler, jeg angaaende Anstalten indledede med flere competente Dommere, som havde haft Leilighed til at iagttage dens Virken stadigt fra den förste Dag af, da den blev aabnet. Overlægen, Dr. Riedel, ansees almindeligt for en kundskabsrig, erfaren og human Læge, begavet med Egenskaber, som netop gjöre ham vel skikket til at optræde som praktisk Sjælelæge. Hvad jeg især deleshed havde Leilighed til hos ham at beundre, var det fortræffelige Greb han havde paa at beskjæftige Patienterne paa en for dem nyttig og behagelig Maade, hvorved naturligviis Anstaltens og dens Omgivelsers herlige Indretning betydeligt kommer ham til Hjælp. Her skeer det mest passende Valg og Vexel imellem Lecture, musikalske Övelser, forskjellige underholdende Spil med legemlig Bevægelse, Hauge- og Markarbeider og af de forskjellige Haandteringers Udövelse. Patienternes Udseende i Almindelighed tydede ogsaa paa Tilfredshed samt paa god Forpleining og Reenlighed. Hvad den egentlige medicinske Behandling angaaer og det Spörgsmaal, om den i nogen væsentlig Henseende adskiller sig fra nogen af de sædvanligen for Tiden i de bedste Anstalter i Europa brugelige Methoder, maa jeg bemærke at 5 Besög vare for faa, til at jeg efter dem skulde fordriste mig til at yttre nogen bestemt Mening. Om Resultaterne af Anstaltens Virksomhed ifjor ere offentliggjorte, er mig ubekjendt; i September mente man almindeligt i Prag, at de ville stille sig gunstigt. Slutteligen skal jeg bemærke, at fra Aaret 1842 af de lærerigste Tilfælde paa Daareanstalten blive Gjenstand for offentlige cliniske Foredrag, som flittigt besöges af promoverede Doctores medicinæ.

Jeg maa bede den velvillige Læser undskylde, at jeg her ikke vedföier en Beskrivelse af den i Forbindelse med Helbredelsesanstalten staaende Anstalt for Uhelbredelige; men min Tid tillod mig ikke at gjöre mig saa nöie bekjendt med den som med den förste. Jeg skal derfor indskrænke mig til at bemærke, at ved det eneste Besög, som jeg gjorde i denne Anstalt, Alt syntes at tyde paa Orden, Reenlighed, god Forpleining og passende Beskjæftigelse af Patienterne.

Skjöndt jeg, som aldrig specielt har beskjæftiget mig med Psychiatrien og ikke har seet mange af Europa's fortrinlige Daareanstalter, dem jeg mestendels kun kjender af Beskrivelser, er meget langt fra at ansee mig som nogen Autoritet i hvad der angaaer Psychiatrien, betænker jeg mig dog ikke paa at erklære Daareanstalten i Prag for en af de bedst indrettede i Europa, og derfor at henlede Regjeringens og Lægernes særdeles Opmærksomhed paa den i et Öieblik, da Bygningen af en ny Anstalt i Jylland (det gjör mig ondt ikke at kunne tilföie: "og i Sjælland") forestaaer.

Grundrids af Stueetagen i Helbredelsesanstalten for Sindssyge i Prag.

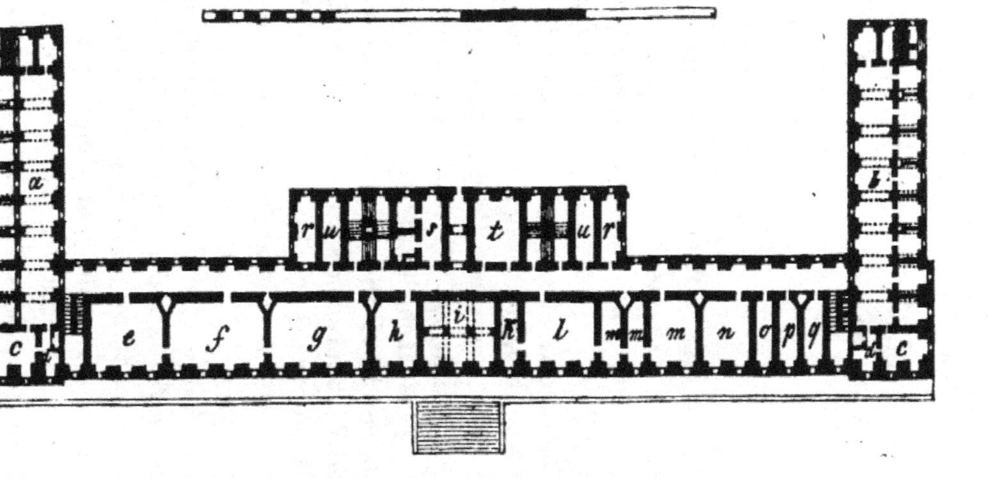

a	Afdeling for de Stöiende af Mandkjönnet.	*l*	Kjökken.
b	— — — Qvindekjönnet.	*m*	Oeconomens Bolig
c	Oppasserværelse.	*n*	Badeværelse.
d	Kjökken.	*o*	Kjökken.
e	Spisesal for de dannede Mænd.	*p*	Badeværelse.
f	Billard- og Conversationssal.	*q*	Douchebad.
g	Spisesal for de mindre dannede Mænd.	*r*	Magasin.
h	Overlægens Værelse.	*s*	Portner Bolig.
i	Vestibulen.	*t*	Inspectionscontoir.
k	Spisekammer.	*u*	Priveter.

Sjette Moment til Discussionen om vor militære Lægeetats Forholde.

Fra Armeens Stabslæge, Hr. Prof. Müller, have vi modtaget nedenstaaende Artikel med Anmodning om dens Optagelse i Ugeskriftet.

Det er ikke min Hensigt, at trætte Ugeskriftets Læsere med et sjette "Moment til Discussionen om vor militære Læge-Etats Forholde", eller at levere en Antikritik af den i Nr. 26 af Ugeskriftet optagne Anmeldelse af mit "Bidrag til Kjöbenhavns Garnisons Hospitals Historie". — Hertil er der fra min Side ingen Anledning, da Anmelderen stiltiende indrömmer, eller i det mindste ikke modsiger den Paastand, som udgjör Hoved-Motivet til mit hele Forhold i Hospitalssagen, nemlig: 1) at Hospitalet baade i administrativ og videnskabelig Henseende vilde være bedre tjent med, at Overlægernes Funktionstid bestemtes til et Minimum af 6 Aar, end at disse Embedsmænd vexle hvert 3die Aar. 2) At det er unödvendigt, at enhver militær Læge er en dygtig og erfaren Hospitalslæge. 3) At der ikke i Lovgivningen findes noget Forbud imod, at Hospitalsoverlægerne kunne bytte eller afstaae deres Plads. Ligesaalidet skal jeg indlade mig i offentlig Discussion om hvorvidt den Vei, jeg har valgt for at opnaae min Hensigt, er den, som efter Sandsynlighed bedst vilde före til Maalet, thi dels vilde en saadan Discussion neppe lede til noget Resultat, dels maatte jeg for at forsvare min Fremgangsmaade beröre et og andet, som jeg er moralsk forpligtet til at fortie. Om denne Sag faaer altsaa enhver at beholde sin Mening. Kun med Hensyn til, at Anmelderen har taget sig en af mig brugt Yttring, om at mit i 1842 indgivne Forslag om Hospitalets Organisation muligen kunde og burde været udförligere motiveret, til Indtægt, finder jeg mig foranlediget til at gjöre

Læserne opmærksomme paa, at Administrationen af Armeens og Marinens Medicinalvæsen ved kongeligt Reskript af 4de September 1815 vel er henlagt under vedkommende Collegier, men dog under Medvirkning af de respektive Stabslæger, og at Collegierne ved dette Reskript ere forpligtede til "at lade disse Embedsmænd kalde i Collegiet, "for at tiltræde Deliberationerne og afgive deres Formening, "naar Sager angaaende Medicinalvæsenet skulle afgjöres." Endskjöndt en saadan Tilkaldelse hidtil ikke har fundet Sted i min Embedstid, kunde jeg dog ikke vente, at den vilde blive tilsidesat i en saa vigtig og saa reen medicinsk Sag som den, der angaaer et Hospitals medicinske Bestyrelse *). Var Reskriptets Befaling i dette Tilfælde bleven fulgt, da vilde det ikke have været mig vanskeligt ved de mundtlige Deliberationer at supplere, hvad der muligen manglede eller var mindre tydeligt fremsat i det skriftlige Forslag.

Müller.

Vi havde haabet at kunne lade denne Sag hvile saavel for vore Læseres som for vor egen Skyld, da den baade er belyst fra forskjellige Sider, og Opinionens Dom om den kan antages at være fældet. Ikke desto mindre tro vi at skylde Armeens Stabslæge den Opmærksomhed at optage og besvare hans Indvendinger. De 3 af ham fremhævede Punkter angaae alle den Goos-Djörupske Sag; de ere alle 3 en Gjentagelse af hvad der allerede er anfört i Stabslægens Afhandling; de ere ligeledes alle meer eller mindre direkte besvarede i vore tidligere Artikler. Naar Stabslægen alligevel holder for, at disse Punkter endnu engang bör drages frem, at vi "stiltiende have indrömmet eller idetmindste ikke modsagt dem", skjöndt de "udgjöre Hovedmotivet til hans hele Forhold i Hospitalssagen", en-

---

*) I min Skrivelse til Collegiet af 14de April d. A. har jeg endog udtrykkelig insisteret paa at blive tilkaldet, dersom Collegiet ikke deelte min Anskuelse.

delig at han paa Grund deraf "ingen Anledning" har til at bekymre sig om vor övrige Fremstilling af hans Forhold som Stabslæge til Lægeetaten, dens tidligere Haab, dens nuværende Stilling og dens fremtidige Udsigter, da kan dette vel kun forklares derved, at Prof. Müller ikke har været heldig nok i at fölge og opfatte vore Bemærkninger.

Armeens Stabslæge kan neppe være ubekjendt med, at hans Fremgangsmaade i hiin saa meget omtalte Sag blandt et stort Antal Læger i og udenfor Etaten er bleven bedömt som en Vilkaarlighed. Da vi imidlertid nære det oprigtige Önske, at indrömme Prof. Müller alt, hvad der paa nogen Maade lader sig forene med Sandheden, saa skulle vi villigen tilstaae, at naar vi have anseet os forpligtede til at udtale hiin Dom offentlig, have vi ikke taget Begrebet Vilkaarlighed i den udstrakte Betydning, der tillige indbefatter det Lunefulde. Billigviis maa det vistnok antages, at Stabslægen i sin Handlemaade har fulgt et "Hovedmotiv", eller, som han tidligere har udtrykt sig, et "Princip", en "vel gjennemtænkt Plan." Men hvad der skal give dette Hovedmotiv, enten vi tænke paa Hospitalets Velvære eller paa Videnskabens Fremme eller paa de militære Lægers cliniske Uddannelse, sit Værd som saadant, er dets Fremtrædelse i den Række Handlinger, hvortil Stabslægen dels har dels burde have været den bevægende Kraft — Motiver, der ikke töbe sig i Handlinger har Historien og Critiken intet med at gjöre; og hvad der særligt skal betegne det samme Hovedmotiv som klogt og fornuftigt, er dels Maaden hvorpaa dets Yttringer möde allerede bestaaende Forholde, saa at de med Rimelighed og med Nytte kunne ventes realiserede, dels Omfanget hvorefter de, ikke begunstige den Enkelte, men udöve Ret imod alle.

I den Hensigt altsaa at opklare disse forskjellige Punkter, i Forbindelse med hvilke alene Stabslægens Plan og Hovedmotiv kan bedömmes, foretoge vi en Undersögelse af hans hidtilværende Forhold til Etaten ialmindelighed og Hospitalet isærdeleshed, idet vi med stræng Nöiagtighed stöttede os til de af ham selv meddelte Oplysninger herom —

hvad dette angaaer henvise vi til vor Anmeldelse af Professor Müllers Afhandling. Denne Undersögelse kunde endnu fuldstændiggjöres ved at gaae udenfor Hospitalssagen og f. Ex. gjöre Underlægernes hele Stilling til Gjenstand for Critik, thi her bör Stabslægen idetmindste antages at have været den væsentlig bestemmende Aarsag. I dette Punkt skulle vi ikke foregribe Fremtiden. Det er sandsynligt at Underlægestanden engang selv vil udtale sig, og ikke blot i saadanne afbrudte Nödraab, som nu og da have givet sig Luft i Dagspressen.

Naar nu Stabslægen gjentagende forelægger os det Spörgsmaal, om Hospitalet vil "være bedre tjent" med 3 eller med 6 Aars Tjenestetid for Overlægerne, da maa vi i Hovedsagen henvise Læseren til vore tidligere Bemærkninger; til yderligere Oplysning skulle vi endnu blot tilföie, at dette Spörgsmaal ikke er en Categori som Godt eller Ondt, Lögn eller Sandhed, hvorom man nemlig uafhængigt af alle Omstændigheder kan fælde sin Dom. Paa vore store Hospitaler ere de Fleste enige om at foretrække en længere Tjenestetid; hvad Garnisonshospitalet angaaer maatte man for at træffe en gyldig Sammenligning tage i Betragtning, om det ifölge sit Omfang og hele Væsen svarer til hine, om det for Tiden har en clinisk-videnskabelig Bestemmelse, eller om en saadan under de nuværende Forhold sandsynligt vilde kunne bringes tilveie, om man har et passende Udvalg til sin Raadighed med Hensyn til Besættelsen af saadanne noget mere videnskabelige Poster, om de rimelige Frugter af denne Anordning vilde opveie det Tab, at Garnisonens övrige Overlæger mistede deres eneste Beskjæftigelse af nogen större Betydning — et Tab vi ansee for stort, saalænge Overlægerne ikke ved en anden Skole og en anden Udvikling kunne forberedes for deres Bestemmelse. Endelig er det ikke ganske uvigtigt om man har en Autoritet, der kan antages paa en til Stillingens större Krav svarende Maade at kunne og ville forestaae Valget, navnlig uafhængig af alle uvedkommende og især personlige Hensyn. I denne Henseende bör det maaske ihukommes, at Direktionerne for Frederiks- og Almindelighospital, skjöndt de indbefatte flere lægekyndige Medlemmer, dog ikke i den senere Tid have tiltroet sig en aldeles sikker Dom, hvorfor de have udbedet sig Sundhedscollegiets Medvirkning. Armeens Stabslæge synes ikke saa nöieseende endog kun tilnærmelsesviis, dersom man tör slutte fra de af ham selv givne Præmisser til hans sidste Valg. — Men selv med Forbigaaelse af alt dette, saa kommer det ikke an paa, hvad enten Stabslægen eller vi tænke om dette samme Spörgsmaal, men om hvad der ifölge Etatens bestaaende Forfatning er Lov; misbillige vi denne, da kunne vi paa alle lovlige Veie söge den forandret, men vi ere ikke berettigede til efter vor personlige Anskuelse om det Rigtige og til Forurettelse for andre at eludere den. I civiliserede Stater skylder man denne Agtelse til Lovene. Der er neppe nogen Tvivl om, at Frederikshospitals medicinske Direktion er fuldt og fast overbevist om Hensigtsmæssigheden af Servicernes Deling, saalidt som om, at den heri har Lægernes Opinion for sig, men uagtet den har besværlige og trættende Hindringer at bekæmpe, vil den sikkert ikke forsöge at sætte sin Mening igjennem ved egenmægtige Forholdsregler.

Hermed forlade vi de 2 af Stabslægens Punkter. Med Hensyn til det tredie, "at der ikke i Lovgivningen findes noget Forbud imod, at Hospitalsoverlægerne kunne bytte", da tör man neppe ubetinget antage alt for tilladt, hvad der ikke udtrykkelig er forbudt. Ofte maa man, naar Lovgivningen ikke har udtalt sig, söge at udfinde dens Mening ved en uhildet Betragtning af Forholdene, og hvad dette angaaer er det allerede tilstrækkelig udviklet, at Organisationens hele Anordning taler imod en saadan Bytning, og at Loven ikke kan ville lade Overlægerne unddrage sig den vigtigste for ei at sige den for Tiden eneste Funktion, der giver deres Stilling nogen Holdning og Anseelse. Hvad vilde desuden Bestemmelsen "efter Tour" have at betyde, naar enkelte Overlæger stadigt kunde tilbytte sig de andres baade Rettigheder og Forpligtelser? Ikke at tale om, at det under ingen Omstændigheder kan være Meningen, at man skal bevæge nogen ved "indstændig Anmodning", endnu mindre forsöge Bytningens Iværksættelse mod den Paagjeldendes udtrykkeligt tilkjendegivne Villie. Desuden dersom den længere Tjenestetid ansees af en saa stor Vigtighed for Hospitalet "baade i administrativ og videnskabelig Henseende", hvorfor formaaede man da ikke de Herrer Petersen, Hahn og Bendz til at opoffre sig for det almindelige Bedste til Fordel for de Herrer Djörup, Thune og Rörbye? Hvorfor gjör man först Begyndelsen med Overlæge Goos? Vi see ikke nogen antagelig Grund dertil.

Foruden disse 3 Punkter troer Stabslægen endnu kun at burde opholde sig ved den af os med nogen Vægt fremhævede Omstændighed, "at hans i 1842 indgivne Forslag om Hospitalets Organisation muligen kunde og burde været udförligere motiveret." Saa uventet denne Oplysning ved förste Öiekast forekom os, saa beklagelig den er med Hensyn til Sagens Udfald, endelig saa mærkelig sammenholdt med Stabslægens "velbegrundede Betænkelighed" ved de "indgroede Fordommes og personlige Hensyns Indflydelse" — saa rede ere vi til at vurdere det aabne og sandhedskjærlige Sind, der har bevæget ham til selv at afgive denne Tilstaaelse. Hvad dette Punkt angaaer "finder han sig nu foranlediget til at gjöre opmærksom paa", at vedkommende Collegium ved et kongeligt Reskript er forpligtet til at benytte Stabslægens Medvirkning, nemlig til at "tilkalde ham for at tiltræde Deliberationen og afgive sin Formening, naar Sager angaaende Medicinalvæsenet skulle afgjöres." Dette interessante Reskript angaaer ogsaa Söetaten og sammes Stabslæge — vi bringe Prof. Müller vor Tak for at have henledet Opmærksomheden paa saa vigtig en Lovbestemmelse. Ifölge denne ere nemlig Stabslægerne baade berettigede til Deltagelse i militære Medicinalsager og moralsk forpligtede til at hævde denne Ret, uden hvilken deres Stilling taber sin væsentlige Betydning. Næsten skulde det synes, at collegiale Forholdsregler trufne uden Iagttagelse af denne Kongens Lov ligefrem maa ansees som ugyldige.

Men denne Lovbestemmelse, der er saa betydningsfuld for Stabslægernes Virksomhed, kan heller ikke undlade at foröge deres Ansvar; thi ifölge samme er der saa meget mere Anledning til i deres personlige Dygtighed at söge en væsenflig Aarsag til de af Collegierne trufne Foranstaltningers Hensigtsmæssighed, og paa denne Vei igjen, idetmindste for en ikke ringe Del, til de militære Lægeetaters nærværende og fremtidige Tilstand. Man indvende os ei, at denne Lov ikke altid overholdes, at, som Prof. Müller selv oplyser, "en saadan Tilkaldelse hidtil ikke har fundet Sted i hans Embedstid." Loven kan ikke gjöre mere end give Stabslægerne den Indflydelse paa Medicinalsager, der tilkommer dem; det bliver deres Sag, ja deres Pligt, at hævde den. De kunne med lige Alvor og Klogskab gjöre den gjeldende hos det overordnede Collegium; de kunne paakalde Lovens Overhoved og den offentlige Menings Understöttelse, der vil fordre Agtelse for Statens Repræsentant og hans Anordninger, doppelt naar disse ere af en saadan Vigtighed, at de, ved at angaae hygieiniske eller overhovedet medicinale Forholds Ordning, gribe meer eller mindre ind i Individernes hele Velvære. Det forstaaer sig at Stabslægerne maa anvende Klogskab og Besindighed ved saadanne ualmindelige Skridt; disse bör ikke foretages ved enhver mindre betydelig et enkelt Forhold eller en enkelt Person angaaende Sag, men fornemmelig ved större almindelige og dybt indgribende Foranstaltninger; fremfor alt maa de nöie vaage over, at den offentlige Mening og Retfærdighedens indlysende Fordringer ere paa deres Side; i modsat Fald ville de kun skade deres Sag og Stilling, svække deres Anseelse og Indflydelse.

Har man nu end nok saa god Villie til med Skjönsomhed og Billighed at bedömme Armeens Stabslæges Stilling, hvor besynderligt er det dog ikke at höre af ham selv, at hiin lovhjemlede Tilkaldelse om Medicinalsager ikke har fundet Sted i hans hele Embedstid, at han ikke har sögt at gjöre den gjeldende dengang der handledes om hele Lægeetatens Omdannelse, dens Skjæbne og Fremtid, ikke dengang Garnisonshospitalets, dette for Etaten saa vigtige Instituts Forholde skulde fastsættes, men först nu, da der spurgtes om Dr. Goos eller Dr. Djörup skulde være Overlæge paa en Service, i en Sag, hvor han aldeles utvetydigt har den almindelige Mening imod sig og tillige, saavidt det er muligt at indsee selv for den i de personlige Forholde fuldkommen uinteresserede Iagttager, Billighedens og Retfærdighedens Fordringer. Hvorledes kunde Stabslægen vente, at det samme Collegium, der havde seet ham forblive taus og rolig ved hine saa betydningsfulde Interessers Afgjörelse, skulde være tilböielig til at agte paa hans Indsigelser i et Spörgsmaal, der om ogsaa Stabslægen har haft en mere almindelig Tendens for Öie, dog ved en uhildet Sammenstilling med de forskjellige faktiske Forholde aldeles maa tage sig ud som et personligt? Hvor meget maa han ikke derved have skadet sin Stillings Anseelse og Udövelsen af den saa vigtige Tilkaldelsesret i Fremtiden; hvor önskeligt for Etaten om en af dens Overlæger, der forenede Indflydelse med god Villie og uhildet Indsigt, her havde været istand til at understötte Stabslægen paa hans isolerede Höidepunkt!

Prof. Müller kunde ikke vente, siger han, at hans Tilkaldelse vilde blive tilsidesat i en saa vigtig og saa reen medicinsk Sag angaaende Hospitalets medicinske Bestyrelse. Vistnok var det besynderligt — og dog, mon ikke Bekjendtskab med Forholdene, blandt andet de af Prof. Müller selv antydede Fordomme, maatte lade det befrygte? Mon ikke den Betragtning, at en Commission af blot Militære ikke havde fundet nogen Betænkelighed ved at paatage sig Afgjörelsen af en saa storartet Medicinalsag, som Organisationen af Lægeetaten i dens Hovedpunkter? Stabslægen mener, at dersom "Reskriptets Befaling var bleven fulgt, vilde det ikke have været ham vanskeligt ved de mundtlige Deliberationer at supplere det skriftlige Forslag." Ikke ville vi sige, at Prof. M. her maaske noget har overvurderet sin Veltálenhed, thi Sagkundskab og en fast Overbevisning kan oftest have Haab om at udrette noget; men ved en saa vigtig Leilighed og under saa vanskelige Forhold tör man ikke undlade den fuldstændige Afbenyttelse af alle til Raadighed staaende Midler, mindst selve Forslagets klare og omfattende Udarbeidelse, naar man vil have rimelig Udsigt til den gode Sags Seier.

Idet vi slutte disse Linier, tro vi at burde give Armeens Stabslæge den Forsikkring, at vor Opposition i alt væsentligt har været ligesaa uberört af personlig Indflydelse som af personlig Interesse. Vort Formaal har været her som i andre Retninger at opklare vore medicinske Forholds Mangler og disses Aarsager, haabende derved at bidrage enten til deres Fjernelse eller Undgaaelse i Fremtiden. Fra dette Synspunkt bede vi at vore Bemærkninger fordumsfrit maa blive opfattede. Det var at önske at alle Vedkommende vilde erkjende ligesaa aabent som Professor Müller, at den militære Lægeetats Omdannelse er *önskelig og nödvendig*; man turde vel da om ikke længe Tid imödesee Nedsættelsen af en Commission til at behandle dette vigtige Hverv, hvis lægekyndige Sammensætning fremfor alt burde yde den Garanti, at man med ærlig Villie vilde opgive enhver haardnakket Vedhængen ved Anskuelser, der ere uforenelige med vort Standpunkt og over hvilke derfor Nutiden forlængst har brudt Staven. Först naar dette iagttages, vil man kunne benytte de svundne Tiders Erfaring og de nuværendes Fremskridt; Fortiden vil da glemmes og Fremtiden staae aaben.

Ifölge en Kongelig Resolution er nedsat en Bygningscommission for den paatænkte Daareanstalt ved Aarhuus, bestaaende af de Herrer Bygningsinspekteur Friis, Contoirchef i det danske Cancelli Simony og Lægen Selmer. Den sidse er med Hensyn til dette Hverv afreist til Udlandet paa offentlig Bekostning.

Rettelse. No. 25, Side 398, Linie 3: först læs förste.

Forlagt af Universitetsboghandler C. A. Reitzel.

Trykt hos Kgl. Hofbogtrykker Bianco Luno.

Den 18. December. 1847.

Ugeskrift for Læger.

2den Række VII. Nr. 31.

Redigeret af L. Brion og C. Hempel.

Om Anvendelsen af Formylsuperchlorid som Ætherisationsmiddel i den praktiske Födselshjælp.

(Meddelt af Dr. med. Saxtorph).

I Nr. 19 af "Ugeskrift for Læger" af 27de Marts 1847 meddelte jeg en Beretning om de förste Forsög med Anvendelsen af Svovlæther-Inhalation i Födselsvidenskaben, som vare foretagne af Dr. Simpson i Edinborg. Det var naturligt, at den almindelige Interesse for Ætherisationen, som i Begyndelsen af dette Aar saa hurtig greb alle Chirurger og Operatörer, maatte bringe Accoucheurerne til at anstille Forsög dermed; det varede derfor ikke længe inden flere af disse baade i England, Frankrig og Tydskland forsögte det samme Middel, dels ved naturlige Födsler, dels i operative Tilfælde; men skjöndt de hidtil vundne Resultater i det hele mere tale for end imod dette Middels Anvendelse, navnlig i den operative Födselshjælp, synes dog endnu ingen af de mere bekjendte Accoucheurer ret at dele Dr. Simpsons Enthusiasme derfor *). P. Dubois

*) I London er det kun ganske enkelte Gange og i Dublin endnu i Slutningen af October Maaned slet ikke forsögt hos Födende.

anvendte Ætherisationen först ved to Tangoperationer og senere ved flere naturlige Födsler; hans Erfaringer stemme i det Hele fuldkommen med Simpsons, men han har dog langtfra saa ivrig anprist dette Middel. Dr. E. v. Siebold i Göttingen*) forsögte först Ætherisationen 3 Gange ved naturlige Födsler, men i alle 3 Tilfælde syntes det ham at Veerne ophörte og först indfandt sig igjen, naar Æthervirkningen var forbi; dog indrömmer han selv, at han rimelig har afbrudt Ætherindaandingen for hurtigt; derimod saae han Nytte af dette Middel ved en Extraction af et Barn, som födtes med Födderne for, og fornemlig ved to Tangoperationer, som han udförte med större Lethed end sædvanlig, uden mindste Smerte for de Födende og uden nogen skadelige Eftervirkninger paa disse. Han gjör opmærksom paa, at man ikke tör sammenligne Födselssmerterne ved den naturlige Födsel med de Smerter, som Operatörens Kniv frembringer, og at man ikke alt for letsindig skal stræbe aldeles at bringe dem til at forsvinde; derimod gives der en anden Slags Smerter, som udvendigfra indvirke paa den Födende, de nemlig, som frembringes af Accoucheurens Haand eller Instrumenter, naar hans Hjælp er nödvendig. At formindske eller ganske fjerne disse anseer han for i höieste Grad önskeligt, baade for at lindre den Födendes Lidelser under Operationen, og for derved tillige at undgaae disses ofte skadelige Eftervirkninger under Barselsengen; det er derfor fornemlig i den operative Födselshjælp han vil have dette Middel anvendt. Af samme Mening ere ogsaa Busch og Näegele; den sidste havde forsögt Ætherisationen i to Tilfælde, en naturlig Födsel og en Tangoperation; Resultatet havde, efter hans mundtlige Ud-

---

*) Neue Zeitschrift f. Geburtskunde. Bd. 22. Hef. 3.

sagn, i dem begge tilfredsstillet ham, men han havde dog ikke ret Lyst til at gjentage disse Forsög.

Dr. Simpson derimod vedbliver med saadan Iver at fortsætte sine Forsög, at han nu i en 7 á 8 Maaneder har anvendt Ætherisation saa godt som hos alle de Födende, han i den Tid har haft under Behandling; om ogsaa hans Enthusiasme for Sagen maa gjöre os noget mistænkelige imod hans Meninger, kan det dog ikke nægtes at han er den, som har gjort det störste Antal Forsög, ja den Eneste, der har samlet et saa stort Antal Erfaringer, at man deraf tör drage bestemte Slutninger. I Monthly Journal of Medical Science for Februar, Marts og April 1847 har han stadig meddelt sine Forsög og de Resultater han deraf har uddraget; han mener nu at turde opstille fölgende Sætninger som aldeles beviste *):

1) At Ætherisationen frembringer en mere eller mindre fuldkommen Ufölsomhed for Smerterne under Födselen.
2) At den aldeles ikke formindsker Veernes Styrke eller Regelmæssighed.
3) At Livmoderens Sammentrækninger efter Födslen ikke deraf forstyrres.
4) At Underlivsmusklernes Sammentrækninger og Födslens övrige Hjælpekræfter ikke forstyrres i deres Virksomhed.
5) At den ikke alene formindsker den Födendes Smerter i det sidste Födselsstadium, men ogsaa, ved at forebygge den heftige Indvirkning paa hele Nervesystemet, som ellers dermed er forbunden, formindsker Dispositionen til Sygdomme i Barselsengen.

---

*) Monthly Journal of Medical Science. April 1847, Pag. 794.

Endvidere har hans Erfaring lært ham, at man kan anvende Ætherisationen og vedligeholde dennes soporöse Stadium i meget længere Tid hos den Födende, end man ialmindelighed gjör; ja han angiver det endog som nödvendigt i mange Tilfælde at vedligeholde denne Tilstand uafbrudt i flere Timer; ved en Patient fortsatte han Ætherisationen i 4, ved en Anden i 4½ Time inden Barnet blev födt *). Naar Patienterne vaagnede, en 30—40 Minutter efter Födslen, vare de aldeles uvidende om at de havde födt, og vilde neppe tro det. Begge Födslerne vare meget langvarige og besværlige; den ene maatte endes med Tangen efterat have varet i 36 Timer. Fosteret syntes ikke at afficeres paa nogen skadelig Maade under denne langvarige Ætherisation; han iagttog Hjerteslaget med Stethoscopet; det varierede kun 10—15 Slag under hele Födslen, og begge Börn födtes levende. Fremdeles har Dr. Simpson stadig beskjæftiget sig med at undersöge Virkningerne af forskjellige andre therapeutiske Midler, som lade sig indbringe i Organismen igjennem Lungeabsorptionen; saaledes af Secale combineret med Ætherdampe mod Uvirksomhed i Livmoderen; af Opiumdampe inhalerede imod haardnakkede Brækninger under Svangerskabet, med gunstige Resultater; og fornemlig har han paa sig selv og Andre prövet Indaanding af forskjellige letflygtige Substanser, for om mulig iblandt disse at finde en, som fremhringer de samme Virkninger paa Organismen, som Svovlæther, uden at medföre dennes Ubehageligheder, nemlig dens ubehagelige Lugt, dens Irritation af Bronchierne, og det store Qvantum som man forbruger af den, fornemlig i langvarige

*) Ibid. Pag. 798.

Födsler; saaledes forsögte han Elaylchlorür, Acetone, Salpeteræther, Benzin, Dampe af Jodoform etc.

Iblandt disse har han fundet en, som i Virksomhed langt overgaaer alle andre og om hvis fortrinlige ætheriserende Kraft han allerede i 50 Tilfælde fuldkommen har overbevist sig, nemlig Formylsuperchlorid eller, som han ogsaa kalder den, Cloroform. I det Edinburger medicinsk-chirurgiske Selskabs Möde den 10de November d. A. gav han fölgende Beretning om sine Forsög med denne Substans.

Formylsuperchlorid blev först opdaget og beskrevet omtrent samtidig af Soubeiran (1831) og Liebig (1832); dets Sammensætning blev först nöiagtig bestemt af Dumas (1835). Indvendig er det bleven anvendt enkelte Gange, f. Ex. af Guillot, som gav det som et krampestillende Middel imod Asthma i meget ringe Dosis og 100 Gange fortyndet; men til Indaanding og som ætheriserende Middel er det först anvendt af Dr. Simpson.

Formyl er den supponerede Radical til Myresyren, som först opdagedes i den röde Myre (formica rufa). Gehlen fremstillede den som en egen Syre, og senere blev den kunstig tilberedet af Döbereiner; Chemikerne have senere lært at frembringe Myresyren ved forskjellige Processer af Stivelse, Sukker og flere andre vegetabilske Substanser. En Række af Chlorforbindelser af Formyl frembringes, naar Chlorgas eller hydrochlorsure Salte bringes i Forbindelse med Metylets Clorforbindelse, med Metyl-Ilte eller med Metyliltehydrat (Acidum pyrolignosum). Paa samme Maade som Myresyre kan frembringes af Substanser, som ikke indeholde Formyl allerede dannet, saaledes kunne ogsaa Chlorforbindelserne af Formyl frembringes af Substanser, som ikke oprindelig indeholde dette.

F o r m y l s u p e r c h l o r i d lader sig kunstig frembringe paa forskjellige Maader; som — ved at lade Kalkmælk eller en vandagtig Oplösning af kaustisk Kali virke paa Chloral — ved at destillere Alcohol, Spirit. pyrolignosus eller Acetone med Chlorcalcium — ved at lede en Ström af Chlor gjennem en Oplösning af kaustisk Kali i Viinaand etc. Den Tilberedningsmaade, som Dr. S. anvendte, var efter Dumas:

℞ Chlorcalcium pulveris. Lib. 4.
Aqvæ Lib. 12.
Spirit. vini rectif. ℥ 12.

blandes i en Retort og destilleres saalænge som der frembringes et noget tykflydende Fluidum, som synker tilbunds i det Vand som gaaer over med.

Det saaledes frembragte Formylsuperchlorid bestaaer af 2 Atm. Kulstof, 1 Atm. Brint og 3 Atm. Chlor. Dets Vægtfylde er 1,480; dets Kogepunkt 141°; det er ikke brændbart, og forandres ikke ved at destilleres med Kalium, Kali, Svovlsyre eller andre Syrer.

Som bekjendt have vi 3 sammensatte chemiske Stoffe, som ved at indaandes i Lungerne frembringe en Tilstand af Anæsthesi, nemlig: Q v æ l s t o f i l t e, S v o v l æ t h e r og F o r m y l s u p e r c h l o r i d. Det vil sees af nedenstaaende Tabel, at disse 3 Stoffe ere aldeles forskjellige i deres chemiske Sammensætning, saa at vi i denne ikke finde nogen Forklaring af deres eensartede therapeutiske Virkninger:

	Atom Stikstof.	Atom Ilt.	Atom Kulstof.	Atom Brint.	Atom Chlor.
Qvælstofilte	1	1	"	"	"
Svovlæther	"	1	4	5	"
Formylsuperchlorid	"	"	2	1	3

Formylsuperchlorid, Chloroform er et noget tykflydende, gjennemsigtigt, farvelöst Fluidum, som meget hurtigt fordamper, med en behagelig frugtlignende Lugt og södlig Smag.

Med Hensyn til at frembringe Anæsthesi ved Indaanding har det fölgende Fortrin for Svovlæther.

Man behöver et meget mindre Qvantum af Chloroform til at frembringe Ætherisation, som oftest kun en 100—120 Draaber, og hos nogle Patienter meget mindre; et kraftigt Subjekt blev saaledes aldeles föleslös efter 6—7 Indaandinger af 30 Draaber af dette Fluidum.

Dets Virkning er hurtigere, fuldstændigere og somoftest mere vedholdende; somoftest vare 10—20 Indaandinger tilstrækkelige. Man undgaaer derved saagodt som aldeles det förste Irritationsstadium, som undertiden er saa vanskeligt at komme over, og som vistnok ofte er ubehagelig for Patienten.

De som först have prövet Virkningerne af Ætherindaandingen og senere ere blevne ætheriserede med Chloroform have erklæret Indaandingen og Virkningen af Chloroform for langt behageligere.

Dets Anvendelse vil være meget billigere end Ætherens, da man forbruger saa meget mindre, fornemlig naar Tilberedningsmaaden kan blive simplere og mindre kostbar.

Dets Lugt er behageligere og hænger ikke saaledes i længere Tid i Operatörens Klæder eller spores i Patientens Udaanding, som Ætherdampene.

Indvidere er det unægtelig et Fortrin ved Anvendelsen af Chloroform, at man aldeles ikke bruger nogetsomhelst kunstigt Indaandings - Apparat; man behöver blot at hælde en Theskefuld af Fluidet paa en udhulet Svamp eller et Lommetörklæde, som man udbreder over den hule Haand.

Under de förste Inspirationer holdes dette omtrent ½ Tomme fra Patientens Mund og Næse, og lidt efter lidt bringes det tættere til disse. Vil man frembringe en hurtig og fuldstændig Ætherisation, heldes een eller to Theskefulde Chloroform paa et Lommetörklæde, som strax holdes umiddelbart for Mund og Næseaabningerne, hvorved somoftest en dyb og snorkende Sövn strax frembringes, med fuldkommen Anæsthesi.

Hidtil har Dr. S. ikke anvendt Chloroform ved nogen betydeligere chirurgisk Operation, men mange Gange, med fuldkommen heldige Resultater ved Tandudtrækninger, Aabning af Abscesser, mod neuralgiske Smerter, og ved dybe og meget smertelige Acupuncturer; derimod er det bleven anvendt af Prof. Miller og Dr. Duncan i Royal Infermery i Edinburg med lige saa heldige Resultater ved Borttagelsen af et meget stort cariöst Seqvester af næsten hele Radius, ved Exstirpation af en Del af Maxilla superior og ved en Amputation af den store Taa.

I Födselsvidenskaben derimod har Dr. Simpson gjentagne Gange anvendt Chloroform med fuldkommen heldigt Udfald. Den förste Patient, paa hvilken han anvendte det, var en Dame, som tidligere var bleven forlöst paa Landet ved Perforation, efterat Födslen havde varet i 3 Dage. Under dette, hendes andet Svangerskab, indfandt Veerne sig en 14 Dage för Tiden. Halvtredie Time efter deres Begyndelse, inden Modermunden endnu var udslettet, ætheriseredes hun ved Chloroform, hvoraf en halv Theskefuld blev hældet paa et Lommetörklæde, som rulledes sammen som en Tragt, hvis brede Ende sattes over hendes Mund og Næse; i Löbet af 10 — 11 Minutter anbragtes endnu engang det samme Qvantum Fluidum. Omtrent 25 Minutter efterat Indaandingen var begyndt, födtes Barnet.

Moderen laa længere soporös end almindeligt efter Ætherindaandingen, hun vækkedes ikke ved Barnets Skrig, og der gik endnu nogle Minutter efter Moderkagens Födsel inden Patienten vaagnede. Hun sagde da: "hun havde haft en meget behagelig Söva, som hun höilig trængte til, da hun var saa træt, og at hun nu bedre vilde kunne udholde Födslen"; noget efter undrede hun sig over at Veerne vare aldeles ophörte; at Födslen alt var fuldendt, havde hun ikke mindste Ide om.

Dersom Dr. Simpsons Erfaringer om Ætherisationens Uskadelighed for den Födende og Fosteret baade under og efter Födslen, selv om dens Virkninger vedligeholdes i længere Tid, i Fremtiden finde Bekræftelse, da kan man vistnok være berettiget til at forsöge dette Middel, om ikke blot for at bringe de Smerter til at forsvinde, som Naturen har bunden til selv den mest regelmæssige Födsel, saa dog i de Tilfælde, hvor en eller anden Uregelmæssighed i Födslen fordrer en Kunsthjælp til Moderens eller Fosterets Frelse, som ikke kan anvendes uden at hendes Smerter maaske i höi Grad foröges, eller som mulig med större Lethed og Sikkerhed lader sig udföre, medens hun er ætheriseret. At Chloroform i saadanne Tilfælde vil have væsentlige Fortrin for Svovlæther synes mig aldeles utvivlsomt. At anvende de sædvanlige Apparater til Indaanding af Svovlæther hos den Födende, medens hun ligger i Veer, har altid forekommet mig noget mislig, forsaavidt som jeg frygtede, det i mange Tilfælde vilde blive meget vanskeligt at bringe hende til at inhalere uden hyppige længere Afbrydelser, og med en saa rolig og stadig Respiration, som maa ansees for nödvendigt, naar man hurtigt skal bringe Patienten ud over Incitationsstadiet. De gjentagne Afbrydelser eller idetmindste meget uordentlige Respirationer under Veerne maa svække Æthervirkningen og derved forlænge Incitationsstadiet utilbörligt, hvis Symptomer vistnok ikke ere uden Betydning for den Födendes Velbefindende, især naar de vedligeholdes i længere Tid.

I Chloroform derimod, dersom dets Virkninger i Fremtiden vise sig overensstemmende med de af Dr. S. beskrevne, troer jeg man har et Middel til at undgaae de ovennævnte Ulemper. Dets Anvendelsesmaade er yderst simpel, uden nogetsomhelst generende Apparat, det kan til ethvert Öieblik haves ved Haanden, og dersom det virkelig virker saa hurtigt som der siges, vil man i Veernes Mellemrum finde Tid nok til at bringe den Födende fuldkommen i Sopor. Vil man altsaa forsöge at ætherisere Födende, da fortjener vistnok Anvendelsen af Chloroform at foretrækkes for Svovlæther.

Om Cloroform som bedövende Middel.

(Af Lic. Örsted).

Da Lægernes Opmærksomhed ved Begyndelsen af dette Aar blev henvendt paa de mærkværdige Virkninger af Ætherindaanding, hvo kunde da forudsee, at Ætheren,

---

*) Nærværende Artikel sendtes os fra Paris et Par Dage efterat vi havde modtaget Dr. Saxtorphs Bidrag; vi have derfor seet os nödsaget til at udelade af hiin nogle af Simpsons Brochüre uddragne Meddelelser, der allerede vare omtalte i dette.

Red.

neppe kommen i Besiddelse af det lykkelige Privilegium at bortfjerne af Chirurgien dens frygtelige og unyttige Pinsler, allerede för Aarets Slutning skulde see sig dethroniseret ved en endnu mere velgjörende Substans. Den menneskelige Aand trættes ikke i at udforske; Intet standser den. Langtfra at slaae sig til Ro ved en lykkelig Opdagelse, opflammes den derved. De ny Opdagelser fölge paa hinanden som Havets Bölger. Man opdager saaledes Ætherens smertestillende Virkning. Men det var ikke nok at have et Middel, der behöver fra 2 til 10 Minutter for at frembringe Ufölsomhed; man begynder strax at efterspore et Middel, der er hurtigere i sin Virkning, og man er ikke seen til at opdage det. Det er Chloroform.

Det er Franskmændene, hvem Æren tilkommer for Opdagelsen af dette ny Middel og dets Egenskaber, men det er Simpson i Edingburg, der först har bragt det i Anvendelse i Chirurgien. Soubeiran opdagede og beskrev Chloroform 1831, men han var ikke istand til at bestemme dets Sammensætning. Senere undersögtes det af Liebig og Dumas. Den förste betragter det som sammensat af Chlor og et organisk Radical, Formyl. Dette Radical kan indgaae 3 Forbindelser med Chlor, nemlig Formylprotochlorur, Formylbichlorur og Formylperchlorur. Det er denne sidste Forbindelse der er Chloroform. Dumas bestemte 1835 dets Sammensætning af Chlor og Elementerne af Myresyre, saaledes at 100 Dele bestaae af 88,927 Chlor og 11,073 Formyl. Dets Formel er $C^2\ H^2\ Cl^6 = Fo\ Cl^6$.

Det er Flourens, der först har iagttaget Chloroforms bedövende Virkning. I Academiets Forsamling 8 Marts 1847 aflagde han Beretning om de Forsög, han havde anstillet over Ætherisationen og yttrer sig deriblandt paa fölgende Maade om Cloroform: "Man vil erindre, at Chloræther har givet mig samme Resultater, som Svovlæther. Dette har bragt mig til at forsöge et nyt Legeme, bekjendt under Navn af Cloroform. Efter nogle Minuter (6 i det förste og 4 i de 2 andre Forsög) var Dyret, der blev underkastet Indaanding af Cloroform, aldeles ætheriseret. Rygmarven blev derefter lagt blot. De bagerste Strænge og de bagerste Rödder vare ufölsomme; af de 5 af de forreste Rödder, der bleve prövede efter hinanden, havde kun de 2 endnu beholdt Mobilitet, de 3 andre havde tabt den."

Samtidig med Flourens anstillede Simpson Forsög for at udfinde et Middel, der fremböd de samme Fordele som Ætheren uden at have dens Inconvenienser. Han fandt endelig Chloroform, der skulde lönne ham for al hans Möie. Förend Simpson publicerede sin Opdagelse har han iagttaget dette ny Middels bedövende Virkning i en Mængde forskjellige Tilfælde, som Tandudtrækning, Aabning af Abscesser, ved Behandlingen af Hydrops ovarii med Galvanopunctur, i Accouchementstilfælde og ved större chirurgiske Operationer; han har endog med Held anvendt det i Tilfælde af Neuralgi. Vi skulle meddele et Par af de Operationer, der ere foretagne i Royal Infirmery i Edingburg af Prof. Miller, ved hvilke Simpson forestod Ætherisationen.

1. En Dreng paa 4—5 Aar, der led af Necrose i det ene af Forarmens Been, blev underkastet Indaanding af Cloroform. Da man bragte et Lommetörklæde, paa hvilket man havde heldt nogle Draaber Chloroform til hans Ansigt, begyndte han at skrige og gjöre Anstrængelser for at unddrage sig derfor. Men efter nogle faa Indaandinger ophörte Barnet at skrige og at bevæge sig og faldt i en dyb Sövn. Der gjordes en dyb Incision lige til Benet og med en Pincet uddroges Radius som Seqvester næsten i

dets hele Længde. Under denne Operation og den paafölgende Undersögelse af Saaret yttrede Barnet ikke det ringeste Tegn til Smerte. Han vedblev at sove trygt og blev bragt i Seng i denne Tilstand. Efter Forlöbet af en halv Time vaagnede han som et Barn efter en velgjörende Sövn, munter og fornöiet og med et roligt Physionomi, hvad man ialmindelighed ikke bemærker efter Ætherisationen.

2. En Soldat med Necrose i Maxilla inferior, for hvilken han allerede to Gange havde været underkastet Operation og lidt meget og nu var i höi Grad mismodig. Chloroform blev anvendt paa en concav Svamp, der holdtes for Næse og Mund. Han sov snart ind med Snorken (Tiden angives ikke) og udholdt Operationen uden noget Tegn til Smerte. Efterat være kommen til sig selv, forsikkrede han at han aldeles intet havde fölt. Dette Tilfælde frembyder iövrigt det Interessante, at her handles om en Operation udfört i Buccalregionen, da man har paastaaet, at Ætherindaandinger ikke vare anvendelige paa Tilfælde af denne Art. Vistnok vilde det have været umuligt at operere, hvis et compliceret Apparat skulde have været anbragt for den Syges Mund.

3. Den tredie Syge, der blev opereret var et ungt Menneske med Necrose i det förste Led af den store Taa med Ulceration af Integumenterne. Inhalationen anvendtes paa samme Maade som i foregaaende Tilfælde; Ufölsomhed efter 30 Secunder. Amputation i Continniteten af andet Phalanx. Den Syge vaagnede snart efter Operationen og erklærede, at han ikke havde fölt den ringeste Smerte eller Ubehagelighed.

Qvantiteten af Chloroform, der anvendtes i disse 3 Tilfælde, belöb sig i det hele til 15 Grammer (4—5 Drachmer). For at frembringe den samme Virkning vilde man have behövet flere Unzer Æther.

Simpson meddeler endnu nogle flere Tilfælde, der ligesom de foregaaende, efter hans Mening, frembyde et eiendommeligt Physionomi, hvorved de i visse Henseender ere forskjellige fra dem, hvor man har anvendt Æther. Saaledes fortæller han om en ung Tandlæge, der lod udtrække 2 Tænder, den ene under Indvirkning af Æther i flere Minuter, og skjöndt han ikke fölte nogen Smerte, havde han dog Bevidsthed om Alt hvad der foretoges. I det andet appliceredes et Lommetörklæde, paa hvilket man havde heldt omtrent 2 Grammer Chloroform, foran Mund og Næse. Efter nogle Secunder var han fuldkommen ufölsom. Ogsaa forsvinder den bedövende Virkning af Cloroform meget hurtigere end efter Indaanding af Æther.

Senere har man modtaget Efterretning fra England om tre Operationer udförte i Kings College af Professor Fergusson, i hvilke Resultatet synes at have været saa fuldkomment som muligt.

Vi skulle nu meddele nogle af de Forsög, der ere anstillede med Chloroform paa de parisiske Hospitaler. Ifölge de Forsög Gerdy har anstillet paa sig selv er Virkningen af Chloroform fölgende: indaandet igjennem Næsen frembringer det en eiendommelig Lugt, en sukkeragtig Smag i Svælget og lidt Salivation, hvilke Virkninger ere stærkere, naar det indaandes igjennem Munden. Det frembringer en brændende Fornemmelse paa Randen af Læberne og Næseborene. Efter nogle Öieblikkes Indaanding fölte han sig bedövet uden fuldkommen at have tabt Bevidstheden. Efter 8 — 10 Minutter havde Bedövelsen for en Del tabt sig; han gjentog Forsöget ved Hjælp af et Ætherapparat, for ikke at cauterisere Næsen og Læberne. Efter nogle Minuter tabte han Bevidstheden, forblev i denne Tilstand i 5—6 Minutter, drömte, talte, fik tilsidst Vomituritioner og vaagnede under Opkastning. Under de förste Indaandinger havde han hostet meget og i mere end 36 Timer efter vedblev han at lide af Irritation i Bronchierne; Qvalmen vedvarede 4—5 Timer.

Da Gerdy ved Forsög paa sig selv havde forvisset sig om, at Chloroform frembringer analoge Virkninger med Æther, anvendte han det hos en ung Pige med en Lumbarfistel, der skulde incideres i vid Udstrækning. Neppe 1 Drachme blev gydt paa en huul Svamp. Den Syge beklagede sig i Begyndelsen over en qvælende Fornemmelse og Brænden paa Læber og Næse. Efter 2—3 Minuter var hun aldeles bedövet. G. gjorde en Incision paa 5—6 Centimètres uden at den Syge yttrede det mindste Tegn til Smerte. Han sonderede derpaa Saaret med Fingeren for at erfare om han havde naaet Bunden, og da han havde overbeviist sig om det modsatte, forlængede han Incisionen 4—5 Centimètres. Den Syge tilkjendegav endnu ingen Smerte. Han sonderede paany Bunden af Saaret, der var meget dybt; da begyndte den Syge at vaagne og at beklage sig over Smerter i Hoften. Operatören forlængede endnu engang Incisionen uden at den Syge udstödte noget Skrig; men hun beklagede sig over at hun fölte Smerte og erklærede at hun ikke mere sov, endskjöndt man atter holdt hende Svampen for Næsen og Munden. Der begyndte nu at yttre sig Tilböielighed til Brækning. Efter Operàtionens Fuldendelse talte hun noget som i beruset Tilstand. Adspurgt angaaende Smerterne, som hun havde fölt, svarede hun, at hun ikke havde lidt noget uden i de sidste Öieblikke, men at dette kun havde været ubetydeligt og at hun var lykkelig over at være sluppen med en saa ringe Smerte.

Den fölgende Dag fandt man lette Brandskorper paa Randen af Læberne og Næsen.

Paa Ricords Service er Chloroform anvendt i 2 Tilfælde. Det förste var en Hydrocele Tunicæ vaginalis. En Compres, hvorpaa var gydt omtrent 2½ Drachmer blev lagt for den Syges Næse og Mund. Efter 1 Minut lod han Urinen uvilkaarlig, efter 1½ Minut var han fuldkommen ufölsom. Da man havde indbragt Troisqvarteu reiste den Syge sig fra sit Sæde og saae om sig med et slövt Blik. Man bemærkede at Pupillerne vare meget dilaterede; Pulsen næsten normal. Der gjordes Injection af Jodtinctur; under den förste Halvdel af Injectionen sporedes intet Tegn til Fölelse, men under den anden Halvdel gjorde han Anstrængelser for at reise sig og beklagede sig over heftige Coliksmerter. Efterat Operationen var tilendebragt opstod Vomituritioner og Brækning. Vendt tilbage til Bevidsthed erklærede han ikke at have fölt nogen Smerte, at han fuldkommen havde bevaret sin Bevidsthed og tydelig mærket det Öieblik, da Operationen blev foretagen. Opvaagningen skete hurtig og var fuldkommen neppe 1 Minut efter at man havde ophört Indaandingen.

Den anden Operation var en Circumcision. Chloroform anvendtes ved Hjælp af et Ætherapparat. Förend Indaandingens Begyndelse var Pulsen 120. Efter 1½ Minut, dyb Respiration; Pupillerne dilaterede. Efter 2 Minuter og

10 Secunder fuldkommen Ufölsomhed. Ved Operationens Begyndelse gjorde Patienten nogle voldsomme Bevægelser, der dog snart ophörte, og under den övrige Del af den yttrede han intet Tegn til Smerte, selv i det Öieblik da man torqverede nogle smaae Arterier, en Operation der ellers er overordentlig smertefuld. Omtrent 1 Minut efter Indaandingens Ophör kom den Syge til sig selv, forsikkrede at han ikke havde földt noget til Operationen og fik nu stærk Opkastning.

I Blandins Clinik er ligeledes foretaget Forsög med Cloroform. Et af disse Tilfælde er forsaavidt mærkeligt, som Patienten havde været underkastet Ætherisation nogle Dage iforveien og erklærede, at han foretrak langt Chloroform for Æther, idet han ikke under Indaandingen af hiint havde fölt de ubehagelige Fornemmelser, som frembragtes ved Æther.

Senere ere Forsög anstillede af Velpeau, Manec og Lucien Boyer, der alle have været kronede med fuldkommen Held. Af de hidtil anstillede Forsög tör det være tilladt at slutte, at Indaanding af Chloroform er mindre ubehagelig end af Æther, at det virker hurtigere, i Almindelighed i kortere Tid end 1 Minut, at det er sikkrere i sin Virkning end Æther, at det i Almindelighed bevirker Udvidning af Pupillen og hyppig Qvalme og Brækning.

Skjöndt et eget Apparat ikke er absolut nödvendigt, er det dog behageligere for Patienten at indaande Chloroform ved Hjælp af et saadant paa Grund af dets caustiske Egenskab. Man vil ogsaa have bemærket, at Virkningen indtræder hurtigere, naar det indaandes igjennem et Apparat. Charriere har allerede inventeret et saadant Apparat, der har nogen Lighed med Ætherapparatet, men er langt simplere i sin Construction og lettere transportabelt.

Chloroform er allerede faldet betydeligt i Priis; en Flaske, der indeholder omtrent en halv Unze, koster 5 Francs.

Entledigelse. Const. Distriktslæge i Skagens Distrikt H. Meyer entlediget i Naade og med Pension.

Forlagt af Universitetsboghandler C. A. Reitzel.
Trykt hos Kgl. Hofbogtrykker Bianco Luno.

Den 24. December. 1847.

Ugeskrift for Læger.

2den Række VII. Nr. 32.

Redigeret af L. Brion og C. Hempel.

Om Chemiens Betydning for Medicinen og Vigtigheden af at den doceres ved Universitetet med specielt Hensyn til Physiologien og Pathologien.

I en Videnskab, der er saa omfattende som Medicinen, er det naturligt, at den Retning, hvori den især udvikler sig, er forskjellig i de forskjellige Tidsrum. Först da man begyndte at anvende den naturhistoriske Methode paa Medicinen fik den en videnskabelig Skikkelse. Studiet af det menneskelige Legemes Anatomi, af den comparative Anatomi og Udviklingshistorien, den almindelige Anatomi, i visse Henseender ogsaa den rene Naturhistorie, endelig af den pathologiske Anatomi, forögede og klarede Medicinen i höi Grad. Men naturhistoriske Studier besvare os kun Spörgsmaalet hvorledes? og dog skulle vi vide hvorfor det som vi iagttage netop skeer saaledes og ikke anderledes, for at vi kunne indvirke paa og forandre Phænomenerne, med andre Ord, for at vi kunne være mere end Tilskuere. Det var da Physiologien i videre Betydning, som lærte os at sætte vore naturhistoriske Iagttagelser i Causalforhold til hinanden — vi sige Physiologien, thi siden vi vide at Sygdommene ikke bestaae for sig selv, ikke ere Parasiter, men kun Livsphænomener under forandrede Betingelser, kan man kun betragte Pathologien som en Green af Physiologien i videre Betydning. Med Physiologien var den naturvidenskabelige Methode bragt i Anvendelse paa Medicinen, og skulle vi betegne den Retning, hvori Medicinen nu især arbeider sig frem, saa kunne vi kun kalde den naturvidenskabelig. Dette er vist meget glædeligt, thi den naturhistoriske Retning kan kun lære os at kjende, men ikke at forstaae, ikke at beherske Phænomenerne, hvilket dog er nödvendigt, naar Lægen vil betragte Helbredelsen som sit sidste Maal.

Physiologien i den omtalte Betydning er imidlertid af et uhyre Omfang og indbefatter mange Retninger, der dog langtfra alle ere lige frugtbare for den praktiske Medicin. For at udtrykke os kort kunne vi sige, at Lovene for Functionerne i den sunde og syge Organisme ere Hovedsagen for os, men de Discipliner, som vi för nævnede og betegnede som naturhistoriske, byde os det Materiale, hvoraf hine Love ved Hjælp af den naturvidenskabelige Methode skulle udledes. De höiere animale Functioner, Sandsningen og Bevægelsesevnen, der umiddelbart staae i Sjælens Tjeneste, fölge som bekjendt for en stor Del eiendommelige Love, som Physiologien lærer os at kjende, men de vedligeholdes, beskyttes og bestaae dog kun ved de vegetative Livsfunctioner. Det er især disse som sætte vor Organisme i Afhængighedsforhold til den ydre Verden, og netop derfor er det Forstyrrelser i dem, der betinge de allerfleste Sygdomme. Kundskab om det vegetative

Livs Functioner i sund og syg Tilstand er derfor Hovedsagen for den Læge, der vil være mere end blot Empiriker. Men en aldeles nödvendig Forudsætning for denne Kundskab er det, at være nöie bekjendt med den chemiske Physik, Chemien i Almindelighed og den organiske Chemi i Særdeleshed; thi de chemiske Love gjelde — det lære vi mere og mere — ogsaa indenfor Livets Kreds, og de vegetative Livsfunctioner ere vistnok hovedsageligen chemiske Processer, som ledes og modereres af Livets Kræfter.

Det vil maaske allerede herefter være indlysende, hvor höi en Betydning Chemien har for Medicinen. Medens den tidligere kun betragtedes som en Hjælpevidenskab for Pharmakologien og som en Kundskab, der var nödvendig forat Lægen kunde controllere Apothekerne og allenfals foretage en toxikologisk Undersögelse i et medicolegalt Öiemed, er den nu bleven en uundværlig Stötte for den sande Medicins Centrum, for Physiologien og Pathologien, og om et Par Decennier vil den maaske være den Axe, hvorom hele den videnskabelige Medicin dreier sig. For et medicinskdannet Publicum ansee vi det for overflödigt at gaae ind paa Enkeltheder, for at godtgjöre disse almindelige Betragtningers Rigtighed; vi minde derfor kun om Opdagelserne i Læren om Fordöielsen og Respirationen, om Næringsmidlernes Indflydelse paa Urinens Bestanddele, om den Betydning som Blod- og Urinanalyserne have vundet i Pathologien, der hos alle ere i frisk Minde.

Man vil maaske, uden at kunne benægte Rigtigheden af det Anförte i Almindelighed, indvende at Chemien endnu ikke har præsteret saa meget for Physiologien og Medicinen, som man a priori skulde vente, men Grunden hertil er ikke vanskelig at finde. Naar man end ikke tager Hensyn til, at Chemiens Anvendelse paa Physiologien, Pathologien og den egentlige Medicin er temmelig ny (og i Forhold hertil har den givet meget betydelige Resultater), saa er det klart at den, som med Held skal kunne arbeide i denne Retning, ikke blot maa være Chemiker men nödvendigviis ogsaa Physiolog, Patholog og praktisk Læge. Den som blot er Chemiker arbeider for saavidt iblinde, som han ikke med Klarhed veed, hvad det netop især kommer os an paa at vide, og som han i Undersögelsens Gang ikke kan fölge de Vink, som Physiologien og Pathologien give. Derimod kan den Physiolog og Læge som ikke tillige er Chemiker vel see, hvor man trænger til chemiske Undersögelser, men han veed ikke hvorvidt og hvorledes disse kunne iværksættes, langt mindre kan han foretage dem selv. Det er derfor nödvendigt, forat Videnskaben i denne Retning kan fremmes, at Physiologien, den praktiske Medicin og Chemien gaae Haand i Haand. Dette gjelder imidlertid ikke blot for den tilkommende Videnskab men ligesaafuldt for Videnskabens nærværende Standpunkt. Det er nemlig umuligt at en Chemiker, som ikke tillige er Physiolog og praktisk Læge kan lære den unge Mediciner, hvad Chemien har præsteret for hans Videnskab, og hvorledes den med Nytte kan anvendes paa den, og ligesaa umuligt er dette for en Physiolog eller praktisk Læge, der ikke har gjort Chemien til et specielt Studium.

Vi skulle i Korthed söge at oplyse dette noget nærmere. De sammensatte Stoffers Antal er saa stort, at een Chemiker ikke kan have lige nöie Kjendskab til dem alle. Nogle af disse Stoffer ere af en særdeles stor Vigtighed og Interesse for Medicineren, andre ere ham temmelig ligegyldige. Dette indseer en Chemiker ret vel, men han vil ikke altid dömme rigtigt om hvilke Stoffer der ere vigtigst; er han f. Ex. Pharmaceut, vil han sandsynligt nærmest tænke paa virksomme Medikamenter; heri vilde han imidlertid tage feil; thi et nöie Kjendskab til de sammensatte Stoffer, som dels udgjöre integrerende Dele af den sunde eller syge Organisme, dels optages som Næringsmidler, dels udskilles ved Afsondringerne, er uden al Sammenligning vigtigere for Physiologen og Pathologen. Derfor vil kun den Chemiker, som tillige er Physiolog og Patholog, være istand til at bedömme efter hvilken Maalestok det er bedst at afhandle de forskjellige Stoffer og Forbindelser. Men det er ikke nok at Docenten i Chemi for Medicinere veed, hvilke Stoffer og Forbindelser der have en höiere og hvilke en ringere Betydning for Lægen; han maa ogsaa vide hvilke af Stoffets eller Forbindelsens Forhold det især kommer an paa, thi hvis dette ikke er klart for ham, saa vil han let ansee ganske andre Forhold af et Stof for væsentlige, end dem som Physiologerne og Pathologerne erkjende som saadanne. Han vilde derfor snart behandle Noget meget udförligt, som kun fortjente at afhandles kort, og snart være altfor kort, hvor stor Udförlighed var nödvendig. Saaledes ere f. Ex. Oplöselighedsforholdene af de Stoffer som findes i vort Legeme af en Vigtighed, som en Chemiker, der ikke er Physiolog eller Patholog, neppe betænker; nöie at kjende de Omstændigheder, som forandre disse Stoffers Oplöselighed, er ofte langt vigtigere end f. Ex. Kundskab om alle de Kunstproduk ter, som man kan fremstille af Galle, Urinsyre o. s. v. Det er saaledes vel tydeligt, at Chemien for Medicinere maa foredrages med særegne Hensyn, hvis Vurdering kun er mulig for Physiologen og Pathologen, selv naar der kun er Tale om at gjennemgaae Stoffernes Chemi.

Endnu mindre kan en blot Chemiker gaae ind paa det Sammenhæng, hvori de chemiske Processer, som foregaae i Organismen, staae til hinanden og til de sunde og syge Livsfunctioner. Dette Sammenhæng er vel endnu langtfra ikke fuldstændig oplyst, men Chemikernes, Physiologernes og Pathologernes Arbeider have dog allerede leveret en stor Mængde Data, som ved at sammenholdes give mange paalidelige og vigtige Resultater, medens man ved eensidigt at forfölge det Chemiske kommer paa Afveie og f. Ex. forvilder sig i Atomtallenes bedrageriske Labyrinther. Har saaledes den rene physiologiske Chemi endnu ikke naaet den Udvikling, at den kan betragtes som en sluttet Videnskab og gjöre Fordring paa at doceres som saadan, saa kan og bör derimod Chemien for Medicinere uimodsigeligt foredrages med specielt Hensyn til og i dens Anvendelse paa Physiologien og Pathologien. Kundskaber i denne, den anvendte physiologisk-pathologiske Chemi, ere for en videnskabelig Læge af störste Vigtighed. Ingen vil saaledes kunne nægte, at Fordöielsens og Respirationens Chemisme er moden til at doceres, at Videnskaben har leveret adskillige faste og vigtige Data om Forholdet imellem den chemiske Sammensætning af ingesta og excreta o. s. v. Ingen vil heller nægte, at de pathologisk-chemiske Arbeider indeholde meget, som er modent til at doceres — vi nævne blot Blod- og Urin-Analyserne; endelig vil ingen kunne bestride, at det allerede paa Videnskabens nuværende Standpunkt er af meget stor Vigtighed for en reent praktisk Læge selv at kunne foretage en qvalitativ Analyse f. Ex. af Blodets eller Urinens vigtigste nærmere Bestanddele, og at være bekjendt med de bedste og nærmmeste Methoder, efter hvilke han kan anstille den. — Vi mene altsaa at en Docent i Chemi for Medicinere, efterat have gjennemgaaet den chemiske Physik og den almindelige Chemi, allerede ved at foredrage Stoffernes Chemi for de yngre Studerende maa tage stadigt Hensyn til Medicinernes Tarv, Hensyn, som kun den tilfulde kan tage, der tillige er Physiolog og praktisk Læge dernæst at han for ældre medicinske Studerende bör behandle Chemien mere specielt fra et physiologisk-pathologisk Standpunkt.

Henlede vi efter disse Betragtninger over den pathologiske Chemis Vigtighed for Medicinen Opmærksomheden paa den Maade, hvorpaa den er repræsenteret ved Universitetet, da tro vi ikke at nogen af det ærede medicinske Facultets Medlemmer vil föle sig traadt for nær ved den Paastand, at ingen af dem hverken kan eller vil giöre Fordring paa at betragtes som Chemiker endsige som physiologisk eller pathologisk Chemiker. Den eneste, af hvem den, som er mindre bekjendt med Forholdene, kunde falde paa at forlange dette, er Professoren i Physiologi. Men dengang, da Prof. Eschricht blev Universitetslærer, var det især dels den comparative Anatomi, dels Nervephysiogien, dels Udviklingshistorien der vare Gjenstande for Physiologernes Arbeider. Ingen kan vel nægte at Professor Eschricht i disse Retninger har arbeidet med Iver og Varme for Videnskaben, og at han derved har gjort sig fortjent til Anerkjendelse blandt Repræsentanterne ved vort Universitet; mindes man Physiologiens Omfang, da bör man paaskjönne dette og kan ikke uden at være ubillig forlange, at han skulde foretage ny og grundige Studier forat blive physiologisk endsige pathologisk Chemiker.

Professor Scharling blev i sin Tid angageret for at lære Eleverne af det fordums chirurgiske Academi den fornödne Chemi. Der er vel ingen Tvivl om, at man dengang fornemmelig tænkte paa Chemien som en Hjælpevidenskab for Pharmakologi og Toxikologi; allerede den Omstændighed, at det chirurgiske Academi oprindelig og væsentlig var en Routinierskole, hvor Physiologien ikke engang blev doceret, taler herfor; saameget mere som den physiologiske Chemi endnu ikke havde udövet nogen synderlig Indflydelse paa den reent praktiske Lægevidenskab. Forsaavidt man ved det chirurgiske Academi kun havde disse en foregaaende Tids Hensyn og Fordringer for Öie, var Valget af Scharling til Lector vistnok ret heldigt; thi han blev ialmindelighed anseet for en dygtig pharmaceutisk Candidat og en duelig praktisk Chemiker. Da det chirurgiske Academi ophævedes og indlemmedes i Universitetet, bibeholdt man som bekjendt Lector chemiæ Mag. Scharling som Docent i Chemi for Medicinerne, dog saaledes at han ikke kom ind i det medicinske men i det philosophiske Facultet. Dette vakte i Medicinernes Kreds en temmelig alvorlig udtalt Misbilligelse, der atter fra den modsatte Side mödte meer eller mindre lydelige Bebreidelser. Vi tro imidlertid, at man paa begge Sider har haft nogen Uret. De der eensidig dadlede Medicinerne for Standsfordomme have vistnok feilet, forsaavidt som der allerede dengang til Grund for hiin almindelige Utilfredshed laa en hos nogle dunklere, hos andre klarere Fölelse af Medicinens eiendommelige Forhold og Fordringer til Chemien, dem vi i det Foregaaende have stræbt at udvikle, en Fölelse, der ved Videnskabens senere Udviklingsgang uimodsigeligt har vundet sin Berettigelse. Paa den anden Side oversaae maaske Medicinerne, at dette Standpunkt dengang endnu ikke noksom var hævdet, og de gjorde forsaavidt dem Uret, der efter bedste Evne sögte at fyldestgjöre Tidens Fordringer med Tidens forhaandenværende Kræfter. Fra een Side betragtet syntes der endog i hiin extraordinære Ansættelse at ligge til en vis Grad Anerkjendelsen af Chemiens særlige Vigtighed for Medicinen, ikke blot med Hensyn til Pharmakologi og Toxikologi, men ogsaa fra et mere omfattende Synspunkt. Havde man nemlig kun haft Pharmakologien og Toxikologien for Öie, saa havde man idetmindste forsaavidt ikke behövet en særegen chemisk Docent, som Professoren i Pharmakologi og Toxikologi burde antages at besidde de for disse Fag nödvendige chemiske Kundskaber; og havde man kun tænkt paa sædvanlige chemiske Kundskaber, da vilde Medicinerne med Lethed have sögt og fundet disse hos Universitetets daværende fortrinlige chemiske Lærere. At den ny Docent i Chemi for Medicinere ikke blev optaget i det medicinske Facultet, kom sandsynligt deraf, at Docenternes Antal ved dette Facultet, efter det chirurgiske Academis Indlemmelse i samme, var bleven forögel i den Grad, at man ikke gjerne vilde gjöre det endnu större. At man tog sin Tilflugt til den usædvanlige Forholdsregel at optage en Docent for Medicinere i det philosophiske Facultet, synes kun at afgive Beviis for, hvormeget man allerede dengang anerkjendte Vigtigheden og Nödvendigheden af, at der var en særegen Docent i Chemi for disse. At man ved Besættelsen af denne Docentplads foretrak Magister Scharling for en Læge der tillige var Chemiker, lader sig forklare af forskjellige Hensyn. Scharling havde været Lector i Chemi ved det chirurgiske Academi, og da Professorerne ved Academiet ved dets Forening med Universitetet bleve Universitetslærere, fandt man det vel ubilligt at forbigaae Academiets Lector, saameget mere som det maaske var uvist om man kunde finde nogen bedre. Desuden var der al Anledning til at vente, at denne som Universitetslærer for Medicinere vilde stræbe at afhjælpe mulige Mangler og erhverve Kundskaber, der stode i Forhold til det ny medicinske Facultets höiere Standpunkt. Man betænkte maaske ikke tilstrækkelig, hvor vanskeligt det maatte være for en Chemiker ex professo at vinde et fyldestgjörende physiologisk og pathologisk Standpunkt; man har maaske i dette Punkt noget for meget identificeret Chemien ved det chirurgiske Academi med Chemien ved det ny medicinske Facultet. En væsentlig Skyld maa vistnok ogsaa söges hos selve den medicinske Chemi, der ved sin senere, dengang neppe ahnede Udvikling synes langt at have voxet de Anskuelser over Hovedet, som man paa hiin Tid nærede om den.

Overveie vi alt dette, maa det utvivlsomt ansees som heldigt, at Prof. Scharling vil overtage den afdöde Professor Zeises Stilling ved Universitetet som Professor i den organiske Chemi. Prof. Scharling kommer derved i en Stilling, der langt bedre vil svare til hans Kundskaber og Standpunkt som Chemiker, og som han forhaabentlig værdigen vil kunne indtage. For Medicinerne vil denne Forandring sandsynligt före til det ikke mindre heldige Resultat, at de kunne vente at faae en Docent i Chemi, der vil være istand til at fyldestgjöre Physiologiens og Pathologiens særegne Tarv. Erkjendte man allerede for 7 Aar siden, at det var höist vigtigt at der blev ansat en særskilt Docent i Chemi for Medicinerne, ja fandt man det endog i den Grad önskeligt, at man tilsidesatte de sædvanlige Former idet man ansatte en extraordinær Docent for Medicinere ved det philosophiske Facultet, saa er det vel utænkeligt at man nu, da den physiologiske og pathologiske Chemi siden Scharlings förste Ansættelse som Universitetslærer har gjort saa overordentlige Fremskridt, da denne Videnskabsgren næsten Dag for Dag vinder större Betydning for den theoretiske og praktiske Medicin, og fremfor alt da dens Forhold til Lægen langt sikkrere og klarere kan opfattes, skulde lade denne Post gaae ind. Vi tör vistnok haabe, at det medicinske Facultet — i levende Anerkjendelse af, hvor vigtig den physiologiske og pathologiske Chemi er for Medicinen, og hvorledes den, efterat den pathologiske Anatomi er skredet frem til et Standpuukt, som den kun langsomt og gradviis vil overstige, mere og mere bliver den Retning, hvori Physiologien arbeider sig frem — med Varme vil antage sig denne Sag og drage Omsorg for, at Chemien for Medicinerne bliver doceret af en egen Docent, som tillige er Physiolog og Patholog.

Vi erkjende ret vel, at dette kan have sine Vanskeligheder, da Antallet af Docenter i det medicinske Facultet er fuldtalligt, da Scharling tidligere var overtallig i det philosophiske Facultet. Men selv om det ikke skulde kunne sættes igjennem, at det medicinske Facultet fik en Docent mere end det havde tidligere, end ikke i Betragtning af, at det jo kun var nödvendigt at han en tidlang forögede de medicinske Docenters Antal, indtil ved indtrædende Personalforandringer i Facultetet en anden mindre vigtig Post kunde gaae ind, saa vilde det ialtfald nu ikke være mere abnormt at der blev ansat en Docent for Medicinere i det philosophiske Facultet end dengang da Prof. Scharling blev ansat, medens derimod Vigtigheden af at Medicinerne have en egen Lærer i Chemi er langt mere iöinefaldende.

Den epidemisk-catarrhalske Feber i October og November Maaned.

Der har i dette Efteraar hersket en Epidemi af catarrhalsk Feber, der i Kjöbenhavn naaede en höi Grad af Extensitet, saa at vistnok over Halvdelen af Befolkningen har været angreben deraf, hvorimod den med Hensyn til sin Natur, naar man tager Hensyn til den Mængde Mennesker som bleve angrebne af Sygdommen i Forhold til de indtrædende betænkelige eller dödelige Tilfælde, maa ansees for godartet. Saavidt vides har en lignende Epidemi hersket ogsaa i andre Dele af Danmark*); vi skulle her kortelig omtale den for Hovedstadens Vedkommende med Benyttelse af nogle Oplysninger, som velvilligen ere os meddelte.

Epidemien optraadte i den sidste Halvdel af October, vedvarede hele November og förste Uge af December, havde sin störste Extension og Intension i de förste Uger af November. Karakteristisk under hele Epidemien var den betydelige Mathed og Dedolation i Lemmerne, undertiden med Smerte hist og her i Truncus, som alle Patienterne fölte og som endog angreb mange, der ikke lede af Sygdommen selv; endvidere den stærke Feber, der i de 24, sjeldnere 48 förste Timer af Sygdommen, navnlig i Epidemiens förste Uger var tilstede, saa at man maatte formode Indtrædelsen af en langt heftigere Sygdom. I de förste Uger viste catarrh. Hoste, Hovedpine, undertiden Öiensmerter og Conjunctivitis sig som prædominerende, oftest som de eneste Symptomer; længere hen traadte hyppigen Halsbetændelse (Angina) til de övrige Symptomer eller viste sig alene, dog ikke i meget heftig Grad og forsvindende efter nogle Dage; ikke sjeldent forenedes Sygdommen med Brækninger i Begyndelsen og længere hen med Diarrhoe, der ofte vedvarede i mange Dage uden at være meget hyppig eller meget smertefuld. Hos Börn antog Hosten ofte en crouplignende Lyd, uden at man kan sige, at den egentlige Croup viste sig hyppigere end ellers. Heller ikke have vi her iagttaget Tilfælde af den i Odense herskende Diphtheritis. Hosten var i de förste Uger næsten udelukkende og senere hen hyppigst reen catarrhalsk som oftest med rigeligt Expectorat, undertiden meget voldsom og Sövn berövende. Den tilstedeværende Bronchitis blev senere un-

*) Ligeledes i en stor Del af Europa.

dertiden capillær og fremböd de for den cap. Bronch. eiendommelige Symptomer; i flere Tilfælde og især hyppigt hos ældre Personer forenede Pneumoni sig med den tidligere tilstedeværende Bronchitis, var imidlertid oftere vanskelig at kjende, da saavel flere af de almindelige charakteristiske Symptomer, som og (og det især i de förste Dage) de mest betegnende physiske Tegn manglede.

Denne Overgang i Pneumoni syntes især at blive hyppig henimod Slutningen af Epidemien, i hvilken ogsaa primært optrædende Pneumonier viste sig hyppigere end sædvanligt.

Sygdommen endtes ialmindelighed med stærk Sved; hverken Diarrhoe, sedimentös Urin eller Næseblod, der ikke sjeldent iagttoges, kunde med Bestemthed betegnes som kritiske. — Recidiver vare hyppige. — Ialmindelighed var Prognosen god, ofte trak Sygdommen noget længere ud, og den tilstedeværende Mathed kunde ofte i flere Uger dog i aftagende Grad vedblive. Uheldigt Udfald især naar Pneumoni tiltraadte, og naar Sygdommen angreb Phthisiske. — Sygdommen veg som oftest for diaphoretisk Behandling; de gastriske Symptomer for en passende Diæt; Bronchitis udkrævede i de færreste Tilfælde Epispastica. Pneumonien taalte ikke gjentagne Aareladninger.

Skjöndt Epidemien vistnok maa ansees for mild, sporer man dog tydelig dens Indflydelse paa Dödeligheden i Kjöbenhavn for November Maaned. Totalantallet af Döde var nemlig for Novbr. d. A. 357, medens det for samme Maaned i de nærmest foregaaende Aar 1846 og 1845 var respective 238 og 276; for October 1847 var det 258, for Sept. s. A. 226, et Antal, der paa det nærmeste stemmer overens med de samme Maaneder i de foregaaende Aar. Blandt Dödsfaldene for November 1847 forekomme 40 af Lungebetændelse og 53 af Lungesyge (Svindsot), et Antal, der vistnok for en Del maa tilskrives Epidemien, naar det sammenlignes med det for de foregaaende Maaneder angivne Antal Dödsfald af samme Sygdomme, der for Sept. er 12 af Pneumoni, 26 af Svindsot, for Octbr. 18 af Pneumoni og 25 af Svindsot. I 1846 ere for Novbr. anförte 20 som döde af Lungebetændelse, 39 af Svindsot; i Octbr. s. A. 18 döde af förstnævnte, 29 af denne Sygdom. Blandt de övrige Dödsaarsager for Nov. 1847 finde vi ingen, der i den Grad som de to angivne overstige det almindelige Forhold. 14 ere opförte ved Strubebetændelse, 6 angives ligefrem döde af Influenza, 29 af Alderdom, et forholdsviis temmelig stort Antal, hvilket muligen ogsaa kan tilskrives Epidemien.

En Oversigt over Temperaturforholdene i dette Efteraar vil neppe være uden Interesse, da man muligen i disses Afvigelser fra det Sædvanlige tör söge et medvirkende Moment til Epidemien, hvis egentlige Anledning, maaske begunstiget ved et Sammenstöd af mange forskjellige Betingelser, forresten som i andre Epidemier maa ansees for dunkel.

Ligesom Septbr. i det Hele havde været kold, (Middeltemperaturen 9°5 var henved 2° under den sædvanlige 11°15), temmelig regnfuld og havde frembudt temmelig store Spring i den daglige Temperatur (saaledes den 14de, 15de og 16de, hvor den daglige Forskjel var omtrent 8°, den 20de, 21de og 22de, hvor den var omtrent 7°), saaledes var ogsaa Oct. koldere; Middeltemperaturen var 5°8, hvilket er henved 2° under Middeltemperaturen beregnet for 45 Aar, som er 7°,62; navnlig gjelder dette for den förste Trediedel af Maaneden, hvis Middeltemperatur (5°,9) stod over 3° under 45 Aars Middeltal (9°01). Der forekom ogsaa betydelig Forskjel i den daglige Temperatur, navnlig i Midten af Maaneden; saaledes den 13de, 14de, 15de, 16de, 17de, hvor den höieste Thermometerstand var respective 9°8, 8°7, 7°1, 7°5, 7°8 og laveste 3°4, 0°2, 0°2, 0°2, 0°1; lignende Forskjel fandt Sted den 20de, 21de og 22de. Regnmængden var i den förste Halvdel af Maaneden kun ringe, idet der til den 17de kun forekom 4 Regndage (3de, 5te, 10de og 14de), hvorimod der fra den 17de til 31te forekom 11 Regndage. Dog synes Regnmængden for hele Maaneden ikke at frembyde nogen væsentlig Forskjel fra denne Maaneds Middelforhold. Med Hensyn til Barometerstanden, da faldt det laveste Forhold af denne sammen med de regnfuldeste Dage af Maaneden.

November har med Hensyn til Temperaturen ikke afveget synderlig fra samme Maaned i 1846; den har endog været varmere end almindelig, idet Middeltemperaturen var 4°7, medens denne beregnet for 45 Aar er 3°49. Ei heller forekom her store Spring i den daglige Temperatur; kun nogle sjeldne Gange i Begyndelsen af Maaneden var der en Forskjel af omtrent 6°; i Midten og Slutningen af Maaneden var Forskjellen ubetydelig, i Reglen 2° — 3°. Regnmængden var mindre end for October, ogsaa mindre end sædvanlig. Barometerstanden var lavest imod Maanedens Slutning, dog faldt dette ikke sammen med Regndagene.

Det paatænkte Börnehospital.

Man vil erindre, at den förste Indbydelse til Oprettelsen af et saadant her i Byen udgik fra Prof. Dreier og senere tiltraadtes af en Comite, der foruden den förste Indbyder bestaaer af Geheimraad Collin, Pastor Paulli og Prof. Fenger. Sagen er nu saa vidt fremmet, at man antager at kunne skride til dens Iværksættelse, navnlig ved Opförelsen af en egen dertil bestemt Bygning. Blandt de forskjellige Bidrag til dette Öiemed maa det vigtigste ansees at være et af Finantserne modtaget indtil videre rentefrit Laan paa 14,000 Rbd., hvilket man har erholdt paa tvende for Foretagendets fremtidige Stilling meget heldige Betingelser: 1) at den Direktion, der i sin Tid vil blive valgt paa en Generalforsamling af de Bidragydende, tillige skal indeholde et af Kongen udnævnt Medlem; 2) at Hospitalets tilkommende Læge vælges af Direktionen efter Sundhedscollegiets Forslag. Man har endvidere erhvervet en Byggegrund ved Enden af Rigensgade mellem Timians- og Meriansgaden, hvor nogle af Nyboders Huse ere bestemte til at nedrives. Hospitalet synes saaledes at ville blive opfört paa en fordelagtig, frit og tört beliggende Grund. Forelöbig har man paatænkt at anordne en höitliggende Stuetage for Sygestuerne og nedenunder alt til Ökonomien henhörende. Med Hensyn til de forhaandenværende Midler er man betænkt paa at modtage 10 Patienter, dog saaledes at Bygningen indrettes til 16, og at den med Lethed vil kunne udvides, dersom Omstændighederne maatte begunstige det. Man maa ret önske, at dette lille Hospital, der ved sin Anlæggelse fra nyt af har saa meget for sig, maa komme til at afgive et efter sin Maalestok smukt Exempel paa disse for det offentlige humane Standpunkt saa betegnende Anstalter, hvorved det maaske vil kunne bidrage noget til at aabne Blikket for de betydelige Mangler, som vore store Hospitaler paa Grund af deres ældre Anlæg lide under. Saaledes som Sagen nu stiller sig, tro vi at burde opfordre vore Colleger til hver i sin Kreds at interessere sig for dens Fremgang.

Kongelig Resolution om Frederiks Hospital.

Vi ville allernaadigst have bestemt, at det ved allerhöieste Resolution af 9de Septbr. 1815 Frederiks Hospital bevilgede Tilskud af Finantskassen, fra 1ste Januar 1848 at regne, bliver at udrede med sit oprindelige Belöb af 10,000 Rbd. aarligt, og at som Fölge deraf de ved allerhöieste Resolutioner af 24de Juli 1838 og 11te December 1841 befalede Nedsættelser bortfalde, dog saaledes, at

a) ethvert Spörgsmaal om Erstatning fra Finantskassen for den Hospitalet ved allerhöieste Resolution af 31te Mai 1781 tillagte Andel af hvad Kortstemplingspengene maatte udgjöre mere end 5000 Rbd. aarlig, bortfalder, saavel for den forlöbne Tid som for Fremtiden, imod at igjen fra Finantskassens Side alt Krav paa Hospitalet i Anledning af hvad dette i sin Tid har under denne Conto oppebaaret, ligeledes bortfalder, og at altsaa, som Fölge heraf, det i Finantskassens Böger under samme Conto henstaaende Tilgodehavende hos Hospitalet af 11,215 Rbd. 23½ Sk. udgaaer;

b) Hospitalet for Fremtiden, fra 1ste Januar 1848 at regne, selv overtager Udredelsen af de Skatter og Afgifter af dets Eiendomme, som hidtil have været baarne af Finantserne, og at Hospitalet ligeledes, med Hensyn til de Bygninger eller Grunde, hvoraf det i Tiden maatte blive Eier, gjör Afkald paa deslige Skatters og Afgifters Udredelse af bemeldte Kasse;

c) fornævnte fremtidige aarlige Tilskud af 10,000 Rbd. bliver at inddrage i samme Forhold, som Hospitalets aarlige Indtægter foröges ved Renterne og Revenüerne af hvad der eventualiter maatte tilfalde Hospitalet i Henhold til afgangne Grevinde Schacks Testament af 20de September 1760, afgangne Geh.-Confr. Anton Henrik v. Moltkes og Frue Elisabeth Rosenkrantzes Testament af 30te Januar, samt Grevinde Holcks Disposition og den under 15de Juli 1829 allernaadigst approberede Forening mellem Hospitalets Direktion og Commissionen for Fondet til Understöttelse for Qvæstede og Faldnes Efterladte.

Vacance. Distriktslæge-Embedet i Skagen opslaaet vacant den 16de Decbr. 1847.

Befordring. Caud. med. et chir. Sehouboe udnævnt til Garnisonslæge paa Christiansö.

De tvende det sædvanlige Arkeantal overstigende Nummere ville blive afkortede i det Fölgende.

Forlagt af Universitetsboghandler C. A. Reitzel.

Trykt hos Kgl. Hofbogtrykker Bianco Luno.

CPSIA information can be obtained
at www.ICGtesting.com
Printed in the USA
BVHW061241160819
556068BV00020B/1957/P

9 780371 041703